World Book 173

Ernest Miller Hemingway

THE OLD MAN AND THE SEA/A FAREWALL TO ARMS

THE SNOWS OF KILIMANJARO/THE SUN ALSO RISES

노인과 바다/무기여 잘 있거라
킬리만자로의 눈/해는 또다시 떠오른다

헤밍웨이/양병탁 옮김

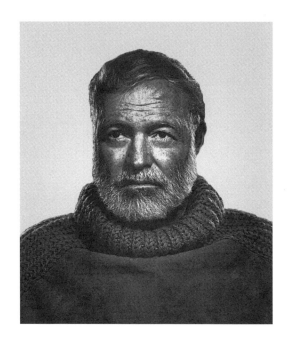

동서문화사

디자인 : 동서랑 미술팀

노인과 바다/무기여 잘 있거라
킬리만자로의 눈/해는 또다시 떠오른다
차례

The Old Man and the Sea

노인과 바다

노인과 바다

그는 나이가 들었다. 멕시코만류(灣流)에 조각배를 띄우고 혼자 고기잡이를 했지만, 고기 한 마리도 못 잡은 날이 84일 동안이나 계속됐다. 처음 40일은 한 소년이 함께 있었다. 그러나 한 마리도 못 잡는 날이 40일이나 계속되자 소년의 부모는, 노인은 이제 완전히 '살라오'가 되었다고 하였다. 살라오란 스페인어로 최악의 사태를 뜻하는 말이다. 소년은 부모가 이르는 대로 다른 배를 타고 고기를 잡으러 나갔고, 첫 주에 엄청나게 큰 고기를 세 마리나 잡았다. 날마다 빈 배로 돌아오는 노인을 보는 것이 소년에게는 무엇보다도 가슴이 아팠다. 그는 늘 노인을 마중 나가서 낚싯줄과 갈퀴와 작살, 돛대에 둘둘 말아 놓은 돛 등을 챙겨주었다. 돛은 밀가루 부대로 여기저기 기운 것이어서 그것을 말아 올리면 영원한 패배를 상징하는 깃발로밖에는 보이지 않았다.

노인은 야위고 초췌했으며 목덜미에는 깊은 주름살이 잡혀 있었다. 열대의 바다가 반사하는 태양열 때문에 노인의 볼에는 피부암을 연상케 하는 갈색 기미가 생기고, 그것이 볼 양쪽 아래쪽까지 번져 있었다. 양손에는 군데군데 깊은 상처 자국이 보였다. 밧줄로 큰 고기를 잡을 때에 생긴 것이지만 새로 생겨난 상처는 아니다. 물고기가 살지 않는 사막의 풍식(風蝕)지대처럼 오랜 세월을 거친 상처들이었다.

그는 모든 것이 다 늙었으나, 눈만은 다르다. 그의 눈은 바다와 같은 빛깔을 띠고 있으며, 생기가 넘쳐났다.

"샌티아고 할아버지!" 소년은 조각배를 매놓은 둑에 올라가면서 말했다. "다시 할아버지와 함께 갈 수 있어요. 이제 돈도 좀 모았으니."

지금까지 노인은 소년에게 고기잡이하는 방법을 가르쳐 왔다. 그리고 소년은 노인을 잘 따랐다.

"안 돼." 노인이 말했다. "네가 타는 배에는 운이 따르고 있어. 그냥 그 배를 타거라."

"그렇지만 할아버지는 87일 동안 한 마리도 못 잡았는데, 우린 3주일 동안 매일 큰 놈들을 잡은 걸 기억하시죠?"

"기억하고말고." 노인이 말했다. "난 네가 내 솜씨를 의심해서 떠난 것이 아니란 걸 잘 알고 있어."

"못하게 한 건 아버지예요. 전 어리니까 아버지 말을 따라야 해요."

"알아, 당연한 거지."

"아버진 신념이 없어요."

"그래." 노인이 말했다. "그렇지만 우리에겐 그 신념이 있지, 그렇지 않니?"

"그래요." 소년이 말했다. "테라스에서 맥주를 사드리고 싶어요. 뱃기구는 나중에 날라도 되겠죠?"

"좋아. 어부끼리 사양할건 없지."

테라스에 두 사람이 앉자 어부들이 노인을 놀렸지만 노인은 화내지 않았다. 그중 나이든 어부들은 그를 보고 서글퍼했다. 그러나 그런 내색은 하지 않고, 조류(潮流)가 어땠는지, 얼마나 깊이 밧줄을 내렸는지, 이런 날씨가 당분간 계속될지, 그리고 고기잡이갔다 경험한 여러 가지 일들을 점잖게 이야기했다. 많은 수확을 올린 어부들은 벌써 들어와 청새치의 배를 갈라 두 장의 판자 위에 가득 늘어놓고 판자 양쪽에 두 사람씩 붙어 비틀거리며 어류 저장고로 운반해 갔다. 거기서 아바나의 어시장으로 실어갈 냉동 트럭을 기다리는 것이다. 상어를 잡은 어부들도 그 상어들을 맞은편 해안에 있는 상어 공장으로 날랐다. 거기서 상어를 도르래와 밧줄로 달아 올려서 간을 빼내고, 지느러미를 자르고 껍질을 벗기고 살은 소금에 절이기 위해서 토막을 내는 것이다.

바람이 동쪽에서 불어오면 상어 공장의 냄새가 여기까지 풍겨 왔다. 그런데 오늘은 냄새가 조금밖에는 풍기지 않았다. 바람이 북쪽으로 방향을 돌렸다가 이내 잠잠해져 테라스는 기분 좋게 볕이 가득했다.

"샌티아고 할아버지." 소년이 불렀다.

"응." 노인은 맥주잔을 손에 든 채 옛 생각을 하고 있었다.

"내일 쓰실 정어리를 좀 구해다 드릴까요?"

"괜찮아. 가서 야구라도 하고 와. 나는 아직 노를 저을 수 있어. 로겔리오가 어망을 던져 주니까."

"그래도 가고 싶어요. 같이 고기잡이를 못 하니까 뭔가 도와드리고 싶은 거예요."

"넌 맥주를 사주지 않았니." 노인은 말했다. "너도 이젠 어른이야."

"맨 처음 저를 배에 태워 주신 게 몇 살 때였죠?"

"다섯 살 때였지. 고기를 잡아 올렸을 때 어찌나 펄떡거렸는지 하마터면 배를 박살낼 뻔했지. 그래서 까딱하다 너도 죽을 뻔했지. 기억나니?"

"네, 기억나요. 그놈의 꼬리가 어찌나 무섭게 날뛰던지 배의 가름나무가 다 부러졌었지요. 그놈을 몽둥이로 후려갈기는 소리가 기억나요. 할아버지는 나를 젖은 낚싯줄이 있는 이물 쪽에 던져 버렸죠. 배는 마구 흔들렸고, 마치 나무를 팰 때처럼 고기를 몽둥이로 후려 패니 들큰한 피 냄새가 물씬 났어요."

"정말로 기억하고 있는 거냐, 아니면 내 얘기를 기억하고 있는 거냐?"

"우리가 처음 나갔을 때부터의 일은 모두 기억하고 있어요."

노인은 햇볕에 그은 자신만만하고 사랑스러운 눈매로 소년을 바라보았다.

"네가 내 자식이라면 데리고 나가서 모험이라도 해보겠다만." 노인이 말했다.

"그러나 너는 네 아버지의 아들이며, 네 어머니의 아들이고, 지금은 운 좋은 배를 타고 있으니까."

"정어리를 구해 올까요? 그리고 미끼도 네 개쯤 구해 올 수 있어요."

"아직 있어. 소금에 절여서 궤짝에 넣어 두었지."

"네 개만 싱싱한 걸로 구해 올게요."

"하나만." 노인이 말했다. 그에게는 아직 희망과 자신감이 타버리지 않았다. 그것은 미풍이 불자 새롭게 일고 있었다.

"두 개예요." 소년이 말했다.

"두 개도 좋아." 노인이 동의했다. "설마 훔친 건 아니겠지?"

"훔칠 수도 있었지만, 이건 산 거예요."

"고맙다." 노인이 말했다. 그는 단순한 사람이었다. 자기가 너무 겸손한 것 아닌가 하는 따위는 생각지 않았다. 그러나 그는 지금 자신이 겸손하다고 생각하고, 동시에 그것은 부끄러운 것이 아니며 참된 긍지를 조금도 손상하지 않음을 알고 있었다.

"조수가 이 상태라면 내일은 날씨가 좋겠는걸." 노인이 말했다.

"어디로 가실 거예요?"

"멀리 나갔다가 바람이 바뀌는 데에서 돌아와야겠다. 먼동이 트기 전에 나갈 생각이야."

"저도 주인 아저씨에게 멀리 나가자고 해보겠어요." 소년이 말했다. "그래야 할아버지가 굉장한 놈을 잡았을 때 모두 거들어 드릴 수 있죠."

"그 사람은 멀리까지 나가려고 하지 않아."

"그래요." 소년이 계속해서 말했다. "그렇지만 전 새가 날아가는 거라든가 하는, 주인이 보지 못한 것을 봤다고 해서 돌고래를 쫓아 멀리 나가게 할 거예요."

"그 사람, 그렇게 눈이 나쁘냐?"

"장님이나 마찬가지예요."

"이상하지 않니? 그 사람은 거북잡이는 한 일이 없는데. 그런데도 눈이 나빠."

"그렇지만 할아버지는 머스키토 해안에서 몇 년씩이나 거북잡이를 하셨어도 눈은 좋잖아요?"

"나야 이상한 늙은이니까."

"그렇지만 엄청나게 큰 고기가 걸렸다 해도 아직 지지 않겠죠?"

"뭐, 충분하지. 게다가 여러 가지 방법이 있으니까."

"이제 뱃기구를 날라요." 소년은 노인을 재촉했다. "그래야 투망을 가지고 정어리를 잡으러 가지요."

그들은 배에서 뱃기구를 집어 들었다. 노인은 돛대를 어깨에 메고, 소년은 단단히 꼰 낚싯줄을 감아서 넣은 나무궤짝과 갈퀴와 창이 꽂힌 작살을 날랐다. 미끼 통은 큰 고기를 배 위로 끌어올렸을 때 고기의 힘을 빼는 데 쓰는 몽둥이와 함께 배 뒤편에 나란히 놓여 있었다. 아무도 노인의 것을 훔치진 않지만, 돛과 굵은 밧줄은 밤이슬을 맞으면 안 되므로 집으로 가져가는 것이다. 노인도 이 지방 사람들이 자기 물건을 훔쳐 갈 리가 없다고 믿지만, 갈

퀴나 작살을 배에 놔두는 것은 공연히 훔칠 마음을 갖게 해주는 거라고 생각했다.

그들은 나란히 노인의 판잣집으로 걸어 올라가서 열린 문으로 들어갔다. 노인은 돛을 감은 돛대를 벽에 기대 놓고, 소년은 궤짝이랑 다른 도구들을 그 옆에다 놓았다. 돛대는 거의 오두막집 방 한 칸 길이만 했다. 그 집은 구아노라는 종려나무의 튼튼한 껍질로 만든 것으로 침대와 책상과 의자가 각각 하나, 숯불로 음식을 끓이는 장소가 흙바닥에 있었다. 섬유가 질긴 구아노 잎을 몇 겹이나 포개어 만든 갈색 벽에는 채색한 그림이 붙어 있었다. 한 장은 예수의 상이고 다른 한 장은 코브레의 성모 마리아 상이었다. 모두 죽은 아내의 유품이었다. 전에는 그 벽에 아내의 빛바랜 사진이 걸려 있었으나, 그것을 볼 때마다 너무 울적해져서 구석 선반 위의 빨아 놓은 내의 밑에 떼어 두었다.

"뭐 먹을 게 있나요?" 소년이 물었다.

"생선하고 밥. 너도 좀 먹을래?"

"아뇨, 전 집에 가서 먹죠. 불을 피워 드릴까요?"

"아냐, 조금 있다 내가 할게. 찬밥을 먹어도 되고."

"투망을 가져가도 돼요?"

"물론."

투망 따위는 없었다. 소년은 그것을 언제 팔아 치웠던가를 기억하고 있었다. 그러나 그들은 이런 거짓말을 매일 되풀이했다. 밥도 생선도 없었고, 소년 또한 그것을 알고 있었다.

"85란 재수 있는 숫자야." 노인이 말했다. "내가 천 파운드도 더 되는 큰 놈을 잡아오는 것을 보고 싶지?"

"전 투망을 가지고 정어리 잡으러 가겠어요. 문 앞에서 햇볕이나 쬐며 앉아 계시겠어요?"

"그래, 어제 신문이 있으니까 야구 기사나 읽어야겠다."

어제 신문이란 것도 역시 거짓말인지 모른다고 소년은 생각했다. 그러나 노인은 그것을 침대 밑에서 꺼내 가지고 왔다.

"보데가(스페인어로 작은 요릿집이란 뜻)에서 페리코가 준 거야." 노인이 설명했다.

"정어리를 잡으면 돌아올게요. 할아버지 것과 내 것을 함께 얼음에 채웠다가 아침에 나누면 돼요. 돌아오면 야구 이야기를 들려주세요."

"양키스가 이길 거야."

"그래도 클리블랜드 인디언스가 있으니까 안심할 수 없어요."

"양키스를 믿어. 위대한 디마지오가 있잖니?"

"디트로이트 타이거즈와 클리블랜드 인디언스가 겁나요."

"정신차려. 그러다간 신시내티 레즈나 시카고 화이트삭스까지 겁내겠다."

"잘 읽어 두셨다가 제가 돌아오거든 얘기해 주세요."

"그건 그렇고, 끝이 85인 복권을 사는 게 좋지 않을까? 내일이 여든 닷새째 되는 날이거든."

"좋죠." 소년이 말했다. "그렇지만 할아버지의 위대한 기록인 87은 어때요?"

"그런 일은 두 번 다시 없을 게다. 85를 살 수 있겠니?"

"살 수 있죠."

"한 장만. 2달러 50센트다. 누구에게 빌리지?"

"문제없어요. 2달러 50센트쯤 언제라도 빌릴 수 있어요."

"나도 빌릴 수 있을 거야. 하지만 나는 빌리고 싶지 않다. 처음에 빌리면 다음엔 구걸하게 되거든."

"할아버지, 몸을 따뜻하게 하셔야 해요. 이제 9월이니까."

"커다란 고기가 걸리는 계절이지. 5월이라면 누구라도 어부가 될 수 있고."

"이제 정어리 잡으러 가겠어요."

소년이 돌아와 보니, 노인은 의자에 앉아 잠들어 있었다. 해도 이미 져 있었다. 소년은 헌 군용 담요를 침대에서 가져다 의자 등받이에 펼쳐 노인 어깨에 덮어주었다. 그 어깨는 무척 늙어 보였지만 아직도 힘이 있는 이상한 어깨였다. 목덜미도 힘 있어 보였고, 노인은 잠이 들어 앞으로 고개를 숙이고 있으니까 주름살도 거의 보이지 않았다. 셔츠는 너무 여러 번 기워서 마치 저 돛과 같았고, 기운 조각이 햇볕에 바래 여러 가지 빛깔로 퇴색해 보였다. 노인의 머리는 역시 늙었고, 눈을 감은 얼굴에는 생기가 없었다. 무릎 위에는 신문이 펼쳐진 채 저녁의 산들바람을 받아 펄럭였으나, 팔 무게가 그것을 누르고 있었다. 발은 맨발이었다.

소년은 그를 그대로 두었다. 다시 돌아왔을 때에도 노인은 여전히 자고 있었다.

"할아버지, 그만 일어나세요." 소년은 손을 노인의 무릎에 얹으면서 말했다.

노인은 눈을 떴으나, 먼 꿈나라에서 돌아오느라고 잠시 시간이 걸렸다. 얼마 안 있어 소리 없이 빙긋이 웃었다.

"뭘 가져왔니?"

"저녁이에요. 저녁 드세요."

"난 그다지 배고픈 줄 모르겠는데."

"자아, 어서 드세요. 잡수시지 않곤 고기잡일 못해요."

"그래." 노인은 일어나서 신문을 접고 담요를 개려고 했다.

"담요로 몸을 덮으세요." 소년이 말했다. "제가 살아 있는 동안에는 굶고 고기잡이하시게는 안 하겠어요."

"그래 오래 살려무나, 몸조심하고." 노인은 말했다. "근데 뭐가 있지?"

"까만 콩하고 바나나 프라이, 그리고 스튜가 있어요."

소년은 테라스에서 두 층으로 된 양은 그릇에 담아 가지고 온 것이다. 주머니 속에는 종이로 싼 나이프와 포크와 스푼이 들어 있었다.

"누가 준 거냐?"

"마틴요. 테라스 주인 말이에요."

"고맙다고 인사를 해야겠군."

"제가 인사해 두었어요. 할아버지는 인사 안 하셔도 돼요."

"큰 고기를 잡으면 뱃살을 줘야겠다. 근데 그가 요번뿐 아니라 여러 번 줬니?"

"그럴 거예요."

"그럼 뱃살만으론 안 되지. 좀더 나은 걸 주어야겠다. 우리에게 신경 써 주는 사람이야."

"맥주도 두 병 줬어요."

"난 깡통 맥주가 더 좋아."

"알아요. 하지만 이건 병맥주예요. 병은 갖다 줄 거예요."

"고맙다." 노인이 말했다. "어디 먹어볼까?"

"아까부터 그러자고 했잖아요." 소년이 상냥하게 말했다. "할아버지가 준비할 때까지 뚜껑을 열고 싶지 않았던 거예요."

"이제 준비됐다. 단지 손을 좀 씻고 싶었을 뿐이야."

손을 어디서 씻는담. 마을의 수도는 두 거리를 걸어가야 했다. 소년은 물을 길어와야겠다고 생각했다. 비누하고 좋은 수건도. 왜 거기까지 생각을 못했을까? 겨울에는 셔츠와 재킷이 필요하겠구나. 그리고 구두도. 담요도 몇 장 더 있어야겠다.

"스튜가 맛있구나." 노인이 말했다.

"야구 얘길 해주세요." 소년이 졸라댔다.

"아메리칸 리그에선 역시 양키스가 최고야." 노인은 즐거운 듯이 말했다.

"오늘은 진 걸요." 소년은 노인에게 가르치듯이 말했다.

"그건 문제도 안 돼. 위대한 디마지오가 곧 실력을 발휘할 거야."

"그 팀엔 다른 선수들도 있잖아요."

"그렇고말고. 하지만 놈은 특별해. 다른 리그에서 브루클린하고 필라델피아라면 난 브루클린 편을 들지. 그러고 보니 딕 시슬러가 낯익은 야구장에서 굉장한 볼을 날렸던 생각이 나는구나."

"그런 맹타는 좀처럼 없어요. 제가 본 중에서 가장 긴 볼을 쳤어요."

"그 사람은 테라스에 자주 왔는데, 생각나니? 나는 그를 고기잡이에 같이 데리고 가고 싶었는데 소심해서 말을 못 건넸지. 그래서 너보고 말 좀 해보라니까, 너도 너무 소심해서 말을 못 했지."

"그랬어요. 큰 실수였어요. 함께 가 주었을지도 모르는데. 그렇게 했다면 평생 자랑거리도 되고."

"난 그 위대한 디마지오를 한번 고기잡이에 데리고 가고 싶어. 그 아버지가 어부였다지. 아마 우리처럼 가난했을 거야. 우릴 이해할 거야."

"위대한 시슬러의 아버지는 가난하지 않았어요. 저만할 때 벌써 큰 리그전에 나갔어요."

"내가 너만한 나이였을 때 아프리카로 다니는 가로돛을 단 배에 선원으로 있었는데, 저녁때면 해변의 사자들을 보았지."

"알아요, 얘기해 주셨어요."

"아프리카 얘기를 할까, 야구 얘기를 할까?"

"야구 얘기가 좋아요. 존 J. 맥그로우 얘기를 해주세요." 소년은 J를 조나라고 발음했다.

"그도 예전에는 이따금 테라스에 오곤 했지. 그런데 술만 먹으면 난폭해지고 입이 거칠어지고 아주 다루기 힘들었어. 야구뿐 아니라 경마도 열심이었지. 항상 주머니 속에 말의 명단을 넣고 다니고, 전화에 자주 말의 이름을 대곤 했지."

"대단한 감독이었어요. 아버지는 그만한 사람은 없다고 하세요."

"그거야 그가 여기에 계속 왔으니까 그렇지. 만약 듀로셔가 해마다 계속해서 왔었다면 네 아버진 그를 가장 훌륭한 감독이라고 말했을 거야."

"그럼, 가장 훌륭한 감독은 누구예요? 류크? 마이크 곤잘레스?"

"둘이 비슷하겠지."

"그리고 가장 훌륭한 어부는 할아버지예요."

"아냐, 난 더 훌륭한 어부를 알고 있다."

"천만에요." 소년이 말했다. "고기 잘 잡는 어부도 많고, 훌륭한 어부도 있기는 했어요. 하지만 할아버지가 최고예요."

"고맙다. 날 기쁘게 해주는구나. 너무 엄청난 고기가 걸려서 우리 생각을 뒤엎어 버리지 않았으면 좋겠다."

"그런 고기가 있을까요? 할아버지는 여전히 건강하시니까."

"생각만큼 그렇게 건강하지 않을지 모르지. 그러나 여러 가지 방법을 알고 있고 신념이 있으니까."

"이제 주무시는 게 좋겠어요. 그래야 내일 아침 기운이 나죠. 이것들을 테라스에 돌려주겠어요."

"그럼 잘 자거라. 아침에 깨우러 가마."

"할아버지는 제 자명종이에요."

"나이가 내 자명종이지." 노인이 말했다. "늙은이들은 왜 그렇게 일찍 깨어날까? 좀더 긴 하루를 갖고 싶어서일까?"

"전 모르겠어요. 제가 아는 건, 아이들은 늦게까지 곤하게 잔다는 것뿐이에요."

"나도 그건 기억하지." 노인이 말했다. "시간에 맞춰 깨울게."

"전 그가 깨워 주는 게 싫어요. 어쩐지 제가 그보다 못난 것 같아서요."

"알겠다."

"할아버지, 안녕히 주무세요."

소년은 나갔다. 그들은 식탁에 불도 켜지 않고 저녁을 먹었던 것이다. 노인은 어둠 속에서 바지를 벗고 자리에 들었다. 바지 속에 신문을 말아넣어 베개를 삼았다. 담요로 몸을 감고, 침대 스프링을 덮은 낡은 신문지 위에서 잤다.

노인은 곧 잠들고, 아프리카 꿈을 꾸었다. 그는 아직 소년이었다. 황금빛 긴 모래밭과 너무도 하얗게 빛나 눈부신 해안, 그리고 높은 곶(岬)과 우뚝 솟은 거대한 갈색 산들이 꿈에 나타났다. 요사이 그는 밤마다 이 해안에서 살다시피 했고, 꿈속에서 바닷가에 부딪치는 파도소리를 듣고 파도를 헤치며 노 저어 오는 토인의 작은 배를 보았다. 그는 자면서 갑판의 타르와 뱃밥 냄새를 맡았다. 그리고 아침이면 불어오는 미풍에 실려 오는 아프리카 대륙의 냄새를 맡았다.

평소라면 뭍에서 불어오는 미풍 냄새에 노인은 눈을 뜨고 옷을 주워 입고 소년을 깨우러 갔다. 그러나 오늘 밤은 미풍 냄새가 너무 빨리 와 꿈속에서도 너무 이르다는 것을 알았다. 그래서 다시 꿈을 계속 꾸며 섬들의 흰 봉우리가 바다에 솟아 있는 것을 보고, 다음엔 카나리아 군도의 여러 항구와 선착장 꿈을 꾸었다.

이제 그의 꿈속에는 폭풍우도, 여자도, 큰 사건도, 큰 고기도, 싸움도, 힘겨루기도, 죽은 아내도 나오지 않았다. 여기저기 여러 고장과 해변의 사자들 꿈만 꾸었다. 사자들은 황혼 속에서 새끼 고양이처럼 놀았고, 노인은 소년을 사랑하는 것처럼 사자들을 사랑했다. 그러나 노인은 결코 소년의 꿈은 꾸지 않았다. 문득 잠이 깨어 열린 창으로 달을 내다보고 바지를 펴서 입었다. 판잣집 바깥에서 오줌을 누고, 소년을 깨우러 길을 걸어 올라갔다. 새벽 한기에 몸이 떨렸다. 그러나 그는 이렇게 떠는 사이에 점점 몸이 따뜻해진다는 것을 알았다. 곧 바다로 노를 젓게 될 거라는 것도.

소년이 사는 집은 문이 잠겨 있지 않았다. 그는 문을 열고 맨발로 조용히 들어갔다. 소년은 첫째 방 침대에서 자고 있었다. 저물어가는 달빛의 어스름 속에서도 소년을 뚜렷이 볼 수 있었다. 그는 소년의 한쪽 발을 살그머니 잡아 당겼다. 소년이 눈을 뜨고 자기 쪽을 돌아볼 때까지 쥐고 기다리고 있었다. 노인이 고개를 끄덕끄덕하니 소년은 침대 옆 의자에서 바지를 집어 들고 침대에 걸터앉아서 입었다.

노인은 문 밖으로 나왔다. 소년은 그 뒤에 따라 나왔다. 소년은 아직 졸렸다. 노인은 소년의 어깨에 팔을 얹으며 말했다.

"미안한데."

"천만에요." 소년이 말했다. "어른이니까 그렇게 해주셔야죠."

그들은 노인이 사는 판잣집으로 길을 내려갔다. 맨발의 어부들이 자기 배의 돛대를 어깨에 메고 어둠 속에서 걸어가고 있었다.

노인의 집에 이르자, 소년은 바구니에 든 낚싯줄과 작살과 갈고리를 들고 노인은 돛을 감은 돛대를 어깨에 메었다.

"커피 드시겠어요?" 소년이 물었다.

"이 뱃기구들을 배에 날라놓고 나서 들자."

그들은 새벽에 어부들을 위해 일찍 여는 음식점으로 가서 연유통으로 커피를 마셨다.

"할아버지, 잘 주무셨어요?" 소년이 물었다. 그는 아직도 졸리는 듯했지만, 이제야 정신이 든 모양이다.

"잘 잤다, 마놀린. 오늘은 자신이 있어."

"저도 그래요. 그럼 할아버지 정어리하고 내 것하고 새 미끼를 가져올게요. 주인 아저씨는 손수 도구를 날라요. 누구에게도 시키지 않아요."

"우리는 달라. 네가 다섯 살 때부터 나르게 했으니까."

"알아요." 소년이 말했다. "얼른 돌아올 테니 커피를 한 잔 더 드세요. 여기선 외상이 통하니까요."

소년은 맨발로 산호 바위 위를 걸어 미끼를 맡겨 둔 얼음집으로 걸어갔다.

노인은 천천히 커피를 마셨다. 이것이 오늘 하루 동안의 식사였다. 그렇기 때문에 그것을 마셔 둬야 한다는 것을 알고 있었다. 벌써 오래 되었다. 그는 먹는 것이 귀찮아져서 점심밥은 가지고 나가지 않는다. 뱃머리에 물병이 있다. 이것만 있으면 하루는 충분하다.

소년이 정어리와 신문지에 싼 미끼 두 뭉치를 갖고 돌아왔다. 그들은 발밑에 자갈 섞인 모래의 감촉을 느끼면서 조각배 있는 데로 내려가 조각배를 끌어 물 가운데로 밀어 넣었다.

"행운을 빌어요, 할아버지."

"그래." 노인이 대답했다. 그는 노를 잡아맨 밧줄을 노받이 말뚝에 매고, 노를 물 속에 담가 몸을 앞으로 구부리며 어둠 속에서 항구를 벗어나 저어나 갔다. 해안의 다른 배들도 바다로 나가고 있었다. 달은 이제 산 너머로 져서 배를 볼 수는 없었지만 노를 젓는 물소리는 분명하게 들려왔다.

이따금 어느 배에선지 말소리가 들려왔다. 그러나 대부분의 고깃배는 침묵을 지켰다. 단지 노 젓는 소리만 들릴 뿐이다. 항구 밖으로 나서자 각각 고기 떼를 찾을 수 있으리라고 생각되는 바다의 이곳저곳으로 방향을 돌려 흩어져 갔다. 노인은 멀리 나가 볼 생각이었으므로, 물 냄새를 뒤로하고 대양의 맑은 이른 아침 냄새 속으로 노 저어 갔다. 문득 보니, 물 속 해초가 빛을 내고 있다. 이 주변을 어부들은 큰 우물이라고 부른다. 이곳은 물의 깊이가 7백 길이나 되기 때문에 이렇게 부르는데, 조류가 그 바다 밑바닥의 급한 경사면에 부딪쳐서 생기는 소용돌이로 온갖 종류의 고기가 모여들었다. 새우와 미끼 고기가 떼를 지어 모여 있고, 가장 깊은 구멍에는 오징어 떼도 모이는데, 이것들은 밤이 되면 수면 가까이 떠올라 오가는 고기들에게 먹히고 말았다.

노인은 어둠 속에서 아침이 다가오는 것을 느꼈다. 날치가 물을 찰 때 내는 부르릉 떠는 소리와 그 빳빳이 세운 날개가 어두운 밤하늘을 가르는 쉿쉿하는 소리를 노를 저으면서 들었다. 바다에서는 날치들이 제일가는 친구였다. 노인은 날치에게 늘 애착을 느꼈다. 새는 불쌍하다고 생각했다. 특히 조그맣고 약한 검은 제비갈매기처럼 항상 날아다니면서 먹이를 찾지만 번번이 허탕만 치는 새들을 보면 더욱 그랬다. '파리새나 크고 억센 종류 말고는 우리보다도 더 고달픈 생활을 하는구나. 이 잔혹한 바다에 어찌 바다제비같이 약하고 예쁜 새를 만들어 놨을까? 바다는 다정하고 대단히 아름답다. 하지만 잔혹해질 수도 있고 갑자기 그렇게도 되는데, 슬프디 슬픈 약한 소리로 울고 물을 미끄러지듯 먹이를 찾아 헤매는 저 작은 새들은 바다에 살기엔 너무도 연약하지 않을까.'

바다를 생각할 때 노인은 언제나 라 마르(la mar)라는 말이 떠올랐다. 그것은 이 지방 사람들이 바다를 사랑할 때 부르는 스페인어였다. 바다를 사랑하는 사람들도 때로는 욕설을 퍼붓는다. 그러나 그때조차 바다를 여성으로 취급하는 말투는 여실히 드러난다. 젊은 어부들 가운데 낚시찌 대신에 부표를 사용하고 상어의 간을 팔아서 번 돈으로 모터보트를 사들인 사람들은 바다를 남성으로 하여 엘 마르라고 부른다. 그들은 바다를 투쟁 상대나, 일터나, 심지어 적인 것처럼 불렀다.

그러나 노인은 항상 바다를 여성이라고 생각했다. 때로는 큰 은혜를 베풀어 주고, 때로는 그렇지 않았다. 설령 바다가 거칠게 굴거나 화를 끼치는 일이 있다 해도 할 수 없는 일이 아닌가. 달이 여인을 지배하듯이 바다도 지배한다고 노인은 생각했다.

노인은 꾸준히 노를 저어갔다. 무리하게 속력을 내지도 않았고, 해면도 물굽이가 이따금 소용돌이치는 곳을 제외하고는 잔잔했기 때문에 전혀 힘들지 않았다. 3분의 1 가량은 조류에 내맡겨 흘러와, 날이 밝을 무렵에는 이 시간에 저어 나오려던 거리보다 훨씬 멀리 나와 있음을 알았다.

나는 한 주일 동안 깊은 샘을 찾아다녔지만 하나도 잡지 못했지, 오늘은 칼고등어나 다랑어 떼가 모이는 데로 가서 줄을 내리면, 어쩌면 근처에 큰 놈이 있을지도 모르지, 하고 그는 생각했다.

밝기 전에 노인은 미끼를 꺼내고 물이 흐르는 대로 배를 맡겨 놓고 있었다. 첫 미끼는 마흔 길 되는 깊이에 넣었다. 두 번째 미끼는 일흔 다섯 길, 셋째 미끼와 넷째 미끼는 백 길과 백 스물다섯 길 되는 푸른 물 속에 넣었다. 낚싯바늘의 곧은 부분에 미끼 고기를 거꾸로 꿰어 단단히 묶어 꿰매었고, 낚시의 굽은 부분과 끝은 싱싱한 정어리로 싸여 있었다. 낚시로 두 눈을 꿰뚫려 걸린 정어리는 낚시에 반월형의 화환 같이 돼 있었다. 큰 고기가 구수한 냄새와 맛을 느끼지 않을 부분은 낚시의 어느 곳에도 없었다.

소년이 준 싱싱한 다랑어 새끼 두 마리는 제일 깊은 곳에 넣은 두 낚싯줄에 추처럼 매달았고, 다른 줄에는 전에 쓰던 크고 푸른 빛의 방어와 누런 빛의 수컷 연어를 달았다. 전에 한 번 썼던 것이지만 아직 성하여 정어리와 함께 물 속에 매달았던 것이다. 어떤 줄도 모두 큰 연필만큼 굵고 그 끝은 초록색 칠을 한 막대기에 매달려 있어, 고기가 미끼에 달려들기만 하면 막대기가 기울어지게 되어 있었다. 그리고 모두 마흔 길의 코일이 두 개씩 달려 있고, 이것을 다른 여분의 코일에 맬 수도 있어 필요하다면 고기는 3백 길은 낚싯줄을 끌고 나갈 수 있었다.

지금 노인은 뱃전 너머로 세 개의 막대기가 기우는 것을 꼼짝 않고 기다리고 있었다. 그리고 낚싯줄이 팽팽하게 아래위로 늘어져서 미끼가 적당한 깊이를 유지하도록 조용히 노를 저어갔다. 이젠 날이 밝아와 금방이라도 해가 솟을 것 같았다.

바다 위로 어렴풋이 해가 떠올랐다. 노인은 다른 배들을 볼 수 있었다. 배들은 해면을 기는 것처럼 낮게 떠 있고, 해안을 배경으로 조류를 넘어 한가로이 흩어져 있었다. 해는 서서히 밝아지고 해면에 섬광을 깔더니, 조금 뒤에 완전히 모습을 드러내자 편평한 노인의 눈에 빛이 반사되었다. 노인은 눈이 부셨으므로 얼굴을 돌리고 노를 저었다. 그는 어두운 바다 밑으로 팽팽하게 드리워져 있는 낚싯줄을 가만히 지켜보았다. 그는 어느 누구보다도 줄을 팽팽하게 드리웠다. 그래야만 언제나 어두운 수심 속 자기가 바라는 곳에 어김없이 미끼를 놓았다가 그곳을 지나는 고기를 잡을 수 있는 것이다. 대부분의 어부들은 미끼를 조류에 내맡기고 있기 때문에, 백 길이라고 생각해도 사실 60길 정도밖에 안 되는 것이다.

그러나 나는 정확하게 드리운다고 생각했다. 다만 운이 없을 뿐이지. 그러나 누가 알겠는가? 아마 오늘만큼은. 하루하루가 새로운 날인걸. 운이 있다면 좋기는 하지. 그러나 나는 정확을 기하겠어. 그래야 운이 다가오면 얼른 받아들일 수가 있을 게 아닌가.

해가 떠오른 지 두 시간이 지났다. 동쪽을 바라보아도 별로 눈이 아프지 않았다. 이제 배는 세 척밖에 보이지 않았고, 그것도 멀리 해변 가까운 쪽에 떠 있었다.

노인은 지금까지 늘 아침 해가 내 눈을 상하게 한다고 생각했다. 그러나 내 눈은 아직 끄떡없다. 저녁에는 아무렇지도 않게 해를 똑바로 바라볼 수가 있다. 저녁 햇빛이 더 강하다. 그러나 아침 해는 어쩐지 애처롭다.

마침 그때 군함조 한 마리가 길고 검은 날개를 펴고 그의 앞쪽 바다 상공을 날고 있었다. 새는 뒤로 날개를 치며 급히 내려왔다가 다시 날아올랐다.

"무언가 봤구나." 노인은 소리 내어 말했다. "그저 찾고 있는 건 아닌데."

그는 새가 맴돌고 있는 곳을 향해 천천히 노를 저어갔다. 서두르지 않고 줄을 아래위로 팽팽히 드리운 채 다가갔다. 단지 정확히 낚시질을 했기 때문에 다소 조류를 거슬러서 노를 저었다. 그만큼 서두르지 않아서 좋았지만, 새를 표적 삼아 낚시질을 하고 싶었던 것이다.

새는 더욱 하늘 높이 올라가 날개는 움직이지 않고 다시 빙빙 맴돌았다. 그러다 갑자기 새는 쏜살같이 해면으로 내려왔고, 그때 노인은 물 위로 날치가 튀어 오르더니 필사적으로 해면을 날아가는 것을 보았다.

"돌고래군." 노인이 소리 내어 말했다. "큰 돌고래야."

노인은 노를 노받이에 걸고 이물 밑창에서 가는 낚싯줄을 꺼냈다. 그 줄에는 철사로 된 낚시걸이와 중간 크기의 낚시가 달려 있었다. 그는 정어리 한 마리를 미끼로 달아 줄을 뱃전 너머로 던지고, 그 끝을 배의 뒷부분 고리에 단단히 비끄러맸다. 또 한 줄에 미끼를 달아 뱃머리 구석에 둘둘 말아놓았다. 노인은 다시 노를 저으며, 이제는 저 멀리에서 얕게 날며 먹이를 찾고 있는 날개가 검은 새를 지켜보고 있었다.

노인은 가만히 지켜보고 있었다. 새는 다시 날개를 비스듬히 기울이고 해면으로 날아 내려와 날치를 쫓아 맹렬하고 초조하게 날갯짓을 했다. 노인은 순간, 큰 돌고래가 달아나는 날치를 쫓느라고 해면이 약간 부풀어 오르는 것을 보았다. 돌고래는 날치가 나는 해면 밑을 전속력으로 가르면서 달려가고 있었다. 날치가 해면으로 떨어지면 그걸 받아먹으려는 것이었다. 큰 돌고래 떼로구나, 하고 노인은 생각했다. 돌고래 떼는 넓게 퍼져 있었다. 날치는 도망갈 수 없다. 새도 헛수고를 할 뿐이다. 새에게 날치는 너무 크고 빨랐다.

노인은 날치가 몇 번씩이나 수면 위로 뛰어오르는 것을 보았다. 그때마다 되풀이되는 새의 헛된 동작을 지켜보았다. 저 돌고래 떼는 멀리 가 버렸겠거니 생각했다. 그것들은 너무 빨리, 너무 멀리까지 달리고 있었다. 그러나 떼에서 뒤처진 놈을 잡을 수도 있겠지. 내 큰 고기가 근방에 있을지도 모른다. 틀림없이 내 큰 고기가 어딘가에 있을 게다.

이제 구름은 육지 위에 산처럼 뭉게뭉게 피어올라 있고, 해안은 연하고 푸른 산을 배경으로 긴 초록빛으로 보였다. 물은 이제 새파랗고 거의 보랏빛으로 보인다. 물 속을 가만히 들여다보니 짙푸른 물 속에 체로 쳐낸 듯한 붉은 부유생물이 떠 있고, 햇빛에 반사하여 이상한 빛의 무늬가 희미하게 보였다. 낚싯줄은 물 속 안 보이는 곳에 있고, 부유생물이 많으면 그 밑에는 반드시 고기가 있으므로 노인은 만족했다. 태양이 높이 떠오른 지금 물 속에서 이상한 빛의 무늬가 보이는 것은 날씨가 좋기 때문이다. 육지 위에 뜬 구름의 형태로도 알 수 있었다. 그러나 새의 모습은 이제 보이지 않는다. 아니, 해면에는 아무것도 보이지 않는다. 다만 배의 바로 옆에 햇빛에 바랜 누런 해초가 여기저기 떠 있으며, 보랏빛으로 반짝이며 아교질 부레와 똑같이 생긴 고깔해파리들이 뱃전 가까이에 떠 있을 뿐, 그것들은 옆으로 뒤쳤다가 다시 똑바로 뜨곤 했다. 치명적인 독이 있는 보랏빛의 섬유상 세포가 물 속에 1야드 가량 기다랗게 꼬리를 끌며 물거품을 이루고 떠 있었다.

"아구아 말라(스페인어로 독한 물이라는 뜻)로군. 갈보년 같으니라고."

노를 가볍게 저으며 물 속을 들여다보니 꼬리에 달린 섬유상 세포와 똑같은 색의 잔고기들이 그 사이를 헤엄치는 것이 보인다. 잔고기들은 둥실둥실 떠 있는 해초 그늘 밑에 무리 짓고 있었다. 그들은 독에 면역이 되어 있는 것이다.

그러나 사람은 그렇지 못하다. 보랏빛 끈끈한 섬유상 세포가 낚싯줄에 들러붙어 있을 때 고기잡이를 하면, 손이나 팔에 독 있는 담쟁이덩굴이나 옻나무에서 오르는 것과 같은 물집이나 헌데가 생긴다. 게다가 이 아구아 말라 독은 회초리로 맞은 것처럼 바로 부풀어 오른다.

무지갯빛의 거품은 아름다웠다. 그러나 이것은 바다의 사기꾼이라, 노인은 큰 바다거북이 그것들을 먹는 것을 보면 무엇보다도 즐거웠다. 바다거북들은 그것을 보면 정면으로 다가가 눈을 감고, 목을 껍질 속에 감추고 섬유상 세포를 먹어치운다. 노인은 바다거북이 이렇게 먹는 것을 보기 좋아했다. 폭풍 뒤에 해안으로 떠밀려온 것들을 뿔처럼 굳은 발뒤꿈치로 밟고는, 그때 나는 폭폭 소리를 들으며 걷는 것을 좋아했다.

노인은 푸른 거북과 대모갑은 우아하고 속력이 있어 값이 많이 나가 좋아했으나, 크기만 하고 우둔한 붉은 거북에 대하여는 친밀감 섞인 경멸감을 갖고 있었다. 이놈은 누런빛 껍데기를 뒤집어쓰고 교미하는 모양이 이상하고, 눈을 감은 채 신나게 고깔해파리를 집어삼키는 것이다.

노인은 여러 번 배를 타고 거북잡이를 나갔지만, 거북에 대해서 아무런 신비감도 갖지 않았다. 오히려 불쌍하다는 생각이 들었다. 길이가 조각배만 하고 무게가 1톤이나 나가는 거대한 거북에 대해서까지 동정을 느꼈다. 거북의 심장은 살을 갈라 버린 뒤에도 몇 시간 동안이나 뛰기 때문에, 거북에 대해서는 대개가 무자비하다. 그러나 나도 그런 심장을 가졌고, 손도 발도 거북과 비슷하다고 생각했다. 노인은 힘을 기르기 위해 거북의 흰 알을 먹었다. 9월과 10월에 정말로 큰 고기를 잡을 힘을 기르기 위해 5월 한 달 동안 내내 알을 먹었다.

노인은 또 여러 어부들이 뱃기구를 넣어 두는 판잣집의 드럼통에서 상어의 간유를 꺼내 매일 한 잔씩 먹었다. 어부가 원하면 누구든 마실 수 있게 놔두었으나, 어부들은 대부분 그 맛을 싫어해서 먹지 않았다. 그러나 그것은 어부들이 매일 아침 일찍 일어나야 하는 괴로움에 비하면 아무것도 아니고, 감기나 유행성 독감에도 좋았으며 눈에도 좋은 약이었다.

문득 노인은 하늘을 올려다 보았다. 다시 새가 원을 그리며 맴돌고 있었다.

"고기를 찾았구나." 노인은 큰 소리로 말했다. 이제 해면을 뛰어 오르는 날치도 없었고, 미끼 고기들도 흩어져 있지 않았다. 그러나 노인이 가만히 해면을 보니, 조그만 다랑어가 한 마리 뛰어올랐다가 머리를 거꾸로 하고 물 속으로 떨어졌다. 비늘이 햇빛을 받아 은빛으로 빛났고, 그것이 떨어지자 다른 물고기가 연달아 뛰어올랐다가 사방으로 곤두박질하고 물을 휘젓고 미끼 고기를 따라 멀리 뛰었다. 미끼 고기 주변을 돌기도 하고 쫓아오기도 했다.

너무 빠르게 가지만 않는다면 따라가겠는데, 하고 노인은 생각하며 물거품을 하얗게 일으키는 다랑어 떼와 겁에 질려 해면으로 쫓겨나온 미끼 고기를 향해 내리 덮치는 새를 지켜보고 있었다.

"새가 큰 도움이 되거든." 노인은 중얼거렸다. 그때 낚싯줄을 한 번 감아서 발밑에 누르고 있던 배 뒤편의 줄이 팽팽하게 당겨졌다. 노인은 노를 놓고 줄을 단단히 잡고 끌어당기면서 물 속의 조그만 다랑어가 부르르 떨며 잡아당기는 무게를 느꼈다. 당기는 데 따라 진동도 더해 갔고 물 속으로 고기의 푸른 잔등을 볼 수 있었고, 뱃전으로 끌어들이기 전에 금빛으로 빛나는 배가 보였다. 힘을 넣어서 홱 낚아채니 고기는 뱃전을 홀쩍 넘어서 배 속으로 날아 들어왔다. 단단하고 총알처럼 생긴 다랑어는 햇빛을 받고 배의 머리 쪽 바닥에 누워 있었다. 그리고 커다랗고 멍청한 눈을 크게 뜨고는, 쭉 뻗은 날쌘 꼬리로 배 바닥 널판자를 두드리며 스스로의 생명을 재촉하고 있었다. 노인은 친절한 마음에서 그 머리를 때려 배 뒤쪽으로 차 던졌다. 고기는 배 뒤쪽 끝에서 떨고 있었다.

"다랑어야." 노인은 큰 소리로 말했다. "훌륭한 미끼가 되겠군. 10파운드는 되겠는걸."

노인은 도대체 언제쯤부터 이렇게 큰 소리로 혼잣말을 하게 됐는지 생각나지 않았다. 예전에 혼자 있을 때면 곧잘 노래를 불렀고, 밤에도 스매크 선(고기를 산 채로 넣는 통발을 갖춘 어선)이나 거북잡이 배에서도, 또 어선에서 당번이 돌아와 혼자 키(舵)를 잡을 때도 가끔 노래를 불렀다. 아마 큰 소리로 혼잣말을 하게 된 것은 소년이 배에서 떠나 버리고부터인 것 같았다. 그러나 명확하게 생각나지 않았다. 소년과 둘이서 고기잡이할 때에는 대개 서로 필요할 때만 말했다. 말을 주고받는 것은 밤이 되어서나 날씨가 나빠 배를 띄울 수 없을 때뿐이었다. 바다에서는 쓸데없는 말을 하지 않는 것이 미덕(美德)으로 되어 있었고 노인도 그것을 당연하게 생각하며 존중했다. 그러나 지금 그는 자기 생각을 큰 소리로 몇 번이고 말했다. 귀찮아할 사람이 없기 때문이다.

"누군가 내가 소리 내어 중얼거리는 것을 들으면 미쳤다고 생각하겠지." 그는 큰 소리로 말했다. "하지만 미치지 않았으니 괜찮아. 그런데 돈 있는 사람들은 배에서도 라디오를 틀고 쉴 새 없이 듣지 않는가, 야구 방송까지."

지금은 야구 생각을 할 때가 아니지, 하고 그는 생각했다. 지금은 다만 한 가지만을 생각해야 돼. 그걸 위해서 내가 태어난 걸 생각해야지. 저 다랑어 떼 주위에 큰 고기가 있을지도 모른다. 나는 아직 먹이를 먹고 있는 다랑어 떼의 낙오자를 잡아 올렸을 뿐이다. 그러나 그것들은 멀리에서 빠르게 달리고 있다. 오늘 해면에서 본 건 모두가 북동쪽을 향해 빠르게 달렸다. 그건 시간 탓일까? 아니면 내가 모르는 날씨 탓일까?

더 이상 초록빛 해안은 보이지 않는다. 다만 푸른 산의 봉우리가 마치 눈에 덮인 것처럼 하얗게 보였고, 다시 그 위로 우뚝 솟은 설산(雪山)처럼 흰 구름이 떠 있었다. 바다는 퍽 어두운 빛깔이고, 광선이 물속에 프리즘을 이루고 있었다. 무수한 부유 생물의 떼들도 내리쬐는 햇빛 때문에 보이지 않고, 1마일 깊이의 물속으로 똑바로 늘어져 있는 낚싯줄 주변에는 푸른 물 속에 거대한 프리즘 현상이 보일 뿐이었다. 다랑어 떼는 다시 물러갔다. 어부들은 이 종류의 고기를 모두 다랑어라고 했고, 팔 때나 미끼 고기와 바꿀 때만 각각 명칭을 붙여 구별했다. 이제 햇빛은 뜨거워지고 노인은 그 열을 목덜미에 느꼈다. 노질하는 데 땀이 등골을 타고 흘러내렸다.

배를 띄워 놓고 낚싯줄을 감아 발끝에 매 두고 한잠 자도 고기가 물면 쉽게 깨어날 텐데. 아니다, 오늘은 85일째니까 무슨 일이 있어도 많이 잡아야지.

바로 그때, 줄을 지켜보던 노인은 물 위로 초록빛 막대기가 갑자기 홱 기울었다 들려지는 것을 보았다.

"옳지, 옳지. 됐어." 배에 닿아 덜컹거리지 않도록 노를 노받이에 올려놨다. 팔을 뻗어 오른손 엄지손가락과 집게손가락 사이로 살짝 줄을 들었다. 당겨지는 느낌도 무게도 느껴지지 않아 가볍게 들고 있었다. 그러자 또 확 당겨졌다. 이번에는 넌지시 속을 떠보듯이 당겼다. 세게도 거칠게도 느껴지지 않았다. 그는 모든 사태를 확실히 알아차렸다. 지금 백 길 물 속에서 마알린이 조그만 다랑어 주둥이에서 내민 갈퀴에 방울처럼 매달린 정어리를 뜯어먹고 있는 것이다.

노인은 가볍게 왼손으로 줄을 쥔 채 그것을 살그머니 막대기에서 벗겼다. 이제 고기에게 아무런 저항도 주지 않고 손가락 사이로 줄을 풀어낼 수 있었다.

이렇게 멀리까지 나왔고 9월이니까 보기 드물게 큰 놈일 거라고 생각했다. 먹어라, 잔뜩 먹어라. 제발, 많이 먹어라, 모두 싱싱한 놈들이다. 그런데도 너는 6백 피트나 되는 그 차고 어두운 물 속에서 우물거리고 있다니! 그 어둠 속에서 또 한 바퀴 돌고 와서 먹어보렴.

노인은 가볍고 조심스럽게 당기는 것을 느꼈고, 정어리 대가리를 낚시에서 떼내기가 힘드는지 세게 당기는 것이 느껴졌다. 그러나 곧 잠잠해졌다.

"자아, 와라." 노인은 큰 소리로 말했다. "다시 한 바퀴 돌아. 그리고 냄새를 맡아 봐라! 근사하지? 이번에는 실컷 뜯어 봐라, 다랑어도 있잖아. 단단하고 차고 맛있어. 사양할 것 없어. 자아, 많이 먹어."

노인은 엄지손가락과 집게손가락 사이에 줄을 낀 채 줄을 지켜보고, 또 고기가 아래위로 헤엄칠 수도 있어 다른 줄에도 눈길을 보냈다. 그러자 또 아까처럼 가만가만 건드렸다.

"이번에야말로 먹겠지!" 노인은 큰 소리로 말했다. "제발 부탁하네."

그러나 고기는 먹지 않았다. 달아났는지 전혀 반응이 없었다.

"달아날 리가 없는데. 절대로 그럴 리가 없어. 그냥 한 바퀴 돌겠지. 어쩌면 전에 한번 걸린 일이 있어 그것을 생각해냈는지도 모르지."

과연 곧 줄에 희미한 반응이 느껴졌다.

"한 바퀴 돌고 왔을 뿐이야. 이젠 틀림없이 먹겠지."

가볍게 끌리는 기분이 그를 만족케 했으나, 순간 무언가 벅찰 만큼 억센 반응이 느껴졌다. 틀림없이 고기의 무게였다. 예비로 마련한 두 줄 중 하나가 계속 밑으로 풀려나갔다. 노인의 손가락 사이로 줄이 풀려 내려가도 엄지손가락과 집게손가락 끝에 저항은 거의 느껴지지 않지만 큰 중량감은 확실히 느꼈다.

"제기랄!" 그는 중얼거렸다. "미끼를 이젠 옆에 물고 달아나려고 하는구나."

다시 한 바퀴 돌고 나선 먹겠지 했다. 그러나 좋은 일을 미리 말해 버리면 그 일이 이루어지지 않는 것을 알기 때문에 입 밖에 내지 않았다. 노인은 고기가 엄청나게 큰 놈이라는 것을 알고 있었고, 다랑어를 입에 문 채 어두운 바닷속을 달리는 고기를 생각했다. 그때 고기의 동작이 멈춘 것을 느꼈으나, 중량감은 아직 그대로 남아 있었다. 그러나 무게가 더해져서 줄을 더 풀어냈다. 엄지손가락과 집게손가락을 잠시 쥐었더니 무게가 더해지면서 똑바로 내려갔다.

"물었군. 많이 먹어라."

노인은 손가락 사이로 줄이 풀려 나가도록 하고 왼손을 뻗쳐 예비 줄 두 개의 한 끝을 다른 두 예비 줄 끝에다 붙들어 매었다. 준비는 끝났다. 지금 풀려 나가고 있는 줄 외에 마흔 길 되는 줄 세 개를 더 갖게 되는 셈이다.

"좀더 먹어라. 아주 꿀꺽 삼켜라."

낚시 끝이 네 심장에 박히도록 꿀꺽 삼켜 봐라. 그리고 사양 말고 떠올라 와라. 내가 작살로 찌르게 말이다. 자아, 됐다. 준비가 됐겠지? 먹을 만큼 먹었나?

"야아!" 그는 큰 소리로 외치고 두 손으로 힘껏 줄을 당겨 1야드 가량 감은 다음에 몸의 무게를 중심 삼아 양쪽 팔을 번갈아 흔들며 당기고 또 당겼다.

그러나 그뿐이었다. 고기는 유유히 달아나고 노인은 한 치도 끌어당길 수 없었다. 줄은 튼튼하고 큰 고기를 잡기 위해 만들어진 것이라, 어깨에 메었더니 줄이 팽팽하게 당겨지며 물방울이 튀었다. 그러고는 물 속에서 철썩철썩하는 소리를 내기 시작했다. 그는 배의 가름나무에 버티고 앉아 끄는 힘에 맞서 몸을 뒤로 젖혔다. 배가 북서쪽을 향해 천천히 움직여 갔다.

고기는 꾸준하게 배를 끌고 나가 그들은 고요한 바다 위를 천천히 미끄러져 갔다. 다른 미끼는 아직 물 속에 있었으나 달리 어떻게 할 도리가 없었다.

"그 애가 있었으면 좋았을걸." 노인은 소리 내어 말했다. "나는 지금 고기에게 끌려가고 있다. 당장 줄을 당길 수도 있지만 고기가 줄을 끊고 달아날지도 모른다. 어떻든 놓치지만 말고, 잡아당기면 줄을 더 풀어 줘야지. 그래도 옆으로만 나가고 물속 깊이 내려가지 않는 게 얼마나 고마운가."

그런데 물속으로 들어가려 한다면 어떡한다? 갑자기 곤두박질치면서 죽으면 어떡하지. 뭐, 방법이 있겠지. 방법은 내게도 많으니까.

그는 등에 건 줄이 물속으로 비스듬히 경사져 있는 것과 북서쪽을 향해 계속 끌려가는 배를 지켜보았다.

이러다 죽겠다고 생각했다. 이대로 영원히 버틸 수는 없을 테니까. 그러나 네 시간이 지나도 고기는 여전히 배를 끌면서 먼 바다로 나가고 있었다. 노인은 그대로 등에 줄을 건 채 버티고 있었다.

"놈이 걸린 게 오전쯤이었지. 그런데 나는 아직 놈의 꼴을 구경도 못했구나."

고기가 걸리기 전에 밀짚모자를 깊숙이 눌러썼더니 앞이마가 쓰렸다. 게다가 목도 말랐다. 노인은 무릎을 꿇고 줄이 갑자기 당겨지지 않도록 조심하면서 뱃머리 쪽으로 가까이 기어가서 한 손을 뻗쳐 물병을 잡아당겼다. 뚜껑을 열고 조금 마셨다. 그러고는 뱃머리에 몸을 기대고 쉬었다. 노인은 배 바닥에 놓았던 돛대와 돛 위에 앉아서 견뎌 내는 일만 생각하려고 애썼다.

문득 뒤돌아보니 육지는 보이지 않았다. 그건 상관없지. 노인은 속으로 생각했다. 언제나 아바나에서 비치는 밝은 빛으로 돌아올 수 있다. 아직 해가 지려면 두 시간은 남았고 그때까지야 저놈도 올라와줄 게다. 그때까지 올라오지 않으면 달이 뜰 때 함께 떠오르겠지. 그것도 안 되면 아침 해가 뜰 때 같이 떠오르겠지. 내 몸엔 쥐도 안 나고 기운도 있다. 입에 낚시를 문 것은 저놈이다. 그렇다고 해도 저처럼 당기니 대단한 놈이다. 놈은 낚싯바늘을 물고 입을 꼭 다물고 있는 게 틀림없다. 잠깐이라도 봤으면. 내 상대가 도대체 어떻게 생긴 놈인지 알기 위해서라도 꼭 한번 보고 싶다.

별의 위치로 살펴보니 고기는 밤새도록 가는 길을 조금도 바꾸지 않았다. 해가 지고부터 추웠다. 노인이 등과 팔과 늙은 다리에 흘렸던 땀은 차게 식었다. 그는 낮 동안에 미끼 궤짝을 덮었던 부대를 햇볕에 널어 말려 두었었다. 해가 지자 그것을 목에 비끄러매어 등에 늘어뜨리고 조심스레 어깨에 가로질러 걸쳐 메고 있는 낚싯줄 밑으로 밀어 넣었다. 부대가 어깨 덮개의 구실을 했다. 그는 뱃머리에 기대듯이 앉았다. 실제로는 견딜 수 없는 자세를 조금 면한 것에 지나지 않았으나, 그래도 꽤 편했다.

나도 어쩔 수 없지만 녀석도 마찬가지인 셈이다. 이 상태로 끌고 나가는 한 피차 어쩔 도리가 없지.

그는 일어서서 뱃전 너머로 오줌을 누고 별을 바라보고 진로를 확인했다. 그의 어깨에서 물속으로 곧게 뻗은 줄이 하나의 빛처럼 뚜렷하게 보였다. 이제 그들은 더욱 천천히 움직여 갔고, 아바나의 훤한 불빛이 그다지 강하지 않은 것으로 보아 조류에 밀려 동쪽으로 나아가 있음을 알았다. 만약 아바나의 불빛이 안 보인다면 더 동쪽으로 나가고 있음에 틀림없다. 고기가 어김없이 제 길을 간다면 아직 몇 시간은 더 불빛이 보일 것이다. 오늘 그랜드 리그 전의 야구 시합은 어떻게 됐을까? 라디오를 들을 수 있다면 멋있을 텐데. 그러나 그는 곧 지금은 고기 생각만 해야겠다는 생각이 들었다. 자기가 하고 있는 일만을 생각해라, 쓸데없는 생각을 해선 안 돼.

갑자기 그는 소리를 내어 말했다. "그 애가 있었다면 좋았을걸. 나를 도와주고 구경도 하고."

늙으면 혼자 있는 게 좋지 않다는 생각이 절실히 들었다. 그러나 이건 어떻게 할 수 없는 일이다. 그것보다 다랑어가 상하기 전에 먹고서 기운을 차려 두는 걸 잊지 말아야지. 아무리 먹고 싶지 않아도 아침에는 꼭 먹어 두는 걸 잊지 말아야 해. 그는 마음속으로 이렇게 자신에게 일러 주었다.

밤중에 돌고래 두 마리가 배 가까이에 나타나 뒤척이고 물을 내뿜고 하는 소리가 들렸다. 노인은 수놈이 물을 뿜는 소리와 암놈의 한숨 쉬듯 뿜는 물소리를 분간할 수 있었다.

"착한 것들이야. 서로 장난치고 사랑을 하거든. 저놈들도 날치처럼 나와 서로 형제간이다."

그는 갑자기 낚시에 걸린 큰 고기가 불쌍해졌다. 얼마나 근사하고 진귀하며, 얼마나 나이를 먹었을까. 이렇게 억센 놈과 부닥친 일도 없지만 이처럼 색다르게 구는 놈도 처음 봤다. 너무 영리해서 뛰지도 않는다. 뛰거나 맹렬하게 돌진해 가면 나를 꼼짝 못하게 할 텐데. 아마 예전에 여러 번 낚시에 걸린 적이 있어, 이렇게 싸워야 한다는 것을 알고 있는 모양이다.

그러나 녀석은 모른다. 자기의 상대가 한 사람뿐이고, 게다가 늙은이라는 것을. 어찌 되었건 굉장한 놈이고, 고기 살이 좋다면 시장에서 얼마나 값이 나갈건가. 수놈답게 미끼에 달려들고, 수놈답게 끌고 가고, 수놈답게 싸우는 데도 당황하는 기색이 없다. 저대로 무슨 계획이 있는지, 아니면 나처럼 필사적인지 알 길이 없다.

노인은 언젠가 마알린 한 쌍 중 암놈을 낚은 일이 떠올랐다. 미끼를 찾으면 수놈이 항상 암놈에게 먼저 먹게 한다. 그때 걸린 암컷은 이리저리 내휘두르며 절망적인 투쟁을 했지만 기진맥진해 버렸고, 그동안 수놈은 암놈 곁을 떠나지 않고 낚싯줄을 넘어 다니기도 하고 해면을 맴돌았다. 너무 가까이 다가와서, 모양과 크기가 큰 낫과 거의 비슷한 날카로운 꼬리가 낚싯줄을 끊어 버리지나 않을까 걱정했다. 노인은 암놈을 갈퀴로 잡아 끌어당기고 몽둥이로 후려쳤다. 가장자리가 사포처럼 날카로운 부리를 붙잡고 정수리를 거울 뒷면과 같은 빛이 되도록 후려갈겨, 소년의 도움으로 배 위에 끌어올리는 동안까지 수놈은 뱃전을 떠나지 않았다. 그리고 나서 노인이 낚싯줄을 챙기고 작살을 준비하는데, 자기 짝이 어디 있나 보려고 수놈이 배 옆 공중으로 높이 뛰어올랐다가 가슴지느러미의 연한 보랏빛 날개를 활짝 펴서 넓직한 줄무늬를 보이더니 물속 깊이 모습을 감췄다. 아름다운 놈이었지. 노인은 그때의 일을 떠올렸다. 마지막까지도 쫓아오더니만.

내가 겪은 가장 슬픈 일이었지. 소년도 슬퍼했고, 우리는 암놈에게 용서를 빌고 바로 죽였지.

"그 애가 있었으면 좋을 텐데." 노인은 소리 내어 말하고, 둥그스름한 뱃전에 몸을 기댔다. 어깨를 가로질러 메고 있는 낚싯줄을 통하여 자신이 선택한 곳을 향해 꾸준히 달려가고 있는 큰 고기의 힘을 느꼈다.

한번 내 계책에 걸려든 이상 어느 편이든 선택해야겠다고 노인은 생각했다.

놈의 선택은 덫이나 올가미나 간계를 피해 저 깊고 어두운 바닷속으로 가려는 것이다. 그러나 내 선택도 모든 사람들을 피해, 아니, 이 세상 사람들을 피해 저 바닷속까지 쫓아가는 것이다. 지금도 우리는 함께 있고 오전부터 함께 있지 않았느냐. 그리고 둘 다 혼자라 누구 하나 도와줄 사람도 없다.

어부 따위는 되지 말 걸, 노인은 생각했다. 아니, 나는 고기를 위해 태어났다. 날이 새면 꼭 다랑어 먹는 것을 잊지 말아야지.

먼동이 트기 조금 전에, 그의 뒤에 있는 낚시의 어느 것에 무엇인가가 걸렸다. 막대기가 흔들리는 소리가 들리더니 줄이 뱃전 너머로 풀려나가고 있었다. 노인은 어둠 속에서 선원용 나이프를 꺼내, 뱃머리에 기대고 있는 왼쪽 어깨로 고기의 전 중량을 버티면서 줄을 뱃전에 대고 끊어 버렸다. 그리고 가까이에 있는 줄들도 잘라 버리고 예비 줄의 끝과 끝을 어둠 속에 단단히 비끄러맸다. 그는 줄을 한 손으로 솜씨 있게 다루고 매듭을 죄기 위하여 발로 줄을 눌렀다. 이제 그는 예비 낚싯줄이 여섯 개 생긴 셈이다. 지금 잘라 버린 데서 각각 두 줄, 고기가 물고 있는 것이 두 줄 등. 그것들은 모두 이어져 있었다.

날이 밝으면 남은 마흔 길짜리 줄을 있는 대로 잘라내서 예비 줄에 이어야겠다고 생각했다. 결국 2백 길의 카탈로니아산 줄과 낚시와 목줄을 잃게 되는구나. 그거야 언제라도 다시 구할 수 있지. 그러나 내가 다른 고기를 잡느라고 내 소중한 수확물을 놓치고 만다면 무엇으로 대치할 것인가? 지금 막 낚시에 걸린 고기가 무엇인지는 모르고 있다. 마알린이거나 황새치거나 상어였겠지. 당겨보지는 않았다. 빨리 잘라 버리기에 급해서.

노인은 큰 소리로 외쳤다. "그 애가 여기에 있었으면 좋았을걸."

그러나 내겐 소년이 없다. 어쨌든 어둡든 어둡지 않은 간에 마지막 줄 있는 데로 가서 잘라내고, 예비 줄을 두 줄 더 이어 두는 편이 좋겠다.

그래서 그는 그대로 했다. 어둠 속에서의 그 일은 어려웠다. 한번은 고기가 꿈틀거려, 그는 그 바람에 얼굴을 처박고 거꾸러져 눈 밑이 터지고 피가 조금 볼을 따라 흘렀다. 그러나 턱까지 내려오기도 전에 엉겨 말라붙었고, 그는 뱃머리로 기어가 그곳에 기대앉아 몸을 쉬었다. 부대를 대고 줄이 어깨에 닿는 위치를 살짝 옮겨 어깨에 줄을 고정한 채 주의 깊게 고기가 당기는 것을 손으로 느끼고, 손을 물에 담가서 나아가는 배의 속도를 쟀다.

어째서 줄이 그렇게 꿈틀거렸을까. 줄에 고기의 엄청나게 큰 등이 스쳤음에 틀림없다. 그래도 내 등만큼 아프지는 않을걸. 그러나 제아무리 큰 놈이라도 이 배를 영원히 끌고 가지는 못하겠지. 이제 귀찮은 것은 다 치워져 버렸고 예비 줄은 얼마든지 있다. 이 이상 바랄 것은 없다.

"이봐." 노인은 큰 소리로, 하지만 아주 다정하게 말했다. "나는 죽을 때까지 너하고 같이 있을 테다."

이놈도 나와 함께 있을 모양이지. 노인은 날이 밝기를 기다렸다. 날이 밝기 전이 제일 추웠으므로 몸을 따뜻하게 하려고 뱃전에 몸을 대고 밀었다. 네가 할 수 있는 데까진 나도 할 수 있다고 생각했다. 주위가 희끄무레하게 밝아오자 줄은 물속으로 곧게 뻗어 내려갔다. 배는 변함없이 끌려가고, 해가 수평선으로 그 끝을 내밀었을 때 광선이 노인의 오른쪽 어깨에 비쳤다.

"이놈, 북쪽으로 가는구나. 그래도 조류 덕분에 우리는 동쪽으로 가겠지. 고기가 조류를 따라가 주면 고맙겠는데. 그것은 지쳤다는 증거니까."

해는 더한층 높이 떴다. 노인은 고기가 전혀 지쳐 있지 않다는 것을 알았다. 다만 한 가지 유리한 징조가 보였다. 줄의 경사도로 고기가 얼마큼 위로 올라온 것을 알 수 있었다. 그렇다고 반드시 뛰어오른다고는 할 수 없다. 그러나 뛰어오를지도 모른다.

"하느님, 제발 뛰어오르게 해주십쇼. 줄은 얼마든지 있습니다. 아무리 날뛰어도 끄떡없습니다."

만약 내가 세게 당기면 아파서 뛰어오르겠지. 이젠 날이 밝았으니 뛰어오르게 할까? 녀석, 부레에 공기를 가득 넣고 뛰어오를 거야.

노인은 좀더 팽팽히 당기려 했으나, 고기가 걸렸을 때부터 지금까지 줄이 끊어질 만큼 팽팽하게 당겨져서 뒤로 젖히며 힘을 주니 아직도 반응이 강해 더는 세게 당길 수 없음을 알았다. 갑자기 당겨선 안 되지. 왈칵 당길 때마다 낚시에 걸려 있는 상처가 넓어져 뛰어올랐을 때 빠져 버릴지도 모른다. 어찌 됐든 해가 뜨니 기운이 나고 이제는 해를 똑바로 보지 않아도 된다.

줄에는 누런 해초가 붙어 있었다. 노인은 오히려 그것이 고기에게 더 힘들 뿐이라는 것을 알고 있었다. 그는 다행이라고 생각했다. 밤에 그렇게 많은 인광을 발하던 누런 해초였다.

"이봐." 그는 말했다. "나는 네가 너무 좋다. 정말 대단해. 그러나 오늘 해지기 전에 너를 죽여 버릴 테다."

노인은 그렇게 되기를 원했다.

그때 작은 새가 배를 향해 북쪽에서 날아왔다. 잘 모르겠지만 명금류의 일종이다. 수면 위로 아주 낮게 날고 있다. 새가 무척 지쳐 있는 것을 노인은 단번에 알았다.

새는 배 뒤편으로 날아와 앉아 쉬었다. 그러나 곧 날아올라서 노인의 머리

위를 빙빙 돌더니 더 편안한 낚싯줄 위에 앉았다.

"몇 살이지?" 노인은 새에게 물었다. "이번 여행이 처음인가?"

새는 노인을 바라보았다. 너무 지쳐서 줄을 살펴보지도 않고 앉아 가냘픈 발가락으로 줄을 꽉 잡고 흔들거렸다.

"그 줄은 튼튼해." 노인은 새에게 말했다. "아주 튼튼해. 간밤엔 바람도 없었는데 그렇게 지쳐서야 되겠니? 도대체 새들은 무엇 때문에 이렇게까지 하는 걸까?"

매가 저것들을 맞으러 나타나겠지. 그러나 노인은 그것을 새에게 말하지는 않았다. 알아듣지 못하는 새에게 말해 봐야 소용도 없고, 좀 있으면 매가 있음을 곧 알게 되겠지.

"푹 쉬어라. 그리고 날아가서 사람이나, 다른 새나, 고기처럼 네 운수를 한번 시험해 보는 거다."

노인은 밤사이에 등이 뻣뻣해져 이젠 정말 아파, 새에게 말을 거는 것으로 아픔을 잊으려 했다.

"네 마음에 든다면 여기 있으려무나. 마침 바람도 불어 너를 데려다주고도 싶다만 지금은 돛을 달 수가 없어 미안하구나. 내 동행이 있어 그렇단다."

마침 그때 고기가 별안간 바다 밑으로 깊게 들어가려고 몸부림을 쳤다. 노인이 뱃머리 쪽으로 고꾸라져 발에 힘을 주어 버티며 줄을 풀지 않았다면 그만 물속으로 끌려들어갈 뻔했다.

줄이 당겨질 때 새는 이미 날아가 버렸는데, 노인은 알아채지 못했다. 그는 오른손으로 조심스럽게 줄을 만지다가 손에서 피가 흐르는 것을 알았다.

"어디가 아픈 모양이군." 그는 소리 내어 말하고 고기의 방향을 돌릴 수 있는지 가만히 줄을 당겨 보았다. 그러나 줄은 팽팽하게 당겨 끊어질 지경이 되어 있었으므로, 그는 줄을 단단히 쥔 채 버티어 보았다.

"너도 이제 당기는 걸 느끼는구나. 그렇지만 나도 마찬가지야."

노인은 주위를 둘러보며 새를 찾았다. 친구가 필요했던 것이다. 그러나 새는 날아가 버리고 없었다.

오래 쉬지도 못하고 갔구나, 노인은 마음속으로 자신에게 그렇게 타일렀다. 그러나 해안에 닿을 때까지는 그보다 더한 괴로움이 있겠지. 고기가 그렇게 한번 갑자기 끌어당긴다고 해서 다치다니 어찌 된 셈인가? 아주 멍청해진 모양이다. 아마 조그만 새를 바라보며 정신을 팔고 있었는지도 모른다. 자아, 내 일에 열중하고 힘이 빠지지 않도록 다랑어를 먹어 둬야겠다.

"그 애가 곁에 있고 소금도 좀 있으면 좋으련만." 노인이 소리 내어 말했다.

줄의 무게를 왼쪽 어깨로 옮기고 조심스럽게 무릎을 꿇고 바닷물에 손을 씻었다. 그는 얼마 동안을 물 속에 손을 담그고 피가 실처럼 꼬리를 끌면서 흐르는 것을 바라보았다. 배가 나아가며 물의 압력이 손에 그대로 전해져 온다.

"속력이 줄었군."

노인은 손을 좀더 소금물에 담가 두고 싶었으나, 또 고기가 몸부림을 칠까 봐서 발로 버티며 몸을 일으켜 햇빛에 손을 들어 보았다. 낚싯줄이 갑자기 풀려나가면서 껍질이 조금 벗겨진 것뿐이었다. 그러나 요긴하게 쓰이는 부분이었다. 일이 끝날 때까지는 손이 필요하다는 걸 알기 때문에 일이 시작되기도 전에 다치고 싶지 않았다.

"자, 그럼" 손이 마르자 그는 말했다. "다랑어 새끼를 먹어야겠다. 갈퀴로 끌어다가 여기서 편히 먹어야지."

노인은 허리를 구부려 배 뒤쪽에 던져두었던 다랑어를 낚싯줄에 닿지 않도록 잡아당겼다. 그리고 다시 왼쪽 어깨로 줄을 지탱하고 왼팔과 손에 힘을 주어 다랑어를 갈퀴에서 떼고 갈퀴는 제자리에 놓았다. 한쪽 무릎으로 고기를 누르고 등의 선을 따라 머리에서 꼬리까지 검붉은 살을 깊숙이 길게 잘랐다. 다음에 그 쐐기 모양의 살점을 바짝 등뼈에서부터 배로 베어 나갔다. 여섯 쪽을 잘라 뱃머리의 판자 위에 가지런히 놓고, 칼에 묻은 피를 바지에다 닦고 꼬리뼈를 뱃전 너머로 내버렸다.

"한쪽을 다 먹을 것 같지 않은데." 그는 그렇게 말하며 한쪽을 칼로 동강 냈다. 그는 아직도 줄이 세게 당겨지는 것을 느꼈고 왼손에는 쥐가 났다. 무거운 줄을 쥔 손이 빳빳하게 오그라들어 노인은 괴로운 표정으로 손을 바라보았다.

"어떻게 된 놈의 손이야? 쥐가 날 테면 나렴. 매 발톱처럼 오그라들어 봐라. 그래 봐야 별 소용없을 테니."

자아, 그는 마음을 다잡고 어두운 물속으로 비스듬히 내려간 줄을 바라보았다. 지금 먹자, 그래야 손이 퍼질 것이다. 이건 손이 잘못된 것이 아니고 퍽 오랫동안 고기와 싸웠기 때문이다. 그래도 나는 마지막까지 싸워야지. 지금 다랑어를 먹어 두자.

그는 한쪽을 집어 입에 넣고 천천히 씹었다. 그리 역하지 않았다.

잘 씹어서 전부 피로 만들어야지. 라임이나 레몬, 소금이라도 있으면 그런 대로 괜찮을 텐데.

"좀 어때?" 노인은 왼손을 보고 말했다. 그 손은 거의 뻣뻣하게 굳어 버린 송장 같았다. "너를 위해서 좀 먹어주마."

그는 잘라 먹은 나머지 쪽을 조심조심 씹어 먹고 껍질을 뱉었다.

"좀 효과가 있는 것 같은가? 얼른 알 수가 없단 말이지?"

그는 다른 한쪽을 집어 토막을 내지 않고 씹었다.

"싱싱하고 피가 많은 좋은 고기로군. 돌고래가 아닌 게 다행이지. 돌고래는 너무 달단 말이야. 이놈은 단맛은 없지만 아직도 싱싱하거든."

그렇다 해도 실질적인 생각 말고는 무엇이든 당치 않다고 그는 생각했다. 소금이 있으면 좋으련만. 그런데 태양이 남은 고기를 썩힐지 말릴지 모를 일이니 배가 고프지 않더라도 다 먹어 두는 게 좋겠다. 물속의 고기는 조용하고 침착하다. 나도 먹을 만큼 다 먹고 준비를 해야지.

"힘내자." 그는 왼손을 보고 말했다. "너를 위해 먹는 거야."

그는 고기에게도 뭘 좀 먹였으면 하는 생각이 들었다. 그놈은 내 형제니까. 그렇지만 나는 너를 죽여야 하고, 그러기 위해선 힘이 빠지면 안 된다. 노인은 천천히 성실하게 쐐기 모양의 살 토막을 다 먹었다. 그리고 허리를 쭉 펴고 바지에다 손을 닦았다.

"자아" 그는 왼손을 보고 말했다. "손아, 줄을 놓아라. 네가 그렇게 하고 쉴 동안 나는 오른손만으로 고기를 다루겠다." 그는 왼손이 잡고 있던 무거운 줄에 왼발을 걸고 등으로 죄어 오는 압력에 몸을 젖히면서 버티었다.

"하느님, 제발 쥐가 멈추게 도와주십시오." 그는 중얼거렸다. "이놈이 어쩔 작정인지 모르겠어요."

그러나 고기는 조용히 자기 계획을 실행해 나가고 있겠지. 이놈이 어쩔 셈이지? 그리고 나는? 너무도 큰 놈이니까 놈이 하는 데 따라 달라진다. 뛰어오르기만 하면 문제없이 해치우겠는데. 그런데 언제까지나 견디어 볼 배짱이다. 그러니 나도 언제까지고 견디어 버텨봐야겠다.

그는 바지에 왼손을 비벼 대서 손가락의 경련을 풀려고 했다. 그러나 손은 조금도 펴지질 않았다. 아마 해가 뜨면 차차 펴지겠지 하고 그는 생각했다. 아마 싱싱한 다랑어가 소화되면 펴지겠지. 정 다급하면 어떻게 해서라도 펴 놓겠다. 하지만 지금은 억지로 펼 생각이 없다. 저절로 펴져서 정상 상태로 돌아가기를 기다리자. 밤에 여러 가지 줄을 풀고 메고 할 필요가 있을 때부터 너무 지나치게 손을 썼다.

그는 바다를 둘러보고 새삼스럽게 자신의 외로움을 뼈저리게 느꼈다. 그러나 그는 깊고 어두운 물속의 프리즘을 볼 수 있었다. 또 눈앞에 뻗어나간 잔잔한 바다의 야릇한 물의 파동도 볼 수 있었다. 무역풍을 따라 구름이 피어오르고, 앞을 보니 물오리 한 떼의 모습이 하늘에 뚜렷하게 새겨졌다가 흐트러지고 다시 나타나며 바다 위를 날아가고 하여 바다에서 외로운 사람은 아무도 없다는 것을 알았다.

어부들 중에는 작은 배를 타고 육지가 안 보이는 곳까지 나가면 무서워하는 사람이 있는데, 갑자기 날씨가 나빠지는 계절에는 무리도 아니다. 그러나 지금은 태풍의 계절이다. 그 태풍의 계절에 태풍이 일지 않는다면 그것은 1년 중 고기가 가장 많이 잡히는 시기인 것이다.

태풍이 닥칠 때 바다에 나가보면 며칠 전부터 하늘에 그 징조가 나타난다. 육지에서는 그 징조를 볼 수가 없다. 어떻게 해야 할지 모르기 때문이다. 육지에도 구름의 형태에 무언가 이상한 기미가 있을 게 틀림없지만. 그러나 지금은 태풍이 올 리가 없다.

그는 하늘을 보았다. 그곳에는 아이스크림 더미 같은 하얀 뭉게 구름이 보이고, 더 위에는 엷은 깃털 같은 구름이 높은 9월의 하늘에 떠 있었다.

"가벼운 브리사(스페인어로 미풍을 뜻함)로군. 너보다는 내게 훨씬 유리한 날씨다."

왼손은 아직도 쥐가 나고 있었으나, 가만가만 쥐를 풀려고 했다.

쥐는 제일 성가시다. 자신의 몸이 자기에게 반란을 일으키는 것이다. 남 앞에서 프토마인 중독을 일으켜 설사를 하거나 토하는 것은 창피한 일이다. 그러나 이 쥐란 놈은—그는 스페인어로 칼람브레라고 생각했는데—특히 혼자 있을 때는 스스로가 창피한 노릇이다.

만약 그 애가 있으면 앞팔에서부터 주물러 풀어 줄 텐데 하고 노인은 생각했다. 풀어 주겠지, 틀림없어.

그때 그는 오른손을 당기는 줄의 변화를 느꼈다. 보니까 줄의 경사도가 달라졌다. 몸을 젖혀 줄을 당기고, 왼손을 세게 몇 번이나 허벅지에 내리치니 얼마 안 있어 줄이 서서히 위로 올라왔다.

"올라오는구나." 그는 말했다. "오너라. 제발 올라오너라." 줄은 천천히 꾸준히 올라왔고, 배 앞 해면이 부풀어 오르더니 드디어 고기의 모습이 보였다. 그러나 다 나오지 않았다. 올라오면서 등 양쪽으로 물이 쏟아져 내렸다. 태양을 받아 비늘이 반짝반짝하고 머리와 등은 짙은 보랏빛이었다. 배에 있는 넓은 줄무늬가 연보랏빛으로 빛났다. 주둥이는 야구 방망이만큼 길고 쌍날 칼처럼 끝이 뾰족했다. 고기는 물 위로 겨우 온몸을 드러내 보이더니 천천히 잠수부처럼 물 속으로 들어갔다. 노인은 고기의 커다란 낫날 같은 꼬리가 물 속으로 들어가는 것을 보았다. 줄이 빠른 속도로 풀려 나가기 시작했다.

"내 배보다 2피트나 길구나." 노인은 어이가 없었다. 줄은 무서운 속력으로, 그러나 일정하게 풀려나가는 것을 보니 고기가 당황하고 있는 것은 아니었다. 노인은 줄이 끊기지 않도록 두 손으로 잡아당겼다. 적당히 당기면서 고기를 견제하지 않으면, 줄을 전부 끌어내고 나서 끊어 버릴 것이다. 그는 그것을 알고 있었다.

무섭게 큰 놈이니까 본때를 보여 줘야겠다고 그는 생각했다. 제 힘을 함부로 쓰지 못하도록 다루고, 달리기만 하면 무엇이든 할 수 있다는 걸 알게 해선 안 된다. 내가 저놈이라면 모든 것을 다 걸고 어떻게 되든 해볼 텐데. 그러나 고맙게도 고기는 저희를 죽이는 우리 인간만큼 영리하지 못하다. 우리보다 고귀하고 훌륭한데도 말이다.

노인은 큰 고기를 많이 보아 왔다. 천 파운드가 넘는 큰 고기도 많이 보았고, 그만한 놈을 두 마리나 잡은 일도 있지만 혼자 잡은 것은 아니었다. 지금은 혼자다. 육지도 보이지 않는 데서, 태어나 처음으로 보는, 들어 본 적도 없는 엄청나게 큰 고기에 꼼짝 없이 매달려 있다. 게다가 왼손은 여전히 매의 발톱처럼 굳은 채로였다.

하지만 풀릴 테지. 꼭 풀려서 오른손을 도와주겠지. 그래, 형제가 셋 있는

데 그건 고기와 내 두 손이니까 틀림없이 풀어질 거야. 쥐가 나는 건 곤란해. 다시 고기는 속도를 늦추고 아까와 같은 속도로 끌고 갔다.

아까 저놈은 왜 뛰어올랐을까. 노인은 머리를 짜냈다. 마치 자기의 크기를 보여 주기 위해 뛰어오른 것 같다. 어쨌든 알기는 알았다. 그렇다면 나도 내가 어떤 사람인지 보여주고 싶다. 그러나 그때 내 쥐난 왼손을 보겠지. 하지만 내가 사실은 훨씬 강한 인간이라는 걸 알려 주자. 사실 그럴지도 모르니 말이다. 자기의 모든 걸 가지고 오직 내 의지와 지혜에만 맞서고 있는 저 고기가 한번 되어 보고 싶다.

그는 뱃머리에 몸을 기대 덮쳐 오는 고통을 견디고 있었다. 고기는 꾸준히 헤엄쳐 나가 배는 어두운 물 위를 천천히 끌려갔다. 바람이 동쪽에서 불기 시작하면서 해면에 조금 파도가 일었다. 오전 때에야 간신히 왼손의 쥐가 풀렸다.

"네게는 반갑잖은 소식이다." 그는 그렇게 말하고 등에 걸친 부대 위에서 줄을 옮겼다.

노인은 침착했지만 괴로웠다. 다만 스스로 그 고통을 인정하지 않았다.

"나는 신념은 없지만, 그래도 이 고기를 잡게 해달라고 '천주경'과 '성모경'을 열 번 외고, 만약 잡는다면 코브레로 순례(巡禮)갈 것을 약속한다. 이건 약속이다."

노인은 단조롭게 기도문을 외기 시작했다. 너무 피로해서 이따금 기도문 구절이 생각나지 않을 때도 있었지만, 그럴 때는 빨리 외면 저절로 나오곤 했다. '천주경'보다 '성모경'이 더 외기 쉽다는 생각이 들었다.

"은총이 가득하신 마리아여, 기뻐하소서. 주님께서 함께 계시니 여인 중에 복되시며 태중의 아들 예수 또한 복되시도다. 천주의 성모 마리아여, 이제와 우리 죽을 때에 우리 죄인을 위하여 빌으소서, 아멘." 그러고는 다시 덧붙였다. "거룩하신 마리아 님, 이놈의 죽음도 기도해 주십시오. 꽤 훌륭한 놈입니다."

기도를 끝내고 나니 웬만큼 기운이 솟는 것 같았다. 그러나 고통은 여전하고, 어쩌면 더 심한 것 같기도 하여 그는 뱃머리에 기대어 다시 무의식적으로 왼손가락을 놀리기 시작했다.

미풍이 불고 있었으나 햇볕은 뜨거웠다.

"짧은 줄에도 미끼를 달아서 배 뒤편에 드리워 놓을까." 그러더니 그는 또 중얼거렸다. "고기가 또 하룻밤 버틸 작정이라면 이거라도 먹어두어야겠어. 물도 이제 얼마 남지 않았는걸. 이 부근에서는 돌고래밖에 안 걸리겠군. 그래도 싱싱할 때 먹으면 그렇게 나쁘지는 않을 거야. 그야 밤중에 날치라도 배 위로 뛰어든다면 고맙겠지만, 날치를 유인할 불이 없으니. 날치는 날로 먹어도 맛이 그만이다. 우선 요리할 필요가 없다. 이제 되도록 힘을 아껴야지. 제기랄, 저렇게 큰 놈일 줄은 상상도 못했어."

"그래도 죽이고야 말 테다." 그는 말했다. "아무리 훌륭하고 멋진 놈이라도 말이다."

그것이 좋은 일은 아니더라도 말이야. 그는 또 생각했다. 사람이 어떻게 이 일을 해치울 수 있으며 얼마나 견딜 수 있나 보여줘야겠다.

"내가 좀 이상한 늙은이라고 그 애에게 말해 준 일이 있지." 그는 소리내어 말했다. "지금이야말로 그것을 증명할 때다."

지금까지 수도 없이 여러 번 증명해 보였지만 아무런 의미도 없었다. 지금 다시 그것을 증명해 보이고자 한다. 증명을 할 때마다 항상 처음 하는 것 같았고, 그럴 때에는 과거에 대해서 생각하지 않았다.

고기가 잤으면 좋겠는데, 그러면 나도 사자 꿈을 꾸며 잘 수 있을 텐데, 하고 그는 생각했다. 이런 때 왜 사자만 떠오를까? 자, 늙은이, 생각하지 말게나. 이제 뱃머리에 편히 몸을 기대고 아무 생각도 하지 말고 쉬지그래. 고기는 꿈속에서도 움직이고 있지만 너는 되도록 움직이지 말아야 해.

오후로 접어들었어도 배는 여전히 천천히, 그리고 꾸준히 움직여 갔다. 그러나 이제는 동쪽에서 불어오는 미풍이 더욱 약해져서 노인은 잔잔한 바다를 미끄러지듯 나아갔고, 파고드는 줄의 아픔도 웬만큼 견딜 만하고 덜 아팠다.

오후에 다시 한 번 줄이 오르기 시작했다. 그러나 고기는 조금 높게 헤엄치고 있을 뿐이었다. 해는 노인의 왼팔과 어깨, 그리고 등에 비치고 있었다. 그것으로 고기가 북쪽에서 동쪽으로 조금 방향을 돌린 것을 알았다.

한번 고기를 보았기 때문에 노인은 보랏빛 가슴지느러미를 날개처럼 활짝 펴고 꼬리를 빳빳이 세우고 어두운 물 속을 가르면서 헤엄쳐 나가는 모습을 눈앞에 그려볼 수 있었다. 저렇게 깊은 데서 어느 정도로 눈이 보이는 걸까, 하고 그는 생각했다. 꽤나 큰 눈이던데. 말은 눈이 훨씬 작지만 밤눈이 밝다. 그보다 나도 옛날에는 어둠 속에서도 잘 보였었지. 그야 아주 깜깜할 때는 무리지만 그래도 고양이 눈 정도는 됐어.

햇볕이 따뜻한데다 꾸준히 손가락을 놀려서 왼손은 이제 쥐가 완전히 풀렸다. 그래서 왼손에 힘을 덜어놓고 등의 근육을 움츠려서 줄이 닿아 아픈 곳을 풀었다.

"네가 지치지 않았다면, 너도 정말 이상한 고기야." 그는 소리 내어 말했다.

그는 어지간히 지쳐 버렸다. 곧 밤이 되었다. 노인은 다른 생각을 하려고 애썼다. 그래서 그는 빅리그를 생각하였다. 그것을 그랑 리가스(Gran Ligas)라는 스페인어로 생각했다. 뉴욕 양키스와 디트로이트 타이거스의 시합이 있는 것을 생각해 냈다.

오늘이 이틀쨌데, 시합 결과가 어떻게 됐는지 모르겠군. 그는 생각했다. 그러나 믿어야 한다. 디마지오는 뒤꿈치 뼈를 다쳤는데도 최후까지 참고 승부를 겨룬 사람이다. 나도 지지 않아야 된다. 뼈가 아픈 것을 무어라고 하지? 그는 스스로 묻고 대답했다. 뼈에 고장이 난 것이지. 우리는 그런 것은 모른다. 싸움닭의 발톱을 뒤꿈치에 박은 것만큼이나 아플까? 내가 그 정도라면 못 견딜 것 같고, 싸움닭처럼 눈이 한 쪽이나 두 쪽 다 빠지면서까지 싸움을 계속하지는 못할 것 같다. 위대한 새나 짐승에 비해 사람은 그리 대수로운 게 못 된다. 그래도 나는 어두운 바닷속에 있는 저런 놈이 되고 싶다.

"상어만 나오지 않으면 좋을 텐데." 노인은 크게 말했다. "그렇지만 상어가 나오기라도 하면 너나 나나 꼴사나울 거야."

위대한 디마지오가 지금 내가 이놈하고 맞서는 것만큼 고기하고 겨룰 수 있을까? 확실히 할 수 있을지도 모른다. 나보다 젊고 기운도 세니까 나보다 더 견디어 낼지도 모른다. 게다가 그의 아버지는 어부였거든. 그런데 발뒤꿈치 뼈를 다치면 그렇게 아픈 것일까?

"알게 뭐야!" 그는 갑자기 큰 소리로 말했다. "난 발뒤꿈치가 아파 본 일이 없으니까."

해가 지자 노인은 용기를 얻으려고 카사블랑카의 술집에서 시엔푸에고스 출신의, 항구에서 제일 힘이 세다는 거인 흑인과 팔씨름하던 생각을 했다. 테이블에 분필로 표시한 선 위에 팔꿈치를 올려놓고 팔을 똑바로 세우고, 상대편 손을 움켜잡은 채 밤새 있었다. 둘 다 상대의 손을 테이블로 넘어뜨리려고 있는 힘을 다했다. 많은 사람들이 돈을 걸었고, 석유 불빛 아래서 들락 날락했다. 그는 흑인의 팔과 손과 얼굴을 본 채 눈을 떼지 않았다. 처음 여 덟 시간이 지나자 심판이 잠을 자도록 네 시간마다 심판을 바꿨다. 그도, 흑 인도, 손톱 밑에서 피가 스며 나왔다. 서로 상대편의 눈과 손과 팔에서 눈을 떼지 않았고, 돈을 건 사람들은 번갈아 들어왔다 나갔다 하며 벽 앞의 높은 의자에 걸터앉아 지켜보고 있었다. 판자로 된 벽은 파란 페인트가 칠해져 있 었고, 등불은 벽에 사람들의 그림자를 크게 비쳤다. 약한 바람에 불이 흔들 릴 때마다 흑인의 커다란 그림자가 흔들렸다.

승부는 밤새도록 나지 않았다. 모두 흑인에게 럼주를 마시게 하고 불붙인 담배를 물려주기도 했다. 상대는 럼주를 마실 때마다 엄청난 힘을 썼다. 한 번은 노인의, 아니 산티아고 선수의 손을 거의 3인치가량 눕혔다. 그러나 노 인은 온갖 힘을 다해 다시 본디 맞선 위치로 밀어댔다. 그때 노인은 이 잘생 기고 씨름꾼인 흑인을 이겨 낼 자신을 가졌다. 새벽녘에 내기를 건 사람들이 비긴 걸로 하자고 하고 심판도 고개를 갸우뚱했을 때, 그는 마지막 힘을 쥐 어짜내어 흑인의 손을 눕혀 끝내 테이블에 닿게 만들었다. 승부는 일요일 아 침에 시작하여 월요일 아침에야 끝났다. 돈을 건 많은 사람들은 대부분 설탕 부대를 나르러 선창에 나가거나, 아바나 석탄 회사에 일하러 나가야 하기 때 문에 무승부로 하자고 했던 것이다. 그렇지 않았다면 누구라도 끝까지 보고 싶었을 것이다. 그러나 노인은 모두가 일하러 가는 시간에 늦지 않게 결말을 내준 것이다.

그런 뒤 오랫동안 누구나 노인을 장군이라고 불렀고 봄에 복수전이 있었 다. 이번에는 크게 돈도 걸지 않았고, 제1회 전에서 시엔푸에고스의 기를 꺾 어 놓았기 때문에 아주 쉽게 이길 수 있었다. 그 뒤에도 두세 번 겨룬 일이 있으나 그뿐이었다. 그러려고 마음만 먹으면 어떤 사람이건 이겨 낼 수 있다 고 생각했고, 고기잡이에겐 오른손이 소중하다고 생각했다. 그래서 왼손으 로 두세 번 겨룬 일도 있었다. 그러나 왼손은 언제나 배반자였고, 생각하는 대로 움직이지 않아 그는 왼손을 믿지 않았다.

햇볕이 손에 도움이 되겠거니 생각했다. 밤에 너무 추워지지만 않는다면 두 번 다시 쥐가 나지는 않겠지. 그런데 오늘밤에 어떤 일이 있을지 모르겠 다.

비행기가 마이애미 쪽을 향해 그의 머리 위로 날아갔다. 그는 날치 떼가 비행기 그림자에 놀라 뛰어오르는 것을 바라보았다.

"저렇게 날치가 많이 있는 걸 보니 돌고래가 있겠군." 그는 어깨에 걸친 줄을 잡고 버텨 조금이라도 당길 수 있나 확인해 보았다. 그러나 고기는 꿈쩍도 하지 않았다. 줄은 당장에라도 끊어질 것처럼 물방울을 튀기면서 부르르 떨었다. 그는 비행기가 보이지 않을 때까지 그 뒤를 눈으로 쫓았다.

비행기를 타면 이상한 기분이겠지. 저렇게 높은 데서 보면 바다는 어떻게 보일까? 너무 높지 않으면 고기가 보일지도 모른다. 한두 길쯤의 높이로 아주 천천히 날면서 고기를 내려다보고 싶다. 거북잡이 배를 타고 돛대 꼭대기의 가름대에서 내려다봤더니 그 정도의 높이에서도 제법 잘 보였다. 거기에서 보면 돌고래는 더 진한 초록빛으로 보인다. 그 줄무늬와 보랏빛 얼룩도 보인다. 그리고 떼를 지어 헤엄쳐 다니는 고기를 전부 볼 수 있다. 그런데 어두운 조류 속에서 사는, 날랜 고기는 모두 등이 보랏빛이고 대개 보랏빛 줄무늬나 얼룩이 있는 것은 어째서일까? 사실 돌고래는 금빛을 띠어 초록빛으로 보일 수 있다. 그러나 배가 고파서 뭔가 먹을 때는 마알린처럼 보랏빛 줄무늬가 양쪽 배에 생긴다. 그것은 화가 나서일까? 아니면 빠르게 속력을 내기 위해서일까?

슬슬 날이 어두워지기 직전, 배는 섬처럼 부풀어 오른 해초 곁을 지나갔다. 흔들흔들 일렁이는 모양이 마치 바다가 누런 담요 밑에서 사랑을 하는 듯 보였다. 그때 짧은 줄에 돌고래가 물렸다. 갑자기 물 위로 뛰어올라 돌고래인지 알았다. 낙조를 받아 금빛으로 빛나면서 사납게 몸을 틀며 펄떡거렸다. 돌고래는 겁을 먹고 곡예사마냥 이리저리 펄떡였다. 노인은 고물 쪽으로 다가가 웅크리고 앉아 오른손에 큰 낚싯줄을 잡고, 왼손으로 돌고래의 줄을 조금씩 당겨서 그것을 왼발로 눌러 갔다. 돌고래가 고물 가까이 끌려와 절망적으로 몸부림을 치며 날뛰었다. 노인은 고물 너머로 몸을 내밀고 보랏빛 얼룩이 있는 금빛으로 빛나는 돌고래를 들어 배 안으로 던졌다.

돌고래는 낚싯줄을 성급하게 자르려고 턱이 발작적으로 떨리고, 길고 펑퍼짐한 몸뚱이며 꼬리며 머리를 배 바닥에 부딪쳤다. 노인이 금빛으로 빛나는 머리를 몽둥이로 때렸더니 몸을 부르르 떨다가 움직이지 않았다.

노인은 낚시를 돌고래 입에서 빼고 다시 정어리 미끼를 달아서 바닷속에 던졌다. 그러고서 느릿느릿 뱃머리로 돌아갔다. 왼손을 씻고 바지에 닦았다. 다음에 오른손의 큰 줄을 왼손에 옮겨 쥐고 오른손을 바닷물에 씻었다. 그리고 그는 바닷물 속으로 져가는 태양과 비스듬한 큰 줄의 경사를 바라보았다.

"조금도 지치지 않았군." 그러나 손에 와 닿는 물의 저항감을 살펴보니 조금 속력이 느려졌다.

"노를 두 개 고물에 매두자. 그럼 밤 동안에 고기 속력이 떨어지겠지. 저 놈은 오늘 밤에는 끄떡없을 테고, 나도 그렇고."

돌고래의 피를 없애지 않으려면 조금 있다가 내장을 빼내 버려야겠다. 좀 더 있다 요리를 하자. 그리고 노를 비끄러매어 견인차를 만들 수도 있다. 지금은 해질 무렵이니까 고기를 조용히 놔두고 건드리지 않는 게 좋겠다. 어떤 고기든 해질 무렵이 가장 다루기 힘들 테니까.

그는 손을 바람에 말려 낚싯줄을 잡고 되도록 편한 자세로 뱃전에 기댄 채 고기가 끄는 대로 맡겨 두었다. 그렇게 해서 줄을 잡는 것보다 조금 더 고기가 끌기에 힘들게 했다.

이제 하나씩 요령이 생기는구나. 어쨌든 이런 방법을 쓰면 된다. 그리고 고기는 미끼에 물렸을 때부터 지금까지 아무것도 안 먹었고, 몸집이 크니까 많이 먹어야 산다는 것을 잊지 말자. 나는 다랑어를 한 마리 먹었다. 내일은 돌고래를 먹을 것이다. 노인은 일부러 그것을 스페인어로 도라도라고 불렀다. 내장을 빼낼 때 좀 먹어야겠다. 다랑어보다야 먹기가 좀 힘들겠지. 하지만 그렇게 말한다면 세상에 수월한 일이 어디 있겠는가?

"이봐, 좀 어때?" 그는 소리 내어 물었다. "나는 아무렇지도 않다. 왼손도 나았고, 먹을 것도 오늘 저녁하고 내일 점심까지 마련돼 있다. 자, 배를 끌어라, 배를 끌어라."

사실은 아무렇지도 않은 게 아니었다. 줄이 닿는 등의 아픔을 그는 애써 인정하지 않았지만, 이제는 아프다는 한계를 넘어 일종의 무감각 상태가 되어 있었던 것이다. 그러나 이보다 더한 일도 있었는데, 하고 그는 생각했다. 살짝 벗겨진 정도고 왼손의 쥐도 풀렸다. 두 다리도 멀쩡하다. 게다가 식량 문제는 내가 훨씬 더 유리하다.

해가 지자 9월의 바다는 순식간에 어두워졌다. 그는 낡은 뱃전에 기대어 될 수 있는 대로 편하게 쉬었다. 처음에 본 별은 이제 볼 수 없다. 이름은 몰랐지만 지금 보이는 것은 리겔 성(星)이다. 그러나 그는 알고 있다. 결국은 다 사라지고, 더 많은 먼 친구들을 만나게 되리라는 것을.

"고기도 내 친구지만." 그는 소리 내어 말했다. "이런 고기는 정말 본 적도 들은 적도 없다. 그러나 나는 꼭 죽일 테다. 고맙게도 별은 죽이지 않아도 된다."

날마다 달을 죽이려고 애쓰는 걸 상상해 보라. 달은 달아나고 말 것이다. 그러나 날마다 태양을 죽이려고 한다면 어떤 일이 일어날까? 우리는 행운을 가지고 태어난 것이다.

아무것도 먹지 않은 그 큰 고기가 불쌍하기도 했다. 하지만 죽이겠다는 결심은 조금도 그 연민의 정에 지지 않았다. 저놈 한 마리로 몇 사람이 배를 채울 수 있는가? 그런데 그들은 저걸 먹을 만한 자격이 있을까? 아니다, 없다. 저 행동하는 방식이라든가 당당한 위엄으로 봐서 저 고기를 먹을 자격이 있는 사람은 아무도 없다.

그러자 아무것도 모르겠다는 생각이 들었다. 그저 태양이나 달이나 별을 죽이지 않아도 좋다는 것은 다행한 일이다. 바다에 살면서 우리 형제들만 죽인다면 그것으로 충분하다.

이젠 이놈의 힘을 빼는 것만 생각해야겠다. 물론 거기엔 결점도 있고 장점도 있다. 놈이 용을 쓰고, 노로 만든 견인차가 제자리에 놓여 있어 배가 무거워지면 줄이 너무 많이 풀려 놈을 놓치게 될지도 모른다. 배가 가벼우면 서로의 고통을 오래 끄는 셈이 된다. 하지만 놈은 이제까지 내지 않던 굉장한 속력을 내니까 그쪽이 내게는 안전한 셈이 된다. 어찌 되었든 돌고래가 상하기 전에 내장을 빼내 기운을 차리게 먹어둬야겠다.

고물 쪽에 가서 일을 하기 전에 한 시간만 더 쉬고, 고기가 지치지 않고 버티고 있나 살펴보고 결정해야겠다. 그동안 고기가 어떻게 행동할 것인지 어떤 변화가 생길 것인지, 살펴봐야겠다. 노를 비끄러맨 것은 잘한 일이지만 이제는 무엇보다도 안전이 우선이다. 놈은 아직도 팔팔하다. 낚시가 입 한쪽에 걸려 입을 꼭 다물고 있는 것을 보았다. 하기야 놈에겐 낚시에 걸린 것쯤은 아무것도 아닐 거야. 중요한 건 배가 고프다는 것, 그리고 자기도 모를 그 무엇과 싸우고 있다는 것이겠지. 여보게 늙은이, 지금은 쉬고 다음 준비가 될 때까지 고기나 일하도록 하는 게 좋겠네.

노인은 잠시 쉬었다. 두 시간 정도였던 것 같다. 달이 늦게 떠서 시간을 알아낼 방법이 없었다. 게다가 그는 정말로 몸을 편하게 쉰 것은 아니었다. 여전히 고기의 끄는 힘을 어깨로 버티고 있었는데, 왼손으로 뱃전을 잡고 고기의 무게를 배 전체로써 감당하려 애썼다. 줄을 고정해 놔도 무방하다면 문제없겠다고 생각했다. 그러나 한번 몸부림치기만 하면 줄은 단번에 끊어진다. 고기가 당기는 것을 내 몸으로 조절해서 언제라도 두 손으로 줄을 풀어낼 수 있도록 해야겠다.

"그러나 늙은이, 너는 어제부터 아직 한잠도 안 잤잖아." 그는 소리 내어 말했다. "반나절과 하룻밤, 그리고 또 하루가 지나도록 못 잤단 말이지. 고기가 조용히 있는 동안에 어떻게 잘 궁리를 해야겠는데, 자두지 않으면 머리가 어지러울 거야."

그러나 노인은 정신이 너무 말짱하다고 생각했다. 너무나 맑다. 내 형제간인 별처럼 맑다. 하지만 역시 자야 되겠다. 별도 자고, 달도, 해도 자고, 파도가 일지 않고 바람이 없는 날은 바다도 잔다.

자야 해. 노인은 스스로에게 말했다. 줄은 어떻게든 확실한 방도를 찾아내고 쉬어야겠다. 자, 고물로 가서 돌고래를 요리해라. 만약 잔다면 노를 고물에 매두는 것은 위험한 일이다.

나는 자지 않아도 견딜 수 있어. 노인은 중얼거렸다. 그러나 그것은 너무 위험한 일이다.

그는 고기에게 충격을 주지 않도록 조심하면서 손과 무릎으로 기어서 배 뒤편으로 옮겨갔다. 어쩌면 자기가 반은 자고 있는지도 모른다고 생각했다. 그러나 너는 자면 안 된다. 너는 죽을 때까지 끌어야 한다.

배 뒤쪽으로 돌아가서 그는 어깨 너머로 왼손으로 줄을 잡고 오른손으로 칼을 칼집에서 뺐다. 어느새 별이 가득 반짝여서 돌고래가 똑똑히 보였다. 그는 돌고래의 머리에 칼날을 박아서 고물 밑창에서 끌어냈다. 몸통을 발로 누르고 꽁무니에서 아래턱 끝까지 빠른 솜씨로 배를 갈랐다. 칼을 놓고 오른손으로 내장을 깨끗이 끌어내 빼고, 아가미도 말짱하게 뜯어냈다. 손에 만져지는 밥통이 묵직하고 미끈미끈하기에 갈라보았다. 그 속에서 날치가 두 마리 나왔다. 그것은 아직 싱싱하고 살이 단단하기에 날치를 돌고래 곁에 나란히 놓았다. 돌고래의 내장과 아가미를 뱃전 너머로 던져 버렸다. 그것들은 인광의 꼬리를 남기고 물 속으로 가라앉았다. 별빛에 비치는 돌고래는 싸늘하게 빛나고 비늘의 빛깔은 희끄무레했다. 노인은 오른발로 돌고래 머리를 누르고 한쪽 껍질을 벗겼다. 다시 그것을 뒤집어 놓고 또 한쪽 껍질을 벗기고 머리에서 꼬리까지 살을 저몄다.

노인은 뼈를 뱃전 너머로 던지고 물에 소용돌이가 생기는지 바라보았다. 그러나 엷게 빛나며 천천히 가라앉는 것이 보일 뿐이었다.

그는 몸을 돌려 돌고래의 고깃점 사이에 날치를 두 마리 끼워 놓고, 칼을 집어넣고 천천히 뱃머리로 기어 돌아갔다. 줄의 무게 때문에 등이 구부정했다. 오른손에는 고기를 들고 있었다. 뱃머리로 돌아와서 나무 판자 위에 고깃점을 놓고 그 옆에 날치를 놓았다. 그런 다음에 어깨에 맨 줄의 위치를 바꾸고, 뱃전을 잡고 있던 왼손으로 줄을 단단히 잡았다. 그리고 뱃전에 몸을 내밀고 날치를 씻으면서 손에 느끼는 물의 속도에 주의를 기울였다. 돌고래의 껍질을 벗겨 손에도 인광이 있었다. 그는 거기에 닿는 물결을 가만히 보고 있었다. 물결이 한결 약해졌다. 뱃전의 바깥 판자에 손을 비벼대니 인광의 가루 같은 것이 떨어져서 수면에 떠 뒤쪽으로 천천히 흘러갔다.

"이놈도 지쳤군. 아니면 쉬고 있는 건지도 모르지." 노인은 중얼거렸다. "자아, 나도 돌고래 고기나 먹고 좀 쉬고 잠도 좀 자도록 하자."

점점 추워지는 별빛 밤하늘 아래에서 그는 돌고래의 고깃점 반을 먹고, 다시 날치 한 마리의 배를 갈라 내장과 머리는 버리고 다 먹었다.

"제대로 요리를 해서 먹으면 돌고래도 참 맛있는 고기인데." 그는 말했다. "근데 날로 먹으면 형편없단 말이야. 다음에는 소금이나 라임을 꼭 갖고 타야겠어."

조금만 머리를 썼더라면 뱃머리의 판자에다 바닷물을 뿌려 소금을 만들었을 텐데. 하지만 소금을 만드느라고 거의 해질 때까지 돌고래를 못 잡았을 거다. 하지만 준비가 모자랐어. 그러나 고기는 잘 씹어 먹었고, 별로 구역질도 나지 않는군.

동쪽 하늘이 흐르기 시작하면서 그가 알고 있는 별이 하나 둘씩 사라져 갔다. 마치 구름의 크나큰 골짜기 속으로 배를 타고 들어가려는 것 같았고 바람도 매우 잦아졌다.

"삼사 일 뒤엔 날씨가 나빠지겠는걸. 그러나 오늘 밤이나 내일은 괜찮아.

자아, 늙은이, 고기가 가만히 차분하게 있는 동안에 조금 자도록 하지."

노인은 오른손으로 줄을 단단히 잡고 그 위에 허벅지를 얹고, 온몸의 무게를 뱃머리에 내맡기듯이 기대었다. 그리고 어깨의 줄을 조금 낮추어서 왼손에 걸고 팽팽하게 줄을 당겼다. 내 오른손은 줄이 팽팽한 동안 놓치지 않을 것이다. 잠든 동안에 줄이 늦추어지면 줄이 풀려나가면서 왼손에 전달될 테니 나를 깨울 것이다. 허벅지 밑의 오른손이 힘들지만, 오른손은 힘든 일에 익숙해 있다. 20분이나 30분 정도는 끄떡없다. 그는 오른손에 온몸의 무게를 걸고 낚싯줄에 몸을 앞으로 웅크린 채로 잠이 들었다.

사자 꿈은 꾸지 않았으나, 8마일에서 10마일까지 해면을 덮고 있는 돌고래의 꿈을 꾸었다. 마침 교미기였던 모양이다. 높이 뛰어올랐다가는, 이상하게도 한 구멍으로 모두 들어가 버렸다. 아무래도 그 구멍은 뛰어오를 때 생긴 것 같았다.

그는 또 마을의 자기 침대에서 누워 자는 꿈을 꾸었는데, 추운 북풍이 불어서 몹시 추웠고 베개 대신 오른팔을 베고 있었기 때문에 오른팔이 저렸다.

그 다음에는 길게 뻗친 노란 해안선을 꿈꾸고, 미처 어둡지 않은 어둑어둑한 해안으로 앞장선 사자가 내려오고 다른 사자들이 따라 내려오는 것을 보았다. 그는 황혼녘의 해안에 닻을 내린 뱃머리에 턱을 괴고 바다 앞쪽으로 부는 미풍을 받으며, 더 많은 사자가 나오려나 하고 지켜보면서 흐뭇하게 즐기고 있었다.

달이 뜬 지도 오래 되었으나 그는 아직 자고 있었다. 고기는 여전히 끌고 있었고, 배는 구름의 터널 속으로 끌려들어갔다.

노인은 갑자기 잠에서 깼다. 오른손 주먹이 세게 끌려 얼굴을 치면서 오른손 손바닥에 불이 붙듯 줄이 급하게 풀려나갔다. 왼손은 아무렇지도 않았으나, 그는 되도록 오른손에 힘을 모으고 줄이 풀리는 것을 막았다. 그러나 줄은 무서운 속도로 풀려나갔다. 드디어 왼손도 줄을 찾아내서 줄을 등에 대고 버티자 이번엔 등과 왼손이 화끈 달아올랐고, 왼손에 힘을 주려고 했으나 마음대로 되지 않았다. 예비 낚싯줄을 돌아보니 순조롭게 풀려나가고 있었다. 바로 그때 고기가 굉장한 소리를 내면서 뛰어올랐다가 무겁게 떨어졌다. 그러더니 연거푸 뛰어오르고, 줄은 여전히 빠른 속도로 풀려나가고 배도 빨리 끌려갔다. 노인은 줄을 팽팽하게 당겨 놨다가 풀려나가면 또다시 팽팽하게 감아놓곤 하였다. 그는 지금 뱃머리에 바짝 끌어당겨진 채 얼굴은 돌고래 고 깃점 위에 처박혀 있었으며, 조금도 움직일 수 없었다.

이렇게 되기를 기다렸다고 그는 생각했다. 자, 와라. 낚싯줄 값을 받아야 지. 꼭 받겠어.

그는 고기가 뛰는 것을 보지 못하고 그저 바다가 갈라지는 소리와 떨어지 면서 무겁게 철썩 하는 소리만 들었을 뿐이었다. 줄의 속도가 손바닥을 몹시 상하게 했지만 으레 예측할 수 있었던 일이었기 때문에, 그는 살이 굳어 버 린 부분만 줄이 닿도록 하고 바닥이나 손가락을 다치지 않도록 했다.

그 애가 있었으면 줄을 적셔 줄 텐데. 그래, 그 애만 있었다면, 그 애만 있었다면.

줄은 잇달아서 풀려나가고 있으나 차차 속도가 줄어들었다. 그는 고기가 한 치라도 끄는 데 힘이 들도록 했다. 이제 그는 돌고래 고깃점에 처박혔던 얼굴을 살며시 들었다. 그러고는 무릎을 세우고 일어섰다. 그는 여전히 줄을 풀고는 있었지만 조금씩 천천히 풀었다. 보이지 않는 낚싯줄이 있는 곳을 발 로 더듬어 갔다. 아직도 줄은 많이 남아 있었다. 이제는 고기가 물속으로 풀 어나간 줄을 끌어당겨야 한다.

그렇다. 게다가 여남은 번이나 뛰어올라서 등뼈를 따라 있는 바람주머니 를 공기로 채웠으니까 끌어당길 수 없을 만큼 깊은 곳에서 죽어 버리진 않겠 지. 이제 곧 빙글빙글 돌기 시작할 테니까, 그때 내가 좀 고기를 다뤄야지. 그런데 왜 갑자기 뛰어올랐을까? 배가 고파서 견딜 수 없었거나, 아니면 어 두워서 뭔가에 놀란 것일까? 그것도 아니면 갑자기 두려움을 느꼈는지도 모 른다. 하지만 그만큼 침착하고 억센 고기였고, 겁이 없고 자신만만한 듯했는 데, 참 이상한 노릇이군.

"여보게 늙은이, 자네는 겁낼 거 없어, 자신을 가져." 그는 소리 내어 말 했다. "고기는 내 손에 쥐고 있지만 당겨지지 않는군. 그러나 곧 돌기 시작 할 테지."

노인은 이제 왼손과 어깨로 고기를 다루면서 엎드려서 오른손으로 물을 떠서 얼굴에 붙은 돌고래 살을 씻어 떼어 냈다. 그대로 놔두면 구역질이 날 지도 몰랐다. 지금 기운을 잃는 것이 무엇보다도 두렵기 때문이었다. 그는 얼굴을 씻고 다시 오른손을 뱃전 너머로 내밀어 씻었다. 손은 그대로 소금물

속에 넣고 해뜨기 전 훤하게 동트는 것을 바라보았다. 이놈, 동쪽으로 머리를 두고 있구나. 이제 지쳤다는 증거야. 조류를 따라 흐르고 있다는 거지. 곧 빙글빙글 돌지 않을 수 없겠지. 일은 그때부터 시작이다.

노인은 오른손을 오랫동안 충분히 물에 담갔다가 꺼내 살펴봤다.

"그만하면 됐어. 남자라면 그만한 고통쯤은 그리 대수로운 건 아니니까."

그는 낚싯줄이 새 상처를 건드리지 않도록 조심해서 줄을 잡고, 몸의 무게를 오른쪽으로 옮겨 반대쪽 뱃전 너머로 왼손을 내밀었다.

"이번에는 하찮은 짓을 하느라고 다친 건 아니다." 그는 왼손에게 말했다. "하지만 한때는 네가 어디로 갔는지 알 수 없었을 때가 있었어."

나는 왜 두 손을 튼튼하게 타고나지 못했을까? 왼손을 잘 쓰지 않은 게 잘못이었던 거다. 배울 기회가 많았다는 것을 하느님도 아시겠지만. 어쨌든 밤새도록 잘해 주었고, 한 번밖에 쥐가 나지 않았어. 또 쥐가 나면 낚싯줄에 잘려버리도록 할 테다.

그렇게 생각하면서도 그는 좀처럼 머리가 맑지 않다는 느낌이 들었다. 고기를 좀더 먹어야겠다고 생각했다. 아니, 먹을 건가? 그는 자기 자신에게 물었다. 구역질이 나서 힘이 빠지는 것보다는 어지러운 편이 훨씬 낫다. 그리고 얼굴을 고깃점에 처박고 난 뒤라 먹는다 해도 구역질이 나서 견딜 수 없게 돼 버렸, 상할 때까지 비상용으로 놔두자, 그러나 이제 영양분을 섭취해서 기운을 얻기에는 너무 늦었다, 넌 바보로구나, 하고 그는 중얼거렸다. 날치를 한 마리 먹어야겠다.

날치는 잘 씻겨져 언제 먹어도 좋게 놓여 있었다. 그는 그것을 왼손으로 집어 뼈째 조심스레 씹어서 꼬리까지 다 먹었다.

날치는 다른 어떤 고기보다도 영양분이 많다고 생각했다. 지금의 내게 필요한 양분만큼은 말이다. 자아, 이제 내가 할 수 있는 일은 다 했다. 이제 고기를 빙글빙글 돌게 하면 된다. 드디어 전투개시다.

노인이 바다로 나오고 나서 세 번째 태양이 솟아오를 때, 고기는 둥그런 원을 그리며 돌기 시작했다.

그는 줄의 경사도를 보고 고기가 돌기 시작한 것을 알았다. 아직 좀 이르다고 생각했다. 줄이 좀 늦추어졌음을 느꼈으므로 오른손으로 살그머니 당기기 시작했다. 줄은 여전히 팽팽했으나, 곧 끊어질 것같이 생각된 순간 늦추어지면서 끌려들기 시작했다. 그는 어깨와 목에서 줄을 벗기고 천천히 꾸준히 당겼다. 그는 두 손을 젓는 듯 움직이며, 가능한 한 몸통과 다리로 줄을 당기려고 했다. 그의 늙은 다리와 어깨는 줄 당기는 동작의 중심이 되어 계속 일을 했다.

"굉장히 크게 도는데. 하지만 틀림없이 돌고 있어."

그러나 줄은 더는 끌려오지 않았다. 그는 줄에서 물방울이 아침 햇살을 받아 빛나면서 떨어지는 것을 보았다. 이윽고 줄이 다시 풀려나가기 시작해서, 무릎을 꿇고 줄이 어두운 바닷속으로 끌려가는 것을 아까운 듯이 풀어 주었다.

"이놈, 원을 크게 돌고 있어." 그는 중얼거렸다. 될 수 있는 대로 당겨 주자. 그러면 돌아가는 거리가 매번 줄어들 것이다. 아마 한 시간쯤 있으면 모습을 드러낼 거야. 그러면 그에게 그의 운명을 가르쳐 주고 죽여버리겠어.

그러나 고기는 여전히 천천히 돌고, 노인은 땀으로 젖고 두 시간 뒤에는 뼛속까지 피로했다. 그러나 원을 그리며 도는 거리가 훨씬 줄어들고, 줄의 경사도로 보아 고기가 헤엄을 치면서도 해면으로 떠올라 오는 것을 알았다.

한 시간쯤 전부터 눈앞에 검은 반점이 보이기 시작했고, 땀이 흘러서 눈과 눈 위의 상처와 앞이마의 상처가 쓰라렸다. 그는 검은 반점쯤은 두려워하지 않았다. 그가 힘들여 줄을 당길 때면 으레 생기는 현상이었다. 그러나 두 번 가볍게 현기증이 나고 눈앞이 아찔했는데, 그것이 걱정스러웠다.

"이런 고기를 못 잡고 죽어 버릴 수야 없지. 이제 곧 저 멋진 비늘이 보일 거다. 어떻게 해서라도 견뎌내야 해. '천주경'과 '성모경'을 백 번 외워도 좋습니다. 부탁입니다, 하느님. 그러나 지금은 안 됩니다."

어떻게 지금 욀 수 있겠냐고 생각했다. 나중에, 나중에 외겠다.

바로 그때 두 손으로 움켜쥐고 있던 줄이 느닷없이 억센 힘으로 왈칵 당겨졌다. 날카롭고 무거웠다.

창날 같은 부리로 철사줄 끝을 치고 있는 거지. 그래, 한번은 꼭 그렇게 될 일이다. 그럴 수밖엔 없는 일이다. 그러나 그렇게 되면 뛰어오를지도 모르니 좀더 돌아주었으면 좋겠다. 아까는 공기가 필요해서 뛰어올랐다. 그러나 그럴 때마다 아가리의 상처가 넓어져서 낚시가 빠져나갈지도 모른다.

"이봐, 뛰면 안 돼, 뛰면 안된다니까."

고기는 그 뒤에도 여러 번 낚싯줄을 쳤는데, 그때마다 노인은 줄을 조금씩 풀어 줬다.

고기의 고통을 어떻게든지 이 정도에서 막아 줘야겠다고 그는 생각했다. 내 고통 따위는 문제도 안 된다. 나는 참을 수 있다. 그러나 고기의 고통이 놈을 성나게 할지 모른다.

좀 있자 고기는 낚싯줄에 부딪치지 않고 다시 완만한 원을 그리며 돌기 시작했다. 노인은 줄곧 조금씩 줄을 당겨 갔다. 그러나 또 현기증을 느꼈다. 그는 왼손으로 바닷물을 떠서 머리를 적셨다. 그리고 목덜미를 물로 축이고 비볐다.

"이제 쥐는 안 난다. 슬슬 올라올 때가 되었다. 나는 끝까지 견딜 수 있어. 끝까지 견뎌야 해. 그건 말할 필요도 없다."

노인은 뱃머리에 무릎을 꿇고 잠깐 등에 줄을 메었다. 고기가 먼 곳을 돌고 있는 동안 쉬었다가 가까이 오면 다시 싸워야겠다고 마음을 먹었다.

뱃머리에 앉아 쉬면서 줄을 당기지 않고 고기를 멋대로 한 바퀴 돌게 내버려두고 싶은 생각이 간절했다. 그러나 줄이 당겨진 상태로 보아 고기가 배쪽으로 오려고 방향을 바꾼 것을 알자, 노인은 일어서서 몸을 회전축으로 삼고 베를 짜는 것 같은 동작으로 내보냈던 줄을 모두 거둬들였다.

이 정도로 피곤한 적은 없었는데. 이제 무역풍이 불고 있구나. 저놈을 잡기에는 유리한 바람이지. 기다리던 바람이야.

"고기가 다시 돌려고 하면 쉬자." 그는 중얼거렸다. "기분도 훨씬 좋아졌어. 두서너 번만 더 돌고 나면 끌어들일 수 있겠지."

노인의 밀짚모자는 머리 뒤통수로 흘러내렸다. 그는 뱃머리에 몸을 나직하게 숙이고 앉아 줄을 꼭 잡고 고기가 원을 그리며 도는 것을 느꼈다.

기운이 넘치는구나. 되돌아왔을 때 기회를 봐서 잡아 볼까?

제법 파도가 일었다. 그러나 좋은 날씨에 부는 바람이었고, 집에 돌아가는 데 필요한 바람이었다.

"뱃머리를 남서쪽으로 돌리면 되는 거야. 바다에서 길을 잃는 일은 없지. 쿠바는 아주 긴 섬이니까."

고기가 세 번째 원을 그리기 시작했을 때, 그는 처음으로 그 모습을 볼 수 있었다.

처음에 배 밑으로 지나가는 시꺼먼 그림자를 보았다. 그렇게 길 수가 있을까 의심이 갈 정도로 지나가는 데 오래 걸렸다.

"아냐." 그는 소리 내어 말했다. "그렇게 클 리가 있나!"

그러나 실제로 고기는 그만큼 컸다. 원을 다 그렸을 때, 고기는 배에서 30야드가량 떨어진 수면에 떠올랐다. 노인은 물 위로 나온 꼬리를 보았다. 연보랏빛 꼬리는 낫의 날보다 더 높고 짙푸른 색 물 위에 아주 우뚝하게 나와 있었다. 그 꼬리가 뒤로 비스듬히 기울어 있었고, 고기가 바로 수면 밑을 헤엄치고 있었기 때문에 노인은 그 거대한 몸체와 그것을 둘러싸고 있는 보랏빛 줄무늬를 볼 수 있었다. 등지느러미는 아래로 늘어져 있고, 거대한 가슴지느러미는 양쪽으로 활짝 벌려져 있었다.

그제야 노인은 처음으로 고기의 눈을 정면으로 볼 수 있었다. 게다가 회색 빨판상어 두 마리가 나란히 곁붙어 헤엄치고 있었다. 어떤 때는 큰 고기 몸에 달라붙기도 하고 떨어지기도 했고, 어떤 때는 쫓기도 하고 큰 고기의 뒤를 따라 헤엄쳤다. 두 마리 다 3피트가량의 길이였지만 마치 뱀장어처럼 온몸을 맹렬하게 움직였다.

노인은 땀을 흘리고 있었다. 태양열 때문만은 아니었다. 고기가 되돌아올 때마다 그는 줄을 잡아당겼으며, 이제 두 바퀴만 더 돌면 작살을 꽂아 넣을 수 있으리라 확신했다. 좀더 바짝, 가까이 끌어와야겠다고 생각했다. 머리를 찔러서는 안 된다. 심장을 찔러야 한다.

"자, 늙은이, 진정하고 기운을 내."

다음 번 돌 때, 고기는 등을 수면에 내놓았다. 그러나 배에서 너무 멀었다. 다음 회전 때도 역시 너무 멀었으나, 몸을 훨씬 잘 보이도록 물 위로 드러냈다. 조금만 더 줄을 당기면 고기를 배와 나란히 되게 할 수 있다고 확신했다. 작살은 벌써부터 준비해 두었다. 작살에 매인 가는 줄은 둥근 바구니 속에 들어 있었고, 그 줄 끝은 뱃머리 말뚝에 단단히 매두었다.

고기는 둥근 원을 그리면서 조용히 가까이 다가왔다. 그것은 조용했고 아름답게 보였다. 커다란 꼬리만이 흔들흔들 움직였다. 노인은 갖은 힘을 다해 꼬리를 바싹 끌어당겼다. 잠시 고기는 배를 보이고 뒤척였다. 하지만 곧 자세를 바로잡고 또다시 돌기 시작했다.

"내가 고기를 움직였구나. 드디어 움직이고 말았어."

그는 또 한 번 현기증을 느꼈으나, 있는 힘을 다해 큰 고기에 매달렸다. 내가 그놈을 움직였다. 이번에야말로 끝장을 낼 수 있다. 손아, 줄을 당겨라. 다리야, 좀더 버텨라. 머리야, 나를 위해 마지막까지 견뎌 다오, 견뎌 다오. 정신을 잃은 일은 없다. 이번에야말로 꼭 해치울 테다.

고기가 배 가까이로 오기도 전에 온 힘을 다해서 당기기 시작했으나, 고기는 조금 뒤뚱거렸을 뿐 몸을 다시 세우고 헤엄쳐 나갔다.

"기다려. 너는 죽을 운명이야. 아니면 나를 죽일 작정이냐?"

그렇게는 안 되지. 노인은 생각했다. 입안이 너무 말라 목소리도 나오지 않았고 이젠 물병을 당겨 입을 축일 수도 없었다. 이번에야말로 뱃전하고 나란히 되게 해야 한다고 생각했다. 그렇게 여러 번 돌기만 하면 내가 견디지 못한다. 아니다, 견딜 수 있을 게다. 그는 혼잣말을 했다. 너는 영원토록 건재하다.

다음에 원을 그리기 시작했을 때, 그는 고기를 거의 손안에 넣을 뻔했다. 그러나 고기는 다시 몸을 곧추세우고 천천히 헤엄쳐갔다.

네가 나를 죽이는구나. 물론 그럴 권리가 있지. 나는 일찍이 너처럼 위대하고 아름답고, 침착하고, 위엄 있는 놈을 보지 못했다. 자아, 죽여라, 누가 누구를 죽이든 그게 무슨 상관이란 말이냐.

안 돼, 머리가 멍해지는구나. 머리를 식혀야겠다. 머리를 식히고 어떻게 하면 인간답게 고통을 견딜 수 있나 봐야겠다. 안 그러면 저 고기처럼이라도.

"머리야, 정신 차려라." 그는 자신도 알아들을 수 없을 만한 가냘픈 목소리로 말했다. "정신 차리라니까."

다시 두 바퀴 맴돌았으나 마찬가지였다.

어떻게 된 걸까. 노인은 생각했다. 그는 그럴 때마다 의식을 잃고 기절할 것만 같았다. 어떻게 된 걸까, 정말 모르겠는데. 그러나 한 번, 한 번만 더 해보자.

그는 또 한 번 해보았다. 그러나 고기가 뒤척인 순간, 정신이 아득해졌다. 고기는 자세를 바로하고는 커다란 꼬리를 물 위로 내놓고 유유히 헤엄쳐 가버렸다.

한 번만 더, 하고 노인은 다짐했다. 그러나 손은 힘이 빠지고 부풀어 올랐다. 현기증이 나서 자꾸만 주위가 가물가물하니 잘 보이지 않았다.

한 번 더 해내려고 했다. 역시 마찬가지였다. 그래, 힘을 주면 기절할 것 같다. 그러나 다시 한 번 해보자.

그는 남은 마지막 힘을 짜내고 모든 고통과 먼 옛날에 가졌던 긍지를 통틀어 고기의 마지막 고통과 맞섰다. 고기는 그에게로 유유히 헤엄치며 다가왔다. 부리가 거의 뱃전에 닿을 듯했다. 고기는 아슬아슬하게 배 옆을 지나갔는데, 몸체는 어마어마하게 길고 두껍고 넓고, 보랏빛의 줄을 두르고, 한없이 컸다.

노인은 줄을 놓고 한 발로 딛고 서서 할 수 있는 한 작살을 높이 쳐들어 있는 힘을 다해, 아니 마지막 힘을 내어 사람의 가슴 높이만큼 물 위로 솟아오른 커다란 가슴지느러미 바로 뒤를 겨누고 옆구리를 찔렀다. 작살이 살 속에 파고드는 반응을 느꼈다. 그는 덮치는 것처럼 하여 힘껏 깊숙이 던져 넣었다.

고기는 몸속에 상처를 입은 채 급히 생기를 불어넣으려는 듯 보였다. 물 위로 높이 뛰어오르며 그 거창한 길이와 넓이를, 그 힘과 아름다움을 아낌없이 드러냈다. 그것은 배 안에 서 있는 노인의 머리보다도 높이 공중에 매달린 것처럼 보였다. 그러고는 철썩 떨어져 물을 사방으로 튀기며 노인과 배에 물보라를 덮어씌웠다.

노인은 정신을 잃을 것 같고 메스꺼워서 잘 보이지 않았다. 그래도 그는 작살의 줄을 그 벗겨진 두 손으로 조절하여 풀어 놓았다. 가까스로 눈앞이 보였을 때, 고기가 물 위로 은빛 배를 드러내놓고 뒤집혀 있는 것을 보았다. 작살자루가 고기 어깨에 삐죽이 찔려 있고 바다는 심장에서 뿜어내는 피로 붉게 물들고 있었다. 피가 처음에는 깊이가 1마일을 넘는 바다의 푸른 물에 고기 떼가 밀려드는 듯 시꺼멓게 보였으나, 이윽고 구름처럼 퍼져나갔다. 고기는 은빛 배를 보이고 조용히 물결에 둥둥 떠 있었다.

노인은 자신이 본 것을 다시 확인하려는 듯이 찬찬히 바라봤다. 그리고 작살줄을 뱃머리의 말뚝에 두어 번 감아 놓고 머리를 두 손으로 감쌌다.

"정신을 차려야지." 그는 뱃머리에 기대면서 중얼거렸다. "나는 지친 늙은이다. 하지만 나는 내 형제인 고기를 죽였고 이제부터 잡일을 해야 한다."

이젠 고기를 뱃전에 붙들어 매기 위해서 올가미와 밧줄을 준비해야지. 비록 사람이 둘이 있어 고기를 배에 싣고, 물이 들어오면 퍼낸다 하더라도 도저히 이 배는 고기를 못 당한다. 모든 준비를 하고 나서 고기를 끌어당겨서 배에 붙들어 매고 돛을 올려 집에 돌아가야겠다.

그는 고기를 끌어당겼다. 아가미에서 입으로 줄을 꿰어서 머리를 뱃머리에 붙들어 맬 작정이었다. 그는 눈으로 좀더 보고, 만지고, 확인해 보고 싶다고 생각했다. 이놈이 자기 운명이라는 생각이 들었다. 그러나 내가 만져 보고 싶다는 것은 그래서가 아니다. 나는 이놈의 심장을 만졌다. 작살을 두 번째 찔러 넣었을 때 말이다. 이제는 끌어당겨서 꼬리와 배에 올가미를 걸어 배에 단단히 비끄러매는 것이 좋겠어.

"늙은이, 슬슬 일을 시작하지." 그는 물을 한 모금 마셨다. "싸움이 끝났으니 이제 해야 할 일이 잔뜩 있구나."

그는 하늘을 우러러보고, 그리고 고기를 보았다. 이번에는 해를 조심스럽게 보았다. 오전이 지난 지 얼마 안 됐군. 게다가 무역풍이 불고 있다. 이제 낚싯줄도 필요 없다. 집에 돌아가면 그 애와 함께 다시 풀어 이어 놓자.

"이리 와." 그는 고기에게 소리쳤다. 그러나 고기는 오지 않았다. 벌렁 나자빠진 채로 바다에 떠 있다. 노인은 배를 고기 곁으로 저어나가 머리를 뱃머리에 매면서도 그 크기가 믿어지지 않았다. 그는 작살줄을 말뚝에서 풀어 아가미로 넣어서 턱 쪽으로 꿰고, 창날처럼 삐죽한 부리를 한 번 감고 다른 쪽 아가미를 꿰어 다시 한 번 부리를 감아 양끝을 맞매어서 뱃머리의 말뚝에 단단히 비끄러맸다. 그리고 줄을 잘라서 올가미를 만든 다음 꼬리를 매러 고물 쪽으로 갔다. 고기 색은 본디의 보랏빛 섞인 은빛이 거의 은빛으로 변했고, 줄무늬는 꼬리와 같이 엷은 보랏빛이었다. 그 줄무늬 넓이가 손으로 한 뼘 정도만 했고, 눈은 잠망경의 반사경 또는 행렬에 끼인 성자(聖者)의 눈처럼 묘하게 쌀쌀맞았다.

"죽이는 데는 이렇게 하는 수밖에 없었지." 노인은 말했다. 물을 마시고 퍽 기운을 차린 것 같아 이제 정신을 잃는 일도 없을 게다. 머리가 또렷해졌다. 이 정도라면 1천5백 파운드는 넘을 거다. 어쩌면 더 나갈지도 몰라. 3분의 2를 고기로 만들어서 1파운드에 30센트씩 받는다면 얼마나 될까?

"연필이 없어 안 되겠구나. 아직 머리가 맑지 못한 모양이야. 하지만 오늘의 내게는 위대한 디마지오라 해도 머리를 숙일 거다. 발뒤꿈치는 아프지 않았지만 손과 등의 상처는 퍽 심했거든." 발뒤꿈치의 부상이란 어떤 것일까?

그는 생각했다. 앓아 보지 않아 모르지만 아마 우리에게도 그런 병이 있는지도 모르지.

그는 고기를 뱃머리와 고물 그리고 중간에 꽉 비끄러맸다. 엄청나게 커서 또 한 척의 배를 서로 이어 놓은 것 같았다. 그는 줄을 한 가닥 끊어 고기의 아래턱을 부리에 동여매서 입이 벌어지지 않도록 하여 빨리 배가 나갈 수 있게 했다. 그것이 끝나자 돛대를 세우고 갈고릿대와 가름대, 그리고 누덕누덕 기운 돛을 달아 배는 나가기 시작했다. 그는 고물 쪽에 반쯤 드러누워 뱃머리를 남서로 향하게 했다.

그는 나침반이 없더라도 방향을 알 수 있었다. 무역풍이 불고 돛이 끌고 가는 것을 보면 바로 알 수 있었다. 가는 낚싯줄에 꾐미끼를 달아서 먹을 것을 찾아보는 게 좋겠다. 그리고 목을 축이기 위해 뭘 좀 마셔야겠다. 그러나 꾐미끼 바늘은 보이지 않았고, 정어리도 모두 상해 버렸다. 하는 수 없이 누런 해초가 한 조각 지나갈 때 갈퀴로 건져서 배 안에다 흔들어 댔더니 그 속에 있던 새우가 바닥에 떨어졌다. 제법 여남은 마리나 되었는데, 벌레처럼 팔딱팔딱 뛰었다. 노인은 그것을 잡아 엄지손가락과 집게손가락으로 새우 머리를 떼고 껍질과 꼬리까지 잘 씹어 먹었다. 잘기는 했지만 맛이 좋고 영양분이 있다는 것을 알고 있었다.

병 속에는 아직 두어 모금의 물이 남아 있었는데, 새우를 먹고 나서 그 물을 반 정도 마셨다. 배는 큰 짐을 진 것에 비해 잘 달렸고, 그는 팔 밑에 있는 키의 손잡이로 방향을 잡았다. 고기의 모습이 보였다. 정말 일어난 일이구나. 꿈이 아니야. 그는 손을 펴보고 뒤편에 기대고 있는 등이 아픈 것을 느끼고서야 알았다. 싸움이 막바지에 이르러 정신이 가물거렸을 때, 아마 꿈을 꾸고 있는 거라고 생각했다. 그러다가 고기가 물속에서 뛰어올라 떨어지기 전에 공중에 걸려 있는 것을 보았을 때 어처구니없는 기적이 생겼구나 했고, 그 광경이 아무래도 믿어지지 않았다. 그때는 눈이 잘 보이지 않았지만 이젠 전처럼 잘 보였다.

지금 그는 고기의 실재를 확인한 것과 손과 등의 아픔으로 꿈이 아닌 것을 알았다. 손의 상처는 곧 아물 게다. 피는 깨끗이 닦아 냈고 짠물이 낫게 해 줄 것이다. 이곳 바닷물은 정말 잘 듣는 약이니까. 내가 해야 할 일은 오로지 정신을 똑바로 차릴 일이다. 손이 할 일은 이미 끝났고, 우리는 무사히 항구로 돌아가고 있다. 봐라, 이놈은 입을 꽉 다물고 꼬리를 꼿꼿이 세웠다 내렸다 하며, 우리는 형제간처럼 나란히 항구로 돌아가고 있다. 거기까지 생각하자 그의 머리는 좀 흐려졌다. 이놈이 나를 끌고 가는 건가, 내가 이놈을 끌고 가는 건가? 내가 이놈을 끌고 가는 것이라면 아무 문제도 없다. 아니, 고기가 저 모든 위엄을 잃은 채 배 위에 누워 있다면 역시 아무 문제도 없다. 그러나 고기와 배는 지금 나란히 묶여 바다 위를 헤쳐 나가고 있는 것이다. 고기가 나를 끌고 간다면 그렇게 하라지. 내 꾀가 그놈보다는 낫다는 것뿐이고, 고기는 내게 아무런 적의도 갖고 있지 않으니까.

그들은 순조롭게 항해를 계속해 나갔다. 노인은 두 손을 바닷물에 담그고 정신을 차리려고 애썼다. 하늘 높이 뭉게구름과 많은 엷은 새털구름이 뜬 것을 보면 밤새 미풍이 불 것 같다. 노인은 꿈이 아님을 확인하기 위해 고기를 눈여겨 바라보았다. 맨 처음 상어의 습격을 받은 것은 그로부터 한 시간 뒤였다.

그러나 그것은 우연이 아니었다. 저 검은 피가 구름처럼 엉겨 1마일이나 바닷속으로 퍼질 때 깊은 물속에서 올라왔던 것이다. 상어는 무서울 만큼 빠르게 아무런 거리낌도 없이 푸른 물을 가르며 솟아올랐다가, 햇살을 받고 다시 물속으로 들어가서 냄새를 찾아 고기의 뒤를 추적하는 것이다.

상어는 때때로 냄새를 잃어버리곤 했다. 그러나 다시 냄새를 찾아내든가, 지나간 흔적을 찾아내서 재빠르고 세차게 뒤따랐다. 그것은 마코 상어로, 아주 덩치가 크고 빨랐다. 주둥이 말고는 나무랄 데 없이 아름다웠다. 등은 황새치처럼 푸르고, 배는 은빛이고, 껍질이 미끈하고 아름다웠다. 빨리 헤엄쳐 갈 때에는 단단히 다문 주둥이 말고는 황새치처럼 생겼다. 높은 등지느러미는 까딱도 하지 않고 칼날처럼 해면 바로 밑 물속을 가르며 헤엄쳐 갔다. 두 겹으로 된 주둥이 안쪽은, 여덟 줄의 이빨이 안을 향하고 있는 피라미드 모양의 보통 상어 이빨과는 달랐다. 꽉 물면 사람 손가락과 꼭 닮았다. 마치 노인의 손가락만큼의 길이로 양쪽이 면도날같이 날카로웠다. 바닷속의 어떤 고기든 잡아먹을 수 있게 생겼고, 빠르기로나 억세기로나 완전한 무장으로나 당해낼 적이 없었다. 지금은 더욱 신선한 피냄새를 따라 속력을 내면서 푸른 지느러미가 물을 갈랐다.

노인은 놈이 달려오는 것을 보자 곧 그것이 상어라는 것을 알았다. 그놈은 그 바다에서 어느 것 하나도 무서워하지 않았다. 그놈은 아무 두려운 것도 없고 그 자신이 노리는 것은 꼭 해치웠다. 노인은 상어가 다가오는 것을 지켜보면서 작살을 집어 들어 밧줄을 맸으나, 이미 고기를 비끄러매느라고 잘라 버렸기 때문에 밧줄이 매우 짧았다.

노인의 머리는 이제 맑고 상쾌해져서 그는 단단한 결의가 넘쳐 있었지만 희망은 거의 없었다. 좋은 일이란 오래 가지 않는 법이라고 그는 생각했다. 상어가 가까이 다가오는 것을 지켜보면서 큰 고기를 힐끗 보았다. 꿈이었던 거나 마찬가지지. 저놈이 달려드는 것을 막을 수는 없지만, 어떻게 해보는 수밖에 없겠지. 덴투소(상어의 한 가지), 이 망할 놈의 자식아.

상어는 재빠르게 쫓아왔다. 그것이 고물 쪽으로 다가와서 고기에게 덤벼들었을 때 노인은 그 벌린 입과 이상한 두 눈과, 이빨이 둔한 소리를 내며 큰 고기의 꼬리 가까이를 물어뜯는 것을 보았다. 상어는 머리를 물 위로 쑥 내밀고 등까지도 드러냈다. 노인은 그 머리의 두 눈을 잇는 선과 코에서 등으로 뻗은 선이 교차하는 한 점에 작살을 꽂았을 때, 큰 고기의 살과 껍질이 뜯기는 소리를 들었다. 사실 그런 선 따위가 상어 머리에 있는 건 아니었다. 삐죽하게 날카로운 퍼런 머리와 커다란 눈과 짤깍거리며 뭐든 먹어치우는 불쑥 나온 주둥이가 있을 뿐이다. 그러나 그 점이 골이 있는 위치였고, 노인은 그것을 찔렀다. 피가 묻어 진득거리는 손으로 작살을 꽂고 온 힘을 다해서 눌러 쑤셨다. 희망은 없었으나 결의와 철저한 적의만 있었다.

상어는 부들부들 온몸을 떨고 있었다. 그 눈도 이미 살아 있지 않은 것을 노인은 알았다. 상어는 한 번 더 떨더니 그대로 밧줄에 휘감겨버렸다. 죽은 것을 노인은 알았지만 상어는 자신의 죽음을 받아들이지 않았다. 벌렁 뒤집혀서 꼬리로 물을 철썩이고 주둥이를 짤깍거리면서 쾌속정처럼 물결을 헤치며 몸부림쳤다. 꼬리로 내려치는 물 위로 물방울이 하얗게 튀었고, 밧줄이 당겨지며 부르르 떨고 줄이 끊어져 나갈 때는 몸뚱이의 4분의 3은 물 위로 나와 있었다. 상어는 잠시 수면에 떠 있었다. 노인은 그것을 가만히 지켜보았다. 이윽고 상어는 천천히 가라앉았다.

"약 40파운드는 뜯어먹었군." 노인은 큰 소리로 말했다. 게다가 내 작살이랑 줄까지 몽땅 가져가 버렸지. 그런데 내 고기에서 또 피가 흐르니 다른 상어들이 몰려오겠지.

더는 망가진 고기를 보고 싶지 않았다. 고기가 물어뜯겼을 때 꼭 자기가 물어뜯기는 것 같았다.

그러나 나는 내 고기에게 달려든 상어를 죽였다. 제기랄, 그렇게 큰 덴투소는 처음이었다. 지금까지 큰 놈을 많이 보아 왔지만 말이다.

좋은 일은 오래 가지 않는 법이지. 이젠 그것이 한낱 꿈이었으면 싶다. 내가 저 고기를 잡은 것이 아니고, 이 순간에 침대에 누워 신문을 보고 있는 거라면 얼마나 좋을까.

"그러나 사람은 지려고 태어난 건 아니야." 그는 소리 내어 말했다. "사람은 죽음을 당할지는 모르지만 지지는 않는다." 그래도 내가 고기를 죽인 건 잘못이야. 그는 생각했다. 이제부터 궁지에 몰리는 일이 생길 텐데 작살마저도 없다. 덴투소란 놈은 아주 잔인하고 힘이 세고 영리하단 말이야. 하지만 내가 놈보다 더 영리하지. 아니, 안 그럴지도 몰라. 다만 내가 가진 무기가 놈보다 나았다는 것뿐일 게다.

"늙은이, 더 생각하지 마." 그는 큰 소리로 말했다. "이대로 나아가다 상어가 오면 그때 볼 일이야."

그러나 난 생각하지 않을 수 없다. 나에게 남은 것이라곤 그것밖에 없으니. 그것하고 야구뿐이야. 위대한 디마지오는 내가 상어의 정수리를 찌른 솜씨를 인정할까? 물론 자랑할 만한 것은 못 되지. 그런 일은 누구라도 할 수 있으니까. 하지만 내 손이 발뒤꿈치가 아픈 것만큼 불리한 조건인 건 알까? 그야 모르지. 내가 발뒤꿈치를 다친 것은 헤엄치다 오리를 밟아서 물렸을 때 종아리가 마비되어서 참을 수 없는 고통을 당할 때뿐이었으니까.

"늙은이, 좀더 유쾌한 일을 생각하는 건 어때?" 그는 말했다. "이제 집에 가고 있어. 게다가 40파운드나 가벼워지지 않았나?"

그러나 배가 조류 한가운데에 도달하면 뭐가 기다리는지는 잘 알고 있었다. 그러나 지금은 어쩔 수가 없었다.

"아냐, 방법은 있어." 그는 큰 소리로 말했다. "노잡이에 칼을 잡아매는 게 좋겠어."

그는 바로 그 일을 했다. 겨드랑이에 키 손잡이를 끼고 발은 돛 아랫자락을 밟았다.

"자아, 난 역시 늙은이야. 그래도 전혀 무방비 상태는 아니야."

바람은 기분 좋게 불었다. 배는 잘 달렸다. 그는 고기의 앞부분만 보고 있었고, 그러자니 약간의 희망이 되살아 왔다.

희망을 버리다니 어리석은 짓이야. 게다가 그건 죄야. 아니, 죄에 대해선 생각하지 말자. 지금은 죄 아니라도 그 밖의 문젯거리가 얼마든지 있다. 게다가 나는 죄에 대해 아무것도 모른다.

나는 그게 뭔지 잘 모르고, 그걸 믿고 있다고 확신할 수도 없다. 고기를 죽이는 것은 아마 죄가 되겠지. 내가 먹기 위해서, 또 많은 사람을 먹이기 위해서일지라도 죄는 죄일 테지. 하지만 그렇다면 모든 게 죄가 된다. 죄에 대해서는 생각지 말자. 그런 것을 생각하기에는 때가 너무 늦었고, 돈을 받고 하는 사람들도 있으니까. 죄는 그런 사람들이나 생각하라지. 고기가 고기로 태어난 것처럼 나는 어부로 태어난 것이다. 성 베드로도 어부였다. 위대한 디마지오의 아버지처럼.

그러나 그는 자신이 관련된 모든 일에 관해서 생각하는 것을 좋아했다. 게다가 읽을 책도 없고 라디오도 없어서 여러 가지 많은 생각을 했고, 계속해서 죄에 대해 생각했다. 고기를 죽인 것은 단지 살기 위해서도, 식량으로 팔기 위해서도 아니다. 긍지를 위해서, 그리고 어부이기 때문에 죽인 것이다. 나는 네가 살았을 때도, 죽은 뒤에도 사랑했다. 만약 내가 사랑한다면 죽였다 해도 죄는 아니다. 아니면, 더 나쁜 것일까?

"됐어, 늙은이, 생각이 너무 지나쳐." 그는 소리 내어 말했다.

그러나 덴투소를 죽일 때는 즐겼다. 그는 계속해서 생각했다. 그놈도 너처럼 산 고기를 먹고 사는 동물이야. 다른 상어처럼 썩은 고기라도 먹고 이리저리 헤엄쳐 다니는 게걸스런 동물은 아니야. 아름답고 당당하고 두려움을 모르는 고기야.

"나는 정당 방위로 자신을 지키기 위해 죽인 거야." 그는 소리 내어 말했다. "게다가 단번에 죽였지."

게다가 모든 동물은 어떤 식으로든 다른 모든 동물을 죽이지 않는가? 고기를 잡는 일이 나를 살게 해주는 것과 마찬가지로 그 일이 나를 죽이기도 한다. 아니, 그것이 내 생계를 도와주고 있지. 너무 자신을 속여선 안 돼.

그는 뱃전에서 고기 쪽으로 손을 내밀고 아까 상어가 물어뜯은 살점을 한 점 떼었다. 그것을 씹으면서 고기의 질과 좋은 맛을 음미했다. 쇠고기처럼 살이 단단하고 물기가 많았으나 붉지는 않았다. 힘줄이 전혀 없었고, 시장에 내놓으면 최고의 값에 팔릴 것이다. 그러나 물에서 피냄새를 지워 버릴 도리가 없는 한, 최악의 사태가 닥쳐오고 있다는 사실을 노인은 알고 있었다.

바람은 변함없이 약간 북동쪽으로 불었다. 그 방향이 조금 바뀌는 듯했으나 결코 잦아들지 않으리란 것을 노인은 알고 있었다. 노인은 앞쪽을 내다보았으나 돛이나 선체나 배에서 오르는 연기조차도 보이지 않았다. 다만 뱃머리 주위로 뛰어 날아가는 날치와 군데군데 해초의 누런 무더기가 보일 뿐이었다. 심지어 새의 그림자조차 보이지 않았다.

고물 쪽에 기대앉아 몸에 힘을 붙이려고 가끔 날치 고기를 씹어 먹으면서 두 시간가량 지났을 때, 그는 상어 두 마리가 다가오는 것을 보았다.

"아잇!" 그는 큰 소리로 외쳤다. 무어라 표현할 수도, 다른 말로 옮길 수도 없다. 뭐랄까, 못이 자기 손바닥을 뚫고 판자에 박힐 때에 사람이 저도 모르게 지르는 것 같은 그런 소리였다.

"갈라노(상어의 일종)로구나!" 첫 번째 상어를 본 그는 큰 소리로 외쳤다. 그 뒤에 바짝 뒤따르는 상어를 보았다. 세모꼴의 갈색 지느러미와 물결을 쓸 듯하는 동작으로 귀상어라는 것을 알았다. 그들은 냄새를 맡고는 흥분했다. 너무 배가 고파 가끔 냄새를 놓치곤 했지만 다시 찾아내고는 기뻐서 어쩔 줄 몰라 했다. 이렇게 그들은 서서히 다가왔다.

노인은 돛을 가름나무에 붙들어 매고 키의 손잡이로 움직이지 않게 끼워 놓았다. 그러고는 나이프를 잡아맨 노를 잡고, 손의 통증으로 마음대로 되어 주지 않으므로 되도록 살짝 들어올렸다. 그러고는 가볍게 손을 폈다 쥐었다 했다. 힘껏 노를 쥐고 끝까지 버틸 생각으로 상어가 다가오는 것을 지켜보았다. 넓고 편편한 삽처럼 뾰족한 머리와, 끝이 하얗고 넓은 가슴지느러미가 보였다. 이건 아주 고약한 상어로 지독한 냄새를 풍기며, 산 고기든 죽은 고기든 먹어 버리고, 배가 고프면 노든 키든 뭐든지 물어뜯는 놈이었다. 거북이 해변에서 잠들었을 때 그 다리나 발을 잘라먹는 것도 이놈이었다. 배만 고프면 이놈들은 사람까지 공격한다. 생선 비린내가 나지 않아도 안심할 수 없다.

"아, 제기랄." 그는 말했다. "갈라노야, 오너라, 갈라노야."

그들은 근처까지 왔다. 그러나 마코 상어처럼 오진 않았다. 한 놈은 배 밑으로 급히 몸을 숨겼다. 노인은 배가 흔들리는 것을 느꼈다. 상어가 고기를 먹고 있는 것이다. 또 한 놈은 길게 째진 누런 눈으로 줄곧 노인을 살펴보았다. 그러더니 다음 순간 반원형 주둥이를 크게 벌리고 잽싸게 고기에게 덤벼들어 먼저 뜯긴 자리를 물어뜯었다. 상어의 갈색 머리 정수리와 골이 등뼈와 이어지는 후면의 선이 뚜렷이 보였다. 노인은 나이프 달린 노로 그 교차점을 찌르고 그것을 뽑아 다시 고양이 같은 노란 눈을 찔렀다. 상어는 고기를 놓고 떨어졌다. 그러나 죽으면서도 물어뜯은 고기를 삼켰다.

배는 다른 한 놈의 상어가 배 밑에서 고기를 뜯는 바람에 여전히 흔들리고 있었다. 노인은 돛줄을 풀어 배가 옆으로 돌아서 상어가 물 밖으로 드러나도록 했다. 그는 상어를 보자 뱃전에서 몸을 내밀고 찔렀다. 그러나 급소를 벗어나 상어의 딱딱한 살껍질은 뚫지 못했다. 너무 힘껏 찌르는 바람에 손뿐만 아니라 어깨까지 아팠다. 그러나 상어는 머리를 물 위로 내밀었다. 노인은 상어의 코가 물 밖으로 나와 고기를 물어뜯을 때 그 편평한 정수리 한복판을 정면으로 찔렀다. 그는 다시 노를 잡아 빼서 같은 곳을 찔렀다. 그래도 상어는 갈고리 같은 주둥이로 고기에 매달렸다. 노인은 왼쪽 눈을 찔렀다. 그래도 상어는 여전히 매달렸다.

"아직도 부족해?" 노인은 그렇게 말하면서 척추골과 두골 사이를 찔렀다. 이쯤 되자 손쉽게 연골이 쪼개지는 것이 느껴졌다. 노인은 노를 뽑아들어 상어 주둥이를 열려고 그 사이에 칼날을 넣었다. 칼날을 비틀자 상어가 나가떨어졌다. 그는 저주를 퍼부었다. "가라, 갈라노야. 바다 밑 깊은 곳에 가라앉아라. 가서 네 동무나, 아니면 네 엄마나 만나봐라."

노인은 칼날을 닦고 노를 내려놓았다. 돛줄을 매어 바람을 안게 하고 해안으로 배를 몰았다.

"4분의 1이나, 그것도 가장 맛있는 데를 떼어내 갔군." 그는 큰 소리로 말했다. "꿈이었으면 좋았을걸. 이 고기를 잡지 않았으면 좋았을걸. 네게는 미안하구나. 애당초 잡은 것이 잘못이었어." 그는 말을 멈췄고 이제는 고기를 볼 마음조차 없었다. 피를 흘리고 찢긴 고기는 마치 거울 뒷면의 은빛처럼 빛나고 커다란 줄무늬도 아직 선명하게 보였다.

"이렇게 멀리까지 나오지 말걸 그랬어." 그는 고기에게 말했다. "너나 나를 위해서도 말이다. 참 미안하게 됐다."

그는 마음속으로 중얼거렸다. 칼을 잡아맨 자리를 잘 보고 어디 끊어지지 않았는지 봐야겠다. 손도 제대로 움직일 수 있게 해둬야지. 놈들은 계속 올 테니까.

"칼을 갈게 숫돌이 있으면 좋겠는데." 노인은 노 끝을 다시 잘 잡아매면서 말했다. "숫돌을 가져왔으면 좋았을걸." 가지고 올 물건도 많은데. 그는 생각했다. 그러나 안 가지고 왔어. 늙은이야, 지금은 안 가지고 온 걸 생각할 때가 아니야. 있는 것으로 할 수 있는 일을 생각해.

"자넨 참 여러 가지 좋은 충고를 주는군." 그는 큰 소리로 말했다. "이젠 그것도 질렸어."

그는 겨드랑이에 키를 끼고 배가 앞으로 나가는 대로 손을 물에 담그고 있었다.

"마지막 놈이 무척 많이 뜯어먹었군. 그런데 덕분에 배가 가벼워졌어." 그는 물어뜯긴 고기의 아래쪽을 생각하고 싶지 않았다. 상어가 배 밑에서 떠받을 때마다 살을 뜯겼을 테니 이제는 흐른 피가 바다에 신작로처럼 넓은 길을 만들어 놓아 모든 상어의 길잡이가 되었다는 것을 알고 있었다.

이 고기 한 마리면 한 사람이 올겨울 내내 먹고 살 수 있을 텐데. 그런 생각은 하지 말자. 가만히 쉬고, 남은 고기라도 잘 지키도록 손을 잘 풀어 둬라. 내 손에서 나는 피냄새쯤 바다에 가득 퍼져 있는 피냄새에 비하면 아무것도 아니지 않은가? 또 별로 피가 많이 나는 것도 아니다. 문제 삼을 만한 상처가 아니다. 피를 흘렸으니 왼손에 다시 쥐가 나지는 않겠지.

이제 나는 무엇을 생각할 수 있나? 아무것도 없다. 아무 생각 말고 다음 차례를 기다리기만 하면 된다. 이게 정말 꿈이었으면 좋겠는데. 그러나 알게 뭐람. 모두 잘된 일인지도 모른다.

다음에 온 것은 전에도 본 적이 있는 귀상어였다. 만일 돼지가 사람의 머리가 들어갈 만큼 큰 입을 가지고 있다면, 아마 저런 식으로 여물통에 달려들겠지. 노인은 상어가 고기를 물게 내버려뒀다가 노에 매인 칼로 정수리를 찔렀다. 그러나 상어가 몸을 뒤틀며 젖혔기 때문에 칼을 빼앗겼다.

노인은 마음을 안정시키고 키를 잡았다. 그는 상어 쪽은 보지 않았다. 그것은 천천히 물속 깊이 가라앉았다. 처음에는 몸체 그대로의 크기였다가 점점 작아지고 끝내는 아주 조그마해졌다. 그러한 광경은 언제나 노인에게 흡족한 기분을 안겨 주었다. 그러나 지금은 거들떠보지도 않았다.

"아직 갈고리가 있다." 그는 중얼거렸다. "그러나 아무짝에도 소용없어. 노 두 개와 손잡이와 짤막한 몽둥이가 있지."

상어가 나를 녹초로 만들었구나. 너무 늙어서 상어를 몽둥이로 때려죽일 만한 힘이 없다. 하지만 노와 몽둥이와 키 손잡이가 있는 한 끝까지 싸워 줄 테다.

그는 두 손을 짠 물속에 넣었다. 벌써 오후라 바다와 하늘 말고는 아무것 도 보이지 않았다. 아까보다 바람이 많아졌다. 이제 곧 육지가 보이겠지.

"늙은이, 넌 몹시 지쳐 있어. 아주 속속들이 지쳐 있어."

다시 상어 떼가 덤벼든 것은 바로 해지기 전이었다.

그는 고기가 바다에 남기며 온 넓은 냄새의 흔적을 따라오는 갈색 지느러 미들을 보았다. 그들은 냄새를 쫓아오지도 않고 나란히 헤엄치며 곧장 배를 향해 덤벼들었다.

그는 노를 고정하고 돛줄을 단단히 잡아매 놓고서 고물에 놓여 있는 몽둥 이를 집어 들었다. 그것은 부러진 노를 2피트 반 길이로 자른 노의 손잡이였 다. 손잡이가 있기 때문에 한 손으로 써야 편리했다. 그는 그것을 오른손에 움켜쥐고 손목 관절을 주무르며 상어가 다가오는 것을 지켜보고 있었다. 두 마리 다 갈라노였다.

먼저 앞선 놈이 고기를 물게 놔뒀다가 콧등이나 정수리를 똑바로 후려갈 겨야지, 그는 생각했다.

두 마리는 나란히 붙어 다가왔다. 가까운 쪽 상어가 입을 크게 벌리고 고 기의 은빛 옆구리를 물어뜯는 것을 보자 몽둥이를 높이 치켜들었다가 힘껏 상어의 넓적한 머리를 향해 내리쳤다. 단단한 고무 같은 강한 탄력을 느꼈으 나, 동시에 뼈가 맞은 딱딱한 감도 느꼈다. 그는 또 한 번 콧등을 세게 내리 쳤다. 상어는 물고 있던 고기에서 미끄러져 떨어졌다.

또 한 마리는 보이다 안 보이다 하더니, 갑자기 주둥이를 크게 벌리고 덤 벼들었다. 노인은 고기를 떠받치며 상어가 입을 다물었을 때 입 언저리로 허 연 살점이 삐져나온 것을 보았다. 그가 몽둥이를 휘둘러 내리치자 상어는 그 를 바라보더니 살점을 뜯어냈다. 노인은 다시 상어가 고깃점을 삼키려고 물 러났을 때 몽둥이로 후려쳤으나 단단한 탄력을 느꼈을 뿐이었다.

"오너라, 갈라노야. 또 덤벼라."

상어는 쏜살같이 덤벼들었고, 노인은 상어가 주둥이를 다물었을 때 내리쳤다. 몽둥이를 될 수 있는 대로 높이 추켜올려 있는 힘을 다해 후려갈겼다. 상어의 뒷머리 뼈에 맞았다. 그리고 상어가 천천히 살점을 물어갈 때 또 한 번 같은 곳을 내리쳤다.

노인은 상어가 다시 공격하기를 기다렸다. 하지만 이제 전투는 끝났다. 한 마리는 해면을 헤엄치고 있었고, 또 한 마리는 그림자마저도 보이지 않았다.

그 정도로 죽지는 않을 거야, 노인은 생각했다. 젊었을 때라면 문제없이 죽였을 텐데, 하지만 호된 상처를 입혀 놨으니 별로 기분이 좋진 않을 거야. 두 손으로 몽둥이를 잡고 때렸다면 처음 놈만은 죽일 수 있었는데. 이렇게 늙었더라도 말이야.

그는 고기 쪽을 볼 생각이 나지 않았다. 거의 반이나 뜯긴 것을 알고 있었다. 그가 상어 떼와 싸우는 동안 해는 이미 졌다.

"곧 어두워질 테지." 그는 중얼거렸다. "그럼 아바나의 불빛이 보일 테지. 동쪽으로 너무 가 있었다면 다른 해안의 불빛이 보일 테고."

이제 거의 다 왔어. 아무도 걱정하지 않았으면 좋겠는데. 물론 그 애만은 걱정하겠지. 그렇지만 틀림없이 나를 믿고 있을 거야. 늙은 어부들이 걱정할지도 모르지. 다른 사람들도 모두 걱정하고 있겠지. 나는 우애 있는 마을에 살고 있으니까.

고기는 너무 형편없는 꼴이 돼 버려서 고기에게 말을 붙일 용기가 없었다. 문득 어떤 생각이 떠올랐다.

"반밖에 없어. 너는 이제 반쪽이 되고 말았어. 멀리까지 나온 게 잘못이었어. 내가 우리 둘 다 망쳐 버렸구나. 그렇지만 우리 둘은 상어를 굉장히 많이 죽였지. 너는 몇 마리나 죽였니? 그 뾰족한 주둥이는 그냥 달고 있는 건 아니었겠지."

그는 만약 이 고기가 마음대로 헤엄쳐 다닐 수 있다면 상어를 상대로 어떻게 싸우려나, 하는 생각을 하는 게 즐거웠다. 주둥이를 맨 줄을 끊어 버리고 같이 싸우면 좋았을걸. 그렇지만 도끼도 없고 칼도 없다.

그러나 칼이 있어 노 손잡이에다 매달 수 있었더라면 훌륭한 무기가 되었겠지. 그러면 너하고 힘을 합해 싸웠을지도 모르지. 그런데 밤중에 달려들면 어쩔 작정인가? 어떻게 하면 좋을까?

"싸우는 거다." 그는 확실하게 말했다. "죽을 때까지 싸워줄 테다."

그러나 날은 이미 어두웠다. 아무런 불빛도 보이지 않는다. 물론 등불은 없다. 바람과 꾸준하게 달리는 배의 확실한 속력만 느껴진다. 그는 자기가 이미 죽어버린 것 같은 기분이 들었다. 두 손을 맞쥐고 손바닥의 감촉을 더듬었다. 손바닥은 살아 있었다. 그는 두 손을 폈다 오므렸다 하는 것으로 살아 있는 고통을 느낄 수 있었다. 그는 고물에 기대어 보고 틀림없이 죽지 않은 것을 알았다. 어깨도 그것을 가르쳐 주었다.

만약 고기를 잡기만 하면 기도를 많이 하겠다고 약속을 했는데, 지금은 아무것도 생각나지 않아. 너무 지쳐서 아무 말도 할 수가 없구나. 부대로 어깨를 덮는 게 좋겠다.

그는 고물에 누워서 키를 잡고 하늘에 흰한 불빛이 보이기를 기다렸다. 아직 고기는 반이 남았다. 앞 반동강이라도 가지고 돌아갈 행운을 아직 가지고 있는지도 모르겠다. 조금은 행운이 있는 거겠지.

아니야, 너는 너무 바다 멀리로 나가서 네 행운을 엉망으로 만들어 버렸어.

"바보 같은 소리 마라. 정신 똑바로 차리고 키를 잡아. 아직 행운이 많이 남아 있는지도 몰라." 그는 크게 말했다.

"행운을 파는 데가 있다면 조금이라도 사왔으면 좋겠다."

그러나 무엇을 가지고 사 온단 말인가? 저 잃어버린 작살과 부러진 칼과 쓸모없는 이 손으로 살 수 있을까?

"살 수 있을지도 모르지. 그것을 위해 바다에서 84일이나 헤매지 않았나. 그리고 그 운을 살 수도 있었지. 상대도 하마터면 팔아버릴 뻔하지 않았던가."

쓸데없는 생각은 하지 말자. 행운이란 여러 가지 형태로 나타나는데 어떻게 그걸 알 수가 있나? 그러나 어떤 형태를 하고 있든지 간에 조금만 갖고 상대가 바라는 값을 치러 주겠다.

환한 불빛이 보였으면 좋겠다. 나는 바라는 게 너무 많아. 그러나 지금 가장 절실하게 바라는 게 그것이다. 노인은 키를 좀더 잡기 편한 자세를 취했다. 온몸이 아팠다. 하지만 그 때문에 죽지 않을 것을 알고 있었다.

밤 10시가 되었으리라고 생각될 무렵 그는 도시의 불빛이 하늘에 훤하게 반영돼 비치는 것을 보았다. 처음에는 너무 희미했기 때문에 달뜨기 전에 하늘이 훤한 것처럼 겨우 알아볼 정도였다. 그러다가 이제는 세게 부는 바람 때문에 파도가 이는 바다 너머로 줄곧 불빛이 보였다. 그는 키를 그 방향으로 돌려 이제 곧 이 조류의 어귀에 부딪치게 되겠다고 생각했다.

이젠 끝났다. 상어 떼가 또 올지도 모르지만 이렇게 캄캄한 어둠 속에서 무기도 없이 혼자서 뭘 할 수가 있겠는가?

그의 몸도 굳어 버리고 쓰라렸으며 긴장됐던 근육이 차가운 밤공기와 함께 아파 왔다. 이제 더는 싸우지 않았으면 했다. 제발 다시 싸우지 않았으면 좋겠다.

그러나 한밤중게 그는 다시 한 번 싸웠고, 이번에는 싸움이 필요치 않다는 것을 알았다. 상어는 떼를 지어 와, 지느러미가 해면에 그리는 선과 고기를 물어뜯을 때의 인광이 보일 뿐이었다. 그는 그 머리를 휘둘러 쳤고, 상어가 살점을 물어뜯는 소리가 들렸고, 배 밑에서 물어뜯을 땐 배가 흔들렸다. 그는 그저 육감과 소리에 의지해 필사적으로 몽둥이를 휘둘렀으나 무엇인가가 몽둥이를 채어가 버리고 말았다.

그는 키에서 손잡이를 떼어내 두 손으로 움켜쥐고 닥치는 대로 마구 휘둘러 댔다. 그러나 상어 떼는 이번에는 뱃머리 쪽으로 몰려서 번갈아 가며, 때로는 한꺼번에 덤벼들어 뜯었고, 그것이 다시 덤벼들려고 할 때마다 물어뜯긴 살점이 물속에서 허옇게 빛났다.

그러다 한 마리가 고기의 머리로 달려드는 걸 보았다. 아, 모든 것이 끝났다. 그는 좀처럼 뜯기지 않은 고기의 질긴 머리에 턱을 붙이고 있는 상어의 정수리를 겨누어 손잡이를 휘둘렀다. 한 번, 또 한 번, 몇 번이고 후려쳤다. 키 손잡이가 부러지는 소리가 들리자 그는 부러진 나무 끝으로 찔렀다. 부러진 끝이 예리하게 파고드는 것을 느꼈다. 그것이 의외로 뾰족하다는 것을 알자 다시 깊게 찔렀다. 상어는 물었던 고기를 놓고 갑자기 물러났다. 그것이 마지막 상어 떼였다. 더 뜯을 곳이 남아 있지 않았던 것이다.

노인은 숨을 쉬는 것도 힘들었고, 입안에 이상한 맛을 느꼈다. 구리맛이 나고 달았다. 순간 겁이 났지만 곧 없어졌다.

그는 바다에 침을 뱉고 말했다. "이거나 먹어라 갈라노야. 그리고 사람을 죽인 꿈이라도 꾸어라."

그는 이제 완전히 구제할 방도도 없을 만큼 녹초가 되었다. 하지만 고물 쪽으로 기어가서 떨어져 나간 키 손잡이의 부러진 끝을 키 구멍에 집어넣어 방향만은 잡을 수 있도록 했다. 그는 부대를 펴서 어깨에 두르고 배의 방향을 잡았다. 이제 배는 가볍게 바다 위를 달렸다. 아무런 생각도 느낌도 없었다. 그는 모든 것을 초월했고, 잘, 그리고 요령 있게 배를 다루어 항구로 돌아가는 일만이 남았다. 밤에 다시 상어 떼가 식탁에서 음식찌꺼기를 주워 먹으려는 사람처럼 남은 고기의 잔해에 덤벼들었다. 노인은 눈길도 주지 않았고, 키질 외의 모든 것에 무관심했다. 배가 옆에 달린 무거운 짐을 잃고 가볍게 순조롭게 해상을 미끄러져 나가는 것을 지켜보고 있을 뿐이었다.

배는 무사하군. 배는 키 손잡이 말고는 온전했고 부서지지 않았다. 키 쪽은 쉽게 갈아 낄 수 있다.

배가 조류 안으로 들어간 것을 느끼자, 해안을 따라 늘어서 있는 마을의 불빛이 보였다. 노인은 지금 있는 위치를 알았다. 이제 돌아가는 것은 문제가 되지 않았다.

뭐니 뭐니 해도 바람은 내 친구야. 그는 생각했다. 그러고는 뒤에 덧붙였다. 물론 때에 따라서 말이지. 드넓은 바다, 그곳에는 우리의 친구도 있지만 적도 있다. 그리고 침대. 침대는 내 친구야. 침대만이. 침대는 대단해. 힘들 때 이보다 편한 건 없거든. 그것이 얼마나 편한 것인지 전혀 몰랐어. 그런데 뭐가 너를 이렇게 피곤하게 했지?

"그런 것은 없어." 그는 소리 내어 말했다. "나는 너무 멀리 나갔던 거야."

그가 조그만 항구로 돌아왔을 때 테라스의 등불은 꺼져 있었다. 모두 자고 있다고 생각했다. 바람은 점점 더 세게 불었지만, 항구 안은 잠잠했다. 그는 바위 밑 좁은 자갈밭에 배를 댔다. 아무도 도와주는 사람은 없었다. 될 수 있는 대로 배를 물에 바싹 대었다. 그러고는 배에서 내려 배를 바위에 비끄러맸다.

그는 돛대를 내리고 돛을 감아 묶었다. 그러고는 돛대를 어깨에 메고 언덕길을 올라갔다. 그때 비로소 그는 자신이 얼마나 지쳤는가를 알았다. 잠깐 발을 멈추고 뒤를 돌아보았다. 고기의 커다란 꼬리가 가로등 불빛의 반사로 뒤편에 빳빳이 서 있는 것이 보였다. 드러난 등뼈의 흰 선과 뾰족한 주둥이를 가진 머리의 검은 덩어리가 보였다. 그 사이에는 아무것도 없었다.

그는 다시 언덕길을 올랐다. 다 올라갔을 때 그만 넘어져서 돛대를 어깨에 멘 채 한동안 쓰러져 있었다. 어떡하든 일어나려고 했다. 그러나 아무리 해도 몸이 움직여지지 않았다. 겨우 윗몸을 일으키고 돛대를 어깨에 멘 채 길을 바라보았다. 길 저쪽으로 고양이가 한 마리 지나갔다. 노인은 그것을 물끄러미 바라보았다. 그러고는 다시 길바닥으로 시선을 옮겼다.

마침내 그는 돛대를 내려놓고 일어섰다. 다시 돛대를 추켜올려 어깨에 메고 언덕길을 올랐다. 판잣집에 닿을 때까지 다섯 번이나 앉아 쉬어야 했다.

판잣집에 들어가자 그는 돛대를 벽에 세웠다. 어둠 속에서 물병을 찾아 한 모금 마셨다. 그러고는 침대에 쓰러졌다. 담요를 끌어당겨 어깨와 등과 다리를 덮고 두 팔을 밖으로 뻗고 손바닥을 위로 젖힌 채 신문지에 얼굴을 묻고 잠이 들었다.

아침에 소년이 판자문을 열고 들여다보았을 때, 그는 여전히 잠들어 있었다. 바람이 심해져서 그날은 배가 나가지 못했기 때문에 소년은 늦게까지 자고 언제나처럼 오늘도 판잣집에 와 본 것이다. 소년은 노인의 숨결에 귀를 기울이고 그의 두 손을 보고 얼굴을 돌려 소리 내어 울었다. 그는 커피를 가지러 조심스레 밖으로 나와 길을 내려갔다. 길을 내려가면서도 계속 울었다.

어부들은 배 주위에 모여서 그 배 곁에 비끄러맨 것을 구경하고 있었다. 그중 한 사람은 바지를 걷어 올리고 물속으로 들어가서 그 잔해의 길이를 재었다.

소년은 거기로 내려가지 않았다. 벌써 가 보았던 것이다. 어부 한 사람이 소년 대신 배의 뒷정리를 하고 있었다.

"할아버지는 어떻든?" 한 어부가 큰 소리로 물었다.

"주무세요!" 소년은 대답했다. 울고 있는 것을 어부들이 보아도 아무렇지도 않았다. "그대로 주무시게 아무도 깨우지 마세요."

"코에서 꼬리까지 18피트나 되는데." 고기의 길이를 재고 있던 어부가 소리쳤다.

"그렇게 될 거예요." 소년이 말했다.

그는 테라스로 가서 커피 한 깡통을 달라고 했다.

"뜨겁게 해서 밀크와 설탕을 듬뿍 넣어 주세요."

"뭐 더 필요한 거 없나?"

"아뇨. 이따가 잡수실 만한 것을 알아볼게요."

"굉장히 큰 고기더구나." 주인이 말했다. "그런 고기는 생전 처음 봤어. 네가 어제 잡은 두 마리도 좋았는데."

"제 고기 따위는 아무래도 좋아요." 소년은 그렇게 말하고 다시 울음을 터 뜨렸다.

"너도 뭐 마시지 않겠니?" 주인이 물었다.

"아니요. 모두들 샌티아고 할아버지를 귀찮게 해서 깨우지 않도록 해주세 요. 그만 갈게요."

"할아버지께 참 안됐다 하더라고 전해 주렴."

"고맙습니다."

소년은 뜨거운 커피가 든 깡통을 들고 노인의 판잣집으로 들어갔다. 그리고 깨어날 때까지 그 곁에 앉아 기다렸다. 노인은 한 번 깨려는 것 같았으나 다시 깊은 잠에 빠졌다. 소년은 커피를 데우려고 길 건너에 장작을 빌리러 갔다.

드디어 노인은 잠에서 깨어났다.

"일어나지 마세요." 소년은 말했다. "이걸 마시세요." 컵에 커피를 조금 따라 주었다.

노인은 그것을 받아서 마셨다.

"놈들한테 완전히 졌어, 마놀린. 면목없구나."

"할아버지는 진 게 아니에요. 고기한테 진 게 아니에요."

"그렇지, 정말 그래. 진 건 나중이었어."

"페드리코가 배랑 선구를 돌보고 있어요. 머리는 어떻게 할까요?"

"페드리코에게 잘라 달래서 고기 덫에다 쓰라고 하지."

"그 창날 부리는요?"

"갖고 싶거든 네가 가지렴."

"제가 갖고 싶어요." 소년이 말했다. "이제 다른 일들도 의논해야겠어요."

"모두들 나를 찾았니?"

"그럼요. 해안 경비선이랑 비행기까지 나갔어요."

"바다는 너무 넓고 배는 너무 작으니까 찾기가 힘들지." 누군가 말 상대가 있다는 게 얼마나 즐거운지를 비로소 알았다. 자기 자신과 바다에게 지껄이는 것보다 훨씬 좋았다. "네가 없어서 외로웠단다." 그는 말했다. "넌 뭘 잡았니?"

"첫날 한 마리 잡고요. 이튿날 한 마리, 셋째 날 두 마리 잡았어요."

"잘했구나."

"이제 둘이 함께 나가서 잡아요."

"아냐, 내게는 운이 없어. 이젠 운이 다했나보다."

"운이란 게 어디 있어요." 소년은 말했다. "행운은 제가 가지고 갈게요."

"집에서 뭐라고 안 그럴까?"

"상관없어요. 전 어제 두 마리 잡았어요. 그래도 아직 배울 게 많으니까 이제부터는 저랑 함께 나가요."

"잘 드는 좋은 창이 꼭 있어야겠어. 고기잡이에 나갈 때 언제든지 가지고 가야겠어. 창날은 낡은 포드 자동차 스프링 조각으로 만들면 될 거야. 과나바코아에서 갈면 돼. 끝을 뾰족하게 갈아야 하지만 잘 부러지지 않도록 달구어야 해. 내 나이프는 부러졌단다."

"제가 어디 가서 나이프도 구하고 스프링도 갈아 오지요. 이 태풍이 며칠이나 갈까요?"

"사흘쯤이겠지, 좀더 계속될지도 모르지만."

"준비는 제가 다 해놓겠어요. 할아버지는 손이나 낫도록 하세요."

"안심해. 금방 나을 테니까. 밤에 뭔지 이상한 걸 토했는데. 가슴속의 뭔가가 갈라진 것 같은 기분이 들더구나."

"그것도 고쳐야죠." 소년이 말했다. "누워 계세요, 할아버지. 깨끗한 셔츠를 갖다 드릴게요. 잡수실 것하고요."

"내가 없는 동안의 신문이 있거든 아무거나 갖다 주렴."

"빨리 나아야 해요. 전 할아버지에게 배울 게 많으니까요. 무척 고생 많이 하셨죠?"

"많이 했지."

"그럼 잡수실 것하고 신문을 가져오겠어요. 가만히 계세요, 할아버지. 손에 바를 약도 가져올게요."

"페드리코에게 머리 준다는 걸 잊지 마라."

"안 잊을게요. 잘 기억하고 있어요."

소년은 문밖으로 나와 닳아빠진 산호초 길을 걸어가면서 또 울고 있었다.

그날 오후 테라스에서는 관광객들의 파티가 있었다. 그들은 빈 맥주 깡통과 죽은 꼬치 고기가 흩어진 사이로 바다를 내려다보고 있었다. 한 부인이 문득 커다란 꼬리를 단 거대하고 기다란 뼈를 보았다. 항구의 어귀에서 동풍이 큰 파도를 줄곧 밀어 보내 물결과 함께 떠올랐다가 크게 흔들리는 꼬리를 본 것이다.

"어, 저게 뭐예요?" 부인은 큰 고기의 등뼈를 가리키면서 웨이터에게 물었다. 마침 그 기다란 뼈는 조류에 실려 떠내려갈 참이었다.

"티브론입니다." 웨이터가 대답했다. "상어의 일종이죠." 그는 일의 전말을 설명하려고 했다.

"상어가 저토록 아름답고 멋진 꼬리를 달고 있는 줄은 몰랐네."

"나도 몰랐어." 부인의 동행인 남자가 말했다.

길 건너편의 판잣집에서는 노인이 다시 잠들어 있었다. 여전히 엎드린 채였다. 소년이 곁에 앉아서 그를 지켜보고 있었다. 노인은 사자 꿈을 꾸고 있었다.

A Farewell to Arms

무기여 잘 있거라

제1편

1

그해 여름이 끝나갈 무렵, 우리들은 강과 들을 건너 산들이 바라다 보이는 어떤 마을에 머무르고 있었다. 강바닥에는 햇빛을 받아 바싹 마른 하얀 자갈과 둥근 돌이 깔려 있었다. 강물은 맑고 푸르렀으며 빠르게 흘렀다. 집 옆으로 난 도로로 부대가 행렬을 지어 끊임없이 내려갔고, 군인들이 일으킨 먼지가 나무 잎사귀를 뿌옇게 덮었다. 나무줄기도 먼지를 뒤집어쓰는 바람에 그해에는 예년보다도 빨리 잎이 졌다. 도로 위를 진군하고 있는 군인들이 일으킨 뿌연 먼지와, 가벼운 바람에도 우수수 떨어지는 잎사귀들이 눈에 띄었다. 그들이 휩쓸고 지나간 거리에는 사람의 그림자 하나 보이지 않았으며, 낙엽만이 무성하게 뒹굴 뿐이었다.

들판에는 온통 오곡이 무르익어 있었다. 산기슭엔 과수원도 많았지만 그 너머 산 깊숙이로는 불그스름한 민둥산들이 늘어서 있었다. 바로 그 산에서 전투가 벌어지고 있었으므로 밤만 되면 대포에서 내뿜는 섬광이 번쩍하고 보였다. 캄캄한 어둠 속에서 그것은 마치 여름철의 번개 같았으나, 밤은 서늘해서 폭우가 내릴 기색은 없었다.

이따금 창 아래로 군인들이 행진하는 소리와 트랙터에 대포가 끌려가는 소리가 컴컴한 어둠 속에서 들려왔다. 밤에는 더욱 소란스러웠다. 수많은 노새가 잔등 양쪽에 단 짐안장에 탄약 궤짝을 싣고 가는가 하면, 군인들을 나르는 회색 트럭도 지나갔다. 실은 짐을 포장으로 덮은 트럭도 있었는데, 이 트럭은 군인들을 나르는 트럭보다는 그 속력이 더디었다. 낮에는 트랙터에 끌려가는 큰 대포도 있었다. 그 긴 포신은 푸른 잎사귀가 달린 나뭇가지로 가려져 있었고, 트랙터도 나뭇가지나 덩굴풀로 덮여 있었다. 북쪽으로는 골짜기가 보였는데 골짜기 너머로는 밤나무숲이 있었고, 그 뒤로는 산이 보였다. 그 산을 차지하려는 전투도 벌어졌지만 끝내 성공을 못하고 말았다. 그리고 가을이 되어 비가 내리기 시작하면 밤나무는 잎이 다 진 채 앙상한 나뭇가지만 남고, 나무줄기도 비에 젖어 까매졌다. 엉성하게 흐트러진 포도밭에도 앙상한 덩굴만이 남아 있었다. 이 근처 일대가 비에 함빡 젖어 벌겋게 보이고 생기가 없었다. 강에는 안개가 자욱했고, 산은 구름에 잠겨 버렸다. 그리고 트럭은 도로 위에 진창을 튀기며 달렸고, 군인들이 어깨에 걸친 망토는 온통 진흙투성이가 되어 있었다. 소총도 비에 젖었고, 망토로 가려진 혁대에는 가죽 탄약 상자가 두 개 달려 있었다. 회색 가죽 상자에는 가늘고 긴 6.5밀리 소총탄이 빽빽이 들어 있어서 망토 안자락에서 불룩 밖으로 내밀고 있었으므로, 도로를 행진하는 군인들 모두가 마치 6개월 된 임신부처럼 보였다.

재빠른 속력으로 지나가는 회색 소형 자동차도 있었다. 이러한 자동차에는 보통 장교 한 사람과 운전병 한 사람이 앞에 타고, 그 밖의 장교 몇 명이 뒤에 타고 있었다. 이러한 자동차는 군용 트럭보다 한층 더 세차게 진창을 튀겼다. 뒷자리에 탄 장교 하나가 두 명의 장군 사이에 앉아 있었는데, 얼굴은 거의 보이지 않고 모자 꼭대기와 좁은 잔등만이 보일 정도로 몸집이 작았다. 더욱이 그 속력이 빠를 때는 틀림없이 국왕이 타고 있는 차였다. 국왕은 우디네에 살고 있었는데, 거의 매일같이 전황을 시찰하러 나왔지만 상황은 그다지 좋지 못했다.

겨울이 되자 장마가 시작되었고, 비와 더불어 콜레라가 퍼졌다. 그러나 결과적으로는 단지 7천 명의 병사만 죽었을 뿐이었다.

2

그 이듬해에는 여러 번 승전이 있었다. 골짜기 너머의 산과 밤나무숲이 있는 산허리를 점령하였고, 들판 끝에 있는 남쪽 고원 지대에서도 승전이 이어졌다. 8월에 우리들은 강을 건너, 고리치아에 있는 민가에 머물렀다. 담으로 둘러싸인 마당에는 분수 하나와 두터운 그림자를 드리우는 나무들이 있었고, 집 옆에는 자색의 등나무 덩굴이 우거져 있었다. 이제 전투는 여기서 1마일도 채 못 되는 지점인 바로 옆 산에서 벌어지고 있었다. 하지만 거리는 퍽 깨끗했고, 우리들이 머무는 집도 자못 훌륭했다. 집 뒤로는 강이 흐르고 있었다. 읍내는 손쉽게 점령했지만, 마을 너머의 산들은 아직 적들이 포진하고 있었다. 오스트리아군은 작전상 필요한 사소한 포격을 가했을 뿐 마을 전체를 파괴할 만한 포격은 하지 않은 걸 보면, 그들은 전쟁이 끝나는 대로 다시 이 마을로 돌아오길 바라는 듯했다. 그것이 내겐 무척 기쁘게 생각되었다. 주민들은 마을에 그대로 머물러 있었고, 뒷길에는 병원과 카페도 있었으며 포병대도 있었다. 갈보집도 두 채나 있었는데 하나는 병사용, 하나는 장교용이었다. 여름이 지나자 밤은 한결 서늘해졌고 마을 저쪽 산에선 여전히 전투가 계속되었다. 폭격당한 흔적이 뚜렷한 기차 철교, 전투가 벌어졌던 강가의 허물어진 터널, 광장 주위의 나무들, 그 광장으로 통하는 긴 가로수 길 등이 눈에 띄었다. 이와 더불어 거리에는 여자들이 있었고, 국왕은 차로 도로를 지나다녔다. 가끔 그의 얼굴이며 목이 긴 자그만 몸집, 염소수염처럼 생긴 회색 턱수염을 볼 수 있었다. 그 밖에 포탄을 맞아 담이 무너진 집들의 내부가 갑자기 보이기도 했고, 마당과 때로는 길거리에까지 흩어진 석고 부스러기며 기왓장 조각 등이 눈에 띄었다. 카르소 지방에서는 만사가 순조로워서 그해 가을은 우리들이 시골서 보내던 지난해 가을과는 전혀 달랐다. 전쟁도 그때와는 달랐다.

마을 건너편 산의 참나무숲은 몰골이 말이 아니었다. 그 숲은 우리들이 이 마을로 들어온 여름에는 한창 무성했었는데, 이제는 그루터기와 부러진 나무줄기만 남고 땅에는 크고 작은 구멍이 생겼다. 가을도 저물어 가는 어느 날, 우리는 참나무숲이 있었던 곳까지 나가 보았는데, 어느새 구름이 산을 휘덮고 말았다. 순식간에 벌어진 일이었다. 태양은 뿌옇게 누런색으로 변했고, 그곳 일대가 이내 회색으로 되더니 하늘이 온통 컴컴하게 흐려지면서 구름이 산까지 낮게 깔렸다. 갑자기 우리들은 그 속에 싸이게 되었는데, 그것은 벌써 눈으로 변해 있었다. 눈은 바람을 타고 비스듬히 휘날리며 지면을 덮었고, 나무 그루터기만이 삐죽이 뻗쳐 있었다. 대포에도 눈이 쌓였고, 참호 뒤의 변소로 가는 길도 역시 눈 속에 파묻혀 있었다.

나는 마을로 돌아와서 장교용 갈보집 창밖으로 내리는 눈을 보면서 친구와 마주 앉아, 얼어 온 유리잔으로 아스티 포도주(이탈리아 북서부 아스티 지방에서 생산되는 포도주) 한 병을 마셨다. 함박눈이 느릿느릿 내리는 것을 내다보고 있자니까, 올해의 전쟁도 이것으로 끝이구나 하는 생각이 들었다. 강 상류에 있는 산들은 아직 점령되지 않은 채로 있었다. 강 건너 산도 마찬가지였다. 그대로 다음 해까지 넘어가는 것이었다. 신부 한 명이 진창길을 피해서 조심조심 걸어가고 있는 것을 내 친구가 보고서, 그의 주의를 끌려고 유리창을 두드렸다. 신부는 얼굴을 들어 우리들을 보더니 빙그레 웃었다. 친구가 신부에게 안으로 들어오라고 손짓을 하자 신부는 머리를 좌우로 흔들더니 가 버렸다. 그날 저녁, 식당에서 스파게티 요리가 나왔다. 스파게티라면 모두들 빠르게 그리고 긴장된 얼굴로 먹게 마련이다. 스파게티를 포크로 말아서 끄트머리가 공중에 뜰 때까지 쳐들어 입 속에 떨어뜨리거나, 혹은 쉴 새 없이 포크로 떠서는 후루룩거리며 먹는다. 그 다음에는 짚으로 싼 1갤런 병에서 포도주를 따라 마신다. 병은 금속제 받침대 속에서 흔들거리고 있고, 집게손가락으로 병목을 누르면 향기롭고 떫은 맛이 도는, 불그스레한 포도주가 유리잔으로 흘러내린다. 포도주를 마시고 난 뒤에 대위가 신부를 놀리기 시작했다.

신부는 아직 나이가 어려서, 남들이 자기 이야기를 하면 이내 얼굴을 붉혔다. 우리들과 똑같은 군복을 입고 있었지만, 그 회색 윗옷의 왼쪽 가슴 주머니 위에는 짙고 어두운 붉은색 벨벳 십자가 달려 있었다. 대위는 나도 알아들을 수 있도록, 한 마디도 못 알아듣는 것이 없도록 일부러 서투른 이탈리아어로 말했는데, 그것이 과연 도움이 됐는지 어쨌는지는 의문이었다.

"신부님, 오늘 여자들이랑……." 대위는 신부와 나를 번갈아 쳐다보면서 빈정거렸다. 신부는 빙그레 웃으며 얼굴을 붉히고는 고개를 저었다. 대위는 이전에도 신부를 곧잘 놀리곤 했다.

"내 말이 틀려요?" 대위는 물었다. "오늘 신부님이 여자들과 있는 걸 내가 봤어요."

"천만에요." 신부는 대답했다. 다른 장교들은 대위가 신부를 놀려대는 것을 재미있어 했다.

"신부님께서는 여자와 같이 있지 않았다는데." 대위는 말을 이었다. "절대로 여자와 같이 있지 않았대." 그러고 나서 그는 내 유리잔을 집어 들고 술을 가득히 따라 주는 동안 내 눈을 빤히 들여다보고 있었다. 신부에게서도 눈을 떼지 않았다.

"신부님, 매일 밤 1대 5." 이 말에 방 안은 와아 하고 온통 웃음바다가 되고 말았다. "자네 아나? 신부님, 매일 밤 1대 5." 그는 제스처를 쓰며 큰 소리로 낄낄 웃어댔다. 신부는 그것을 농담으로 받아들였다.

"로마 교황은 오스트리아의 승리를 바라고 있다는데." 소령이 말했다. "교황은 프란츠 요셉 편이래. 요셉이 거액을 헌금하니까. 나는 무신론자야."

"소령님은 《검은 돼지》라는 책을 읽어 보셨나요?" 이번에는 중위가 물었다. "그 책을 한 권 구해다 드리지요. 내 신앙을 흔들어 놓은 것은 바로 그 책이었으니까요."

그 말을 듣고 신부가 한마디 했다.

"더럽고 추잡한 책입니다. 물론 본심에서 좋아하시는 건 아니겠죠."

"여간 가치 있는 책이 아닌걸요." 그 중위가 받았다. "신부에 관해 여러 가지를 가르쳐줘요. 자네도 분명 좋아할 거야." 이번에는 나를 향해서 이렇게 말했다. 나는 신부에게 미소를 지었고, 신부도 촛불 너머로 나에게 싱긋 미소를 보내며 말했다. "그런 거 읽지 마십시오."

"자네에게도 한 권 구해다 주겠네." 중위가 말했다.

"생각이 깊은 자는 죄다 무신론자야." 소령이 하는 말이었다. "그렇다고 해서 내가 프리메이슨(1717년 런던에서 성립하여 곧 전 유럽에 퍼진 국제적 비밀결사. 18세기의 계몽주의 정신에서 생긴 초인종적·초계급적·초국가적·상애적相愛的·평화적 인도주의를 받듦)을 믿는 건 아냐."

"난 프리메이슨을 믿어요." 중위가 받았다. "그건 훌륭한 결사지요."

누군가 들어왔다. 문이 열리며 그 사이로 눈 내리는 것이 보였다.

"눈 내리는 계절이 됐으니 이제 더 이상 공격은 없겠군요?" 내가 물었다.

"아마 그렇겠지." 소령이 받았다. "이 기회에 휴가를 받으면 좋겠지. 로마나 나폴리나 시칠리아로 갔다 오게나."

"아말피(이탈리아 남부 캄파니아 주에 있는 소도시)로 가는 게 좋을 겁니다." 중위가 가로막았다. "거기에 있는 우리 집 식구에게 소개장을 써 주지. 자넬 아들처럼 위해 줄 걸세."

"팔레르모(이탈리아 시칠리아 섬의 항구 도시)로 가는 게 좋을걸요?"

"카프리가 좋을걸."

"아브르초를 구경하고 카프라코타에 있는 우리 집을 찾아가 보는 건 어떨까요?" 신부가 끼어들었다.

"아니, 저 봐, 저 양반 아브르초 얘길 다 하네. 거긴 여기보다도 눈이 훨씬 더 많은 곳인데. 이 친구는 농부를 보고 싶어하진 않을걸. 문화와 문명의 중심지로 보내야지."

"멋진 여자들이 있어야만 할걸, 저 친구. 나폴리의 좋은 곳을 가르쳐 주지. 거기에 가면 예쁜 여자들을 만날 수 있으니까─어머니라고 하는 귀찮은 것들이 따라다녀 탈이긴 하지만, 하하하!"

대위는 한쪽 손을 펼쳐 그림자 그림을 만들듯이 엄지손가락을 곤두세우며, 다른 손가락을 활짝 폈다. 벽에 그 그림자가 비쳤다. 그는 또다시 서투른 이탈리아어로 말했다.

"자넨 이렇게 떠나서" 그는 엄지손가락을 가리킨 다음, "그리고 이렇게 돌아온단 말이야" 하며 이번에는 새끼손가락을 만져 보았다. 모두가 웃었다.

"자, 여기 봐." 대위는 이렇게 말하며 또다시 손을 폈다. 촛불이 또다시 그림자를 벽에 비쳤다. 그는 꼿꼿이 편 엄지손가락부터 차례차례로 손가락 이름을 외어 나갔다.

"소토 테넨테(엄지손가락), 테넨테(집게손가락), 카피타노(가운데손가락), 미쬬레(약손가락), 테넨테콜로넬로(새끼손가락), 자넨 소토 테넨테로 떠나! 그리고 소토 콜로넬로로 돌아오게!"

모두 소리 내어 웃었다. 대위의 손가락 장난은 대성공을 거둔 셈이다. 그는 신부를 돌아보며 한층 더 신이 나서 버럭 소리를 질렀다.

"매일 밤, 신부님 1대 5."

방 안은 다시 웃음바다가 되었다.

"자넨 어서 휴가를 받아야겠네." 소령이 말을 이었다.

"자네나 따라가서 안내나 해주었으면 좋겠군." 중위가 하는 소리였다.

"돌아오는 길에 축음기나 한 대 가지고 오게."

"좋은 오페라 디스크도."

"카루소$^{(1873\sim1921,\ 이탈리아}_{의\ 테너\ 가수)}$ 걸로."

"카루소는 안 돼. 그자는 무턱대고 소리 지를 뿐이야."

"카루소처럼 소리라도 질러 봤으면 하고 생각할 때가 없나, 자넨?"

"아니, 그 작자는 소리만 지를 뿐이야. 정말 소리 지르는 것뿐이라니까!"

"아브르초로 가 보시는 게 좋겠어요." 다시 신부가 말을 꺼냈다. 다른 사람들은 고래고래 떠들고 있었다.

"그곳에 가면 참 좋은 사냥을 하시게 될 겁니다. 그곳 사람들도 마음에 들 거고요. 날씨는 좀 추운 편이지만 맑고 건조하답니다. 우리 집안 식구들과 같이 계셔도 좋아요. 우리 아버진 명포수랍니다."

"자, 갑시다." 대위가 버럭 소리를 질렀다. "문이 닫히기 전에 자, 갈보집으로들 가세."

"쉬세요." 나는 신부에게 인사를 했다.

"네, 쉬십시오." 신부가 답했다.

3

내가 다시 전방으로 돌아왔을 때도 우리 부대는 여전히 그 마을에 주둔하고 있었고, 마을 주변엔 더 많은 대포가 세워져 있었다. 벌써 봄이 되었다. 들판에는 푸릇푸릇 새싹이 돋아 번졌고, 포도나무에는 푸른 싹이 움텄으며, 가로수에도 조그만 잎이 돋아났다. 바다에서는 산들바람이 불어왔다. 나는 동산이 있는 마을과 그 동산의 구릉에 둘러싸인 분지에 있는 옛 성 그리고 그 너머에 있는 산들을 바라보았다. 대포 수가 늘어난 마을에는 새 병원도 몇 채 더 생겼으며, 거리에서는 영국 남자가 눈에 띄었고, 가끔은 영국 여자도 볼 수 있었다. 포탄에 맞은 집도 몇 채 더 늘어난 것 같았다. 따뜻한 것이 제법 봄다웠다. 나무 사이의 골목길을 내려가고 있노라니까, 담벼락에 내리쬐는 햇볕의 훈기로 제법 몸이 훈훈해졌다. 집도 그대로 있었고, 내가 떠나기 전과 조금도 다름이 없었다. 현관문은 열린 채로 있었고, 군인 하나가 벤치에 앉아 햇볕을 쬐고 있었다. 문 옆에는 구급차 한 대가 대기하고 있었다. 안으로 들어서자 대리석 바닥과 병원 냄새가 풍겨왔다. 계절만 봄으로 바뀌었을 뿐, 모든 것은 내가 떠날 때와 똑같았다. 큰방 문을 열고 들어서니 소령이 책상 앞에 앉아 있었다. 창이 열려 있는 방 안에는 햇볕이 가득 차 있었다. 소령은 나를 보지 못했다. 나는 들어가서 보고를 할 것인가, 아니면 그보다 먼저 2층으로 올라가서 세수를 할 것인가 망설였다. 결국, 먼저 2층으로 올라가 보기로 했다.

리날디 중위와 내가 같이 쓰는 방에서는 마당이 내려다보였다. 창문이 열린 채로 있었고, 내 침대에는 담요가 반듯이 깔려 있었으며, 내 소지품은 벽에 걸려 있었다. 길쭉한 주석 깡통 속에 들어 있는 방독면과 철모도 같은 못에 걸려 있었다. 침대 밑에는 내 납작한 트렁크가 있었고, 기름을 발라 번쩍거리는 방한화가 그 위에 놓여 있었다. 새파랗게 칠한 팔각형의 총열과 윤이 나는 까만 호두나무로 만든, 뺨에 착 들어맞는 총대가 달린 오스트리아 제(製) 저격총은 두 개의 침대 위에 걸려 있었다. 소총에 달린 조준 망원경은 트렁크 속에 들어 있으리라 생각되었다. 한쪽 침대에서 잠을 자고 있던 리날디 중위는 내가 들어온 소리에 잠이 깨어 벌떡 일어났다.

"야아! 이게 누구야? 그래 휴가는 잘 보냈나?"

"그럼, 굉장했지."

악수가 끝나자 그는 내 목에 한 팔을 감더니 입을 맞추었다.

"윽." 나는 끙끙댔다.

"이게 웬 먼지야. 어서 씻고 오게. 어디 가서 뭘 했나? 뭐든지 지금 당장 다 말해 주게."

"안 간 데 없었지. 밀라노, 피렌체, 로마, 나폴리, 빌리 산 지오반니, 메시나, 타오르미나……."

"마치 기차 시간표 같군. 그래 무슨 멋진 모험이라도 있었나?"

"그럼, 있고말고."

"어디서?"

"밀라노, 피렌체, 로마, 나폴리……."

"알았어, 알았어. 제일 좋은 데만 얘기해 봐."

"밀라노지."

"그야 거기가 제일 처음이니까 그럴 테지. 그래, 여자는 어디서 만났나? 코바에선가? 어딜 갔었나? 어땠어? 다 얘길 해 봐. 밤새 머물렀나?"

"그럼."

"그건 아무것도 아냐. 요샌 여기도 미인이 있다고. 전방이라곤 구경도 못한 풋내기들이."

"그래? 신나는데."

"거짓말 같지? 오늘 오후 당장 가서 만나게 해줄까? 그리고 거리에는 예쁜 영국 여자들도 있다네. 저, 난 요즘 버클리 양에게 반했어. 같이 가 보세. 어쩌면 난 버클리 양과 결혼하게 될지도 몰라."

"우선 얼굴을 씻고 보고를 해야겠네. 요샌 아무 일도 없나?"

"자네가 간 뒤로는 아무 일도 없다네. 고작 동상, 황달, 임질, 과실 부상, 폐렴, 매독 따위야. 매주 바위 파편에 다치는 사람이 몇 명 있기는 해. 그러나 크게 다친 사람은 그리 많지 않아. 내주부터 또 전투가 시작이라네. 모두들 그렇게 얘기하고 있어. 어때, 내가 버클리 양과 결혼해도 괜찮겠나? —물론 전쟁이 끝난 뒤에나 가능한 일이지만."

"물론." 나는 이렇게 말하며 세숫대야에 물을 철철 넘치도록 부었다.

"오늘 밤에 죄다 이야기해 주게." 리날디가 말했다. "버클리 양에게 생기 있고 멋있게 보이려면 나는 우선 한숨 푹 자야 해."

나는 윗옷과 셔츠를 벗고서 세숫대야의 찬물로 몸을 씻었다. 수건으로 몸을 벅벅 문지르면서 방 안을 둘러보고 창밖도 내다보았다. 침대 위에는 리날디가 눈을 꼭 감고 누워 있는 것이 보였다. 그는 나와는 동년배로, 외과 군의인 자신에게 무척 만족하는 아말피 출신의 호남이었다. 우리는 퍽 친한 사이였다. 내가 그를 계속 쳐다보자 그가 눈을 떴다.

"자네 돈 좀 가진 거 있나?"

"있어."

"그럼, 50리라만 꿔 주게."

나는 수건으로 손을 닦고 벽에 걸린 윗옷 주머니에서 지갑을 꺼냈다. 리날디는 지폐를 받고서도 침대에서 일어나지 않은 채 바지 주머니 속에 그것을 쑤셔 넣었다. 그는 빙그레 웃으며 말했다.

"나는 말이야, 버클리 양에게 굉장히 부자라는 인상을 줘야 해. 자넨 나의 좋은 친구이자 물주란 말이야."

"망할 놈 같으니."

그날 저녁 식당에서 나는 신부 옆에 앉았다. 그는 내가 아브르초에 가지 않은 것에 실망하여, 자못 못마땅한 얼굴을 하고 있었다. 그는 내가 간다는 편지를 자기 부친에게 써 보냈으므로, 집안 식구들은 나를 맞을 준비까지 하고 있었다는 것이다. 나도 신부 못지않게 기분이 좋지 않았다. 어째서 내가 거기에 가지 못했는지 나 자신도 알 수 없는 일이었다. 나는 사실 가보려고 했었다. 그러나 이런 저런 일이 겹쳐서 하는 수 없이 못 가고 말았다는 사정을 역설하자 그제야 그도 겨우 납득이 되었는지, 가 보고 싶었다는 내 진심만은 알아주었다. 이 일은 그런대로 무사히 넘어갔다. 나는 술을 많이 마셨다. 그리고 커피와 스트레가를 마신 뒤 얼근히 취한 김에, 인간이라는 것은 하려고 벼르는 것은 하지 않는 법이다, 그러한 일은 결코 하지 않는 법이라고 떠들어댔다.

다른 사람들이 무어라고 지껄이고 있는 동안 우리 두 사람은 계속 이야기를 주고받았다. 나는 정말 아브르초에 가고 싶었다. 그러나 길이 얼어붙어 쇠처럼 단단한 곳, 몹시 춥고 건조하며 가루처럼 보슬보슬 눈이 내리고 눈 속에 토끼의 발자국이 있는 곳, 농부들이 모자를 벗어 들고서 '나리' 하고 부르는, 멋진 사냥을 할 수 있는 그러한 곳에는 아예 가지 않았다. 대신 밤이 되면 담배 연기가 자욱한 카페로 갔다. 방이 빙빙 돌아 그 현기증을 막으려면 벽을 쳐다봐야만 했다. 얼큰히 취해서 침대 속으로 들어간다. 그럴 때는 다른 것은 전혀 모른다. 얼핏 잠이 깼을 때에는 옆에 있는 사람이 누구인지도 모른 채 묘한 흥분을 느낀다. 세상이 너무나 캄캄해서 현실처럼 생각되지 않는다. 그래서 까닭도 없이 흥분하여, 밤중인데 뭐, 누군지 모르면 어때, 상관할 거 없잖아 하고 생각하며, 또다시 똑같은 일을 반복하게 된다. 이것이 전부다. 이것뿐이다. 이게 전부라고 생각하고 나면 다른 것에 마음을 쓸 필요조차 없다. 그러다가 갑자기 마음이 내켜 견딜 수 없게 되면 그 모르는 여자를 끼고 자다가 또 눈을 뜬다. 때로는 아침이 되어서야 눈을 뜨는 때도 있다. 그러면 꼭 있었다고 생각하고 있던 전부가 구름처럼 사라져 버리고, 모든 것은 바늘로 찌르듯이 따끔따끔 가슴속에 새겨지며, 공연히 숙박료 트집을 잡아 말다툼까지 할 때도 있다. 때로는 가슴 한구석에 쾌감이 남아, 끝없이 가볍고 즐거운 마음으로 아침부터 점심까지 같이한다. 때로는 이것도 저것도 다 싫어져 거리로 뛰쳐 나와야만 비로소 마음이 후련해질 때도 있다. 그러나 어김없이 또 똑같은 하루가 반복되며 똑같은 밤이 찾아온다. 나는 그러한 밤에 관해서, 또 밤과 낮의 차이에 관해서, 그리고 낮이 깨끗하고 신선한 것이 아닐진대 차라리 밤이 그보다 얼마나 더 나은지 모르겠다고 설명하려고 애를 썼지만 할 수가 없었다. 지금도 마찬가지로 할 수가 없다. 경험이 있는 사람이라면 능히 알 수 있으련만, 그에게는 경험이 없었다. 그렇지만 그는 내가 정말 아브르초에 가고 싶었지만 끝내 가지 못했다는 것, 우리는 서로 차이점이 있지만 많은 점에서 비슷한 취미를 갖고 있는 동지라는 점을 알아주었다. 그는 언제나 내가 모르는 것을 알고 있었다. 내가 언젠가 꼭 잊어버리고 마는 것을 그는 알고 있었다. 그러나 나는 그 당장은 이것을 깨닫지 못했고, 나중에 가서야 겨우 알았던 것이다. 그러는 동안 사람들이 식당에 모여들었고 식사도 끝났다. 우리의 얘기는 식사가 끝난 뒤에도 이어졌다. 우리 두 사람이 이야기를 끝내자 대위가 소리쳤다.

"신부님에겐 행복이 없어요. 신부님도 여자가 없으면 행복하지 못해요."

"난 행복합니다." 신부가 말했다.

"신부님은 행복하지 못해요. 신부님은 오스트리아군이 이기길 바라고 있죠?" 대위가 말했다. 다른 사람들이 귀를 기울이고 있었다. 신부는 고개를 저었다.

"천만에요."

"신부님은 우리가 공격하지 않기를 바라고 있죠? 당신은 우리가 공격하지 않았으면 하고 바라는 것이 아니오?"

"천만에요. 전쟁이니까 공격할 수밖에 없다고 생각합니다."

"물론이죠. 공격해야 하고말고!"

신부는 고개를 끄덕였다.

"그분을 그냥 내버려 둬." 소령이 말참견을 했다. "신부님이 일을 결정하는 건 아니니까."

"어쨌든 신부님은 공격에 관해서는 어떡할 수 없을 테니까." 대위도 맞장구를 쳤다. 우리들은 모두 자리에서 일어나 식탁을 떠났다.

4

이웃 진지에서 들리는 포성으로 잠이 깨어, 창으로 아침 햇살이 쏟아져 들어오는 것을 보고 나는 침대에서 일어났다. 창가로 가서 밖을 내다보았다. 자갈길은 축축했고 잔디도 아침 이슬에 젖어 있었다. 포병대는 두 번 포탄을 쐈다. 그때마다 폭풍이 밀려와 창을 흔들며, 내 파자마 앞자락을 날렸다. 포탄은 실제 보이지 않았지만 분명히 우리들 머리 위로 날아가고 있었다. 이런 곳에다 포대를 두었다는 것이 두통거리였지만, 그래도 큰 포대가 아닌 게 다행이었다. 정원을 내다보고 있노라니까 트럭 한 대가 길로 나가는 소리가 들렸다. 나는 옷을 입고 아래층으로 내려가 부엌에서 커피를 마신 다음, 차고 쪽으로 갔다.

기다란 지붕 아래 자동차 10대가 한 줄로 나란히 서 있었다. 지붕이 무겁고 전면이 툭 튀어나온 부상병 운송차량으로, 회색 칠을 한 화물 운송차량 같았다. 정비병들이 작업장에서 1대를 수리하고 있었으며, 또 다른 3대는 산속의 구호소에 가 있었다.

"적이 저 포대를 포격한 적이 있나?" 내가 정비병에게 물었다.

"없습니다, 중위님. 그건 작은 언덕으로 가려져 있으니까요."

"그래, 그동안 어땠지?"

"그리 나쁘진 않았어요. 이 차는 망가졌지만 다른 차는 다 움직입니다." 그는 일손을 멈추고는 빙그레 웃었다. "휴가는 잘 다녀오셨습니까?"

"그래."

그는 점퍼에 손을 훔치며 히죽 웃었다. "재미 좋으셨겠군요?" 다른 정비병들도 히죽히죽 웃었다.

"좋고말고. 이 차는 어디가 고장이지?"

"못쓰겠어요. 계속 고장만 나서."

"이젠 또 어디가 고장이야?"

"바퀴를 갈아 끼우는 중이죠."

나는 그들이 계속 일하도록 내버려 두었다. 그 차는 엔진이 뜯긴 채로 부속품들이 작업대 위에 흩어져 있어서 몹시 흉하고 허술하게 보였다. 나는 차고 속으로 들어가 차를 한 대 한 대 둘러보았다. 몇 대는 깨끗이 세차되었고 또 몇 대는 먼지투성이였지만, 대부분 깨끗한 편이었다. 찢어진 데나 바위에 쓸린 데는 없는지 바퀴를 주의 깊게 둘러보았다. 대체로 상태가 좋은 것 같았다. 내가 직접 감독을 하거나 안 하거나 별 차이가 없었다. 자동차의 상태 점검, 부품 확보, 부상자와 병자를 구호소로부터 날라다가 급히 가수용소까지 이송하여, 다시 서류에 지정된 병원으로 분배하는 임무가 원활하게 수행되나 안 되나 하는 일은 전적으로 내 책임이라고 생각했다. 그러나 실제로는 내가 있든 없든 별 차이가 없었다.

"부품을 얻는 데 별다른 어려움은 없었나?" 나는 정비병 상사에게 물었다.

"없었습니다, 중위님."

"지금 가솔린 창고는 어딘가?"

"예전 그 장소에 그대로 있습니다."

"좋아."

나는 숙소로 돌아와 식당에서 커피를 한 잔 더 마셨다. 커피는 가당 연유를 타서 뿌연 것이 달았다. 창밖은 화창한 봄날 아침이었다. 콧속이 건조해지는 걸 보니 오후에는 무척이나 더울 것 같았다. 그날 나는 산속에 있는 구급차들을 둘러보고는 오후 늦게야 돌아왔다.

내가 없는 동안 전세는 더욱 호전된 모양이었다. 우리가 다시 공격을 시작한다는 이야기를 들었다. 우리들이 소속되어 있는 사단은 강 상류의 어느 지점을 공격하게 되어 있었다. 그래서 소령이 공격 중의 주차장을 생각해 두라고 나에게 말했다. 공격은 좁고 험한 골짜기 위쪽에서 강을 건너 산허리를 타고 올라가게 되어 있었다. 구급차가 대기하는 곳은 가능한 한 강에 바싹 접근하되 은폐해 둘 필요가 있었다. 물론 그 지점은 보병이 선정할 것이지만, 그 밖의 사소한 일들은 우리가 손수 해야만 한다. 이러한 일을 하면 왠지 전투원이 된 듯한 착각에 빠지곤 한다.

나는 먼지를 온통 뒤집어써서 몸이 더러웠으므로 내 방에 가서 씻어야겠다고 생각했다. 방으로 들어가니 리날디가 휴고의 영문법 책을 들고 침대에 걸터앉아 있었다. 말쑥하게 군복을 입고, 까만 장화를 신고, 머리칼은 기름을 발라 반짝반짝 빛나고 있었다.

"잘 왔네." 그는 나를 보고 말했다. "같이 버클리 양을 만나러 가세."

"난 싫어."

"가자고, 같이 가서 그 여자에게 나에 대한 좋은 인상을 심어 줘야지."

"어쩔 수 없군. 그럼, 씻고 올 테니 좀 기다리게."

"그럼 씻자마자 떠나는 걸세."

나는 세수하고 빗질을 한 다음 그를 따라 나서려고 했다.

"잠깐만." 리날디가 말했다. "그 전에 한잔하고 갈까?" 트렁크를 열고 술병을 꺼냈다.

"스트레가는 아닐 테지?"

"그럼, 그라파야."

"좋아."

그는 두 잔을 따랐다. 우리는 집게손가락을 편 채 서로 술잔을 부딪쳤다. 꽤 독한 술이었다.

"한 잔만 더, 어때?"

"좋지."

우리는 그라파를 두 잔째 마시고는 술잔을 치운 다음 계단을 내려갔다. 거리 한복판을 걸어가는 것은 아직 더웠지만, 해가 저물기 시작했으므로 기분이 아주 상쾌했다. 영국군 병원은 전쟁 전에 독일 사람이 지은 큰 별장이었다. 버클리 양은 정원에 나와 있었다. 그 옆에는 다른 간호사도 있었다. 나무 사이로 그녀의 흰 제복이 보여서 우리는 그쪽으로 향해 걸어갔다. 리날디가 인사를 했다. 나는 그보다는 가볍게 인사를 했다.

"처음 뵙겠어요." 버클리 양이 말을 걸었다. "선생님은 이탈리아 분이 아닌 듯한데요?"

"네, 아닙니다."

리날디는 다른 간호사와 이야기를 나누고 있었다. 그들은 서로 웃고 있었다.

"이상하네요, 이탈리아군대에 계시다니."

"정규군이 아니죠. 의무대에 지나지 않으니까요."

"그래도 참 이상해요. 어쩌다 그 일을 하게 되셨어요?"

"나도 모르겠어요. 세상 만사에 반드시 이유가 있지는 않으니까요."

"아, 그럴까요? 난 이유가 있다고 생각하며 컸는데요."

"그야 물론 훌륭한 일이지요."

"이런 얘기 싫으세요?"

"그렇지 않습니다."

"그럼 다행이네요."

"뭡니까, 그 단장(短杖)은?" 내가 물었다. 버클리 양은 키가 상당히 컸다. 간호사복 같은 것을 입고 있었고, 금발이며, 짙은 다갈색 피부에다 회색 눈을 하고 있었다. 참 어여쁜 여자라고 생각했다. 그녀는 가죽을 감은 장난감 말채찍 같은, 가는 등나무 단장을 들고 있었다.

"작년에 전사한 어느 청년 거예요."

"거 참 안됐군요."

"무척 좋은 사람이었어요. 나와 결혼할 사이였는데, 그만 솜므에서 전사하고 말았어요."

"그건 참 처참한 전투였지요."

"당신도 참전하셨나요?"

"아뇨."

"난 그 전투 얘길 이리저리 들었어요. 그런 엄청난 전투는 여기선 없겠지요. 이 단장을 부쳐 준 사람은 바로 그분의 어머니였어요. 다른 유품과 함께 이걸 보내 줬답니다."

"약혼하신 지 오래 되었나요?"

"8년이나 되죠. 우리는 소꿉동무였거든요."

"그럼 왜 그동안 결혼 안 하셨습니까?"

"모르겠어요, 내가 바보였나 봐요. 어떻게든 하려고만 했으면 할 수 있었을 텐데. 하지만 당시엔 그렇게 하면 그분에게 좋지 않을 것만 같은 생각이 들었어요."

"그렇군요."

"선생님은 누굴 사랑해 본 적이 있으세요?"

"아직 없습니다."

우리는 벤치에 걸터앉았다. 나는 그녀를 쳐다보았다.

"머리칼이 참 아름답습니다."

"마음에 드세요?"

"아주 마음에 듭니다."

"그분이 전사했을 때 하마터면 난 이걸 전부 잘라 버릴 뻔했어요."

"안 되죠."

"난 그분을 위해서 뭘 해주고 싶었어요. 하지만 거기까지는 생각도 못했어요. 그분이 그럴 생각만 있었으면 모든 걸 그분 마음대로 할 수 있었을 텐데. 만일 내가 미리 알고 있었다면, 그분은 뭐든지 마음대로 할 수 있었을 거예요. 내가 그분과 결혼을 하든 않든 간에 말이에요. 이제 난 모든 걸 잘 알고 있어요. 하지만 그 당시 그분은 전쟁터에 나가길 고대했고 난 아무것도 몰랐어요."

나는 아무 말도 하지 않았다.

"그땐 난 정말 아무것도 몰랐어요. 그런 짓이 되레 그분에게 나쁠 줄만 알았어요. 나는 그분이 결혼을 감당하지 못할 것 같았어요. 그랬는데 그분은 전사하고, 이젠 모든 것이 끝나고 말았어요."

"모를 일이군요."

"어머, 정말이에요. 그걸로 모든 게 끝이었어요."

우리는 다른 간호사와 이야기하고 있는 리날디를 바라보았다.

"저 여잔 이름이 뭡니까?"

"퍼거슨, 헬렌 퍼거슨이죠. 선생님 친구분은 군의관이시죠?"

"네. 퍽 좋은 사람이죠."

"잘됐군요. 이렇게 전방 가까이 오면 좋은 사람이 드문 법인데. 여긴 전방과 가깝죠?"

"아주 가깝지요."

"전방은 삭막한 곳이에요, 경관은 아름답지만. 그런데 곧 공격을 시작하나요?"

"네."

"그럼 바빠지겠네요, 지금은 한가하지만."

"간호사 일은 오래 했나요?"

"1915년이 끝나 갈 무렵부터예요. 그분의 입대와 동시에 시작했어요. 지금도 잊어버리지 않고 있는데, 어쩌다가 혹시 그분이 제가 있는 병원으로 오게 되지나 않을까 하는 어리석은 생각을 하고 있었어요. 총검에 찔리거나 머리에 붕대를 감고, 아니면 어깨에 관통상을 입거나, 하여튼 그런 그림과 같은 것만 공상하고 있었어요."

"여기는 그림처럼 아름다운 전방입니다."

"그래요. 사람들은 프랑스가 어떤 나라인지 잘 모르고 있어요. 알았다면 이런 전쟁이 계속될 리가 없죠. 그분, 총검에 찔린 건 아니었어요. 산산조각 나고 말았어요."

나는 아무 말도 하지 않았다.

"이 전쟁, 언제까지나 계속되리라고 생각하세요?"

"아뇨."

"끝나려면 어떻게 해야 될까요?"

"어느 쪽 하나가 언젠가는 손을 들겠지요."

"항복한다면 우리 쪽이겠죠. 아마도 프랑스에서 항복할 거예요. 솜므에서와 같은 것을 계속하면서 항복하지 않을 수는 없죠."

"아뇨, 여기선 항복하지 않습니다."

"그렇게 생각하세요?"

"네, 작년 여름은 정말로 잘 싸웠으니까요."

"그래도 항복할지 몰라요. 누구든지 항복은 하는 거예요."

"독일군일지라도."

"아뇨. 그렇진 않을 거예요."

우리는 리날디와 퍼거슨 쪽으로 다가갔다.

"이탈리아는 마음에 드십니까?"

리날디는 영어로 퍼거슨 양에게 물었다.

"참 좋아요."

"못 알아듣겠습니다." 리날디는 고개를 저었다.

"바스탄체 베네(참 좋아요'라는\n뜻의 이탈리아 말)." 나는 통역을 했다. 그는 고개를 끄덕였다.

"난 싫은데. 영국 좋아해요?"

"그다지. 난 스코틀랜드 태생인걸요."

리날디는 멍하니 나를 쳐다보았다.

"이분은 스코틀랜드 태생이니까, 영국보다는 스코틀랜드를 좋아한다네."
나는 이탈리아 말로 리날디에게 말했다.

"하지만 스코틀랜드는 영국이잖아."

나는 이 말을 퍼거슨 양에게 통역해 주었다. 그러자 그녀가 대뜸 말했다.

"달라요."

"정말 다릅니까?"

"물론입니다. 우리들은 영국인을 싫어해요."

"영국인을 싫어한다고요? 그러면 버클리 양도 싫어하겠네요?"

"어머, 그건 달라요. 이분에게도 스코틀랜드 피가 섞여 있어요. 뭐든지 곧
이곧대로 해석하시면 안 돼요."

얼마 지나지 않아 우리는 작별 인사를 하고 그곳을 떠났다. 오면서 리날디
가 먼저 입을 열었다.

"버클리 양은 나보다도 자넬 더 좋아하는 것 같아. 확실해. 하긴 그 조그
만 스코틀랜드 여자도 여간 귀여운 게 아니야."

"그렇더군." 나도 맞장구를 쳤다. 나는 그녀를 그다지 눈여겨보진 않았다.
"자넨 그 여잘 좋아하나?"

"아니." 리날디가 말했다.

5

다음날 오후 나는 다시 버클리 양을 만나러 갔다. 그녀가 마당에 없어서 구급차가 서 있는 별장 옆문 쪽으로 가 보았다. 안에는 간호 장교가 있었는데 버클리 양은 근무 중이라고 했다—"아시다시피 전쟁 중이니까요."

나는 나도 알고 있다고 대답했다.

"이탈리아군에 있는 미국분이 당신입니까?" 그녀가 물었다.

"네, 그렇습니다."

"어째서 그렇게 되셨어요? 왜 영국군에 들어오지 않았어요?"

"모르겠어요, 나도. 이제라도 들어갈 수 있나요?"

"이젠 무리예요. 정말 어쩌다가 이탈리아군 같은 델 들어가셨어요?"

"마침 이탈리아에 있었으니까요. 게다가 이탈리아 말을 할 줄 알았거든요."

"어머, 나도 지금 그걸 배우고 있어요. 아름다운 언어지요."

"이탈리아 말은 2주일만 배우면 된다는 사람도 있는데요."

"어머, 난 2주일로는 어림없어요. 벌써 시작한 지 몇 달이나 되는데요. 가능하면 7시 이후에 오세요. 그땐 그녀가 비번이니까요. 그러나 이탈리아사람을 잔뜩 끌고 오시면 안 돼요."

"언어가 아름다운데도 말입니까?"

"안 돼요. 군복이 아무리 멋져도."

"그럼 안녕히 계십시오." 내가 인사를 했다.

"그럼 또, 중위님."

"네." 나는 경례를 하고 밖으로 나왔다. 이탈리아인처럼 외국인에게 경례를 하자면 왠지 어색하기 짝이 없다. 이탈리아식 경례는 외국인에게 맞도록 만들어진 것은 아니기 때문인가 보다.

그날은 아침부터 무더웠다. 나는 강 상류의 플라바에 있는 교두보까지 갔다 왔다. 공격은 거기서 시작될 예정이었다. 고개에서 다리까지 가는 길은 하나밖에 없었고, 더욱이 그것은 1마일 가량이나 기관총과 포화의 사정거리에 들어 있었기 때문에, 작년에 강 건너까지 전진하기가 불가능했다. 게다가 그 도로는 공격에 필요한 모든 물자를 수송할 만큼 넓지 못해서, 오스트리아군으로서는 손쉽게 이 도로를 박살낼 수 있었다. 그러나 이탈리아군은 강을 건너 건너편 강가까지 약간 진출하였고, 오스트리아군 쪽의 강둑을 1.5마일 가량 확보하였다. 작전상 매우 까다로운 곳을, 오스트리아군도 점령당한 채 가만히 있을 리가 없었다. 오스트리아군도 강 하류에 교두보를 확보하고 있었으므로, 서로 무승부였는지도 모른다. 오스트리아군의 참호는 이탈리아군의 전선으로부터 불과 몇 야드밖에 안 되는 산허리에 있었다. 그곳에는 조그만 마을이 있었는데 지금은 완전히 자갈밭으로 변해 있었다. 철도역의 잔해도 있었고 파괴된 철교도 있었지만, 적으로부터 한눈에 보이는 지점이어서 수리해서 사용한다는 것은 불가능했다.

나는 좁은 길을 따라 강 쪽으로 내려가서 산기슭의 구호소에 차를 대고, 산등성이로 둘러싸인 다리를 건너 완전히 파괴되어 버린 마을에 있는 참호를 지나 비탈을 내려갔다. 병사들은 모두 대피소에 들어가 있었다. 만반의 준비를 갖춘 신호탄을 쏘는 대가(臺架)가 몇 개 마련되어 있었는데, 이것은 포병의 엄호 사격을 요청하거나 전화선이 절단되었을 경우에 연락하기 위한 수단이었다. 그곳은 조용하고, 무덥고 더러웠다. 나는 철조망 너머로 오스트리아군 전선을 바라보았다. 사람 그림자 하나 보이지 않았다. 나는 대피소로 들어가서 옛날부터 알고 지내던 대위와 한잔하고 다리를 건너 돌아왔다.

산을 넘어 다리까지 구불구불 내려가는 폭넓은 길이 완성되어 가고 있었다. 이 도로가 완성되면 공격이 시작될 것이다. 이 도로는 급하게 여러 번 구부러져 돌고는 숲 속으로 내려 뻗쳤다. 이 계획은, 모든 수송은 이 도로로 하고 빈 트럭, 짐마차, 부상병을 실은 구급차, 그 밖의 후송 차량은 전부 그 좁은 옛 도로를 사용한다는 것이었다. 구호소는 강가에 있는 오스트리아군 측의 산기슭에 있었고, 위생병은 배다리를 건너 부상병을 후송한다. 공격이 시작돼도 이것만큼은 변함이 없으리라. 내가 보는 한, 평탄해지기 시작하는 도로의 저 끝 1마일 내외의 지점은 오스트리아군의 집요한 포격을 받을 가능성이 있었다. 아무래도 지독한 혼란이 일어날 것만 같다. 그러나 이 마지막 위험 지대를 통과하기만 하면, 차를 감춰 놓고 배다리를 건너 운반되어 오는 부상병을 기다릴 수 있는 장소가 하나 있었다. 그래서 나는 이 도로로 차를 몰아 보고 싶었지만 아직 완성되지 않은 상태였다. 폭도 넓고 경사도 그리 심하지 않게 잘 닦여 있어, 산허리 숲의 공지 사이로 보면 이 구부러진 모양새가 아주 인상적이었다. 차에는 강력한 브레이크가 장비되어 있으므로 걱정할 것 없고, 어쨌든 내려오는 길은 빈 차로 오는 것이다. 나는 그 좁은 길로 차를 달려 돌아왔다.

두 헌병이 내 차를 세웠다. 포탄 한 발이 떨어졌다. 기다리고 있는 동안에 또 세 발이 도로 위에 떨어졌다. 77밀리 포탄으로 쉬잇하고 바람을 일으키며 날아와서는 지독하게 눈부신 폭발과 섬광, 곧 그 뒤를 이어 회색 연기가 한꺼번에 떠오르며 도로를 건너갔다. 헌병은 손을 흔들어 가도 좋다고 신호했다. 포탄이 떨어진 장소를 통과할 때는 길 위의 파괴된 곳을 피해서 달렸다. 고성능 화약이 폭발하는 바람에 공중으로 날린 흙과 잔돌, 이제 방금 쳐서 일으킨 부싯돌 냄새, 그리고 독한 화약 냄새가 코를 찔렀다. 나는 고리치아의 숙소로 돌아왔다가 아까 이야기한 것처럼 버클리 양을 방문했는데, 그녀는 마침 근무 중이어서 자리에 없었다.

저녁을 서둘러 끝마치고, 나는 영국군 병원으로 되어 있는 별장으로 향했다. 정말로 굉장히 크고도 아름다운 건물로, 안에는 멋진 나무가 몇 그루 서 있었다. 버클리 양은 정원의 벤치에 앉아 있었다. 퍼거슨 양도 함께였다. 두 사람은 내가 온 것이 기쁜 모양이었다. 조금 있다가 퍼거슨 양은 실례한다고 하며 자리를 비키려고 했다.

"두 분만 있게 해드려야죠. 내가 없어야 이야기도 편히 하겠죠."

"가지 마, 헬렌." 버클리 양이 말했다.

"정말로 일이 있어. 편지 쓸 게 몇 장 있거든."

"다음에 뵙죠." 내가 한마디 했다.

"안녕히 계세요, 헨리 씨."

"검열에 걸릴 것 같은 건 쓰면 안 됩니다."

"걱정 말아요. 경치 좋은 곳에서 살고 있다는 둥, 이탈리아군은 용감하다는 둥, 그런 거 외에는 쓰지 않을 테니까요."

"그렇다면 당장이라도 훈장을 타실 겁니다."

"그러면 정말 좋겠네요. 안녕, 캐서린."

"좀 있다 갈게."

퍼거슨 양은 어둠 속으로 사라졌다.

"좋은 사람인데요."

"그럼요, 참 좋은 애예요. 간호사거든요."

"당신은 간호사가 아닙니까?"

"아니에요. 난 VAD(구급간호봉사대)라고 하는 거예요. 일은 죽도록 하지만, 아무도 우릴 인정해 주지 않아요."

"왜요?"

"아무 일도 없을 때는 우리들을 인정해 주지 않아요. 정말로 바빠지면 인정해 주지만요."

"차이가 뭡니까?"

"간호사는 의사와 같아요. 간호사가 되기까지 시간이 꽤 걸리지만, VAD는 금방이에요."

"아, 그렇군요."

"이탈리아군은 여자가 이런 전선에까지 오는 걸 싫어했어요. 그래서 우리들은 모두 행동을 여간 조심하는 게 아니에요. 외출도 안 해요."

"난 이렇게 당신을 만나고 있는데요?"

"그야 그렇지요. 여기가 수도원은 아니니까요."

"전쟁 얘기는 그만둡시다."

"그건 곤란해요. 그만두려고 해도 좀처럼 그만둘 수가 없을 테니까요."

"하여튼 그만둡시다."

"그래요, 알았어요."

우리는 어둠 속에서 서로 얼굴을 마주 보았다. 참 아름답다고 생각되어 나는 그녀의 손을 잡았다. 그녀는 거부하지 않았으므로 나는 그녀의 손을 꼭 쥐며 한 팔을 그녀의 팔 아래로 둘렀다.

"안 돼요." 버클리 양이 말했다. 나는 그대로 팔을 두른 채 있었다.

"왜 안 되죠?"

"안 돼요."

"뭐가 안 돼요." 나도 지지 않았다. "제발."

나는 어둠 속에서 몸을 앞으로 내밀고는 그녀에게 키스를 하려고 했다. 그 순간, 눈에서 불이 번쩍 났다. 그녀가 내 얼굴을 힘껏 때린 것이다. 그녀의 손이 내 코와 눈을 한꺼번에 때렸기 때문에 반사적으로 눈에서 눈물이 핑 돌았다.

"미안해요."

그 말을 듣자 나는 확실히 내가 유리한 입장에 있다고 생각했다.

"잘못한 건 저예요."

"내가 심했어요. 다만 난 이게 밤에 일이 없는 간호사들이 으레 하는 짓이라고 생각되는 것이 견딜 수 없었어요. 선생님을 아프게 할 생각은 조금도 없었어요. 아프셨죠?"

그녀는 어둠 속에서 나를 빤히 쳐다보고 있었다. 나는 화는 났지만, 체스 게임에서 상대방의 수를 죄다 안 것처럼 자신이 생겼다.

"정말 당연합니다, 당신으로서는. 조금도 언짢게 생각지 않습니다."

"죄송해요."

"아시겠지만, 난 이상한 생활만 해 온 남자입니다. 게다가 영어를 쓴 적도 거의 없고요. 그런데다 당신이 하도 아름다워서 그만." 나는 그녀의 얼굴을 쳐다보았다.

"그런 쓸데없는 소리 그만두세요. 죄송하다고 그랬잖아요. 이미 화해한 셈이에요, 우리는."

"그래요. 전쟁도 잊어버렸고."

그녀가 웃었다. 버클리 양의 웃음 소리를 듣는 것은 이번이 처음이었다. 나는 그녀의 얼굴을 빤히 쳐다보았다.

"당신은 좋은 분이에요."

"아뇨, 천만에요."

"아니에요. 참 좋은 분이에요. 키스하고 싶어요, 당신이 원하신다면."

나는 그녀의 눈동자를 빤히 들여다보며, 아까처럼 팔로 그녀의 몸을 감고서 키스를 했다. 정열적으로 키스를 퍼붓고, 힘껏 껴안은 채 그녀의 입술을 열려고 했다. 그러나 입술은 꼭 다문 채로였다. 나는 아직도 화가 덜 풀렸지만 꽉 껴안고 있노라니까, 갑자기 그녀가 몸을 부들부들 떨었다. 나는 그녀를 아주 힘껏 끌어안았다. 그러자 그녀의 가슴에서 고동치는 게 느껴지며, 입술이 열리고 뒤로 감은 내 팔에 머리가 얹혀졌다고 느껴지자, 그녀는 내 어깨에 기대어 울고 있었다.

"아아, 당신, 이제부턴 내게 다정히 대해 주시겠지요?"

어렵쇼, 이건 또 뭐야 하고 나는 생각했다. 나는 그녀의 머리를 어루만지며 어깨를 토닥거렸다. 그녀는 여전히 울고 있었다.

"다정히 대해 주시겠지요?" 그녀는 내 얼굴을 쳐다보았다. "이제부터 우리의 생활은 변화할 테니까요."

잠시 뒤에 나는 그녀를 별장 입구까지 바래다주었다. 그녀는 안으로 들어갔고 나는 숙소로 돌아왔다. 숙소로 돌아와 2층 방으로 올라갔다. 리날디가 침대 위에 누워 있었다. 그는 내 얼굴을 쳐다보았다.

"그래, 버클리 양과 잘돼 가는 모양이지."

"그저 친구일 따름이야."

"발정난 개처럼 즐거운 모양인데."

나는 그 말뜻을 알 수 없었다.

"뭐라고?"

그는 설명했다.

나 역시 지지 않았다. "자네도 즐거운 모양인데, 마치……."

"그만두세. 이러다가 싸우겠네." 그가 웃었다.

"잘 자게."

"잘 자게, 귀여운 강아지."

나는 베개로 그의 촛대를 치고는 어둠 속에서 침대 속으로 기어 들어갔다. 리날디는 초를 집어서 다시 불을 켜고는 책을 읽었다.

6

나는 숙소를 이틀 동안이나 비우고 전방 부대에 나가 있었다. 숙소로 돌아왔을 때는 시간이 너무 늦어서 버클리 양을 만난 것은 다음날 저녁이 되어서였다. 그녀는 정원에 없었다. 나는 병원 사무실에서 그녀가 내려올 때까지 기다리고 있을 수밖에 없었다. 사무실로 사용되는 방의 벽에는 페인트칠한 나무 원기둥 뒤에 대리석 흉상이 나란히 놓여 있었다. 모두 그것이 그것 같고, 대리석의 특질만 유감없이 드러내고 있었다. 조각이라는 것은 대개 따분한 것인데—다만 청동 조각만은 그래도 볼품이 있다. 그러나 대리석 흉상은 그 모두가 묘지처럼 보인다. 하지만 꼭 하나 훌륭한 묘지가 있다—피사에 있는 것이 그것이다. 제노바는 대리석의 나쁜 표본을 보여주는 대표적인 곳이리라. 이 집은 본시 대부호인 독일 사람의 별장이었던 만큼 흉상에도 무척 많은 돈을 들인 듯했다. 누가 만든 것이며, 제작비는 얼마나 받았을까 하는 것들을 나는 두서없이 생각하고 있었다. 이 집의 흉상일까, 혹은 다른 사람의 흉상일까 하고 멋대로 상상을 해보았다. 그러나 모두가 한결같이 고전적이어서 누가 봐도 확언할 수 있을 것 같지는 않았다.

나는 의자에 걸터앉아서 군모를 손에 들고 있었다. 고리치아의 거리에서도 철모를 쓰게 되어 있었지만, 귀찮은 데다가 일반 시민이 피난도 하지 않고 그대로 있는 거리에서는 터무니없이 어색하게만 보인다. 전방 부대에 갈 때는 철모를 쓰고 영국제 방독면도 가지고 갔다. 마침 그때 겨우 영국제 방독면이 수입되던 참이었던 것이다. 진짜 방독면이었다. 게다가 자동권총도 휴대하라는 명령을 받았다. 군의관과 위생 장교도 마찬가지였다. 나는 의자의 등에 권총이 닿아 있음을 느꼈다. 똑똑히 보이는 곳에다 차고 다니지 않으면 체포되기가 일쑤였다. 리날디는 휴지를 권총집에다 잔뜩 쑤셔 넣었다. 나는 진짜 권총을 가지고 다녔는데, 사격 연습을 실제로 할 때까지는 총잡이 같은 느낌이었다. 총신이 짧은 구경 7.65밀리의 아스트라식 권총은 발사할 때 너무나 심하게 튀어 올라, 무엇을 맞춘다는 것은 이미 문제 밖이었다. 과녁 아래를 겨누고는, 싱거울 만큼 짧은 총신이 튀어 오르는 것에 익숙해지려고 노력을 하며 연습한 결과, 20보 거리에서 1야드 원내를 명중시킬 수 있을 만큼 기술이 늘었다. 그러나 이내 권총을 휴대하는 것이 싱거워졌으며 곧 그런 건 아주 잊어버리고, 다만 영어로 이야기하는 나라 사람들을 만났을 때 까닭도 모르게 좀 부끄럽게 생각되는 것 말고는 권총이 엉덩이에서 대롱거려도 아무렇지도 않게 되었다. 이런 저런 생각을 하며 앉아 있으니까, 간호병같이 보이는 사나이 하나가 책상 저쪽에서 미심쩍다는 눈초리로 이쪽을 쳐다보고 있었다. 그동안 나는 대리석을 깐 마루와 대리석 흉상을 올려놓은 받침대, 그리고 프레스코 벽화 등을 바라보면서 버클리 양이 오기를 기다리고 있었다. 벽화는 나쁘지 않았다. 어떠한 벽화든 색이 떨어져 갈 무렵이 되면 한결 훌륭하게 보이는 법이다.

캐서린 버클리가 복도를 걸어오는 것을 보고, 나는 자리에서 일어섰다. 이쪽으로 걸어오는 그녀는 키가 그렇게 커 보이지 않았지만, 한결 더 귀여워 보였다.

"안녕하세요, 헨리 씨?" 그녀가 먼저 말했다.

"안녕하십니까?" 내가 답했다. 간호병은 책상 저쪽에서 우리들 이야기를 엿듣고 있었다.

"여기 앉아서 이야기할까요, 아니면 정원으로 나갈까요?"

"밖으로 나가요. 거기가 더 시원해요."

나는 그녀를 따라 정원으로 나갔다. 간호병은 우리를 보고 있었다. 자갈을 깔아 놓은 차도에 다다르자 그녀가 입을 열었다.

"어딜 가셨었나요?"

"전방 기지에 가 있었습니다."

"짧은 편지 한 통쯤 보내도 좋았잖아요."

"아니요. 시간이 없었어요. 게다가 곧 돌아오리라 생각해서."

"그래도 알려줬으면 좋았을 것을."

우리는 차도에서 벗어나 나무 그늘을 걸었다. 나는 걸음을 멈추어 그녀의 두 손을 맞잡고 키스를 했다.

"어디 우리 두 사람이 갈 데가 없나요?"

"없어요. 그저 이 주변을 걸을 수밖에는. 꽤 오랫동안 가 계셨죠?"

"오늘로 사흘째요. 그래도 이렇게 오지 않았어요?"

그녀는 내 얼굴을 빤히 쳐다보았다.

"날 사랑하세요?"

"물론이오."

"전에도 날 사랑한다고 그러셨지요?"

"그랬죠." 나는 거짓말을 했다. '좋아했지만' 그때는 그런 말은 하지 않았다.

"캐서린이라고 불러 주시겠어요?"

"캐서린." 우리는 또다시 걷기 시작했으나, 나무 그늘 아래서 걸음을 멈췄다.

"자, 말해 보세요. '나는 밤이 되어서 캐서린에게로 돌아왔다'라고."

"나는 밤이 되어서 캐서린에게로 돌아왔다."

"아, 당신 정말 돌아오신 거죠?"

"그럼요."

"나도 당신을 사랑해요. 외로웠어요. 나를 혼자 두지는 않겠죠?"

"그럼요, 반드시 돌아오죠."

"아, 정말 당신을 사랑해요. 손을 놓지 마세요."

"계속 잡고 있었는데요?"

그녀는 키스를 할 때 얼굴이 잘 보이도록 이쪽으로 돌렸는데 눈을 꼭 감고 있었다. 그 감은 두 눈에도 키스를 했다. 이 여잔 좀 지나치게 들떠 있다는 생각이 들었다. 그렇다 하더라도 그게 무슨 상관이람. 그녀와 제아무리 깊은 관계에 빠진다 해도 상관없을 듯했다. 갈보집에 매일 밤 가는 것보다야 이쪽이 더 낫기 때문이다. 거기서는 계집들이 마구 매달린다. 그러고는 동료 장교들과 2층으로 올라간다. 그러는 동안 군모의 챙을 뒤로 돌려 쓰고는, 이것이 반한 표시예요 하며 마구 까불어댄다. 내가 캐서린 버클리를 사랑하지도 않고, 또 사랑할 생각도 하지 않았다는 것을 나는 알고 있다. 이것은 게임이다. 카드 대신에 적당한 말로 승부를 내는 브리지와 같은 게임이었다. 브리지와 마찬가지로 돈이나 무엇을 걸고서 노름을 하고 있는 척해야 한다. 그런 것이 무엇인지는 아직 아무도 말한 사람이 없다. 나는 그것만으로도 만족했다.

"어디 둘이 갈 만한 데가 없나?" 내가 말했다. 남자의 본성으로 연애의 모든 것을 오랫동안 여자에게만 맡겨 두는 것이 안 좋았고 참을 수 없었기 때문이다.

"그런 곳은 없어요."

어리둥절한 기분에서 제정신으로 돌아온 그녀가 말했다.

"잠깐 저기서 쉬어요."

우리는 평평한 돌 벤치에 걸터앉았다. 나는 캐서린 버클리의 손을 잡았다. 그리고 허리에 팔을 두르려고 했지만 그녀가 거부했다.

"퍽 피곤하실 텐데요."

"아뇨."

그녀는 잔디를 내려다보았다.

"우리, 시시한 게임을 하는 거잖아요."

"게임이라니?"

"알면서."

"아니, 모르겠소."

"영리한 분이셔, 당신은 노름의 수를 죄다 알고 있는 사람처럼, 참 잘하시네요. 그렇지만 시시한 게임이에요."

"당신은 사람의 마음을 언제나 읽는단 말이오?"

"언제나라곤 할 수 없죠. 하지만 상대가 당신이라면 알 수 있어요. 날 사랑하는 척 안 해도 괜찮아요. 오늘 밤은 이걸로 그만해요. 뭐 얘기하고 싶은 거 있으세요?"

"난 당신을 정말 사랑하오."

"제발, 그럴 필요도 없는데 거짓말은 그만둬요. 잠깐 동안 훌륭한 연극이 었어요. 하지만 난 이젠 괜찮아요. 자, 보세요. 난 미친 것도 아니고, 정신 이 나간 것도 아니에요. 어쩌다가 가끔 그럴 때가 있을 뿐이죠."

나는 그녀의 손을 꼭 잡았다.

"하지만 캐서린."

"캐서린이라고 하는 소리, 이젠 아주 싱겁게 들려요. 당신 발음, 때에 따라 다르네요. 하지만 당신은 참 좋은 분이에요. 정말로 좋은 분이에요."

"신부도 그런 말을 했지."

"그래요, 정말 좋은 분이에요. 또 만나러 와 주시겠어요?"

"물론이지."

"그렇다면 날 사랑하고 있다고 말하지 않아도 괜찮아요. 당분간 그런 거 그만둬요." 그녀는 일어서서 손을 내밀며 말했다. "안녕히 가세요."

나는 키스하려고 했다.

"안 돼요. 너무 피곤해요."

"그렇지만 키스해 줘도 괜찮지 않소?"

"정말 피곤하다니까요."

"키스해 줘."

"그렇게도 키스를 하고 싶으세요?"

"그래."

우리는 키스했다. 그러나 그녀는 갑자기 몸을 뿌리쳤다.

"안 돼요, 오늘은 그만 헤어져요."

우리는 문 앞까지 걸어갔다. 나는 캐서린이 안으로 들어가서 복도 저쪽으로 내려가는 것을 보았다. 그녀가 걷는 것을 가만히 보고 있는 것이 좋았다. 그녀는 복도 저쪽으로 내려갔다. 나는 숙소로 돌아왔다. 무더운 밤이었지만 산에서는 과격한 전투가 이어졌다. 나는 가브리엘레 산 쪽에서 번쩍하는 포화의 섬광을 바라보고 있었다.

빌라 로사라고 하는 갈보집 앞에서 걸음을 멈췄다. 미늘창은 죄다 닫혀 있었지만 안에서는 아직도 떠들썩했다. 누가 노래를 부르고 있었다. 나는 숙소로 돌아왔다. 옷을 벗고 있는데 리날디가 들어왔다.

"하하하! 그다지 신통치 못했군그래. 우리 애기가 심술이 단단히 났는데."

"어딜 갔다 오나?"

"빌라 로사. 대단했어. 모두들 노래를 했지. 자넨 어디에 갔었나?"

"영국인을 만났지."

"맙소사, 내가 그따위 영국인한테 걸려들지 않은 게 천만다행이지."

7

다음날 오후, 나는 산의 첫 번째 대기소에서 돌아와 임시수용소에다 차를 세웠다. 여기서 부상자와 환자를 서류에 따라 구분하여 각기 병원을 지정하는 것이다. 나는 줄곧 자동차를 타고 왔으므로 차에 앉은 채 그대로 있었다. 운전병이 서류를 가지고 왔다. 무더운 날이었다. 하늘은 눈이 부실 정도로 맑고 푸르렀으며, 도로는 희고 먼지가 자욱했다. 나는 피아트^(이탈리아 최대의 자동차 제조회사) 차의 높은 자리에 앉은 채 멍하니 있었다. 1개 연대가 도로를 지나가는 것을 바라보고 있었다. 군인들은 더워서 땀을 흘리고 있었다. 철모를 쓴 사람도 있었지만, 대부분 병사들은 그것을 배낭 뒤에다 걸치고 있었다. 철모를 쓴 군인들은 그 철모가 너무 커서 거의 귓전까지 덮여 있었다. 장교들은 예외 없이 모두 철모를 쓰고 있었다. 병사들 것보다는 머리에 잘 맞았다. 바실리카타 여단의 반 정도 되는 인원이었다. 적색과 백색이 엇바뀌어 있는 줄무늬 휘장으로 그것을 알 수 있었다. 연대가 지나간 뒤 한참 만에 낙오병들이 그 뒤를 따랐다. 자기 소대를 따라가지 못한 사람들이었다. 그들은 땀과 먼지투성이로 무척 피곤해 보였다. 그중에는 몹시 쇠약해 보이는 사람들도 있었다. 병사 하나가 낙오병의 맨 뒤에서 쫓아왔다. 다리를 질질 끌며 걸어왔다. 걸음을 멈추고는 길 옆에 주저앉아 버렸다. 나는 차에서 내려 가까이 다가갔다.

"무슨 일인가?"

그는 얼굴을 쳐들어 나를 보더니 일어섰다.

"가겠습니다."

"무슨 일이냐니까?"

"……전쟁이죠."

"다리가 어떻게 됐느냔 말이야."

"다리가 아닙니다. 탈장입니다."

"수송차를 타지 그랬어? 왜 병원에 가지 않았나?"

"보내 줘야 말이죠. 중위님은 내가 일부러 탈장대를 풀어 버렸다고 그럽니다."

"어디 좀 보자."

"삐져 나왔어요."

"어느 쪽이야?"

"여깁니다."

나는 만져 보았다.

"기침을 해 봐."

"그러면 더 나올 것 같아요. 아까 아침때보다도 더 나왔어요."

"앉아 있어. 부상자들 서류가 오면 곧 내 차로 자네 소속 군의관한테 데려다 줄 테니."

"군의관님은 내가 일부러 그랬다고 그럴 겁니다."

"군의관도 별수 없겠지. 부상이 아니니까. 전에도 그랬나?"

"네, 그렇지만 탈장대를 잃어버렸어요."

"그래도 입원시켜 줄 거야."

"여기 남아 있을 순 없을까요, 중위님?"

"안 돼. 자네의 서류가 없으니까."

운전병이 차 안에 있는 부상자 서류를 가지고 나왔다.

"105호에 4명, 132호에 2명입니다." 둘 다 강 건너에 있는 병원이었다.

"자, 타라."

나는 그 탈장된 병사를 부축하여 차에 태웠다.

"영어 할 줄 아세요?" 그가 물었다.

"그럼."

"이 빌어먹을 전쟁을 어떻게 생각하세요?"

"최악이지."

"정말 그래요. 제기랄, 정말이지 넌덜머리가 나요."

"자넨 미국에 있었나?"

"네, 피츠버그에요. 중위님이 미국인이라는 걸 바로 알았어요."

"내 이탈리아 말이 그렇게 서투른가?"

"대번에 알았어요."

"여기 미국 양반이 또 하나 있군." 운전병이 탈장된 병사를 돌아보며 이탈리아 말로 말했다.

"중위님, 나를 반드시 그 연대로 데리고 가야만 합니까?"

"물론이지."

"군의관님이 내 탈장을 알고 있거든요. 그 징그러운 탈장대는 제가 버렸어요. 그러면 탈장이 심해져서 다시는 전선에 돌아가지 않게 되리라고 생각했습니다."

"그렇군."

"어디 다른 데로 데려다 줄 순 없으십니까?"

"좀더 전방에 가까운 곳이라면 응급 구호소에라도 데려다 줄 수 있지. 그러나 이런 후방에선 서류가 없으면 안 돼."

"부대로 돌아가면 바로 수술을 받고 전선으로 보내질 겁니다."

나는 잠시 생각에 잠겼다.

"중위님도 밤낮 전선에 처박혀 있고 싶진 않으시죠, 안 그렇습니까?"

"글쎄."

"제기랄, 이런 빌어먹을 전쟁 같으니라고."

"이봐, 차에서 내려 머리를 아무 데나 부딪쳐 혹을 만들어 놓고, 길가에 쓰러져 있어. 그러면 돌아오는 길에 주워서 병원으로 데려다 줄 테니. 여기서 세워라, 알도."

차는 길가에 섰다. 나는 그가 내리는 것을 도와주었다.

"여기서 기다릴게요, 중위님."

"그래." 그대로 차를 몰아 약 1마일 전방에서 아까 그 연대를 따른 다음 강을 건넜다. 강물은 눈이 녹아 흐려져 있었으며, 급류가 되어 다리 기둥 사이로 도도히 흐르고 있었다. 계속 차를 몰아서 들판을 지나 두 군데의 야전병원에다 부상병들을 인도했다. 돌아오는 길에는 내가 핸들을 잡았다. 우선 아까 그 연대와 엇갈렸다. 아까보다 한층 더 더운 듯이 걸음걸이도 퍽 느렸다. 그 다음 낙오병과 엇갈렸다. 한참 만에 부상병을 운반하는 마차 한 대가 길가에 서 있는 것이 보였다. 병사 둘이 탈장병을 업어다 안에 태우고 있었다. 그들은 탈장병을 데리러 되돌아왔던 것이다. 그는 나를 보고는 머리를 흔들었다. 철모는 벗겨져 있고, 머리칼 아래 이마에서는 피가 흐르고 있었다. 콧등도 벗겨졌고 피가 흐른 곳엔 먼지가 엉겨 있고, 머리칼도 온통 먼지 투성이였다.

"이 혹 좀 보세요, 중위님!" 그가 외쳤다. "이젠 다 글렀어요. 이 친구들이 날 데리러 왔으니까요."

숙소로 돌아오니 5시였다. 나는 세차장으로 가서 샤워를 했다. 그런 다음 내 방의 열어젖힌 창가에 앉아 바지와 셔츠 바람으로 보고서를 작성했다. 이틀 뒤에는 공격이 시작될 예정이며, 그렇게 되면 나도 운송차를 끌고 플라바로 가게 되어 있었다. 미국에 있는 가족에게 편지를 쓴 지 꽤 오래되었다. 보내야 하지만, 너무도 오랫동안 쓰질 않아서 새삼 쓴다는 게 어색하였다. 게다가 쓸 말도 없었다. 결국 잘 있다는 내용만 적은 야전 우편엽서를 두 장 부쳤다. 어떻게든 되겠지. 이런 엽서는 미국에서는 꽤 인기가 있으리라. 이상하고 신비스럽기 때문이다. 이 전선도 다른 전선과는 좀 다르고 이상하지만, 오스트리아군을 상대하는 다른 전선에 비하면 치열하고 처참하게 생각되었다.

오스트리아군은 나폴레옹에게 승리를 주기 위해 창설된 군대였다. 상대는 어떤 나폴레옹이라도 상관없었다. 아군에도 나폴레옹 같은 명장이 하나 있으면 좋을 텐데, 고작 뚱보에다 지나치게 원기가 좋은 카도르나 장군과 목이 가늘고 길며 염소수염이 난, 키가 작은 빅토리오 에마누엘뿐이었다. 전선 우익에는 아오스타 공(公)이 있었다. 위대한 장군이라 부르기에는 미남이었지만, 남자답게 보였다. 그를 왕으로 삼고 싶어하는 사람들도 많을 것이다. 사실 그는 한 나라의 국왕다운 풍모를 갖추고 있었다. 그는 현 국왕의 숙부이자 제3군의 지휘관이었다. 우리들은 제2군 소속이었다. 제3군에는 영국군 포병대가 몇 개 중대에 배속되어 있었다.

나는 그 부대 소속 포병 두 명을 밀라노에서 만난 적이 있었다. 다들 사람이 좋아서 즐거운 하룻밤을 보냈다. 커다란 몸집에 금방 수줍어하고 어쩔 줄 몰라 하며, 아무리 보잘것없는 것이라도 관심을 갖는 친구들이었다. 나도 영국군에 들어갔으면 좋았을걸 하고 생각했었다. 그편이 훨씬 편했을 것이다. 어쩌면 전사했을는지도 모른다. 이런 구급차 근무가 아닐지 모른다. 아니, 구급차의 근무라도 전사했을지 모른다. 영국군 구급차의 운전병도 때로는 전사하는 것이다. 설마 내가 전사하겠는가. 이 전쟁에서 죽기는 싫다. 나하고는 아무 상관도 없는 전쟁이다. 위험하긴 해도 나에게는 영화 속의 전쟁과 별 차이가 없다. 그래도 나는 이 전쟁이 어서 끝나 주었으면 하고 신에게 기도를 올렸다. 어쩌면 이 여름에는 끝날지도 모른다. 아마 오스트리아군이 항복할지도 모른다. 다른 전쟁에서도 늘 손을 들었으니까. 그러나 이놈의 전쟁에선 어찌된 셈이냐. 프랑스군은 벌써 끝났다고들 한다. 프랑스군이 반란을 일으켜 반란군이 파리로 진입했다고 리날디가 말했다. 무슨 일이 일어났느냐고 물었더니, 그는 "이젠 진압됐어"라고 대답했다. 나는 전쟁이 없는 오스트리아에 가 보고 싶었다. 독일의 블랙 포리스트에 가 보고 싶었다. 하르츠 산맥에도 가 보고 싶었다.

대관절 하르츠 산맥은 어디 있는 것일까? 카르파티아 산맥 (알프스의 연장으로 폴란드와 슬로바키아 국경을 동남으로 달리는 산맥)에서도 전투가 벌어지고 있었다. 어쨌든 그런 곳으론 가고 싶지 않다. 그러나 좋은 곳일지도 모른다. 전쟁만 없으면 스페인으로도 갈 수 있을 것이다. 해가 지면서 서늘해졌다. 저녁을 먹고 캐서린 버클리를 만나러 가자. 그녀가 지금 여기 있었으면 좋으련만. 밀라노에 함께 있다면 좋으련만. 코바에서 식사를 하고, 무더운 저녁에 만조니 거리를 한가로이 거닐고 운하를 건너 강둑을 따라 걷다가 캐서린 버클리와 호텔로 가고 싶다. 그녀는 함께 가 주겠지. 그녀는 나를 전사한 그녀의 약혼자라고 생각해 줄지도 모른다. 그리고 우리는 현관문을 통해 안으로 들어간다. 포터가 모자를 벗는다. 프런트에서 열쇠를 달라고 한다. 그녀는 벌써 엘리베이터 앞에 가 서 있다. 우리들은 엘리베이터를 탄다. 엘리베이터는 층마다 달칵달칵 소리를 내며 서서히 올라간다. 마침내 우리들이 내릴 층에 다다른다. 보이가 문을 열고 거기 서 있다. 그녀는 엘리베이터에서 내린다. 나도 그 뒤를 따른다. 둘이서 복도를 걸어간다. 나는 열쇠로 방문을 연다. 안으로 들어간다. 전화로 카프리 비앙코 한 병을 얼음이 가득 찬 은그릇에 넣어 갖다 달라고 주문한다. 그러면 이내 얼음이 그릇에 부딪치는 소리가 복도 저쪽으로부터 들려온다. 보이가 문을 두드린다. 문밖에 놓고 가라고 한다. 어쩌나 더운지 둘 다 몸에 실오라기 하나 걸치고 있지 않기 때문이다. 창문은 열어젖힌 채 그대로 있다. 제비가 지붕 위를 날쌔게 날아간다. 이내 어두워져 창가로 가 보면 박쥐 새끼들이 지붕 위를 홱 나는가 하면, 어느새 또 나무 위를 살짝 스쳐 간다. 카프리를 마신다. 문은 잠겨 있다. 어쩌나 더운지 밤새도록 시트 한 장으로 지낸다. 무더운 밀라노의 하룻밤, 우리는 밤새도록 사랑을 한다. 그래, 빨리 저녁을 먹고 캐서린 버클리를 만나러 가자.

식당에서는 모두들 제멋대로 떠들어댔다. 나는 술을 마셨다. 마시지 않으면 오늘 밤 같이 어울리지 못할 것 같았기 때문이다. 나는 신부와 대주교 이야기를 주고받았다. 그 대주교는 고결한 인격자인데 부당한 취급을 받았다는 것이다. 그가 받은 부당한 취급에 나도 미국인으로서 관계가 있는 셈인데, 그런 이야기는 금시초문이었지만 아는 척을 했다. 그 원인은 일종의 오해에서 비롯된 듯한데, 그처럼 훌륭한 설명을 듣고 있으면서도 모르는 얼굴을 하고 있으면 이만저만한 실례가 아닐 것 같았기 때문이다. 나는 대주교의 이름이 아주 멋지다고 생각했다. 미네소타 출신이고 보니 이름까지도 남달랐다. 미네소타의 아일랜드, 위스콘신의 아일랜드, 미시간의 아일랜드, 아름답게 들리는 것은 그것이 섬(island)처럼 들리기 때문이다. 아니, 그렇지 않다. 그 이상의 깊은 의미가 있다. 그렇습니다, 신부님. 아뇨, 신부님. 글쎄요, 그럴지도 모르죠, 신부님. 거기에 관해선 나보다도 신부님이 더 잘 아시니까요. 신부는 사람은 좋지만 따분하다. 장교들은 사람도 좋지 못하고 따분하다. 국왕은 사람은 좋지만 따분하다. 포도주는 맛은 나쁘지만 따분하진 않다. 이놈을 들이켜면 치아의 에나멜이 벗겨져서, 입천장에 붙는다.

"그래서 그 신부는 감금됐어." 로카가 먼저 말을 꺼냈다. "신부 몸에서 3부 이자 공채 증권이 나왔대. 물론 이건 프랑스 이야기지. 여기라면 절대로 체포하진 않을 거란 말일세. 이 신부는 5부 이자 공채는 전혀 모른다고 잡아 뗐대. 베지에에(프랑스의 남부 도시)에서 일어난 일인데, 나는 마침 그때 거기 있어서 신문에서 그걸 읽었지. 그래서 감옥에까지 가서 친히 신부에게 면회를 청했단 말이야. 그가 공채를 훔쳤다는 건 너무나 뻔한 일이었거든."

"그거 암만 해도 믿어지지 않는데." 리날디가 말했다.

"그거야 자네 마음이지." 로카도 지질 않았다. "난 다만 여기 있는 신부님을 위해서 하는 이야기일세. 도움이 될 거야. 신부님이니까 참고가 될 거야."

신부는 빙그레 미소를 지었다. "계속하세요, 듣고 있으니까."

"물론 공채의 일부에 관해서는 설명이 되지 않았지만, 3부 이자 공채는 한 장도 남김없이 신부가 갖고 있었대. 그 밖에 지방 채권도 좀 가지고 있었지만, 그게 무슨 채권이었는지 이젠 잊어버렸어. 그래서 나는 감옥으로 찾아갔지. 이게 이야기의 요점일세. 나는 감방 문 밖에 서서 참회라도 하려는 것처럼 말했지. '신부님, 저를 축복해 주십시오. 신부님은 죄를 지으셨군요.'"

모두 큰 소리로 웃었다.

"그래, 그 사람 뭐라고 그럽디까?" 신부가 물었다. 로카는 그 물음에는 들은 척도 않고 내게 그 농담을 설명하기 시작했다.

"어디가 재미있는지 알겠지?"

핵심만 알아들으면 여간 재미난 농담이 아닐 성싶었다. 그들은 또 내 술잔에도 술을 따라 주었다. 나도 물벼락을 맞은 영국군 졸병 이야기를 했다. 그러자 소령은 11명의 체코-슬로바키아 병사와 한 명의 헝가리 하사 이야기를 했다. 또다시 어느 정도 술을 마신 뒤에, 나는 1페니짜리 동전을 발견한 경마 기수 이야기를 했다. 그런 이야기라면 이탈리아에도 있지, 밤에 잠 못 이루는 공작부인의 이야기야 하고 소령이 말했다. 바로 그때 신부가 자리를 떴다. 나는 차디찬 서북풍이 휘몰아치는 새벽 5시에 마르세유에 도착한 행상인 이야기를 했다. 소령은 내가 꽤 술을 잘한다는 말을 들었다고 했다. 나는 그렇지 않다고 했다. 그러자 소령은 정말이라고 우기면서, 술의 신 바커스의 시체에 걸고서 그 진위를 가리자고 막무가내로 다그쳤다. 나는 바커스는 곤란하다고 했다. 아냐, 바커스가 좋아 하고 소령이 우겼다. 그러면서 바시 필리포 빈센자를 상대로 컵이면 컵, 유리잔이면 유리잔으로 술 마시기 내기를 해보라는 것이었다. 바시는 안 된다고 하면서 자기는 이미 넉 잔이나 마신 상태라 시합이 안 된다고 했다. 그래 나도 한마디 해주었다. 바커스 건 바커스가 아니건, 필리포 빈센자 바시건 바시 필리포 빈센자건, 저녁 내내 술 한 방울 입에 대지 않은 주제에 웬 거짓말이냐고, 대관절 자네 이름은 뭐냐고 쏘아붙였다. 그랬더니 그가 자네 이름은 페데리코 엔리콘가 엔리코 페데리콘가 하고 대들었다. 바커스는 집어치우고 가장 센 놈이 이기는 걸로 하자고 내가 말하자, 소령은 큰 잔에다 붉은 포도주를 따른 다음 시작하라고 했다. 그 술을 절반쯤 들이켜자 나는 더 마시기가 싫었다. 가고 싶은 곳이 떠올랐기 때문이다.

"바시의 승리입니다." 내가 말했다. "이 친구가 나보다 셉니다. 나는 갈 데가 있습니다."

"그 친구 정말 갈 데가 있답니다." 리날디가 한마디 했다. "애인 만나러 간대요. 내가 잘 알죠."

"가야겠습니다."

"그럼 다음에 보세." 바시가 끼어들었다. "자네가 자신 있는 날 밤에." 그는 내 어깨를 툭 쳤다. 식탁에는 촛불이 켜져 있었다. 장교들은 모두 기분이 좋은 모양이었다. "자, 그럼 또 봅시다."

리날디가 내 뒤를 따라 나왔다. 문밖 길 위에 서서, 리날디가 말했다. "술 취한 꼴로는 거기 안 가는 게 좋을 텐데."

"난 안 취했어, 리닌. 정말이야."

"그럼 커피라도 좀 씹고 가."

"필요없어."

"가져올게. 이 근처에서 기다리고 있게."

그는 볶은 커피콩을 한 줌 가지고 왔다.

"자아, 이걸 좀 씹어 봐. 자네에게 신의 가호가 있기를."

"바커스 신 말이지."

"내 같이 따라가 줌세."

"정말 괜찮다니까."

우리는 어깨를 나란히 하고 거리를 가로질러 갔다. 나는 콩을 씹고 있었다. 영국군 병원으로 통하는 차도의 문 앞에 선 리날디는 잘 가라고 인사를 했다.

"잘 가. 그런데 자네도 오면 어때?"

그는 고개를 가로저었다. "아니, 나한테는 좀 더 단순한 쾌락이 맞아."

"고맙네, 이 커피콩."

"뭘, 그까짓 걸 가지고."

나는 차도를 걸어 내려갔다. 길 양쪽에 늘어선 사이프러스 나무들의 윤곽이 선명하게 드러났다. 뒤돌아보니 리날디가 우두커니 서서 나를 바라보고 있었다. 나는 손을 흔들어 보였다.

나는 응접실에 앉아 캐서린 버클리가 내려오기를 기다리고 있었다. 누군가 복도를 내려오고 있었다. 나는 일어섰다. 그러나 캐서린이 아니었다. 퍼거슨 양이었다.

"안녕하세요. 캐서린이 미안하지만 오늘 밤은 만날 수 없다고 전해 달래요."

"유감이군요. 아픈 건 아니겠죠?"

"그리 좋지는 않은가 봐요."

"내가 걱정하더라고 전해 주십시오."

"네, 알겠어요."

"내일 다시 와도 될까요?"

"그럼요, 괜찮아요."

"고맙습니다. 그럼 안녕히 계십시오."

밖으로 나오자 나는 갑자기 쓸쓸하고 허전한 마음에 사로잡혔다. 나는 캐서린과의 만남을 너무 가볍게 생각했던 것이다. 얼마쯤 취해 가지고 만나러 오는 것도 잊어버릴 뻔했지만, 막상 그녀를 못 보게 되니 쓸쓸하고 적막하여 견딜 수가 없었다.

8

다음날 오후, 드디어 그날 밤에 상류에서 공격을 시작해 의무대는 구급차 4대를 그 지점으로 보낼 것이라고 했다. 정확히 아는 사람은 아무도 없었지만, 모두들 전략상의 일까지 자세히 아는 것처럼 마구 떠벌렸다. 나는 선두차에 타고 있었다. 영국군 병원의 입구 앞을 지날 때 운전병에게 차를 세우라고 명했다. 다른 차들도 따라서 멈췄다. 나는 차를 내려서 뒤차의 운전병들에게 계속 가라고 말하고, 만일 코르몬스로 들어서는 도로의 교차점에 이를 때까지 내 차가 따라잡지 못하면 거기서 기다리라고 명령했다. 나는 급히 차도를 걸어가서 응접실로 들어가 버클리 양을 만나고 싶다고 했다.

"지금 근무 중인데요."

"잠깐만이라도 안 될까요?"

간호병을 올려 보냈더니 이내 캐서린과 함께 내려왔다.

"몸은 괜찮은가 해서 잠깐 들렀습니다. 근무 중이라고 그러기에 잠깐 만나게 해달라고 그랬죠."

"이젠 다 나았어요, 어제는 더위에 지쳤었나 봐요."

"이제 가야겠습니다."

"바래다 드릴게요."

"정말 괜찮습니까?" 밖으로 나오자 내가 물었다.

"네, 괜찮아요. 오늘 밤 와 주시겠어요?"

"안 됩니다. 플라바 상류에서 곧 전투가 벌어지는데 지금 거기로 가는 중입니다."

"전투요?"

"뭐 그다지 대단치는 않을 거예요."

"돌아오시겠죠?"

"내일."

캐서린은 목에서 무엇을 끌렀다. 그러고는 그것을 내 손에 쥐여 주었다.

"이건 성 안토니오예요. 내일 밤 오세요."

"당신, 가톨릭 신자는 아니잖아요?"

"네. 하지만 사람들 말이 성 안토니오는 많은 도움을 준대요."

"당신이라 생각하고 소중히 간직하겠소. 자 그럼, 안녕."

"안 돼요. 안녕이 아니에요."

"무슨 말인지 알겠소."

"무리하지 말고, 부디 몸조심하세요. 안 돼요, 이런 데서 키스하면 안 돼요. 안 돼요."

"알겠소."

뒤돌아보니 그녀는 계단 위에 서 있었다. 그녀가 손을 흔들었다. 나는 손으로 키스를 보냈다. 그녀는 다시 한 번 손을 흔들었다. 나는 차도를 벗어나 구급차에 올라탔다. 차가 움직이기 시작했다. 성 안토니오는 조그맣고 하얀 금속갑에 들어 있었다. 나는 갑을 열고 성 안토니오를 손바닥 위에 떨어뜨렸다.

"성 안토니오죠?" 운전병이 물었다.

"그래."

"저도 있습니다." 그는 핸들에서 오른손을 뗀 다음 윗옷 단추 하나를 끄르고, 셔츠 아래서 그것을 끄집어냈다.

"자, 보세요."

나는 성 안토니오를 갑 속에 다시 집어넣고 가느다란 금사슬도 함께 넣고는 안주머니 속에 넣었다.

"목에 안 거세요?"

"응."

"거시는 게 좋습니다. 목에 걸라고 만든 건데요."

"알았어." 금사슬의 고리를 풀어 목에 건 다음 다시 고리를 채웠다. 성상이 군복 밖으로 늘어졌다. 윗옷 깃을 풀어 헤치고 셔츠 속으로 성상을 흘려 떨어뜨렸다. 금속제의 성상이 차를 타고 가는 동안 가슴에 닿는 것이 느껴졌다. 그러다가 결국엔 잊어버렸다. 그 뒤 부상당하고 나서 어느 곳에서도 그 성상을 찾지 못했다. 아마 구호소에서 누군가 주웠으리라.

다리를 건널 때는 차를 빨리 몰았다. 이내 저 멀리 아래쪽에 다른 구급차들이 내는 먼지가 눈에 띄었다. 굽은 길을 돌고 있는 세 대의 차가 아주 조그맣게 보였다. 바퀴로부터 자욱이 피어오른 먼지가 나무 사이로 사라지는 것도 보였다. 그 차들을 따라붙어 앞지른 다음 구릉으로 올라가는 샛길로 구부러져 들어갔다. 선두차로 달리는 경우라면 대열을 이루고 가는 것도 나쁘지 않다. 나는 자리에 느긋하게 기대 앉아 주위에 펼쳐지는 경치를 바라보았다. 우리들은 강에 가까운 산기슭을 달리고 있었는데, 도로를 올라감에 따라 아직도 봉우리에 눈이 덮여 있는 높은 산들이 멀리 북쪽에서 보였다. 뒤돌아보니 세 대의 차가 자욱이 피어오르는 먼지 사이로 연달아 올라오는 것이 보였다. 짐을 실은 노새의 긴 대열을 앞질렀는데, 빨간 터키 모자를 쓴 병사들이 그 옆을 따라 걷고 있었다. 그들은 저격병이었다.

노새의 대열을 앞지르자, 도로에는 사람 그림자 하나 없었다. 우리들은 몇 개의 구릉을 오른 다음, 긴 산등성이를 타고 내려가 계곡으로 빠졌다. 도로 양쪽에는 나무가 나란히 늘어서 있었고, 오른쪽 나무 사이로 강이 보였다. 물은 맑고 물결이 세찼으며 바닥이 얕았다. 강은 얕고 모래와 자갈이 섞인 모래밭으로 되어 있었다. 그 사이로 가는 물길이 구불구불 나 있었다. 물은 자갈이 깔린 강바닥으로 군데군데 넓게 퍼져 눈부시게 빛나고 있었다. 둑 바로 옆엔 깊은 웅덩이가 몇 개 있었다. 물빛은 하늘처럼 파랗다. 강 위에는 아치형 돌다리가 걸려 있고 거기서부터 작은 길이 뻗어 나와 있었다. 차는 돌로 지은 농가 앞을 지나갔다. 그 남향 벽과 들에 있는 낮은 돌담을 배경으로 배나무가 촛대 모양으로 가지를 뻗치고 있다. 길은 한참 계곡을 끼고 돌다가 방향을 꺾어 또다시 구릉 사이로 오르기 시작했다. 길은 어느새 비탈길이 되었으며, 밤나무숲을 구불구불 기어 올라가 마침내 산마루를 따라 한 곳으로 나왔다. 숲 사이로 저 멀리 적군과 아군을 갈라놓은 한 줄기 강이 보였다. 강물은 햇빛에 반짝반짝 빛났다.

우리들은 산마루를 따라 뻗어 있는 울퉁불퉁한 군용 도로를 달렸다. 멀리 북쪽으로 두 산맥이 바라보였다. 설선(雪線)까지는 암록색이었고, 그 위로는 햇빛을 받아 하얗게 빛나고 있었다. 도로가 산마루를 타고 올라감에 따라 세 번째 산맥이 그 너머로 보였다. 아까 것보다도 높은, 분필 같은 설산이 기이한 몇 개의 평면으로 주름져 있었다. 이러한 산들 훨씬 멀리에는 또 다른 산들이 있었지만, 분간할 수 없을 만큼 희미하게 보였다. 그것은 모두 오스트리아 산들이고, 이탈리아에는 거기에 맞설 만한 산은 하나도 없었다. 내다보니 도로가 둥근 곡선을 그리며 오른쪽으로 꺾여 있었다. 이번에는 아래를 내려다보니 도로가 숲 사이로 곤두박질치고 있었다. 거기에는 부대가 있었다. 야포를 실은 트럭과 노새가 이 도로를 지나가고 있었으므로 그것들을 한쪽으로 피해 가면서 비탈길을 내려가노라니까, 저 멀리 아래쪽에 강이 있고 이 강을 따라 한 줄기의 침목과 레일이 뻗쳐 있는 것이 보였다. 강을 건너는 지점에 낡은 철교가 있고, 강 건너 산기슭에 앞으로 점령해야 할 조그만 마을의 파괴된 인가가 보였다.

우리들이 아래로 내려와서 강 옆으로 뻗은 원래 도로로 꺾어 들었을 무렵에는 주위가 어둑어둑해지고 있었다.

9

도로는 어수선했다. 양쪽을 옥수숫대와 밀짚 멍석으로 가리고, 멍석으로 지붕까지 덮어서 마치 서커스장 입구나 미개인 마을 같았다. 우리들은 이 멍석을 덮은 터널 속으로 서서히 차를 몰아 전에 정거장이 있던 공터로 나왔다. 이 근방은 도로가 강둑보다도 낮고, 그 낮은 도로 양쪽을 따라 둑에 온통 굴을 파 놓고 보병들이 숨어 있었다. 해가 지고 있었다. 둑을 따라 차를 몰며 하늘을 쳐다보니, 맞은편 산 위에 오스트리아군의 관측 기구가 지는 해를 등지고 꺼멓게 떠 있었다. 우리들은 벽돌 공장 근처에 차를 세웠다. 벽돌을 굽는 아궁이와 몇몇 깊숙한 굴이 이미 구호소로서의 준비를 갖추고 있었다. 알고 있는 군의관이 세 명 있었다. 소령과 이야기를 해서 안 것인데, 드디어 전투가 벌어져 우리 차에 부상병이 실리면 우리들은 예의 가려진 도로로 해서 산마루를 따라 원래 도로에까지 나온다. 거기에 대기소가 있고, 그곳에서 다른 차로 부상병을 넘겨주게 되어 있다고 한다. 소령은 도로가 혼잡하지 않아야 할 텐데 하고 걱정했다. 도로는 하나밖에 없었다. 멍석으로 도로를 가린 것은 강 건너 오스트리아군 쪽에서 환히 내다보이기 때문이다. 여기 벽돌 공장은 강둑으로 엄폐되어 소총과 기관총 사격으로부터 벗어날 수 있었다. 강에는 부서진 다리가 하나 있었다. 포격 시작과 동시에 다른 다리를 가설하고 강 상류의 흐름이 완만한 곳으로 소수 병력이 도강할 계획이었다.

소령은 카이젤 수염을 기른 몸집이 작은 사람이었다. 리비아 전쟁에도 참전한 일이 있으며, 상이 기장(傷痍紀章)을 두 개나 달고 있었다. 소령은 이번 일만 잘되면 내가 훈장을 타게끔 주선해 주겠다고 말했다. 나도 일이 잘되길 바라지만 훈장은 과분하다고 대답했다. 소령에게 운전병들이 숨어 있을 만한 큰 참호가 없겠느냐고 물었더니, 병사 하나를 안내하라고 붙여 주었다. 그를 따라가니 참호가 있었다. 꽤 훌륭했다. 운전병들도 만족한 모양이었다. 나는 그들을 거기 남겨 두었다. 소령은 다른 장교 두 명과 자기 그리고 나 이렇게 넷이서 한잔하자고 권했다. 우리들은 럼주를 마셨다. 아주 유쾌한 분위기였다. 밖은 어두워지고 있었다. 공격은 몇 시 예정이냐고 물었더니 어두워지면 곧 시작된다고 대답했다.

나는 운전병들이 있는 곳으로 돌아갔다. 그들은 참호 속에 앉아 이야기를 나누고 있었는데, 내가 들어서자 말을 뚝 그쳐 버렸다. 나는 그들에게 담배를 한 갑씩 돌렸다. 마케도니아라는 담배인데 너무 허술하게 말아서 담뱃가루가 부슬부슬 흘러내리기 때문에 피우기 전에 양쪽 끝을 똘똘 비틀어 말아야 한다. 마네라가 라이터를 켜 한 바퀴 빙 돌렸다. 라이터는 피아트 차의 라디에이터(난방기)처럼 생긴 것이었다. 나는 소령에게서 들은 것을 전달했다.

"아까 내려올 때 왜 대기소를 못 봤지?" 파시니가 물었다.

"우리가 도로에서 꺾어지기 바로 전에 있었으니까."

"그 도로는 굉장한 혼란에 빠질 것 같은데요." 마네라가 말했다.

"놈들이 우리한테 포탄을 죽어라고 퍼부어대겠죠."

"그러겠지."

"식사는 어떻게 합니까, 중위님? 공격이 시작되면 먹을 시간이 전혀 없을 텐데요."

"가서 물어보고 올게."

"우리들은 여기 있어야 합니까, 이 근처를 구경해도 괜찮겠습니까?"

"여기 있어 주게."

나는 소령의 참호로 다시 갔다. 소령은 이제 취사차가 올 테니 운전병들도 그때 스튜를 받으러 가면 된다고 했다. 휴대용 식기가 없으면 빌려 주겠다고 했다. 식기는 모두 가지고 있을 거라고 내가 대답했다. 나는 운전병들이 있는 데로 돌아와서 식사가 오면 곧 타다 주겠다고 했다. 포격이 시작되기 전에 와 주었으면 하고 마네라가 말했다. 내가 나갈 때까지 모두 잠자코들 있었다. 그들은 모두 기계공으로, 전쟁을 무척 증오하고 있었다.

밖으로 나와서 차를 조사하고 상황이 어떻게 돌아가나 둘러본 다음, 참호로 돌아와서 나는 네 명의 운전병 사이에 끼어 앉았다. 모두가 땅바닥에 철썩 주저앉아 벽에 기댄 채 담배를 피우고 있었다. 밖은 아주 컴컴해졌다. 참호 속의 땅은 따뜻하고 건조했다. 나는 벽에 기대고, 엉덩이를 쭉 앞으로 빼고 누운 채 몸을 편하게 했다.

"누가 공격을 시작합니까?" 가부치가 물었다.

"저격병이겠지."

"모든 저격병이?"

"그런 것 같아."

"본격적인 공격을 할 만한 병력이 여긴 없잖아요."

"아마 본격적인 공격을 하려는 지점으로부터 적의 주의를 이쪽으로 쏠리게 하려는 거겠지."

"누가 공격할 것인지 병사들은 알고 있나요?"

"모르고 있을걸."

"물론 모르지." 마네라가 끼어들었다. "알면 어떤 놈이 공격을 해."

"아니, 할 거야." 파시니가 받았다. "저격병은 바보들이니까."

"그들은 용감하고 또 훈련도 잘되어 있으니까." 내가 한마디 했다.

"놈들은 확실히 가슴팍도 넓고, 튼튼합니다. 하지만 바보인 건 확실해요."

"척탄병은 키가 커." 밑도 끝도 없이 마네라가 말했다. 일종의 농담으로 모두들 와아 하고 웃었다.

"아무리 해도 놈들이 공격에 나서려 하지 않자, 열 명 건너 한 명씩 총살을 했죠. 그때 현장에 계셨습니까, 중위님?"

"아니."

"사실이에요. 나중에 일렬로 쭉 세워 놓고 열 번째 병사마다 뽑아냈어요. 헌병에게 총살당했어요."

"헌병이." 파시니는 그렇게 말하면서 땅바닥에다 침을 뱉었다. "척탄병들은 모두 키가 6피트도 넘어. 하지만 그들은 공격하려고 하지 않았지."

"모두 공격을 거부하면 전쟁은 이미 끝났을 텐데." 마네라가 말했다.

"척탄병은 사정이 달라. 그들은 겁쟁이였어. 죽어도 나가지 않겠다는 장교들이 모두 훌륭한 가문 출신이니까."

"하지만 그중에는 혼자 공격한 장교도 있었지."

"어떤 중사는 장교를 두 명이나 총살했대."

"이미 공격한 부대도 있어."

"그 부대는 열 번째 병사를 뽑아내는 대열에 서지 않아도 괜찮았대."

"헌병에게 총살당한 사람 중에 우리 마을 출신이 있었는데." 파시니가 끼어들었다. "체격도 좋고 머리도 좋고 키도 큰 젊은이로 척탄병 부대에 들어갔지. 늘 로마에 있었고, 늘 젊은 아가씨들과 어울렸지. 늘 기총병과 함께 있었고." 그는 웃었다. "지금은 그 작자의 집 밖에 총검을 든 근위병이 붙어 있어 그의 부모와 누이동생을 만나 보고 싶어도 아무도 갈 수가 없어. 아버지는 시민권까지 박탈당해 투표도 못 하는 처지가 되었고. 그들은 모두 법의 보호도 못 받고 있는 형편이지. 그러니까 누구든지 마음만 먹으면 그들의 재산을 빼앗을 수 있단 말이야."

"자기 집 식구에게 그런 불이익이 돌아가지만 않는다면, 어떤 놈이 공격에 나서겠나?"

"아냐, 알프스 산악병이라면 나설 거야. 저 근위병도 나설 거고. 저격병 중에도 있을 거고."

"저격병도 도망쳤다는데. 지금은 잊어버리려고 하지만."

"중위님, 우리가 이런 소릴 지껄이게 그냥 내버려 둬서는 안 되지 않습니까? 군대 만세!" 파시니가 빈정거렸다.

"나는 너희들이 말하는 뜻을 잘 알고 있다. 하지만 너희들이 운전을 하고 있는 한, 차를 잘 몰고……."

"……그리고 다른 장교의 귀에 들어가지 않게 하는 한." 마네라가 내 말을 가로챘다.

"난 우리가 전쟁을 끝내야만 한다고 생각한다. 한쪽이 일방적으로 싸움을 그만둔다고 전쟁이 끝나진 않으니까. 우리들이 싸움을 그만둔다면 오히려 상황은 더 악화될 뿐이다."

"이보다 더 어떻게 나빠지겠습니까?" 파시니가 점잖게 말했다. "사실 전쟁보다 나쁜 게 또 어디 있습니까?"

"패전은 더 나쁜 거야."

"그렇지 않아요." 파시니는 여전히 점잖게 말했다. "패전이 뭡니까? 결국 집으로 돌아가는 것 아닙니까?"

"적이 쫓아와서 너희 집을 약탈하고 누이동생을 빼앗아 가도?"

"그럴 리가 없어요. 적들이 일일이 그런 짓을 하지는 못할 거예요. 자기 집은 자기가 지키면 되잖아요. 누이동생들은 집 안 깊숙이 숨겨 두고요."

"너는 교수형 당할 거야. 놈들이 들어와서 너를 또다시 군인으로 끌어가거든. 이번에는 구급차 운전병이 아니라 보병으로."

"하지만 모두 다 교수형에 처할 순 없겠죠."

"남의 나라 사람을 군인으로 끌어가진 못하죠." 마네라가 말했다. "싸움이 벌어지자마자 모두들 내빼고 말 거예요."

"체코 놈들처럼 말이지."

"너희들은 정복당한다는 게 어떤 건지 전혀 모르는 모양이군. 그러니까 져도 대단한 것이 아니라고 생각하는 것 같아."

"중위님." 파시니가 불렀다. "중위님은 항상 우리들 애기를 잘 들어주시는 걸로 압니다. 들어 보세요. 전쟁만큼 나쁜 게 또 어디 있습니까? 의무대 근무를 하는 우리들은 전쟁이 얼마나 나쁜 것인지 전혀 알 길이 없습니다. 그걸 알게 되면 그만둘 수밖에 없을 겁니다. 모두들 미쳐 버리고 말 테니까요. 그들 중에는 전혀 아무것도 모르는 작자들도 있습니다. 상관인 장교들을 무서워하는 작자들도 있고요. 전쟁이 계속되는 건 그런 작자들이 있기 때문입니다."

"전쟁이 나쁘다는 건 알고 있어, 하지만 전쟁은 끝내야만 해."

"끝날 수가 있나요? 전쟁엔 끝이라는 게 없습니다."

"아니, 있어."

파시니는 고개를 가로저었다.

"전투에 이긴다고 전쟁에 이기는 건 아닙니다. 가령 아군이 산 가브리엘레를 점령한들 그게 무슨 소용이 있습니까? 카르소와 몬팔코네와 트리에스테를 빼앗아서 뭣합니까? 우리들은 또 어디를 점령할 겁니까? 오늘 중위님은 그 먼 산들을 죄다 보셨죠? 그것들을 전부 점령할 수 있다고 생각하세요? 그야 오스트리아군이 전투를 포기한다면 물론 얘기는 다르겠죠. 한쪽이 전투를 포기해야 합니다. 왜 아군은 전투를 포기하지 않습니까? 만약 적군이 이탈리아까지 밀고 내려온다 하더라도, 그러는 동안 놈들은 지쳐서 달아나고 말 겁니다. 놈들에게는 제 나라가 있으니까요. 하지만 글렀어요. 우린 전쟁만 하고 있으니까요."

"자넨 웅변가로군."

"우리들은 생각합니다. 책도 읽습니다. 우리들은 농부가 아닙니다. 기계공입니다. 그러나 농부들이라 할지라도 전쟁을 고마워할 만큼 무지하진 않아요. 모두 이 전쟁을 싫어하고 있습니다."

"나라를 다스리는 놈들은 바보고, 아무것도 모르고, 또 알 수도 없나 봐. 그러니까 이런 전쟁을 계속하겠지."

"게다가 놈들은 전쟁으로 돈을 벌거든."

"그러나 놈들의 대부분은 돈벌이도 못하는 위인들이야." 파시니가 말을 이었다. "돈벌이도 못할 만큼 바보야. 놈들은 아무 벌이도 안 되는 걸 가지고 전쟁을 하고 있거든, 바보니까."

"자, 그만들 두세." 마네라가 말했다. "아무리 중위님 앞이라지만 얘기가 좀 지나쳐."

"중위님은 이런 얘길 좋아하시는데 뭘. 중위님을 세뇌해야 한다고." 파시니가 대꾸했다.

"그렇지만 이젠 그만들 해." 마네라가 다시 한 번 말했다.

"식사는 아직입니까, 중위님?" 가부치가 물었다.

"어디, 가 보지." 고르디니가 일어서서 내 뒤를 따라 나왔다.

"제가 할 수 있는 일은 뭐 없겠습니까, 중위님? 뭐든지 도와 드리겠습니다." 그는 네 사람 중에서 제일 말이 없는 병사였다.

"그렇다면 따라오게. 뭐가 있을지도 모르지."

참호 밖은 컴컴했다. 서치라이트의 긴 광선이 산 위로 움직이고 있었다. 전방에는 군용 트럭에 실린 대형 서치라이트가 몇 대 있었다. 가끔 밤중에 전선 바로 뒤의 도로에서 그 트럭들을 만나는 수가 있다. 그러한 트럭 한 대가 도로에서 약간 떨어진 곳에 서 있고, 장교 한 명이 조명을 지휘하고 병사들은 겁에 질려 있었다. 우리는 벽돌 공장을 가로질러 구호소 본부 앞에서 걸음을 멈췄다. 입구에는 푸른 가지가 늘어져 있고, 컴컴한 어둠 속에서 밤바람이 햇볕에 바싹 마른 잎사귀를 살랑살랑 흔들고 있었다. 안에는 불이 켜져 있었다. 소령이 궤짝 위에 걸터앉아서 전화를 받고 있었다. 군의관 대위 하나가 공격은 한 시간 연기되었다고 알려 주며, 코냑 한 잔을 내게 권했다. 나는 판자 탁자와 불빛에 반짝이는 의료 기구와 세면대와 마개를 막은 병들을 둘러보았다. 고르디니는 내 뒤에 서 있었다. 소령은 통화를 끝내고 일어섰다.

"이제 시작이다." 그가 말했다. "다시 좀 전대로 변경되었어."

밖은 컴컴했고, 오스트리아군의 서치라이트 광선이 우리들 등 뒤에 있는 산 위를 기고 있었다. 잠시 잠잠하더니 갑자기 등 뒤의 야포가 일제히 포격을 시작했다.

"옳지 됐다." 소령이 혼잣말을 했다.

"저어 수프 말인데요, 소령님." 내 말은 그의 귀에 들리지 않았다. 나는 다시 한 번 되풀이했다.

"아직 안 왔는데."

대형 포탄이 하나 날아와 바깥 벽돌 공장에서 쾅 하고 터졌다. 계속해서 또 한 방. 그 폭음과 더불어 벽돌과 흙모래가 우수수 떨어지는 소리가 낮게 들렸다.

"뭐 먹을 만한 거 없습니까?"

"파스타라면 좀 있지."

"주시면 가지고 가겠습니다."

소령이 간호병에게 말하자 간호병은 뒤로 모습을 감추더니, 이내 식어빠진 마카로니를 놋쇠 그릇에 담아 가지고 나왔다. 나는 그것을 고르디니에게 주었다.

"치즈는 없습니까?"

소령이 못마땅해하는 얼굴로 간호병에게 명령했다. 간호병은 다시 굴 속으로 기어 들어가더니, 흰 치즈 한 덩이를 들고 나왔다.

"고맙습니다."

"밖으로 안 나가는 게 좋을 거야."

바깥 입구 옆에 무엇을 내려놓는 소리가 들렸다. 그것을 들고 온 두 사람 중 하나가 안을 기웃거렸다.

"들고 들어와." 소령이 소리쳤다. "뭘 기다리는 거야? 우리가 나가서 짊어지고 들어오란 말이야!"

두 위생병은 부상병의 겨드랑이와 다리를 받쳐 들고 안으로 들어왔다.

"상의를 찢어." 소령이 명령했다.

그는 핀셋으로 거즈를 집어 들었다. 대위 둘이 윗옷을 벗었다. "나가 있어." 소령이 두 위생병에게 명령했다.

"자, 가자." 나는 고르디니에게 말했다.

"포격이 끝날 때까지 기다리는 게 좋아." 소령이 뒤돌아보면서 말했다.

"부하들이 시장해 하고 있는데요."

"그렇다면 마음대로 해."

우리는 밖으로 나와 벽돌 공장을 가로질렀다. 포탄이 강둑 바로 옆에서 터졌다. 계속해서 또 한 방 날아왔는데, 떨어질 때까지도 우리는 그 소리를 알아듣지 못했다. 둘 다 얼른 땅바닥에 엎드렸다. 섬광, 폭발의 충격, 화약 냄새와 동시에 벽돌 파편들이 우르르 떨어졌다. 고르디니가 일어나더니 참호를 향해 달렸다. 나도 치즈를 안은 채 그 뒤를 쫓았다. 치즈의 번들번들한 표면이 벽돌 가루로 뒤덮였다. 참호 속에서는 운전병 3명이 벽에 기대 앉아 담배를 피우고 있었다.

"어이, 애국자 제군들, 먹을 걸 가져왔어." 내가 말했다.

"차들은 어떻습니까?" 마네라가 물었다.

"괜찮아."

"놀라셨죠, 중위님?"

"잘 아는군."

나는 칼을 꺼냈다. 날을 펴서 닦아내고 치즈의 더러운 윗면을 도려냈다. 가부치가 마카로니 그릇을 내게 내밀었다.

"먼저 중위님부터 잡수세요."

"아냐, 바닥에 내려놔. 다 같이 먹게."

"포크가 없는데요."

"빌어먹을." 나는 영어로 말했다.

치즈를 잘게 썰어서 마카로니 위에 올려놓았다.

"다들 둘러앉아." 모두들 둘러앉아 기다렸다. 나는 손가락으로 마카로니를 집어 올렸다. 몇 가락이 유들유들 딸려 올라왔다.

"높이 드세요, 중위님."

팔을 올릴 수 있는 데까지 쳐들자, 마카로니 가락이 댕그렁 공중에 늘어졌다. 그것을 입으로 가져가서 끝에서부터 쭉쭉 빨아들이고 우물거렸다. 그러고는 치즈를 한 조각 집어 먹고 포도주를 한 잔 마셨다. 녹내가 났다. 나는 물통을 파시니에게 건네주었다.

"썩었어요." 그가 말했다. "물통에 너무 오래 넣어 두었나 봐요. 차 속에 놔두었더랬어요."

모두들 정신 없이 먹었다. 그릇 바로 위로 턱을 내밀고 머리를 얼른 뒤로 젖히고는 마카로니를 쭉쭉 빨아들였다. 나도 마카로니와 치즈를 한 입 더 먹고는 포도주를 마셨다. 밖에 무엇이 꽝하고 떨어지면서 땅이 흔들렸다.

"420밀리 포거나 박격포일 거야." 가부치가 말했다.

"산에 대형 포는 한 대도 없어." 내가 받았다.

"적들은 대형 스코다 포를 가지고 있습니다. 포탄이 떨어진 구멍을 본 일이 있어요."

"305밀리 포겠지."

우리들은 계속해서 먹었다. 기침을 하는 듯한 소리, 기관차가 달릴 때 나는 듯한 소리가 들리더니, 이내 또 대지를 뒤흔드는 폭발이 일어났다.

"이 참호는 깊지 못하군요." 파시니가 말했다.

"지금 것은 박격포로군."

"그렇습니다."

나는 먹다 남은 치즈를 마저 먹고 포도주를 한 모금 마셨다. 다른 소리에 섞여 기침 소리가 들렸다. 이어 츄츄츄츄 하는 소리와 용광로 문을 활짝 열어 젖혔을 때와 같은 강렬한 섬광이 번쩍였다. 그것은 처음에는 흰색이더니 이내 붉은색으로 변했고, 맹렬한 폭음과 더불어 확 사방으로 퍼졌다. 나는 숨을 쉬려고 했지만 쉴 수가 없었고, 내가 몸 밖으로 빠져 나가는 것만 같았다. 그리고 쉴 새 없이 자꾸만 몸뚱이가 허공으로 떠 가는 것만 같았다. 몸뚱이 전체가 재빠르게 밖으로 날려 나온 순간, 나는 죽었다고 생각했다. 그러나 이내 사람이 이렇게 간단히 죽을까 하는 생각이 들었다. 내 영혼은 공중에 떠 있었다. 그러나 떠 있을 새도 없이 뭔가 되돌아온 느낌이 들었다. 숨을 돌리고 보니 의식이 돌아왔다. 땅바닥이 패이고 내 머리 앞에는 갈가리 찢긴 대들보가 널려 있었다. 띵한 머리에도 누군가 질러대는 소리가 어렴풋이 들렸다. 누가 비명을 지르는 거라고 생각했다. 몸을 움직이려고 했지만 전혀 움직여지지 않았다.

강 건너에서 일제히 퍼붓는 기관총과 소총 소리가 들렸다. 텀벙하고 크게 물이 튀는 소리가 나더니 조명탄이 떠올라 공중에서 터지며 하얗게 빛을 발하고, 신호탄이 오르고 포탄이 터졌다. 이 모두가 일순간에 벌어졌는데 바로 옆에서 누가 "어머니! 아이고, 어머니!" 하는 소리가 들렸다. 몸을 끌고 비틀고 해서 겨우 다리를 빼내고는, 몸을 돌려 그 사람을 보았다. 파시니였다. 몸을 만지자 그는 비명을 질렀다. 두 다리가 내 쪽으로 뻗쳐 있어 포화가 명멸하는 사이에 보니까 두 다리 모두 무릎 위가 부서져 있었다. 한쪽 다리는 무릎 아래가 어디로 갔는지 없어졌고, 다른 쪽 다리는 힘줄과 바짓가랑이로 간신히 매달려 있었다. 몸에 붙어 있지 않은 것처럼 다리 토막이 꿈틀꿈틀 움직였다. 그는 자기 팔을 깨물며 신음하고 있었다. "아아, 어머니, 어머니" 하다가 "하느님, 살려 주세요. 성모님, 살려 주세요. 아아 예수님, 날 쏴 죽이세요. 날 죽여 주세요. 어머니, 어머니, 아아 맑고 아름다운 성모님, 날 쏴 죽이세요. 그만. 그만. 그만. 아아 예수님, 아름다운 성모님, 이 고통을 멎게 해주세요. 아아아아." 그러고는 헐떡이며 "어머니, 어머니" 그러더니 조용해졌다. 팔을 깨문 채. 끊어질락 말락 한 다리 토막이 꿈틀거리고 있었다.

"위생병!" 나는 두 손으로 나팔을 만들고 소리쳤다. "위생병!"

좀 더 파시니 옆으로 다가가서 다리에 지혈대를 감아 주려고 했지만 꼼짝도 할 수 없었다. 다시 이를 악물고 해보았더니 다리가 좀 움직였다. 팔과 팔꿈치로 겨우 몸을 뒤로 끌 수 있었다. 파시니는 이미 조용해졌다. 나는 그 옆에 앉아 윗옷을 벗어 셔츠 자락을 찢으려고 했다. 암만 해도 찢어지지 않아 한끝을 이빨로 물어뜯었다. 그때 그의 행전 생각이 났다. 나는 털양말을 신고 있었지만, 파시니는 행전을 차고 있었다. 운전병은 모두 행전을 차고 있었다. 그러나 파시니는 한쪽 다리밖에 없었다. 나는 행전을 풀고 있는 동안 행전으로 지혈대를 할 필요가 없다는 것을 알았다. 죽었기 때문이다. 나는 그가 죽은 것을 확인했다. 다른 3명의 행방을 찾아야 한다. 나는 몸을 똑바로 일으키려고 했다. 그러자 머릿속에서 무엇인지 인형의 눈동자를 굴리는 추처럼 움직여 눈알 안쪽에 부딪쳤다. 두 다리가 뜨뜻하게 젖어 있었고, 구두 속도 끈적끈적하고 뜨뜻했다. 맞았구나! 하는 생각에 몸을 구부리고 무릎을 더듬었다. 무릎이 없었다. 손을 안에다 넣고 만져 보았더니, 무릎이 정강이 위까지 흘러 내려와 있었다. 손을 셔츠로 훔쳤다. 공중에 떠 있는 광선이 느릿느릿 내려왔다. 나는 내 다리를 보자 갑자기 두려워졌다. "오, 하느님, 여기서 제발 절 건져 주옵소서." 그러나 아직 부하 3명이 있다는 생각이 뇌리를 스쳤다. 운전병은 4명이었다. 파시니는 죽었다. 그러니까 남은 사람은 3명. 누가 내 겨드랑이 아래를 받들고 또 하나는 내 두 다리를 쳐들었다.

"3명 남았다. 하나는 죽고." 내가 중얼거렸다.

"접니다, 마네라요. 들것을 가지러 갔었는데 하나도 없었습니다. 어떠세요, 중위님?"

"고르디니와 가부치는 지금 어디 있나?"

"고르디니는 대기소에서 붕대를 감고 있습니다. 그리고 가부치는 지금 중위님 다리를 들고 있고요. 제 목에 매달리십쇼, 중위님. 부상이 심합니까?"

"다리를 다쳤어. 고르디니는 어때?"

"괜찮습니다. 굉장히 큰 박격포탄이었어요."

"파시니는 죽었다."

"네, 죽었습니다."

포탄이 바로 옆에 떨어졌다. 둘 다 땅바닥에 엎드리는 바람에 나를 떨어뜨리고 말았다. "죄송합니다, 중위님." 마네라가 어쩔 줄 몰라 했다. "제 목에 꼭 매달리십쇼."

"또 떨어뜨리기만 해봐라."

"죄송합니다. 깜짝 놀라는 바람에 그랬어요."

"너희들은 다치지 않았나?"

"저희는 둘 다 경상입니다."

"고르디니는 운전할 수 있을까?"

"아니요, 못할 겁니다."

대기소에 도착하기 전에 그들은 나를 한 번 더 떨어뜨렸다.

"개자식들!"

"죄송합니다, 중위님." 마네라가 어쩔 줄 몰라 했다. "이젠 절대로 안 떨어뜨리겠습니다."

대기소 앞에는 꽤 많은 병사들이 어둠 속에 누워 있었다. 위생병들이 부상병들을 날라들이고 날라내오고 야단들이었다. 커튼을 열고 부상병들을 운반할 때마다 구호소로부터 불빛이 새어 나오는 것이 보였다. 시체는 한쪽으로 치워 놓았다. 군의관들은 어깨까지 소매를 걷어 올리고 일하고 있는데 온몸이 피에 물들었다. 들것이 모자랐다. 부상병 중에는 큰 소리로 떠드는 자도 있었지만 대부분 조용했다. 바람이 구호소 입구를 덮고 있는 나뭇잎을 바스락바스락 흔들었고, 밤이 깊어짐에 따라 날씨는 점점 추워졌다. 쉴 새 없이 위생병이 들것을 들고 들어와서 부상병을 내려놓고 갔다. 내가 구호소에 도착하자 마네라가 위생 중사를 데리고 나왔다. 위생 중사는 내 두 다리에 붕대를 감아 주었다. 그는 폭풍으로 상처에 먼지가 잔뜩 끼어서 다행히 출혈이 적다고 말했다. 될 수 있는 대로 빨리 치료해 주겠노라는 한마디를 남기고는 안으로 들어가 버렸다. 마네라의 말로는 고르디니는 운전을 할 수 없는 모양이다. 어깨가 부서지고 머리도 다쳤다는 것이다. 본인은 대수롭지 않게 생각하는 듯한데, 벌써 어깨가 뻣뻣해졌다고 했다. 그는 벽돌담 한쪽에 앉아 있었다. 마네라와 가부치는 각각 부상병을 싣고 떠났다. 그들은 여전히 운전을 할 수 있었다. 영국군이 구급차를 3대 몰고 왔다. 1대에 운전병이 2명씩 타고 있었다. 그중 하나를 고르디니가 내 옆으로 데리고 왔다. 고르디니의 얼굴은 핏기 하나 없고 기분이 나빠 보였다. 그 영국군이 허리를 구부리며 내게 물었다.

"많이 다치셨습니까?" 그는 키가 큰 사나이로, 철테 안경을 쓰고 있었다.

"다리를 다쳤어."

"그다지 심하진 않으신가 본데요. 담배를 태우시겠습니까?"

"고맙네."

"운전병을 두 명 잃으셨다죠?"

"응. 하나는 죽고 또 하나는 자네를 데리고 온 그 병사야."

"운이 나빴군요. 운전은 저희가 맡을까요?"

"그러잖아도 부탁할 참이었는데 잘됐군."

"차는 주의해서 다루겠습니다. 나중에 숙소로 돌려보내 드리죠. 206호였던가요?"

"응, 그렇다네."

"참 좋은 곳이더군요. 거기서 장교님을 뵌 적이 있습니다. 미국분이시라죠?"

"그래."

"전 영국인입니다."

"정말인가?"

"네, 영국인입니다. 이탈리아인인 줄 아셨습니까? 저희 부대에는 이탈리아인이 몇 명 있습니다만."

"자네들이 차를 몰아 주면 고맙겠네."

"조심해서 몰겠습니다." 그는 몸을 일으켰다. "이 사람이 장교님을 꼭 만나 달라고 어찌나 부탁하던지." 그는 고르디니의 어깨를 툭 쳤다. 고르디니는 겸연쩍은 듯 씩 웃었다. 영국군은 유창하고도 정확한 이탈리아 말로 말했다. "자, 이걸로 다 잘됐네. 자네 중위님도 만나 뵈었으니. 차 두 대는 우리들이 몰기로 하지. 이젠 걱정할 거 없네." 그는 잠시 말을 끊었다가 다시 이었다. "어떻게 여기서 나가시도록 해드려야겠군. 위생병들을 좀 만나 봐야겠는데. 후송은 저희들이 해드리겠습니다."

그는 부상병들 사이를 조심조심 걸어서 구호소로 갔다. 커튼으로 친 담요를 걷자 불빛이 새어 나왔고, 그는 안으로 들어갔다.

"저 친구가 중위님을 보살펴 드릴 겁니다." 고르디니가 말했다.

"프랑코, 자넨 좀 어떤가?"

"전 괜찮습니다." 그는 내 옆에 앉았다. 곧 구호소 입구에 친 담요가 열리더니, 두 위생병이 나타났다. 뒤따라 키가 큰 그 영국군도 나타났다. 그는 그들을 내가 있는 데로 데리고 왔다.

"이분이 미국 중위님이야." 그는 이탈리아 말로 말했다.

"아냐, 난 기다리기로 하지. 나보다도 심한 중상자가 있으니까. 난 괜찮아."

"어서 타세요, 쓸데없는 영웅심은 버리시고." 영국군이 이탈리아 말로 말했다. "다리를 조심해서 들라고, 다리를. 다리가 몹시 아프시니까. 이분은 윌슨 대통령의 맏아드님이시라네." 그들은 나를 짊어지고 구호실로 들어갔다. 방 안에는 빈 수술대라곤 하나도 없었다. 몸집이 작은 소령이 난처한 얼굴로 우리를 쳐다보았다. 그는 나를 알아보고는 핀셋을 흔들어 보였다.

"괜찮은가?"

"괜찮습니다."

"제가 모시고 왔습니다." 키 큰 영국군은 이탈리아 말로 말했다. "미국 대사의 외아들이십니다. 준비가 되면 수술을 받도록 해주십시오. 끝나는 대로 맨 먼저 후송하겠습니다." 그는 내게 허리를 굽혔다. "부관님을 찾아 중위님의 서류를 만들어 오겠습니다. 그래야 모든 일이 훨씬 빨리 끝날 테니까요." 그는 허리를 숙이고 문밖으로 나갔다. 소령은 핀셋을 하나하나 고리에서 끌러 대야 속에 떨어뜨렸다. 나는 눈으로 그의 손을 좇았다. 그런 다음 그는 붕대를 감기 시작했다. 그리고 나서 위생병들이 환자를 수술대에서 내려놓았다.

"미국인 중위는 내가 맡지." 대위 한 사람이 말했다. 그들은 나를 수술대 위에 올려놓았다. 수술대는 딱딱하고 미끄러웠다. 약 냄새, 퀴퀴한 피 냄새

등 여러 가지 독한 냄새가 코를 찔렀다. 그들은 내 바지를 벗겼다. 대위가 진찰을 하면서 위생병인 상사에게 부르는 것을 받아쓰게 했다.

"좌우 대퇴부, 좌우 무릎 관절 및 우족에 다수의 외상. 우측 무릎 관절 및 우족부에 심한 부상. 두피 파열상." 그는 상처에 탐침(探針)을 집어넣었다 —'아픈가?' '악! 아이고!' "두개골 골절 가능성. 전방 근무 중 부상. 이렇게 해두면 고의로 부상당했다고 군법회의에 회부될 염려는 없거든. 브랜디 한 잔 하겠나? 어쩌다 이 지경이 됐나? 무슨 짓을 하려고 그랬지? 자살이라도 하려고? 파상풍 예방을 해둬. 그리고 양쪽 다리에 십자표를 그려 넣고. 됐어. 여긴 좀 깨끗이 닦아 내고, 씻은 다음 붕대를 감아 줘야겠군. 자네 피는 깨끗이 응결됐는데."

위생병이 서류에서 얼굴을 들었다. "부상 원인은 뭐라고 할까요?"

군의관 대위 : "어떻게 다쳤지?"

나 : (눈을 감은 채) "박격포탄입니다."

대위 : (지독히 아프게 근육 조직을 자르면서) 확실한가?"

나 : (애써 조용히 누워 있으려고 하지만 근육이 잘릴 때는 배 속까지 떨리는 것을 느끼며) "그럴 겁니다."

군의관 대위 : (자기가 찾아낸 것에 흥미를 보이며) "적의 박격포탄 파편이군. 자네가 원한다면 이놈을 몇 개 더 찾아봐도 좋겠지만, 지금은 그럴 필요가 없겠지. 온통 약을 발라 놓지—어때, 쑤시나? 됐어, 이런 것쯤은 나중에 당할 고통에 비하면 아무것도 아니야. 고통은 이제부터야. 중위에게 브랜디를 한 잔 갖다 줘라. 아직 아픈 것도 모를 거야. 하지만 이런 건 괜찮아. 병독에 감염만 되지 않으면 걱정할 건 없어. 더구나 요샌 감염되는 일은 별로 없으니까. 머린 어때?"

"아파 죽겠습니다!"

"그러면 브랜디는 마시지 않는 게 좋지. 골절이라면 염증을 일으켜서는 안 되니까. 여긴 어때?"

온몸에 진땀이 흘렀다.

"아이고!"

"역시 골절이야. 붕대로 싸매 주지. 머리를 움직이면 안 돼." 그가 붕대로 감아 주었는데, 잠깐 동안에 붕대는 팽팽하게 꼭 매어졌다. "이젠 됐어, 행운을 비네, 프랑스 만세.”

“그는 미국인이야.” 다른 대위 하나가 말했다.

“자네가 프랑스인이라고 하지 않았나? 프랑스 말을 하기에.” 그 대위가 말했다. “전에 본 기억이 있어. 난 아직까지 프랑스인인 줄로만 알고 있었군 그래.” 그는 코냑을 반 잔이나 마셨다. “중상자부터 날라와. 파상풍 예방제도 좀더 가져오고.” 대위는 내게 손을 흔들었다. 위생병이 나를 쳐들었다. 나를 때 담요 커튼 자락이 내 얼굴을 간질였다. 밖으로 나오자 부관인 중사가 누워 있는 내 옆에 무릎을 꿇고 나직이 물었다. “이름은? 계급은? 출생지는? 병과는? 소속 부대의 이름은?” 등등. “머리에 부상을 입으셔서 안 됐습니다, 중위님. 쾌차하시길 빕니다. 이제 영국군 구급차로 후송해 드리겠습니다.”

“여러 모로 고맙네.” 나는 말했다. 아까 군의관이 말하던 통증이 이미 시작되고 있었다. 이제 앞으로 무슨 일이 일어나건 흥미도 없고 관심도 없었다. 얼마 지나지 않아 영국군 구급차가 와서 나를 들것에 옮겨 차 높이까지 쳐들어 차 안으로 밀어 넣었다. 옆에 또 다른 들것이 있었는데, 거기에도 한 사내가 누워 있었다. 붕대 사이로 코가 보였는데, 마치 양초처럼 핏기 하나 없었다. 몹시 고통스럽게 숨을 쉬고 있었다. 또 몇 개의 들것이 올려져서 위의 가죽띠에 걸렸다. 키 큰 영국군 운전병이 와서 안을 들여다보며 말했다. “아주 서서히 몰겠습니다. 마음 푹 놓으십시오.” 잠시 뒤 그가 운전석에 올라앉아 시동 거는 것을 알 수 있었다. 브레이크를 풀고 클러치를 밟고, 차는 출발했다. 나는 가만히 누운 채 온몸을 휩싸고 도는 고통을 참았다.

차가 언덕길에 이르자 속력은 부쩍 줄고, 가끔 서기도 하고 뒷걸음질치기도 했지만, 이내 빠른 속도로 올라갔다. 무언가 위에서 뚝뚝 떨어지는 것을 느꼈다. 처음에는 천천히 규칙적으로 떨어지더니, 나중에 죽 흘러내렸다. 나는 운전병에게 소리를 질렀다. 그는 차를 세우고 뒤창으로 들여다보았다.

“뭡니까?”

“내 위에 있는 사람이 피를 흘리고 있어.”

“꼭대기까지 얼마 안 남았습니다. 저 혼자서는 도저히 어떻게 할 수가 없습니다.”

그는 다시 차를 몰았다. 피는 계속 흘러내렸다. 캄캄해서 들것의 어느 부분에서 떨어지는지 잘 알 수가 없었다. 내게 떨어지지 않도록 옆으로 몸을 비키려고 했다. 피가 셔츠 아래로 흘러 들어와 뜨뜻하고 끈적끈적했다. 몸이 식고, 다리는 쑤시고, 그 때문에 자꾸만 기분이 나빠졌다. 머리 위 들것에서 떨어지는 흐름이 좀 줄고, 다시 한 방울씩 떨어지기 시작했다. 들것에 누워 있는 사내가 좀더 편안한 자세를 취하려는지, 들것의 천이 삐걱 움직이는 소리가 들렸다.

"어떻습니까, 그 사람?" 영국군이 이쪽으로 소리를 질렀다. "이럭저럭 꼭대기까지 왔습니다."

"어째 죽은 것 같은데."

핏방울이 떨어지는 것이 뜸해졌다. 해가 진 뒤에 고드름에서 떨어지는 물방울처럼 한참 만에 한 방울씩 떨어졌다. 도로를 올라감에 따라 차 안은 자꾸만 추워졌다. 꼭대기 대기소에서 그 들것을 내린 다음, 다른 들것을 싣고 차는 계속 달렸다.

10

야전 병원의 병실에서 나는 오후에 문병객이 있으리라는 말을 들었다. 더운 날씨 때문인지 파리가 무척 들끓었다. 내 간호병은 종이를 가늘게 잘라 막대기 끝에 묶어서 파리채로 사용했다. 나는 파리 떼가 천장에 앉는 것을 바라보고 있었다. 그가 파리채 흔드는 것을 그만두고 잠이 들자, 파리놈들은 또다시 내려왔다. 나는 놈들을 입으로 후후 불어서 쫓다가 나중엔 아예 두 손으로 얼굴을 가리고 자 버렸다. 지독히 더운 날씨였다. 잠이 깨자 다리가 근질근질했다. 간호병을 깨웠더니 붕대 위로 물을 부어 주었다. 그 덕에 침대가 젖어서 시원했다. 잠이 깬 부상병들은 병상 너머로 서로 이야기를 주고받았다. 오후는 조용히 쉬는 시간이었다. 아침에는 간호병 3명과 군의관 한 명이 회진하면서 환자를 침대에서 치료실로 옮겨갔다. 치료를 받는 동안에 침대를 다시 정돈한다는 것이었다. 치료실로 가는 것은 그다지 유쾌한 일은 아니었다. 환자를 그대로 뉘어 놓은 채로도 침대를 정돈할 수 있다는 것을 나는 나중에 가서야 겨우 알았다. 간호병이 물을 다 뿌리자 침대가 서늘해지며 기분이 상쾌해졌다. 간호병더러 긁어 달라면서 발바닥 가려운 데를 가르쳐 주고 있을 때 한 군의관이 리날디를 안내하고 들어왔다. 그는 재빨리 들어오더니 침대 위로 몸을 구부리고는 내게 키스를 했다. 나는 그가 장갑을 끼고 있는 것을 보았다.

"어때 우리 애기, 기분은? 이걸 가지고 왔지……." 코냑 병이었다. 간호병이 의자를 가져왔다. "그리고 희소식 하나. 자네 훈장을 타게 될 걸세. 모두들 은훈장을 받았으면 하는데, 동훈장으로 그칠지도 몰라."

"뭘 했길래?"

"중상을 입었으니까. 뭔가 영웅적 행위를 했다고 증명할 수만 있다면 은훈장을 탈 수 있다는 걸세. 그렇지 못하면 동훈장이고. 무슨 일이 있었어? 당시의 상황을 자세히 얘기해 보게. 어떤 영웅적인 행동을 했나?"

"천만에, 다들 치즈를 먹고 있다가 그만 날려져 버렸을 뿐이야."

"진지하게 생각해 봐. 부상당하기 전후에 뭔가 영웅적인 행위를 하지 않았나. 잘 생각해 봐."

"아니, 아무 일도 안 했어."

"누구를 업어다 주진 않았나? 고르디니 얘기로는 자네가 몇 명을 업어 날랐다는데. 제1구호소의 소령은 그건 불가능하다고 그런단 말이야. 전공(戰功) 신청서에는 그 소령의 서명이 필요하거든."

"나르긴 누굴 날라, 꼼짝도 못하고 있었는데."

"그런 건 아무래도 좋아."

리날디가 장갑을 벗었다.

"자네가 은훈장을 타도록 해줄 수 있을 것 같아. 자넨 다른 부상병들보다 먼저 치료받기를 거부했다지?"

"딱 부러지게 거부한 것도 아니야."

"그런 건 아무래도 괜찮아. 중상을 입은 것 자체가 중요해. 용감하게도 자네는 늘 전방에 나가고 싶어했잖아. 게다가 작전도 성공했겠다."

"그럼, 무사히 강을 건넜나?"

"대성공이야. 포로도 천 명에 가까워. 전황공고에 나와 있어, 못 봤나?"

"못 봤어."

"다음에 올 때 갖다 주겠네. 기습 작전으로는 대성공이었어."

"전황은 어떤가?"

"굉장해. 다 잘됐어. 모두 자네를 자랑스럽게 여기고 있어. 부상 때 얘길 그대로 해봐. 반드시 자네는 은훈장을 타게 될 거야. 자, 애기해 봐. 자세히 애기해 봐." 그는 말을 끊고 잠시 뭘 생각했다. "어쩌면 영국 훈장도 타게 될 거야. 거기 영국군도 한 명 있었으니까. 그 친구를 만나서 자넬 추천해 줄는지 어디 한번 물어봐야겠어. 그 친구도 뭔가 도움이 될 거야. 많이 아픈 가? 한잔하게. 간호병, 병따개 좀 가져와. 아 참, 내가 소장(小腸)을 3미터나 잘라낸 솜씨를 자네가 봤어야 하는데 말이야. 이젠 전보다도 훨씬 기술이 늘었다네. 이건 〈랜싯〉(영국의 주간 의학 잡지)에 딱 맞아. 자네가 내 리포트를 번역해 주게나. 그러면 〈랜싯〉에 기고할 생각이야. 나날이 내 기술은 늘어만 가네. 불쌍한 우리 애기, 기분은 어떤가? 그놈의 병따개는 가져오는 거야, 안 가져오는 거야? 자네가 너무도 꾹 참고 불평 한 마디 안 하니까 난 자네가 아프다는 걸 깜박 잊어버리고 있었군." 그는 장갑으로 침대 끝을 후려쳤다.

"병따개 여기 있습니다, 중위님." 간호병이 말했다.

"그럼 마개를 따고 유리잔을 가져와. 자, 우리 애기부터 한 잔. 자네 머리는 좀 어때? 자네 서류를 봤네. 골절은 전혀 없어. 그 괘씸한 제1구호소 소령 자식. 내가 자넬 맡았더라면 조금도 아프지 않게 했을 텐데. 누굴 치료해도 마찬가지야. 난 수술하는 요령을 터득했거든. 나날이 기술이 늘어가고 있어. 미안, 너무 혼자서만 지껄였군. 중상을 입은 자네를 보니 너무 흥분해서 그만. 자 마셔. 좋은 술이라고. 15리라나 준 거야. 맛이 좋을 수밖에, 오성표(五星標 : 3년 묵은 술의 상표)니까. 가는 길에 그 영국군을 만나 봐야지, 자네가 영국 훈장을 타도록 힘써 줄 거야."

"그렇게 간단히 훈장은 나오지 않을 걸세."

"왜 이리 겸손해? 연락 장교를 보내 봐야지. 그자들은 영국군 다루는 방법을 알고 있으니까."

"버클리 양은 만났나?"

"여기 데려다 줌세. 지금 가서 데려오지."

"그만두게. 그것보다 고리치아 애기나 해주게. 계집들은 어떤가?"

"쓸 만한 계집은 하나도 없어. 2주 동안이나 바뀌지 않았거든. 이제 갈 마음도 안 생겨. 체면 문제거든. 걔들은 계집이 아냐. 오래 사귄 전우지."

"전혀 안 가나?"

"새로운 얼굴이 있나 확인하러 갈 뿐이지. 잠깐 들를 뿐이야. 걔들이 모두

자네 얘기만 묻던데. 계집들을 한군데다 너무 오래 박아 둬서 모두 친구가
돼 버렸으니 창피한 노릇이지 뭔가."

"계집들도 더는 전방으로 오고 싶지 않은 모양이지."

"오고는 싫어하지. 군에 흔한 게 여잔데. 다만 운영 방법이 서툴 뿐이야.
후방의 참호 속에 틀어박힌 작자들의 위안거리로 붙잡아 두고 있다니까."

"리날디 신세도 가련하군. 혼자 쓸쓸히 전선에 나와 계시는데, 새 계집 하
나 오지 않는다니."

리날디는 혼자서 코냑을 따라 마셨다.

"별로 몸에 나쁘진 않을 거야. 한잔해 봐."

코냑을 마시니 속이 후끈거렸다. 리날디는 또 한 잔을 따라 주었다. 그도
어쩐지 말수가 없어진 것 같았다. 그는 잔을 높이 들었다. "자네의 용감한
부상을 위해, 자네 은훈장을 위해 건배! 어때, 이렇게 더운데 밤낮 누워만
있으면 답답하지 않은가?"

"때로는."

"나라면 죽어도 그 짓은 못할 것 같네. 미치고 말 거야."

"지금도 미친 거 같은데."

"자네가 어서 돌아왔으면 좋겠어. 밤중에 연애하다가 돌아오는 놈도 없
고, 놀려 줄 놈도 없다네. 돈을 꿔 주는 놈도 없고, 친형제 같은 룸메이트도
없어. 도대체 왜 부상은 당해 가지고 야단인가?"

"놀릴 상대라면 신부가 있지 않은가?"

"그 신부 말이야? 그를 놀리는 게 난가 뭐, 대위지. 난 그 신부를 좋아
해. 신부가 필요하다면 그 신부를 부르게. 이제 자넬 만나러 올 거야. 굉장
한 준비를 하고 있던데그래."

"나도 그가 좋아."

"그럴 거라 생각했어. 난 가끔 자네와 신부가 그거 아닐까 하는 생각이 든
단 말이야. 안 그런가?"

"별 이상한 생각을 다 하는군."

"아냐, 가끔 그렇게 생각할 때가 있어. 앙코나 여단의 제1연대 녀석들처
럼 다소 그런 데가 있어."

"뭐라고? 망할 놈."

그는 일어서서 장갑을 끼었다.

"난 자넬 놀려대는 게 너무 재미있어. 자네에겐 신부 선생도 있고, 저 영국 여자도 있지만 한 꺼풀 벗기면 자네는 나랑 같아."

"천만에."

"아냐, 우리는 같아. 자네는 정말은 이탈리아인인 거야. 겉으로는 불과 연기가 나오고 있지만 속은 텅 비었어. 자네는 미국인인 척하고 있을 뿐이야. 우리는 형제야. 서로 사랑하고 있는 거야."

"내가 없는 동안 잘 지내게."

"버클리 양을 보내 주겠네. 내가 없는 데서 실컷 그 여자와 함께 있는 게 좋겠지. 그편이 더 깨끗하고 달콤할 테지."

"망할 친구 같으니."

"그 여잘 보내 주지. 자네의 아름답고 싸늘한 여신을. 영국 여신을. 흥, 그런 여자라면 떠받들고 있을 수밖에 다른 도린 없을걸, 영국 여잔 그것밖에는 없거든."

"자네는 무식하고 입이 더러운 데이고(dago : 이탈리아인을 경멸하는 말)야."

"입이 더러운 뭐라고?"

"워프(wop : 데이고와 비슷한 말)란 말이야."

"내가 워프라면 자넨 냉혈 인간에…… 워프일세."

"자넨 무식하고, 바보야." 이 말이 그의 가슴을 꽉 찌른 것을 눈치채고서 나는 말을 이었다. "아는 것도 없고 서툴러. 경험도 부족하고, 바보야."

"그래? 그렇다면 나도 할 말이 있네. 자네의 그 선량하신 귀부인에 관해서 한마디. 자네의 그 여신인 아가씨, 행실이 바른 그 젊은 처녀를 상대하는 것과 거리의 여자를 주무르는 것과는 다른 점이 꼭 하나밖에 없지. 처녀와 잘 때는 고통이 따르지. 그뿐일세." 그는 장갑으로 침대를 탁탁 치며 말했다. "게다가 그 처녀가 정말 그걸 좋아하는지 어떤지, 이건 자네가 모르고 있거든."

"자네 화났나?"

"천만에, 화는 무슨. 다만 자네 생각을 해서 가르쳐 준 걸세. 자네 수고를 좀 덜어 줄 셈으로."

"그것뿐인가, 다른 점이라고 한 건?"

"그렇지. 하지만 몇백만이나 되는 바보들은 그걸 모르고 있거든."

"고맙습니다, 가르쳐 주셔서."

"싸움은 그만두게, 응, 도련님. 난 자넬 너무 사랑하고 있기 때문에 싸움은 싫어. 하지만 바보는 되지 말게, 제발."

"알았네. 나도 자네만 한 꾀보가 되려네."

"성내지 말아요, 도련님. 웃어 봐. 자 한 잔 마셔, 난 이젠 정말 가야겠네."

"자넨 좋은 친구야."

"이제 알았나? 하지만 한 꺼풀 벗기고 보면 나나 자네의 마음속은 다 같아. 전우이니까. 굿바이 키스를 해주게."

"이런 주책바가지."

"천만에. 나는 자네보다도 인정이 깊다뿐이지."

그의 숨결이 가까이 왔다. "굿바이. 곧 또 옴세." 그의 숨결이 멀어져 갔다. "자네가 싫다면, 키스는 그만두지. 자네의 영국 여자를 보내 줌세. 굿바이, 도련님. 코냑은 침대 밑에 있네. 어서 빨리 완쾌하게."

그는 나가 버렸다.

11

신부가 온 것은 어둑어둑한 석양녘이었다. 수프가 저녁 식사로 나왔고, 그 식기가 치워지자 나는 드러누운 채 죽 늘어선 침대를 바라보다가, 석양녘의 미풍에 가볍게 떨고 있는 창밖의 나뭇가지를 내다보고 있었다. 미풍이 창으로 불어 들어와서 저녁때는 한결 시원해졌다. 파리들은 이제 천장과 전선에 매달린 전구에 달라붙어 있었다. 전등은 밤에 누가 운반되어 들어오거나 무슨 일을 할 때 켰다. 석양이 지자 어둠이 깔렸고, 그 어둠 속에 가만히 누워 있으니 마치 아이가 된 듯했다. 저녁을 일찌감치 먹고 잠자리에 누운 듯한 느낌이 들었다. 그때 간호병이 침대 사이로 걸어와서 내 침대 옆에 섰다. 동행자가 있었다. 신부였다. 몸집이 작은 신부는 햇볕에 탄 얼굴로 쑥스러운 듯이 서 있었다.

"어떠십니까?" 신부가 물었다. 그는 보따리 몇 개를 침대 옆 마룻바닥에 내려놓았다.

"괜찮습니다. 신부님."

그는 아까 리날디가 앉았던 의자에 걸터앉아서 어쩔 줄 모르는 얼굴로 밖을 내다보았다. 그의 얼굴에 피곤한 기색이 역력했다.

"잠깐밖엔 못 있겠군요. 벌써 늦었으니까요."

"그렇게 늦지 않았는데요. 식당패들은 여전합니까?"

그는 미소를 지었다. "나는 아직도 큰 조롱거리지요." 그의 말소리까지도 피곤하게 들렸다. "신의 보살핌으로 모두들 잘 있답니다. 괜찮으시다니 다행입니다. 아프진 않나요?" 여간 피로해 보이지 않았다. 그가 이렇게 피곤해하는 것을 나는 여태껏 본 일이 없었다.

"이젠 괜찮습니다."

"식당에서 뵐 수 없어 섭섭합니다."

"나도 식당에 나가고 싶어요. 우리들 얘기는 언제나 재미있었지요."

"뭘 좀 가져왔습니다." 그는 보따리를 차례차례 집어 들었다. "이건 모기장이고, 이건 베르무트(원료인 포도주에 브랜디나 당분을 넣고, 향쑥·용담·키니네·창포뿌리 등의 향료나 약초를 넣어 향미를 낸 리큐어)고요, 이 베르무트 좋아하셨죠? 이건 영국 신문입니다."

"좀 풀어 주세요."

그는 기쁜 듯이 보따리를 끌렀다. 나는 모기장을 손에 집어 들었다. 그는 베르무트 병을 쳐들어 내게 보인 다음 침대 옆의 마루 위에 놓았다. 나는 영국 신문 뭉치를 하나 집어 들었다. 창에서 새어 들어오는 흐릿한 빛으로 이름을 읽을 수 있었다. 그것은 〈세계의 뉴스〉라는 신문이었다.

"다른 건 삽화가 든 겁니다."

"신문을 읽을 수 있다니 꿈만 같군요. 어디서 구하셨습니까?"

"메스트레로 주문했죠. 더 갖다 드리겠습니다."

"참 잘 와 주셨습니다, 신부님. 베르무트 한잔 하시지 않겠습니까?"

"고맙습니다만 놔두세요. 일부러 중위님을 위해서 가지고 온 건데."

"딱 한 잔만 드세요."

"그렇다면 한 잔만 하겠습니다. 다음에 또 갖고 오죠."

간호병이 유리잔을 가져오고, 병마개를 땄다. 그런데 코르크 마개를 부서뜨리고 말았으므로 그 끝을 병 속으로 밀어 넣지 않을 수 없었다. 신부는 퍽 실망한 듯했으나 이렇게 말했다. "괜찮습니다. 할 수 없죠."

"우선 신부님의 건강을 위해."

"중위님도 빨리 회복되길 바라며."

그는 다 마신 뒤에도 빈 잔을 그대로 손에 쥐고 있었다. 우리의 시선이 서로 마주쳤다. 우리는 이야기도 잘 하고 돈독한 사이였으나, 오늘 밤만큼은 그것이 어려웠다.

"웬일입니까, 신부님? 퍽 피곤하신 것 같으니."

"피곤하긴 하지만 환자분 앞에서 예의가 아니군요."

"더위를 먹었군요."

"아뇨, 아직 봄인데요 뭐, 어쩐지 기운이 없어요."

"전쟁 혐오증에 걸리셨군요."

"아니에요. 물론 전쟁은 싫어합니다만."

"나도 전쟁을 좋아하진 않습니다."

신부는 고개를 가로저으며 창 밖을 내다보았다.

"중위님은 전쟁에 관심이 없습니다. 전쟁을 모르고 있습니다. 용서하세요, 이런 말을 하다니. 부상당하신 걸 잘 알면서도."

"우연히 다쳤는데요 뭐."

"부상까지 당했지만 아직 중위님은 전쟁을 모릅니다. 정말입니다. 나 자신도 모르지만, 약간은 어렴풋이 느낄 수가 있습니다."

"내가 부상당했을 때도 모두 전쟁 얘길 하고 있었어요. 파시니가 말하고 있었죠."

신부는 유리잔을 내려놓았다. 그는 무언가 다른 생각을 하고 있었다.

"그들의 기분은 압니다. 나도 그들과 다르지 않으니까요."

"신부님은 달라요."

"사실 그들과 다를 게 없습니다."

"장교들이야말로 아무것도 모릅니다."

"아는 사람도 있어요. 개중에는 우리들보다도 훨씬 비참한 기분을 맛보고 있는 장교도 있습니다."

"대부분은 그렇지 않을 겁니다."

"교육과 돈 때문만이 아닙니다. 다른 무엇입니다. 반대로 교육과 돈이 있었다 해도 파시니 같은 사람은 장교가 되고 싶지 않았겠죠. 나도 장교는 되고 싶지 않습니다."

"신부님은 장교 대우 아닙니까? 나도 장교고요."

"그건 그렇지 않습니다. 당신도 이탈리아인이 아닌 외국인입니다. 그러나 당신은 병사보다는 장교 쪽에 가깝죠."

"도대체 뭐가 다릅니까?"

"간단하게 말할 수 없죠. 이 세상에는 전쟁을 일으키고 싶어하는 사람들이 있습니다. 이 나라에도 그런 사람들이 참 많습니다. 반대로 전쟁을 싫어하는 사람들도 있습니다."

"그런데 전자가 후자에게 전쟁을 시키고 있단 말이죠?"

"그렇습니다."

"그리고 난 그들을 돕고 있고."

"당신은 외국인입니다. 당신은 애국자입니다."

"그리고 전쟁을 싫어하는 사람들은요? 그들이 전쟁을 멈추게 할 수 있겠습니까?"

"모르죠."

그는 또다시 창밖을 내다보았다. 나는 그의 얼굴을 빤히 쳐다보았다.

"그들이 전쟁을 막은 적이 있습니까?"

"그들은 모든 일을 막을 수 있도록 조직되어 있지 않습니다. 만약 조직된다면 지도자들이 그들을 팔겠죠."

"그렇다면 결국은 절망적이군요."

"희망이 전혀 없는 것도 아니죠. 그러나 가끔은 나도 희망을 잃습니다. 늘 희망을 가지려고 노력하지만, 안 될 때가 있어요."

"어쨌든 전쟁은 끝나겠지요."

"그러길 바랍니다."

"그러면 신부님은 뭘 하실 겁니까?"

"가능하다면 아브르초로 돌아가고 싶어요."

그의 까맣게 탄 얼굴에 갑자기 활기가 돌았다.

"아브르초를 사랑하시는군요?"

"네, 무척 사랑합니다."

"그렇다면 그리로 꼭 가셔야겠군요."

"그렇게만 된다면 더할 나위 없이 행복할 것 같아요. 거기서 살며 하느님을 사랑하고, 하느님께 봉사할 수 있다면."

"그리고 존경도 받고요."

"그럼요. 존경도 받아야죠. 왜 안 됩니까?"

"아뇨. 그렇지 않아요. 신부님은 존경을 받아야 합니다."

"그건 아무래도 상관없습니다. 하지만 우리 고향에선 사람은 하느님을 사랑하게 된다고 알고 있습니다. 이건 하찮은 농담이 아닙니다."

"알겠습니다."

그는 나를 쳐다보며 빙긋 웃었다.

"당신은 알고 있기는 하지만 하느님을 사랑하지는 않는군요."

"그렇습니다."

"하느님을 전혀 사랑하지 않습니까?"

"난 가끔 한밤중에 하느님이 무서워지곤 합니다."

"하느님을 사랑해야만 합니다."

"나는 누군가를 사랑한 적이 없습니다."

"천만에요, 사랑해 보세요. 밤에 가끔 내게 얘기한 것, 그건 사랑이 아닙니다. 그건 단순한 열정이고 정욕에 지나지 않습니다. 사랑을 하면 그것을 위해 무엇을 하고 싶어집니다. 희생하고 싶어집니다. 봉사하고 싶어지는 겁니다."

"나는 누구를 사랑한다는 것은 생각해 보지 않았습니다."

"아니, 사랑하게 될 겁니다. 꼭 그렇게 될 겁니다. 그러면 중위님도 행복을 느끼게 될 겁니다."

"지금도 행복합니다. 늘 행복했었고요."

"그것과는 다릅니다. 정말 사랑을 해야 그 의미를 알 수 있습니다."

"그런가요. 그럼 그것을 알았을 때 신부님께 알려 드리기로 하죠."

"너무 오래 있으면서 너무 많이 지껄인 것 같습니다."

그는 정말로 그것이 마음에 걸렸던 모양이다.

"천만에요. 좀더 있다 가세요. 그렇다면 여자를 사랑하는 건 어떻습니까? 만일 내가 진심으로 어떤 여자를 사랑한다면 역시 똑같은 행복을 얻을 수 있을까요?"

"그건 모르겠습니다. 난 여자를 사랑해 본 적이 없으니까요."

"어머니는요?"

"그렇군요, 어머니는 진심으로 사랑했어요."

"신부님은 늘 하느님을 사랑하셨습니까?"

"네, 아주 어릴 때부터 쭉 그래 왔습니다."

"그렇군요." 나는 어떻게 말해야 할지 몰랐다. "당신은 아직도 훌륭한 소년입니다."

"내가 소년인데도 당신은 날 신부님이라고 부르는군요."

"그건 예의죠."

그는 미소를 지었다.

"이젠 정말 가야겠습니다. 무슨 부탁할 말씀 없습니까?" 기대에 찬 얼굴로 그가 물었다.

"아뇨, 이렇게 이야기하는 것만으로 충분해요."

"식당 친구들에게 안부 전해 드리지요."

"훌륭한 선물을 많이 갖다 주셔서 감사합니다."

"천만에요."

"또 와 주세요."

"오고말고요. 그러면 안녕히." 그는 내 손을 토닥거렸다.

"그럼 또." 나는 이탈리아어 사투리로 대꾸했다.

"그럼 또." 그도 내 말을 흉내 냈다.

병실 안은 완전히 컴컴해졌다. 침대 아래쪽에 앉아 있던 간호병이 일어서서 신부와 함께 나갔다. 나는 그에게 호감이 있었으므로 그가 언젠가는 아브르초로 돌아가기를 바랐다. 그는 식당에서 여전히 놀림거리가 되었지만 싫은 표정 한 번 짓지 않았다. 그러나 고향에 있다면 어떨까 하고 생각해 보았다. 그의 말에 의하면, 카프라코타에는 마을 아래로 흐르는 개울에 송어가 있다는 것이다. 그리고 밤중에 피리를 부는 것은 금지되어 있다고 했다. 젊은이가 세레나데를 부를 때도 피리만은 금물이라는 것이다. 왜냐고 물었더니, 처녀들이 밤에 피리 소리를 듣는 것은 좋지 못하기 때문이라고 했다. 농부들은 모두 '나리'라고 부르며, 길에서 만나면 모자를 벗는다. 그의 부친은 매일같이 사냥을 나가서 농가에 들러 식사를 한다. 그들은 그것을 영광으로 생각하고 있다. 외국인이 사냥을 하려면 죄를 범한 적이 전혀 없다는 증명서를 제출해야만 한다. 그란 사소 디탈리아 산맥에는 곰이 있지만, 거기까지는 꽤 멀다. 아퀼라는 아름다운 마을이다. 여름밤에도 시원하고 아브르초의 봄은 이탈리아에서도 가장 아름답다. 그러나 뭐니 뭐니 해도 가을에 밤나무숲으로 사냥을 나갈 때가 제일 즐겁다. 새들은 모두 포도를 따먹고 사는 탓에 모든 것이 별미다. 도시락 같은 건 전혀 가지고 갈 필요가 없다. 농부들은 자기네 집에서 같이 식사를 해주는 것을 언제나 영광스럽게 생각하기 때문이다. 그런 생각을 하는 사이에 나는 잠이 들어 버렸다.

12

병실은 기다랗고, 오른쪽에 창문이 달려 있었다. 그 맨 구석에는 치료실로 통하는 문이 있었다. 내가 누워 있는 쪽의 침대들은 창 쪽으로 향해 있었고, 다른 쪽 침대들은 창 밑에 놓여 벽 쪽으로 향해 있었다. 왼쪽으로 돌아누우면 그 치료실 문이 보였다. 구석에는 또 하나의 문이 있어 가끔 사람들이 그곳으로 들어왔다. 임종에 가까운 환자가 생기면 그 침대 주위에 칸막이를 세워 임종이 보이지 않도록 하는 까닭에 군의관과 간호병의 구두, 그리고 행전만이 칸막이 아래로 보일 뿐이다. 마지막 순간에 뭐라고 속삭이는 소리가 들릴 때도 있다. 그 다음에는 신부가 칸막이 뒤에서 나온다. 그와 교대로 간호병이 칸막이 뒤로 들어가서 시체에다 담요를 덮고 다시 나와 침대 사이의 통로로 시체를 날라 간다. 그런 다음, 누군가 칸막이도 가지고 간다.

그날 아침, 병동 주임인 소령이 나에게 내일 여행할 수 있겠냐고 물었다. 할 수 있다고 대답했다. 그랬더니 그는 그럼 내일 아침 일찍 나를 수송하도록 하겠다고 말했다. 너무 더워지기 전에 출발하는 것이 몸에 좋을 것이라는 것이다.

침대에서 업혀 치료실로 옮겨 가면서 나는 창밖을 내다볼 수 있었다. 마당에 방금 새로 생긴 무덤이 눈에 들어왔다. 군인 하나가 마당으로 통하는 문 밖에 앉아서 십자가를 만들어 거기다가 마당에 매장된 사람들의 성명, 계급, 소속 연대 따위를 페인트로 써넣고 있었다. 이 군인은 병동 내의 잔심부름도 하고 있었고, 한가할 때는 오스트리아군의 빈 소총 약포로 라이터를 만들어 나에게 준 적도 있었다. 군의관들은 모두가 친절한 사람들로 실력도 상당한 모양이었다. 그들은 나를 밀라노로 보내려고 했다. 그곳에는 좀 더 훌륭한 엑스레이 장비도 있고, 또 수술 뒤에는 기계 치료를 받을 수도 있다는 것이다. 나도 밀라노에 가고 싶었다. 병원에서는 우리들을 모두 될 수 있으면 후방으로 보내고 싶어했다. 공격이 시작되면 병실 침대가 전부 필요하기 때문이다.

야전 병원을 떠나기 전날 밤, 리날디가 우리들의 식당 친구인 소령과 함께 찾아왔다. 그들은 내가 밀라노에 신설된 미군 병원으로 수송될 것이라고 알려 주었다. 미군 의무대가 약간 파견될 예정으로, 이 병원은 그들 의무대원과 이탈리아에서 군무에 종사하는 그 밖의 미국인들을 위해서 사용될 것이라는 것이었다. 적십자에서 일하는 미국 사람들은 많았다. 미국은 이미 독일에 선전 포고했지만, 오스트리아에 대해서는 아직이었다.

이탈리아 사람들은 미국이 오스트리아에도 선전 포고를 할 것이라고 확신하고 있었다며, 미국 사람이 드디어 온다고 하면서 적십자 사람들까지 몹시 흥분하고 있었다. 윌슨 대통령이 오스트리아에도 선전 포고를 할 것으로 생각하느냐는 물음에, 그것은 이제 시간 문제라고 나는 대답했다. 우리들 미국 사람이 오스트리아에 대해서 무슨 원한이 있는지 나는 모르지만, 독일에 선전 포고를 한 이상은 오스트리아에도 그렇게 하는 것이 당연하지 않은가. 그렇다면 터키에도 선전 포고할 것이냐고 그들은 물었다. 그건 잘 모르겠다고 나는 대답했다. 그렇지만 터키(칠면조)는 미국의 국조(國鳥)이기 때문이라고 대답해 주었다. 하지만 이 농담의 번역이 퍽 서툴렀는지, 그들은 매우 어리둥절한 표정으로 알 수 없다는 얼굴을 하고 있었다. 그래서 어쩌면 미국은 터키에도 선전 포고할 것이라고 나는 말해 주었다. 그러면 불가리아에 대해서는 어떨까?

우리들은 벌써 브랜디를 대여섯 잔이나 마신 뒤라, 나는 단연코 말하지만 불가리아에도, 일본에도 선전 포고를 할 것이라고 대답했다. 그랬더니 그들은 일본은 영국의 동맹국인데 곤란하지 않겠냐고 걱정이다. 뭘, 영국놈은 믿을 수 있어? 일본은 하와이를 탐낸다고 나는 말했다. 하와이는 대관절 어디 있는 거야? 태평양에 있지. 일본은 왜 그것을 탐낸담? 일본은 정말로 그걸 탐내는 건 아냐, 단지 소문이지 하고 내가 말했다. 일본인은 춤과 약한 술을 좋아하고 몸집이 작고 프랑스 사람을 닮았지 하고 소령이 말했다.

우리들은 프랑스로부터 니스와 사부아를 빼앗는다. 코르시카와 아드리아 해(海)의 모든 연안을 점령한다고 리날디가 기염을 토했다. 이탈리아는 이제 곧 로마 시대의 영화로 돌아간다고 소령이 한술 더 떴다. 나는 로마는 딱 질색이야 하고 반기를 들었다. 더운 데다 온통 벼룩투성이야. 뭐라고, 로마가 싫다고 자넨? 천만에, 난 로마가 제일 좋아. 로마는 모든 국민의 어머니야. 난 티베르 강을 길러낸 로물루스(어렸을 때 쌍둥이 동생과 티베르 강에 버려졌는데 이리 의 양육을 받고 커서 로마를 건설했다는 전설의 인물)를 잊어버릴 수가 없어. 뭐라고? 아냐, 아무것도 아니야. 모두들 로마로 가지 않겠나, 오늘밤 당장 로마로 가서 두 번 다시 돌아오지 말자고. 로마는 아름다운 도시야 하고 소령이 말했다. 여러 나라의 어머니이자 아버지지 하고 이번엔 내가 한마디 해주었다. 로마는 여성일세 하고 리날디가 항의한다. 그러니까 아버지는 될 수 없지. 그러면 아버지는 누구냐? 성령(聖靈)인가? 큰일 날 소리 말게. 나는 신을 모독할 마음은 없네. 다만 사실을 알려고 했을 뿐이야. 자네 취했네그려, 도련님. 취하게 한 장본인은 누구야? 내가 취하게 했지 하고 소령이 나선다. 내가 취하게 했지. 왜냐하면 널 좋아하고, 게다가 미국이 참전해 주었으니까 말일세. 실컷 마셔 취해 볼 테야 하고 내가 큰소리를 쳐 보았다. 자네는 내일 아침 떠나는 걸세, 도련님 하고 리날디가 말했다. 응, 로마로 하고 내가 대꾸했다. 아냐, 밀라노야. 밀라노라고? 소령이 말했다. 크리스털 팰리스로, 코바로, 캄파리로, 비피로, 갤러리아로, 운이 좋은 친구야. 그란 디탈리아 산맥에도 갈 거야, 거기서 조지로부터 돈을 꾸기로 하지 하고 내가 말했다. 스칼라 극장에도 가 보게 하고 리날디가 한 마디. 자네 거기 안 가면 안 되네. 매일 밤마다. 무슨 돈으로 매일 밤 가겠나 하고 소령이 걱정을 한다.

　입장권이 얼마나 비싸다고. 뭘, 난 조부 명의로 일람불 수표를 뗄 텐데 뭐 하고 내가 큰 소리로 말했다. 뭐라고? 일람불 수표 말이야. 만약 조부가 갚아주지 않으면 나는 감옥행이고, 은행의 커닝엄 씨가 처리해주겠지. 나는 일람불 수표로 먹고사는 신세니까. 이탈리아를 구하려다가 죽음을 눈앞에 둔 애국자 손자를 조부라는 작자가 눈뜨고 교도소에 처넣지는 않겠지 설마. 미국 가리발디 만세! 하고 리날디가 외쳤다. 일람불 수표 만세! 내가 대꾸했다. 목소리가 너무 커 하고 소령이 주의를 주었다. 조용히 해달라고 몇 번이나 주의를 받고 있으니까. 정말 내일 떠날 작정인가 페데리코? 이 친구는 미군 병원으로 간다고 그랬습니다 하고 리날디가 말했다. 예쁜 간호사들이 있는 곳으로. 야전 병원의, 수염 기른 간호병이 아닙니다. 그래, 미군 병원으로 간댔지. 이제는 소령도 납득이 간 모양이다. 수염 같은 건 상관없습니다 하고 나도 지질 않았다. 누구든지 수염을 기르고 싶은 녀석은 마음대로 기르라지. 소령님은 왜 수염을 기르지 않습니까? 방독면 속에 들어가지 않기 때문이야. 아뇨, 들어갑니다. 방독면 속엔 아무거나 다 들어갑니다. 난 방독면 속에서 토한 적도 있는 걸요. 그렇게 큰 소리 내지 말라고 리날디가 핀잔을 준다. 자네가 일선에 있었다는 건 우리들이 모두 알고 있으니까. 아아, 귀여운 도련님, 자네가 가 버리면 난 어떡하지? 이젠 가야겠네 하고 소령이 말했다. 여기 있으면 자꾸만 감상적이 되어서 안 되겠어. 어이, 들어봐, 자넬 깜짝 놀라게 할 것이 하나 있네. 그 영국 여자 말이야. 알지? 자네가 매일 밤 병원으로 만나러 가던 그 영국 여자 말이야. 그녀도 밀라노로 이동한대. 다른 간호사 한 명이랑 미국 적십자 병원으로 전근이라네. 밀라노에는 아직 미국인 간호사가 없다는 거야. 오늘 그녀들의 원장과 얘길 해서 알았지. 전선에는 여자가 너무도 많대나, 그래서 일부는 후송한대. 어때, 반갑지, 도련님? 그렇지 응? 자네는 이제부터 큰 도시에서 살고, 게다가 그 영국 여자는 자네를 껴안아 줄 테고. 나는 왜 부상을 안 당할까, 젠장, 그동안 부상당할 테니 걱정 말게 하고 내가 말했다. 자아, 이젠 가야겠네 하고 소령이 걱정했다. 술을 마시고, 떠들어대며 페데리코에게 너무 폐가 많았군. 천만에요, 가지 말아요. 안 돼 이젠 가야 해, 굿바이. 행운을 비네. 재미 많이 보길. 그럼 또, 빨리 돌아오게, 도련님. 리날디가 내게 키스를 했다. 자네, 리졸 냄새가 나는데 그래. 굿바이, 도련님. 굿바이. 재미 많이 보길. 소령이 내 어깨를 가볍게 두드렸다. 두 사람은 발끝으로 살금살금 걸어 나갔다. 나는 완전히 취해 그냥 그대로 잠들어 버렸다.

다음날 아침, 우리는 밀라노를 향해 떠나 48시간 만에 도착했다. 지독한 여행이었다. 우리는 메스트레에 미처 도착하기도 전에 그 전방 대피선에서 오랫동안 기다려야 했다. 아이들이 몰려와 차 안을 기웃거렸다. 나는 조그만 사내아이더러 코냑을 한 병 사오라고 시켰다. 한참 만에 온 아이는 그라파밖엔 없다고 했다. 그럼 그거라도 사오라고 말했다. 그라파를 사온 사내아이에게 거스름돈을 주었다. 나는 옆 사람과 함께 취하도록 마시고 잠이 들었다가 비첸차를 지날 때쯤 깼다. 속이 안 좋더니 마루 위에다 다 토했다. 그러나 대단치는 않았다. 옆 사람도 몇 번이나 마루 위에 토하고 있었기 때문이다. 그 뒤 어찌나 목이 타는지, 베로나 시외의 정거장에서 기차 옆을 왔다 갔다 하는 군인에게 물을 한 잔 가져다 달라고 부탁했다. 정신없이 취한 조르제티를 깨워 물을 마시겠냐고 물어보았다. 그는 어깨에 부어 달라고 한마디 하고는 또다시 잠들어 버렸다. 물을 떠다 준 그 군인은 내가 내민 잔돈을 막무가내로 받으려 하지 않으며, 둥글고 잘 익은 오렌지 하나를 가져다주었다. 나는 덥석 깨물어 물을 쭉쭉 빨아 마시고 찌꺼기는 뱉어 버렸다. 그러면서 건너편에 있는 화물차 옆을 왔다 갔다 하고 있는 그 군인을 바라보고 있었다. 잠시 뒤에 기차는 덜커덕 한 번 크게 움직이더니 떠나기 시작했다.

제2편

13

기차는 이른 아침에 밀라노에 도착했고, 우리들을 화물차 역에다 내려놓았다. 구급차로 미국 적십자 병원까지 갔다. 들것에 누운 채 구급차를 타고 있었으므로, 어느 거리를 달리고 있는지 알 수 없었다. 나중에 들것을 내릴 때 시장과 술집이 보였다. 술집은 이미 문을 열었고, 젊은 여자가 그 앞을 청소하고 있었다. 사람들이 거리에 물을 뿌리고 있어서 이른 아침의 냄새가 풍겼다. 그들은 들것을 내려놓고 안으로 들어갔다. 수위가 그들과 함께 나왔다. 그는 반백의 콧수염을 기르고, 규정 모자를 쓰고 있었는데 와이셔츠 차림이었다. 들것째로는 엘리베이터 속에 들어가지 않았다. 그들은 나를 들것에서 내려 엘리베이터로 올라갈 것인지, 들것에 태운 채 계단으로 올라갈 것인지를 의논했다. 그들이 의논하는 것을 듣고 있었는데, 결국 엘리베이터로 올라가기로 결정했다. 그들은 나를 들것에서 안아 일으켰다. "조심해." 내가 말했다. "살살 다루라고."

엘리베이터는 우리들만으로도 비좁아, 나는 다리가 구부러져 아파서 견딜 수가 없었다. "다리를 꼿꼿이 펴 주게."

"안 됩니다, 중위님. 여유가 없습니다." 이렇게 말한 사나이는 팔을 돌려 내 등을 떠받쳤고, 나는 두 팔로 그의 목에 매달려 있었다. 얼굴에 그의 입김이 끼쳐 와 마늘과 붉은 포도주가 뒤섞인 금속성 냄새가 났다.

"가만히 계세요." 다른 사나이가 말했다.

"뭐라고, 가만히 있지 않고 누가 지랄을 하나!"

"가만히 계시란 말입니다." 다리를 붙잡고 있는 사나이가 되풀이해서 말했다.

엘리베이터 문이 닫히고 수위가 4층 단추를 눌렀다. 수위는 걱정스러운 얼굴이었다. 엘리베이터는 느릿느릿 올라갔다.

"무거운가?" 나는 마늘 냄새를 풍기는 사나이에게 물었다.

"괜찮습니다." 그러나 그의 얼굴은 땀 범벅으로 쩔쩔매고 있었다. 엘리베이터는 똑같은 속력으로 올라가다가 멈추었다. 다리를 붙잡고 있는 사나이가 문을 열고 밖으로 나갔다. 발코니였다. 놋쇠 손잡이가 달린 문이 몇 개가 나란히 있었다. 다리를 붙잡고 있는 사나이가 초인종을 눌렀다. 안에서 벨이 울렸지만, 아무도 나오지 않았다. 수위가 계단을 올라왔다.

"모두 어디 있는 거요?" 위생병이 물었다.

"모르지. 아래층에서 모두 자고 있으니까."

"누굴 좀 불러 줘요."

수위가 초인종을 누르고 노크를 했다. 그리고 문을 열고 안으로 들어갔다. 돌아올 때는 안경을 쓴 중년 부인을 데리고 왔다. 머리칼이 풀어져서 절반쯤 흘러내렸고 간호사 옷을 입고 있었다.

"난 모릅니다." 그녀가 말했다. "난 이탈리아 말을 모릅니다."

"난 영어를 할 줄 압니다." 내가 말했다. "이 사람들은 날 어느 병실에든 넣어 달라는 겁니다."

"아직 준비된 병실이 없어요. 환자가 올 줄은 몰랐어요." 그녀는 머리칼을 쓸어 올리며, 근시인 듯한 눈으로 나를 쳐다보았다.

"아무 데라도 좋으니 날 수용할 만한 병실을 이 사람들에게 가르쳐 주시오."

"모르겠어요. 정말 환자가 올 줄은 몰랐어요. 아무 병실에나 무턱대고 넣을 순 없어요."

"아무 방이라도 괜찮습니다." 그러고는 수위에게 이탈리아 말로 말했다. "빈 방을 찾아봐요."

"방은 전부 비어 있습니다." 수위가 대답했다. "중위님이 첫 환자입니다." 그는 모자를 손에 쥔 채 중년 간호사의 눈치를 살폈다.

"제발 부탁이오. 어서 날 아무 데라도 넣어 주시오." 구부리고 있는 다리의 통증이 점점 심해져서 뼛속까지 스며드는 것 같았다. 수위가 반백의 간호사를 따라 들어갔다가 급히 돌아와 말했다. "날 따라오십시오." 그들은 나를 짊어지고 긴 복도를 지나 블라인드가 쳐진 어느 방으로 들어갔다. 새 가구 냄새가 났다. 침대 하나와 거울이 달린 큰 옷걸이장이 하나 있었다. 그들은 침대 위에 나를 내려놓았다.

"시트는 펴 드릴 수 없어요." 간호사가 말했다. "전부 잠겨 있어서요."

나는 그녀에게는 아무 대꾸도 하지 않고 수위에게 말했다. "내 주머니에 돈이 있어, 단추가 채워진 주머니에."

포터가 돈을 꺼냈다. 두 위생병이 모자를 벗어 들고 침대 옆에 서 있었다.

"이 두 사람에게 5리라씩 나눠 주고 자네도 5리라 갖게. 다른 주머니에 내 서류가 있어. 그건 간호사에게 주고."

"잘들 가게. 여러 모로 정말 고맙네." 위생병들은 다시 경례를 하고는 밖으로 나갔다. 나는 이번에는 간호사에게 말했다.

"그 서류에는, 내 증세와 지금까지 치료받은 경과가 기록되어 있습니다."

그녀는 서류를 들고 안경 너머로 들여다보았다. 서류는 모두 3통이었고 접혀 있었다. "어떻게 해야 좋을지 모르겠어요. 나는 이탈리아 말을 읽을 줄 몰라요. 의사 선생님 명령이 없으면 뭣 하나 할 수 없어요."

그녀는 울기 시작하더니 서류를 앞치마 주머니에 넣었다. "선생님은 미국 분이세요?" 그녀는 울먹이면서 물었다.

"그렇소. 침대 옆 탁자 위에다 그 서류를 놓고 가십시오."

병실은 어두컴컴하고 서늘했다. 침대에 누운 채 병실 반대편 벽에 걸린 큰 거울을 볼 수 있었는데, 무엇이 비치는지는 잘 보이지 않았다. 수위가 침대 옆에 서 있었다. 사람이 좋아 보이며, 여간 친절하지 않았다.

"가도 좋아요." 나는 그에게 말했다. "당신도 가도 좋습니다." 간호사에게도 말했다. "당신 이름은?"

"워커."

"가도 좋습니다, 워커 부인. 나는 한숨 자고 싶으니까."

나는 혼자가 되었다. 서늘한 것이 병원 특유의 냄새도 없었다. 침대 매트리스가 탄탄한 것이 기분 좋았다. 꼼짝도 않고 숨을 죽인 채 가만히 누워서 통증이 슬며시 사라져 가는 것을 느끼며 편안한 기분에 잠겼다. 잠시 뒤에 목이 말라, 침대 옆에 벨이 있는 것을 발견하고서 그것을 눌러 보았지만 아무도 오질 않았다. 나는 잠이 들어 버렸다.

눈을 뜨자 사방을 둘러보았다. 들창 사이로 햇빛이 새어 들어왔다. 큰 옷장과 맨 벽과, 의자 두 개가 보였다. 더러운 붕대를 감은 내 다리가 침대 밖으로 삐죽이 나와 있었다. 움직이지 않으려고 조심했다. 계속 목이 말라 손을 뻗쳐 다시 벨을 눌렀다. 문 열리는 소리가 나기에 보니 간호사였다. 젊고 귀여운 여자였다.

"안녕하십니까?" 내가 먼저 인사를 했다.

"안녕하세요?" 그녀는 인사를 받으며 침대 앞으로 다가왔다. "의사 선생님은 안 계시답니다. 선생님은 코모 호수(Como Lake : 이탈리아 북부에 있는 아름다운 호수)에 가셨거든요. 환자가 올 줄은 아무도 몰랐어요. 그런데 어디가 아프세요?"

"부상당했습니다. 다리와 발과 머리를 다쳤어요."

"이름은요?"

"헨리, 프레더릭 헨리."

"몸을 닦아 드리지요. 그러나 의사 선생님이 오실 때까지는 치료를 해드릴 수 없어요."

"혹시 버클리라는 여자가 여기 있습니까?"

"아뇨, 그런 사람은 없어요."

"내가 들어왔을 때 울던 여자분은 누굽니까?"

젊은 간호사는 생긋 웃었다. "워커 부인이에요. 어젯밤 당직인데 자 버렸어요. 아무도 안 올 줄 알고."

그녀는 이야기하면서 내 옷을 벗겼는데, 붕대만 남기고 알몸이 되자 어루만지듯 아주 부드럽게 닦아 주었다. 참으로 기분이 상쾌해졌다. 머리에는 붕대를 감고 있었는데, 그 주위도 깨끗이 닦아 주었다.

"어디서 다치셨어요?"

"플라바의 북쪽 이존초(isonzo) 강(유고슬라비아에서 흘러서 이탈리아 만으로 흘러간다)에서요."

"거기가 어디죠?"

"고리치아 북쪽이죠."

어떤 지명도 그녀에게는 아무런 의미가 없음을 알 수 있었다.

"많이 아프세요?"

"아뇨, 이젠 그렇게 아프진 않습니다."

그녀는 체온계를 내 입 속에 넣었다.

"이탈리아 사람은 체온계를 겨드랑이 밑에다 넣던데요."

"말씀하지 마세요."

그녀는 체온계를 꺼내 들여다본 다음에 흔들었다.

"몇 도입니까?"

"그런 건 모르시는 것이 좋아요."

"몇 도인지 가르쳐 주십시오."

"보통이에요."

"열이 난 적은 전혀 없습니다. 내 양쪽 다리는 낡은 쇠붙이로 가득하답니다."

"무슨 뜻이죠?"

"박격포탄 파편이니, 낡은 나사니, 침대 스프링이니 하는 것들이 들어 있다는 얘기입니다."

그녀는 머리를 저으며 생긋 웃었다.

"만일 다리에 이물질이 들어 있다면 염증을 일으켜서 열이 나요."

"그래요. 이제 어떻게 되는지 보죠."

그녀는 병실을 나가더니 아침에 만났던 그 중년 간호사와 함께 다시 들어왔다. 그들은 나를 그대로 침대에 눕힌 채 둘이서 침대를 정돈해 주었다. 이것은 나로선 처음 겪는 일로 참 맵시 있는 솜씨였다.

"여기 책임자는 누굽니까?"

"벤 캠펜이라는 여자죠."

"여기 간호사는 전부 몇 명이죠?"

"우리 둘뿐이에요."

"더 오지는 않나요?"

"몇 명 더 올 거예요."

"언제 오죠?"

"모르죠. 환자가 무슨 질문이 그렇게 많으세요?"

"난 환자가 아닙니다, 부상병이지."

그들은 완벽하게 침대를 정돈해 주었다. 나는 감촉이 좋은 깨끗한 시트를 아래에 깔고 또 한 장은 덮고 누웠다. 워커 부인이 나가더니 파자마를 가지고 왔다. 두 사람은 그것을 내게 입혀 주었다. 나는 아주 상쾌하고 차분한 기분이 들었다.

"당신들은 매우 친절하시군요." 내 말을 듣고 게이지라는 그 간호사는 소리 죽여 웃었다.

"물 한 컵 마실 수 있을까요?"

"그럼요, 아침도 갖다 드리지요."

"아침은 아직 생각이 없는데요. 덧문 좀 열어 주실래요?"

덧문이 열리자 어두컴컴했던 방 안으로 밝은 햇빛이 들어왔다. 나는 발코니를 내다보았다. 기와 지붕 너머로 흰 구름과 새파란 하늘이 보였다.

"다른 간호사들은 언제 오는지 혹시 모르십니까?"

"왜요? 우리가 그렇게 형편없나요?"

"아녜요, 당신들은 친절해요."

"변기를 쓰시겠어요?"

"그럴까요?"

그들은 나를 도와 안아 일으켜 주었지만 소변이 나오지 않았다. 또다시 누운 채 열린 문 사이로 발코니 쪽을 내다보았다.

"의사는 언제 옵니까?"

"오실 때가 되면……. 코모 호에 전화를 해서 연락은 해 놨어요."

"다른 의사는 없습니까?"

"그분이 이 병원의 담당 의사예요."

게이지 양이 물주전자와 컵을 가지고 왔다. 나는 연달아 세 잔이나 마셨다. 그들이 나간 뒤에 나는 잠깐 동안 창밖을 내다보다가 다시 잠이 들었다. 점심은 조금 먹었다. 오후가 되니 이 병동 감독 책임자인 벤 캠펜 양이 나를 만나러 왔다. 그녀는 나를 좋아하지 않았고 나도 그녀가 싫었다. 키가 작고 퍽 의심이 많았는데, 지위에 걸맞지 않을 정도로 고상한 체했다. 쓸데없이 이것저것 질문을 하는 것이 어쩐지 내가 이탈리아군에 있는 것을 불명예스럽게 여기는 듯했다.

"식사 때 포도주를 마실 수 있을까요?" 내가 물었다.

"선생님이 괜찮다고 하시면요."

"그럼 의사가 올 때까진 못 마십니까?"

"절대로 안 됩니다."

"의사가 오도록 노력은 하고 있습니까?"

"코모 호로 연락해 놓았습니다."

그녀가 나가자 게이지 양이 다시 들어왔다.

"왜 벤 캠펜 양에게 실례되는 말씀을 하셨어요?" 그녀는 나를 위해 몇 가지 일을 능숙하게 해준 다음에 이렇게 물었다.

"그럴 생각은 없었는데. 하지만 그 여자가 나를 깔보는 듯해서."

"벤 캠펜 양은 중위님이 아주 건방지고 무례한 사람이라고 그러던데요."

"그럴 리가 있나요. 하지만 의사 없는 병원이라니, 병원이라 할 수 있습니까?"

"곧 오신대도요. 빨리 돌아오시도록 코모 호에 연락해 놓았어요."

"거기서 뭘 하고 있나요, 수영이라도 하나요?"

"아녜요. 거기에도 진료소가 있어요."

"그럼, 의사를 한 명 더 두면 좋잖아요."

"쉬잇, 조용하세요. 얌전하게 계시면 이제 곧 오실 거예요."

나는 수위를 불러 친자노(이탈리아의 베르무트, 스
파클링 와인 등의 브랜드) 한 병과 키안티(독한
포도주) 한 병, 석간 신문을 사다 달라고 이탈리아 말로 부탁했다. 그는 바로 사다 주었다. 병은 신문지에 싸 가지고 돌아와서 풀었다. 나는 그에게 코르크 마개를 빼서, 포도주와 베르무트를 침대 밑에 놔 달라고 부탁했다. 나 혼자 남자 침대에 누워서 신문을 읽었다. 전방의 최근 소식과 훈장을 받은 전사한 장교들의 명단 등을 주욱 훑었다. 그 다음 친자노 병을 집어서 똑바로 배 위에 올려놓자 차디찬 유리의 감촉이 좋았다. 찔끔찔끔 마시면서도 병을 그대로 배 위에다 놓았으므로, 배 위에 몇 개씩이나 동그라미가 생겼다. 나는 바깥 거리의 지붕 위가 점점 어두워지는 것을 바라보았다. 제비가 몇 번이나 커다란 원을 그리면서 선회하고 있었다. 그 제비와 지붕 위를 나는 매를 바라보면서 친자노를 마셨다. 게이지 양이 계란술(유유·계란·육두구에 위스키 또는 브랜
디를 섞어서 만든 칵테일의 일종)을 가지고 들어왔다. 그녀가 들어올 때 나는 베르무트 병을 침대 반대편에 내려놓았다.

"벤 캠펜 양이 이 속에다 백포도주를 좀 타서 주셨어요. 그분에게 실례되는 말은 하지 마세요. 젊은 분도 아니고 이 병원에서는 중책을 맡고 있으니까요. 워커 부인은 나이가 너무 많아서 그분에게는 조금도 도움이 안 돼요."

"대단한 여자군요. 퍽 고마워하더라고 전해 주세요."

"곧 저녁 식사를 가지고 올게요."

"괜찮습니다. 배고프지 않은데요, 뭘."

그래도 그녀는 식사를 가지고 와서 침대 옆 탁자에 내려놓아 주었다. 나는 고맙다고 하며 몇 술 떴다. 밖이 어두워지자 서치라이트의 광선이 몇 줄기씩 공중으로 움직이는 것이 보였다. 잠시 그것을 보고 있다가 나는 깊은 잠에 빠졌다. 한 번 무엇에 놀라 식은땀을 흘리고 잠을 깼지만, 꿈을 꾸지 않으려고 애를 쓰면서 다시 잠이 들었다. 날이 새기 훨씬 전에 잠이 깨어 그대로 닭 우는 소리를 듣고, 훤히 먼동이 틀 때까지 한잠도 이루지 못했다. 피곤했기 때문에 날이 완전히 샜을 때 다시 잠이 들었다.

14

잠이 깼을 때, 병실 안은 눈이 부실 정도로 햇빛이 가득 차 있었다. 순간 전방으로 돌아온 듯한 느낌이 들어 침대 속에서 죽 기지개를 켰다. 다리가 뻐근해서 내려다보니 아직도 더러운 붕대가 그대로 감겨져 있었다. 비로소 내가 지금 어디 있는지를 알았다. 손을 뻗쳐 벨을 눌렀다. 복도에서 벨 소리가 나더니, 이내 누가 고무창 댄 신을 신고 복도를 걸어오는 소리가 들렸다. 게이지 양이었다. 그녀는 밝은 햇빛 속에서는 약간 늙어 보였고, 별로 예쁘지도 않았다.

"안녕히 주무셨어요?"

"네, 덕택에. 이발사를 좀 불러올 수 없을까요?"

"잘 주무시나 보러 왔더니, 이런 걸 끼고 주무시더군요."

그녀는 옷장 문을 열고 베르무트 병을 쳐들어 보였다. 거의 빈 병이었다. "침대 밑에 있던 다른 병도 옷장 속에 치웠어요. 왜 잔을 갖다 달라고 하지 않으셨어요?"

"술을 못 마시게 할 줄 알았죠."

"나도 같이 마실 수 있었는데."

"당신 멋있는 여자군요."

"혼자 마시는 건 좋지 않아요. 그러지 마세요."

"알겠습니다."

"중위님 친구라는 버클리 양이 왔어요."

"정말이요?"

"정말이에요. 난 그녀를 좋아하지 않아요."

"금방 좋아하게 될 겁니다. 멋진 여자니까요."

그녀는 고개를 가로저었다. "확실히 예쁘긴 해요. 이쪽으로 조금만 움직일 수 있으세요? 됐어요. 아침 식사 전에 씻어야죠." 그녀는 수건과 비누와 더운물로 내 몸을 닦아 주었다. "어깨를 들어 보세요. 됐어요."

"아침 식사 전에 이발사를 불러올 수 없을까요?"

"그럼, 수위를 시켜 불러오지요." 그녀는 나갔다가 금방 돌아왔다. "부르러 갔어요." 그녀는 들고 있던 수건을 세면기에 담갔다.

수위를 따라 이발사가 들어왔다. 50세쯤으로 빳빳이 흰 콧수염이 나 있었다. 게이지 양이 내 일을 끝마치고 나가자, 이발사는 내 얼굴에다 온통 비누칠을 해대고는 면도를 시작했다. 그는 딱딱한 표정으로 아무 말도 하지 않았다.

"무슨 일 없소? 무슨 재미있는 소식이라도?"

"무슨 소식요?"

"아무거나 좋아요. 뭔가 재미있는 소식이라도 있나요?"

"지금은 전시니까요." 딱 잡아뗀다. "적이 어디서든 귀를 기울이고 있을지도 모르니까요."

나는 그를 올려다보았다. "얼굴을 움직이지 마세요." 이발사는 이렇게 한마디 하고는 면도를 계속했다. "할 얘긴 아무것도 없수다."

"왜 그래요, 당신?"

"난 이탈리아인이오. 적과 내통하진 않겠소."

나는 무시했다. 만일 이 작자가 미친놈이라면 1초라도 빨리 면도칼 밑에서 빠져 나오는 것이 상책이다. 나는 다시 한 번 그의 얼굴을 잘 봐두려고 했다. "조심해요." 그가 말했다. "이 면도날 잘 듭니다."

면도가 끝나자 나는 이발료를 지불하고 팁으로 반 리라를 주었다. 그는 동전을 되돌려주었다.

"안 받겠소. 전방에 가 있진 않아도, 난 이탈리아인이오."

"당장 꺼져 버려."

"실례했습니다." 그는 신문지에 면도 도구를 쌌다. 그리고 동전 다섯 닢을 침대 옆 탁자 위에 그대로 놔둔 채 나가 버렸다. 나는 벨을 눌렀다. 게이지 양이 들어왔다.

"수위 좀 불러 주시겠어요?"

"알았어요."

수위가 들어왔다. 그는 웃음을 간신히 참고 있었다.

"그 이발사 미쳤소?"

"아닙니다, 중위님. 그 작자가 착각을 한 거예요. 제 말을 잘못 알아들은 모양이에요. 제가 중위님을 오스트리아 장교라고 소개한 것으로 착각하고 있었나 봐요."

"저런."

"하하하!" 수위가 웃었다. "재밌는 사람이에요. 중위님이 조금만 움직이면 이렇게 할 작정이었대요……." 그는 집게손가락으로 목 자르는 시늉을 했다.

"하하하!" 수위는 웃음을 참으려고 애썼다. "그래서 중위님은 오스트리아인 아니라고 했더니, 하하하!"

"하하하!" 나는 씁쓸히 말했다. "그가 내 목을 잘랐다면 재미날 뻔했군, 하하하!"

"천만에요, 중위님, 천만에요. 그자는 오스트리아인을 얼마나 무서워한다고요. 하하하."

"하하하! 이젠 그만 나가 봐요."

수위가 나간 뒤에도 복도에서 그의 웃음소리가 들려왔다. 그리고 누가 복도를 걸어오는 소리가 났다. 나는 문 쪽을 돌아보았다. 캐서린 버클리였다.

그녀는 병실로 들어오자 침대로 다가왔다.

"오랜만이에요." 그녀는 생기 발랄하고 너무나 아름다웠다. 이렇게 아름다운 여자는 본 적이 없었던 것 같다.

"야아." 나도 맞장구를 쳤다. 캐서린을 본 순간, 나는 사랑에 빠졌다. 가슴속에서 모든 것이 뒤집히는 것만 같았다. 그녀는 흘긋 문 쪽을 바라보고 아무도 없는 것을 확인하자, 침대 한쪽에 걸터앉더니 몸을 구부리며 내게 키스를 했다. 나는 그녀를 와락 끌어안으며 키스를 퍼부었다. 그녀의 가슴이 크게 고동치는 것을 알았다.

"보고 싶었소. 잘 왔소."

"오는 건 어렵지 않아요. 여기 있는 게 더 어려울 거예요."

"그래도 당신은 여기 있어. 아아, 어쩌면 이리도 아름다울까."

나는 그녀 때문에 정신이 없었다. 그녀가 여기 와 있다는 것이 아무리 생각해도 꿈만 같았다. 나는 그녀를 꼭 껴안았다.

"이러시면 안 돼요. 아직 몸이 회복되지도 않았는데."

"괜찮아. 자아, 이리 와요."

"안 돼요. 아직 기력도 없으실 텐데."

"충분해. 괜찮아. 자아, 얼른."

"날 정말 사랑하세요?"

"정말 사랑하오. 난 당신 때문에 미칠 것 같소. 자, 이리 와요, 제발."

"우리 가슴이 뛰는 거 느끼세요?"

"가슴 같은 건 상관없소. 난 당신을 원해. 당신 때문에 미쳐 버렸소."

"날 정말 사랑하세요?"

"왜 자꾸만 그런 소릴. 자, 이리 와요. 제발, 제발, 캐서린."

"좋아요, 그렇지만 잠깐 동안만이에요."

"그래, 문을 닫아 줘."

"당신 이러면 안 되는데……."

"자아 빨리, 얘긴 그만하고. 제발 이리 와."

 캐서린은 침대 옆 의자에 걸터앉았다. 문은 복도를 향해 열려 있었다. 격렬한 순간이 지나가고, 지금껏 느껴 보지 못했던 상쾌한 기분에 잠겼다.

 그녀가 물었다. "이젠 내가 당신을 사랑한다는 걸 믿으세요?"

"아아, 캐서린, 언제까지나 여기 있어야 해. 다른 데로 가면 안 돼. 난 당신을 미칠 듯이 사랑하고 있소."

"우리 무척 조심해야 돼요. 아까는 둘 다 미쳤던 거예요. 그래선 안 돼요."

"밤이라면 괜찮겠지."

"그래도 아주 조심해야 돼요. 당신도 다른 사람들 앞에선 조심해야 돼요."

"조심하지."

"그러셔야 해요. 당신은 사랑스런 분이에요. 정말 날 사랑하죠?"

"그런 소리 두 번 다시 하지 마. 그런 소릴 들으면 내 마음이 어떤지 당신은 모를 거요."

"미안해요. 조심할게요. 이 이상 당신을 괴롭힐 생각은 없어요. 이젠 정말 가야 해요."

"곧 돌아와."

"가능하면요."

"어서 갔다 와."

"갔다 올게요."

그녀는 나갔다. 내가 그토록 그녀와 사랑에 빠지리라고는 상상도 못했다. 어느 누구와도 사랑에 빠지고 싶지 않았는데. 그러나 나는 그만 사랑에 빠져버렸고 밀라노 병원의 병실 침대 위에 누워 있다. 온갖 상념이 머릿속을 주마등처럼 지나갔지만 기분은 좋았다. 드디어 게이지 양이 들어왔다.

"선생님이 오세요. 코모 호에서 전화가 왔어요."

"언제 도착하죠?"

"오늘 오후에는 도착하실 거예요."

15

오후까지 별다른 일은 없었다. 의사는 마르고 점잖고 몸집이 작은 사람으로, 전쟁을 퍽 증오하는 듯했다. 그는 섬세하고 세련된 표정으로 불쾌감을 감추면서 넓적다리에서 조그만 강철 파편을 여러 개 꺼냈다. 그는 '눈(snow)'인지 뭔지 하는 국부 마취제를 썼다. 그것은 근육 조직을 얼게 하여 탐침(探針)과 메스와 핀셋이 언 부분의 아래에 이를 때까지는 통증을 느끼지 못하게 했다. 마취된 국부는 환자인 나에게도 확실히 느껴졌다. 한참 뒤에 너무 신경을 써서 녹초가 된 의사는 엑스레이로 보는 게 좋을 거라고 말했다. 아무래도 탐침으로는 정확히 알 수 없다는 것이었다.

엑스레이는 큰 병원에서 찍었다. 담당 의사는 다혈질적이고 유능하고 쾌활한 사람이었다. 몸속에 들어가 있는 비교적 큰 이물질은 기계를 통해서 환자 자신에게도 보이도록 어깨를 일으켜 세우고 찍었다. 필름은 나중에 보내주겠다고 했다. 의사는 자기 수첩에 내 이름, 소속 연대, 감상 등을 써 달라고 했다. 그는 몸속에 남아 있는 이물질은 추악하고 끔찍하다고 단언했다. 오스트리아 놈들은 모두 개새끼들이라고 했다. 그는 물었다. 당신은 몇이나 죽였소? 나는 한 사람도 죽이지 않았지만, 의사를 즐겁게 해주려고 아주 많이 죽였다고 대답했다. 그곳에는 게이지 양도 따라와 주었는데, 의사는 그녀에게 팔을 감으며 클레오파트라보다 더 미인이라고 했다. 이 여자는 무슨 소리인지 알아들었을까? 옛날 이집트의 여왕 클레오파트라. 그래, 확실히 이 여자 미인이다. 우리는 구급차를 타고 작은 병원으로 돌아왔다. 나는 몇 번이나 업혀서 2층으로 올라온 다음 다시 침대에 누웠다. 엑스레이 필름은 그날 오후에 보내 왔다. 의사는 무슨 일이 있더라도 오후까지는 완성하겠다고 했는데, 약속대로 보내 준 것이다. 캐서린 버클리가 그것을 내게 보여 주었다. 필름은 빨간 봉투에 들어 있었고, 그녀는 그것을 봉투에서 꺼내 불빛에 비췄다. 우리는 함께 들여다보았다.

"이게 오른쪽 다리예요. 이게 왼쪽이고요." 그녀는 그 필름을 다시 봉투 속에 집어넣으면서 말했다.

"이런 거 다 집어치우고, 침대로 와."

"안 돼요, 이걸 보여드리려고 잠깐 들렀을 뿐이에요."

그녀는 나가 버렸고, 나는 침대 위에 혼자 남겨졌다. 무더운 오후에 침대에 누워 있는 게 지겨웠다. 수위에게 신문을 살 수 있는 데까지 전부 사 오라고 했다.

수위가 돌아오기 전에 의사 3명이 들어왔다. 실수를 범한 의사가 동료 의사와 같이 진찰하고 조언을 구하는 경향이 있다는 것은 이전부터 알고 있었다. 맹장을 제대로 자르지 못하는 의사는 환자의 편도선을 솜씨 있게 자를 수 없는 의사를 추천하는 법이다. 이 3명은 그런 부류의 의사들이었다.

"이 청년입니다." 곱고 가는 손을 지닌 이 병원 의사가 말했다.

"어떤가?" 턱수염을 기른 키가 크고 깡마른 의사가 물었다. 세 번째 의사는 엑스레이 필름이 든 빨간 봉투를 들고 있었는데 아무 말도 하지 않았다.

"붕대를 풀어 볼까?" 수염 기른 의사가 물었다.

"그러죠. 간호사, 붕대를 풀어 봐." 병원 의사가 게이지 양에게 지시했다. 게이지 양은 붕대를 풀었다. 나는 내 다리를 내려다보았다. 야전 병원에서 보았을 때는 오래된 햄버그스테이크 같았다. 이제 보니 부스럼 딱지가 앉고, 무릎은 부어서 색이 변했으며, 장딴지는 홀쭉하게 살이 빠져 있었다. 그러나 고름은 없었다.

"아주 깨끗한데." 병원 의사가 말했다. "아주 깨끗하고 곱군."

"음." 수염 난 의사가 고개를 끄덕였다. 세 번째 의사는 병원 의사의 어깨 너머로 들여다보고 있었다.

"무릎을 움직여 주게." 수염 난 의사가 말했다.

"무리입니다."

"관절을 볼까?" 수염 난 의사가 물었다. 그의 소매에 별 3개와 줄이 하나 붙어 있었다. 이것은 그가 선임 대위라는 뜻이다.

"그러죠." 병원 의사가 대답했다. 두 사람은 아주 조심스럽게 내 오른쪽 다리를 붙잡고 구부렸다.

"아야!"

"좋아, 좋아. 좀더 구부려 봅시다."

"그만둬요, 더는 안 구부려져요." 내가 말했다.

"부분적인 관절 결합이군." 선임 대위가 중얼거리면서 다리를 곧게 펴 주었다. "그 필름 다시 한 번 보여줘." 세 번째 의사가 필름을 한 장 그에게 주었다. "아니, 왼쪽 다리 말이야."

"그게 왼쪽 다립니다."

"그렇군. 내가 반대쪽에서 보고 있었군." 그는 필름을 돌렸다. 그리고 다른 필름을 한참 들여다보았다. "보이나?" 그는 불빛에 비춰 보며 둥글고도 똑똑히 보이는 이물질 하나를 가리켰다. 그들은 잠시 그 이물질을 들여다보았다.

"시간이 필요한 문제인 것만큼은 확실해. 3개월, 아니 어쩌면 6개월?" 수염 난 선임 대위가 말했다.

"관절액이 새로 생겨야만 하겠군요."

"물론이지. 요점은 시간 문제야. 솔직히 말해서 탄알이 포낭(包囊)을 형성할 때까지는 이런 무릎은 수술할 수가 없어."

"저도 동감입니다."

"뭐 때문에 6개월을 기다린단 말입니까?" 내가 물었다.

"무릎을 안전하게 수술할 수 있도록 탄알이 포낭을 형성할 때까지 6개월이 걸린다는 말입니다."

"설마."

"자넨 무릎을 잃고 싶진 않겠지?"

"아뇨."

"뭐라고?"

"잘라 버리고 싶습니다. 그러면 갈고리를 달 수 있으니까요."

"무슨 소리야? 갈고리라니?"

"이 사람 농담하는 겁니다." 병원 의사가 말했다. 그는 매우 부드럽게 내 어깨를 토닥거렸다. "무릎을 자르고 싶을 리가 있나요. 이 사람 아주 용감한 청년입니다. 은성 훈장을 받을 정도니까요."

"그래, 정말 축하하네." 선임 대위는 그러면서 악수를 청했다. "어쨌든 안전을 기대한다면, 적어도 6개월은 기다렸다가 무릎을 절개하는 게 좋다는 것이네. 물론 자네가 다른 의견을 들어도 상관없네."

"고맙습니다. 군의관님 의견을 따르겠습니다."

선임 대위는 시계를 보았다.

"우리는 이제 가야겠군. 그럼, 행운을 비네."

"행운을 빕니다. 여러 모로 고맙습니다." 나는 세 번째 의사와 악수를 했다. "이쪽은 카파타노 바리니, 이쪽은 테넨테 엔리."

세 사람은 모두 병실을 나갔다.

"게이지 양." 내가 불렀다. 그녀가 들어왔다. "의사 선생님더러 잠깐만 들러 달라고 전해 주세요."

의사는 모자를 든 채 들어와서 침대 옆에 섰다. "날 보자고 했소?"

"네, 수술까지 6개월이나 기다릴 수 없습니다. 농담이 아닙니다. 선생님은 6개월 동안 침대에 누워 계신 적이 있습니까?"

"항상 누워 있는 게 아닙니다. 처음에는 상처 난 곳에 햇볕을 쬐야 합니다. 그 뒤엔 목발을 사용해서 걸을 수도 있어요."

"6개월이 지나서야 수술을 받는다는 거죠?"

"그편이 안전합니다. 당신의 몸속에 있는 이물질이 포낭을 형성해야 합니다. 그래야 관절액이 재생되어서 안전하게 무릎을 절개할 수 있습니다."

"정말로 그렇게 오랫동안 기다려야만 한다고 생각하십니까?"

"그것이 안전한 방법이니까요."

"그 선임 대위는 어떤 사람입니까?"

"그 사람은 밀라노에서 매우 우수한 외과의랍니다."

"그 사람, 선임 대위였지요?"

"네, 그래도 우수한 외과의랍니다."

"나는 선임 대위 따위에게 내 다리를 이리저리 주물리기 싫습니다. 정말로 우수한 사람이라면 소령이 됐겠죠. 선임 대위는 어느 정도의 실력인지 난 다 알고 있어요."

"그는 우수한 외과의라니까요. 나는 내가 알고 있는 어떠한 외과의보다 그의 진단을 존중합니다."

"다른 외과의더러 봐 달라고 할 수 없을까요?"

"물론 되죠, 원한다면. 그러나 나 같으면 바렐라 박사의 의견에 따르고 싶습니다."

"다른 외과의의 진찰을 받고 싶어요."

"발렌티니더러 와 달라고 부탁해 보죠."

"어떤 사람이죠?"

"큰 병원의 외과의입니다."

"좋습니다. 대단히 감사합니다. 이해하시겠지만 난 6개월이나 누워 있을 순 없어요."

"누워 있는 게 아니라니까요. 우선 일광 치료부터 하고, 다음에 가벼운 운동도 할 수 있어요. 그리고 포낭이 형성되면 수술한다니까요."

"그래도 6개월이나 기다릴 순 없어요."

의사는 손에 쥐고 있던 모자 위로 가느다란 손가락을 내밀고는 빙그레 웃었다. "그렇게 서둘러서 전방에 돌아가고 싶나요?"

"안됩니까?"

"참 장하십니다. 당신은 정말 훌륭한 청년이오." 그는 허리를 구부려 내 이마에 가볍게 키스를 했다. "자, 그러면 발렌티니를 부르겠소. 걱정하지도 흥분하지도 말고 얌전하게 있어요."

"한잔하시겠습니까?" 내가 물었다.

"고맙지만 난 알코올은 전혀 입에도 못 댑니다."

"딱 한 잔만." 나는 수위에게 유리잔을 가져오게 하려고 벨을 눌렀다.

"아니, 정말 안 됩니다. 모두들 기다리고 있어요."

"그렇다면 안녕히 가십시오."

"네, 푹 쉬세요."

두 시간 뒤에 발렌티니 박사가 병실로 들어왔다. 몹시 서두르는 성격이며, 콧수염 끝이 빳빳이 뻗어 있었다. 계급이 소령인 그의 얼굴은 햇볕에 탔고 늘 싱글벙글하고 있었다.

　"어쩌다 이렇게 심하게 다쳤나?" 그가 물었다. "어디 필름 좀 봅시다. 과연, 그거야. 자넨 염소처럼 튼튼해 보이는군. 이 미인은 누구야? 자네 애인인가? 그럴 줄 알았지. 지독한 전쟁이었지? 어때, 이렇게 하면 아픈가? 자넨 참을성이 많은 젊은이로군. 다치기 전보다 더 건강하게 만들어 주지. 이거 어때? 아파? 물론 아파야지. 저 의사들 자꾸 아프게만 했군. 그게 그들의 재미거든. 여태까지 어떤 치료를 했지? 이 아가씨 이탈리아 말 아나? 그럼 무조건 배워야지. 참 예쁜 아가씬데. 내 가르쳐 줄 수 있지. 나도 환자가 되어 여기 들어올까. 아냐. 그러나 아이를 낳게 되면 전부 무료로 해주지. 이 아가씨, 이 얘기가 무슨 소린지 아나? 자네에게 귀여운 사내애를 만들어 줄 걸세. 자기를 닮은 귀여운 금발을 말이야. 좋아, 이만하면 됐어. 참 귀여운 아가씨군. 나와 함께 저녁을 할 수 있나 물어봐 주게. 아니, 자네에게서 이 아가씨를 빼앗을 생각은 없어. 고맙소. 정말 고마워, 아가씨. 자, 이제 끝났네. 이제 다 알아냈어." 그는 가볍게 내 어깨를 툭 쳤다. "붕대는 풀어 버려."

　"한잔하시겠습니까, 발렌티니 박사님?"

　"한잔? 물론이지. 열 잔이라도 들지. 술은 어딨어?"

　"옷장 속에 있습니다. 버클리 양이 꺼내 줄 겁니다."

　"자, 건배. 아가씨, 당신을 위해 건배. 정말 미인이야. 다음에 올 때 이것보다 훨씬 좋은 코냑을 가져다주지." 그는 콧수염을 쓱 훔쳤다.

　"수술은 언제쯤 할 수 있을까요?"

　"내일 아침. 그 전엔 안 돼. 위가 텅 비어야 하니까. 배 속을 깨끗이 청소해 두는 거야. 아래층 늙은 간호사를 만나서 얘기해 두지. 잘 있게. 내일 보세. 이것보다 좋은 코냑을 갖다 주지. 여기 있으면 자넨 마음이 편하겠는데. 잘 있게. 그럼 내일 또. 푹 자 두라고. 아침 일찍 올 테니까." 그는 문간에서 손을 흔들었다. 콧수염이 빳빳이 섰고, 햇볕에 탄 얼굴로 벙글벙글 웃고 있었다. 소령인지라 그의 소매 끝 네모꼴 안에는 별이 하나 들어 있었다.

16

그날 밤 박쥐 한 마리가 발코니로 통하는 문으로 병실에 날아 들어왔다. 우리는 그 문으로 거리의 지붕 위 밤하늘을 내다보고 있었다. 병실 안은 아주 컴컴했고, 다만 밤하늘만이 희미하게 빛났다. 박쥐는 아무 겁도 없이 마치 바깥에 있는 것처럼 방 안을 빙빙 날아다녔다. 우리는 침대에 누운 채 그것을 빤히 쳐다보고 있었다. 박쥐는 가만히 누워 있는 우리를 보지 못한 모양이었다. 박쥐가 밖으로 사라지자 이번에는 서치라이트 광선이 하늘을 가로질러 달리는 것이 보였다. 그러나 이내 꺼져 버렸고 다시 깜깜해졌다. 미풍은 밤기운과 만나 이웃집 지붕 위에서 고사포병이 지껄이는 소리를 싣고 왔다. 싸늘한 밤이어서 그들은 망토를 걸치고 있었다. 밤중에 누가 올라오지나 않을까 걱정했으나, 캐서린은 모두들 자고 있다고 말했다. 우리는 밤중에 한 번 잠이 들었는데, 눈을 떠 보니 그녀가 옆에 없었다. 그러나 복도를 걸어오는 발소리가 들리고 문이 열리고, 그녀가 침대로 돌아왔다. 그녀는 아래층에 내려가 보았지만 모두들 자고 있으니 걱정없다고 말했다. 밴 캠펜 양의 방 앞까지 가 보았지만 숨소리만 들리더라는 것이다. 우리는 그녀가 가지고 온 크래커를 먹으며 베르무트를 몇 잔 마셨다. 둘 다 배가 고팠다. 그러나 그녀는 아침이 되면 그것을 죄다 토해 버려야 할 거라고 말했다. 먼동이 훤히 틀 무렵에 나는 다시 잠이 들었고, 눈을 떴을 때 캐서린은 또 보이지 않았다. 그녀가 상쾌하고 귀여운 얼굴로 들어와서 침대에 걸터앉아 내 입에 체온계를 꽂아 주는 동안에 해가 떠올랐고, 지붕의 이슬 냄새와 이웃집 지붕 위의 고사포병들이 끓이는 커피 냄새가 풍겨 왔다.

"함께 산책하고 싶어요." 캐서린이 말했다. "휠체어가 있으면 밀어 드릴 텐데."

"휠체어에 어떻게 타고?"

"태워 드리죠."

"그러면 공원에 가서 아침을 먹을 수 있겠군." 나는 열린 문으로 밖을 내다보았다.

"그보다 우리가 먼저 해야 할 일은 당신 친구분인 발렌티니 박사님이 언제라도 수술을 할 수 있도록 준비를 해두는 거예요."

"대단한 사람이던데."

"난 당신만큼 그분이 좋은 줄은 모르겠어요. 하지만 퍽 좋은 분 같아요."

"침대로 올라와, 응 캐서린."

"안 돼요. 어젯밤에 즐거웠잖아요?"

"그런데 오늘 밤도 야근할 수 있소?"

"아마 되겠지요. 하지만 당신은 날 원하지 않을 텐데요."

"천만에, 그럴 리가 있나."

"아니에요. 당신은 수술을 받아 보지 않아서 그래요. 당신이 어떻게 변할지 모르는 거예요."

"다 잘될 거야. 걱정하지 마."

"통증이 심해지면 나 같은 건 안중에도 없을 거예요."

"그럼, 지금 이리 와."

"안 돼요. 체온표를 쓰고 당신 준비도 해야 돼요."

"당신은 진실로 날 사랑하는 게 아니군. 그렇지 않다면 한 번쯤은 와 줄 법도 한데."

"바보 같은 사람." 그녀는 내게 키스했다. "체온표는 이상 없어요. 당신 체온은 늘 정상이에요. 좋은 체온이에요."

"당신은 뭐든 좋군."

"어머나, 좋은 체온을 가졌다고 그런 것뿐이에요. 난 당신 체온이 퍽 자랑스러워요."

"분명 우리 애들 체온은 모두 좋겠군."

"우리 애들은 형편없는 체온일 거예요."

"그런데 발렌티니한테 수술받는 준비로 어떤 일을 한다는 거요?"

"대단치는 않아요. 하지만 아주 기분 나쁜 거예요."

"그런 거 당신에게 시키기 싫은데."

"내가 할 거예요. 난 누구든지 당신 몸에 손대는 건 싫어요. 바본가 봐요. 다른 사람이 당신을 만지면 화가 치밀어요."

"퍼거슨도?"

"특히 퍼거슨하고 게이지하고 또 한 사람, 이름이 뭐라고 그러죠?"

"워커 말이야?"

"맞아요. 이 병원엔 간호사가 너무 많아요. 앞으로 환자가 더 들어오지 않으면 다른 데로 쫓겨날 거예요. 지금 넷이나 돼요."

"이제 환자가 더 오겠지. 간호사도 그만큼 필요할 거고. 여긴 아주 큰 병원이니까."

"좀더 들어왔으면 좋겠어요. 쫓겨나면 난 어떡하죠? 환자가 더 늘지 않으면 분명히 쫓겨날 텐데요."

"나도 따라가겠어."

"바보 같은 소리 말아요, 움직이지도 못하면서. 하지만 어서 빨리 나을 궁리나 하세요. 그럼 우리 어디로든 갈 수 있잖아요."

"그 다음엔?"

"그러는 동안 전쟁도 끝나겠죠. 언제까지나 계속되진 않을 테니까요."

"이제 곧 나도 나을 거요. 발렌티니가 고쳐 줄 테지."

"그분, 수염값은 하겠지요. 그런데 당신, 마취에 들어갈 때는 뭔가 딴 생각을 하세요. 우리 생각 말고요. 마취를 하면 누구든지 비밀까지도 술술 털어놓게 되니까요."

"그럼 뭘 생각하면 좋을까?"

"아무거나요, 우리 생각만 아니면 뭐든지 상관없어요. 당신 가족들을 생각하세요. 아니면 다른 여자를 생각하시든지."

"싫소."

"그럼 기도하세요. 분명 굉장한 효과가 있을 거예요."

"아마 난 아무 말도 지껄이지 않을 거요."

"그건 그래요. 아무 말도 안 하는 사람도 많으니까요."

"난 안 지껄일 거야."

"당신, 장담하지 마세요. 제발 장담하지 마세요. 당신 같이 좋은 분이 함부로 장담하시면 되겠어요?"

"한 마디도 안 한다니까."

"저 봐, 또 장담하시네, 그럴 필요 없는데. 심호흡하라는 소리를 들으면 기도하든지 시를 외든지 하세요. 그래야 좋은 분이고 내가 당신을 퍽 자랑스럽게 생각하죠. 안 그래도 당신을 자랑스럽게 생각하고 있지만요. 체온은 말할 것도 없고, 어린애처럼 베개를 끌어안고서 그게 난 줄 알고 주무시니까요. 혹시 다른 여자로 알고 그러신 거 아녜요? 예쁜 이탈리아 아가씨?"

"내가 생각하는 건 당신뿐이야."

"물론 그럴 테죠. 아아, 정말 당신을 사랑해요. 발렌티니 박사님이 당신 다리를 훌륭히 고쳐 주실 거예요. 내가 그걸 보지 않아도 되는 게 다행이에요."

"그래도 오늘 밤 야근은 하겠지?"

"그럼요. 하지만 당신은 정신이 없을 거예요."

"두고 보라고."

"자, 이제 몸 안팎이 아주 깨끗해졌어요. 가르쳐 줘요. 이제까지 당신이 사랑했던 사람이 몇이나 있었어요?"

"한 사람도 없어."

"그럼, 나는?"

"아니, 당신뿐이야."

"정말 몇이나 있었어요?"

"한 명도 없어."

"그러니까—뭐라고 얘기하면 좋을까? —같이 잔 여자가 몇이나 있었어요?"

"한 명도 없다니까."

"거짓말."

"정말이야."

"좋아요. 계속 거짓말만 하세요. 나도 그편이 좋아요. 그 여자들 예뻤어요?"

"누구하고도 잔 적이 없다니까."

"괜찮아요. 그 여자들 아주 매력적이었나요?"

"그런 거 난 전혀 몰라."

"당신은 틀림없이 내 거예요. 정말이에요. 아직 한 번도 다른 여자 것이 돼 본 적이 없잖아요. 그런 여자가 있었다 해도 괜찮아요. 전혀 겁나지 않아요. 하지만 그 여자들 얘기만은 내게 하지 말아요. 남자가 여자하고 잘 때, 값이 얼마라고 하는 돈 얘긴 대체 언제 하는 거예요?"

"모른대도."

"물론 모르시겠죠. 여자가 사랑한다고 그러나요? 가르쳐 줘요. 알고 싶어요."

"남자가 바란다면 그러겠지."

"남자도 여잘 사랑한다고 그러나요? 제발 그걸 좀 말해 줘요. 중요한 거예요."

"그러고 싶으면 그러겠지."

"그렇지만 당신은 한 번도 그런 말 하지 않았죠. 정말?"

"그럼."

"거짓말, 솔직하게 얘기해 줘요."

"정말이라니까." 나는 거짓말을 했다.

"그래요, 당신은 안 하셨을 거예요. 난 당신이 안 하셨다는 걸 알아요. 아아, 당신을 사랑해요."

밖에는 해가 지붕 위로 떠올라 사원의 첨탑이 아침 햇살에 반짝이고 있었다. 나는 몸 안팎이 상쾌하고도 깨끗해져 의사가 오기를 기다리고 있었다.

"그리고 또, 여자는 남자가 원하는 말만 하나요?" 캐서린이 또 물었다.

"늘 그렇지만은 않지."

"그렇지만 나라면 그러겠어요. 당신이 원하는 말만 하고 당신이 원하는 대로 하겠어요. 그러면 다른 여잘 탐내지 않겠죠, 안 그래요?" 그녀는 자못 행복한 듯이 나를 빤히 쳐다보았다. "당신이 원하는 대로 하고 당신이 원하는 말만 하겠어요. 그러면 나 제법이겠죠, 네?"

"그럼."

"당신 준비도 이걸로 끝났고, 자 이젠 뭘 해드릴까요?"

"한 번만 더 침대로 와 줘."

"좋아요, 갈게요."

"아아, 내 사랑, 내 사랑, 내 사랑."

"보세요. 난 당신이 원하는 건 뭐든지 하잖아요."

"당신은 정말 사랑스러워."

"나 아직 잘 못해서 걱정돼요."

"아, 캐서린."

"당신이 원하는 거면 나도 원해요. 이제 나라는 건 없어요. 당신이 원하는 나뿐이에요."

"귀여운 당신."

"나도 꽤 괜찮죠, 안 그래요? 이제 다른 여잘 탐내진 않겠죠, 네?"

"물론이지."

"그렇죠? 나도 좋아요. 당신이 원하는 대로 해드리고 있잖아요."

17

수술이 끝나 눈을 떠 보니, 내가 저세상에 가 있지는 않았다. 저세상엔 그렇게 쉽게 가는 것이 아니다. 다만 숨이 막힐 뿐, 그건 죽음과는 다르다. 다만 약 때문에 숨이 막히는 것이라 아무것도 느끼지 못한다. 나중에는 취한 것처럼 토해도 멀건 물밖에 안 올라와서 뒤끝이 안 좋고 꺼림칙할 뿐이다. 눈에 들어온 것은 침대 끝에 놓인 모래 부대였다. 그것은 침대에서 나와 있는 파이프 위에 놓여 있었다. 얼마 지나지 않아 게이지 양이 나타나 물었다.

"지금 기분이 어떠세요?"

"아주 좋아요."

"당신의 무릎 수술, 의사 선생님은 정말 굉장한 무릎 수술을 하셨어요."

"시간이 얼마나 걸렸죠?"

"2시간 30분요."

"내가 무슨 쓸데없는 소릴 지껄였나요?"

"아뇨, 한 마디도. 얘기하면 안 돼요, 가만히 계세요."

나는 괴로웠다. 캐서린 말대로였다. 누가 야근을 하든 마찬가지였던 것이다.

이제는 이 병원에도 환자가 나 외에 세 사람이나 늘었다. 적십자에서 근무하고 조지아 주 출신으로 말라리아에 걸린 마른 청년, 뉴욕 출신으로 말라리아와 황달에 걸린 역시 마르고 착해 보이는 청년, 그리고 유산탄과 고성능 폭탄의 혼합탄으로부터 신관 뚜껑을 기념으로 뜯으려고 했었던 활기찬 청년, 이렇게 세 사람이었다. 이 유산탄은 오스트리아군이 산악 지대에서 사용하던 것으로, 그 신관 뚜껑은 폭발하면 날아가서 아무것에나 닿기만 하면 터져 버리는 것이었다.

캐서린 버클리는 언제나 야근을 도맡아 했으므로 다른 간호사들은 모두 그녀를 좋아했다. 말라리아 환자에게는 그다지 그녀의 손이 필요하지 않았고, 신관 뚜껑을 뜨려고 했던 청년은 우리 편이어서 밤에 특별한 일이 없는 한 결코 벨을 누르지 않았다. 우리는 근무 시간 사이사이에 늘 같이 있었다. 나는 그녀에게 완전히 빠져 있었고 그녀도 나를 사랑했다. 나는 낮에는 잠을 잤다. 잠을 자지 않을 때는 짧은 편지를 써서 퍼거슨을 통해 서로 주고받았다. 퍼거슨은 좋은 여자였다. 52사단과 메소포타미아에 오빠가 한 명씩 있다는 것 외에는 그녀에 대해서 아는 게 전혀 없었지만, 캐서린 버클리에게는 퍽 잘해 주었다.

"우리들 결혼식에 와 주겠소?" 한번은 그녀에게 이렇게 물어보았다.

"절대로 결혼 못할 거예요."

"우린 꼭 결혼할 거요."

"천만에, 못해요."

"왜요?"

"결혼 전에 싸우고 헤어질 테니까요."

"싸움 같은 건 안 해요."

"아직 두고 봐야죠."

"우린 절대로 안 싸워요."

"그럼 당신이 죽을 거예요. 싸우든지 죽든지. 다들 그렇게 되니까요. 누구든 결혼 같은 건 못해요."

나는 그녀의 손을 잡으려고 했다. "아니, 잡지 마세요. 나 울고 있지 않아요. 당신들은 잘될 거예요. 하지만 저 애가 임신하지 않도록 조심하세요. 그렇게 하기만 하면 내가 당신을 죽여 버릴 거예요."

"그녀를 곤란하게 만들지는 않을 겁니다."

"그러니까 조심하시라고요. 두 분이 잘되길 빌어요."

"그러잖아도 잘 지내요."

"그렇다면 싸우지 말고, 저 애를 곤란하게 하는 일은 하지 마세요."

"그런 짓은 안 해요."

"그러니까 조심하세요. 난 저 애가 요새 흔한 전쟁 고아를 갖는 건 보고 싶지 않아요."

"당신은 참 좋은 사람이군요."

"천만에요. 아첨하지 마세요. 그것보다 다리는 좀 어떠세요?"

"괜찮아요."

"머리는 어떠세요?" 그녀는 손가락 끝으로 내 머리꼭지를 만져 보았다. 마비된 발을 만지는 듯한 감각이었다.

"아무렇지도 않은데요."

"그런 충격을 받으면 미치는 수도 있어요. 정말 아무렇지도 않으세요?"

"그렇다니까요."

"운도 좋으셔. 편지 쓰셨어요? 나, 아래 내려가요."

"여기 있소."

"당분간 저 애에게 야근하지 말라고 말씀하셔야 돼요. 저 앤 무척 피곤한 것 같아요."

"알겠소. 그러리다."

"내가 당직을 하고 싶지만 저 애가 하게 해야 말이죠. 다른 사람들은 저 애가 대신 해주니까 모두 좋아서 어쩔 줄 몰라 해요. 당신이라면 저 애를 좀 쉬도록 할 수 있을 거예요."

"잘 알겠소."

"벤 캠펜 양이 당신은 오전 내내 잠만 잔다던데요."

"그녀는 그렇게 말했겠지요."

"그러니 밤에 캐서린을 좀 쉬도록 하는 게 좋을 거예요."

"그렇게 해야겠소."

"마음에도 없는 소리. 하지만 저 앨 쉬도록 해준다면 당신을 존경할 거예요."

"쉬게 한다니까요."

"그럴까요." 그녀는 내 편지를 들고 나갔다. 나는 벨을 눌렀다. 좀 있다가 게이지 양이 들어왔다.

"무슨 일이세요?"

"잠깐 할 얘기가 있어서요. 버클리 양이 잠시 야근을 쉬어야 할 것 같지 않소? 퍽 피곤해 보이던데요. 왜 그렇게 오랫동안 야근을 계속하는지 모르겠구려."

게이지 양은 나를 빤히 쳐다보았다.

"난 당신들 편이에요, 그렇게 숨기실 필요 없어요."

"무슨 말이죠?"

"다 아시면서 왜 이러세요. 할 얘긴 그것뿐이에요?"

"베르무트 한 잔 어떻소?"

"좋죠. 그러나 곧 가야 해요." 그녀는 옷장에서 병을 꺼내고 유리잔을 하나 가져왔다.

"당신은 유리잔으로 해요, 난 병으로 할 테니."

"자, 당신을 위해서 건배."

"벤 캠펜이 내가 아침 늦게까지 잔다고 뭐라 그럽디까?"

"단지 투덜댈 뿐이에요. 중위님을 특권층 환자라고 그러더군요."

"제기랄."

"나쁜 사람은 아니에요. 단지 나이가 많아서 까다로울 뿐이지. 당신을 처음부터 마음에 안 들어했지만."

"그럴 테죠."

"하지만 난 중위님이 좋아요. 게다가 중위님 편이고요. 그걸 잊지 마세요."

"당신은 더없이 좋은 사람이오."

"천만에요. 중위님이 좋다고 생각하는 사람, 그게 누군지 난 다 알고 있어요. 그래도 난 중위님 편이에요. 다리는 좀 어떠세요?"

"괜찮소."

"차가운 탄산수를 갖다가 뿌려 드릴게요? 깁스 안쪽이 가렵죠? 바깥쪽이 뜨뜻해졌네요."

"당신은 참 좋은 사람이오."

"많이 가려워요?"

"아니, 괜찮아요."

"모래 주머니를 좀더 편안하게 옮겨 드릴게요." 그녀는 허리를 구부렸다. "난 중위님 편이에요."

"알고 있소."

"아니, 모르세요. 하지만 언젠가는 알게 되겠죠."

캐서린 버클리는 사흘 동안 밤 근무를 거른 다음 다시 돌아왔다. 둘 다 먼

여행을 떠났다가 다시 만난 듯한 기분이었다.

18

그해 여름, 우리는 즐거운 시간을 보냈다. 내가 외출을 할 수 있게 되자, 우리는 마차를 타고 공원을 돌아다녔다. 그 마차는 지금도 기억이 난다. 말은 느릿느릿 걷고, 바로 눈앞에는 닦아서 반짝반짝 윤이 나는 중산모를 쓴 마부의 등이 보이고, 옆에는 캐서린 버클리가 앉아 있었다. 아주 잠깐이라도 내 손끝이 그녀의 손끝에 닿기만 해도 우리는 가슴이 두근거렸다. 그 뒤 내가 목발을 짚고 걸어다니게 되자, 우리는 비피나 그란이탈리아로 저녁을 먹으러 가서 바깥 베란다에 자리를 잡았다. 웨이터들이 들락날락하고 많은 사람들이 지나다니고, 테이블 위에는 갓을 씌운 촛대가 놓여 있었다. 그란이탈리아가 제일 마음에 든다고 우리가 결정한 뒤부터는, 일급 웨이터인 조지가 언제나 테이블을 잡아 두었다. 그는 훌륭한 웨이터였다. 우리는 그에게 식사를 주문하고, 오가는 사람들과 해질 무렵의 웅장하고 아름다운 긴 복도, 그리고 서로의 얼굴을 바라보았다. 우리는 얼음 그릇에 채운 독한 백(白)카프리를 마셨다. 하기야 그 밖에도 프레사, 바르베라, 달콤한 백포도주 등 여러 가지 포도주도 마셔 보았다. 전쟁 때문에 포도주 전문 웨이터는 한 명도 없었으므로, 내가 프레사 같은 포도주에 대해서 물으면 조지는 늘 부끄러운 듯이 미소를 지었다.

"딸기 맛이 난다고 포도주를 만드는 나라가 따로 있다고 생각하시는 건 아니겠죠?"

"왜 그래요?" 캐서린이 물었다. "무슨 얘긴지 의미심장하게 들려요."

"원하신다면 한 잔 마셔 보시죠. 그러나 중위님에겐 마르고 작은 병 하나를 갖다 드리죠."

"나도 그걸 한번 마셔 보지."

"중위님, 저로선 권하고 싶지 않은데요. 딸기 냄새조차 안 나니까요."

"날지도 모르지요." 캐서린이 한마디 했다. "그러면 참 좋을 텐데요."

"그럼 가지고 오도록 하죠. 그리고 부인이 만족하시는 대로 곧 물리겠습니다."

역시 대단한 포도주는 아니었다. 그의 말대로 딸기 냄새조차 나지 않았다.

우리는 다시 카프리를 마셨다. 어느 날 저녁 돈이 부족해서 조지에게 100리라를 빌렸다. "걱정하지 마세요, 중위님." 그가 말했다. "사정은 알고 있습니다. 중위님이나 부인께서 돈이 필요하시다면 언제든지 꿔 드리겠습니다."

저녁식사를 마치고 우리는 갈레리아를 나와 한가로이 거닐었다. 다른 음식점과 쇠덧문을 내린 가게 앞을 지나, 샌드위치를 파는 조그마한 가게 앞에서 걸음을 멈췄다. 햄과 상추 샌드위치, 갈색 윤이 나는 겨우 손가락 길이만한 조그만 롤빵으로 만든 멸치 샌드위치 등도 팔았다. 우리는 밤중에 배가 고플 때 이것들을 먹었다. 우리는 사원 앞 갈레리아 밖에서 지붕이 없는 마차를 타고는 병원까지 달린다. 병원 현관에 이르자 수위가 나와 내가 마차에서 내리는 것을 도와주었다. 나는 마부에게 마차 삯을 치르고 엘리베이터를 타고 위로 올라갔다. 캐서린은 간호사들 방이 있는 아래층에서 내리고, 나는 그대로 올라가서 내 방이 있는 층에서 내려 목발을 짚고 방으로 들어갔다. 그런 뒤에 바로 옷을 벗고 침대 속으로 들어가는 때도 있고 발코니로 나가 의자에 걸터앉아, 다른 의자에 다리를 걸치고 지붕 위로 날아다니는 제비들을 바라보면서 캐서린이 올라오기를 기다릴 때도 있다. 그녀가 올라오면, 마치 그녀가 여행이라도 다녀온 것처럼 반가웠다. 나는 목발을 짚고 그녀를 따라 복도를 걸어다니며 세면기를 날라다 주기도 하고, 또는 병실 앞에서 기다리거나 그녀와 함께 안으로 들어가곤 한다. 안으로 들어가는가 안 들어가는가는 그 병실 사람들이 우리 편인가 아닌가에 따라 결정된다. 그녀의 일이 전부 끝나면 우리는 발코니로 나가서 의자에 앉는다. 그런 다음 나는 침대에 눕고, 모든 사람이 잠들어 아무도 자기를 부르지 않을 것 같으면 그녀가 내게로 온다. 나는 그녀의 머리를 풀어 주는 것을 좋아하며, 그럴 때 그녀는 한사코 침대 위에 걸터앉아 몸 하나 까딱하지 않고 가만히 앉아 있다. 때로는 내가 머리를 풀어 주는 동안 갑자기 허리를 굽혀 내게 키스할 때도 있다. 나는 머리핀을 뽑아 시트 위에 놓는다. 머리가 확 풀어진다. 꼼짝도 않는 그녀를 나는 마음껏 쳐다보며 마지막 두 개의 핀을 뽑는다. 스르륵 머리칼이 전부 흘러내린다. 그녀가 머리를 숙이면 우리는 둘 다 머리카락 속에 파묻혀 마치 텐트 속에나 폭포 뒤에 들어가 있는 듯한 느낌을 받는다.

그녀는 굉장히 아름다운 머리카락을 가지고 있었다. 가끔 나는 자리에 누운 채 열어젖힌 문으로 흘러 들어오는 광선으로 그녀가 머리를 땋아 올리는 것을 쳐다보았다. 마치 날이 환해지기 전에 물이 빛날 때가 있는 것처럼, 그녀의 머리칼은 밤중에도 빛나고 있었다. 그녀는 얼굴도 몸도 아름답고 살결도 무척 고왔다. 그녀와 함께 자리에 누울 때마다 손가락 끝으로 그녀의 뺨과 함께 이마와 눈 아래와 턱과 목을 만진다. 그리고 "피아노 건반처럼 미끄럽구려" 하고 말하면, 그녀는 또 그녀대로 내 턱을 손가락으로 어루만지면서 이렇게 말하는 것이었다. "당신의 턱은 사포와 같아서 피아노 건반에겐 참 불쌍해요."

"거칠단 말이지?"

"아니에요, 농담이에요, 농담."

둘이서 보내는 밤은 멋졌다. 서로 몸이 닿을 수 있는 것만으로도 우리는 행복했다. 굉장한 환락과 자질구레한 연애 장난도 여러 가지로 맛보았고, 헤어져 딴 병실에 있을 때도 서로의 생각을 상대방에게 전하려고 애를 썼다. 잘 통할 때도 있었는데, 그것은 우리가 어쨌든 같은 생각을 가슴에 품고 있었기 때문이리라.

우리는 그녀가 이 병원으로 온 첫날에 결혼한 것으로 치고, 그날로부터 몇 달이나 되었는지 세어 보았다. 나는 정말 결혼하고 싶었지만, 캐서린은 만일 그렇게 되면 자기는 병원을 나가야 하며, 다만 결혼 수속을 하는 것만으로도 병원의 감시를 받게 될 것이니, 결국 두 사람 사이는 갈라지고 말 것이라고 했다. 또 우리는 이탈리아 법률에 따라 결혼해야 하는데, 그렇게 되면 여간 수속이 복잡한 것이 아니라는 것이다. 내가 진심으로 결혼을 바란 것은, 진지하게 생각하면 아이가 생길 수 있다는 것을 각오해야 했기 때문이다. 그래도 우리는 결혼한 것으로 생각하고는 그다지 걱정하지 않았다. 그러나 솔직한 심정으로, 나는 지금 결혼한 상태가 아닌 것을 오히려 좋아하고 있었다. 어느 날 밤 둘이서 그것에 관해 얘기할 때 캐서린이 말했다. "그러나 병원에선 날 쫓아낼 거예요."

"아니야, 그런 일은 일어나지 않을걸."

"아니에요, 쫓아낼 거예요. 나는 분명 고향으로 보내져, 우린 전쟁이 끝날 때까지 서로 헤어져 있어야만 해요."

"그러면 내가 휴가를 받아 찾아가지."

"휴가 정도로는 스코틀랜드까지 갔다 올 순 없어요. 그리고 난 당신과 헤어져 있는 게 싫단 말이에요. 지금 새삼스럽게 결혼한들 무슨 소용이 있겠어요? 사실상 우리는 결혼한 거나 마찬가지잖아요. 이 이상 더 무슨 결혼을 하겠어요?"

"나는 당신을 위해서 그러는 거야."

"나라는 건 없어요. 난 당신이에요. 당신과 나를 따로 생각하지 말아요."

"여자는 대개 결혼하고 싶어한다고 생각하고 있었소."

"그건 그래요. 그렇지만 여보, 난 결혼한 거예요. 당신과 말이에요. 난 당신의 좋은 아내가 아닌가요?"

"당신은 사랑스러운 아내야."

"당신도 아시는 일이지만 난 한 번 결혼하려던 경험이 있어요."

"그 이야기는 듣기 싫소."

"내가 사랑하는 건 당신이에요. 다른 남자가 날 사랑했다고 해서 기분 나빠해선 안 돼요."

"기분 나쁜데."

"지금 당신은 모든 걸 가졌잖아요. 죽은 사람을 질투해선 안 돼요."

"그런 건 아냐. 하지만 난 그런 얘긴 듣기 싫어."

"어머, 난 당신이 여러 여자와 사귄 걸 다 알고 있어요. 그렇지만 난 그런 거 상관 안 해요."

"어떻게 비밀리에 결혼하는 방법 없을까? 만약 내게 무슨 일이 생기거나 당신에게 아이가 생길 경우를 대비해서."

"교회나 국가의 법률을 따르지 않고는 달리 결혼할 길이 없어요. 우리는 비밀리에 결혼한 거예요. 만일 내가 무슨 종교를 믿고 있다면 그건 제일 중요한 문제겠죠. 그러나 난 종교가 없어요."

"아니, 당신은 내게 성 안토니오를 주지 않았소?"

"그건 좋은 운을 위해서 드린 거죠. 누가 나한테 준 거예요."

"그럼 걱정할 게 없겠군."

"다만 당신에게 버림받을까 그게 걱정이에요. 당신은 내 종교며 내 전부예요."

"알았소. 그러나 난 당신이 원하면 언제라도 결혼하겠소."

"마치 날 억지로라도 정숙한 여자로 만들어야겠다는 식으로 말하지 마세요. 난 정숙한 여자예요. 당신이 행복하고 자랑스럽게 생각한다면 아무것도 부끄러워할 게 없어요. 당신은 행복하지 않으세요?"

"설마 날 버리고 다른 남자한테로 가버리지는 않겠지?"

"천만에요. 내가 당신을 버리고 다른 남자한테 갈 거 같아요? 앞으로 우리에게 숱한 어려움이 닥치겠지만 그것만은 걱정할 필요 없어요."

"걱정은 무슨 걱정. 그러나 난 당신을 이만큼 사랑하는데, 당신은 전에 다른 남자를 사랑한 적이 있잖아."

"그 남자는 어떻게 됐죠?"

"죽었지."

"그래요. 만약 그가 죽지 않았다면 내가 당신을 만났겠어요? 그러니까 나는 정숙치 못한 여자는 아니에요. 난 결점도 많지만 정조는 지켜요. 당신이 불편할 정도로 난 정숙한 여자라고요."

"난 곧 전방으로 돌아가야만 해."

"당신이 떠나게 될 때까지 그런 생각 하지 말기로 해요. 난 지금 너무나 행복하니까요. 우리 아주 즐겁게 지내고 있잖아요. 난 오랫동안 행복이 뭔지 몰랐어요. 그래서 당신을 처음 만났을 때 난 미칠 것 같았어요. 아마 미쳐 있었을 거예요. 하지만 이제 우리는 행복해요. 그리고 서로 사랑하고 있어요. 이렇게 행복한 것만 생각해요. 당신도 행복하죠, 그렇죠? 내가 언제 당신이 싫어하는 행동 한 적이 있나요? 어떻게 하면 당신이 기쁘시겠어요? 내 머릴 풀어 보고 싶으세요? 당신이 원하는 대로 하세요."

"그래, 그럼 침대로 들어와."

"좋아요, 우선 환자부터 보고 올게요."

19

그해 여름은 그렇게 지나갔다. 더웠다는 것과 신문에서 연이은 승리를 보도한 것을 제외하고는, 당시의 나날들은 거의 기억에 남아 있지 않다. 나는 건강해졌다. 다리의 회복도 빨랐으므로 처음에는 목발을 짚고 다녔지만 얼마 안 가서 그것도 필요 없게 되었고, 지팡이만으로 걸어다닐 수 있게 되었다. 이번에는 오스페달레 마죠레에서 무릎을 펴는 치료를 시작했다. 물리치료나 거울로 둘러싸인 상자 속에서 자외선욕을 하거나 마사지와 목욕 등이 중심이었다. 병원에는 매일 오후에 갔는데, 치료가 끝나면 카페에 들러서 한 잔하면서 신문을 읽었다. 거리를 이리저리 돌아다니지는 않았다. 카페에서 나오면 곧장 병원으로 돌아오고 싶었던 것이다. 캐서린을 빨리 만나는 것만 이 내가 바라는 전부였다. 그 나머지 시간은 하는 일 없이 보냈다. 오전 중 엔 대부분 잤으며, 오후에는 경마에 나갔다가 늦게야 물리치료를 받으러 갔 다. 또 어떤 때는 앵글로 아메리칸 클럽에 들르는 일도 있었다. 창가에 놓 인, 몸이 깊숙이 파묻히는 가죽 의자에 앉아서 잡지를 읽는 것을 좋아했다. 목발이 필요 없게 되자, 병원에서는 우리가 함께 외출하는 것을 허락하지 않 았다. 보호가 필요치 않은 환자에게 간호사가 일없이 그냥 쫓아다닌다는 것 은 보기 흉하다는 것이 그 이유였다. 그래서 오후엔 같이 있을 때가 별로 없 었다. 그래도 퍼거슨이 함께 가 줄 때는 간혹 같이 저녁을 먹으러 외출할 수 있었다. 벤 캠펜 양은 캐서린이 많은 일을 맡아 자기 일을 덜어 주었기 때문 에, 우리가 특히 친밀한 사이임을 인정해 주게끔 되었다. 그녀는 캐서린을 훌륭한 가문 출신이라고 생각하여, 나중에는 그녀를 무턱대고 두둔하게까지 되었다. 벤 캠펜 양은 몹시 가문을 존중하는 사람일 뿐 아니라, 그녀 자신도 훌륭한 가문 출신이었다. 요새는 병원도 매우 바빠져서 그 때문에 그녀는 늘 일에 몰렸다. 무더운 여름이기도 하고 밀라노에는 아는 사람도 퍽 많았지만, 나는 해가 지면 한시라도 빨리 병원으로 돌아오고 싶었다.

전선에서는 이탈리아군이 카르소를 향해 진격 중으로, 벌써 플라바 전방 에서 강을 넘어 쿠크를 점령했고, 이제는 다시 바인시차 고지를 점령하려 하 고 있었다. 서부 전선에서는 그다지 좋은 소식이 들려오지 않았다. 아무래도 전쟁은 오랫동안 계속될 것 같았다. 미국도 이제는 참전했지만, 대부대를 파 견하여 전투 훈련을 하는 데만도 1년은 걸릴 것만 같았다. 내년은 나쁜 해가 될지도 모르고, 어쩌면 좋은 해가 될지도 모르겠다. 이탈리아군은 막대한 병 력을 소모하고 있어, 앞으로 어떻게 해 나갈 작정인지 나도 모를 지경이었 다. 비록 이탈리아군이 바인시차와 산 가브리엘레 산 일대를 완전히 점령한 다 하더라도, 오스트리아군에는 아직도 저 너머에 무수한 산악이 둘러싸고 있었다. 나는 실제로 내 눈으로 보아서 알고 있다. 최고봉은 모두 저쪽에 있 었다. 카르소로 아군이 진격하고 있지만, 해안 지대에는 소택지와 습지가 많 다. 나폴레옹이라면 평지에서 오스트리아군을 격파했을 것이다. 산악 지대에서 그들과 싸우는 일은 결코 하지 않았을 것이다. 적을 산으로부터 평지로 유인해서 베로나 주변에서 격파했을 것이다. 서부 전선에서는 아직 아무도 상대방을 격파하고 있지 않다. 아마 전쟁에서 완벽한 승리는 있을 수 없나 보다. 전쟁은 영원히 계속될지도 모른다. 제2의 백년전쟁이 될지도 모르겠다. 나는 신문을 신문걸이에 걸고 클럽을 나왔다. 조심조심 계단을 내려와서 만조니 가를 걸었다. 그란 호텔 앞에서 마차에서 내리고 있는 마이어스 노부부를 만났다. 경마장에서 돌아오는 모양이었다. 가슴이 큰 부인은 까만 새틴 옷을 입고 있었다. 키가 작은 마이어스 씨는 흰 콧수염을 기르고 지팡이를 짚고 평발인 듯한 걸음걸이를 하는 노인이었다.

"오랜만이네요, 그동안 잘 지냈나요?" 부인이 나와 악수를 했다.

마이어스 씨는 단지 "안녕하시오" 할 뿐이었다.

"경마는 어땠습니까?"

"훌륭했다우. 무척 재미도 있었고, 난 세 번이나 승리마를 맞혔어요."

"영감님께선 어떠셨습니까?" 마이어스 씨에게 물었다.

"괜찮았지. 난 한 번 맞혔다네."

"저 사람이 어떻게 하는지 난 통 모르겠어요. 전혀 얘기를 안 해주니까." 부인이 말했다.

"나는 나 나름대로 잘하고 있지." 노인이 말했다. 그 목소리에는 진심이 담겨 있었다. "자네도 좀 나오지 그래." 이 노인과 이야기를 하고 있으면, 그가 상대방을 보고 있지 않거나 다른 사람으로 잘못 알고 있는 게 아닌가 하는 인상을 받는다.

"곧 나가죠."

"병원에 들르려던 참이었어요." 마이어스 부인의 말이었다. "내 아들들에게 갖다줄 게 있어요. 당신들은 모두가 내 아들이라오. 정말 모두 내 소중한 아들이에요."

"할머님을 보면 모두 좋아할 겁니다."

"다들 소중한 아들들이죠. 당신도요. 당신도 내 아들이에요."

"저는 이제 돌아가야겠습니다."

"소중한 아들들에게 안부 전해 줘요. 갖다 줄 것이 퍽 많다우. 고급 마르살라(^{이탈리아산}_{백포도주})도 있고 케이크도 있고."

"안녕히 가세요. 할머님이 문병 오시면 모두들 좋아할 겁니다."

"잘 가게." 이번에는 마이어스 노인이 인사를 했다. "갈레리아에 좀 나와요. 내 테이블은 알고 있겠지? 우리는 오후엔 매일 거기에 있다우."

나는 그대로 거리를 걸어갔다. 코바에서 캐서린 선물을 뭔가 사고 싶었다. 코바로 들어가서 초콜릿을 한 상자 사고, 여점원이 그것을 포장하는 동안 나는 바(bar)로 갔다. 영국인 두 명과 항공병이 몇 사람 있었다. 나는 혼자 서마티니를 마시고 술값을 내고 카운터에서 초콜릿 상자를 받은 다음 병원을 향해 걸었다. 스칼라 극장 앞 거리에 있는 조그만 바 앞에서 아는 사람을 몇명 만났다. 부영사(副領事)와 성악을 공부하는 두 사람, 그리고 샌프란시스코에서 온 이탈리아인으로 이탈리아군에 입대한 에토레 모레티였다. 나는 그들과 한잔했다. 성악을 공부하는 둘 가운데 한 사람은 랄프 시몬즈가 본명인데, 엔리코 델 크레도라는 이름으로 노래를 부르고 있었다. 어느 정도의 가수인지 알 길이 없었지만, 그는 언제나 금방이라도 굉장한 일이 벌어질 것처럼 허풍을 떨었다. 뚱뚱했고 꽃가루 알레르기에 걸린 사람처럼 코와 입 언저리가 바삭바삭 말라 있었다. 피아첸차에서 노래를 부르고 돌아온 모양이었다. 〈토스카〉를 불렀는데 대단한 성공을 거두었다고 자랑했다.

"물론 자넨 아직 한 번도 내 노랠 듣지 못했지." 그가 말했다.

"여기선 언제 부르나?"

"가을엔 스칼라 극장에 나간다네."

"나가면 뭘 해, 청중들이 의자를 집어 던질 텐데." 에토레가 놀려댔다. "모데나에서 청중들이 이 친구한테 의자를 던진 얘기 들었나?"

"새빨간 거짓말이야."

"청중들이 막 의자를 집어 던졌다네." 에토레가 되풀이했다. "내가 그곳에 있었어. 나도 의자를 여섯 개나 집어 던졌는걸."

"흥, 샌프란시스코에서 쫓겨 온 놈인 주제에."

"이자는 이탈리아 발음도 모른다네." 에토레가 다시 한 번 되풀이했다. "가는 곳마다 의자 세례를 받는단 말이야."

"피아첸차 극장은 북부 이탈리아에서도 제일 부르기 힘든 곳이라니까." 다른 테너 가수가 받았다. "정말이야. 거기는 부르기 고약한 곳이야." 이 테너 가수는 에드가 손더즈라는 본명을 지니고 있는데, 노래를 부를 때는 에두아르도 지오반니라는 이름을 사용했다.

"그 극장에서 네놈이 의자 찜질을 당하는 꼴을 좀 보았더라면 좋았을걸. 이탈리아 노래도 제대로 못 부르는 놈." 또다시 에토레가 놀려댔다.

"저런 바보 같은 놈." 이번에는 에드가 손더즈의 반격이었다.

"그 말밖에 모르는 모양이군."

"네놈들이 노래하면 청중들이 의자를 집어 던지니까 그렇지." 에토레가 말했다. "그래도 미국에 돌아가면 스칼라 극장에서 대성공이었다고 큰소리를 치겠지? 인마, 스칼라 극장에선 네놈이 입을 떼자마자 청중들이 그만 집어 치우라고 야단들일 게다."

"두고 봐, 내가 스칼라 극장에서 노랠 부를 테니." 시몬즈도 지질 않는다. "10월에 〈토스카〉를 부른다고."

"그땐 우리도 가세, 응, 맥?" 에토레가 부영사에게 말했다. "이놈들을 보호해 줄 사람이 필요할 거 아냐."

"미군이 출동해서 이 두 사람을 보호해 줄 테지 뭐." 부영사가 말했다. "또 한 잔 어때, 시몬즈? 자넨 어떤가, 손더즈?"

"좋지." 손더즈가 말했다.

"소문을 듣자니 자네가 은성 훈장을 받게 된다면서?" 에토레가 내게 말했다. "어떤 전공(戰功)인가?"

"몰라. 훈장을 받을지 어떨지도."

"받게 돼 있어. 야아, 대단한데. 훈장을 타면 코바 계집애들은 자네를 굉장한 인물로 생각할 거야. 모두들 자네가 오스트리아군을 200명 정도 죽였거나, 혼자서 적의 참호를 뺏었다고 생각할 거라고. 정말이야, 나도 훈장을 타려고 꽤 애썼다네."

"그래 자넨 몇 개나 탔나, 에토레?" 부영사가 물었다.

"그 친구가 안 탄 훈장이 어디 있나?" 시몬즈가 말했다. "그 작자 때문에 모두가 전쟁을 하는 셈인데."

"동성 훈장을 두 번, 은성 훈장을 세 번 탔지." 에토레가 말했다. "그러나 표창장은 한 번밖엔 못 탔네."

"다른 건 어찌되고?" 시몬즈가 물었다.

"작전은 성공하지 못했어" 에토레가 대답했다. "작전이 성공하지 못하면 모든 훈장은 보류되거든."

"자넨 몇 번이나 부상당했지, 에토레?"

"중상이 세 번. 그래서 전상(戰傷) 휘장이 이렇게 세 개 붙어 있잖아." 그는 소매를 돌려 보였다. 어깨에서 8인치쯤 내려온 곳에, 소매에 꿰매어 붙인 검은 바탕 천에 세 개의 은선(銀線)이 나란히 있었다.

"자네도 하나 있지." 에토레가 내게 말했다. "정말이지 이놈이 훈장보다 더 부러워. 거짓말이 아니야. 이놈을 세 개나 타려면 여간 힘든 게 아니야. 병원에 석 달 정도 입원해야 하는 부상을 입어야 겨우 이거 하나 타지."

"자넨 어딜 다쳤는데?" 부영사가 물었다.

에토레는 소매를 걷어 올렸다. "여기야." 그는 깊숙이 파인 반질반질한 붉은 상처를 내보였다. "다리는 여기고. 행전을 차고 있어서 볼 순 없지만. 다음은 발이야. 발 뼈가 일부분 죽어서 지금도 냄새가 심해. 아침마다 조금씩 뼈부스러기를 뽑아 버리지만 늘 냄새가 고약하단 말이야."

"뭐에 다쳤길래?" 시몬즈가 물었다.

"수류탄이야. 감자 짓찧는 기계 같은 거 말이야. 그놈이 내 발 한쪽을 몽땅 날려 버렸지. 감자 짓찧는 기계라는 거 자넨 알지?" 그는 나를 쳐다보았다.

"물론, 알지."

"난 그 개새끼가 그걸 던지는 걸 이 눈으로 보았지." 에토레가 말했다. "나는 그만 나자빠져, 어이쿠, 이젠 천당 갔구나 하고 생각했지. 그런데 그놈의 감자 짓찧는 거 말이야. 속이 텅텅 비어 있잖아. 나는 당장 가지고 있던 소총으로 그 개새낄 쏴 죽였지. 내가 늘 소총을 가지고 다니기 때문에 놈들은 내가 장교라는 걸 모르거든."

"대체 어떤 놈이야?" 시몬즈가 물었다.

"그 새낀 수류탄이 그거 하나밖엔 없었던 모양이야. 뭣 때문에 그걸 내게 던졌는지 모르겠어. 늘 그걸 한 번 던져 보고 싶었던 모양이야. 진짜 전투는 한 번도 구경 못한 놈인가 봐. 그 새낀 내가 쏜 탄알에 정통으로 맞고 죽었어."

"자네 총에 맞았을 때, 그놈은 어떤 얼굴이던가?" 시몬즈가 재차 물었다.

"제기랄, 그런 걸 내가 어떻게 알아? 난 그 새끼 배때길 봤어. 대가릴 잘

못 쏘면 빗나갈 것 같아서."

"자네 장교가 된 지 얼마나 됐나, 에토레?" 내가 물었다.

"2년. 곧 대위야. 자넨 중위가 되고 나서 몇 해쨌가?"

"이럭저럭 3년이군."

"자넨 대위는 못 될걸, 이탈리아어를 잘 모르니까. 말은 하지만 읽고 쓰는 게 부족해. 대위가 되려면 교육을 받아야지. 미군에 들어가는 건 어때?"

"아, 들어갈지도 모르지."

"나도 들어갔으면 좋을 텐데. 어이, 그런데, 대위 봉급은 얼마지, 맥?"

"정확한 건 몰라. 250달러쯤 되지 않을까?"

"애개, 250달러로 뭣을 한담. 자네도 빨리 미군에 들어가는 게 좋겠어, 나도 들어갈 수 있나 좀 알아보게."

"알겠네."

"나는 이탈리아어로 1개 중대를 지휘할 수 있으니까. 영어로도 곧 문제없이 하게 될 거야."

"자넨 장군이 될걸." 시몬즈가 빈정댔다.

"아냐, 내가 가진 지식으로는 장군은 될 수 없어. 장군은 상당히 많이 알아야 하니까. 자네들은 전쟁을 거저먹는 줄 알지. 자네들 머리로는 이등 하사도 못 될 거야."

"아, 되지 않아서 천만다행이다." 시몬즈가 받았다.

"자네 같은 건달들까지 징발하게 되면 자네들은 병사 노릇을 해야 할 거야. 그렇지, 너희 둘을 내 소대에 넣어 주고 싶다. 맥, 자네도 그렇고. 자넨 내 연락병으로 해주지."

"그놈, 걸작인데. 그러나 자넨 암만해도 군국주의자 같은데 그래." 맥이 말했다.

"난 전쟁이 끝나기 전에 대령이 될 거야."

"전사하지 않으면 말이지?"

"전사는 왜 해?" 그는 엄지손가락과 집게손가락으로 그의 옷깃에 붙어 있는 별을 만지작거렸다. "지금 봤나? 우리들은 누군가 전사라는 말을 입 밖에 낼 때는 언제나 이렇게 별을 만진다네."

"가세, 심." 손더즈가 일어서면서 말했다.

"그러지."

"또 보세." 내가 인사를 했다. "나도 가야겠네." 바 안의 시계는 6시 15분 전이었다. "잘 가게, 에토레."

"잘 가게, 프레드." 에토레가 답했다. "자네가 은성 훈장을 받게 돼서 참 잘됐네."

"받을지 잘 모르겠어."

"문제없어. 틀림없이 받을 거라는 말을 들었어."

"자, 그럼 또 보세." 내가 말했다. "가다가 사고나 치지 말게, 에토레."

"내 걱정은 하지 마. 난 술도 마시지 않고 이곳저곳 헤매고 돌아다니지도 않아. 난 주정뱅이도 갈보 사냥꾼도 아니야. 이래봬도 내 몸 위하는 일이라면 죄다 터득하고 있다네."

"잘 가게. 자네가 곧 대위로 진급한다니 정말 잘됐어."

"난 진급을 기다리지는 않아. 전공을 세워서 대위가 되는 거지. 알겠나? 별 3개 위에 교차시켜 놓은 검과 왕관, 그게 바로 나야."

"행운을 비네."

"자네도. 근데 언제 전방으로 돌아가나?"

"머지않아 곧."

"그래! 거기서 또 만나세."

"잘 가게."

"잘 가게, 몸조심해."

나는 병원으로 가는 지름길인 뒷길로 걸어 내려갔다. 에토레는 스물세 살이었다. 샌프란시스코에 있는 숙부의 양육을 받고 있었는데, 토리노에 있는 부모님을 찾아왔다가 그만 전쟁이 터지고 만 것이었다. 숙부 밑에서 생활하기 위해 그와 함께 미국으로 건너갔던 누이동생은 금년에 사범학교를 졸업한다고 했다. 그는 전형적인 영웅형으로, 그가 만났던 모든 사람에게 귀찮게 했다. 캐서린도 그에게는 그만 진땀을 뺐다.

"우리나라에도 영웅은 있어요." 캐서린이 말했다. "그러나 대개는 훨씬 점잖아요."

"난 그가 그다지 못마땅하지 않은데."

"나도 그가 자만에 빠져 있지 않고, 날 귀찮게 하지만 않으면 그다지 싫을 건 없어요. 하지만 그 사람은 정말 사람을 피곤하게 해요."

"그건 나도 마찬가지야."

"그렇게 말씀해 주시니 기뻐요. 하지만 당신까지 그렇게 말씀하실 필요는 없어요. 당신은 전선에서의 그 사람의 행동을 상상할 수 있고, 필요한 사람이라는 것도 알고 있잖아요? 하지만 내게는 가장 싫어하는 타입이에요."

"알겠소."

"알아주시니 정말 기뻐요. 나도 좋게 생각하려고 하지만, 안 돼요. 정말 싫다고요."

"오늘 오후에 만났을 때, 이번에 대위가 된다고 말하더군."

"잘됐군요. 정말 기뻐하겠군요."

"당신은 내가 좀더 높은 계급이길 바라지 않소?"

"그렇지 않아요. 고급 식당에 갈 수 있는 계급이면 만족해요."

"그럼 지금의 내 계급이 알맞은 셈이군."

"당신 계급은 훌륭해요. 난 그 이상을 바라진 않아요. 당신, 우쭐할지도 몰라요. 난 당신이 잘난 체하지 않아 무척 기뻐요. 설령 당신이 허풍쟁이였더라도 결혼했을 테지만, 잘난 체하지 않는 남편을 갖고 있다는 건 꽤 안심이 돼요."

우리는 발코니로 나가서 나직한 소리로 이야기를 주고받았다. 달이 뜰 것 같았는데 거리가 온통 안개에 휩싸이며 달은 뜨지 않았다. 곧 부슬부슬 가랑비가 내려서 우리는 안으로 들어왔다. 바깥에서는 안개가 비로 변해 퍼붓기 시작하여 지붕을 세차게 때리는 소리가 들렸다. 나는 일어서서 비가 안으로 들이치지나 않을까 하고 창가로 가 보았지만, 괜찮았으므로 그냥 열어젖힌 채로 내버려 두었다.

"그 밖에 또 누굴 만났어요?" 캐서린이 물었다.

"마이어스 부부를 만났어."

"이상한 부부죠."

"그 노인은 고국에 있을 땐 감옥에 들어가 있었대. 살 날도 얼마 남지 않아서 석방되었다나."

"그 뒤로는 쭉 밀라노에서 행복하게 살았다죠."

"행복한지는 모르겠어."

"감옥에 있었던 걸 생각하면 행복한 편이죠."

"할머니가 병원으로 뭘 가지고 오신대나?"

"그분은 늘 굉장한 걸 갖다 줘요. 당신도 그분의 소중한 아들 가운데 하나죠?"

"그들 가운데 하나지."

"당신들은 모두 그분의 소중한 아들이에요. 그분은 아들만 좋은가 봐요. 들어 보세요, 빗소리."

"억수같이 쏟아지는군."

"언제나 날 사랑해 주실 거지요, 그렇죠?"

"그럼."

"이렇게 비가 와도?"

"물론."

"다행이에요. 난 비를 무서워하거든요."

"왜?" 나는 졸렸다. 밖에선 계속 비가 퍼부었다.

"몰라요. 그전부터 그랬어요."

"나는 좋은데."

"비를 맞으며 걷는 건 나도 좋아요. 그러나 연애할 때 비가 오는 건 견디기 힘들어요."

"무슨 일이 있어도 당신에 대한 사랑은 변하지 않아."

"나도 당신을 사랑해요, 비가 오든 눈이 오든, 우박이 오든. 또 뭐가 있을까요?"

"몰라. 꽤 졸린데."

"어서 주무세요. 어쨌든 난 당신을 사랑할 거예요."

"정말 당신은 비가 무섭지 않소?"

"당신이 옆에 있어 준다면."

"그런데 왜 비를 무서워하지?"

"모르겠어요."

"가르쳐 줘."

"말하고 싶지 않아요."

"가르쳐 줘."

"싫어요."

"얘기해 보래도."

"그럼 얘기하죠. 비가 무서운 것은 빗속에서 내가 죽어 있는 모습이 가끔 머릿속에 떠오르기 때문이에요."

"바보 같은 소리."

"당신이 죽어 있는 모습이 보일 때도 있어요."

"그쪽이 더욱 그럴 듯한데."

"아녜요, 그렇지 않아요. 내가 당신을 지켜줄 거예요. 정말이에요. 하지만 누구도 자기 자신을 지킬 수는 없어요."

"그 얘긴 이제 그만해. 오늘 밤은 스코틀랜드 사람 같은 잔소리나 미친 잠꼬대 같은 소린 듣기 싫소. 이렇게 함께 있을 날도 얼마 남지 않았는데."

"그래요. 그렇지만 난 스코틀랜드 사람이고 미쳤어요. 그러나 그만두겠어요. 전부 허튼 말이니까요."

"그래. 전부 허튼 말이지."

"전부 허튼 말이에요. 전부…… 비 같은 거 무섭지 않아요, 비 같은 거 무섭지 않아요. 아아, 하느님. 정말로 비 같은 거 무서워하지 않았으면 좋을 텐데."

그녀는 울고 있었다. 내가 달래자 이내 울음을 그쳤다. 그러나 밖에선 아직도 줄기차게 비가 퍼붓고 있었다.

20

어느 날 오후 우리는 경마를 보러 갔다. 퍼거슨과 크로웰 로저스도 함께 갔는데, 그는 포탄의 신관이 터져 눈을 다친 청년이다. 점심을 마치고 여자들이 떠날 준비를 하는 동안, 크로웰과 나는 그의 병실 침대에 걸터앉아서 경마 신문에 나와 있는, 말들의 예전 성적과 오늘의 예상표를 읽고 있었다. 크로웰은 머리에 붕대를 감고 있었다. 그는 경마에는 그다지 관심이 없으면서도 심심풀이로 경마 신문을 읽고는 모든 말의 성적을 모아 놓고 있었다. 이곳에는 거의 쓸모없는 말밖에 없지만, 말이라곤 이것밖에 없으니까 할 수 없다고 그는 말했다. 마이어스 노인은 이 사나이가 마음에 들어서, 예상 우승마를 몰래 가르쳐 주고 있었다. 마이어스 노인은 거의 모든 경마에서 이기고 있었지만, 배당금이 적어진다는 이유로 다른 사람에게 예상 우승마를 잘 가르쳐 주지 않았다. 이곳 경마는 엉터리가 많았다. 부정을 저질러 출장이 금지되어 있는 기수들이 이곳 이탈리아에서는 버젓이 나오고 있었다. 마이어스 노인의 정보는 확실했지만 나는 그에게 묻는 게 싫었다. 가끔은 대답을 하지 않을 때도 있었고, 더욱이 다른 사람에게 가르쳐 주면 손해라는 기색이 늘 보였기 때문이다. 그러나 무슨 이유에서인지 그는 우리들에게 가르쳐 주는 것을 의무라고 여긴 모양인지, 크로웰에게 가르쳐 주는 것을 그다지 싫어하지 않았다. 크로웰은 두 눈을 다쳤는데, 한쪽 눈은 특히 심했다. 마이어스 노인도 눈병을 앓고 있었는데, 그래서 그런지 크로웰에게 호감을 갖고 있는 것 같았다. 마이어스 노인은 자기가 어떤 말에 걸고 있다는 것을 부인에겐 절대 말하지 않았다. 부인은 이길 때도 있지만 대체로 지는 편이었으며 늘 수다만 떨고 있었다.

우리들 네 사람은 지붕이 없는 마차를 타고 산시로로 나갔다. 아주 화창한 날이었다. 공원을 지나 전찻길을 따라 마차를 몰고 교외로 나왔다. 길거리에는 먼지가 자욱했다. 쇠울타리로 둘러싸인 별장, 울창하게 수목이 우거진 넓은 정원, 물이 흐르는 도랑, 잎사귀에 먼지가 앉은 푸른 채소밭 등이 있었다. 들판 저쪽까지 내다보이고 북쪽으론 산맥도 보였다. 많은 마차가 경마장 안으로 들어갔는데, 우리들은 군복차림이었으므로 입구에 있는 직원은 입장권 없이 들여보내 주었다. 우리들은 마차에서 내려 프로그램을 사가지고, 내야(內野)를 지나 다시 경주로의 부드럽고 두터운 잔디밭을 가로질러 패덕(경마 용어로서, 말을 길들이는 작은 목장 또는 레이스 전에 말을 관객에게 선보이는 장소)으로 갔다. 스탠드는 오래전에 나무로 만들어진 것이었고, 마권 매장은 스탠드 아래의 마구간 근처에 한 줄로 늘어서 있었다. 내야 울타리를 따라 군인들이 많이 몰려 있었다. 패덕에는 인산인해를 이루고 있었다. 스탠드 뒤 나무 그늘에서는 사람들이 말을 끌고 빙빙 돌고 있었다. 아는 사람들도 만났다. 나는 퍼거슨과 캐서린에게 자리를 잡아 주고는 말을 주의 깊게 살펴보았다.

말은 머리를 숙이고, 마부에게 끌려나와 차례로 빙빙 돌고 있었다. 한 말은 자줏빛이 나는 까만 털을 지녔는데, 염색한 것이 분명하다고 크로웰이 말했다. 자세히 보니 그런 듯도 했다. 안장을 놓으라는 신호 벨이 울리기 직전에 겨우 나온 말이었다. 마부의 팔에 붙여진 번호를 보고 프로그램에서 그 말을 찾았더니, 자팔라크라는 이름의 검은 거세마라고 적혀 있었다.

아직까지 상금 1천 리라 이상의 경마에 우승한 일이 없는 말들만 이 경마에 출장하고 있었다. 캐서린도 그 말의 털은 확실히 염색한 것이라고 말했다. 퍼거슨은 자기는 모르겠다고 말했다. 나는 좀 이상하다고만 생각했다. 우리들은 이 말에다 돈을 걸기로 결정하고, 합쳐서 100리라를 함께 냈다. 할당표에는 자신이 건 말이 이기면 35배가 되어 돌아온다고 적혀 있었다. 크로웰이 마권을 사러 간 동안 우리들은 패덕을 보고 있었다. 기수들은 한 번 더 말을 달려 보고, 나무 그늘에서 나와 경주로로 가서 출발점인 코너까지 천천히 말을 끌고 갔다.

우리들은 스탠드로 올라가 경주를 구경했다. 당시 산시로에는 자동 발주 장치가 없었으므로, 출발 계원이 출장마를 일렬로 세웠다. 꽤 먼 거리라 말들은 아주 조그맣게 보였다. 조금 있다 출발 계원이 손에 들고 있는 긴 채찍을 찰싹 갈기며 출발시켰다. 말들이 일제히 스탠드 앞을 지나갔는데, 그 흑마가 제일 앞서 달리고 있었다. 코너를 돌면서부터는 점점 더 다른 말들을 떨어뜨렸다. 나는 쌍안경으로 달리는 말들을 좇고 있었다. 기수가 흑마를 억누르려고 애를 쓰는데, 그 말을 듣지 않고 코너를 돌아 직선 코스로 들어서자 그 흑마는 다른 말보다 15마신(馬身)이나 앞서 있었다. 그 말은 결승점을 지난 뒤에도 계속 달려, 다음 코너를 돌았다.

"굉장하지 않아요?" 캐서린이 먼저 입을 열었다. "3천 리라 넘게 타겠네요. 저 말은 꽤 좋은 말임에 틀림없어요."

"배당금 지불이 끝날 때까지 저 흑마가 안 떨어졌으면 좋겠는데." 크로웰이 말했다.

"정말 좋은 말이에요." 캐서린이 다시 한 번 감탄한다. "마이어스 노인도 저 말에 걸었는지 모르겠네요."

"저 우승마에 걸었습니까?" 내가 마이어스 노인에게 큰 소리로 물었다. 그 노인은 고개를 끄덕였다.

"난 글쎄 딴 말에다 걸었지 뭐유." 마이어스 부인이 원통해 한다. "당신들은 어느 말에 걸었수?"

"자팔라크에 걸었습니다."

"정말? 그건 35배인데!"

"그 색깔이 마음에 들었어요."

"난 맘에 안 들길래 그만. 왠지 기운이 없고 처량하게 보여서. 모두들 그 것에 걸면 안 된다고 그러길래."

"하지만 대단한 배당은 없을걸." 마이어스 노인이 말했다.

"배당표에는 35배라고 나와 있었는데요."

"대단한 배당은 없을 거야. 마지막 순간에 엄청난 돈을 건 사람들이 있었 으니까."

"그 패가 누군데요?"

"켐프톤과 그 패들이. 보게나, 두 배도 못 될 테니."

"그럼 3천 리라는 못 타겠네." 캐서린이 원통해한다. "이런 엉터리 같으니 라고!"

"그래도 200리라는 타겠지."

"그건 의미가 없어요. 그런 거 있으나 없으나 마찬가지 아녜요? 난 3천 리라는 탈 줄 알았는데."

"순전히 엉터리야. 아, 메스꺼워." 퍼거슨도 억울해했다.

"정말이야." 캐서린이 맞장구쳤다. "처음부터 엉터리인지 알았다면 저 말 한테 한 푼도 걸지 않았겠죠. 하지만 3천 리라를 탔으면 좋았을 텐데."

"아래로 가서 한잔하죠. 우리 몫이 얼마나 되는지도 알아보고." 크로웰이 말했다. 번호가 게시된 곳으로 가 보았다. 그러는 동안 지불 시작을 알리는 종이 울렸고, 자팔라크라는 이름 뒤에 단승(單勝) 18.50이라는 숫자가 붙어 있었다. 이것은 건 돈 100리라의 배도 못 된다는 것을 의미하는 것이었다.

우리들은 스탠드 아래에 있는 바로 가서 위스키 소다를 마셨다. 구면인 이 탈리아 사람 둘과 부영사인 맥아담스를 만났다. 우리들이 여자들에게로 돌아 오자 그들도 따라왔다. 그 두 이탈리아 사람은 여간 예의 바르지 않았다. 맥 아담스는 캐서린과 이야기하고 있었다. 그동안 우리들은 또 마권을 사기 위 하여 아래로 내려갔다. 마이어스 노인은 마권 매장 근처에 서 있었다.

"어느 말에다 걸었는지 물어보게." 내가 크로웰에게 말했다.

"어디에다 거셨죠?" 크로웰이 물었다. 마이어스 노인은 프로그램을 꺼내 어 연필로 5번을 가리켰다.

"우리도 그 말에다 걸어도 괜찮겠습니까?" 크로웰이 물었다.

"어서 걸어요, 어서. 그러나 내가 그걸 자네에게 가르쳐 주었다는 건 마누라에겐 절대 비밀일세."

"한잔 어떠세요?" 내가 물었다.

"고맙지만 사양하겠소. 난 술은 전혀 못 하니까."

우리들은 5번 말의 단승에 100리라 걸고, 복승에도 100리라를 걸고 위스키 소다를 한 잔씩 마셨다. 나는 기분이 매우 좋아져서, 이탈리아 사람 둘에게도 인사를 했다. 그러고는 각자 한 잔씩 한 다음, 그들은 여자들에게로 돌아갔다. 이 이탈리아 사람들도 무척 예의 바른 것이, 전에 사귄 두 사람과 매우 비슷했다. 그래서 잠시 동안은 아무도 앉을 수가 없었다. 나는 캐서린에게 마권을 주었다.

"어떤 말이에요?"

"몰라. 마이어스 노인이 골라 주었어."

"이름도 몰라요?"

"응, 프로그램을 보면 알겠지. 5번이었던 것 같은데."

"당신은 그 노인을 절대적으로 믿는군요."

5번이 이겼지만 배당금은 한 푼도 없었다. 마이어스 노인은 몹시 흥분했다.

"20리라 따는 데 200리라나 걸어야 한다니. 10리라를 위해 12리라가 말이 되나. 마누란 20리라나 뺏겼다우."

"나도 아래로 내려가 볼게요." 캐서린이 나에게 말했다. 이탈리아 사람들도 일제히 일어섰다. 우리들은 아래로 내려가서 패덕에 들렀다.

"당신은 이런 것이 좋으세요?" 캐서린이 물었다.

"응, 좋은데."

"그렇군요. 하지만 난 이렇게 많은 사람들을 만나는 건 힘들어요."

"뭘 많은 사람을 만났다고 그래, 당신은?"

"그래요. 하지만 저 마이어스네 부부와, 아내와 딸을 데리고 온 은행가, 그리고……."

"그 사람은 내 수표를 현금으로 바꿔 준다오."

"그건 그렇겠죠. 하지만 그 사람이 오지 않더라도 다른 사람이 바꿔 주지 않겠어요? 맨 나중에 만난 네 사람은 정말 싫어요."

"그럼 여기 울타리 있는 데서 보기로 하지."

"그게 좋겠어요. 지금까지 이름도 들어본 적 없고, 마이어스 노인도 걸지 않을 듯한 말에다 걸어 봐요."

"알았소."

우리는 '나의 빛'이라는 말에다 걸었는데, 이 말은 출장마 다섯 필 중 네 번째로 들어왔다. 우리는 울타리에 윗몸을 기댄 채 발굽 소리도 요란하게 우리들 앞을 질주해 가는 말들을 바라보았다. 저 멀리 산들이 보였고, 숲과 밭 너머로는 밀라노도 보였다.

"아까보다 훨씬 기분이 좋아요." 캐서린이 말했다. 말들은 비를 맞은 것처럼 땀에 흠뻑 젖은 채, 문을 통과해서 돌아오고 있었다. 기수들은 말들을 달래면서 나무 그늘 아래까지 타고 가서는 거기서 내렸다.

"한잔하실래요? 여기선 마시면서 구경해도 되겠어요."

"좋아, 가지고 오지."

"보이가 가져올 거예요." 그녀가 한 손을 쳐들자 보이가 마구간 옆 파고다 바에서 나왔다. 우리는 둥근 철제 테이블에 앉았다.

"우리 둘만 있는 게 좋지 않으세요?"

"물론이지."

"나는 여러 사람과 같이 있으면 퍽 쓸쓸한 생각이 들어요."

"여기 아주 좋은데."

"그래요. 정말 아름다운 경주로죠?"

"정말 그래."

"모처럼 당신이 좋아하시는 걸 방해하진 않겠어요. 저쪽으로 가고 싶으시면 난 언제든지 따라가겠어요."

"아냐, 여기 있으면서 이거나 마시지. 그리고 나중에 아래로 가서 물웅덩이 장애물 경주를 보자고."

"자상도 하셔라."

잠시 둘이서만 있다가, 또 즐거운 마음으로 다른 패와 합류했다. 즐거운 하루였다.

21

9월로 들어서자 처음에는 밤에만 서늘하더니, 이내 낮도 서늘해졌다. 공원의 나뭇잎도 단풍이 드는 것을 보고, 우리들은 여름이 지나간 것을 알았다. 전선에서는 전세가 극히 불리하여, 아직도 산 가브리엘레를 점령하지 못했다. 바인시차 고지의 전투는 끝났고, 이달 중순경까지는 산 가브리엘레의 전투도 끝날 예정이었다. 아군은 결국 그곳을 점령할 수 없었던 것이다. 에토레는 전선으로 다시 돌아갔다. 말들도 로마로 가 버렸으므로 경마도 끝났다. 크로웰도 미국으로 송환되기 위해 로마로 갔다. 밀라노에서는 반전 폭동이 두 번 일어났고, 토리노에서도 대규모 폭동이 일어났다. 클럽에서 만난 영국 소령의 말로는, 바인시차와 산 가브리엘레의 전투에서 이탈리아군은 15만 병력을 잃었다는 것이다. 그 밖에 카르소에서도 48만 병력을 잃었다고 했다. 우리는 같이 술을 마셨는데, 이야기는 소령 혼자서만 떠들어댔다. 이쪽 전투도 금년은 이것으로 끝났다. 이탈리아군은 무모한 전투를 했다고 그는 떠들어댔다. 플란더즈 전선에서의 공격도 자꾸만 악화되어 가거든. 만일 금년 가을처럼 병력을 잃다간 연합군은 1년만 지나면 끝장날 판이지. 실은 우리들은 모두 이미 끝장난 셈인데, 그것을 모르는 동안은 좌우간 걱정은 없어. 우리들은 이미 끝장나 버렸다고. 그런데 문제는 그것을 인정하지 않는 것이야. 끝장난 것을 마지막까지 인정하지 않는 나라가 전쟁에는 이기는 법이야. 우리는 또 한 잔 마셨다. 자네는 어느 누구의 막료(幕僚)인가? 아냐, 막료는 바로 나야. 클럽에는 우리 둘만이 커다란 가죽 소파에 깊숙이 파묻힌 채 앉아 있었다. 소령의 부츠는 잘 손질된 윤이 나지 않는 가죽이었다. 아름다운 부츠였다. 모든 것이 다 썩었다고 그는 거듭 떠들어댔다. 군 당국은 다만 인력이니 병력이니 하는 것만을 생각하고 있거든. 놈들은 사단에 대해서 논쟁만 하고 있고, 그 사단이 몇 개 손에 들어오면 이내 몰살시켜 버리지. 다 끝장난 놈들이야.

승자는 독일군이야. 뭐니 뭐니 해도 역시 놈들은 군인이야. 옛날부터 독일 놈들은 군인이거든. 하지만 그들도 마찬가지로 끝장났어. 이편 저편 할 것 없이 다 끝장났어. 나는 러시아에 대해 물어보았다. 러시아도 이미 끝장났다고 그는 말했다. 이제 곧 자네도 놈들이 끝장났다는 걸 알 수 있을걸, 그리고 오스트리아군도 역시 마찬가지지. 만일 오스트리아군에 독일의 몇 개 사단이 가담하면 아직도 버티어 나갈 수 있을 테지. 이번 가을에 오스트리아군이 공세를 취할 것이라고 생각합니까? 물론이지. 하여튼 이탈리아군은 끝장나 버렸으니까. 그들이 끝장나 버린 것은 온 세상이 다 아는 사실이야. 독일 놈들은 남하하여 트렌티노를 돌파하고 비첸차에서 철도를 차단할 텐데, 그렇게 되면 이탈리아군은 어떻게 되지? 그들은 1916년에도 그것을 시도한 적이 있다고 내가 말했다. 그러나 그때는 독일군은 가담하지 않았죠. 그렇죠, 하고 나도 맞장구쳤다. 그러나 틀림없이 놈들은 그런 짓은 하지 않을걸. 너무도 단순한 작전이니까, 놈들은 좀더 복잡한 작전을 해서 보기 좋게 끝장나 버리겠지, 이젠 가야겠습니다, 하고 나는 일어섰다. 병원으로 돌아가야 합니다. "그럼 안녕히"하고 그는 작별 인사를 했다. 그 다음 퍽 쾌활한 목소리로, "행운을 비오!" 하고 덧붙였다. 그의 비관적인 세계관과 개인적인 쾌활함이 꽤나 대조적이었다.

나는 이발소에 들러 면도를 한 다음 병원으로 돌아왔다. 다리는 이제 오랫동안 걸어다녀도 견딜 수 있을 만큼 좋아졌다. 마침 3일 전에 검사를 받았다. 오스페달레 마죠레에서 전반적인 치료가 끝나기까지는 아직도 며칠 남아 있었다. 나는 절룩거리지 않도록 연습하면서 뒷골목을 걸어가는데, 노인 하나가 아케이드 아래서 그림자 그림을 도려내고 있었다. 나는 걸음을 멈추고 그것을 구경했다. 젊은 여자 두 명이 포즈를 취하고 있었다. 노인은 머리를 한쪽으로 갸우뚱 숙이고는 여자들을 쳐다보면서 매우 빠른 솜씨로 가위를 놀리며, 두 사람이 함께 붙은 그림을 도려 나갔다. 젊은 여자들은 낄낄거리고 웃었다. 노인은 완성된 그림을 내게 보여주더니, 그것을 흰 종이에 붙여 젊은 여자들에게 주었다.

"아름답죠? 하나 어떻습니까, 중위님?"

젊은 여자들은 자기들의 그림자 그림을 보고 웃으면서 가 버렸다. 귀엽게 생긴 여자들이었다. 그 가운데 한 명은 병원에서 길 하나 건너 있는 주점에서 일하고 있었다.

"나도 하나 해볼까요?"

"모자를 벗으세요."

"아니, 쓴 채로 해주십시오."

"그러면 그렇게 깨끗하겐 안 됩니다." 그러더니 갑자기 표정이 밝아지면서 말했다. "아니다, 모자를 쓰는 것이 더 군인답겠네."

그는 까만 종이를 자른 다음, 두꺼운 종이 두 장을 따로따로 떼어 대지에다 프로필 두 개를 붙여서 나에게 주었다.

"얼맙니까?"

"그만두십시오." 노인은 손을 흔들었다. "선생님께 그냥 하나 만들어 드리는 겁니다."

"받으세요." 나는 동전을 몇 개 꺼냈다. "기분 문제니까."

"그만두십시오. 심심풀이로 만든 것이니까요. 선생님의 여자분에게 드리세요."

"고맙습니다. 자, 그럼 또."

나는 병원 쪽으로 걸어갔다. 편지가 몇 통 와 있었다. 사무적인 편지 한 통과 그 밖의 몇 통이었다. 3주간의 병후 요양 휴가를 보낸 뒤에 전선으로 돌아오라는 것이었다. 몇 번이나 주의 깊게 그 편지를 읽어 보았다. 그렇게 결정된 것인가! 병후 요양 휴가는 내 치료가 끝나는 10월 4일부터 시작된다. 3주일이면 21일간이다. 그러면 그것은 10월 25일이다. 나는 병원 사람에게 잠시 나갔다 오겠다고 말한 다음, 병원에서 조금 떨어진 곳에 있는 식당으로 저녁을 먹으러 갔다. 테이블에 앉아 편지와 〈코리에레 델라세라〉 신문을 읽었다. 할아버지에게서 온 편지도 있었다. 가족의 근황과 애국적인 격려의 말, 그리고 200달러의 송금 수표와 오려낸 신문 조각이 몇 장 들어 있었다. 식당 친구인 신부로부터의 따뜻한 편지도 있었다. 또 조종사로 프랑스 군에 있는 친구로부터의 편지. 이 사나이는 거친 사람들 틈에 끼여 있다면서 그 이야기를 적어 보냈다. 그리고 리날디로부터의 단신에는, 언제까지 밀라노에서 빈둥거리고 있을 셈인지 그쪽 소식을 전부 알리라고 써 있었다. 그리고 돌아올 때는 레코드판을 사 가지고 오라고 하면서 그 목록을 적어 놓았다. 나는 식사를 하면서 키안티 작은 병 하나를 마셨고, 식사를 끝내고는 커피와 함께 코냑을 한 잔 더 마셨다. 그런 뒤 신문을 죄다 읽고, 편지를 주머니에 넣고 신문과 팁을 탁자 위에 놓은 다음 밖으로 나왔다.

병원의 내 병실로 돌아와서 옷을 벗고 파자마와 가운으로 갈아입은 다음, 발코니로 향해 열려 있는 문에 커튼을 치고 침대에 걸터앉아 마이어스 부인의, 이른바 병원 아들들에게 놓고 간 신문꾸러미에서 보스턴 신문을 꺼내서 읽었다. 시카고 화이트삭스가 아메리칸리그에서 우승했고, 뉴욕 자이언츠가 내셔널리그에서 선두를 지키고 있었다. 베이브 루스가 당시 보스턴의 투수였다. 신문은 따분하고, 진부한 지방 소식만을 전하고 있었다. 전쟁 기사는 새로운 것이라곤 하나도 없고 훈련소에 관한 것뿐이었다. 훈련소에 가지 않아서 다행이라고 생각되었다. 읽을 만한 것이라곤 고작 야구 기사 정도였는데, 사실 나는 그런 것에는 조금도 흥미가 없었다. 그 많은 신문을 도저히 전부 흥미를 가지고 읽을 수는 없었다. 모두가 시기를 놓친 기사들뿐이었지만, 나는 잠시 그것을 읽었다. 미국은 정말로 참전할 것인가, 메이저리그는 중지되고 말 것인가? 설마 그럴 리는 없겠지. 밀라노에도 아직 경마가 계속되고 있을 정도니까, 그다지 전쟁이 심해질 리는 없겠지. 프랑스에서는 경마가 중지되었다. 우리들이 걸었던 자팔라크라는 말은 프랑스에서 온 말이었다. 캐서린은 9시가 되어서야 야근을 시작했다. 그녀의 근무 시간이 되자 이내 복도로 걸어가는 소리가 들리더니, 곧이어 지나가는 그녀 모습이 한 번 슬쩍 보였다. 그녀는 다른 병실을 쭉 둘러보고서 맨 마지막으로 내 병실로 왔다.

"늦었죠." 그녀가 말했다. "할 일이 많아서. 어때요, 기분은?"

나는 신문 이야기, 편지 이야기, 휴가 이야기 등을 말했다.

"잘됐네요. 어디로 가고 싶으세요?"

"가고 싶은 데가 없소. 그냥 여기 그대로 있고 싶어."

"바보 같은 소리. 갈 곳을 정하셔야지 나도 따라갈 거 아녜요."

"가능하겠소?"

"모르죠. 그러나 어떻게든 해야죠."

"당신 꽤 용감한데."

"그런 말 말아요. 하지만 잃을 게 없다면, 인생이란 그다지 다루기 어려운 건 아니에요."

"그건 또 무슨 말이오?"

"아무것도 아니에요. 단지 이제까지는 큰 장애처럼 생각했던 것이 이제는 무엇 때문에 조그맣게 보이는 걸까 하고 생각하고 있을 뿐이에요."

"아무래도 난 힘들 것만 같은데."

"천만에요, 안 그래요. 정 힘들다면 도망쳐 버리죠, 뭐. 하지만 그렇게까지는 안 될 거예요."

"어디로 가지?"

"어디든. 당신이 원하는 곳이라면 어디든. 아는 사람이 없는 곳이라면 어디라도 괜찮아요."

"정말 괜찮겠소?"

"네, 어디든 좋아요."

그녀는 마음이 설레며, 이상하게 긴장하는 듯했다.

"왜 그래, 캐서린?"

"괜찮아요."

"아냐, 그렇지 않아."

"아녜요. 아무렇지도 않아요. 정말 아무렇지도 않아요."

"얼굴에 적혀 있는데, 말해 봐. 얘기 못할 게 어딨소?"

"아무것도 아니에요."

"말해 봐."

"말하고 싶지 않아요. 당신을 우울하게 하거나 걱정을 끼쳐 드릴 것 같아서."

"아냐, 그럴 리는 없어."

"정말이에요? 난 아무렇지도 않지만, 당신이 걱정하시지나 않을지?"

"당신이 괜찮다면 나도 괜찮아."

"말하고 싶지 않아요."

"말을 해봐."

"꼭 말해야만 해요?"

"그럼."

"아이가 생겼나 봐요. 한 석 달 정도 됐어요. 당신 걱정되시죠? 제발 걱정 마세요. 걱정 같은 거 해서는 안 돼요."

"걱정은 무슨."

"정말 괜찮아요?"

"물론이지."

"난 별짓을 다 해봤어요. 별걸 다 마셔 봤지만 조금도 효과가 없었어요."

"난 걱정 안 해."

"달리 방법이 없었어요. 하지만 난 이젠 걱정하지 않아요. 당신도 걱정하거나 불쾌한 생각을 가져서는 안 돼요."

"걱정되는 건 당신뿐이오."

"저런, 그럼 안 돼요. 사람에게 아이가 생기는 건 당연한 일이니까. 모두 아이를 낳잖아요. 아주 자연스러운 일이에요."

"당신은 참 멋진 사람이야."

"뭘요, 하지만 정말 당신 걱정해서는 안 돼요. 당신을 곤란하게 하지 않을 테니. 전에 이미 당신을 곤란하게 했지만. 그건 나도 알아요. 하지만 지금까지 전 좋은 여자였잖아요. 이런 거 당신은 조금도 모르셨죠?"

"응."

"앞으로도 그럴 거예요. 그러니까 당신은 걱정 마세요. 벌써 걱정하고 계시죠? 걱정 마세요. 걱정할 필요 없어요. 한잔하실래요? 한잔하시면 늘 기운이 나잖아요."

"괜찮아, 안 마실 테야. 난 전혀 걱정하지 않아. 당신은 정말 멋진 여자야."

"그렇진 않아요. 하지만 우리가 갈 곳을 딱 정해 주신다면, 같이 갈 수 있도록 모든 준비를 다 할게요. 10월이니까 참 좋은 계절이에요. 우리들 참 재미있을 거예요. 그리고 당신이 전선에 나가 계신 동안 내가 매일 편지를 쓸게요."

"당신은 어디로 갈 작정이오?"

"아직 모르겠어요. 하지만 어딘지 좋은 곳으로 가고 싶어요. 그런 데를 찾아볼 작정이에요."

우리 사이에는 잠시 침묵이 흘렀다. 캐서린은 침대 위에 걸터앉아 있었고, 나는 그녀를 바라보고 있었다. 그러나 서로 몸에 손을 대지는 않았다. 우리는 누가 안으로 갑자기 들어왔을 때 쑥스러운 기분이 들 만한 정도의 거리를 유지하고 있었다. 그녀가 손을 뻗쳐 내 손을 잡았다.

"화나신 거 아니죠?"

"천만에."

"올가미에 걸렸다고 생각되지 않으세요?"

"약간은. 그러나 당신 때문은 아니야."

"누가 내 올가미에 걸려들었대요? 바보 같은 소리 마세요. 다만 그냥 올가미에 걸려들었다는 걸 말한 것뿐이에요."

"생리학적인 의미에서 대개 올가미에 걸려들었다는 느낌이 드는 거요."

손을 놓지도, 움직이지도 않은 채 그녀의 마음은 먼 곳을 향하고 있었다.

"그 '대개'라는 말이 어째 듣기 좋은 말은 아닌데요."

"미안해."

"괜찮아요. 그러나 난 아직 아이를 낳아 본 적도, 누구를 사랑해 본 적도 없어요. 난 당신이 바라는 여자가 되려고 애썼어요. 그런데 '대개'라는 말을 함부로 쓰시는군요."

"혀를 잘라 버릴까?" 나는 거듭 사과했다.

"아이 당신도 참." 그녀는 제정신으로 되돌아왔다. "내가 한 말에 너무 신경 쓰지 마세요."

우리는 또다시 하나로 합쳐지고, 거북함은 사라졌다.

"우리는 하나예요. 그러니까 고의로 서로 오해해서는 안 돼요."

"오해는 무슨 오해."

"그러나 세상 사람은 안 그래요. 서로 사랑하면서도 고의로 오해하고 싸우고 해서, 이내 둘로 나뉘는 거예요."

"우리는 절대 안 그럴 거야."

"그래요. 단지 우리 둘뿐이니까요. 세상 사람은 전부 남이에요. 만일 우리들 사이에 빈틈이 생기면 이미 그 길로 끝이에요, 세상에 지고 마는 거예요."

"세상에 지긴 왜 져. 당신은 용감해. 용감한 사람에겐 아무 일도 일어나지 않는 법이야."

"하지만 죽음은 피할 수 없어요."

"그러나 꼭 한 번뿐이지."

"그럴까요? 누가 그런 말을 했죠?"

"비겁자는 천 번 죽지만, 용자는 오직 한 번뿐(정확히는 "비겁자는 죽기 전에 여러 번 죽는다. 용자는 죽음의 맛을 단 한 번만 본다." 셰익스피어 《율리우스 카이사르》 중 카이사르의 말)—이랬던가?"

"그래요, 누구 말이죠?"

"몰라."

"그 사람 틀림없이 비겁자였을 거예요. 비겁자에 관한 것은 잘 알고 있으면서도 용자에 관한 것은 아무것도 몰라요. 머리가 좋은 용자라면 아마 2천

번은 죽을 거예요. 다만 그걸 말하지 않았을 뿐이에요."

"난 모르겠소. 용감한 사람의 머릿속은 그렇게 쉽게 알 수 있는 게 아니니까."

"그건 그래요. 그러니까 용감하겠지요."

"당신은 그 방면엔 권위자구려."

"그래요. 난 그런 말 들을 만한 가치는 있어요."

"당신은 용감해."

"천만에요. 하지만 그렇게 되고 싶어요."

"난 틀렸어. 하지만 난 내가 어느 정도의 사람인지는 잘 알고 있어. 그 만큼의 경험은 있으니까. 타율이 2할 3푼으로, 그 이상은 칠 수 없다는 걸 알고 있는 야구 선수와 마찬가지로."

"타율이 2할 3푼인 선수란 무슨 말이에요? 무척 인상적인 말로 들리는데요."

"천만에. 그건 야구에선 아주 평범한 타자야."

"하지만 역시 타자는 타자군요." 그녀는 나를 치켜세웠다.

"암만 해도 우리는 둘 다 자존심이 강한가 보군. 그렇지만 역시 당신은 용감해."

"아니에요. 그렇게 되기를 원하긴 하지만."

"자, 그럼 둘 다 용감하다고 해 둡시다. 그리고 난 한잔 들어가면 참 용감해지거든."

"우리 같은 사람은 별로 없죠." 그녀는 옷장으로 가서 코냑과 유리잔을 하나 가지고 왔다.

"한잔하세요, 당신은 정말 훌륭한 사람이에요."

"마시고 싶지 않은데."

"한 잔만."

"그러지." 나는 유리잔에 코냑을 3분의 1쯤 따라서 쭉 마셨다.

"대단한데요, 마시는 폼이. 브랜디는 용자가 마시는 거라죠? 그러나 당신은 도를 넘으면 안 돼요."

"전쟁이 끝나면, 우리 어디서 살까?"

"양로원에서라도. 난 요 3년 동안, 마치 어린애처럼 전쟁이 크리스마스

날 끝나 주었으면 하고 기도해 왔어요. 그러나 이젠 우리 아들이 해군 소령이 될 때까지 기다리는 것으로 해야겠어요."

"어쩌면 육군 대장이 될지도 모르지."

"백년전쟁이라도 되면, 해군과 육군, 다 할 수도 있지."

"한잔 안 하겠소?"

"싫어요. 술을 마시면 당신은 언제나 즐거워지지만 난 어지러워질 뿐이에요."

"브랜디는 마셔본 적이 없소?"

"없어요. 나는 사실 대단한 구식 아내예요."

나는 마루로 손을 뻗쳐 병을 들고는 또 한 잔 따랐다.

"당신 전우들을 한번 돌아보고 오는 게 좋겠어요. 돌아올 때까지 신문이라도 읽고 계세요."

"가 봐야만 하나?"

"지금 가지 않으면 나중에 가야 해요."

"그럼, 지금 갔다 와요."

"좀 이따 올게요."

"그때까지 신문이나 읽어야지."

22

그날 밤, 날씨가 갑자기 쌀쌀해지더니 다음날은 비가 내렸다. 오스페달레 마죠레로부터 돌아오는 길에 억수같이 비가 퍼부었으므로, 병원에 도착했을 때는 온몸이 흠뻑 젖었다. 위층 병실로 올라오자 바깥 발코니에 비가 퍼부으며 바람이 유리문에 비를 몰아쳤다. 옷을 갈아입고 브랜디를 마셨지만 조금도 맛이 없었다. 밤에 몸이 좀 좋지 않더니 다음날 아침 식사를 마치고 나자 토할 것만 같았다.

"역시." 병원 외과의사가 말했다. "이 사람 흰자위를 좀 보시오."

게이지 양이 들여다보았다. 그들은 나에게 거울을 보여 주었다. 흰자위가 누런빛을 띠고 있었다. 황달이었다. 나는 2주일동안 몸져누웠다. 그 때문에 캐서린과 보낼 휴가 계획도 취소되었다. 우리는 마죠레 호반의 팔란차로 갈 계획이었다. 가을 단풍이 들 무렵이면 그곳 경치는 여간 아름답지 않다. 산책할 수도 있고 호수에 배를 띄우고 송어 낚시질도 할 수 있다. 스트레사에 비하면 팔란차에는 사람들이 그리 많이 몰리지 않아서 좋다. 스트레사는 밀라노에서 쉽게 갈 수 있어서 늘 아는 사람들을 만난다. 팔란차에는 경치가 좋은 마을도 있고, 어부들이 살고 있는 섬까지 배를 타고 갈 수도 있고, 제일 큰 섬에는 식당까지 있었다. 그러나 우리는 그곳에 가지 못했다.

황달로 누워 있던 어느 날 벤 캠펜 양이 병실로 들어와서 옷장 문을 열어 보고는 빈 병을 찾아냈다. 나는 짐꾼더러 빈 병을 한 아름 아래층으로 날라 가게 했는데, 그녀는 그것을 보고서 아직도 빈 병이 더 있으리라고 짐작하고 찾으러 올라왔음에 틀림없었다. 그것은 대부분 베르무트 병, 마르살라 병, 카프리 병, 휴대용 키안티 병, 그리고 몇 개의 코냑 병들이었다. 짐꾼은 우선 베르무트가 들어 있던 큰 병과 짚으로 싼 키안티 병을 날라 갔는데, 브랜디 병만은 나중에 갖고 가려고 남겨 둔 것이었다.

벤 캠펜 양이 찾은 것은 이 브랜디 병과 퀴멜주가 들어 있는 곰처럼 생긴 병이었다. 곰처럼 생긴 병이 특히 그녀를 화나게 만들었다. 그녀는 그것을 집어 들었다. 곰은 앞발을 쳐들고 주저앉아 있고, 병의 주둥이에는 코르크 마개가 끼여 있으며, 밑바닥에는 끈적끈적한 결정이 좀 남아 있었다. 나는 그만 웃고 말았다.

"그건 퀴멜주입니다. 최고급 퀴멜주는 그러한 곰 모양의 병에 들어 있습니다. 러시아산이죠."

"여기 있는 건 전부 브랜디 병이죠?" 벤 캠펜이 물었다.

"여기서 다 보이지는 않지만 아마 그럴 겁니다."

"언제부터 그런 거죠?"

"내가 직접 사 가지고 왔습니다. 이탈리아 장교들이 가끔 와서 그 친구들에게 대접하려고 놔 둔 겁니다."

"당신은 마시지 않았겠죠?"

"나도 마셨죠."

"브랜디를요? 브랜디를 열한 병이나 비우고 저 곰 술까지?"

"퀴멜주라니까요."

"사람을 불러서 전부 치우도록 하겠어요. 빈 병은 이게 전부인가요?"

"네, 지금은요."

"그런 걸 모르고 난 황달에 걸린 걸 불쌍하게 생각하고 있었군요. 당신을 동정하다니, 쓸데없는 짓을 했군요."

"고맙소."

"전선으로 돌아가고 싶지 않다는 기분은, 그 자체는 비난할 수 없을지도 모르죠. 하지만 좀더 좋은 방법이 있을 법한데요. 알코올 중독 같은 것으로 황달에 걸리는 것보다는."

"뭘로요?"

"알코올 중독 말이에요. 안 들리세요?" 나는 잠자코 있었다. "황달이 나으면 뭔가 다른 수를 쓰지 않는 한, 다시 전선으로 돌아가야만 하죠. 일부러 황달에 걸린다면 다른 병이 또 생기지 않는 한 병후 요양 휴가를 받을 자격도 없다고 생각돼요."

"그렇습니까?"

"그렇고말고요."

"당신은 지금까지 황달에 걸려 본 적이 있소, 벤 캠펜?"

"없어요. 하지만 황달은 지겹도록 봐 왔어요."

"그래서 환자들이 황달에 걸려 좋아하는 것처럼 보입디까?"

"전선보다는 그게 나을 테니까요."

"벤 캠펜 양!" 내가 소리를 질렀다. "당신은 자기 불알을 냅다 걷어차서 병역을 면제받으려 한 사람이 있다는 걸 알고 있습니까?"

밴 캠펜 양은 이 질문 자체를 못 들은 척했다. 못 들은 척하거나 방을 나가거나, 이 둘 중의 하나밖에 딴 도리가 없는 것이다. 이 여자는 나갈 생각은 아예 없었다. 이 여자는 처음부터 나를 싫어했는데, 이제야말로 그 앙갚음을 할 아주 좋은 기회라고 생각하고 있었기 때문이다.

"나는 전선에서 도망치고 싶은 나머지 일부러 다치는 사람을 많이 봤습니다."

"그런 걸 묻는 게 아닙니다. 나도 고의로 부상당한 사람을 봐서 알고 있습니다. 내가 듣고 싶은 건, 자기 불알을 걷어차서 병역을 면제받으려 한 사람을 당신은 알고 있느냐 말입니다. 왜 그런고 하니, 그것은 황달에 가장 가까운 고통이며, 또 우선 여자가 경험해 본 일이 없는 고통일 테니까요. 그래서 당신에게 황달에 걸린 적이 있었느냐고 물어본 겁니다. 벤 캠펜 양, 그 까닭은……."

벤 캠펜 양은 부랴부랴 방을 나가 버렸다. 조금 있다가 게이지 양이 들어 왔다.

"대체 벤 캠펜 양에게 뭐라고 하셨어요? 골이 잔뜩 났던데요."

"인간의 여러 감각을 비교했죠. 당신은 한 번도 아이를 낳은 적이 없지 않냐고 말하려고 했는데……."

"대위님은 어리석으시네요. 그 사람, 대위님에게 복수를 하려고 단단히 벼르고 있어요."

"완전히 당하고 말았군. 휴가도 그만 엉망이 되었고 어쩌면 날 군법회의 에다 회부하려 할지도 모르지. 야비한 여자 같으니라고."

"저 사람은 처음부터 선생님을 싫어했어요. 이번에는 뭐가 문제예요?"

"내가 전선에 가기 싫어서 술을 마시고 일부러 황달에 걸렸다잖아요."

"그런 거라면 선생님은 한 잔도 안 했다고 내가 증언해 드리죠. 누구나 다 선생님이 술 같은 건 조금도 안 마셨다고 증언해 드릴 거예요."

"근데 병을 이미 들켜버렸는데."

"빈 병을 치워 버린다고 내가 몇 번이나 그러지 않았어요 글쎄. 빈 병 어딨어요, 지금?"

"옷장 속에."

"여행 가방 가지고 계세요?"

"없어요. 저 배낭 속에다 넣어 주구려."

게이지 양이 빈 병을 배낭 속에다 처넣었다. "내가 수위에게 맡길 테니까." 그녀는 문 쪽으로 걸어갔다.

"잠깐." 벤 캠펜 양의 목소리였다. "그 병은 내가 갖고 가죠." 그녀는 이미 그 수위를 데리고 와 있었다. "이걸 날라 가세요. 보고서를 만들 때 이걸 의사 선생님에게 보이려고 하니까."

그녀는 복도를 걸어 내려갔다. 수위는 배낭을 가지고 갔다. 그는 안에 무엇이 들어 있는가를 알고 있었다.

그러나 내가 휴가를 잃은 것 말고는 별다른 일은 없었다.

23

전선으로 돌아가기로 된 그날 밤, 나는 토리노로부터 오는 기차의 좌석 하나를 확보하려고 수위를 역으로 보냈다. 심야의 0시발 기차였다. 토리노에서 출발하여 밤 10시 반에 밀라노에 도착해, 발차 시각까지 역에서 대기하는 것이다. 좌석을 확보하려면 도착 시간까지 역에 나가 있어야만 한다. 수위는 친구 하나를 데리고 갔다. 양복점에서 일하고 있는 기관총수로 휴가 중인 사람이었다.

둘이 가면 좌석 하나쯤은 문제없다고 수위는 확신했다. 나는 그들에게 표 살 돈을 주고, 짐을 가져가게 했다. 큰 배낭 하나와 가죽 가방 두 개였다.

오후 5시쯤 병원 사람들에게 인사를 하고 밖으로 나왔다. 수위는 벌써 내 짐을 자기 방으로 갖다 놓았으며, 나는 그에게 12시 조금 못 돼서 역으로 나가겠다고 말했다. 그의 아내는 나를 '나리님'이라고 부르며 눈물을 흘렸다. 눈물을 닦고 나와 악수를 하고는 또 울었다. 나는 그녀의 어깨를 가볍게 두드려 주었다. 그랬더니 또 한 번 울었다. 그녀는 이제까지 내 옷을 수선해 주었는데, 키가 아주 작고 통통하고 머리가 흰, 쾌활한 여자였다. 지금처럼 울 때는 얼굴 전체가 쭈글쭈글해졌다. 나는 술집이 있는 모퉁이까지 간 다음, 안으로 들어가서 창밖을 내다보며 기다리고 있었다. 밖은 컴컴하고 춥고 안개가 자욱했다. 그라파와 커피 값을 치르고는, 창에서 비치는 불빛으로, 거리를 지나가는 사람들을 내다보았다. 캐서린이 보여 창을 똑똑 두드렸더니 그녀가 나를 돌아보며 생긋 웃었다. 나는 밖으로 나가 그녀에게 갔다. 그녀는 진한 남색 케이프에 부드러운 펠트 모자를 쓰고 있었다.

우리는 어깨를 나란히 하고 걸었다. 거리 옆으로 나란히 서 있는 몇 채의 술집을 지나 시장을 가로지른 다음, 거리를 올라가 아치를 통과해 사원 앞 광장으로 향했다. 전차 선로 너머로 사원이 보였다. 사원은 안개 속에서 하얗게 젖어 있었다. 우리는 전차 선로를 지났다. 왼쪽에는 창마다 불이 환히 켜진 상점들이 즐비했고, 갈레리아로 들어가는 입구가 있었다.

광장에는 안개가 자욱이 끼어 있었다. 사원 앞쪽으로 다가가자, 사원이 매우 커 보였으며 벽의 돌들은 젖어 있었다.

"들어가 볼까?"

"싫어요." 캐서린이 말했다. 우리는 그냥 그대로 앞으로 걸어갔다. 앞쪽에 돌로 된 낮은 벽 그늘에 군인 하나가 애인과 나란히 서 있었다. 우리는 그 앞을 지나갔다. 그들은 벽에 기댄 채, 남자가 자기 망토로 여자를 꼭 싸 안고 있었다.

"우리와 비슷하군."

"우리와 같은 사람이 어디 있겠어요?" 캐서린이 말했다. 행복하다는 의미로 한 말은 아니었다.

"저 두 사람, 어디 갈 곳이 있으면 좋겠군."

"갈 곳이 있다 해도 그들에겐 아무 소용없을지 모르죠."

"설마 그럴라고. 누구나 어딘지 갈 곳이 없으면 안 되지."

"저들에겐 이 교회가 있잖아요."

우리는 그 사원을 지나고 있었다. 광장을 가로지른 다음, 뒤돌아 사원을 쳐다보았다. 안개 속에 잠겨 아름다웠다. 우리는 가죽 제품 상점 앞에 서 있었다. 진열장에는 승마화, 배낭, 스키화 등이 있었는데, 일정한 간격을 두고 물건이 진열되어 있었다. 한복판에 배낭, 한쪽에 승마화, 그 반대쪽에 스키화. 가죽은 오랫동안 사용한 안장처럼 꺼멓게 때가 묻어 있었고, 기름으로 반들거렸다. 윤이 안 나는 기름을 바른 가죽이 전등 빛에 환히 빛나고 있었다.

"언젠가 스키를 타러 가지."

"이제 두 달만 지나면 뮈렌에서 스키를 탈 수 있겠군요."

"거기로 갈까?"

"좋아요." 우리는 다른 진열장 앞을 지나 샛길로 들어섰다.

"이 길은 처음인데요."

"내가 병원에 갈 때마다 다니던 길이오."

좁다란 길에서 우리는 오른쪽으로 붙어서 걸었다. 많은 사람이 안개 속을 걸어가고 있었다. 즐비한 상점의 창마다 불이 켜져 있었다. 어떤 진열장 하나를 들여다보니, 치즈가 수북이 쌓여 있었다. 나는 총포상 앞에서 걸음을 멈췄다.

"잠깐 들어가지. 총을 한 자루 사야겠어."

"무슨 총을?"

"권총."

우리는 안으로 들어갔다. 빈 권총집이 달린 혁대를 풀어 카운터 위에 놓았다. 카운터엔 여점원이 두 명 있었다. 그들이 권총을 몇 자루 내놓았다.

"여기 맞아야 하는데." 나는 권총집을 열었다. 회색 가죽 권총집으로, 거리에 나갈 때 착용하기 위해 중고로 산 것이었다.

"좋은 권총이 있을까요?" 캐서린이 물었다.

"총들이 거의 비슷하군. 한번 시험해 봐도 좋소?" 나는 점원에게 물었다.

"여긴 지금 사격장이 없는데요." 여점원의 대답이었다. "하지만 이건 퍽 좋은 거예요. 안 맞을 리가 없어요."

나는 찰칵 소리를 내며 방아쇠를 잡아당겨 보았다. 스프링이 좀 강했지만 느낌이 좋았다. 조준을 맞춰서 한 번 더 찰칵 당겨 보았다.

"이건 중고품인데요." 여점원이 말했다. "사격을 잘하시는 어느 장교님이 가지고 계시던 거예요."

"여기서 팔았나요?"

"네."

"어떻게 해서 그게 또 이리로 굴러 들어왔담?"

"그분 당번병이 가져왔어요."

"내가 예전에 갖고 있던 것도 여기 있을지 모르겠군. 그런데 이건 얼마요?"

"50리라입니다. 아주 싼 편이죠."

"그럼 이걸 주시오, 예비 삽탄자(插彈子) 두 개와 실탄 한 상자도 같이."

그녀는 카운터 아래에서 다 꺼냈다.

"군도(軍刀)는 필요 없으세요? 중고지만 아주 싼 게 한 자루 있는데요."

"나는 전선으로 가는 길이오."

"네, 그럼 군도는 소용없으시겠군요."

나는 실탄과 권총 값을 치르고 탄창에 탄알을 재서 그것을 먼저 자리에 돌려놓고 권총을 권총집에 넣고, 예비 삽탄자에 탄알을 재서 그것을 권총집 위에 붙어 있는 가죽 홈에 끼워서 혁대에 달았다. 권총은 묵직했는데, 규정 권총을 살 걸 그랬나 보다 하고 조금은 후회했다. 필요한 탄알은 언제든지 구할 수 있었기 때문이다.

"자, 이걸로 이제 완전 무장이 끝났군." 나는 마음이 가벼워졌다. "이것만은 잃어버리지 말아야지. 전에 것은 병원에 오는 도중에 누가 훔쳐 갔거든."

"그거 좋은 권총이면 좋을 텐데요." 캐서린이 말했다.

"또 그 밖에 필요하신 물건은?" 여점원이 물었다.

"없을 것 같은데."

"그 권총에는 끈이 달려 있습니다."

"알고 있소."

여점원은 또 무엇을 팔고 싶어했다.

"호각은 필요하지 않으세요?"

"필요 없소."

여점원은 인사를 했고, 우리는 밖으로 나왔다. 캐서린이 진열장 안을 기웃거리자 여점원이 밖을 내다보며 인사했다.

"조그만 거울이 여러 개 박힌 저 나무는 어디에 쓰는 거예요?"

"새들을 유인하는 데 쓰는 거야. 그걸 들판에 가지고 나가서 빙빙 돌리면 종달새들이 그걸 보고 나오는 거야. 그렇게 나온 새들을 이탈리아 사람들이 총으로 쏘는 거지."

"이탈리아 사람들은 머리가 참 좋네요. 미국에선 종달새를 쏘지 않죠?"

"특별한 경우 외에는 쏘지 않지."

우리는 거리를 가로질러가서 반대편 길을 걸었다.

"기분이 조금 좋아졌어요." 캐서린이 말했다. "나올 때는 우울했는데."

"같이 있으면 우울함 따위는 싹 사라지지."

"우리는 늘 같이 있게 되겠죠, 네?"

"그렇지. 12시에 내가 떠난다는 것만 빼놓으면."

"지금은 그런 거 생각하지 말아요."

우리는 거리를 그대로 걷고 있었다. 안개 때문에 가로등 불빛이 누렇게 보였다.

"당신 피곤하지 않으세요?" 캐서린이 물었다.

"당신은?"

"난 괜찮아요. 걷는 게 재미나요."

"그러나 너무 많이 걷진 맙시다."

"네."

우리는 샛길로 구부러져 걸어갔는데, 나는 걸음을 멈추고는 캐서린에게 키스를 했다. 키스를 하는 동안 내 어깨에 그녀의 손이 와 닿는 것을 느꼈다. 그녀가 내 망토를 자기 쪽으로 잡아당겨 우리는 망토 속에 싸이고 말았다. 우리는 높은 벽에 기댄 채 거리에 서 있었다.

"어디 다른 데로 갈까?"

"네, 그래요."

그 거리를 따라 그대로 가니까, 한쪽이 수로로 되어 있는 넓은 길이 나왔다. 수로 건너편에는 벽돌담으로 둘러싸인 건물이 있었다. 길 아래로 전차가 다리를 건너가는 것이 보였다.

"저 다리까지 가면 마차를 하나 붙잡을 수 있겠지." 내가 말했다. 안개에 싸인 다리 위에 서서 마차를 기다리고 있었다. 전차가 몇 대 지나갔는데, 모두가 집으로 가는 사람들로 만원이었다. 조금 있다가 마차가 한 대 왔는데, 사람이 타고 있었다. 안개는 비로 변해 가고 있었다.

"걸어가든지 전차를 타든지 해야겠어요." 캐서린이 말했다.

"이제 곧 마차가 오겠지, 마차는 전부 여길 통과하니까."

"아, 오네요."

마부는 말을 세우고, 미터기에 붙은 금속판을 내렸다. 마차는 덮개로 위가 가려져 있었고, 마부 저고리는 물방울로 약간 젖어 있었다. 광택이 나는 모자도 비에 젖어서 반짝였다. 우리는 나란히 앉아 자리에 푹 파묻혔다. 휘장 때문에 자리는 어두컴컴했다.

"어디로 가라고 하셨죠?"

"역으로 갑시다. 그 역 건너편에 호텔이 하나 있는데, 거기로 갑시다."

"이대로 그냥 가도 괜찮을까요, 짐도 안 가지고?"

"괜찮아."

비 내리는 샛길을 여러 개 지났다. 역까지는 꽤 멀었다.

"저녁은 어떻게 할까요?" 캐서린이 물었다. "나 배고파요."

"호텔 방에서 먹도록 하지."

"입을 게 아무것도 없어요. 잠옷도 없는걸요."

"하나 사지 뭐." 나는 마부에게 말했다. "만조니 길가로 나가서, 그 거리를 죽 갑시다."

마부는 고개를 끄덕이고는 다음 모퉁이에서 왼쪽으로 구부러져 들었다.

큰 거리로 나가자 캐서린은 연방 상점을 찾았다.

"저기 하나 있어요." 내가 마부에게 마차를 세우게 하자, 캐서린은 마차에서 내려 보도를 건너 상점 안으로 들어갔다. 나는 마차에 깊숙이 파묻힌 채 그녀를 기다렸다. 비가 죽죽 내리고 있었다. 젖은 거리의 냄새, 빗속에서 김이 무럭무럭 나는 말의 냄새. 그녀가 포장된 물건을 안고 돌아와 마차에 앉자, 마차는 다시 움직이기 시작했다.

"무척 비싼 거예요." 그녀가 말했다. "하지만 아주 멋진 잠옷이에요."

호텔에 도착하자 나는 캐서린더러 그대로 마차 안에 있으라고 하고는, 안으로 들어가서 지배인에게 빈방이 있느냐고 물었다. 방은 많이 비어 있었다. 마차로 되돌아와서 마부에게 돈을 치른 다음 캐서린과 함께 호텔로 들어갔다. 금단추가 달린 제복을 입은 몸집이 작은 보이가 캐서린이 들고 있던 것을 날라다 주었다. 지배인이 머리를 숙여 인사를 하며 엘리베이터로 안내했다. 엘리베이터는 빨간 플러시 천과 놋쇠가 많이 사용되어 있었다. 지배인도 엘리베이터를 타고 같이 올라왔다.

"두 분 모두 방에서 식사를 하시겠습니까?"

"네. 메뉴를 올려 보내 주시오."

"무슨 특별한 요리가 필요하시겠죠, 산새 요리라든지 수플레(달걀 흰자에 우유나 크림을 섞어서 거품을 일게 하여 구운 요리)라든지?"

엘리베이터는 한 층마다 딸각하고 소리를 내며 세 개의 층을 지나더니, 이내 또 한 번 딸각하고는 섰다.

"산새 요리라면 무엇이 있죠?"

"꿩이나 누른도요라면 있습죠."

"그럼 누른도요가 좋겠군." 내가 말했다. 우리들은 복도를 걸어갔다. 양탄자는 닳아서 떨어져 있었다. 문이 여러 개 즐비해 있었다. 지배인이 그중 하나 앞에서 우뚝 서더니 열쇠를 돌려 문을 열었다.

"여깁니다. 멋진 방이죠."

몸집이 작은 보이가, 들고 온 것을 방 한복판에 있는 테이블 위에 놓았다. 지배인이 커튼을 젖혔다.

"밖은 온통 안개인데요"

실내는 새빨간 플러시천으로 장식되어 있었다. 거울이 여러 개 걸려 있었고, 의자가 두 개, 새틴 커버를 두른 큰 침대가 하나, 그리고 욕실로 통하는 문.

"메뉴를 올려 보내겠습니다." 지배인은 이렇게 말하고서 머리를 숙이고는 나갔다.

나는 창가로 가서 밖을 내다본 다음 줄을 잡아당겨 두꺼운 플러시 천의 커튼을 쳤다. 캐서린은 침대에 걸터앉아서 컷글라스의 샹들리에를 쳐다보고 있었다. 모자를 벗어서 머리칼이 등불 밑에서 반짝이고 있었다. 그녀는 거울에 비친 자기를 들여다보며 두 손으로 머리칼을 만졌다. 나는 다른 세 개의 거울에 비친 그녀를 보고 있었다. 행복한 얼굴은 아니었다. 그녀는 망토를 침대 위에 벗어 던졌다.

"왜 그래, 당신?"

"난 이제까지 한 번도 매춘부 같다고 생각해 본 적이 없었어요."

나는 창가로 가서 커튼을 한쪽으로 밀고 밖을 내다보았다. 일이 이렇게 되리라곤 꿈에도 생각지 못했다.

"아니 누가 당신을 매춘부라고 그랬나?"

"알고 있어요. 하지만 그런 생각이 들어 기분이 나빠요." 그 목소리는 생기가 없고 딱딱했다.

"지금 들어온 호텔, 여기가 최고야."

나는 창밖을 내다보았다. 광장을 가로지른 저쪽에는 역의 전등이 깜박이고 있었다. 거리에는 마차가 몇 대 지나가고 있고 공원의 나무도 보였다. 호텔에서 새어 나온 불빛이 젖은 보도를 비쳤다. 젠장. 지금 이 마당에 말다툼을 해야 하다니?

"이리 오세요, 네?" 조금 전의 그 생기 없던 목소리와는 전혀 다른 목소리였다. "이리 오세요, 네? 다시 좋은 여자가 될게요." 침대를 바라보니, 그녀는 생긋 미소를 짓고 있었다.

나는 침대에 나란히 걸터앉아 그녀에게 키스했다.

"당신은 내 귀여운 아가씨."

"난 정말 당신 거예요."

식사를 마치자 우리는 한결 기분이 좋아지고, 둘만의 시간을 보내니 참으로 행복했다. 그리고 또 조금 있자 이곳이 우리 집처럼 느껴졌다. 이제까지 병원의 내 병실이 우리 집이었던 것과 마찬가지로, 이곳도 이제는 우리 집이 되었다.

캐서린은 식사를 하는 동안 내 군복 상의를 어깨에 걸치고 있었다. 둘 다 매우 시장했기 때문에 밥맛이 아주 좋았다. 카프리와 생테스테프 와인을 한 병씩 마셨다. 내가 거의 마셨지만, 캐서린도 얼마쯤 마셔서 그녀의 기분도 한결 좋아졌다. 식사로는 수플레 포테이토를 곁들인 누른도요 요리, 밤이 든 수프, 샐러드가 나왔고, 디저트로는 자발리오네 (달걀 노른자위, 설탕, 포도주, 향료 등을 섞어서 만든 커스터드) 가 나왔다.

"멋진 방인데요." 캐서린이 말했다. "정말 사랑스런 방이에요. 밀라노에 있는 동안 계속 여기에 있었으면 좋았을걸."

"뭔가 묘한 느낌을 주는 방이지만 나쁘진 않은데."

"나쁜 짓이란 재미난 건가 봐요. 나쁜 짓에 몰두하는 사람들은 그 방면에 머리를 쓰는 취미를 가지고 있나 봐요. 저 빨간 벨벳도, 정말 멋져요, 정말 어울려요. 그리고 거울도 하나가 아니라 여러 개 있는 게 참 매혹적이잖아요."

"요 귀여운 아가씨."

"이런 방에서 아침에 잠이 깨면 어떤 기분이 들까요? 하지만 정말 훌륭한 방이에요."

나는 생테스테프를 또 한 잔 따랐다.

"우리도 정말로 죄스러운 짓을 해보고 싶어요. 우리가 하는 짓이란 모두 소박하고 단순한 것만 같아요. 우리는 나쁜 짓이라곤 도저히 못할 것만 같아요."

"요 대단한 아가씨."

"난 다만 배가 고플 뿐이에요. 배가 고파 죽겠어요."

"요 귀엽고 단순한 아가씨."

"난 단순해요. 그걸 알아준 사람은 당신이 처음이에요."

"당신을 처음 만났을 때, 우리 둘이서 카보우르 호텔에 가면 어떨까, 만약 간다면 어떤 기분일까 하는 생각에 반나절이나 보낸 적이 있었소."

"정말 능글맞아요. 그런 걸 생각하고 계셨다니. 그런데 여긴 카보우르가 아니죠?"

"그럼, 그 호텔은 우리 같은 건 받아 주지도 않을걸."

"언젠간 받아 줄 거예요. 하지만 그게 바로 우리가 다른 점이죠. 난 아무 것도 생각하지 않았거든요."

"전혀?"

"조금은 생각했죠."

"오, 요 귀여운 아가씨."

나는 또 술을 따랐다.

"난 아주 단순한 여자예요."

"처음엔 그렇게 생각지 않았는데. 어딘가 이상한 여자라고 생각했지."

"좀 이상했어요. 하지만 당신을 애먹일 정도로 이상하지는 않았어요. 나 별로 당신을 괴롭히진 않았죠?"

"술은 정말 대단해. 나쁜 일은 모두 잊게 해준단 말이야."

"그래요. 하지만 술 때문에 우리 아버진 통풍에 걸리셨어요."

"아버지가 계셨군?"

"네, 통풍에 걸려 있어요. 아버진 안 만나도 좋아요. 당신도 아버지가 계세요?"

"없어, 의붓아버지야."

"내가 그분을 좋아하게 될까요?"

"당신은 만나지 않아도 좋아."

"너무 행복해요. 나 이제 다른 것엔 아무 흥미도 없어요. 당신과 결혼해서 참 행복해요."

보이가 들어와서 그릇을 치웠다. 얼마 지나지 않아 우리는 아무 말없이, 빗소리에 귀를 기울이고 있었다. 거리에선 자동차 경적이 울렸다.

    등 뒤에서 끊임없이 나는 듣나니
    날개 돋친 세월의 수레가
    빠르게 다가오는 것을

이렇게 나는 읊었다.

"알아요, 그 시. 마블(앤드루 마블, 1621~ 1678, 영국의 시인)의 시죠. 하지만 그건 남자와 같이 살고 싶지 않은 어떤 처녀의 마음을 읊은 시예요."

머리가 이상하게도 자꾸만 맑아져서, 나는 우리가 당면한 문제에 대해 이야기해 보고 싶었다.

"아이는 어디서 낳을 생각이오?"

"모르겠어요. 제일 좋은 데를 찾아봐야죠."

"어떻게 그 준비를 한담?"

"할 수 있는 데까지 해보죠 뭐. 걱정 안 하셔도 돼요. 전쟁이 끝날 때까지 아이를 몇이나 더 가질지도 모르죠."

"슬슬 출발할 시간이 됐네 벌써."

"그래요. 지금 가도 좋아요."

"아니, 아직."

"그렇다면 걱정 마세요. 지금까지 여유가 있었는데 갑자기 안절부절못하시네요."

"천만에, 얼마나 자주 편지를 줄 테요?"

"매일 보내죠. 군에선 편지를 검열하나요?"

"그 작자들은 편지를 압수할 만큼 영어가 능하진 못해."

"그럼 아주 까다롭게 쓸 거예요."

"너무 까다로워도 곤란한데."

"그럼 조금만 까다롭게 쓰죠 뭐."

"이젠 나가 봐야 할 것 같아."

"네, 나가요."

"애처롭구려, 즐거운 우리의 보금자리를 떠나기가."

"나도 마찬가지예요."

"그러나 할 수 없지."

"자, 나가요. 그런데 우리들, 한 번도 우리의 보금자리에서 마음 놓고 편히 쉰 적이 없네요."

"이제 쉴 때가 있겠지."

"당신이 돌아오실 때는 좋은 보금자리를 마련해 놓겠어요."

"금방 돌아오게 될 거요."

"발에 조그만 상처를 입고요, 네?"

"그렇지 않으면 귓불에라도 말이지."

"싫어요, 귀는 지금 그대로가 좋아요."

"발은 괜찮고?"

"발은 이미 다쳤잖아요."

"이젠 정말로 나가야겠소."

"알았어요, 가요. 당신이 앞장서요."

24

우리는 엘리베이터를 타지 않고 계단을 내려갔다. 계단의 양탄자도 해어져 있었다. 식사비는 그것을 가져왔을 때 이미 치러 놓았다. 식사를 날라 온 보이가 문 근처의 의자에 앉아 있었다. 그는 후다닥 일어나서 인사를 했다. 나는 그를 데리고 옆방으로 들어가서 방값을 지불했다. 지배인은 내 얼굴을 기억하고 선불을 사양했지만, 내가 방값을 지불하지 않고 나가는 일이 없도록, 문 앞에 보이를 배치해 놓는 것을 잊어버리지 않았던 것이다. 그런 일이 전에도 있었던 모양이었다. 심지어 아는 사람들조차도. 전시에는 아는 사람들이 많이 생기게 마련이다.

나는 보이더러 마차를 하나 잡아 달라고 부탁했다. 그는 내가 들고 있던 캐서린의 짐을 받아 들고, 우산을 쓰고 나갔다. 창 너머로 밖을 내다보니 그가 빗속의 거리를 건너가는 것이 보였다. 우리는 옆방에 서서 창밖을 내다보고 있었다.

"기분은 어떻소, 캐서린."

"졸려요."

"나는 어쩐지 속이 텅 빈 것 같아. 배도 고프고."

"뭐 잡수실 것 가지고 계세요?"

"응, 가방 속에."

마차가 오는 것이 보였다. 마차가 섰고, 말은 빗속에 머리를 숙이고 있었다. 보이가 마차에서 내려 우산을 펴 들고 호텔 쪽으로 걸어왔다. 우리는 문앞에서 그를 기다려 우산 속으로 들어갔다. 보도 옆에 서 있는 마차 쪽으로 젖은 길을 걸어갔다. 빗물이 힘차게 도랑 속을 흐르고 있었다.

"짐은 자리에 놔두었습니다." 보이가 말했다. 그는 우산을 펴 들고 서서 우리가 마차에 탈 때까지 비를 가려 주었다. 나는 그에게 팁을 주었다.

"고맙습니다. 즐거운 여행 되시길 빕니다."

마부가 고삐를 쳐들자 말이 움직이기 시작했다. 보이는 우산을 쓴 채 돌아서서 호텔로 걸어갔다. 얼마 동안 달리더니 마차는 왼쪽으로 구부러진 다음, 역 앞에서 오른쪽으로 돌았다. 비를 약간 가린 전등불 밑에 헌병 두 명이 서 있었다. 전등불이 그들의 모자를 비추고 있었다. 역에서 새어 나오는 불빛에 비쳐 비가 깨끗하고 투명하게 보였다. 짐꾼이 대합실에서 어깨에 비를 맞으면서 나왔다.

"고맙지만 괜찮소." 내가 이렇게 말했다.

그는 아치의 대합실로 되돌아갔다. 나는 캐서린 쪽으로 얼굴을 돌렸다. 그녀의 얼굴에는 마차 덮개의 그림자가 덮여 있었다.

"이젠 작별 인사를 하는 게 좋겠어요."

"나도 계속 타고 있으면 안 될까?"

"안 돼요."

"자, 그럼 안녕, 캐서린."

"병원으로 가라고 마부에게 일러주시겠어요?"

"그래."

나는 마부에게 갈 곳을 일러주었다. 그는 머리를 끄덕였다.

"잘 있어." 나는 작별 인사를 했다. "몸 조심하오. 당신도, 그리고 이제 낳을 아이도."

"안녕히 가세요."

"그래, 잘 있어."

내가 빗속으로 내려서자, 마차가 다시 움직이기 시작했다. 창밖으로 몸을 내민 캐서린의 얼굴이 불빛에 비쳐 보였다. 그녀는 미소를 지으며 손을 흔들었다. 마차는 거리를 그대로 달려갔고, 캐서린은 역 현관 쪽을 가리켜 보였다. 그쪽을 보니 텅 빈 통로에 헌병 두 명이 서 있을 뿐이었다. 비를 피해 안으로 들어가라는 의미였다. 안으로 들어가서 선 채 마차가 거리 모퉁이를 돌아가는 것을 지켜보고 있었다. 그러고 나서 나는 걸어서 역 구내를 빠져 통로를 지나 기차 있는 데로 갔다.

병원 수위가 플랫폼에 서서 나를 찾고 있었다. 그를 따라 기차를 타니, 기차 안은 몹시 혼잡스러웠다. 그 승객들 사이를 헤쳐 통로를 지나 문을 하나 열고, 사람들로 꽉 찬 차량 한구석에 그의 친구인 기관총수가 앉아 있는 데로 갔다. 그의 머리 위 선반에는 내 가죽 가방과 배낭이 놓여 있었다. 통로에는 승객들이 잔뜩 서 있었다. 우리가 들어서자 찻간의 사람들이 일제히 우리에게로 시선을 돌렸다. 기차에는 자리가 충분치 못했으므로 다들 적의를 띠고 있었다. 기관총수가 나를 앉히기 위해서 일어서자 누가 내 어깨를 탁 쳤다. 뒤돌아보니 턱 아래로 빨간 상처 자국이 난, 무척 키가 크고 마른 포병 대위가 서 있었다. 그는 통로에서 창 너머로 들여다보고 있다가 안으로 들어왔다.

"무슨 일이십니까?" 내가 물었다. 그쪽으로 돌아서서 그를 쳐다보았다. 나보다도 훨씬 키가 큰 사람으로 모자 챙에 가려 있는 그의 얼굴은 무척 말라 보였고, 상처는 그리 오래 되지 않은 듯 번쩍거렸다. 사람들이 일제히 나를 노려보고 있었다.

"그런 짓을 해서는 안 돼." 그가 쏘아붙였다. "병사더러 자리를 잡아 놓게 하다니, 그건 안 돼."

"이미 끝난 일인데요."

그는 침을 꿀꺽 삼켰다. 그의 울대뼈가 올라갔다가 다시 내려오는 것이 보였다. 기관총수는 자리 앞에 서 있었다. 다른 승객들이 창 너머로 이쪽을 들여다보고 있었다. 기차 안에는 입을 여는 사람이 아무도 없었다.

"자네는 그런 짓을 할 권리가 없어. 나는 자네보다도 두 시간 전부터 여기 있었단 말이야."

"그래서 어쩌란 말입니까?"

"그 자리를 내놓으란 말이야."

"나도 필요합니다."

그는 내 얼굴을 노려보고 있었다. 기차 안의 모든 사람이 나를 적대시하는 게 느껴졌다. 무리도 아니었다. 그의 말이 옳기 때문이다. 그러나 나는 자리가 필요했다. 입을 여는 사람은 여전히 하나도 없었다.

에이, 제기랄.

"앉으십시오, 대위님." 내가 말했다. 기관총수가 자리를 비키자 키가 큰 대위가 자리에 앉았다. 나는 그를 쳐다보았다. 곤란한 표정이었다. 그래도 그는 자리만큼은 얻은 셈이다. "내 짐을 집어 들게." 나는 이렇게 기관총수에게 말했다. 우리들은 통로로 나왔다. 기차는 만원이어서 자리를 잡을 가망은 전혀 없어 보였다. 나는 수위와 기관총수에게 10리라씩 주었다. 그들은 통로를 지나 플랫폼으로 나와서 창을 하나씩 들여다보았지만 빈자리는 없었다.

"브레시아에서 내리는 사람이 있겠지요." 수위가 말했다.

"타는 사람이 더 많을걸, 브레시아에선." 기관총수의 말이었다.

나는 그들과 작별 인사를 하고 악수를 했다. 그 둘은 돌아갔다. 둘 다 기분이 좋지는 않겠지. 사람들이 통로에 선 채로 차가 움직이기 시작했다. 나는 역 구내의 등불이 눈앞을 지나가는 것을 내다보고 있었다. 아직도 비가 죽죽 내리고 있었으므로 이내 차창이 비에 젖어 밖이 보이지 않게 되었다. 잠시 뒤 나는 통로 바닥에서 그만 잠이 들어 버렸다. 자기 전에 돈과 서류가 들어 있는 지갑을 셔츠와 바지 속에다 넣고는, 그것이 바짓가랑이 안쪽에 붙어 있게 하였다. 그러고서 밤새도록 잤다. 브레시아와 베로나에서 승객이 기차 안으로 들어왔을 때 잠이 깼지만 이내 또 잠이 들었다. 나는 배낭 하나를 베개로 하였고, 또 하나는 두 팔로 껴안았다. 가죽 가방은 내 몸이 닿는 곳에다 놓고, 차 안의 사람들이 짓밟고 싶지 않다면 넘어가기 좋도록 해 놓았다. 사람들이 잔뜩 통로 바닥에서 잠을 자고 있었다. 창살을 붙잡고 있거나 문에 기댄 채 서 있는 사람도 있었다. 이 기차는 언제나 복잡하였다.

제3편

25

이제 가을로 접어들면서 나뭇잎들은 다 떨어지고, 도로는 진창이 되었다. 나는 군용 트럭을 타고 우디네에서 고리치아로 갔다. 도중에 다른 군용 트럭을 몇 대씩이나 앞질렀다. 나는 눈앞에 펼쳐지는 시골 경치를 바라보고 있었다. 뽕나무는 잎이 다 떨어졌고, 밭은 갈색으로 변해 있었다. 길 위는 죽 늘어선 발가벗은 가로수에서 떨어진 축축한 잎으로 덮여 있었고, 군인들이 길가의 가로수 사이에서 잔돌을 주워다 차 바퀴로 파인 곳을 메우는 작업을 하고 있었다. 안개 때문에 산들이 잘 보이지 않았는데, 그 안개에 싸인 고리치아 거리가 이내 보이기 시작했다. 강을 건널 때는 강물이 부쩍 불어난 것이 보였다. 산에는 계속 비가 내린 모양이었다. 몇 채의 공장 앞을 지난 다음, 다시 주택과 별장 앞을 지나서 마을로 들어갔는데, 전보다도 훨씬 더 많은 집들이 파괴되어 있었다. 좁은 거리에서 우리는 영국 적십자의 구급차를 앞질렀다. 전투모를 쓴 운전병의 얼굴은 마른데다가 시꺼멓게 타 있었다. 모르는 얼굴이었다. 나는 시장 저택 앞 광장에서 내렸다. 운전병이 내 가죽 가방을 내려 주었으므로, 나는 그것을 메고 배낭 두 개를 손에 든 채 숙소로 걸어갔다. 내 집에 돌아온 듯한 기분은 전혀 나지 않았다.

나는 나무들 사이로 드러난 별장을 바라보면서 젖은 자갈이 깔린 차도를 걸어갔다. 창은 전부 닫혀 있었지만 문은 열려 있었다. 안으로 들어가 보니 지도와 타이프 친 종이들이 벽에 붙어 있는 텅 빈 방의 탁자 앞에 소령이 앉아 있었다.

"여어! 어떻소!" 소령은 나를 반갑게 맞이했다. 그는 전보다도 늙었고 힘이 없어 보였다.

"괜찮습니다. 이곳 상황은 어떻습니까?" 내가 물었다.

"다 끝났네. 배낭을 내려놓고 어서 앉게."

나는 가죽 가방과 배낭 두 개를 마루에 내려놓고, 모자를 가죽 가방 위에 올려놓았다. 벽 옆에 있던 의자 하나를 끌어다가 책상 옆에 놓고 앉았다.

"지독한 여름이었지." 소령이 말을 꺼냈다. "자넨 이제 건강한가?"

"네."

"훈장은 타고?"

"네, 탔습니다. 감사합니다."

"어디 한번 보세."

나는 외투를 조금 열어서 약장(略章)을 두 개를 보여주었다.

"훈장이 들어 있는 상자는 받았나?"

"아뇨, 상장뿐입니다."

"상자도 곧 보내주겠지, 그건 좀 시간이 걸리니까."

"이제 전 무슨 임무를 맡게 됩니까?"

"지금 차는 전부 나가 있네. 여섯 대가 북쪽 카포레토에 가 있지. 카포레토는 아나?"

"네."

내 기억에 카포레토는 골짜기에 종루(鐘樓)가 있는 조그마한 마을이었다. 깨끗하고 조그마한 마을로, 광장에 훌륭한 분수가 있었다.

"지금은 그곳이 기지야. 환자가 많아. 전투는 끝났네."

"다른 차는 어디 있습니까?"

"2대는 산에, 4대는 아직도 바인시차에 있고, 나머지 2개 소대는 제3군에 소속되어 카르소에 있네."

"전 뭘 해야 하죠?"

"바인시차로 가서 그 4대를 인수했으면 좋겠는데, 어떤가? 지노는 거기에 간 지 퍽 오래 되었네. 자네는 아직 그곳에 가 본 일이 없지?"

"없습니다."

"퍽 불리했다네. 우린 3대를 잃었어."

"그 얘긴 들었습니다."

"그래, 리날디 중위가 자네에게 편지를 했지."

"리날디는 어디 있습니까?"

"이곳 병원에 있지. 여름부터 가을까지 줄곧 여기에 있었어."

"그랬군요."

"참 대단했지. 얼마나 대단했는지 믿을 수 없을 걸세. 자넨 그때 다쳐서 천만다행이었어. 난 지금도 가끔 그렇게 생각하네."

"저도 그렇게 생각합니다."

"내년엔 더 나빠질걸. 어쩌면 적은 당장에라도 공격해올지도 몰라. 그런 소문이 있어. 난 믿어지지 않지만 말이야. 이미 늦거든. 자네 그 강 봤나?"

"네, 꽤 물이 불었던데요."

"벌써 장마에 접어들었는데 놈들이 공격하리라고 믿어지지 않아. 곧 눈도 오겠지. 자네 나라 친구들은 웬일인가? 자네 말고도 또 미국 사람들이 오나?"

"미국에선 1천만의 군대를 훈련 중입니다."

"그 병력을 이리로 보내 주면 좋으련만. 하지만 프랑스군이 그걸 전부 독차지해 버릴 테니, 이곳엔 한 명도 보내지 않을 거야. 좋아, 자넨 오늘 밤은 여기서 자고 내일 출발해서 지노를 이리로 보내게. 길을 아는 병사를 하나 붙여 주겠네. 가면 지노가 모든 걸 설명해 줄 거야. 적은 아직도 조금씩 포격을 해 오지만, 전투는 끝난 거나 마찬가지야. 자네도 바인시차는 보고 싶겠지."

"보고 싶습니다. 다시 이곳에 돌아온 것을 기쁘게 생각합니다, 소령님."

그는 빙그레 웃었다.

"그런 말을 들으니 반갑네. 나는 이 전쟁은 이제 신물이 나. 만일 내가 여기를 떠난다면 이곳으로는 두 번 다시 돌아올 것 같지 않아."

"그렇게 상황이 좋지 않았습니까?"

"응, 그 이상으로 지독했다네. 자, 저리로 가서 짐이나 치우고 자네의 단짝 리날디나 만나 보게."

나는 밖으로 나와 짐을 2층으로 옮겼다. 리날디는 방에 없었지만 그의 물건은 모두 그대로 있었다. 나는 침대에 걸터앉아 행전을 풀고 오른쪽 구두를 벗었다. 그러고 나서 침대에 벌렁 드러누웠다. 피로해서인지 오른쪽 발이 쑤셨다. 한쪽 구두만 벗고 침대에 누워 있는 것도 웃겼으므로, 일어나서 다른 쪽 구두의 끈을 풀고 마루 위에 떨어뜨린 다음 다시 침대에 드러누웠다. 창문이 모두 닫혀 있어 답답했지만, 너무 피곤해서 다시 일어서서 그것을 열기도 귀찮았다. 내 물건이 전부 방 한쪽에 모여 있는 것이 보였다. 밖은 점점 어두워지고 있었다. 나는 침대에 누워 캐서린을 생각하면서 리날디를 기다렸다. 밤에 잠자리에 들기 전에는 캐서린을 생각하지 않으리라 애를 썼다. 그러나 지금은 피곤했고 달리 할일도 별로 없었으므로 드러누워서 캐서린을 생각하고 있었다. 그녀를 생각하고 있을 때 리날디가 들어왔다. 그는 조금도 변한 데가 없는 듯했다. 좀 마른 것 같다고 생각될 정도였다.

"여어, 도련님." 그가 먼저 입을 열었다. 내가 침대에 일어나 앉자, 그는 내게로 가까이 와서 걸터앉더니 한 팔로 나를 껴안았다. "돌아왔군, 도련님." 그는 내 잔등을 찰싹 한 대 때렸다. 나는 그의 두 팔을 붙잡았다.

"이봐 도련님. 어디 무릎 좀 보여 주게."

"바지를 벗어야 할 텐데."

"그걸 못 벗어? 우리처럼 친한 사이에? 나는 그놈들이 네게 어떤 짓을 했나 그게 보고 싶어."

나는 일어서서 바지를 벗고 무릎 붕대를 풀었다. 리날디는 마루에 앉아서 내 무릎을 가만가만 앞뒤로 구부려 보았다. 손가락으로 상처 위를 훑어보기도 하고, 양쪽 엄지손가락으로 무릎뼈를 눌러 보기도 하고, 가만가만 무릎을 흔들어 보기도 했다.

"관절은 이 정도밖에 움직이지 않는 거야?"

"그래."

"이러고서 자넬 다시 전선으로 보내다니 벌 받을 일이지. 관절이 완전히 움직일 때까지는 있어야 하는데."

"그래도 전보다는 퍽 좋아졌네. 전엔 마치 널빤지처럼 뻣뻣했었는데."

리날디는 다시 한 번 내 무릎을 주물러 보았다. 나는 그의 두 손을 주시하고 있었다. 그는 외과의다운 날씬한 손을 하고 있었다. 어쩌다가 그의 머리로 내 시선이 갔는데, 반짝반짝 윤이 나는 머리카락이 좌우로 착 갈라져 있었다. 그는 너무 심하게 내 무릎을 구부렸다.

"아야!"

"좀더 물리치료를 받아야겠는걸." 리날디가 말했다.

"그래도 전보다는 좋아졌어."

"그야 그렇겠지. 이런 덴 자네보다도 내가 좀더 낫지." 그는 일어서서 침대

에 걸터앉았다. "무릎 자체는 잘돼 있네." 무릎 조사는 이것으로 끝난 모양이
다. "자, 다른 건 어땠나? 죄다 얘기해 주게."

"달리 얘기할 게 뭐 있나, 그냥 가만히 시간만 보내다 왔는데."

"자넨 마치 장가 든 사람처럼 점잖아졌군. 도대체 웬일인가?"

"웬일이긴. 난 아무 일도 없어. 그보다 자넨 어떤가?"

"이놈의 전쟁은 이제 지긋지긋해. 우울해서 죽겠어." 그러면서 그는 무릎
위에다 두 손을 포개 놓았다.

"그래?"

"뭐야, 난 인간다운 감정도 갖지 말란 말인가?"

"천만에, 그럴 리가. 자넨 재미있는 일이 많았던 것 같은데, 자 어서 얘기
해 봐."

"난 여름부터 가을까지 수술만 해 왔네. 밤낮 일만 했어. 모든 사람의 일
을 혼자 도맡아 했지. 힘든 일은 전부 나한테만 떠맡긴단 말이야. 도련님, 이
젠 나도 점점 명의가 되어가고 있다네."

"거 잘됐군."

"난 이젠 생각이란 걸 안 해. 그 생각이란 걸 몽땅 집어치웠어. 내가 하는
건 수술뿐이야."

"그렇겠지."

"하지만 도련님, 이젠 모두가 다 끝일세. 난 요샌 수술도 전혀 안 해. 지
옥 같은 느낌뿐이야. 참 무서운 전쟁이야. 이렇게 말하면 자네도 믿어주겠
지. 자, 날 기운 좀 나게 해주게. 레코드판은 사 왔나?"

"응."

레코드판은 마분지 갑에 종이로 싸서 가죽 가방 속에 들어 있었다. 하지만
너무 피곤해서 꺼내는 것도 귀찮았다.

"기분이 안 좋은가, 도련님?"

"기분이 나빠 죽겠어."

"무서운 전쟁이야. 자, 서로 취하도록 마시고 용기를 내세. 그리고 나서
나가서 어디 한번 실컷 놀아 보세. 그러면 기분도 풀릴 테지."

"난 황달에 걸렸었어. 술은 못 해."

"아니 도련님, 그런데 나한테로 돌아왔단 말이야? 자넨 점잖은 얼굴에 이

제 겁쟁이까지 되었군. 너무나 지독한 전쟁이야. 어쩌다 우리들은 이런 짓을 하게 됐을까?"

"좋아, 마시자고. 난 취하긴 싫지만 한잔하세."

리날디는 방을 가로질러 세면대 있는 데로 가서 유리잔 두 개와 코냑 한 병을 들고 왔다.

"오스트리아 코냑일세. 칠성(七星)표야. 산 가브리엘레에서 포획한 건 이 것뿐이야."

"자네도 거기 갔었나?"

"아냐, 난 아무 데도 안 갔어. 난 늘 여기서 수술만 했다네. 이보게 도련님, 이건 자네가 그전부터 사용하던 양치질용 컵일세. 자넬 기억하려고 그대로 두었지."

"자네가 이 닦는 걸 잊지 않기 위해서였겠지."

"천만에, 난 내걸 가지고 있는데. 자네는 매일 아침 갈보집 냄새를 없애려는 듯 이를 닦았지. 나는 그 모습을 기억하려고 이걸 그대로 둔 거야. 자네는 욕을 하거나, 아스피린을 먹거나, 갈보를 저주했잖아. 나는 이 컵을 볼 때마다 자네가 칫솔로 양심을 닦으려던 것을 생각해 내는 걸세." 그는 침대 옆으로 다가왔다. "나에게 한번 키스를 하고 '난 점잖지 않아' 하고 말해 보게."

"봐 주게나, 자네한테 어떻게 키스를 하겠나? 원숭이인 자네에게."

"그래? 그렇다면 자넨 전형적인 앵글로색슨 양반이란 말이지. 그렇지, 자넨 늘 후회만 해. 앵글로색슨 양반이 갈보와의 장난을 칫솔로 깨끗이 닦아 버리는 것을 확인할 때까지 난 기다리고 있을 작정일세."

"잔에 코냑이나 따라 주게."

우리는 서로 건배하고 마셨다. 리날디는 나를 비웃었다.

"나는 자네를 취하게 하여, 자네 몸속에서 간장을 떼어내고 그 대신 훌륭한 이탈리아 간장을 집어넣어 다시 한 번 자네를 남자답게 만들어 볼 작정일세."

나는 유리잔을 손에 들고 또 한 잔을 받았다. 밖은 이미 어두워졌다. 코냑이 든 잔을 손에 든 채 나는 창가로 가서 창문을 열었다. 비는 그쳤다. 밖은 훨씬 싸늘해졌고, 나무들은 안개 속에 잠겨 있었다.

"코냑을 창밖에 버리지 말게." 리날디가 소리를 질렀다. "마시지 않으려면 이리 줘."

"실컷 마시고 혼자 취하게나." 나는 리날디를 다시 만난 것이 기뻤다. 이 친구는 2년 동안 줄곧 나를 놀려대 왔는데도, 나는 그것이 싫지 않았다. 우리는 서로 마음속으로 이해하고 있었다.

"자네 결혼했나?" 그는 침대에서 물었다. 나는 창가에 등을 기댔다.

"아니, 아직."

"그럼 연애를 하고 있나?"

"응."

"그 영국 여자하고?"

"응."

"불쌍한 도련님이군. 그 여잔 자네에게 잘해 주나?"

"물론이지."

"내 말은, 실제적인 의미에서 그 여자가 자네에게 잘해 주냔 말이네."

"닥쳐."

"아, 그만두지. 자네도 언젠가는 알게 될 테니까, 내가 얼마나 섬세한 사람인지. 어때, 그 여잔……?"

"리닌." 내가 가로막았다. "부탁이니 그만두게. 만일 자네가 내 친구가 되고 싶다면."

"자네 친구가 되고 싶지는 않네. 나는 이미 자네 친구니까."

"그러면 가만히 있게."

"알았네."

나는 침대로 가서 리날디 옆에 걸터앉았다. 그는 유리잔을 든 채 마룻바닥을 내려다보고 있었다.

"잘 알 테지, 리닌?"

"그럼, 알지. 난 옛날부터 신성한 문제만 즐겼으니까. 자네를 상대로는 거의 그러지 않았지만. 자네도 분명 그런 문제는 가지고 있을 거라고 생각하네." 그는 마루를 내려다보고 있었다.

"자네에겐 그런 게 없나?"

"없어."

"하나도?"

"없어."

"내가 자네 어머니나 누이동생에 대해서 이러쿵저러쿵 얘기해도 상관없단 말인가?"

"그리고 자네 누이동생 얘기도 말이야." 리날디는 빠른 어조로 말했다. 우리는 둘 다 웃었다.

"말도 안 되는 소리는 하지 마."

"아마 난 질투를 하고 있는지도 모르지." 리날디가 말했다.

"아냐, 안 그래."

"그런 의미가 아냐. 좀더 다른 의미에서 말이야. 자네에겐 결혼한 친구가 있나?"

"있지."

"나에겐 없네. 부부끼리 사랑하는 녀석과는 친구가 될 수 없거든."

"왜?"

"그런 작자들은 나를 좋아하지 않으니까."

"왜?"

"난 뱀이야. 이성의 상징인 뱀."

"자넨 잘못 생각하고 있어. 이성의 상징은 능금이야."

"아니야. 뱀이야." 그는 좀더 쾌활해졌다.

"그렇게 깊이 생각하지 않을 때의 자네가 좋거든."

"난 자네가 좋아, 도련님. 내가 위대한 이탈리아 사상가가 되려는 바로 그 순간 나를 깨뜨려 버리니까. 그러나 나는 말로는 설명할 수 없지만 여러 가지를 알고 있다네. 자네보다는 많이 알고 있지."

"그래, 그건 자네 말이 맞아."

"그러나 재미는 자네가 더 많이 볼 걸세. 후회하면서도 자네는 재미있는 인생을 보내고 있어."

"아니, 난 그렇게 생각 안 하는데."

"아냐, 그건 정말이야. 나는 일할 때만 행복하니까." 그는 또다시 마루를 내려다보았다.

"앞으론 그렇지 않겠지."

"천만에. 내가 좋아하는 건 두 가지밖에 없어. 하나는 내 일에는 해로운 것이고, 또 하나는 30분이나 15분으로 끝나 버리지. 그보다 짧을 때도 있지만."

"때로는 아주 잠깐 동안에 끝날 때도 있을걸."

"아마 난 선수가 됐나 봐. 자네는 모르겠지만. 하여튼 지금 나에겐 그 두 가지와 일이 있을 뿐이야."

"이제 곧 다른 게 생기게 되겠지."

"아니, 절대로 그럴 리 없어. 우리가 가지고 있는 건 모두가 날 때부터 지니고 있었던 것이지 결코 나중에 배운 게 아냐. 뭔가 새로 얻는 건 아니야. 처음부터 완전한 존재로 출발하는 거니까. 자넨 라틴인이 아닌 걸 감사해야 해."

"라틴인이라는 건 존재하지 않아. 단지 라틴적 사고방식만이 존재할 뿐이지. 자넨 자신의 결점을 지나치게 자랑하고 있어."

리날디는 고개를 들고 웃었다.

"자 그만두세, 도련님. 난 너무 많이 생각해서 지쳤어." 아까 들어왔을 때부터 그는 초췌해 보였다. "이제 곧 식사 시간이군. 어쨌든 자네가 돌아와서 참 기쁘네. 자넨 내 제일가는 친구이자 전우야."

"전우들의 식사 시간은 몇 시인가?" 내가 물었다.

"이제 곧 돼. 자네의 간장을 위해서 한 잔만 더 하세."

"성(聖) 바울처럼 말이지."

"자넨 틀렸어. 그건 포도주와 위야. 자네 위를 위해 포도주를 좀 하게."

"병 속에 들어 있는 것이 무엇이든 자네가 말하는 걸 위해서 마시지."

"그럼, 자네 연인을 위해서." 이렇게 말하며, 리날디는 손에 들고 있던 유리잔을 내밀었다.

"좋아."

"난 그 아가씨에 관해선 절대로 음탕한 소릴 안 할 테야."

"그렇게 무리하지 않아도 돼."

그는 코냑을 쭉 마셨다. "나는 이래봬도 순진한 사람이야. 나는 자네와 조금도 다를 게 없네, 도련님. 나도 영국 아가씨를 사귈까. 솔직히 말하면 자네의 그 아가씬 내가 먼저 알았는데, 그 여잔 나에게 키가 좀 커. 누이를 삼으려면 키가 큰 아가씨, 이런가?" 그는 노래의 한 구절을 인용했다.

"자넨 참으로 순결한 마음의 소유자야."

"물론이지! 그래서 모두들 날 순결한 리날디라고 그러지 않나."

"건달 난봉꾼 리날디."

"자 도련님, 내 영혼이 아직 순결할 동안 식사나 하러 계단을 내려가세."

나는 손을 씻고 머리를 빗은 다음 리날디와 함께 계단을 내려갔다. 리날디는 약간 취해 있었다. 우리들이 식사하는 방은 아직 식사 준비가 덜 되어 있었다.

"가서 술을 가져오지." 리날디가 말했다. 그는 계단을 올라갔다. 내가 식탁에 앉자 그는 술병을 가지고 와서 각자의 큰 컵에다 코냑을 절반씩 따랐다.

"너무 많은데." 나는 잔을 들어 식탁 위에 있는 램프에 비춰 보았다.

"텅 빈 위에는 이 정도가 좋아. 이건 참 좋은 물건이지. 위를 태워 버릴 걸세, 완전히. 이보다 더 나쁜 건 아마 없을걸."

"좋아."

"나날이 자멸이다. 위는 엉망진창이 되고, 손은 자꾸만 떨려 가고, 외과의에겐 더할 나위 없구나."

"자넨 그걸 권하는 건가?"

"진심으로 권하네. 난 이것만 마실게. 쭉 들이켜, 도련님. 그리고 병자가 될 각오를 하란 말이야."

나는 유리잔을 절반쯤 비웠다. 복도에서 당번병이 외치는 소리가 들려왔다. "수프! 수프 준비가 되었습니다."

소령이 안으로 들어와, 우리들에게 고개를 끄덕이고는 자리에 앉았다. 앉은 그의 모습이 여간 조그맣게 보이는 게 아니었다.

"다들 온 건가?" 소령이 물었다. 당번병이 수프 그릇을 내려놓고, 국자로 접시에 가득 퍼 담았다.

"다 온 겁니다." 리날디의 대답이다. "신부만 오면. 페데리코가 돌아온 걸 알면 당장 올 텐데."

"신부는 지금 어디에 있는데?" 내가 물었다.

"신부는 307호에 가 있다네." 소령의 대답이다. 그는 수프를 먹느라고 바빴다. 입을 닦고 위로 뻗친 회색 수염을 정성껏 닦아냈다. "이제 곧 오겠지. 부대에 전화를 걸어 자네가 왔다고 신부에게 전하라고 했으니까."

"식당이 법석대지 않아 섭섭한데요." 내가 말했다.

"응, 조용하지." 소령도 맞장구쳤다.

"어디 내가 한번 떠들어 볼까." 리날디의 말이었다.

"포도주를 좀 마시게, 엔리코." 소령이 이렇게 말하면서 내 잔에다 가득 따라 주었다.

스파게티가 나오자 모두 먹느라 바빴다. 식사가 거의 다 끝나갈 무렵 신부가 들어왔다. 그는 전과 조금도 다름없이, 조그마한 몸집에 갈색 피부가 깔끔하게 보였다. 나는 일어서서 신부와 악수를 했다. 그는 내 어깨에 손을 얹으며 말했다.

"당신이 왔단 말을 듣고 당장 달려왔습니다."

"어서 앉으시오." 소령이 말했다. "늦었군요."

"안녕하시오, 신부님." 리날디가 영어로 인사를 했다. 그들은 약간 영어를 지껄이며 신부를 놀려댔던 그 대위 흉내를 냈다.

"안녕하세요, 리날디?" 신부가 받았다. 당번병이 수프를 가지고 왔지만, 신부는 스파게티부터 먹겠다고 말했다.

"몸은 어때요?" 신부가 나에게 물었다.

"건강합니다. 신부님은 어떠세요?"

"포도주를 좀 하시죠, 신부님." 리날디가 놀려댄다. "당신 위를 위해서 포도주를 좀 하시란 말이오. 이건 성 바울이죠, 신부님도 아시다시피."

"네, 알고 있습니다." 신부는 정중하게 대답했다. 리날디는 신부의 술잔에 가득 술을 따랐다.

"저 성 바울은 말이지." 리날디는 말을 이었다. "여러 문제를 일으킨 장본인이거든."

신부는 나를 쳐다보며 빙그레 웃었다. 아무리 놀림을 당해도 그는 이제 아주 면역이 되어 있었다.

"성 바울은 말이야." 리날디가 계속 말했다. "그 작자는 건달이고 여자 꽁무니를 졸졸 따라다녔으면서도 막상 열정이 시들어 버리면, 이번에는 그런 짓을 하면 안 된다고 펄쩍 뛴단 말이야. 자기는 할 만큼 죄다 하고는 규칙을 만들어 놓고, 아직 한창인 우리들보고는 하지 말란단 말이야. 그렇지 않나, 페데리코?"

소령이 빙그레 웃었다. 모두 고기 스튜를 먹고 있었다.

"나는 말이야, 어두워진 뒤에는 성자(聖者) 얘길 하지 않네." 내가 대답했다.

신부는 스튜 접시에서 얼굴을 쳐들고 나를 보면서 빙그레 웃었다.

"옳지, 이 작자는 신부 편을 드네." 리날디가 펄쩍 뛰었다. "신부를 놀려대던 옛 친구들은 다 어디로 간 거야? 카발칸티는 어디 갔어?"

"이분은 훌륭한 신부님일세." 소령이 말했다.

"이분은 훌륭한 신부님일세." 리날디가 흉내 냈다. "그래도 역시 신부는 신부거든. 나는 이 식사 시간을 전처럼 만들 작정일세. 페데리코를 행복하게 해줄 작정이란 말일세. 어이 신부, 당신은 지옥으로 꺼지란 말이야."

소령이 그를 빤히 쳐다보더니 그가 취한 것을 눈치챈 모양이었다. 그의 마른 얼굴이 창백했다. 이마가 창백해서 머리카락이 아주 새까맣게 보였다.

"좋아요, 리날디." 신부가 받았다. "괜찮아요."

"당신 같은 건 지옥으로나 꺼지란 말이야. 제기랄, 그 지긋지긋한 일은 죄다 지옥으로 꺼지란 말이야." 리날디는 의자에 몸을 떡 버티고 앉았다.

"이 사람은 무리를 해서 몸이 아주 피곤하다네." 소령이 나에게 말했다. 그는 고기를 죄다 먹고는 빵조각으로 고기 국물까지 닦아 먹었다.

"될 대로 되라지." 리날디는 식탁에다 대고 부르짖었다. "일이고 뭐고 다 지옥으로 꺼지란 말이야." 그는 도전적으로 식탁 주위를 휘휘 둘러보았지만 눈에는 활기가 없고 얼굴은 창백했다.

"그렇고말고. 이 지긋지긋한 일은 죄다 지옥으로 꺼져야지." 내가 맞장구를 쳐 주었다.

"천만에, 천만에." 리날디는 말을 이었다. "자넨 무리야. 자네는 무리야. 자넨 안 된단 말이야. 자네는 무미건조하고, 텅 비었고, 그 밖엔 아무것도 없어. 그 밖엔 아무것도 없단 말이야. 뭐가 있단 말인가, 제기랄. 나도 일을 그만두면 아무것도 없어."

신부는 머리를 흔들었다. 당번병이 스튜 접시를 치웠다.

"자네는 왜 고기를 먹는 거야?" 리날디는 신부에게 소리를 질렀다. "오늘은 금요일이라는 걸 몰라?"

"오늘은 목요일입니다." 신부가 대꾸했다.

"거짓말쟁이. 금요일이야. 자넨 주님의 살을 먹고 있는 거야. 그건 하느님의 살이야. 내가 모를 줄 알고. 죽은 오스트리아인의 살이란 말이야, 자네가 처먹고 있는 바로 그것이."

"흰 고기는 장교의 살이고." 나는 오래된 농담을 보탰다.

리날디는 껄껄대며 또 자기 잔에다 술을 가득 채웠다.

"내 말에 신경 쓰지 말게. 난 머리가 돌았어."

"휴가를 받으면 어때요?" 신부가 하는 말이었다.

소령은 신부에게 머리를 흔들어 보였다. 리날디는 신부를 쳐다보았다.

"왜 휴가를 받아야겠다고 생각하지?"

소령은 또다시 신부에게 머리를 흔들어 보였다. 리날디는 신부에게서 눈을 떼지 않았다.

"좋을 대로 하세요." 신부가 대꾸했다. "싫으면 그만두고."

"지옥으로 꺼져 버려, 너 같은 건." 리날디는 고래고래 소리를 질렀다. "모두 날 쫓아 버리려고 해. 매일 밤 날 쫓아 버리려고. 하지만 내가 쫓아 버릴 거야. 내가 그것에 걸렸다고, 그래서 어떻단 말이야? 누구나 다 걸린 건데, 세상 놈이 다 그것에 걸려 있는데. 우선 처음엔," 그는 강사 같은 말투로 말을 이었다. "조그만 여드름 같은 것이 나오고, 그 다음엔 어깨 사이에 발진이 보인다. 그러는 동안엔 아무 징후도 확인되지 않는다. 우리들은 수은제(水銀劑)를 믿는다."

"혹은 살바르산(매독약)이나." 소령이 조용히 한마디 했다.

"수은제죠." 리날디가 음성을 높였다. 그는 들떠 있는 것 같았다. "저는 이 두 개와 맞설 만한 약을 알고 있습니다. 친애하는 신부님, 당신은 절대로 걸릴 걱정 없소. 도련님은 걸리겠지만. 이것은 일종의 직업상의 사고입니다. 아주 단순한 직업상의 사고죠."

당번병이 과자와 커피를 날라 왔다. 디저트는 진한 소스를 뿌린 흑빵 푸딩이었다. 램프는 연기가 찼다. 등피에선 꺼먼 연기가 맴돌고 있었다.

"초를 2개 가져오고, 램프를 치워주게." 소령이 말했다. 당번병이 불 붙인 초 두 개를 접시에다 세워 가지고 와서, 램프를 후우 불어 끄더니 가지고 가버렸다. 리날디는 이제 조용해졌다. 기분이 가라앉은 모양이었다. 우리는 잡담을 하고 커피를 다 마시고는 다들 복도로 나갔다.

"자넨 신부와 얘기하고 싶겠지. 나는 거리에 나가서 볼일이 좀 있어서." 리날디가 말했다. "굿나잇, 신부님."

"굿나잇, 리날디." 신부가 받았다.

"나중에 만나세, 프레디." 리날디가 말했다.

"그래, 빨리 돌아오게."

그는 얼굴을 찡그리면서 문밖으로 나갔다. 소령은 우리와 같이 서서 그 꼴을 보면서 말했다. "저 친구는 몸이 아주 피로해 있어. 피로야. 게다가 자긴 매독에 걸렸다고 생각하고 있다네. 나는 아니라고 생각하지만, 어쩌면 걸려 있을지도 모르지. 자기가 직접 그 치료를 하고 있으니까. 그럼 잘들 가게. 자넨 새벽녘에 떠날 테지, 엔리코?"

"네."

"그럼 잘 가게. 행운을 비네. 페두치가 자넬 깨워서 같이 갈 걸세."

"안녕히 주무십시오, 소령님."

"잘 가게. 오스트리아군이 공격을 할 거라는 소문이 있지만 난 믿지 않아. 그런 일이 없으면 좋겠네만. 그러나 어쨌든 여기선 없겠지. 지노가 모든 일을 자네에게 설명해 줄 걸세, 전화 교신상태도 좋아졌고."

"정기적으로 전화 연락을 하죠."

"제발 그래 주게. 잘 자게. 리날디가 브랜디를 너무 많이 마시지 않도록 해 주게."

"네."

"굿나잇, 신부님."

"굿나잇, 소령님."

그는 자기 사무실로 들어갔다.

26

나는 출입구로 가서 밖을 내다보았다. 비는 이미 그쳤지만, 그 대신 안개가 자욱이 깔려 있었다.

"2층으로 올라갈까요?" 내가 신부에게 물었다.

"잠깐밖에 있을 수 없는데요."

"좌우간 올라갑시다."

우리는 계단을 올라가서 내 방으로 들어갔다. 나는 리날디의 침대에 드러누웠다. 신부는 당번병이 만들어 준 내 간이 침대에 걸터앉았다. 방 안은 컴컴했다.

"그런데 저어." 신부가 말을 꺼냈다. "몸은 어떠십니까?"

"좋아졌습니다. 오늘 밤은 피곤하지만."

"나도 피곤합니다. 별다른 이유도 없는데."

"전쟁은 어떻습니까?"

"내 생각으론 곧 끝날 것 같습니다. 특별한 이유는 없지만, 다만 그렇게 느껴집니다."

"어째서 그렇게 느껴집니까?"

"소령님의 태도가 어떤지 아시겠죠? 부드럽죠? 요새는 모든 사람이 다 그렇답니다."

"나도 그렇게 느낍니다."

"무서운 여름이었습니다." 신부가 말을 꺼냈다. 그는 내가 떠날 때에 비해 자신감이 있어 보였다. "이곳의 상황이 어땠는지 얘기해도 중위님은 믿지 않을 겁니다, 중위님이 실제로 그 장소에 있어서 당해 보지 않고는. 많은 사람이 이번 여름에 비로소 전쟁이라는 걸 인식했습니다. 이 사람만큼은 절대로 인식 못 하리라고 생각했던 장교들까지도, 이젠 전쟁이라는 걸 인식하고 있습니다."

"앞으로 어떻게 될까요?" 나는 손으로 담요를 쓰다듬으면서 물었다.

"잘 모르겠습니다만, 전쟁이 오래 지속될 것 같진 않습니다."

"어떻게 될까요?"

"전쟁을 그만두겠죠."

"누가요?"

"양쪽 다."

"그렇게만 된다면 좋겠는데."

"중위님은 그렇게 생각하지 않습니까?"

"나는 쌍방이 동시에 전쟁을 그만두리라고는 생각지 않습니다."

"나도 동감입니다. 그래선 기대가 너무 크죠. 그러나 사람들 사이의 변화를 보면 전쟁이 오래 지속되리라고 생각되지 않습니다."

"이번 여름엔 어느 쪽이 이겼지요?"

"승자는 없습니다."

"오스트리아군의 승리입니다." 내가 말했다. "그들은 아군의 공격으로부터 산 가브리엘레를 끝내 지켰습니다. 그들이 이긴 셈이죠. 그들은 전투를 그만두지 않을 겁니다."

"만일 그들이 우리와 똑같이 느꼈다면 그들도 그만두겠지요. 그들도 우리와 마찬가지로 쓰라린 경험을 했을 테니까요."

"이기고 있으면서 싸움을 그만둔 자는 없었습니다."

"중위님 말씀을 들으면 희망이 없어집니다."

"난 단지 머리에 떠오른 것을 말할 뿐입니다."

"그렇다면 중위님은 전쟁이 끝없이 계속되리라 생각하십니까? 아무 일도 안 일어나고?"

"모르겠습니다. 나는 다만 오스트리아군이 승리를 하고 있는 한 싸움을 그만두는 일은 없을 거라고 생각합니다. 우리가 크리스천이 되는 것은 패전 때입니다."

"오스트리아인은 크리스천입니다. 보스니아 ^{(유고슬라비아} _{중부 지방)}인은 다르지만."

"나는 엄밀한 의미에서 크리스천이라고 말한 건 아닙니다. 주님과 같은 뜻으로 말한 것이지요."

그는 말이 없었다.

"우리들이 모두 부드러워진 것은 지고 있기 때문이죠. 만일 베드로가 감람산(橄欖山)에서 주님을 구해 냈다면 주님은 어떻게 되었겠습니까?"

"역시 마찬가지였겠죠."

"난 그렇게 생각 안 합니다."

"중위님 말씀을 들으면 희망이 없어집니다. 나는 뭔가 변화가 생기리라 믿고 기도를 드리고 있습니다. 그 변화가 바로 눈앞에 있다는 느낌이 듭니다."

"그야 무엇이 일어나긴 하겠지요. 하지만 그것은 우리 측에서만 일어날 겁니다. 적들도 우리처럼 느끼고 있다면 그야 더할 나위 없겠지요. 그러나 그들은 우리를 패배시켰습니다. 당연히 그들은 생각이 달라요."

"군인들 대다수가 언제나 이렇게 생각하고 있었습니다. 그것은 그들이 전쟁에 졌기 때문이 아닙니다."

"그들은 처음부터 졌습니다. 그들이 농장에서 군대로 끌려 나왔을 때 이미 진 것과 다름없습니다. 농부들에게 분별이 있는 것은 이 때문입니다. 농부들에게 권력을 갖게 해보십시오. 얼마나 분별이 있는지 곧 알게 될 겁니다."

그는 아무 말도 하지 않고 생각에 잠겼다.

"이젠 나도 우울해지네요." 나는 말을 이었다. "그렇기 때문에 나는 그런 것을 생각하지 않습니다. 절대로 생각하지 않습니다. 깊게 생각하지도 않고 머리에 떠오르는 것을 그대로 지껄이고 맙니다."

"나는 전에는 그나마 희망을 가지고 있었습니다."

"패전을요?"

"아뇨, 그 이상의 것을요."

"그 이상의 것이라곤 없습니다, 승리 말고는. 패배보다야 승리가 낫겠죠."

"난 오랫동안 승리를 바라고 있었습니다."

"나도 그렇습니다."

"이제는 뭐가 뭔지 도무지 모르겠습니다."

"승리냐, 패배냐, 둘 중의 하나입니다."

"나는 더 이상 승리도 믿지 않습니다."

"나도 그렇습니다. 그러나 패배도 믿지 않습니다. 그것이 더 낫다 할지라도."

"그럼 지금은 무엇을 믿고 있습니까?"

"자는 거겠죠." 내가 이렇게 말했더니 그가 일어섰다.

"너무 오랫동안 방해를 해서 죄송합니다. 그러나 난 중위님과 얘기하는 것이 즐겁습니다."

"이렇게 다시 얘기할 수 있게 되어 나도 반갑습니다. 방금, 자는 거라고 말한 건 별 의미 없이 한 말입니다."

우리는 일어서서 어둠 속에서 악수를 했다.

"나는 지금 307부대에 있습니다." 그가 말했다.

"나는 내일 아침 일찍 주둔지로 갑니다."

"돌아오시면 또 뵙겠습니다."

"그때는 산책이라도 하면서 얘기합시다." 나는 그와 문 앞까지 걸어갔다.

"내려오지 마십시오. 중위님이 돌아오셔서 참 잘됐습니다. 그야 중위님에

겐 그다지 좋은 일도 아니겠지만요." 그는 이러면서 내 어깨에다 손을 올려
놓았다.

"난 괜찮습니다. 안녕히 주무십시오."

"자, 그럼, 안녕히 주무십시오!"

"자, 그럼."

나는 너무나 졸려서 견딜 수 없었다.

27

리날디가 안으로 들어왔을 때 나는 눈을 떴지만, 그가 아무 말도 걸지 않
기에 그냥 그대로 자 버렸다. 다음날 아침, 먼동이 트기 전에 준비를 하고 출
발했다. 내가 떠날 때 리날디는 자고 있었다.

나는 아직까지 바인시차를 본 일이 없었으므로, 전에 내가 부상당했던 강
변의 그 지점을 넘어서 오스트리아군이 주둔해 있던 언덕길을 올라가니 이상
한 기분이 들었다. 가파른 신작로에 트럭이 여러 대 있었다. 그곳을 지나자
도로는 평탄해지며 숲과 험준한 산들이 안개 사이로 보였다. 짧은 기간에 빼
앗았기 때문에 파괴되지 않은 숲들이 여러 군데 있었다. 그리고 산에 의해서
엄호되어 있지 않은 도로는 그 양쪽과 윗부분을 멍석으로 가려 놓았다. 파괴
된 그 도로의 끝에는 마을이 보였다. 전선은 그 너머에 있었다. 주위에는 포
병들이 많이 있었다. 집들은 꽤 많이 파괴되었지만, 질서 정연하게 사방에
표지판이 있었다. 지노를 찾아가니 그가 우리들에게 커피를 대접했다. 나는
그와 함께 여러 사람을 만났고, 주차장을 구경했다. 바인시차의 훨씬 아래에
있는 라브네에는 영국군 위생대가 활동하고 있다고 지노가 말했다. 그는 영
국군 위생대를 칭찬했다. 어느 정도의 포격은 있지만 부상자는 많지 않다고
했다. 그는 또, 장마철에 들어섰기 때문에 이제부턴 환자가 많이 생길 거라
고 했다. 오스트리아군이 공격할지도 모른다는 소문이 있었지만 그는 그것을
전혀 믿지 않았다. 이쪽에서도 공격을 할 것이라고 생각되었지만 지원군이
없어 중지되리라고 보고 있었다. 여기는 식량이 부족해서 고리치아에서 실컷
먹을 수 있었으면 좋겠다고 했다. 저녁 식사로 뭘 먹었냐고 내게 묻기에 대
답해 주었더니, 매우 좋은 걸 먹었다며 부러워했다. 그는 특히 돌체란 말에
감동을 받은 듯했다. 나는 자세한 설명은 생략하고 그냥 돌체라고만 했는데,

그는 빵의 푸딩보다는 좀더 고급스러운 것이라고 생각한 듯했다.

자기가 앞으로 어디로 파견될 것인지 알고 있느냐고 묻기에, 그건 모르지만 다른 구급차가 몇 대 카포레토에 가 있다고 대답했다. 그는 그곳으로 가고 싶다고 말했다. 그곳은 그리 크지 않은 안전한 곳으로, 자기는 그 너머에 솟아 있는 높은 산이 마음에 든다고 했다. 그는 붙임성이 좋은 청년으로, 모든 사람이 그를 좋아하는 눈치였다. 정말로 처참했던 것은 산 가브리엘레의 전투와 실패로 끝난 롬 전방의 공격이었다고 했다. 오스트리아군은 우리 바로 머리 위 테르노바 산의 능선 숲 속에다 많은 포를 숨기고 있어, 밤이 되면 맹렬히 도로에 포격을 퍼붓는다고 했다. 저쪽에는 해군 부대의 포병 진지가 있어 이것에도 몹시 골머리를 앓았다는 것이다. 그러나 이러한 포들은 탄도가 수평이니까, 자네도 알게 될 것이다, 포격이 시작되었구나 하는 생각이 드는 것과 거의 동시에 포탄이 공기를 가르는 소리가 들리기 시작한다. 적은 언제나 포를 두 대씩 동시에 발사해서 포탄이 터지면 굉장한 수의 파편이 사방으로 흩어진다. 그는 이런 얘길 하면서 그 포탄의 파편 하나를 나에게 보여주었는데, 길이 1피트가 넘는 매끈매끈한 톱날 모양의 금속 조각이었다. 그것은 배빗 합금처럼 보였다.

"그렇게 위력 있어 보이진 않는데." 지노는 말을 이었다. "그러나 이놈에게 놀랐단 말이야. 모두가 자기를 향해서 곧장 날아오는 것만 같은 소리를 내거든. 꽝하는 소리가 나는 동시에 공기를 가르는 듯한 소리가 나면서 터져버리지. 부상은 당하지 않는다 해도 죽을 듯이 놀라니까 죽는 거나 마찬가지가 아닌가."

그의 말에 따르면, 현재 우리 전선의 맞은편에는 크로아티아 사람과 소수의 마자르 사람이 있다고 한다. 아군은 여전히 공격 지점에 그대로 있었다. 오스트리아군이 공격을 개시하는 날이면, 이쪽엔 이렇다 할 철조망도 없고 후퇴하여 수비할 지점도 없었다. 고원에서 내리뻗은 낮은 산맥을 따라 훌륭한 방어 진지가 있기는 하지만, 방어 진지로서의 설비가 전혀 되어 있지 않았다. 그건 그렇고, 좌우간 바인시차를 어떻게 생각하느냐고 그는 물었다.

나는 좀더 평평하고 고원다운 곳이라 생각했다고 말했다. 이렇게 차이가 심하리라곤 생각도 못했다.

"고원이긴 하지만, 평원은 아냐." 지노는 말했다.

우리는 그가 머물고 있는 집 지하실로 돌아왔다. 나는 산꼭대기가 평평하고 약간 깊이가 있는 산마루가 계속 이어진 조그만 산악보다는 한결 실리적이라고 말했다. 산을 공격해 올라가는 것은 평지를 공격하는 것보다도 쉽기 때문이다.

"그야 산 나름이지." 그가 말했다. "산 가브리엘레를 보게나."

"그렇지. 그러나 놈들이 진땀을 뺀 것은 꼭대기의 평평한 곳에서였지, 꼭대기까진 쉽게 올라갔잖아."

"그렇게 쉽지도 않았지 뭐."

"그렇지. 그러나 그건 산이라기보다는 오히려 요새였기 때문에 특수한 경우였지. 오스트리아군이 몇 년 전부터 그곳을 요새로 지정해 놓았으니까." 나는 기동성 있는 전쟁의 경우를 전략적인 의미로 말한 것이었다. 산맥이라고 해도 쉽게 돌아갈 수 있으니까, 전선으로서 지탱하기에 산맥은 아무 소용도 없었다. 가능한 한 기동성이 있어야 하는데 산 자체는 그다지 기동성을 발휘할 수가 없다. 게다가 산 위에서 아래로 포격하는 경우에는 탄환이 멀리 날아가 버린다. 만약 측면으로 돌아가게 되면 정예 부대는 산꼭대기에 남게 된다. 나는 산악전이 벌어지리라곤 믿지 않았다. 이쪽이 산을 하나 빼앗으면 저쪽에서도 다른 산을 하나 빼앗을 테니까, 정말 본격적으로 승부를 가리려면 모두 산에서 내려와 평지에서 맞붙어야만 한다.

"그렇다면 국경이 산악으로 되어 있는 경우에는 어떡할 작정인가?" 그가 물었다.

"거기까진 아직 연구하지 않았는데." 나는 그와 함께 껄껄 웃은 뒤 말을 이었다. "그렇지만 옛날에는 오스트리아군이 언제나 베로나 부근의 사각지대에서 전멸을 당했거든. 그래서 놈들은 상대방을 항상 평지로 끌고 내려와서 거기서 전멸시켰지."

"맞아." 지노도 맞장구쳤다. "그러나 그건 프랑스군이야. 다른 나라에서 싸우는 경우라면 군사상의 문제는 명쾌하게 해결이 나거든."

"맞아. 그건 그래." 나도 동의했다. "자기 나라라면 그렇게 합리적인 작전 계획대로 되는 건 아니란 말이지."

"그런데 러시아군은 그걸 해냈지. 나폴레옹에게 올가미를 씌우기 위해서."

"그래. 하지만 그들은 광대한 국토를 가지고 있었기 때문에 그게 가능했던 거야. 만일 이탈리아에서 나폴레옹에게 올가미를 씌우려고 퇴각해 보게. 아마 브린디시(^{이탈리아} ^{동남의 군항})까지 밀려가게 될걸."

"그곳은 무서운 곳이야. 가 본 적은 있나?"

"머물렀던 적은 없어."

"나는 애국자지만, 아무리 해도 브린디시와 타란토(^{이탈리아 남부} ^{의 항구도시})는 좋아지지가 않아."

"그럼 바인시차는 좋은가?" 이번에는 내가 물어보았다.

"이 땅은 신성해. 하지만 감자가 좀더 많이 나오면 좋을 텐데. 우리들이 여기 왔을 때는 오스트리아군이 심어 놓은 감자밭이 여러 개 있었어."

"양식이 정말로 부족한가?"

"한 번도 배불리 먹어 본 적이 없어. 그러나 대식가인 나도 굶어 죽진 않았어. 식사량은 보통이지. 전선에서는 꽤 좋은 걸 먹고 있지만, 후방에서는 넉넉하지 않아. 뭔가가 잘못돼 있어. 양식은 충분히 있을 텐데 그렇단 말이야."

"나쁜 놈들이 딴 데로 팔아먹나 보지."

"암만 해도 그런가 봐. 그들은 전선에 있는 부대에는 가능한 한 많이 배급하지만, 후방 부대엔 식량이 아주 부족해. 후방 부대는 오스트리아인이 심어 놓은 감자와 숲에서 주운 밤까지 전부 먹어치웠다네. 좀더 급식을 잘해 줘야지, 이 상태론 안 돼. 우리는 모두 대식가들이야. 양식이 모자라긴 왜 모자라, 있기는 충분히 있지. 군인들에겐 식량 부족만큼 나쁜 게 없어. 이런 상황이 군인들에게 어떤 영향을 줄지 생각해 본 적이 있나?"

"그렇지. 식량이 부족해선 전쟁에 이길 수 없지, 질 뿐이지."

"진다는 말은 집어치워. 지는 얘기엔 이젠 진력이 났어. 우리가 이번 여름에 한 것이 헛되이 될 리는 없지."

나는 아무 말도 하지 않았다. 신성이니 영광이니 희생이니 하는 실속도 없는 말 따위에는 늘 서툴렀다. 때로는 큰 소리를 지르지 않고서는 소리가 들리지 않을 정도로 퍼붓는 빗속에 서서 그런 말들을 들은 적도 있었고, 또는 전단 붙이는 사람이 훨씬 이전에 붙여 놓은 다른 포고문 위에 겹쳐서 붙여 놓은 포고문에서 그런 문구를 읽은 일도 있다. 그러나 실제로 내 눈으로 신성한 것을 본 일도 없고, 또 영광이라고 불린 것은 조금도 영광이 아니었다.

희생이라는 것이 살을 매장하는 것 말고는 아무것도 아니라면 시카고의 도살장과 조금도 다름이 없을 것이다. 쓸데없는 말들이 너무도 많아서, 결국 위엄 있는 것은 지명(地名)뿐이었다. 어떤 종류의 번호도 이와 마찬가지이고, 어떤 날짜나 이러한 날짜와 합쳐진 명칭만이 입 밖에 내놓을 때 의미 있는 것이 된다. 영광, 명예, 용기, 신성 따위의 추상적인 언어는 마을의 명칭, 도로 번호, 강 이름, 연대 번호, 연월일 등과 같은 구체적인 것과 나란히 있을 때 오히려 불쾌한 느낌을 준다. 지노는 애국자인지라 때로는 나와 반대되는 의견을 얘기하기도 했지만, 그는 역시 훌륭한 청년이라 나는 그의 애국적인 마음을 이해할 수 있었다. 그는 타고난 애국자였다. 그는 페두치와 함께 차를 타고 고리치아로 돌아갔다.

그날은 온종일 폭우가 쏟아졌다. 바람이 비를 몰아쳤고, 가는 곳마다 물이 괸 웅덩이와 진창투성이였다. 파괴된 집의 벽토는 회색으로 젖어 있었다. 오후 늦게야 비가 그쳤고, 제2초소에서는 가을 경치가 환히 내다보였다. 산꼭대기마다 구름이 덮여 있었고, 도로를 가린 멍석이 젖어서 물방울이 똑똑 떨어졌다. 해는 지기 전에 불쑥 다시 한 번 얼굴을 내밀고 산마루 너머의 벌거벗은 숲을 비췄다. 그 봉우리의 숲 속에는 오스트리아군의 대포가 많이 있었는데, 불을 토하는 것은 몇 대에 불과했다. 나는 전선 근처의 파괴된 농가 위로 갑자기 유산탄의 둥근 연기가 몇 줄기 확하고 떠오르는 것을 보았다. 한복판에 누런 색을 띤, 흰 섬광의 부드럽고 동그란 연기였다. 섬광과 함께 날카로운 총성이 들리더니 연기의 동그라미가 바람을 타고 힘없이 부서져 가는 것이 보였다. 인가의 깨진 기왓장 속에도, 주차장으로 쓰이는 파괴된 농가 옆의 길바닥에도 유산탄의 파편이 많았지만, 그날 오후엔 주차장 부근은 포격을 받지 않았다. 우리가 구급차 2대에다 부상병을 태우고 젖은 멍석으로 가려진 도로를 달리고 있노라니, 서산을 넘으려던 마지막 햇빛이 멍석을 연결한 틈새로부터 새어 들어왔다. 언덕 뒤, 가려지지 않은 도로로 나오기 전에 해는 지고 말았다. 그 도로를 달려 모퉁이 하나를 돌아, 넓은 빈터로 나와 네모진 아치형의 멍석 터널로 들어가자, 또다시 비가 내리기 시작했다.

밤이 되면서부터 바람은 더욱 심해졌고 새벽 3시경, 폭포처럼 떨어지는 비와 함께 포격이 시작되었다. 크로아티아인 부대가 산간의 초원을 지나 산림지대를 빠져나가 전선으로 내습해 왔다. 캄캄한 빗속에서 전투가 있었는데

제2선에서 출동한, 깜짝 놀란 병사들의 반격으로 적은 격퇴되었다. 빗속에서 심한 포격과 함께 불꽃이 하늘을 수놓았으며, 기관총과 소총이 전선 일대에 불을 토했다. 두 번째 공격은 없었고, 주위는 조용해졌다. 돌풍과 큰비가 갑자기 심해지는 사이사이에 저 멀리 북쪽에서 큰 포격 소리가 들려왔다.

부상자들이 초소로 왔다. 들것에 실려오는 사람도 있었고, 혼자 힘으로 걸어오는 사람도 있었고, 전우의 등에 업혀 벌판을 지나오는 사람도 있었다. 그들은 온몸이 흠뻑 젖어 있었고, 모두 겁을 먹고 있었다. 우리들은 초소 지하실에서 올라오는 들것에 실린 환자들을 구급차 2대에 가득 실었다. 내가 2대째의 구급차 문을 꼭 닫을 때 얼굴에 떨어진 비가 눈으로 변한 것을 느꼈다. 눈송이는 비에 섞여 무겁고 빠르게 떨어졌다.

날이 밝아도 폭풍은 여전히 몰아치고 있었다. 눈은 그쳤다. 눈은 젖은 대지에 떨어지는 동시에 녹아 다시 비가 되었다. 먼동이 튼 직후에 또 한 차례의 공격이 있었지만 실패로 끝났다. 우리들은 온종일 적의 공격을 기다리고 있었지만, 해가 서산을 넘을 때까지 공격은 없었다. 남쪽, 오스트리아군의 대포가 집결해 있는, 나무가 우거진 긴 산마루 아래에서 포격이 시작되었다. 우리도 포격을 받으리라 예상했지만 아무 일도 없었다. 주위는 점점 더 어두워졌다. 대포는 마을 뒤의 밭에서 불을 뿜었고, 기분 좋은 소리를 내며 포탄이 날아갔다.

우리는 남쪽에서 이루어진 공격이 실패로 돌아갔다는 말을 들었다. 그날 밤 적의 공격은 없었지만, 북부 전선이 돌파당했다는 소리를 들었다. 밤이 되자 후퇴 준비를 하라는 통지가 왔다. 초소 대위가 나에게 그것을 알렸다. 대위는 여단 사령부에서 그 통지를 받았던 것이다. 조금 있다가 그는 전화를 하고 돌아오더니 그것은 오보였다고 말했다. 여단 사령부는 어떠한 일이 있더라도 바인시차 전선을 지키라는 명령을 받고 있었다. 아군 측 전선이 돌파당한 것에 대해 대위에게 물었더니, 여단에서 들은 바에 의하면, 오스트리아군이 카포레토 방면을 향해서 제27군을 돌파했다고 한다. 북부 지역에선 온종일 큰 전투가 벌어지고 있었던 것이다.

"그 자식들이 적에게 돌파되면 우리들은 손을 들 수밖에 없어." 대위가 말했다.

"공격해 오는 것은 독일군이야." 군의관 하나가 대꾸했다. 독일군이라는 말은 듣기만 해도 가슴이 섬뜩했다. 우리는 독일군과는 아무런 관계도 갖고 싶지 않았다.

"독일군은 15개 사단이 있어." 그 군의관이 말을 이었다. "놈들이 아군 전선을 돌파했다네. 우리는 곧 통신이 끊기고 말걸세."

"여단 사령부에선 이 전선을 확보한다고 떠들고 있네. 돌파된다고 해도 그렇게 심하게 돌파되진 않을 것이며, 아군은 마지오레 산으로부터 산맥의 저쪽까지 일선을 확보한다고 장담하고 있어."

"여단은 그 얘길 어디서 들었을까?"

"사단에서 들었겠지."

"아군이 후퇴한다는 정보는 사단에서 나온 거야."

"우리는 군단의 지휘 아래에 있습니다만." 내가 말했다. "여기선 대위님 지휘 아래에 있습니다. 그러므로 대위님이 후퇴하라고 하면, 전 당연히 후퇴합니다. 그러나 명령을 확실히 받지 않으면."

"명령은 여기 그대로 있으라는 거야. 자넨 부상자를 치료수용소까지 후송해 주게."

"때에 따라선 치료수용소에서 야전 병원까지 후송해 가는 경우도 있는데요." 내가 말했다. "저는 아직 후퇴라는 것을 경험한 적이 없는데, 만일 후퇴한다면 어떠한 방법으로 부상자 전원을 후송합니까?"

"전원을 후송하는 건 불가능해. 가능한 인원만 후송하고 나머지는 그대로 남겨 두지."

"구급차엔 뭘 싣습니까?"

"의료 기구들이지."

"알겠습니다."

다음날 밤 후퇴가 시작되었다. 독일군과 오스트리아군이 북부 지역에서 아군 전선을 돌파하여, 산악지대의 계곡을 내려가 치비달레와 우디네 방면으로 진격하는 모양이다. 후퇴는 질서 정연하게 이루어졌다. 비에 젖어 어느 누구도 말하는 사람이 없었다. 밤중에 혼잡한 도로를 서서히 행진하여, 우리는 빗속을 행군하는 여러 부대, 대포, 마차를 끄는 말, 노새, 트럭 등을 앞질렀다. 모두가 전선에서 이동하는 것들이었다. 전진할 때와 마찬가지로 그다지 큰 혼란은 없었다.

그날 밤 우리는 고원에서 가장 피해가 적은 마을에 설치해 놓은 각 야전 병원의 후퇴를 도와, 부상자를 강둑에 있는 플라바로 이송했다. 그리고 다음 날은 플라바의 야전 병원과 치료수용소를 철수하기 위해서 비를 무릅쓰고 온종일 일했다. 비는 조금도 쉬지 않고 꾸준히 내렸고, 바인시차 방면의 군대는 그해 봄 대승리의 행진곡이 시작된 강을 건너, 10월의 비를 무릅쓰고 고원으로부터 철수해 왔다. 우리는 다음날 정오경 고리치아로 들어갔다. 비는 이미 그쳤고, 거리에는 사람 그림자 하나 없었다. 우리가 거리를 전진해 가고 있노라니까, 사람들이 군인을 상대하는 매춘부들을 트럭에 싣고 있었다. 모두 7명이었다. 모두 코트를 입고 모자를 쓰고 작은 여행가방을 들고 있었다. 우는 여자도 두 명 있었다. 하나는 우리를 보고 생긋 웃으며 혀를 날름 내밀더니 그 혀를 위아래로 휘저었다. 두툼하고 큰 입술과 까만 눈을 지닌 여자였다.

나는 차를 세운 다음 내려가 포주에게 말을 걸었다. 장교를 상대하는 여자들은 오늘 아침 일찍 이미 떠났다고 했다. 이 여자들은 어디로 가느냐고 물었더니, 코넬리아노라고 대답했다. 트럭은 출발했다. 두꺼운 입술의 여자가 또 우리를 보면서 혀를 휘저어 보였다. 포주는 손을 흔들었다. 두 여자는 계속 울었지만, 다른 여자들은 재미있다는 듯이 마을을 쳐다보고 있었다. 나는 차로 되돌아왔다.

"저들과 같이 가는 게 좋겠는데요." 보넬로가 말했다. "여행이 심심치 않을 테니까요."

"심심치 않겠지." 내가 맞장구를 쳤다.

"생지옥 같은 여행이 될 겁니다."

"내 말뜻도 그거야." 우리는 별장으로 차를 몰았다.

"그 거친 놈들이 차로 뛰어올라 그 여자들에게로 달려들 때 그 현장에 있으면 참 볼만하겠는데요."

"놈들이 그럴 거라고 생각하나?"

"물론이죠. 제2군에서 저 포주를 모르는 놈은 하나도 없으니까요."

우리는 병원으로 사용했던 별장 앞에 도착했다.

"모두 그 여자를 수녀원장이라고 부르고 있습니다. 저 여자들은 처음 보지만 그 포주는 모르는 사람이 없어요. 군에선 아마 이 후퇴가 시작되기 직전에 저들을 데리고 왔나 봐요."

"안됐군."

"안됐죠. 공짜로 한번 놀아 보았으면 좋겠는데. 저 집은 비싸거든요. 정부가 우리 돈을 착취하는 거죠."

"차를 밖으로 내놓고 정비공에게 점검하게 해." 내가 말했다. "오일을 교환하고 차동기어를 점검해. 가솔린이 가득 차면 조금이나마 눈을 붙여 둬."

"네, 중위님."

별장은 텅 비어 있었다. 리날디는 병원 사람과 같이 떠났다. 소령도 간부용 차에 병원 사람들을 싣고 가 버렸다. 창문 유리에 내 앞으로 지시서가 붙어 있었다. 복도에 수북이 쌓아 놓은 병원 기구들을 구급차에 싣고 포르데노네로 가라는 것이었다. 정비공들도 이미 떠나고 없었다. 나는 되돌아와 차고로 갔다. 내가 거기 있을 동안 다른 구급차 2대가 도착하여 운전병들이 내려왔다. 또 비가 내리기 시작했다.

"어찌나 졸리는지, 플라바에서 여기까지 오는 동안 세 번이나 졸았습니다." 피아니가 말했다. "이제부터 우리들은 뭘 해야 합니까, 중위님?"

"오일을 교환하고 기름칠을 해 둬. 그 일이 끝나면 현관에다 차를 대놓고 남은 물건들을 실어."

"그리고 출발입니까?"

"아니, 3시간쯤 자 둬."

"고맙습니다." 보넬로가 좋아했다. "정말 아깐 운전하면서 졸았어요."

"자넨 어떤가, 아이모?"

"문제없습니다."

"작업복을 빌려 주게나. 오일을 교환하는 걸 도와 줄 테니."

"괜찮습니다, 중위님." 아이모가 말했다. "문제없어요. 그것보다 중위님은 가서 짐이나 꾸리세요."

"내 물건은 이미 다 쌌어. 그러면 난 남기고 간 기구들을 날라 오지. 차 준비가 되는 대로 곧 현관으로 돌려 주게."

그들은 구급차를 별장 현관 쪽으로 돌렸다. 우리는 복도에 쌓아 놓은 의료 기구들을 차에 실었다. 전부 싣자 구급차 3대는 빗속에서 나무 아래의 차도에 일렬로 나란히 섰다. 우리는 안으로 들어갔다.

"부엌에 불을 지피고 옷을 말려." 내가 말했다.

"옷을요? 괜찮습니다." 피아니가 대꾸했다. "그보다 자고 싶습니다."

"난 소령님의 침대에서 자야지." 보넬로가 말했다. "소령님이 술을 마시던 침대에서 말이야."

"난 어디서 자든 상관없어." 피아니의 말이다.

"여기 침대가 두 개 있다." 나는 문을 열었다.

"난 저 방에 뭐가 있었는지 통 몰랐어." 보넬로가 말했다.

"그건 붕어 얼굴을 지닌 할아버지의 방이었다네." 피아니가 말했다.

"자네 두 사람은 거기서 자. 내가 깨워 줄 테니까."

"중위님이 정신없이 주무시더라도 오스트리아군이 깨워 주겠지요." 보넬로가 농담을 했다.

"난 늦잠은 안 자. 아이모는 어디 있지?"

"부엌에 갔습니다."

"자, 어서들 자."

"네." 피아니가 받았다. "전 온종일 앉은 채로 졸아서 머리 꼭대기가 그대로 눈꺼풀로 쏟아지는 것 같았어요."

"구두를 벗어." 보넬로가 말했다. "그건 붕어 얼굴을 한 할아버지의 침대야."

"붕어 얼굴의 할아버지가 다 뭐 말라비틀어진 거야." 그러면서 피아니는 진창투성이의 구두를 그대로 신은 채 쭉 발을 뻗으며 한 팔을 베개 삼아 벌렁 침대에 드러누웠다. 나는 부엌으로 가 보았다. 아이모가 난로에 불을 지피고, 주전자를 불 위에 올려놓고 있었다.

"파스타를 만들려고요. 잠이 깨면 배가 고플 것 같아서요, 모두들."

"자넨 안 졸리나, 바르톨로메오?"

"그렇게 졸리진 않습니다. 물이 끓으면 그대로 놓고 가겠습니다. 불은 저절로 꺼질 테죠."

"그래도 좀 자 두는 게 좋을걸. 먹을 거라면 치즈와 통조림 쇠고기를 먹으면 되니까 걱정없어."

"이게 더 좋을 겁니다. 저 두 무정부주의자에겐 뭔가 따뜻한 게 좋겠죠. 어서 주무십시오, 중위님."

"소령님 방에 침대가 하나 있네."

"중위님이 거기서 주무십시오."

"아냐, 난 내가 쓰던 방으로 갈 테니까. 술은 생각 없나, 바르톨로메오?"

"떠날 때 하죠, 중위님. 지금 마셔도 아무 소용없습니다."

"3시간 뒤에 자네가 깨서 내가 깨우러 오지 않으면 날 깨우러 와 주게, 알았지?"

"시계가 없는데요, 중위님."

"소령님 방에 벽시계가 있어."

"알겠습니다."

나는 식당과 복도를 지나 대리석 계단을 올라가 리날디와 같이 쓰던 방으로 들어갔다. 밖에는 아직도 비가 내리고 있었다. 나는 창가로 가서 밖을 내다보았다. 어둠이 깔리고 있었지만 나무 밑에 차 3대가 나란히 서 있는 것이 보였다. 빗속에 서 있는 나무들에서 빗물이 떨어지고 있었다. 추웠다. 나뭇가지에는 물방울이 달려 있었다. 나는 리날디의 침대로 가서 드러누워, 잠에 취한 사람처럼 금방 잠이 들었다.

출발하기 전에 식당에서 식사를 했다. 아이모가 양파와 통조림 고기를 다져서 넣은 스파게티를 내놓았다. 우리들은 빙 둘러앉았고, 지하실에 남아 있던 포도주를 두 병이나 비웠다. 밖은 여전히 어두웠고, 아직도 비가 내리고 있었다. 피아니는 몹시 졸린 얼굴로 식탁에 앉아 있었다.

"전진보다는 후퇴가 더 좋군." 보넬로가 먼저 입을 열었다. "후퇴할 땐 바르베라를 마실 수 있으니까 말이야."

"지금은 술을 마시고 있지만, 내일은 빗물을 마시게 될지도 모르지." 아이모의 말이었다.

"내일은 우디네에 도착해 샴페인을 마신다. 거긴 게으름뱅이들이 살고 있거든. 일어나 피아니! 내일은 우디네에서 샴페인을 마시는 거야!"

"자긴 누가 자." 이러면서 피아니는 자기 접시에다 스파게티와 고기를 수북이 담았다. "토마토 소스는 없던가, 바르토?"

"없던데." 아이모가 대답했다.

"우리는 우디네에서 샴페인을 마신다." 보넬로는 이렇게 말하면서 자기 잔에다 빨갛게 비치는 바르베라 주를 따랐다.

"우디네까지 가지 않아도 마실지 모르지." 피아니가 말했다.

"많이 잡수셨습니까, 중위님?" 아이모가 물었다.

"응, 난 많이 먹었네. 그 병 좀 이리 주게, 바르톨로메오."

"각자 한 병씩 차에 가져갈 수 있도록 준비해 놓았습니다." 아이모가 말했다.

"자넨 좀 잤나?"

"전 그다지 잘 필요가 없었습니다. 자긴 좀 잤지만."

"내일은 국왕의 침대에서 잔다." 또 보넬로가 큰소리친다. 사뭇 기분이 좋은 모양이다.

"내일, 우리가 잘 곳은 아마……." 피아니가 말했다.

"나는 여왕이랑 잘 거야." 보넬로가 계속 큰소리다. 그러고는 이 농담을 내가 어떻게 받나 하고 내 눈치를 살폈다.

"네가 잘 상대는……." 피아니가 졸린 듯한 얼굴로 말한다.

"그럼 반역죄야." 보넬로가 말했다. "그렇죠?"

"쓸데없는 소리 그만둬. 술 몇 잔 마시고 자넨 괜한 농담이 좀 지나쳐." 밖에는 비가 억수로 쏟아지고 있었다. 시계를 보니 9시 반이었다.

"떠날 시간이다." 이렇게 말하면서 나는 일어섰다.

"중위님은 누구와 함께 타고 가시죠?" 보넬로가 물었다.

"아이모와 같이 타기로 하지. 두 번째는 자네, 그 다음은 피아니. 코르몬스가도를 달리기로 한다."

"전 졸릴까 봐 걱정인데요." 피아니가 지레 걱정이었다.

"좋아. 그럼 자네 차에 타기로 하지. 다음이 보넬로, 그 다음이 아이모."

"그게 제일 좋습니다." 피아니가 말했다. "왜 그런지 전 졸려서 견딜 수가 없어요."

"내가 운전할 테니까, 자넨 좀 자게."

"아네요, 졸면 깨워 줄 사람이 있다는 것을 알기만 하면 운전할 수 있습니다."

"그럼 내가 깨워 주지. 바르토, 불을 꺼."

"그냥 둬도 괜찮지 않을까요?" 보넬로의 대답이었다. "이젠 여긴 아무 소용도 없으니까요."

"내 방에 자물쇠 달린 조그만 트렁크가 하나 있는데 함께 그걸 좀 갖다 주겠나, 피아니?"

"저희들이 가지고 오죠. 이리 와, 알도." 피아니는 보넬로와 함께 복도로 사라졌다. 2층으로 올라가는 소리가 들렸다.

"여긴 참 좋은 곳이었죠." 이런 말을 하면서 바르톨로메오 아이모는 포도주 두 병과 치즈 반쪽을 자기 배낭 속에 집어넣었다. "이런 곳은 다신 없을 거예요. 어디까지 후퇴합니까, 중위님?"

"탈리아멘토 강 너머까지라네. 병원도 배속 부대도 포르데노네에 머물기로 되어 있어."

"여기가 포르데노네보다 좋은 곳입니다."

"난 포르데노넨 몰라, 한 번 지나치기만 했어."

"대단한 곳은 아닙니다." 아이모가 말했다.

28

우리들이 거리를 빠져 나가면서 둘러보니 비에 젖고 어둠에 싸인 거리에는 간선 도로를 지나가는 부대와 대포의 대열 말고는, 사람의 그림자 하나 보이지 않았다. 트럭이 많이 오고, 보급차도 몇 대 다른 거리에서 간선 도로로 모여들었다. 피혁 공장 앞을 지나 간선 도로로 나오자 여러 부대와 트럭, 짐마차들이 큰 대열을 이루어 느릿느릿 움직이고 있었다. 우리는 빗속을 느릿느릿 그러나 쉬지 않고 꾸준히 행진했다. 내가 탄 구급차의 라디에이터 뚜껑이, 짐을 높이 쌓아 놓고 그것을 젖은 덮개로 덮은 트럭의 꼬리 판자에 바짝 붙을 정도로 따라갔다. 가다가 트럭이 서자 대열 전체가 섰다. 또다시 움직이기 시작했는데 조금 가다 또다시 섰다. 나는 차에서 내려 트럭과 짐마차 사이를 뚫고, 말의 젖은 목을 스쳐 지나 앞으로 나가 보았다. 길은 훨씬 앞에서부터 막혀 있었다. 나는 도로를 벗어나서, 발판을 디디면서 도랑을 건너 밭길을 따라 걸어갔다. 밭 한복판을 가로질러 앞으로 나가 보니, 빗속에서 길이 막힌 채 그대로 서 있는 대열이 나무들 사이로 보였다. 나는 1마일쯤 걸어갔다. 대열은 여전히 꼼짝하지 않았지만, 길이 막혀 멈춰 선 차량 앞에서는 부대가 서서히 움직이는 것이 보였다. 나는 다시 내 차로 돌아왔다. 어쩌면 우디네까지 길이 계속 막혀 있을지도 모른다. 피아니는 핸들에 엎드려

자고 있었다. 나도 그의 좌석 옆으로 기어올라 갔다. 몇 시간 지나자 트럭이 기어를 넣는 소리가 들렸다. 바로 피아니를 일으켜 우리도 출발했는데 얼마 가지 못해서 멈추었다가, 다시 움직이기 시작했다. 비는 여전히 내리고 있었다.

밤이 되자 대열은 또다시 길이 막혀 움직이지 못했다. 나는 차에서 내려, 뒤따라오는 아이모와 보넬로를 살펴보려고 뒤로 갔다. 보넬로는 옆자리에 공병 상사 2명을 태우고 있었다. 내가 가까이 가자 두 사람 다 긴장했다.

"이 두 사람은 다리에서 할일이 남아 있어 뒤에 처졌대요." 보넬로가 먼저 입을 열었다. "자기들 부대를 찾을 수 없다고 해서 태워줬습니다."

"중위님, 허가를 해주신다면……."

"좋아, 허가해 주지."

"중위님은 미국분이셔." 보넬로가 말했다. "아무나 태워 주거든."

상사 하나가 싱긋 웃었다. 다른 상사는 내가 남미에서 온 이탈리아 사람인지, 북미에서 온 이탈리아 사람인지를 보넬로에게 물었다.

"이탈리아 사람이 아니라 북미에서 온 영국인이오."

상사들은 순순히 들었지만, 그 말을 믿지는 않았다. 나는 그들과 헤어져 아이모에게로 갔다. 그는 처녀들을 한자리에 앉혀 놓고, 자신은 한구석에 기대 앉은 채 담배를 피우고 있었다.

"바르토, 바르토." 내가 불렀더니 그는 웃었다.

"이 아가씨들과 얘기해 보십시오, 중위님. 전 이 아가씨들이 도대체 무슨 말을 하는지 통 알아들을 수가 없습니다. 이봐!" 그는 처녀의 넓적다리 위에 다 한 손을 얹고는 다정한 사이나 되는 것처럼 꾹 눌렀다. 처녀는 숄을 다시 꼭 두르며 그의 손을 밀어 버렸다.

"이봐! 네 이름과 그리고 여기서 뭘 하는지 중위님께 얘기해 봐."

처녀는 사납게 나를 노려보았다. 또 한 처녀는 눈을 내리깔고 있었다. 나를 노려본 그 처녀는 내가 한 마디도 알아듣지 못할 사투리로 뭐라고 지껄였다. 그녀는 포동포동하고 얼굴이 거무스름한, 열여섯 살 정도의 소녀였다.

"동생?" 이렇게 내가 묻고는 다른 처녀를 가리켰다.

그녀는 머리를 끄덕이며 생긋 웃었다.

"됐어, 됐어." 이렇게 말하면서 나는 그녀의 무릎을 가볍게 두드렸다. 내 손이 닿자 그녀는 표정이 굳어지며 약간 옆으로 비켜났다. 동생은 얼굴을 들지 않았다. 그녀는 한 살쯤 아래로 보였다. 아이모가 그녀의 넓적다리에다 손을 얹자 그녀는 그 손을 밀어 버렸다. 그는 큰 소리로 웃었다.

"좋은 사람." 그는 자기 자신을 가리키며 말했다. "좋은 사람." 이번에는 나를 가리켰다. "걱정할 것 없어." 처녀는 사나운 얼굴로 그를 쏘아보았다. 그들은 마치 두 마리 들새 같았다.

"날 싫어하면서 왜 이 차를 탔을까요?" 아이모가 물었다. "내가 손짓을 하니까 단번에 이 차를 탔으면서." 그는 처녀 쪽으로 돌아앉으며 부드럽게 말했다. "걱정하지 마. 그럴 위험은 없으니까." 그는 천한 말을 했다. "그럴 장소도 없잖아." 나는 처녀가 그 말을 이해했다는 것을 알 수 있었으나, 단지 그뿐이었다. 그녀는 매우 겁먹은 눈초리로 그를 쳐다보았다. 그리고 숄로 몸을 꼭 감쌌다. "이것 봐, 차 안이 꽉 찼잖아." 아이모가 말을 이었다. "뭘, 그럴 위험은 없어. 그럴 장소도 없어." 그가 그런 말을 할 때마다 그녀의 표정은 점점 더 굳어졌다. 그러고는 바싹 앙칼지게 앉아서 그를 노려보며 울기 시작했다. 입술이 부들부들 떨리더니 통통한 뺨으로 눈물이 굴러떨어지는 것이 보였다. 동생은 얼굴도 들지 않고, 언니의 손을 잡은 채 함께 그대로 앉아 있었다. 그때까지 몹시 사나운 얼굴을 하고 있던 언니가 흐느끼기 시작했다.

"내가 놀라게 했나 본데요." 아이모가 말했다. "그럴 생각은 아니었는데."

바르톨로메오는 배낭에 든 치즈를 두 조각 도려내어 주면서 "울지 마. 자아," 달랬다.

언니는 머리를 흔들고선 계속 울고 있었지만, 동생은 치즈를 받아 들고 먹었다. 잠시 뒤에는 동생이 두 번째로 받은 치즈를 언니에게 나눠 주며 같이 먹었다. 언니는 아직도 울음을 완전히 그치지 않았다.

"울지 마요." 아이모가 말했다.

그때 그의 머리에 뭔가 떠오른 모양이었다. "숫처녀가?" 자기 곁에 있는 처녀에게 물었다. 그녀는 머리를 끄덕였다. "너도?" 이번에는 동생을 가리켰다. 두 여자는 함께 머리를 끄덕였으며, 언니가 사투리로 뭐라고 말을 했다.

"그래, 알았어." 바르톨로메오가 달랬다. "알았어."

그녀들은 그제야 둘 다 기분이 풀린 모양이었다.

나는 한쪽 구석에 아이모와 함께 나란히 앉아 있는 처녀들을 그대로 둔 채 피아니의 차로 되돌아왔다. 차량 대열은 꼼짝도 않았지만, 부대는 끊임없이 그 옆을 지나갔다. 비는 아직도 몹시 퍼붓고 있었다. 대열이 움직이지 않는 것은 배선 부분에 빗물이 스며들었기 때문일지도 모른다고 생각했다. 아니, 그보다도 말과 사람들이 잠들어버린 탓인지도 모른다. 그런데 모두가 눈을 뜨고 있는 시가지의 한복판에서도 교통이 마비되는 수가 있다. 마차와 자동차가 함께 섞여 있기 때문이다. 이 둘은 서로 방해가 될 뿐이다. 농부들의 짐마차도 교통 소통을 불편하게 할 뿐이다. 바르토와 같이 있는 저 두 처녀는 매우 좋은 처녀들이다. 후퇴하는 데 숫처녀들이 잘못 걸려들었지. 틀림없는 숫처녀들로 신앙심도 꽤 두터울 테지. 어찌 되었든 간에, 전쟁만 아니라면 우리들은 모두 자고 있을 시각이다. 침대 속에 들어가 옆으로 눕는다. 침대와 판자. 침대 속에서 판자처럼 굳어진다. 지금쯤 캐서린은 위에 한 장, 아래에 한 장, 이렇게 두 장의 시트 사이에 끼여 침대에서 자고 있겠지. 어느 쪽을 향해서 자고 있을까? 어쩌면 아직 자지 않을지도 모르지, 내 생각을 하고 있을지도 모른다. 불어라, 불어, 서풍아. 야아, 불어왔다. 그러나 비는 이슬비가 아니라 가랑비. 비는 밤새도록 그칠 줄 모른다. 자, 보라니까, 퍼붓는 이 비를. 에이 모르겠다. 사랑하는 사람이 내 품속에 있고, 그리고 내가 침대에 누워 있다면. 그리운 캐서린, 내 귀여운 사랑, 캐서린이 비가 되어 내려와 주었으면. 바람아, 다시 한 번 그녀를 나에게 보내 주렴. 그렇지, 우리들은 바람 속에 있었다. 모두 바람 속에 있었다. 이슬비로는 이 바람을 막을 길이 없으리라. "잘 자, 캐서린." 나는 소리 내어 말했다. "편안히 잘 자. 잠자리가 괴로우면 잠자리를 바꿔서 자 봐. 찬물이라도 좀 줄까? 곧 아침이 될 텐데. 그러면 좀 나아지겠지. 미안한데, 그렇게 당신 잠자리를 괴롭혀서. 좀더 자려고 애써 봐, 응, 캐서린."

'여태까지 쭉 자고 있었는데요, 뭐.' 그녀가 말했다. '당신은 잠꼬대를 하시더군요. 몸 괜찮으세요?'

'당신 정말 거기 있소?'

'물론이죠, 여기 있어요. 난 아무 데도 가지 않아요. 그런 거 우리들 사이에서 아무려면 어때요.'

'당신은 정말로 귀엽고 예뻐. 밤에 도망가 버리진 않겠지?'

'물론이죠, 누가 도망간대요. 난 늘 여기 있어요. 당신이 원하시면 언제든지 달려갈 거예요.'

피아니가 중얼거렸다. "다시 움직이기 시작합니다."

"아이고, 깜박 졸았군." 내가 말했다. 손목시계를 보니 새벽 3시였다. 자리 뒤로 손을 뻗쳐 바르베라 술병을 잡았다.

"중위님은 큰 소리로 잠꼬대를 하시던데요."

"영어로 꿈을 꾸고 있었지."

빗줄기는 약해졌고, 차들은 또다시 움직이기 시작했다. 먼동이 트기 전에 또 한 번 길이 막혔다. 사방이 환해져서 바깥을 내다보니 우리는 약간 높은 지대에 와 있었다. 앞으로 저 멀리까지 뻗친 퇴각 도로가 보였지만, 물이 빠지듯 보병들만 그 사이로 빠져나갈 뿐 모든 것은 정지 상태였다. 우리는 또다시 움직이기 시작했는데, 밝은 대낮에 진행 상태를 보니까, 우디네에 가려면 간선 도로에서 약간 벗어나서 밭을 가로질러 갈 수밖에 없음을 알았다.

밤 사이에 많은 농부들이 이 대열에 끼어들어 왔다. 대열에는 가재도구를 산처럼 쌓은 짐마차가 섞여 있었다. 이불 사이로 거울이 불쑥 삐져나와 있기도 했고, 병아리와 집오리가 짐마차에 묶여 있기도 했다. 빗속에서 우리들 앞을 가는 짐마차에는 재봉틀이 한 대 실려 있었다. 가장 귀한 물건을 갖고 가는 셈이었다. 비를 피해서 여자들이 옹기종기 한군데 모여 앉아 있는 짐마차도 있고, 될 수 있는 대로 짐마차에 바싹 달라붙어 따라가는 여인도 있었다. 지금 보니까 개까지 대열에 섞여 짐마차 아래를 떠나지 않고 따라가고 있었다. 도로는 진창투성이였으며, 길가 도랑엔 물이 불어 있었다. 길가에 쭉 서 있는 가로수 뒤에 있는 밭은 온통 물에 잠겨 있어 가로질러 가고 싶은 생각이 들지 않았다.

나는 차에서 내려 도로를 걸어가면서, 벌판을 가로질러 갈 만한 샛길은 어디 없나 하고 저 멀리까지 앞을 내다보면서 찾았다. 이 근처에 샛길이 많은 것은 알고 있었지만, 막힌 길이라면 아무 소용이 없었다. 우리들은 늘 차로 간선 도로를 달리기만 했지, 이러한 샛길들을 그냥 지나쳐 버렸으며, 더욱이 샛길은 모두 비슷하게 보여서 기억해 두지 않았던 것이다. 그런데 이제 복잡한 간선 도로를 피해 나가려면, 어떻게 해서든지 샛길을 하나 찾아야만 했다. 오스트리아군은 지금 어디 있는지, 전황이 어떻게 되어가고 있는지 아는 사람은 아무도 없었다. 그러나 만일 비가 그치고 비행기가 날아와 이 대열에 공습을 가한다면 모든 게 어떻게 될지는 너무나 뻔한 노릇이었다. 몇몇 군인들이 트럭을 버리고 도망간다거나 말 몇 필이 죽어 넘어지기만 해도, 도로상의 행진은 완전히 정지될 것이 뻔했다.

지금은 빗줄기도 약해지고 이런 상태라면 곧 비가 갤지도 모른다고 생각했다. 길가를 따라가다가 밭 사이로 양쪽에 생울타리가 있는 좁은 길이 북으로 뻗쳐 있는 게 보여서, 이 길이 좋겠다고 생각하고는 서둘러 차로 돌아왔다. 피아니에게 이 샛길로 구부러져 들어가라고 지시한 다음, 나는 뒤로 가서 보넬로와 아이모에게도 똑같은 지시를 했다.

"만일 길이 막혀 있다면, 되돌아와 다시 이 대열에 끼면 되겠지." 내가 말했다.

"이 사람들을 어떻게 할까요?" 보넬로가 물었다. 그 옆에는 두 상사가 앉아 있었다. 수염은 깎지 않았지만 그래도 이른 아침에 보니 군인처럼 보였다.

"차를 밀 때 도움이 되겠지." 나는 아이모에게 돌아와 이제부터 밭을 가로질러 간다고 했다.

"이 숫처녀들은 어떻게 할까요?" 아이모가 물었다. 두 처녀는 아직 자고 있었다.

"그다지 필요하지 않을 것 같군, 되도록이면 차를 밀 수 있는 사람을 태우면 좋겠는데."

"뒤에 태워도 되잖아요. 차 뒤에는 아직 자리가 있으니까."

"자네가 그렇게 하고 싶다면 그러게. 그리고 차를 잘 밀 수 있는, 어깨가 넓은 사람을 찾아봐."

"저격병이겠군요." 아이모가 싱긋 웃었다. "그 작자들은 어깨가 제일 넓어요, 어깨 넓이를 재 보고서 선발하니까요. 기분은 어떻습니까, 중위님?"

"좋아, 자넨?"

"좋습니다. 그런데 배고파 죽겠어요."

"그 도로로 가면 뭔가 있을 테니 차를 세우고 먹고 가세."

"다리는 어떻습니까, 중위님?"

"괜찮아."

차 입구에 서서 앞을 내다보니까, 피아니의 차가 조그만 샛길로 나와 움직이기 시작하였다. 산울타리의 발가벗은 나뭇가지 사이로 그의 차가 보였다. 보넬로가 그 길을 구부러져 피아니의 뒤를 따라갔다. 피아니가 힘들게 힘들게 나아갔으므로, 우리들은 산울타리 사이로 난 좁은 길로 앞서가는 2대의 구급차를 따라갔다. 이 길은 어느 농가로 통해 있었다. 피아니와 보넬로가 그 농가 마당에 차를 세우는 것이 보였다. 지붕이 낮고 기다란 집으로 입구에 포도나무 덩굴이 있었다. 마당에는 우물이 있고 피아니가 물을 길어 라디에이터에 넣고 있었다. 너무도 오랫동안 저속 기어로 달렸으므로 물이 증발하여 버린 것이다. 농가는 텅 비어 있었다. 온 길을 돌아다보니, 이 농가는 들판에서 비스듬히 올라간 곳에 위치해 있어 근방 일대를 멀리까지 바라볼 수가 있었고, 도로와 산울타리와 밭과 퇴각군이 지나가는 간선 도로의 가로수 등이 보였다. 두 상사는 집 안을 들여다보고 있었다. 두 처녀는 잠에서 깨어나 마당과 우물, 그리고 집 앞에 서 있는 큰 구급차 2대와 우물가에 모인 운전병 3명 등을 바라보고 있었다. 상사 하나가 벽시계를 들고 나왔다.

"도로 갖다 놓고 와." 내가 소리를 질렀다. 그는 나를 힐끔 쳐다보고는 집 안으로 들어가더니 나올 때는 빈손으로 나왔다.

"자네 친구는 어디 갔나?" 내가 물었다.

"변소에 갔습니다." 그는 그렇게 말하고선 구급차로 돌아가 자리에 올랐다. 떼어놓고 갈까 봐 걱정이 되는 모양이었다.

"아침 식사는 어떻게 할까요, 중위님?" 보넬로가 물었다. "뭘 좀 먹을 수 있겠죠. 그다지 시간이 걸리진 않을 겁니다."

"이 길을 따라 저쪽으로 내려가면 어디로 갈 것 같은가?"

"틀림없이 나갈 수 있을 겁니다."

"알았네. 그럼, 식사를 하세." 피아니와 보넬로가 집 안으로 들어갔다.

"이리 와." 아이모가 처녀들을 불렀다. 그러고는 손을 뻗쳐 내려 주려고 했다. 그러나 언니가 고개를 저었다. 인기척 하나 없는 집에는 들어가고 싶지 않겠지. 그녀들은 우리 뒤를 눈으로 좇고 있었다.

"그것들 참 골칫거린데." 아이모가 말했다. 우리는 함께 농가로 들어갔다. 안은 넓었지만 컴컴한 데다 텅 비어 있어서 버림받은 느낌이 들었다. 보넬로와 피아니는 부엌에 들어갔다.

"그다지 먹을 게 없는데." 피아니가 말했다. "깨끗이 죄다 가지고 갔군."

보넬로는 단단해 보이는 식탁에서 커다란 치즈를 잘랐다.

"그 치즈는 어디서 났나?"

"지하실에서 구했어요. 피아니가 포도주와 사과도 찾아냈습니다."

"훌륭한 아침 식사가 되겠군."

피아니는 가느다란 버드나무 가지로 엮은 커다란 술단지의 나무 마개를 뽑았다. 그는 단지를 기울여 구리 냄비에다 하나 가득 술을 따랐다.

"냄새 좋은데. 큰 컵을 대여섯 개 찾아오게, 바르토."

두 상사가 안으로 들어왔다.

"상사님들도 치즈를 좀 드세요."

"우리는 가야겠습니다." 그중 하나가 치즈를 집어 들고 포도주를 마시면서 말했다.

"우리들도 갈 겁니다. 걱정 마시오." 보넬로가 말했다.

"배가 고프면 전쟁도 못 하는 거야." 내가 한마디 했다.

"네?"

"우선 먹어 두는 것이 좋다는 말이야."

"네, 그렇지만 우린 시간이 없습니다."

"이 자식들은 벌써 어디서 실컷 먹었나 봐." 피아니가 말했다. 상사들은 그를 노려보았다. 그들은 우리를 좋아하지 않았다.

"길은 아십니까?" 그중 하나가 나에게 물었다.

"몰라." 그들은 서로 얼굴을 쳐다보았다.

"이젠 떠나는 게 좋지 않을까요?" 먼저 사나이가 말했다.

"곧 떠날 거야." 나는 포도주를 한 잔 더 마셨다. 치즈와 사과를 먹은 뒤라 맛이 참 좋았다.

"그 치즈를 가지고 와." 나는 이렇게 말하고 밖으로 나갔다. 보넬로가 큰 술단지를 들고 나왔다.

"그건 너무 큰데." 내가 말하자 그는 애석하다는 듯이 그것을 쳐다보았다.

"그렇군요. 술을 넣어 드릴 테니 물통을 주세요." 그리고 그는 각자의 물통에도 술을 잔뜩 넣어 주었다. 포도주가 안마당 포석 위로 흘러 떨어졌다. 그 다음 그는 술단지를 쳐들어 문간 바로 안에다 들여놓았다.

"이렇게 두면 오스트리아 병정놈들, 문을 부수지 않고도 이것을 보겠지."

"자, 출발." 내가 소리를 질렀다. "피아니와 내가 앞장선다." 두 공병 상사는 이미 보넬로 옆에 앉아 있었다. 처녀들은 치즈와 사과를 먹고 있었고, 아이모는 담배를 피우고 있었다. 우리는 좁은 길을 달렸다. 나는 뒤따라오는 구급차 2대와 농가를 돌아다보았다. 지붕이 낮고 견고한 석조 가옥으로 우물의 철 공예가 참 잘되어 있었다. 전방의 도로는 좁고 진창이었으며, 양쪽에 높은 산울타리가 있었다. 바로 뒤에는 차 2대가 바싹 쫓아오고 있었다.

29

12시경, 우리는 진창 속에 빠져 꼼짝하지 못했다. 되도록 엄밀히 헤아려 보니, 우디네까지 10킬로쯤 남은 지점이었다. 비는 오전 중에 개었고, 우리는 3번이나 비행기의 내습 소리를 들었으며, 적기가 머리 위를 지나 저 멀리 왼쪽으로 날아가는 것을 보았고, 간선 도로에다 폭탄을 투하하는 소리를 들었다. 우리는 그물코와 같은 샛길을 이리 갔다 저리 갔다 하다가 몇 번이나 막힌 길로도 들어갔지만, 그때마다 되돌아 나와서는 다른 길을 찾으며 점점 우디네 쪽으로 접근해 갔다. 그런데 이제 아이모의 차가 막다른 길에서 나오려고 후진하다가 길가 진창 속에 빠지고 말았다. 바퀴는 헛돌기만 할 뿐 점점 깊이 들어가서 마침내 차동기어가 땅에 닿아 차는 시동이 완전히 꺼지고 말았다. 이렇게 되면 바퀴 앞의 흙을 파고, 쇠사슬이 걸릴 만큼 나뭇가지 같은 것을 처박아 넣어 차가 길바닥으로 나올 때까지 뒤에서 미는 수밖에 없었다. 우리는 모두 내려서 차를 둘러쌌다. 두 상사는 차를 쳐다보며 바퀴를 점검하더니 한 마디 말도 없이 휘적휘적 걷기 시작했다. 나는 그 뒤를 쫓아가서 소리를 질렀다.

"어이, 나뭇가질 좀 꺾어 와."

"우린 가야 합니다." 그중 하나가 대꾸했다.

"어서 빨리 나뭇가질 꺾어 오란 말이야."

"우린 가야 합니다." 아까 그 상사가 되풀이했다. 또 한 명은 아무 말도 하지 않았다. 그들은 떠나는 데만 정신이 팔려 있었다. 나를 쳐다보지도 않았다.

"명령이다. 차로 돌아와서 나뭇가지를 꺾어 가지고 와."

이 말에 상사 하나가 돌아서며 말했다. "우린 가야 합니다. 조금 있다간 퇴로가 차단되고 맙니다. 중위님은 우리에게 명령할 수 없습니다. 중위님은 우리의 직속상관이 아니니까요."

"명령이다. 나뭇가지를 꺾어 와." 내가 이렇게 말했으나 그들은 걸음을 재촉할 뿐이었다.

"서라." 이렇게 말했지만 들은 척도 않고, 두 사람은 여전히 양쪽에 산울타리가 있는 진창길을 빠른 걸음으로 걸어갔다. "명령이다, 서라." 나는 다시 외쳤다. 그들은 좀더 속도를 냈다. 나는 권총집을 열고 권총을 꺼내 말수가 많던 그자를 겨누어 발사했다. 탄알은 빗나갔고, 두 사람은 뛰기 시작했다. 나는 세 발을 발사하여 한 놈을 쓰러뜨렸다. 다른 한 놈은 산울타리 사이로 기어 들어가 보이지 않았다. 이내 그가 벌판을 가로질러 달리는 것을 보고 울타리 너머로 발사했다. 탄알이 떨어져 권총이 찰깍하고 울렸으므로, 나는 다른 탄창으로 바꿔 끼웠다. 그러나 쏘기에는 너무 거리가 멀었다. 그는 저만큼 벌판 한가운데를 머리를 숙이고 달리고 있었다.

나는 탄창에다 탄알을 재기 시작했다. 그때 보넬로가 달려왔다. "그놈을 처치하겠습니다." 내가 권총을 건네주자 보넬로는 공병 상사가 엎어진 곳까지 걸어갔다. 그리고 올라타듯이 몸을 숙여 그 사나이의 머리를 향해 방아쇠를 잡아당겼다. 권총은 불발이었다.

"공이를 일으켜 세워야 해." 내가 소리를 질렀다. 보넬로는 공이를 일으켜 세우고는 다시 발사했다. 그리고 상사의 두 다리를 붙잡고 길가까지 끌고 가서 산울타리 옆에다 내던지고는, 돌아와 나에게 권총을 돌려주었다.

"개새끼 같으니." 그는 상사 쪽을 바라보았다. "내가 그 새낄 쏘는 걸 보셨습니까, 중위님?"

"자, 어서 빨리 나뭇가질 주워 와. 또 한 놈은 맞았나?"

"안 맞은 것 같은데요." 아이모가 대답했다. "권총으로 맞히기엔 멀었어요."

"밥벌레 같은 놈." 피아니도 분개했다. 우리는 모두 큰 나뭇가지를 잘라 모았다. 차 안에 있는 모든 물건을 내렸다. 보넬로가 바퀴 앞을 파고 있었다. 준비가 끝나자 아이모가 차를 움직이며 가지를 넣었다. 바퀴는 헛돌며 나뭇가지와 진창을 날릴 뿐이었다. 보넬로와 나는 둘이서 몸의 관절이 욱신거릴 때까지 힘껏 밀었다. 그러나 차는 꼼짝도 하지 않았다.

"바르토, 차를 앞뒤로 흔들어 봐."

바르토는 엔진을 반대로 넣었다가 다시 정상으로 넣어 보았지만, 바퀴는 점점 깊이 박힐 뿐이었다. 그러다가 차는 또다시 자동기어에 떠받히어, 바퀴는 우리들이 판 구덩이 속에서 헛돌고 있었다. 나는 허리를 펴고 일어서며 말했다.

"밧줄로 잡아당겨 보자."

"아무 소용없을 것 같습니다, 중위님. 똑바로 끌 순 없습니다."

"일단 해봐. 다른 방법으론 꼼짝도 하지 않으니까."

피아니의 차와 보넬로의 차는 좁은 길을 앞뒤로 겨우 움직일 수 있을 뿐이었다. 두 대의 차를 밧줄로 이어서 잡아당겼다. 바퀴는 바큇자국 옆에서 헛돌기만 했다.

"소용없구나." 나는 외쳤다. "그만둬."

피아니와 보넬로가 차에서 내려와 돌아왔다. 아이모도 내렸다. 처녀들은 40야드쯤 떨어진 길가 돌담에 앉아 있었다.

"어떻게 할까요, 중위님?" 보넬로가 물었다.

"흙을 파고 나뭇가지로 다시 한 번 해보자." 이러면서 나는 길을 내려다보았다. 내 실수였다. 내가 그들을 여기까지 끌고 온 것이었다. 해는 구름 사이로 모습을 드러냈고, 상사의 시체는 산울타리 옆에 놓여 있었다.

"저놈의 겉옷과 망토를 아래에 깔아 보자." 그 말을 듣고 보넬로가 그것을 벗기러 갔다. 나는 나뭇가지를 꺾고 아이모와 피아니는 바퀴 앞과 바퀴 사이를 팠다. 나는 망토를 둘로 찢어 그것을 진창에 빠진 바퀴 밑에 깔고 나서 바퀴가 걸리도록 나뭇가지를 수북이 쌓아 올렸다. 준비가 끝나자 아이모가 자리로 올라가서 차에 시동을 걸었다. 우리는 밀고 또 밀었으나 바퀴는 헛돌기만 했다. 아무 소용도 없었다.

"안 되겠다. 바르토, 차 안에 뭐 필요한 게 있나?"

아이모는 보넬로와 함께 차 안에서 치즈와 포도주 두 병, 그리고 자신의 겉옷을 가지고 내려왔다. 바퀴 뒤에 앉은 보넬로는 죽은 상사의 겉옷 주머니를 뒤지고 있었다.

"그건 버려. 바르토의 숫처녀들은 어떡한다?"

"뒷자리에 탈 수 있지 않습니까?" 피아니가 말했다. "그렇게 멀리까지 타고 가진 않을 테니까요."

나는 구급차 뒷문을 열었다.

"이리 와. 이리 들어와." 두 처녀는 차에 올라 구석에 앉았다. 그들은 조금 전의 사살 사건을 조금도 알아차리지 못한 것처럼 보였다. 나는 등 뒤의 도로를 돌아다보았다. 상사가 더러운 긴 소매의 셔츠를 입고 누워 있었다. 나는 피아니와 함께 타고 곧 출발했다. 우리는 벌판을 가로지를 생각이었다. 벌판으로 들어서자 나는 차에서 내려 앞에서 걸어갔다. 가로지르기만 하면 저쪽에 도로가 있었다. 그러나 가로지를 수가 없었다. 땅이 너무도 진창이라 차에겐 무리였다. 바퀴가 땅에 완전히 묻혀 버려 오도 가도 못 하게 되자, 우리는 벌판 한가운데에 차를 버린 채 걸어서 우디네를 향해 출발했다.

간선 도로로 통하는 도로까지 오자, 나는 두 처녀에게 그쪽을 가리키며 말했다. "저리 가 봐. 그럼 사람들을 많이 만날 테니까." 두 처녀는 나를 쳐다보았다. 나는 지갑을 꺼내 각자에게 지폐로 10리라씩 주었다. "저리 가는 거야." 나는 저쪽을 가리키며 말했다. "저리 가면 친구도 있고, 가족도 있어."

두 사람 다 내 말을 이해한 것 같지는 않았지만, 손에 돈을 꼭 쥔 채 걸어갔다. 내가 돈을 도로 빼앗지나 않을까 불안한 듯이 가끔 이쪽을 돌아다보았다. 숄을 꼭 두른 채 걱정스러운 눈초리로 우리들을 몇 번씩이나 돌아다보며 걸어가는 그들을 나는 바라보고 있었다. 세 운전병은 웃었다.

"제가 저쪽으로 간다면 얼마나 주시겠습니까, 중위님?" 보넬로가 물었다.

"저 애들 단둘이 있는 것보다는 많은 사람들 틈에 섞여 있는 게 좋지, 따라갈 수만 있다면."

"200리라만 주신다면, 전 곧장 오스트리아까지 걸어가겠습니다." 보넬로가 말했다.

"그래 봤자 놈들에게 그 돈을 뺏기고 말걸." 피아니가 받았다.

"그동안 전쟁이 끝날지도 모르지." 아이모도 한마디 했다. 우리는 걸음을 재촉했다. 태양이 구름 사이를 빠져나오려고 애쓰고 있었다. 길가에 뽕나무가 쭉 서 있었다. 그 뽕나무 사이로 밭 가운데의 진창에 틀어박힌 2대의 커다란 구급차가 보였다. 피아니도 뒤돌아 그걸 쳐다보았다.

"저놈을 빼내려면 우선 도로부터 새로 만들어야겠는걸."

"이럴 땐 자전거라도 있으면 좋을 텐데." 보넬로가 말했다.

"미국에선 모두 자전거를 탑니까?" 아이모가 물었다.

"예전에는."

"이곳 이탈리아에서 자전거는 귀중품입니다." 아이모가 말했다. "이 자전거라는 녀석은 참 멋지거든요."

"자전거가 있으면 좋을 텐데." 보넬로가 말했다. "난 걷는 건 딱 질색이야."

"저건 포격 소린가?" 내가 물었다. 멀리서 포격 소리가 들려오는 것 같았다.

"글쎄요." 아이모는 그렇게 대답하고 귀를 기울였다.

"암만 해도 난 그런 거 같은데." 내가 말했다.

"우리가 제일 먼저 만날 건 기병일 텐데요." 피아니의 말이었다.

"적에겐 기병이 없을걸."

"그러길 바랍니다." 보넬로가 말했다. "기병한테 창으로 찔리긴 싫은데요."

"중위님은 확실히 그 상사를 쏘셨죠, 그렇죠?" 피아니가 물었다. 우리는 걸음을 재촉했다.

"숨통을 끊은 건 나야." 보넬로가 나섰다. "이 전쟁에서 사람을 죽인 적은 한 번도 없었지만, 전부터 상사를 죽이고 싶었다네."

"가만히 있는 놈을 근사하게 쏘던데 그래. 자네가 그놈을 죽일 때 그놈은 도망치려 하지도 못했지."

"아무렴 어때. 내겐 좋은 추억이야. 저 상사놈을 죽였으니까."

"교회에서 참회할 때는 뭐라고 할 셈이지?" 아이모가 물었다.

"이렇게 말하지, '축복해 주소서 신부님, 난 상사를 하나 죽였답니다'라고." 모두가 웃었다.

"이 친군 무정부주의자랍니다." 피아니가 말했다. "교회 같은 덴 가지도 않아요."

"피아니도 무정부주의자랍니다." 보넬로도 지지 않는다.

"자네들은 정말 무정부주의자들인가?" 내가 물었다.

"아닙니다, 중위님. 우리는 사회주의자죠. 다 이몰라 출신입니다."

"이몰라에 가 보신 적이 있습니까?"

"없어."

"참 좋은 곳입니다, 중위님! 전쟁이 끝나면 한번 와 보세요. 참 좋은 걸 보여드릴 테니까요."

"자네들은 모두 사회주의자인가?"

"네, 그렇습니다."

"이몰라는 좋은 마을인가?"

"그럼요. 그렇게 좋은 마을을 보신 적이 없을 겁니다."

"자네들은 어째서 사회주의자가 됐지?"

"하여튼 사회주의자죠. 다들 사회주의자입니다. 옛날부터 그랬습니다."

"이몰라에 꼭 와 주세요, 중위님. 그러면 중위님도 사회주의자로 만들어 드릴 테니까요."

도로는 조금 앞에서 왼쪽으로 구부러졌는데, 거기에는 조그마한 언덕이 있었다. 돌담 너머로는 사과나무가 심어진 과수원도 보였다. 언덕길로 접어들자, 그들은 더 이상 지껄이지 않았다. 우리는 모두 걸음을 재촉하여 앞으로 나아갔다.

30

잠시 뒤에 우리는 강으로 통하는 도로에 나와 있었다. 다리로 가는 도로 위에는 버려진 트럭과 짐마차가 긴 줄을 이루고 있었다. 인기척 하나 들리지 않았다. 강물이 부쩍 불었고, 다리는 한복판이 파괴되었다. 아치형의 돌다리가 강 속에 떨어져 있었으며 검붉은 물이 그 위로 흐르고 있었다. 우리는 강을 건널 지점을 찾으면서 강둑을 따라 올라갔다. 나는 상류에 철교가 있는 것을 알고 있었으므로, 건널 수 있으리라 생각했다. 좁은 길은 젖어 있었다. 부대는 자취도 없었고, 버려진 트럭과 군수품이 있을 뿐이었다. 강둑으로 나 있는 길에는 젖은 덤불과 진창이 된 흙 말고는 아무것도 없었다. 강둑으로 나오자 철교가 희미하게 보였다.

"야, 아름다운 철교인데." 아이모가 감탄했다. 아무 장식도 없는 긴 철교로, 그 아래는 보통 땐 바닥이 보일 정도로 물이 바싹 말라 있었다.

"폭파되기 전에 서두르는 게 좋아." 내가 말했다.

"폭파하는 놈이 어디 있을라고요." 피아니의 말이었다. "놈들은 다 가 버렸을 테니까요."

"지뢰는 설치해 놨을지도 모르죠." 보넬로가 말했다. "먼저 건너 보십시오, 중위님."

"저런 무정부주의자의 주둥이를 그냥." 아이모가 말했다. "이놈을 먼저 건너게 하시죠."

"아니, 내가 가지. 사람 하나 건넌다고 해서 폭파될 장치는 없겠지."

"저 봐." 피아니가 말했다. "그게 머리라고 하는 거야. 어이, 무정부주의자들, 어째 자네들은 그렇게 하나같이 돌대가리들인가?"

"제정신이면 이런 데 왔겠나?" 보넬로도 지지 않는다.

"그건 참 명언일세. 그렇죠, 중위님?" 아이모도 한마디 했다.

"응, 명언인데." 나도 이렇게 맞장구를 쳤다.

우리는 거의 다리 앞까지 와 있었다. 하늘은 다시 구름이 덮여 가랑비가 내렸다. 다리는 길고 견고해 보였다. 우리는 둑을 기어 올라갔다.

"한 사람씩 건너오게." 이렇게 말하고 나는 다리를 건너기 시작했다. 발목에 걸리는 무슨 철사 장치나, 폭약을 설치해 놓은 흔적이라도 없나 하고 침목과 레일을 조심해서 살폈지만 의심스러운 것은 눈에 띄지 않았다. 침목 사이의 저 멀리 아래로는 흙탕물이 도도히 흐르고 있었다. 비에 젖은 들판 저 앞으로 비에 잠긴 우디네가 보였다. 다리를 건너고 나서 뒤를 돌아다보았다. 강 바로 위에 다리가 또 하나 있었다. 자세히 살펴보니 누런 차 한 대가 지금 막 건너는 중이었다. 다리 양쪽이 높았으므로, 다리로 들어서자 차는 보이지 않았다. 그러나 나는 운전병과 그 옆에 나란히 앉아 있는 사나이, 그리고 뒷자리에 앉아 있는 두 사나이의 머리를 볼 수 있었다. 모두가 독일군 철모를 쓰고 있었다. 차는 철교를 건너 가로수와 버려진 차량 뒤로 가려져 보이지 않았다. 나는 다리를 건너는 아이모와 다른 사람들에게 빨리 오라고 손짓했다. 나는 다리에서 기어 내려 철로 제방 옆에 엎드렸다. 아이모도 와서 옆에 엎드렸다.

"저 차 봤나?" 내가 물었다.

"아뇨, 우리들은 중위님만 보고 있었습니다."

"독일군 참모 차 한 대가 저 다리를 건너갔어."

"참모 차가요?"

"그래."

"하느님 맙소사!"

다른 사람들도 다 건넜으므로 우리는 모두 제방 뒤 진창 속에 웅크리고 앉아, 철로의 레일과 가로수, 그리고 도랑과 도로를 내려다보고 있었다.

"그렇다면 우리는 고립된 겁니까, 중위님?"

"그건 모르지. 확실히 알 수 있는 것은 독일 참모 차가 저 길을 달려갔다는 것뿐이야."

"뭔가 이상하지 않습니까, 중위님? 머릿속에 이상한 기분이 들지 않습니까?"

"쓸데없는 소리 마, 보넬로."

"어떻습니까, 한잔?" 피아니가 물었다. "만일 고립된다면 한잔하는 게 좋겠죠." 그는 수통 고리를 끌러 마개를 뽑았다.

"저봐! 저봐!" 아이모가 황급히 떠들며 도로 쪽을 가리켰다. 석조(石造) 다리 위를 따라 독일군 철모가 움직이는 것이 보였다. 그들은 앞으로 구부정한 자세로 유령처럼 획획 앞으로 달려갔다. 다리를 건너자 그들 모습이 확실히 보였다. 자전거 부대였다. 나는 선두에 선 두 사람의 얼굴을 보았다. 얼굴이 불그레하니 건강하게 보였다. 이마와 얼굴 측면이 가려질 만큼 철모를 깊숙이 눌러 썼다. 카빈총은 자전거에 묶여 있었다. 수류탄이 손잡이를 아래로 하고서 혁대에 달려 있었다. 철모도 회색 군복도 비에 젖어 있었다. 그들은 앞과 옆을 살피면서 가볍게 자전거를 몰고 갔다. 처음에는 두 사람—다음에 한 줄로 나란히 네 사람, 그 다음에 두 사람, 그 다음에 약 열 사람—마지막엔 한 사람. 서로 말을 하지 않았지만, 지껄였다 해도 물소리 때문에 들리지 않았을 것이다. 그들은 길 저쪽으로 자취를 감추고 말았다.

"아이고!" 아이모가 나직이 외쳤다.

"독일군이다." 피아니의 말이었다. "오스트리아군이 아니야."

"도대체 왜 저놈들을 막는 사람이 아무도 없는 거지, 여긴?" 내가 말했다. "왜 이 다리를 폭파하지 않았을까? 왜 이 강둑에다 기관총을 배치해 놓지 않았을까?"

"우리들에게 명령을 내려 주십시오, 중위님." 보넬로가 말했다.

나는 몹시 화가 났다.

"이 모든 게 다 미친놈들이 저지른 미친 지랄이지. 하류에선 조그만 다리까지 몽땅 폭파했으면서, 간선 도로의 다리는 그대로 두다니. 다들 어디 갔어? 우리편 놈들은? 적군을 막으려는 생각은 있는 건가?"

"우리들에게 명령을 내려 주십시오, 중위님." 보넬로가 되풀이했다. 나는 입을 다물었다. 그런 건 내가 상관할 문제가 아니었다. 내 임무는 3대의 구급차를 가지고 포르데노네까지 가는 것이었다. 그러나 그것은 이미 실패로 끝났다. 이렇게 된 이상, 포르데노네까지 가야 한다. 하지만 이젠 우디네에 이르는 것조차 불가능할지도 모른다. 젠장, 그것조차 가능할 것 같지가 않다. 지금 중요한 것은 냉정함을 지켜서 몸에 총알이 박히거나 포로가 되지 않을 궁리를 하는 것뿐이다.

"수통 마개를 뺐나?" 나는 피아니에게 물었다. 그는 나에게 수통을 주었다. 나는 벌컥벌컥 마셨다. "슬슬 가는 게 좋겠다. 하지만 서두를 필요는 없어, 자네들 뭐 먹고 싶지 않아?"

"여기서 우물쭈물하고 있으면 안 됩니다." 보넬로가 말했다.

"그래, 그럼 출발하지."

"이쪽으로 붙어서 가는 게 좋겠죠? 적에게 보이지 않도록."

"아니, 위로 올라가는 게 좋아. 놈들은 이 다리로 올지도 모르니까. 이쪽에서 놈들을 보기 전에, 놈들이 우리 머리 위로 오면 어떡하지?"

우리는 철로를 따라 걸었다. 양쪽으로 비에 젖은 들판이 펼쳐져 있었다. 이 들판을 가로지른 저 앞이 바로 우디네의 구릉이다. 그 구릉 위 성채에서 아래로 내려오듯 집의 지붕이 연이어 있다. 종루와 시계탑이 보였다. 밭에는 뽕나무가 많았다. 앞으로 가다가 나는 철로가 파괴된 것을 보았다. 침목도 파괴되어 제방 아래에 널려 있었다.

"내려와! 내려와!" 아이모가 황급히 외쳤다. 우리는 제방 옆으로 얼른 내려갔다. 또 다른 자전거 부대가 도로를 지나갔다. 제방 언저리에서 그들이 지나가는 것이 보였다.

"우리를 보고도 그냥 지나가네 놈들." 아이모가 말했다.

"그렇게 위에 있다간 맞아 죽습니다, 중위님." 보넬로가 나직이 외쳤다.

"놈들의 목표는 우리가 아니야. 다른 뭘 쫓고 있어. 갑작스러운 습격이 더 위험한 거야."

"나는 보이지 않는 데로 걸어가고 싶습니다." 보넬로가 말했다.

"맘대로 해. 우린 철로를 따라갈 테니까."

"우디네까지 갈 수 있을까요?" 아이모가 물었다.

"물론이지. 아직 적의 수는 그리 많지 않으니까. 어둠을 타서 갈 수 있겠지."

"그 참모 차는 뭘 하고 있었습니까?"

"내가 그런 걸 어떻게 알겠어?" 우리는 철로 위를 계속해서 걸어갔다. 보넬로도 제방 진창을 걷는 것이 싫어졌는지 올라왔다. 여기까지 오자 철로는 간선 도로에서 남쪽으로 갈라져 내려갔으므로, 도로 위로 무엇이 지나가는지 몰랐다. 운하 위로 세워진 짧은 다리가 폭파되었지만, 우리는 무너지지 않고 그대로 남아 있는 다리 위로 기어올라서 간신히 건넜다. 앞에서 포성이 들렸다.

운하를 건너 다시 철로에 올랐다. 철로는 낮은 밭을 가로질러 똑바로 읍내 저쪽으로 뻗어 있었다. 앞으로 또 하나 다른 철로가 보였다. 북쪽으론 아까 적의 자전거 부대를 본 그 간선 도로가 있었고, 남쪽으론 양쪽으로 울창하게 우거진 나무들이 서 있는 샛길이 밭을 가로질러 나 있었다. 나는 남쪽으로 가로질러, 마을을 멀리 돌아서 가는 게 좋겠다고 생각했다. 캄포포르미오로 나와, 다시 탈리아멘토로 통하는 간선 도로를 향해서 들판을 횡단하는 것이다. 우디네에서 샛길을 통해서 가면, 주요 퇴각로는 피할 수가 있었다. 나는 이 들판을 가로지르는 샛길이 많이 있다는 것을 알고 있었다. 나는 제방을 내려갔다.

"이쪽으로 와." 우리는 샛길을 따라 남쪽으로 빠질 예정이었다. 모두 제방을 내려오기 시작했다. 그때였다. 샛길에서 우리를 향해 총알이 한 방 날아왔다. 탄알은 제방 진창 속에 박혔다.

"돌아가!" 내가 외쳤다. 나는 진창에 미끄러지면서 필사적으로 제방을 기어 올라갔다. 운전병들은 모두 내 앞에 있었다. 나는 전속력으로 기어 올라갔다. 우거진 덤불 사이로부터 또다시 총알 두 방이 날아왔다. 바로 그때 철로를 횡단하려고 하던 아이모가 갑자기 비틀거리더니 앞으로 꼬꾸라졌다. 우리는 그를 반대편 제방으로 끌고 내려와서 바닥에 눕혔다. "머리를 위로 높이 치켜들어." 내가 말했다. 피아니가 아이모의 몸을 돌렸다. 아이모는 다리를 아래쪽으로 뻗치고 경사진 둑에 드러누운 채 불규칙하게 숨을 쉬면서 피를 토했다. 우리 세 사람은 빗속에서 그의 위에 웅크리고 앉았다. 탄알이 목덜미 아래를 관통하여 오른쪽 눈 아래로 나왔다. 그는 내가 양쪽 상처 구멍의 피를 막고 있는 동안에 숨을 멈추고 말았다. 피아니가 그의 머리를 내려 누이고, 응급용 붕대로 얼굴을 씻어 준 다음 그대로 가만히 눕혔다.

"제기랄!" 그가 부르짖었다.

"놈들은 독일군이 아냐." 내가 말했다. "그런 곳에 독일군이 있을 리는 없지."

"이탈리아군이?" 피아니는 욕설을 담아 이탈리아라는 말을 썼다. "이탈리아놈들!" 보넬로는 아무 말이 없었다. 그는 아이모 옆에 앉아 있었으나, 죽은 그의 얼굴을 보지도 않았다. 피아니는 둑 아래에 굴러 떨어진 아이모의 모자를 주워 가지고 와서 그의 얼굴에다 덮어 주었다. 그리고 물통을 꺼냈다.

"어때, 한잔?" 피아니는 그 물통을 보넬로에게 주었다.

"싫어." 그는 내 쪽으로 돌아섰다. "철로 위를 걷고 있었다면, 우리에게도 이런 일이 일어났을지 모르겠군요."

"아니지. 이렇게 된 것은 밭을 가로지르려 했기 때문이야." 내가 말했다.

보넬로는 머리를 저었다. "아이모는 죽었습니다. 다음엔 누가 죽죠, 중위님? 이제부터 우리는 어디로 갑니까?"

"쏜 건 이탈리아군이야. 독일군이 아니라니까."

"만일 독일군이었다면, 우린 전멸당하고 말았겠죠?"

"우리에겐 독일군보다 이탈리아군이 더 위험해. 후방 부대는 뭐든지 두려워하거든. 독일군은 자기들의 적을 정확히 알고 있으니까."

"그렇군요."

"이제부터 어디로 갑니까?" 이번에는 피아니가 물었다.

"어두워질 때까지 어디 좀 숨어 있는 게 좋겠지. 남쪽으로 갈 수만 있다면 잘된 거지."

"저놈들은 처음에 한 짓이 정당했다는 걸 증명하기 위해서 우리를 전부 죽이지 않을까요?" 보넬로가 말했다. "전 그런 시험물이 되고 싶진 않습니다."

"가능한 한 우디네 근처에 숨어 있다가 어두워지면 빠져나가기로 하자."

"떠나죠, 그럼." 보넬로의 말이었다. 우리는 북쪽을 향해 제방을 내려갔다. 나는 뒤돌아보았다. 아이모가 제방 모퉁이의 진창 속에 누워 있는 것이 보였다. 두 팔을 축 늘어뜨린 그가 아주 조그맣게 보였으며, 각반을 찬 두 다리와 진창투성이의 장화를 나란히 뻗고 얼굴에는 전투모를 올려놓고 있었다. 아무리 봐도 죽은 사람처럼 보였다. 비가 내리고 있었다. 나는 이제까지 알아 온 누구보다도 그를 좋아했다. 내 주머니에는 그의 서류가 들어 있다. 그의 가족에게 편지를 써 주어야겠다. 밭을 가로지르자 앞에 농가가 한 채 보였다. 주위에는 나무가 심어져 있고, 헛간이 살림집을 저만치서 맞바라보고 있었다. 2층에는 원기둥으로 떠받친 발코니가 있었다.

"좀 간격을 두고 가는 게 좋겠는데, 선두는 내가 선다." 나는 그 농가로 걸어갔다. 밭을 가로지르는 좁은 길이 하나 있었다.

밭을 가로질러 가면서 나는 누가 농가 옆의 나무 사이에서, 혹은 농가 속에서 우리를 저격하리라고는 생각지 않았다. 나는 갈 곳을 똑똑히 봐 놓고서 그쪽으로 걸어갔다. 2층의 발코니는 헛간에 붙어 있었고, 원주 사이로 건초가 삐죽 삐져나와 있었다.

앞마당에는 돌이 깔려 있었고, 나뭇가지에서 빗방울이 뚝뚝 떨어지고 있었다. 텅 빈, 커다란 이륜 짐마차 한 대가 채를 공중으로 높이 쳐든 채 빗속에 놓여 있었다. 나는 안마당을 가로지른 다음 발코니 추녀 아래서 걸음을 멈췄다. 문이 열려 있어 안으로 들어갔다. 보넬로와 피아니도 내 뒤를 따랐다. 집 안은 컴컴했다. 나는 뒤돌아 부엌으로 들어갔다. 큰 난로에는 재가 있었다. 재 위에 냄비가 몇 개 걸려 있었지만 모두 텅 비어 있었다. 주위를 둘러보아도, 먹을 거라곤 아무것도 보이지 않았다.

"헛간에 숨는 게 좋겠는데. 피아니, 뭐 먹을 걸 찾아서 헛간까지 좀 가져 와."

"찾아보죠."

"저도 찾아보죠." 보넬로였다.

"좋아, 부탁해. 난 위로 올라가서 헛간을 둘러 볼 테니까." 나는 아래 마구간에서 헛간으로 올라가는 돌 계단을 찾아냈다. 마구간은 빗속에서도 마르고 구수한 냄새를 풍기고 있었다. 가축은 한 마리도 없었다. 사람들이 피난을 갈 때 놓아줬을 것이다. 헛간에는 절반쯤 건초가 들어 있었다. 지붕에는 창이 두 개 있었는데, 하나는 판자로 막혀 있었고 다른 하나는 북쪽에 달린 좁은 지붕 채광창이었다. 건초를 마구간으로 흘려 떨어뜨리는 미끄럼통도 있었다. 1층으로 통하는 공간에는 기둥이 몇 개씩 가로질러 있고, 건초를 실은 짐마차를 1층에 끌어 놓고는, 거기서부터 위로 추켜올리게 되어 있었다.

지붕을 때리는 빗소리가 들리며 건초 냄새가 구수하게 풍겨 왔다. 아래로 내려오니 마구간에서는 마른 똥 냄새가 은근히 났다. 널빤지 한 장을 뜯어서 보니 남쪽 창에서 안마당이 보였다. 또 다른 창으로는 북쪽 밭이 내다보였다. 계단을 사용할 수 없게 되면 어느 창으로든 지붕으로 나가서 아래로 내려갈 수도 있고, 건초를 흘려 떨어뜨리는 미끄럼통을 써서 내려갈 수도 있을 것이다. 큰 헛간이라, 누가 오기라도 하면 건초 속에 숨을 수도 있다. 몸을 감추기에는 더없이 알맞은 장소라고 생각되었다. 놈들에게 사격만 받지 않았다면, 우리는 벌써 읍 남쪽까지 빠져나갈 수가 있었을 것을. 그쪽에 독일군이 있을 리는 없다. 독일군은 북쪽에서 와서 치비달레에서 이어진 도로를 따라 남하하고 있었다. 남쪽으로부터 침입해 들어올 리는 없다. 그보다도 이탈리아군이 더욱 위험하다. 그들은 겁을 집어먹고 있어 눈에 띄는 대로 마구 사격한다. 어젯밤 퇴각을 하다 이탈리아군복을 입은 독일군이 북방 퇴각군 내에 많이 끼여 있다는 소문을 들었다.

나는 그 말을 믿지 않았다. 그런 것은 전쟁 때 흔히 있을 수 있는 유언비어에 지나지 않는다. 적은 언제나 그런 유언비어를 퍼뜨리는 것이다. 적을 내부에서 교란하기 위해서 독일 군복을 입고 적중에 들어갔다는 사람이 한 명이라도 있다는 이야기를 들은 적이 없다. 적은 아마 그런 짓을 할지도 모르지만, 그럴 가능성은 거의 없었다. 나는 독일군이 그런 짓을 하리라곤 믿지 않았다. 독일군은 전혀 그럴 필요가 없었다. 일부러 아군의 퇴각을 교란할 필요가 없었던 것이다. 대규모 군대와 부족한 도로가 대신 그 일을 해주고 있지 않은가. 독일군은 고사하고, 아무도 명령을 내리지 않는다. 그래도 그들은 독일군으로 생각하고 우리를 사격할 것이다. 그들은 아이모를 쏘아 죽였다. 구수한 냄새가 나는 건초더미 속에 누워 있으면, 이제까지 지나온 세월이 깨끗이 잊히고 만다. 어렸을 적에는 건초더미 속에 누워서 이야기를 하거나, 헛간 벽 위로 열린 삼각창에 참새가 앉으면 공기총으로 그것을 쏘곤 했었다. 그러나 그 헛간은 이제 없어지고, 어느 해 솔숲나무숲을 베어 버려 그 숲이 있던 곳에는 그루터기와 잡초 등이 있을 뿐이었다. 다시 뒤로 돌아 갈 수는 없다. 앞으로 가지 않으면 어떠한 일이 일어날까? 밀라노로 다시 돌아갈 수는 없다. 밀라노로 돌아간다면 어떻게 될까? 나는 북쪽 우디네 방 향에서 들려오는 사격 소리에 귀를 기울였다. 기관총 소리였다. 포탄 소리는 없었다. 그것만으로도 웬만큼 마음이 놓였다. 아군은 도로 연변에다 약간의 부대를 배치해 놓았음에 틀림없다. 건초 헛간의 흐릿한 광선 속에서 내려다 보니 피아니가 건초를 추켜올리는 헛간 마루 위에 서 있었다. 그는 긴 소시 지 한 개와 무엇인가 들어 있는 단지 하나, 그리고 포도주 두 병을 겨드랑이 밑에 끼고 있었다.

"올라와. 사다리가 거기 있으니까." 이렇게 말하고는 그를 도와서 그가 들 고 있는 물건을 받아야겠다고 생각하고는 아래로 내려갔다. 나는 여태껏 건초 속에 드러누워 있었으므로 좀 멍해져 있었다. 비몽사몽 간인 듯한 기분이었 다.

"보넬로는 어디 있나?"

"지금 말씀드리죠." 피아니가 대답했다. 우리는 사다리를 올라갔다. 들고 있는 것을 건초 위에 내려놓았다. 피아니는 마개 따개가 달린 칼을 꺼내, 포 도주 병마개를 뽑았다.

"밀초로 마개를 봉했는데요. 고급주인 것 같습니다." 피아니는 싱글벙글 웃었다.

"보넬로는 어디 있어?" 나는 재차 물었다.

피아니는 내 얼굴을 쳐다보았다.

"그 녀석은 도망쳤습니다, 중위님. 포로가 되고 싶어서요."

나는 아무 말도 하지 않았다.

"녀석, 우리도 죽게 될지 모르겠다고 벌벌 떨고 있었습니다."

나는 포도주병을 손에 쥔 채, 아무 말도 하지 않았다.

"아시다시피 우리는 전쟁을 믿지 못하고 있으니까요, 중위님."

"자넨 왜 도망가지 않았지?"

"중위님을 버리고 차마 갈 수가 없었습니다."

"그 녀석, 어디로 간다던가?"

"모르겠습니다. 하여튼 도망쳤습니다."

"알았네, 소시지를 베어 주게."

피아니는 흐릿한 광선 속에서 나를 쳐다보았다.

"얘기하면서 이미 잘라 두었습니다." 우리는 건초 위에 앉아서 소시지를 먹으며 포도주를 마셨다. 결혼식에 쓰려고 저장해 둔 포도주임에 틀림없었다. 너무 오래되어서 술색까지 변했다.

"자넨 이 창으로 밖을 내다보고 있게, 피아니. 난 저 창으로 망을 볼 테니까." 우리는 각자 한 병씩 들고 마셨다. 나는 내 병을 들고 창가로 가서 건초 위에 드러누운 채 좁은 창으로 비에 젖은 들판을 내다보았다. 무엇을 보려고 했는지 분명하지 않았지만, 시야에 들어온 것은 밭과 잎이 떨어진 뽕나무, 그리고 줄기차게 퍼붓는 비뿐이었다. 그 밖에는 아무것도 보이지 않았다. 포도주를 마셔도 조금도 기분이 나아지지 않았다. 포도주는 너무 오랫동안 저장한 탓인지 김이 빠져 맛도 색도 없어지고 말았다. 나는 점점 어두워지는 밖을 내다보고 있었다. 밤은 순식간에 찾아왔다. 빗속의 칠흑 같은 어둠이 깔리는 밤이 될 것 같았다. 컴컴해져서 더 이상 창밖을 내다볼 필요도 없었으므로 나는 피아니 있는 데로 갔다. 그는 드러누워 자고 있었다. 나는 그를 깨우지 않고 그대로 둔 채 잠시 그 옆에 앉아 있었다. 그는 몸집이 큰 사나이였는데, 깊이 잠들어 있었다. 얼마 지나지 않아 그를 깨워 둘이서 출발했다.

참으로 이상한 밤이었다. 내가 무엇을 예기하고 있었는지 나 자신도 모른다. 그것은 죽음일지도 모른다. 아니면 어둠 속의 저격과 탈주일까? 그러나 아무 일도 일어나지 않았다. 우리는 독일군 1개 대대가 지나가는 동안, 간선도로를 따라서 난 도랑 건너편 쪽으로 기어올라 찰싹 땅바닥에 달라붙어 기다리고 있었다. 그리고 그들이 지나간 뒤에 도로를 건너 북쪽으로 걸었다. 빗속에서 두 번이나 독일군 바로 옆까지 접근했는데 들키지 않았다. 이탈리아군은 한 명도 만나지 못했다. 읍내를 빠져 북쪽으로 나온 뒤, 곧 퇴각군의 본류와 합류해서 밤새도록 탈리아멘토 강을 향해서 걸었다. 나는 그때까지 이 퇴각이 얼마나 대규모적인 것인가를 알지 못했다. 군대만이 아니라 이 지역 전체가 함께 움직이고 있었다.

우리는 마차보다도 빠른 속도로 밤새도록 걸었다. 다리가 쑤시고 피곤했지만 속도는 꽤 빨랐다. 보넬로가 포로가 되려고 결심한 것은 대단히 어리석은 짓이라고 생각했다. 위험이라곤 아무것도 없었다. 우리는 아무 일도 없이 양군 사이를 돌파했다. 만일 아이모가 죽지 않았다면, 위험이 있으리라고는 생각도 하지 않았을 것이다. 우리가 철로를 따라 모든 것을 드러내 놓고 걸었을 때는 우리를 귀찮게 군 사람이라곤 하나도 없었다. 죽음은 갑자기 당한 것으로 거기에는 아무 이유도 없었다. 보넬로는 어디 있을까 하고 생각했다.

"기분은 어떻습니까, 중위님?" 피아니가 물었다. 우리는 차량과 부대로 혼잡을 이루고 있는 도로 옆을 걷고 있었다.

"괜찮아."

"전 이렇게 걷는 게 이제 싫증이 났습니다."

"하지만 이젠 걷는 것 말고 딴 도리가 없지, 걱정할 건 없어."

"보넬로는 바봅니다."

"바보면 어때?"

"그 녀석을 어떡하실 작정입니까, 중위님?"

"글쎄."

"포로가 되었다고 할 순 없습니까?"

"글쎄."

"전쟁이 이대로 계속된다면 그의 가족에게 큰 화가 돌아가겠죠?"

"전쟁이 계속되긴 뭐가 계속돼." 군인 하나가 쏘아붙였다. "우리는 고향으로 가는 거야. 전쟁은 다 끝났어."

"그래, 모두 집으로 돌아가는 거야."

"우리는 모두 다 집으로 돌아가는 거야."

"중위님, 자 가시죠." 피아니가 말했다. 그는 빨리 그들을 앞지르고 싶었던 것이다.

"중위라고? 어떤 놈이 중위야? 장교들을 모두 때려 죽여라! 장교놈들을 때려 죽여라!"

피아니가 내 팔을 붙잡았다.

"이름을 부르는 게 좋겠습니다. 저자들이 귀찮은 짓을 저지를지도 모르니까요. 저자들은 벌써 장교를 몇 명 쏴 죽였습니다."

우리는 이럭저럭 그들을 앞질렀다.

"보넬로 가족에게 화가 미칠 보고서는 쓰지 않을 거야." 나는 아까 하던 이야기를 계속했다.

"전쟁만 끝나면 아무래도 좋겠어요. 하지만 끝났을 리가 없어요. 이걸로 끝났다면 재수가 너무도 좋게요."

"이제 곧 알게 되겠지."

"끝났을 리가 없어요. 다들 끝난 것처럼 생각하지만, 있을 수 없는 일이에요."

"평화 만세!" 군인 하나가 외쳤다. "우리는 집으로 돌아간다!"

"다들 집으로 돌아갈 수 있다면 얼마나 좋을까." 피아니가 말했다. "집에 가고 싶어요?"

"물론이지."

"그러나 그렇겐 안 될 걸요. 끝났을 리가 없어요."

"집으로 가자!" 군인 하나가 외쳤다.

"놈들이 총을 막 버리는군요. 행군 중에 어깨에서 총을 내려서 버리고 있어요. 그러곤 고래고래 소릴 질러요."

"총은 가지고 있어야지."

"저자들은 총만 버리면 전쟁을 안 시킬 걸로 생각하나 봐요."

길 옆을 걸어가면서 나는 어둠과 빗속에서 군인 대부분이 아직도 총을 지니고 있는 것을 볼 수가 있었다. 총은 망토 위로 삐죽이 솟아 있었다.

"너희는 어느 여단 소속이냐?" 장교 하나가 큰 소리로 물었다.

"평화 여단이다." 누군가가 이탈리아 말로 외쳤다. "평화 여단이다!" 장교는 아무 말도 하지 않았다.

"저 새끼 뭐라는 거야? 저 장교 새끼 뭐라고 지껄이는 거야?"

"장교를 때려 죽여라! 평화 만세!"

"자, 가죠!" 피아니가 말했다. 우리는 두 대의 영국군 구급차 옆을 지나갔다. 두 대 다 오도 가도 못하는 차량들 속에 방치되어 있었다.

"저건 고리치아에서 온 차군요. 본 적이 있어요. 두 대 다."

"그렇다면 그들이 우리보다 앞섰었군."

"출발도 먼저 했으니까요."

"운전병은 어디 있을까?"

"아마도 앞에 있겠죠."

"독일군은 우디네 교외에 주둔 중이야, 지금 이들은 모두 저 강을 건너겠지."

"그렇습니다. 그러기에 전 아직 전쟁이 끝나지 않았다고 생각합니다."

"독일군은 진군해 올 수 있을 텐데, 왜 안 올까?"

"글쎄요. 웬일일까요. 이런 전쟁은 전혀 알 수가 없는데요, 전."

"적은 수송할 차량을 기다리는지도 모르지."

"그런가요."

혼자 있으면 그는 퍽 얌전한 사나이다, 동료들과 같이 있을 때는 입이 무척 사납지만.

"자넨 결혼했나, 피아니?"

"물론입니다."

"그래서 포로가 되고 싶지 않았군?"

"그것도 하나의 이유는 되죠. 중위님은 결혼하셨습니까?"

"아니."

"보넬로도 아직 안 했습니다."

"결혼했느냐 안 했느냐로 그 사람을 이렇다저렇다 말할 수는 없지. 그렇지만 결혼한 사람은 아내에게 돌아가고 싶겠지." 나는 아내라는 것에 대해 얘기하고 싶었다.

"그렇죠."

"발은 어떤가?"

"상당히 아픈데요."

날이 밝기 전에 우리는 탈리아멘토 강둑에 도착해서 물이 불어난 강을 따라 모든 사람과 가축이 건너고 있는 다리까지 내려왔다.

"이 강에서 적을 막아낼 수 있을 텐데요." 피아니가 말했다. 수위가 부쩍 높아진 것이 어둠 속에서도 보였다. 물은 거품을 일으키며 흘렀고 강폭이 넓어졌다. 나무 다리는 길이가 4분의 3마일이나 되며, 보통 때는 다리 훨씬 아래로 좁은 물줄기를 이루며 흐르던 강이, 이제는 다리 판자 아래에 닿을락말락할 정도로 흐르고 있었다. 우리는 강둑을 따라 걷다가, 다리를 건너고 있는 군중들 틈에 어느새 끼어들었다. 빗속에서, 불어난 물로부터 불과 몇 피트밖에 안 되는 위를 군중들 틈에 꼭 끼어, 바로 앞에 가는 포병의 탄약 상자 뒤를 따라 어슬렁어슬렁 걸어가면서, 나는 다리 난간에서 물의 흐름을 내려다보았다. 사람이 너무 많아 내 의지대로 걸을 수가 없어서 더 피곤했다. 다리를 건너는 즐거움도 전혀 없었다. 만일 비행기가 대낮에 이 다리를 폭파한다면 어떤 끔찍한 상황이 벌어질까 하는 생각을 했다.

"피아니!"

"여기 있습니다, 중위님."

그는 조금 앞선 사람들 속에 있었다. 이야기하는 사람은 아무도 없었다. 모두들 1초라도 빨리 다리를 건너려고 했다. 다만 그 생각뿐이었다. 우리는 다리를 거의 다 건넜다. 다리 끝에 몇 명의 장교와 헌병이 양쪽에 서서 회중전등을 비추고 있었다. 지평선을 배경으로 한 까만 윤곽이 보였다. 가까이 가자, 장교 하나가 인파 속에서 한 명을 가리키는 것이 보였다. 그러자 헌병 하나가 사람들 속으로 들어가더니, 그 사나이의 팔목을 붙잡고 억지로 끌어냈다. 그 사나이는 도로 밖으로 끌려 나갔다. 우리는 곧 그 헌병들과 마주 설 거리까지 왔다. 장교들은 인파 속에서 사람들의 얼굴을 일일이 훑어보며 서로 뭐라고 수군거리기도 하고, 또는 사람들 속에 끼어들어서는 지나가는 사람에게 느닷없이 전등을 비추기도 했다. 우리가 그들과 정면으로 대하기 직전에 그들은 또 한 사람을 끄집어냈다. 나는 그 사나이를 쳐다보았다. 중령이었다. 그들이 전등빛을 그 사나이에게 비추었을 때 그 소매 끝에 있는 네모꼴 안의 별이 보였다. 반백의 머리칼을 지닌, 작은 키의 뚱뚱한 사람이었다. 헌병은 그를 한 줄로 서 있는 장교들 뒤로 데리고 갔다. 그들 앞에 갔을 때 나는 그들 중 한둘이 나를 노려보고 있는 것을 느꼈다. 그러자 그중 하나가 나를 가리키며 옆에 서 있는 헌병에게 뭐라고 수군거렸다. 헌병은 이쪽으로 걸어왔다. 그가 인파를 헤치면서 내게 접근하는 것이 보였고, 곧 내 옷깃을 움켜쥐었다.

"뭐야?" 나는 그의 얼굴을 때리며 말했다. 모자 아래로 그의 얼굴을 보았다. 위로 뻗친 콧수염과 피가 흘러내리는 뺨을 보았다. 또 다른 헌병이 인파를 헤치며 내게로 달려왔다.

"대체 뭐하는 거야?" 내가 말했지만, 그는 대답이 없었다. 내게로 달려들 기회만 노리고 있었다. 나는 팔을 등 뒤로 돌려 권총을 꺼내려고 했다.

"장교에게 손을 대서는 안 된다는 걸 모르는 건가?"

다른 하나가 등 뒤에서 달려들어 팔을 비틀었다. 내가 그 녀석을 돌아다보자, 또 한 녀석이 달려들어 내 목을 졸랐다. 나는 그 녀석의 정강이를 걷어차며, 왼쪽 무릎으로 사타구니를 올려찼다.

"반항하면 쏴라!" 누군가가 말하는 소리가 들렸다.

"대체 무슨 일이야?" 큰 소리로 외치려 했지만 목소리가 나오지 않았다. 그들은 어느새 나를 길 옆에다 끌어다 놓았다.

"반항하면 쏴 죽여." 장교 하나가 소리를 질렀다. "뒤로 데리고 가."

"누구냐, 넌?"

"곧 알게 될 거다."

"누구냐니까?"

"야전 헌병이다." 다른 장교가 대답했다.

"용무가 있으면 이쪽으로 나와 달라고 하면 좋잖아. 이런 잠자리 새끼들이 날 붙잡게 할 거야?"

아무도 대답하지 않았다. 대답할 필요가 없는 것이다. 그들은 야전 헌병이니까.

"이자를 저리 끌고 가서 다른 놈들과 같이 둬라." 먼저 장교가 말했다. "알았지, 이놈의 이탈리아 말에 사투리가 있다."

"네놈도 그런데."

"이놈을 저리로 끌고 가서 다른 놈들과 둬라." 먼저 장교가 다시 말했다. 그들은 길 아래에 줄 서 있는 장교들 뒤로 나를 끌어내려 사람들이 모여 있는 강둑 옆 밭 가운데로 끌고 갔다. 그쪽으로 걸어가는 동안에 사격 소리가 몇 방 울렸다. 소총의 섬광이 보였고, 총성이 들렸다. 우리는 사람들이 모여 있는 밭 한가운데까지 왔다. 장교 네 명이 한곳에 서 있었는데, 그 앞에 양쪽으로 헌병들이 둘러싼 한복판에 남자가 한 명 끌려나왔다. 체포된 사람들은 헌병의 감시하에 있었다. 그 밖에는 심문하는 장교 옆에서 헌병 네 명이 소총을 들고 서 있었다. 헌병들은 모두 챙이 넓은 모자를 쓰고 있었다. 나를 끌고 온 두 녀석은 심문을 기다리는 장교들 틈으로 나를 떠다밀었다. 나는 장교들의 심문을 받는 한 사람을 쳐다보았다. 아까 인파 속에서 끌려 나온, 반백의 머리칼을 지닌 뚱뚱하고 작은 체구의 중령이었다. 심문자들은 쏘아만 봤지 사격을 당해 본 적이 없는 이탈리아군인 특유의 유능함과 냉정과 자제심을 가진 사람들이었다.

"소속 사단은?"

중령은 대답했다.

"연대는?"

중령은 대답했다.

"왜 소속 연대를 이탈했지?"

중령은 대답했다.

"장교는 자기 부대와 행동을 같이해야 한다는 걸 모르나?"

"알고 있다."

심문은 그것으로 끝났다. 다른 장교가 입을 열었다.

"신성한 조국땅이 야만인들에게 짓밟힌 것은 너 같은 놈들 때문이다."

"이상한 말을 하는군."

"아군이 승리를 못한 것은 너희의 반역 행위 때문이다."

"너희는 퇴각 경험이 있나?" 중령이 되물었다.

"이탈리아군은 절대로 퇴각해서는 안 된다."

우리는 빗속에 서서 듣고 있었다. 우리는 그 장교들과 정면으로 서 있었고, 붙잡힌 그 사람은 우리 앞에서 약간 옆으로 비켜난 곳에 서 있었다.

"나를 총살할 생각이라면." 중령이 입을 열었다. "제발 더 이상의 심문은 그만두고 즉시 총살해라. 이런 어리석은 심문은 이것으로 충분하다." 그는 성호를 그었다. 장교들이 뭐라고 의논하더니 그중 하나가 북 찢은 종이에다 무언가를 썼다.

"부대를 버린 죄로 총살에 처한다." 그 장교는 말했다.

두 헌병이 중령을 강둑으로 끌고 갔다. 모자를 벗은 이 노인은 양쪽에서 헌병의 감시를 받으면서 빗속을 걸어갔다. 나는 그가 총살당하는 순간을 눈으로 좇지 않았지만, 총소리는 들었다. 그들은 또 다른 사람을 심문하고 있었다. 그 장교도 역시 그의 부대를 이탈하였다. 그는 변명이 허락되지 않았다. 그들이 종이에다 쓴 선고문을 읽자, 그는 큰 소리로 울었다. 이 사람이 총살당하는 사이에도 또 다른 사람의 심문이 시작되고 있었다. 그들은 전에 심문받은 사나이가 총살당하는 사이에, 반드시 다음 사람의 심문에 들어갔다. 이렇게 하면, 그들이 결정한 총살에 관해 어떻게 할 수 없는 것은 뻔한 노릇이었다. 나는 심문을 기다릴 것인가, 탈주를 할 것인가 갈피를 잡을 수 없었다. 그들은 나를 이탈리아군복을 입은 독일군으로 처단할 것이 분명했다. 나는 그들의 머리가 어떻게 돌아가는가를 알고 있었다. 그것도 그들에게 머리가 있고 잘 돌아간다면 별문제지만, 그들은 모두 나이가 어리고 조국을 구하려는 일념에 불타고 있었다. 제2군이 탈리아멘토 강 건너편에서 재편성되었다. 그들은 자기 소속 부대를 이탈한 소령 이상의 장교를 속속 처형하고 있었다. 또 이탈리아군복을 입은 독일 선동자를 즉결 처분하고 있었다. 그들은 모두 철모를 쓰고 있었다. 우리 중에서 철모를 쓴 사람은 두 명밖에 없었다. 헌병 중에도 이것을 쓴 자가 몇 명 있었고, 나머지는 챙이 넓은 모자를 쓰고 있었다. 우리는 그들을 잠자리라고 부르고 있었다. 우리는 빗속에 서 있다가 한 사람씩 끌려나와서는 심문을 받고 모두 총살당했다. 지금까지 심문받은 사람은 하나도 빠짐없이 총살당했다.

심문자들은, 아무런 위험에 처하지도 않고 사형을 처리하는 인간 특유의 그 초연한 태도와 준엄한 판결에 대한 충성심까지 가지고 있었다. 그들은 야전 연대의 대령을 심문하고 있었다. 바로 그때 장교 세 명이 우리 사이에 끼어들어왔다.

"소속 연대는?"

나는 헌병을 쳐다보았다. 그들은 새로 들어온 장교들을 쳐다보고 있었다. 다른 자들은 대령을 쳐다보고 있었다. 나는 순간적으로 몸을 홱 굽혀 두 사람 사이를 뚫고 나와 머리를 숙이고는 강쪽으로 내달렸다. 강가에서 고꾸라지며 그대로 물에 빠졌다. 물은 매우 찼지만 되도록 오랫동안 물속에 잠겨 있었다. 물의 소용돌이 때문에 몸이 빙빙 도는 것이 느껴졌고, 이제 두 번 다시 떠오르지 않는 건 아닌가 하고 생각될 만큼 깊이 잠겼다. 그리고 떠오른 순간 숨을 깊이 들이마시고는 또다시 잠겼다. 충분히 옷을 많이 껴입고 장화를 신고 있었으므로, 잠겨 있기는 그다지 어렵지 않았다. 두 번째 솟아올랐을 때 바로 눈앞에 나무 토막이 한 개 보였으므로 거기까지 헤엄쳐 가서 한 손으로 그것을 붙잡았다. 나는 머리를 나무 토막 뒤에 숨기고는 그 너머는 넘겨다보지도 않았다. 강둑은 보고 싶지 않았다. 뛰기 시작했을 때도 총성이 들렸고, 처음 솟아올랐을 때도 총성이 들렸기 때문이다. 내가 수면 밖으로 머리를 내놓으려고 했을 때 총소리를 들었다. 이제는 쏘지 않았다. 나무 토막은 물결에 따라 흘렀다. 나는 한 손으로 그것을 붙잡고 있었다. 강둑을 바라보았다. 내가 대단히 빨리 지나가는 것 같았다. 물은 너무나 차가웠다. 덤불이 우거진 섬 하나를 지나쳤다. 나는 두 손으로 나무 토막을 붙잡고, 그것이 흐르는 대로 몸을 맡겼다. 강둑은 이제 보이지 않았다.

31

물의 흐름이 빠르면 강에 떠 있는 시간이 얼마나 되었는지 알 수가 없다. 긴 것 같지만, 아주 짧은 시간일지도 모른다. 물은 차갑고 흘러넘치듯 흐르고 있었다. 강둑에서 떠내려 온 잡다한 물건들이 떠다니고 있었다. 나는 다행히도 매달릴 수 있을 만큼 커다란 나무를 발견해서 두 손으로 편안히 그것을 붙잡고, 턱을 나무 위에 올려놓고서 얼음같이 찬 물에 떠 있었다. 쥐가 나지나 않을까 걱정되어 강둑 쪽으로 떠내려가길 바랐다. 그대로 아래를 향해 떠내려가니 긴 굽이를 여러 번 돌았다. 하늘이 점점 밝아졌으므로, 강둑을 따라 우거진 덤불을 볼 수가 있었다. 앞에는 덤불이 우거진 섬이 보였고, 물결은 강둑 쪽으로 움직이고 있었다. 구두와 옷을 벗고 둑으로 헤엄쳐 갈까 생각했지만 그만두기로 했다. 그때까지 생각한 것은 단 하나, 어떻게 해서든지 둑에 닿아야겠다는 것이었다. 하지만 육지에 갔을 때 맨발이라면 위험할 것이다. 어떻게든지 메스트레까지 갈 필요가 있었다.

나는 둑이 가까워졌다가 다시 멀어지고, 또다시 가까워지는 것을 주시하고 있었다. 전보다 느린 속도로 떠내려가고 있었다. 이번에는 둑이 매우 가까워졌다. 버드나무숲의 가느다란 가지까지 보였다. 나무가 느릿느릿 빙 돌며 둑이 내 뒤에 있었으므로, 내가 물결의 소용돌이 속에 들어갔음을 알았다. 나무와 내가 느릿느릿 빙빙 돌았다. 다시 한 번 둑을 보자 이번에는 꽤 가까이 있었다. 나는 한쪽 팔로 나무를 꼭 붙잡고, 헤엄쳐서 둑으로 다가가려고 했지만 조금도 가까워지지 않았다. 소용돌이 밖으로 밀려나지나 않을까 걱정되어, 한 손으로 나무를 붙잡고 두 발이 나무에 닿을 정도로 바싹 구부렸다가 둑을 향해 힘껏 뻗쳤다. 덤불숲이 눈앞에 보여 힘을 다해 헤엄쳤지만 물살에 밀려 다시 떠내려가고 말았다. 그때 갑자기 장화를 신은 채로는 물에 빠질지도 모른다고 생각했다. 둑이 서서히 접근해 왔으므로, 나는 무거운 다리를 아무렇게나 열심히 움직여 둑에 다다를 때까지 계속해서 죽을힘을 다해 헤엄쳤다. 간신히 버드나무 가지에 매달렸지만 몸을 끌어올릴 수는 없었다. 그래도 이젠 물에 빠질 염려는 없었다. 나무와 함께 떠내려갈 때는 물에 빠질지도 모른다는 생각이 전혀 들지 않았다. 나는 너무나 지쳤고 배 속과 가슴이 텅 빈 것 같아 토하고 싶은 기분이었으므로, 나뭇가지를 붙잡은 채 그대로 가만히 있었다. 속이 가라앉자, 버드나무 우거진 곳으로 몸을 끌어당겨 두 손으로 나뭇가지를 꼭 붙잡고 덤불을 껴안듯이 하면서 잠시 또 쉬었다. 얼마 지나지 않아 버드나무 덤불을 헤치고 둑으로 기어 올라갔다. 날은 어렴풋이 밝아왔지만 사람 그림자는 하나 없었다. 나는 둑에 픽 쓰러진 채 강물 소리와 빗소리를 들었다.

얼마 있다가 나는 일어서서 둑을 따라 걷기 시작했다. 이 강에는 라티사나까지 가야 다리가 있는 것을 알고 있었다. 내가 산비토의 건너편에 있는 것은 아닐까, 어떻게 하면 좋을까 하고 곰곰이 생각했다. 저 앞에 강으로 흘러들어오는 도랑이 있었다. 그쪽으로 걸어갔다. 지금까지 사람은 보이지 않았으므로 도랑 둑의 덤불 옆에 걸터앉아 구두를 벗고는 그 속에 든 물을 쏟아 버렸다. 겉옷을 벗어, 서류와 지폐가 온통 젖어 있는 지갑을 속주머니에서 꺼내고 겉옷을 짰다. 바지도 벗어서 짰다. 몸을 두들기고 문지르고 한 뒤에 다시 옷을 입었다. 모자는 어디로 없어져 버렸다.

겉옷을 입기 전에 소매에서 별표를 떼어, 지폐와 함께 속주머니에 넣었다. 지폐는 젖어 있었지만 문제는 없었다. 세어 보니 3천 리라쯤 되었다. 옷이 젖어 몸에 착 달라붙었다. 피의 순환이 잘되도록 팔을 주물렀다. 털 내의를 입고 있었으므로, 몸을 움직이고만 있으면 감기에 걸릴 염려는 없으리라고 생각했다. 권총은 아까 그 도로에서 놈들에게 빼앗겼으므로 권총집은 겉옷 아래에 집어넣었다. 망토가 없어서 비에 젖어 추웠다. 나는 운하 둑을 걷기 시작했다. 날은 밝았지만 사방이 비에 젖어 음산했다. 밭에는 아무것도 없고 다만 젖어 있을 뿐이었다. 저쪽 먼 곳에 종루가 들판 위에 우뚝 솟아 있는 것이 보였다. 나는 도로로 나왔다. 앞을 보니 적은 수의 군인들이 이쪽으로 걸어오고 있었다. 다리를 질질 끌며 길 옆으로 걸어가자, 그들은 이쪽을 한 번 쳐다도 보지 않고 지나쳐 갔다. 강 쪽으로 가는 기관총 부대였다. 나는 길을 따라 걸어갔다.

그날 나는 베네치아 평야를 횡단했다. 그 일대는 낮은 평지로 비가 와서 더욱 평평하게 보였다. 바다 쪽으로는 소금물로 된 늪지대가 많고 도로는 퍽 드물었다. 모든 도로가 강을 따라 바다로 향해 있기 때문에, 이 평야를 횡단하려면 운하 옆의 좁은 길을 따라가야만 했다. 나는 이 평야를 북에서 남으로 횡단하여 철로 두 개와 많은 도로를 건너 드디어 좁은 길이 끝나는 데까지 나왔는데, 거기에는 철로 하나가 늪 옆으로 뻗어 있었다. 그것은 베네치아에서 트리에스테로 통하는 철로로, 높고 견고한 제방 위에 튼튼한 토대가 마련되었다. 철로는 복선이었다.

철로 조금 아래에는 신호 정차역이 있었고, 경비병이 몇 명 보였다. 철로 위쪽에는 늪으로 흘러 들어가는 개울이 하나 있었고, 거기에 다리가 걸려 있었다. 그 다리에도 경비병이 한 명 있었다. 밭을 가로질러 가면서 평야 저 멀리까지 내다보이는 철로를 통과하는 기차를 보고서, 포르토그루아로에서 오는 기차가 아닐까 하고 생각했다. 나는 경비병의 거동을 살핀 다음, 철로 양쪽이 보일 수 있도록 제방에 누웠다. 다리에 있던 경비병이 내가 누워 있는 쪽으로 철로를 약간 걸어오더니 이내 뒤돌아서 다리 쪽으로 되돌아갔다. 나는 누운 채 배고픔을 느끼며, 기차가 오기를 기다리고 있었다. 아까 내가 본 기차는 대단히 길고 기관차도 느릿느릿 끌고 있었으므로, 확실하게 올라탈 수 있으리라고 생각했다. 기다림에 지쳐 거의 체념하고 있을 때 기차가 오는 것이 보였다. 똑바로 달려오는 기관차가 점점 크게 보였다. 나는 다리에 있는 경비병을 쳐다보았다. 그는 다리 앞을 걷고 있었지만, 철로 반대편이었다. 열차가 통과할 때는 그의 모습은 보이지 않을 것이다.

나는 기관차가 점점 접근해 오는 것을 보고 있었다. 기관차는 힘들게 기차를 끌고 있었다. 꽤 많은 차량을 끌어 가고 있었다. 나는 기차에도 분명 경비병이 타고 있을 거라고 생각하여, 그들이 있는 위치를 확인하려 했다. 그러나 이쪽은 시야가 가려 있어 확인할 수가 없었다. 기관차는 거의 내가 누워 있는 곳까지 왔다. 언덕길도 아닌데 힘이 드는지 계속 헐떡이며 바로 내 앞까지 왔다. 나는 기관차가 지나간 것을 본 뒤 일어서서 통과하는 차량을 향해 걸어갔다. 경비병이 보고 있다 하더라도 철로 옆에 서 있으면 도리어 혐의를 받는 일은 적을 것이었다. 지붕이 있는 화물 열차가 몇 차량 지나가고 나서 곤돌라라고 불리는, 지붕이 없는 화물 열차가 보였다. 천으로 위를 덮었다. 나는 그것이 거의 다 지나갈 때까지 서 있다가, 열차로 달려들어 뒤에 매달린 손잡이를 붙잡고 몸을 끌어당겼다. 그러고는 곤돌라와 그 뒤의 높은 화물 열차 사이로 기어 들어갔다. 누군가의 눈에 띈 것 같지는 않았다. 나는 손잡이를 잡고, 발은 연결기에 올려놓고서 몸을 낮게 웅크렸다. 기차는 거의 다리 맞은편까지 왔다. 나는 그 경비병을 기억하고 있었다. 그는 나를 쳐다보았다. 아직 어린아이라 철모가 컸다. 내가 얕보는 눈초리로 노려보았더니 그는 시선을 저쪽으로 돌렸다. 나를 기차에 관계있는 사람으로 생각한 모양이었다.

나는 맞스쳐 지나갔다. 그는 아직 지나가는 다른 차량을 불안스런 표정으로 쳐다보고 있었다. 나는 몸을 숙이고는 천이 어떻게 덮여 있는가를 조사해 보았다. 밧줄 고리가 몇 개 달려 있고 고리 끝은 가는 밧줄로 매어져 있었다. 나는 칼을 꺼내 밧줄을 자른 다음, 그 아래로 팔을 밀어 넣었다. 비에 젖어 뻣뻣해진 천 아래에는 딱딱하고 툭 튀어나온 것이 여러 개 있었다. 나는 얼굴을 쳐들고 앞을 보았다. 화물 열차에 경비병이 하나 타고 있었지만 그는 앞만 바라보고 있었다. 나는 손잡이에서 손을 떼고는, 그 천 아래로 얼른 기어 들어갔다. 얼굴이 무엇엔가 부딪쳐 커다란 혹이 생기면서 피가 흘러내리는 것을 느꼈지만, 그대로 기어 들어가서 누워 버렸다. 그러고 나서 돌아누워 덮인 천을 도로 매 놓았다.

천 아래에는 각종 대포가 있었다. 다들 깨끗한 기름 냄새를 풍겼다. 나는 드러누운 채 천에 부딪치는 빗소리와, 철로 위를 덜컹거리면서 달리는 기차 소리에 귀를 기울였다. 빛이 약간 새어 들어왔으므로 드러누운 채로 대포를 쳐다보았다. 모두 천으로 덮여 있었다. 제3군으로부터 전선에 이송되는 것임에 틀림없었다. 이마의 혹이 부어올랐으므로 나는 가만히 드러누워서 저절로 피가 굳기를 기다렸다. 그런 다음 상처 난 곳만을 남겨 둔 채 그 옆의 마른 피는 깨끗이 닦아 버렸다. 아무렇지도 않았다. 손수건은 없었지만 천에서 새어 떨어지는 빗물을 손가락 끝에 찍어서 말라붙은 핏자리를 씻고서, 겉옷 소매로 깨끗이 닦아 냈다. 사람의 눈에 띌 만한 것은 피하고 싶었다. 메스트레에 도착하기 전에 내려야 한다는 것은 알고 있었다. 메스트레에 도착하면 그들은 으레 대포를 손질하기 때문이다. 지금 이탈리아군에 잃거나 잊어버려도 좋을 만한 대포는 하나도 없었다. 나는 배가 고파 죽을 지경이었다.

32

천 아래에서 대포와 함께 화물 열차 바닥에 누워 있자니까 젖은 몸이 추웠고, 게다가 여간 배가 고픈 게 아니었다. 견디다 못해 나는 몸을 돌려 두 팔 위에다 머리를 올려놓고 엎드렸다. 무릎이 뻣뻣해서 마음대로 움직이진 않았지만, 지금까진 괜찮았다. 발렌티니 의사의 기술은 상당한 것이었다. 나는 퇴각의 절반은 걸었고, 탈리아멘토 강을 그의 무릎으로 헤엄친 것이다. 그것은 틀림없이 그의 무릎이었다. 한쪽 무릎만이 내 것이었다. 의사의 손이 간 것은 더 이상 내 것이 아니다. 그러나 머리는 내 것이고 배 속도 역시 내 것이다. 그 배 속이 이제 배고파 죽겠다 아우성이다. 위가 뒤집어지는 것 같았다. 머리는 내 것인데, 생각을 할 수가 없다. 다만 기억만 할 뿐인데, 그것도 그다지 많이 기억할 수는 없다.

캐서린은 기억해 낼 수 있었다. 하지만 만날지 못 만날지도 모르는 상황에서 그녀에 대해 생각한다면 나는 그만 미쳐 버릴 것 같았기에 그녀에 대해선 더 이상 생각지 않으리라 결심했다. 그래도 조금은 괜찮겠지. 느릿느릿 덜커덩덜커덩거리며 달리는 기차, 천 사이로 새어 들어오는 빛, 그리고 화물 열차 바닥에 캐서린과 함께 누워 있는 나, 이런 거 외에는 생각하지 말기로 하자. 우리가 헤어진 지 너무나도 오래되었다. 옷은 젖고 바닥은 언제나 느릿느릿 움직일 뿐, 여기 이 속에 혼자 쓸쓸히 틀어박혀 젖은 옷과 아내 대신 딱딱한 바닥만 생각하는 것은 견딜 수 없는 일이다.

천 아래에 있는 것, 그리고 대포와 함께 있는 것, 모두가 유쾌하고 기분 좋은 일이라 하더라도 지붕이 없는 화물 열차 바닥과 천으로 덮인 대포와 바셀린이 칠해진 금속 냄새, 그리고 비가 새는 천 등을 그리워할 수는 없다. 그리운 것은 여기 있다고 가정할 수조차 없는 다른 어떤 사람인 것이다. 이제는 매우 똑똑히, 그리고 냉정하게—냉정하게라기보다 똑똑히, 그리고 공허하게 그것을 알 수 있다. 하나의 군대가 후퇴하고 다른 하나의 군대가 진격할 때 그 현장에 있었으니까, 배 깔고 누워서 그것이 얼마나 공허한 것인가를 알 수 있는 것이다. 차와 부하를 잃은 것은 백화점의 매장 감독이 화재로 자기 매장품을 죄다 태워 버린 것과 마찬가지다. 그러나 나는 보험엔 들어 있지 않았다. 이제는 이미 그런 것으로부터 멀리 떠나 있었다. 더는 아무 의무도 없다. 매장 감독이 입에 익은 사투리로 이야기했다 해서 백화점이 탄 뒤에 그 감독을 쏘아 죽이는 일이 있다면, 백화점이 다시 개업할 때 매장 감독이 돌아오리라고는 기대할 수 없는 일이다. 그는 다른 직업을 찾을 것이다. 물론 다른 직업이 있고, 경찰에 체포되지 않는다는 전제 아래에서지만.

노여움은 강 속에서 모든 의무와 함께 깨끗이 씻어졌다. 더욱이 의무는 아까 그 헌병이 내 멱살을 잡았을 때 이미 사라졌다. 나는 몸차림에는 그다지 신경을 쓰지 않았지만, 군복만큼은 벗어 버리고 싶었다. 별은 이미 떼어 버렸는데, 그렇게 해 두는 것이 편리했기 때문이었다. 체면상의 문제는 아니다. 별의 의미를 인정하지 않는 것은 아니니까. 요컨대 모든 것이 끝났다. 나는 모든 사람의 행복을 빌었다. 선량한 놈도, 용감한 놈도 있었다. 냉정한 놈도, 영리한 놈도 있었다. 모두 행복할 자격이 있는 인간들이다. 그러나 내가 나설 때는 아니다. 나는 다만 이 살벌한 기차가 어서 메스트레에 도착해 뭔가 좀 먹을 수 있고, 더 이상 생각하는 것은 그만두고 싶을 뿐이다. 여하튼 그만두어야겠다.

피아니는 내가 총살되었다고 모든 사람에게 이야기할 것이다. 놈들은 총살한 사람들의 주머니를 뒤져서 서류를 전부 끄집어냈다. 그러나 내 서류는 손에 넣지 못할 것이다. 익사했다고 할지도 모른다. 미국에는 대체 어떻게 알려질까? 부상이나 다른 이유로 죽었다고 알려질까? 아아, 배가 고파 죽겠다. 식당 친구인 그 신부는 어떻게 됐을까? 그리고 리날디는? 어쩌면 그는 포르데노네에 있을 것이다. 만일 그들이 더 멀리 퇴각하지 않았다면. 그렇지, 더 이상 그도 만날 일이 없겠지. 그들과의 생활도 이젠 끝난 셈이다. 리날디가 매독에 걸렸다고는 생각되지 않는다. 여하튼 매독은 조기치료만 하면 심각한 병은 아니다. 그러나 그 친구는 걱정하고 있겠지. 나 역시 매독에 걸리면 걱정할 게 틀림없다. 누구라도 걱정하지 않을 수 없으리라.

지금은 아무것도 생각할 수 없다. 단지 먹고 싶을 뿐이다. 정말 그렇다. 먹고, 마시고, 캐서린과 잔다. 오늘 밤이라도 가능할지 모른다. 아니, 그것은 무리다. 그러면 내일 밤은? 맛 좋은 식사와 시트, 그리고 둘이서 함께가 아니라면 죽어도 떠나지 않을 것이다. 어서 빨리 떠나야겠는데. 그녀도 가겠지. 그녀도 같이 가리라는 것은 뻔한 노릇이다. 언제 떠날까? 이건 좀 곰곰이 생각해 봐야 할 일인데. 점점 어두워졌다. 나는 드러누운 채, 둘이서 어디로 가는 것이 좋을까 하고 생각했다. 갈 곳은 얼마든지 있었다.

제4편

33

아침 일찍, 아직 어둑어둑한 밀라노 역에 기차가 속력을 늦추고 들어서자, 나는 기차에서 뛰어내렸다. 그리고 철로를 건너 몇 채의 건물 사이를 지나 거리로 나왔다. 문이 열린 술집이 하나 있어서, 커피를 마시러 들어갔다. 이른 아침 냄새들이 풍겨 왔다. 먼지와 커피 잔에 든 스푼과 포도주 잔의 둥글게 젖은 자국 등에서도 냄새가 났다. 주인은 계산대 뒤에 있었다. 군인 두 명이 테이블 가에 앉아 있었다. 나는 카운터에 서서 커피를 한 잔 마시고 빵 한 조각을 먹었다. 우유가 들어간 커피는 회색빛이었다. 나는 표면에 뜬 우유의 더껑이를 빵조각으로 걷어냈다. 주인이 내 얼굴을 쳐다보았다.

"그라파 한잔 하시겠습니까?"

"아니, 괜찮소."

"내가 한잔 사죠." 그는 조그마한 잔에 그라파(포도로 만드는 독한 이탈리아 술)를 따라 내 쪽으로 내밀었다. "어떻습니까, 전선은?"

"잘 모릅니다."

"저들은 취해 있답니다." 주인은 손으로 군인들을 가리키며 이렇게 말했다. 정말 그의 말대로 군인들은 취한 것 같았다.

"얘기해 주십시오. 전선에선 어떤 일이 일어나고 있습니까?"

"전선은 잘 모릅니다."

"선생님이 저쪽 담에서 오시는 것을 보았는데요. 선생님은 기차에서 내려오셨죠?"

"대단한 퇴각이었습니다."

"신문에서 읽었습니다. 어떻게 된 거죠? 전쟁은 끝났습니까?"

"그렇게 생각하지 않아요."

그는 작은 병에 담긴 그라파를 유리잔에 따르며 말했다. "난처하시면 숨겨

드리지요."

"난처하지 않습니다."

"난처하시면 우리 집에서 묵으십시오."

"그런데 어디 묵을 데가 있습니까?"

"이 건물이죠. 지금도 묵는 사람이 많이 있습니다. 사정이 딱한 분은 누구나 여기 묵습니다."

"사정이 딱한 사람이 그렇게 많습니까?"

"그렇게 믿고 있죠. 선생님은 남미 출신이죠?"

"아닙니다."

"스페인 말을 할 줄 아십니까?"

"조금은."

주인은 카운터를 닦았다.

"요즘 외국으로 나가는 것은 힘들지만 전혀 불가능한 것도 아닌가 봅니다."

"별로 외국에 나갈 생각은 없습니다."

"원하신다면 있고 싶은 만큼 여기에 머무실 수 있습니다. 내가 어떤 사람인지 그러는 동안 알게 되겠죠."

"오늘 아침은 가 봐야 할 데가 있지만, 언제라도 돌아올 수 있도록 주소를 외워 두죠."

그는 머리를 가로저었다.

"선생님 말투로는 다시 돌아오실 분이 아닙니다. 정말로 사정이 딱한 분이라 생각했지만."

"천만에, 그러나 친절히 해주는 사람의 주소는 소중히 기억해 두죠."

나는 커피값을 치르기 위해 10리라짜리 지폐를 카운터 위에 놓았다.

"그라파를 한잔 합시다." 내가 이렇게 권해 보았다.

"그렇게 신세를 져서야 되겠습니까?"

"한잔하시죠."

그는 그라파를 두 잔 따랐다.

"잊어선 안 됩니다. 여기 오십시오. 다른 패들에게 끌려 이상한 곳으로 가선 안 됩니다. 여기라면 안전합니다."

"그러죠."

"정말이죠?"

"네."

그는 진정이었다.

"그렇다면 한마디 하겠습니다. 그 옷으로 돌아다녀서는 안 됩니다."

"왜요?"

"왜라뇨, 소매에서 별을 떼어 버린 자리가 똑똑히 보이는데요. 그 부분만 색깔이 다릅니다."

나는 아무 말도 하지 않았다.

"서류가 필요하다면 드리겠습니다."

"서류라뇨?"

"예를 들면, 휴가 증명서라든가."

"그런 서류는 필요없습니다. 필요한 것은 가지고 있으니까요."

"잘됐군요. 그렇지만 서류가 필요할 땐 언제든지 원하시는 대로 구해 드리죠."

"그런 서류는 얼마나 합니까?"

"그야 서류 나름이죠. 그리 비싸진 않습니다."

"지금은 필요없습니다."

주인은 어깨를 움츠렸다.

"나는 괜찮소."

이런 말을 하고서 막 밖으로 나오려고 하는데 그가 말했다.

"난 선생님 편이라는 걸 잊지 마십시오."

"알았습니다."

"또 뵙겠습니다."

"그럽시다."

밖으로 나와, 헌병이 있는 정거장은 되도록 피하면서 조그만 공원 옆에서 이륜마차를 탔다. 나는 마부에게 병원 주소를 일러주었다. 병원에 이르자 바로 수위가 살고 있는 집으로 갔다. 수위의 아내가 나를 안았다. 수위는 내 손을 잡았다.

"아이고, 무사히 돌아오셨군요."

"응."

"아침 식사는 하셨습니까?"

"응."

"그동안 어떠셨어요, 중위님? 잘 지내셨어요?" 그 아내가 물었다.

"잘 지냈소."

"같이 아침 식사를 좀 하시죠?"

"아니, 괜찮소. 그런데 버클리 양은 지금 이 병원에 있소?"

"아, 버클리 양이요?"

"영국 간호사 말이오."

"아, 나리님 좋아하시는 분 말이지요?" 이렇게 그 아내가 한마디 하고는 내 팔을 가볍게 툭 치며 히죽이 웃었다.

"아뇨." 수위가 말했다. "지금은 안 계십니다."

나는 가슴이 덜컹 내려앉았다.

"정말이오? 그 키 큰 금발의 영국 아가씨 말이오."

"정말이에요. 그분은 스트레사로 갔습니다."

"언제?"

"이틀 전에 또 한 분의 영국 아가씨와 같이 갔습니다."

"그렇군. 두 분에게 한 가지 부탁이 있소. 나를 만난 일은 비밀로 해 주게 나. 매우 중대한 일이니까."

"그렇게 하겠습니다."

나는 수위에게 10리라짜리 지폐 한 장을 주었는데 그는 그것을 돌려주었다.

"절대로 아무에게도 말하지 않을 테니 돈은 괜찮습니다."

"뭐 시키실 일이 있으면 무엇이든지 시키세요, 중위님." 그의 아내도 한마디 했다.

"아니, 그것만 부탁하네."

"절대로 아무에게도 말하지 않을 테니 할 수 있는 일이 있으면 뭐든 시켜 주십시오."

"그러지. 자 그럼 또 만납시다."

그들은 문간에 서서 나를 배웅해 주었다.

나는 이륜마차를 타고 마부에게 시몬즈의 주소를 일러주었다. 시몬즈는 밀라노에서 성악을 공부하는 내 친구였다.

시몬즈는 포르타 마젠타 근처에 살고 있었다. 내가 찾아가자 그는 아직도 침대 속에서 졸린 얼굴을 하고 있었다.

"지독히 일찍 일어났네그려, 자넨." 그가 말했다.

"아침 첫차로 왔어."

"대관절 이번 퇴각은 어찌된 셈인가? 자넨 전선에 나가 있었지? 담배 안 피워? 테이블 상자에 들었네."

그의 방은 꽤 컸는데 벽 옆에 침대가 있고, 한쪽 구석에 피아노가 한 대, 그리고 화장대와 테이블이 한 개씩 있었다. 시몬즈는 일어나서 베개에 기대 앉은 채 담배를 피워 물었다.

"나는 이제 막다른 골목에 와 있어, 심." 내가 말을 꺼냈다.

"나도 마찬가지야. 나는 항상 막다른 골목에 와 있다네, 밤낮. 한 대 안 피우려나?"

"괜찮아. 스위스에 가려면 어떤 수속이 필요한가?"

"자네가 가려고? 이탈리아 사람은 자넬 국외로 내보내진 않을걸."

"그렇겠지. 나도 알고 있어. 그러나 스위스 측은 어떨까? 스위스 사람은 날 어떻게 할까?"

"자넬 구속하겠지."

"그건 알고 있네. 내가 묻는 건 현실적으로 어떤 절차를 밟느냐는 거지."

"아무것도 아니지. 매우 간단해. 아무 데나 갈 수 있지. 신고나 뭘 하면, 그럼 괜찮겠지. 그런데 왜 그래? 자넨 경찰의 손에서 벗어날 작정인가?"

"아직 확실히 결정한 건 아니지만."

"얘기하기 싫으면 안 해도 좋아. 들으면 재미있겠지만. 여긴 매일매일이 똑같으니까. 난 피아첸차에서 큰 실패를 했네."

"그것 참 안됐군."

"응, 정말 그래—아주 완전 실패일세. 내 딴엔 잘 불렀는데. 이곳 리리코 극장에서 다시 한 번 해볼 생각일세."

"나도 가 보고 싶군."

"고마운 말인데 그래. 설마 자네가 그렇게 딱한 처지에 있는 건 아니겠지?"

"나도 모르겠어."

"그야 얘기하기 싫으면 안 해도 좋아. 그런데 어째서 자넨 살벌한 전선을 이탈하게 되었나?"

"거긴 이제 지긋지긋해."

"대단한데. 그전부터 자네는 영리한 사나이라고 생각하고 있었지. 뭐 내 힘으로 도울 수 있는 게 없을까?"

"자넨 무척 바쁠 테지?"

"천만에, 조금도 그렇지 않아. 발벗고 도와주지."

"자넨 키가 나랑 비슷하지. 밖에 나가서 양복 한 벌 사다 줄 수 없겠나? 양복이 있긴 하지만 모두 로마에 두고 와서."

"아, 자넨 로마에서 살았지. 더러운 곳이야. 어쩌다 그런 데서 살게 되었나?"

"건축가가 되고 싶어서."

"거긴 공부하기에 알맞은 곳이 아냐. 양복을 살 필요는 없네. 자네가 원하는 양복을 내가 주지. 몸에 꼭 맞는 놈을 한 벌 자네에게 입혀 아주 멋쟁일 만들어 줌세. 저 화장실로 들어가 보게. 양복장이 있네. 아무거나 맘에 드는 걸로 골라서 입게. 알겠나, 양복 같은 건 사지 않아도 되네."

"그래도 사야지, 미안해서."

"여보게, 사러 가는 것보다는 자네에게 한 벌 주어 버리는 게 내게도 훨씬 편해. 여권은 가졌나? 여권이 없으면 멀리 못 갈걸."

"응, 여권은 아직 가지고 있네."

"그렇다면 옷을 갈아입고, 정든 헬베티아(스위스의) 를 향해 출발하는 거야."

"그렇게 간단하진 않아. 우선 스트레사에 가야 해."

"이상적인데, 그건. 간단히 보트로 저어 간단 말이지. 하긴 그것도 좋아. 나도 음악회만 아니라면 자네와 같이 갔으면 좋겠는데. 하지만 곧 따라감세."

"스위스에 온다면 요들(스위스 산악 지) 을 해도 좋지 않은가."

"응, 이제 요들을 해 보지. 해 보면 될 거야. 좀 색다른 배역이지만."

"자네라면 되고말고."

그는 담배를 피워 물고 침대에 벌렁 드러누웠다.

"너무 기대하지 말게. 하지만 난 할 수 있어. 어색한 배역이지만, 뭘 하면 되지. 난 노래가 제일 좋아. 자 들어 보게."

그는 목청을 돋우어 힘줄을 세우며 울부짖듯이 〈아프리카나〉를 부르기 시작했다.

"난 노랠 할 수 있지. 청중 맘에 들지 안 들지는 모르지만."

나는 창밖을 내다보았다. "내려가서 마차를 돌려보내고 오겠네."

"빨리 돌아와서 아침을 먹세." 그는 침대에서 일어나 똑바로 서서 심호흡을 한 번 하고는 팔다리를 굽혔다 폈다 하는 운동을 시작했다. 나는 아래로 내려가서 요금을 치르고 마차를 돌려보냈다.

34

양복으로 갈아입고 보니, 나는 가장 무도회라도 가는 사람처럼 느껴졌다. 오랫동안 군복만 입고 있었으므로, 평복을 입었을 때의 느낌을 잊어버리고 말았다. 양복 바지가 헐렁하니 맥이 없었다. 스트레사 행 차표는 이미 밀라노에서 사 두었다. 새 모자도 사 두었다. 시몬즈의 모자는 머리에 맞지 않았지만 양복만은 훌륭했다. 양복에서 담배 냄새가 풍겼고, 찻간에 앉아서 창밖을 내다보니 새로 사서 쓴 모자가 아주 새롭게 보였다. 이에 비해 양복은 아주 낡아 보였다. 비에 젖은, 창밖의 롬바르디아 지방처럼 나 자신이 슬퍼졌다. 같은 찻간에 조종사 몇 명도 타고 있었지만, 그들은 나를 거들떠보지도 않았다. 그들은 내게 눈길도 주지 않았으며, 내 또래로 군대에 가지 않은 사람을 철저히 멸시하고 있었다. 그러나 나는 모욕감이 들지는 않았다. 그전 같으면 그들을 경멸하여 싸움을 걸었을지도 모른다. 이들은 갈라라테에서 내렸고, 차 안에는 나 혼자만 남게 되어 마음이 한결 가벼워졌다. 신문을 가지고 있었지만, 전쟁에 관한 것은 읽고 싶지 않았다. 전쟁을 잊고 싶었다. 나는 단독 강화(單獨講和)를 맺어 버린 것이었다. 꽤 적적했지만, 기차가 스트레사에 도착했을 때는 반가웠다.

역에는 호텔 안내인이 여러 명 있으리라고 기대했는데, 아무도 없었다. 철이 지난 지 오래되어서, 기차를 맞으러 나온 안내인도 없었다. 나는 가방을 들고 기차에서 내렸다. 시몬즈의 가방으로, 셔츠가 두 개 들어 있는 터라 아주 가벼웠다. 기차가 지나갈 때까지 비 내리는 역의 지붕 밑에 서 있었다.

나는 역에서 아무나 붙잡고 어느 호텔이 지금 영업 중인지 알고 있느냐고 물었다. '그랑 오텔 데질 보로메'가 지금 영업 중이고, 그 밖에 조그마한 호텔이라면 일 년 내내 영업하는 곳이 몇 개 있다는 것이다. 나는 가방을 들고 비를 맞으며 그 호텔을 향해서 걸었다. 마차 한 대가 이쪽으로 오는 것을 보고서, 마부에게 오라고 손짓했다. 마차를 몰고 들어가는 것이 훨씬 좋겠다고 생각되었기 때문이다. 큰 호텔의 현관으로 마차를 몰고 들어가자, 수위가 우산을 들고 마중 나왔는데 여간 공손하지 않았다.

나는 좋은 방을 잡았다. 방은 매우 넓고 밝아서 호수가 환히 내다보였다. 호수 위에는 구름이 낮게 덮였지만 햇빛이 나면 분명 아름다울 것이다. 나중에 아내가 올 것이라고 말했다. 방에는 커다란 더블 침대가 있었다. 새틴의 커버가 덮인 큰 신혼용 침대이다. 꽤 화려한 호텔이었다. 나는 긴 복도를 지나, 넓은 계단을 내려가 여러 방을 지난 뒤에 바(bar)로 갔다. 이곳 바텐더는 그전부터 알고 있던 사이였다. 나는 높은 의자에 걸터앉은 채, 소금에 절인 아몬드와 얇게 썬 감자를 안주로 들었다. 마티니는 시원하고 산뜻한 맛이었다.

"평복을 입고 여기서 뭘 하고 계십니까?" 바텐더는 두 잔째의 마티니를 만들어 주면서 물었다.

"휴가 중이요, 병후 요양 휴가라오."

"지금은 손님이 한 분도 없답니다. 왜 호텔을 열어 두는지 모르겠어요."

"요새도 낚시를 하나요?"

"굉장한 놈을 대여섯 마리나 낚았습니다. 이맘때면 흘림낚시로 훌륭한 놈을 잡을 수 있죠."

"내가 보낸 담배는 받았소?"

"네, 받았습니다. 제가 보낸 엽서 못 보셨습니까?"

나는 웃었다. 사실 담배는 구할 수가 없었다. 그가 원한 것은 미국의 파이프 담배였는데, 내 친척이 부치는 것을 그만 두었는지 혹은 도중에서 압수를 당했는지, 여하튼 내게 도착하지 않았던 것이다.

"어디서 구해 보도록 하죠. 그런데 혹시 거리에서 영국 부인 두 사람을 보지 못했소? 엊그저께 여기 왔는데."

"이 호텔에선 보지 못했는데요."

"간호사인데."

"간호사라면 두 사람을 보았습니다. 잠깐만 기다려 주십시오, 거처를 조사해 볼 테니까요."

"하나는 내 아내요. 난 아내를 만나러 여기 온 거요."

"그리고 또 하나는 제 마누라고요."

"농담이 아니오."

"쓸데없이 농담해서 죄송합니다. 모르고 그랬습니다."

그는 밖으로 나가더니 꽤 오랫동안 돌아오지 않았다. 나는 올리브 열매와 소금에 절인 아몬드와 얇게 썬 감자를 먹으면서, 카운터 뒤에 있는 거울에 비친 평복 차림의 내 모습을 들여다보았다. 바텐더가 다시 돌아왔다.

"그 부인들은 근처의 조그마한 호텔에 묵고 계십니다."

"샌드위치 좀 먹을 수 있겠소?"

"시켜다 드리죠. 보시다시피 여긴 아무것도 없습니다. 손님이 없으니까요."

"정말 손님이 한 사람도 없소?"

"아뇨, 몇 분 계시긴 해요."

샌드위치가 와서 세 쪽을 먹고 마티니를 두 잔 더 마셨다. 이처럼 시원하고 산뜻한 맛은 난생처음인 듯했다. 덕택에 문명인이 된 것 같은 기분이 들었다. 지금까지 나는 적포도주와 빵과 치즈와 맛없는 커피와 그라파 등으로 그만 진절머리가 나 있었던 것이다. 나는 기분이 좋은 마호가니와 놋쇠와 거울 앞에서 높은 의자에 걸터앉은 채 아무것도 생각하지 않았다. 바텐더가 나에게 뭐라고 질문했다.

"전쟁 얘긴 하지 맙시다."

이제 전쟁은 나와는 관계가 먼 것이 되어 버렸다. 혹은 전쟁 같은 것은 전혀 없었는지도 모른다. 나에게 전쟁은 이미 끝난 것으로 생각되었다. 그러나 정말로 끝났다는 느낌은 없었다. 학교를 빼먹고 있으면서 지금쯤 학교에서 무엇을 하고 있을까 궁금해하는 소년과도 같은 기분이었다.

내가 그 바텐더가 알려 준 호텔로 갔을 때, 캐서린과 헬렌 퍼거슨은 저녁 식사를 하고 있었다. 복도에 서서 테이블에 있는 두 사람을 보았다. 캐서린의 얼굴은 다른 쪽을 보고 있어 머리칼의 선과 한쪽 뺨, 그리고 귀여운 목과 어깨가 보였다. 퍼거슨이 무슨 이야기를 하고 있었다. 내가 들어가자 그녀는 하던 이야기를 뚝 그쳤다.

"아니 이게 누구예요?"

"안녕하십니까?"

"아아, 당신!" 캐서린이었다. 그녀의 얼굴이 금방 밝아졌다. 너무도 기뻐서 믿어지지 않는다는 표정이었다. 나는 그녀에게 키스했다. 캐서린은 얼굴을 붉혔고 나는 테이블 앞에 앉았다.

"당신은 정말 어쩔 수 없는 분이군요." 퍼거슨이 말했다. "뭘 하고 계세요, 이런 데서? 아침은 드셨어요?"

"아뇨."

음식을 나르는 소녀가 들어왔으므로, 내게도 먹을 것을 갖다 달라고 했다. 캐서린은 내게서 시선을 떼지 않았는데, 그 눈에는 행복이 어려 있었다.

"뭘 하고 계세요, 평복을 입으시고?" 퍼거슨이 물었다.

"나는 각료(閣僚)가 되었답니다."

"딱한 처지에 계신가 보군요, 지금?"

"기운을 내요, 퍼기. 그러지 말고 좀 기운을 내요."

"선생님을 만났다고 해서 기운이 나진 않아요. 선생님은 이 애를 난처하게 만들었어요. 당신을 만났다고 해서 기운이 난다든가 하는 그런 건 무리예요."

캐서린이 나에게 미소를 던지며 테이블 밑에서 발로 가만히 나를 툭 쳤다.

"날 난처한 처지로 끌어넣은 사람은 아무도 없어, 퍼기. 모두 내 책임이지."

"난 이분을 그대로 둘 순 없어. 이분은 비겁한 이탈리아식 술책으로 너를 타락시키고 만 거야. 미국 사람은 이탈리아 사람보다도 악질이야."

"스코틀랜드 사람은 물론 도덕적인 국민이니까." 캐서린이 말했다.

"그런 뜻이 아냐. 난 이분의 이탈리아식 비겁함을 말하고 있는 거야."

"내가 교활하단 말이죠, 퍼기?"

"물론이에요. 그보다 더 나빠요. 당신은 구렁이 같아요. 이탈리아군복을 입은 구렁이, 목덜미에 망토를 두른."

"난 이탈리아군복을 벗었잖소."

"그것 또한 당신이 비겁하다는 증거가 아닌가요. 당신은 여름내 연애를 하여, 이 아이를 임신시켜 놓고는 이젠 몰래 도망가려는 거죠?"

나는 캐서린에게 미소를 던졌고, 그녀도 미소로 받았다.

"우리 둘이서 함께 도망가려고 하는데 뭐." 캐서린이 대꾸했다.

"둘 다 똑같아. 캐서린 버클리, 넌 세상 부끄러운 것도 모르고, 수치도 체면도 모르는구나. 너 역시 이분과 똑같이 비겁해."

"그만해, 퍼기." 캐서린은 퍼거슨의 손을 가볍게 때렸다. "날 비난하지 마. 우린 서로 마음이 통하는 사이잖아."

"손 치워." 퍼거슨의 얼굴이 금세 새빨개졌다. "네가 조금이라도 자존심이 있으면 이렇게는 안 됐겠지. 그런데 넌 임신한 지 몇 달이나 됐는지 모르겠지만, 자기를 속인 남자가 돌아왔다고 해서, 그걸 하찮은 것으로 여기고 좋아서 생글대고만 있구나. 넌 자존심도 없으니까." 그녀는 울기 시작했다. 캐서린은 옆으로 가서 퍼거슨의 어깨를 감쌌다. 퍼거슨을 위로하는 그녀의 몸에는 눈에 띌 만한 변화는 보이지 않았다.

"난 아무래도 좋아." 퍼거슨은 흑흑 흐느꼈다. "그러나 무서운 일 같아."

"자, 자, 그만해, 퍼기." 캐서린은 달랬다. "내가 부끄러워지잖아. 울지 마, 퍼기. 울지 마."

"울긴 누가 울어?" 퍼거슨은 훌쩍거렸다. "난 우는 게 아냐. 다만 네가 무서운 함정에 빠지고 말았기 때문에, 그래서……." 그러고 나서 나를 쳐다보며 말했다. "난 당신이 싫어요. 이 아이가 뭐라고 해도 난 당신이 싫어요. 에이 더러워, 미국 태생의 비겁한 이탈리아 사람!" 그녀의 눈과 코가, 울어서 빨갛게 되었다.

캐서린은 나를 보고 웃었다.

"날 껴안고 있으면서 저런 사람에게 웃고 있구나, 넌?"

"넌 철부지야, 퍼기."

"알아." 퍼거슨은 흐느꼈다. "당신들 둘 다 내 참견은 말아요. 난 이제 머리가 뒤죽박죽이야. 제정신이 아냐. 그건 나도 알고 있어. 난 당신들 두 분이 행복하기를 빌어요."

"우리는 행복해. 넌 좋은 사람이야, 퍼기."

퍼거슨은 또 울기 시작했다. "난 당신들에게 지금 그런 행복을 바라는 게 아냐. 왜 결혼하지 않는 거야? 설마 당신에게 부인이 있는 건 아니겠죠?"

"천만에." 그 말을 듣고 캐서린이 웃었다.

"웃을 일이 아냐. 다른 데다 부인을 숨겨 둔 사람이 얼마나 많은데."

"우리 곧 결혼할 거야, 퍼기, 네가 기뻐해 준다면."

"내가 기뻐해 주는 것이 문제가 아냐. 당연히 결혼해야 해."

"둘 다 여러 가지로 바빴었어."

"그래, 알아. 아이를 만드느라 바빴겠지." 나는 그녀가 또 울지나 않을까 하고 생각했으나, 이번에는 비통한 표정을 지었다. "넌 오늘 밤 이분과 함께 떠나겠구나?"

"그래, 이분이 그러길 바란다면."

"난 어떡하고?"

"여기 너 혼자 남는 게 걱정되니?"

"응, 그래."

"그럼 나, 너와 함께 여기 있지 뭐."

"안 돼, 넌 이분과 함께 가. 빨리 이분을 따라가. 당신들을 보고 있으면 자꾸만 기분이 나빠져."

"자, 저녁 식사나 마치자고."

"그만둬. 어서 가라고."

"퍼기, 그런 철부지 짓은 그만둬."

"빨리 가 버리라니까. 둘 다 가 버려."

"그럼 갑시다." 나는 그만 퍼기 때문에 기분이 나빠졌다.

"넌 가고 싶지? 날 버리고, 식사까지도 혼자 하라고 내버리고 가고 싶지? 난 그전부터 이탈리아의 호수를 보는 것이 꿈이었는데 이렇게 되고 말았으니, 나는 어쩌면 좋을까 아아." 그녀는 흐느끼다가, 캐서린을 쳐다보더니 울음을 그쳤다.

"우리 저녁 식사가 끝날 때까진 여기 있을 거야. 만일 네가 날더러 있어 달라고 하면, 널 혼자 남겨 놓고 가진 않을게. 널 혼자 남겨 놓고 가진 않아, 퍼기."

"아냐, 아냐. 난 네가 가길 바라. 가기를 바란다니까." 그녀는 눈물을 훔쳤다. "나 너무 흥분했나 봐. 제발 나한테 신경쓰지 마."

음식을 나르는 소녀는 울고불고하는 이 소동에 그만 어리둥절해 했다. 이제 다음 음식을 가지고 왔을 때는, 형세가 꽤 호전되었으므로 한결 마음이 놓인 모양이었다.

호텔에서의 그날 밤, 방 밖의 긴 복도는 사람 그림자 하나 없고, 두툼한 융단이 깔린 마룻바닥엔 우리 두 사람의 신이 놓여 있다. 창밖엔 비가 내렸지만 방 안은 밝고 즐겁고 쾌활하다. 조금 있다가 불을 끈다. 반들반들한 시트와 안락한 침대에서 가슴이 두근거린다. 집으로 돌아온 듯한 기분이었다. 밤중에 갑자기 잠에서 깨어나도 상대가 아무 데도 가지 않고 옆에 있음을 확인하곤 이젠 혼자가 아니라는 느낌이었다. 그 밖의 것은 모두 비현실적이었다. 우리는 피곤해지면 자고, 하나가 잠을 깨면 또 하나도 잠을 깨서 외롭지 않았다. 가끔 남자는 혼자 있고 싶다는 생각이 들 때가 있고, 여자도 또한 그렇게 생각할 때가 있다. 서로 사랑하는 경우에는 그러한 기분을 서로 질투하는데, 그러나 우리의 경우에는 그러한 질투는 느끼지 않았다고 솔직히 말할 수 있다. 우리는 둘이서 함께 있을 때에만 다른 사람들에 대해서 고독함을 느낄 수 있었다. 나는 예전에 그러한 기분을 한 번 느낀 적이 있었다. 젊은 여자들 틈에 끼어 있을 때 고독을 느낀 적이 있었는데, 사람은 그런 때가 제일 쓸쓸한 것이다. 하지만 우리는 둘이서 같이 있으면 결코 외롭지도 불안하지도 않았다.

나는 밤이 낮과 같지 않음을 알고 있다. 완전히 달라서 밤에 겪은 것은 낮에 설명할 수가 없다. 왜냐하면 그러한 것은 낮에는 존재하지 않기 때문이다. 고독한 사람이 고독에 휩쓸리게 되면 밤이야말로 무섭다. 그러나 캐서린과 함께 있으면 밤도 거의 낮과 다름이 없다. 다른 것이 있다면, 단지 밤이 더 유쾌했다는 것뿐이다. 사람이 너무 지나친 용기를 가지고 이 세상을 대하면, 세상은 그런 사람을 때려 부수기 위해 죽여 버리려 하고 실제로 죽여 버린다. 이 세상은 그러한 모든 인간을 때려 부수고 만다. 그러나 많은 인간은 그 얻어맞은 장소에서 도리어 더 강해지는 것이다. 하지만 제아무리 해도 때려 부서지지 않은 인간은 세상이 기어이 죽이고야 만다. 아주 착한 사람, 아주 순진한 사람, 아주 용감한 사람 할 것 없이 모조리 죽여 버리는 것이다. 그 어느 것에 속해 있지 않더라도 세상이 죽여 버리는 것은 확실하지만, 다만 서두르지 않을 뿐이다.

나는 다음날 아침 눈떴을 때의 일을 기억한다. 캐서린은 아직 자고 있고, 창문으로는 햇빛이 들어오고 있었다. 비는 그쳤다. 나는 침대에서 일어나 방을 가로질러 창가로 갔다. 지금은 나뭇잎이 다 떨어졌지만, 전체적으로 아름답게 정돈되어 있었다. 자갈이 깔린 좁은 길, 여러 나무들, 호반의 돌담. 호수는 햇빛에 반짝이고, 저 멀리 산이 연이어 솟아 있는 것이 보였다. 나는 밖을 내다보면서 창가에 서 있었는데, 뒤돌아보니 캐서린이 눈을 뜨고 물끄러미 나를 쳐다보고 있었다.

"기분은 어떠세요?" 그녀가 먼저 입을 열었다. "참 좋은 날이죠?"

"당신 기분은 어떻소?"

"아주 좋아요. 어젯밤은 참 좋은 밤이었죠?"

"아침 식사는 어떻게?"

그녀는 아침 식사 생각이 간절했다. 나도 마찬가지였다. 11월의 햇빛이 창가에서 새어 들어오는 방 침대에서, 아침 식사가 든 쟁반을 내 무릎 위에 올려놓고 우리는 먹기 시작했다.

"신문 안 보세요? 병원에 계실 땐 늘 신문을 찾으시더니."

"싫어, 이젠 보기 싫어."

"신문도 보기 싫을 만큼 참혹한 전투였나요?"

"전쟁에 대한 애긴 읽기 싫어."

"나도 같이 갔으면 좋았을걸. 그러면 나도 알았을 테니까요."

"머릿속에서 다 정리가 되면 그때 애길 해주지."

"하지만 군복을 안 입었으니 체포되지 않을지도 몰라요."

"분명 총살이겠지."

"그러면 우리 여기 이렇게 있을 순 없잖아요? 국외로 나가요."

"나도 그렇게 생각했었소."

"국외로 도망가요. 쓸데없는 요행을 바라고 있을 순 없잖아요. 당신 메스트레에서 밀라노까지 어떻게 오셨어요?"

"기차로 왔지. 그땐 아직 군복을 입고 있었고."

"그땐 위험하지 않았어요?"

"그리 위험하진 않았어. 난 오래된 이동 명령서를 가지고 있었어. 메스트레에서 그 명령서의 날짜를 고쳐 썼지."

"그러나 여기 있다간 언제 체포될지 몰라요. 난 그런 꼴 못 봐요. 그렇게 되는 건 참 바보짓이에요. 만약 당신이 체포된다면 우린 어떻게 되는 거죠?"

"그런 거 생각하지 맙시다. 그런 거 생각하기 싫단 말이야."

"당신 어떻게 할 작정이세요, 만일 체포하러 오면?"

"당장 놈들을 쏴 죽이지."

"저 봐, 저런 바보 같은 소리만 하시지. 같이 여길 떠날 때까지 난 당신을 호텔 밖으로 안 내보낼래요."

"그럼 도대체 어디로 간단 말이야?"

"제발 그런 식으로 얘기하지 마세요. 어디든 당신이 원하는 데로 따라갈래요. 그러니 어디로 갈 것인지 그거나 빨리 생각하세요."

"저 호수를 따라 내려가면 스위스가 나올 테니까, 거기라면 갈 수 있겠지."

"그거 좋겠네요."

바깥은 구름이 낮아지면서 호수도 점점 어두워졌다.

"우린 늘 죄인처럼 살지 않길 바랐는데."

"그렇게 생각하지 말아요. 당신은 지금껏 죄인처럼 살아오진 않았잖아요. 그리고 앞으로도 우린 결코 죄인처럼 살지 않을 거예요. 즐겁게 살 거예요."

"나는 암만 해도 죄인 같은 생각이 들어. 난 군대를 탈주했으니까."

"침착하세요. 당신은 군대를 탈주한 게 아녜요. 이탈리아 군대잖아요."

나는 웃었다.

"당신은 좋은 여자야. 자, 한 번 더 침대로 들어가면 기분도 좋아질 거야."

잠시 뒤에 캐서린이 말했다.

"이제 죄인 같은 기분 없어졌죠?"

"응, 당신과 같이 있으면 그런 기분 전혀 안 들어."

"당신도 참 바보 같으셔. 하지만 내가 돌봐 드릴게요. 나 입덧도 하지 않아요. 정말 대단하지 않아요?"

"정말 대단한데."

"당신은 자신이 얼마나 훌륭한 아내를 두었는지 모르고 계세요. 그러나 난 괜찮아요. 나는 당신이 체포되지 않을 만한 곳으로 당신을 데리고 갈 거예요. 그러면 둘이서 행복하게 살 수 있을 거예요."

"곧 그리로 갑시다."

"가요. 난 당신만 좋으시다면 언제든지, 어디로든지 갈 거예요."

"쓸데없는 일은 더 이상 생각하지 말기로 해."

"네, 그래요."

35

캐서린은 퍼거슨을 만나러 호숫가를 따라 조그마한 호텔로 갔고, 나는 바에 앉아 신문을 읽었다. 바에는 꽤 편한 가죽 의자가 있었다. 그중 한 의자에 앉아 바텐더가 들어올 때까지 신문을 탐독했다. 이탈리아군은 탈리아멘토 강에서도 적을 막아내지 못하고 피아베 강(이탈리아 북부에 있는 강)까지 후퇴하는 중이었다. 나는 피아베 강을 알고 있었다. 산 도나(San Dona) 부근에서 철도가 이 강을 건넌 다음 전선(戰線)으로 통해 있었다. 이 근처는 흐름이 깊고 완만하여 강폭도 꽤 좁다. 거기서 하류로 내려가면 모기 떼가 득실거리는 늪과 운하가 있다. 그리고 아담한 별장도 몇 채 있다. 언젠가 전쟁 전에 코르티나 담페초에 가서 이 강을 따라 구릉 사이를 몇 시간 걸었던 적이 있었다. 그 계류(溪流)로 오자, 송어가 사는 계류처럼 바위 그늘 아래에 기다란 여울과 조그마한 웅덩이를 이루며 물살이 쏜살같이 흐르고 있었다. 카도레에서 도로는 강과 멀어졌다. 나는 그 상류까지 올라갔던 군대가 무엇 때문에 내려와야 하나 하고 이상하게 생각했다. 바텐더가 들어왔다.

"그레피 백작이 만나고 싶어 하십니다."

"누구요?"

"그레피 백작 말이에요. 전에 오셨을 적에 여기 묵고 계시던 노인분 생각나지 않습니까?"

"그 양반, 지금 여기 묵고 계십니까?"

"네, 조카딸과 같이 계십니다. 선생이 오셨다는 얘길 했더니, 당구를 치고 싶다고 그러시던데요."

"지금 어디 계십니까?"

"산책 중이십니다."

"지금도 정정하십니까?"

"전보다도 더 젊어지셨죠. 어제는 저녁 식사 전에 샴페인 칵테일을 세 잔이나 하시더군요."

"당구 솜씨는 여전합니까?"

"잘하십니다. 저보다 낫습니다. 선생이 여기에 묵으신다고 전했더니 아주 기뻐하시던데요. 여긴 그분과 맞붙을 수 있는 사람이 한 사람도 없답니다."

그레피 백작은 아흔네 살이었다. 메테르니히(^{1773~1859,} ^{오스트리아의 정치가})와 동시대 사람으로 흰 머리칼과 콧수염을 지닌, 몸가짐이 단정한 노인이었다. 오스트리아와 이탈리아 양국의 외교관을 역임한 분으로, 그의 생일 파티는 밀라노의 사교계에서도 비중 있는 연중 행사로 치러졌다. 백 살까지 사는 것도 아주 당연하게 보이고, 그 나이에도 당구 솜씨가 매우 훌륭했다. 나는 전에 한번 철지난 스트레사에 머물고 있을 때 이 노인을 만나 함께 당구를 치면서 샴페인을 마신 적이 있었다. 이것은 좋은 습관이라고 생각했다. 그는 백에 15의 핸디캡을 놓고서도 나를 이겼었다.

"왜 그분이 여기 와 계시다는 걸 내게 얘기 안 했소?"

"깜박 잊었습니다."

"그 밖에 또 누가 있습니까?"

"지금 여긴 여섯 분이 묵고 계시는데, 그분 말고는 모두 모르시는 분입니다."

"지금 무슨 할 일이 있습니까?"

"아무 일도 없습니다."

"그럼 우리 낚시나 같이 할까요?"

"한 시간 정도라면 모시고 가죠."

"그럼 갑시다. 낚시 도구를 가지고 오시오."

바텐더는 윗옷을 입었다. 우리는 밖으로 나왔다. 둑으로 내려가 보트에 타고, 내가 노를 젓는 동안 바텐더는 고물에 앉아 송어 견지 낚시에 특유한, 끝에 스피너(^{날개가 물속에서 돌면서} ^{움직이게 만든 미끼})와 무거운 납덩이가 달린 낚싯줄을 떠내려 보냈다. 우리는 호숫가를 따라 배를 저어 갔다. 낚싯줄을 손에 쥔 바텐더는 가끔 그것을 휙 잡아당겼다. 호수에서 보니 스트레사는 퍽 쓸쓸했다. 벌거벗은 가로수가 줄지어 있었고, 대형 호텔과 문 닫힌 별장이 보였다. 이졸라 벨라(아름다운 섬 이라는 뜻) 쪽으로 저어 갔는데, 암벽으로 접근하자 물이 갑자기 깊어지며 경사진 암벽이 투명한 물속으로 보였다. 어부의 섬까지 저어 갔다. 해가 구름에 가려, 물은 컴컴하고 고요했는데 매우 차가웠다. 물고기가 뛰어올라 수면에 몇 개의 파문을 그리는 것이 보였지만 낚싯줄에는 걸려들지 않았다.

어부의 섬으로 곧장 저어 가자, 보트 몇 척이 섬에 끌어올려져 있고 어부들이 그물을 손질하고 있었다.

"한잔할까요?"

"그거 좋죠."

내가 보트를 방파제에 대자, 바텐더는 낚싯줄을 당겨 둘둘 사려 뱃바닥에 놓고, 스피너를 뱃전 한끝에다 걸어 놓았다. 나는 섬에 올라와서 배를 붙들어맸다. 우리는 조그만 카페로 들어가서 덮개가 없는 테이블에 앉아 베르무트를 주문했다.

"보트를 저으셔서 꽤 피곤하시죠?"

"아뇨."

"돌아갈 땐 제가 젓겠습니다."

"젓는 걸 좋아하는데요, 난."

"선생께서 낚싯줄을 잡고 계시면 행운이 따를지도 모르죠."

"좋습니다."

"전쟁은 어찌 됐습니까?"

"좋지 않습니다."

"난 전쟁에 나가지 않아도 됩니다. 그레피 백작처럼 나이가 많으니까."

"하지만 결국은 소집될지도 모르죠."

"내년엔 우리 나이 정도의 사람들도 소집되겠죠. 하지만 난 안 갑니다."

"그럼 어떻게 하실 작정인데요?"

"외국으로 가 버리죠. 전쟁엔 나가고 싶지 않습니다. 나도 한때는 전쟁으로 아비시니아에 간 적이 있습니다만, 전쟁은 딱 질색입니다. 선생께선 어떡하다 전쟁에 나가게 된 건가요?"

"나도 모르겠어요. 바보였죠."

"베르무트 한 잔 더 할까요?"

"좋죠."

돌아오는 길엔 바텐더가 저었다. 우리는 낚시질을 하면서 스트레사 너머까지 호수를 올라간 다음, 호반을 따라 내려왔다. 나는 팽팽한 낚싯줄을 손에 쥐고서 컴컴해진 11월의 호수와 쓸쓸한 호반을 바라다보고 있다가, 갑자기 스피너가 빙빙 도는 희미한 진동을 손에 느꼈다. 바텐더가 힘차게 저어서 보트가 앞으로 나갈 때마다 낚싯줄이 부들부들 떨렸다. 손이 짜릿했다. 낚싯줄이 갑자기 팽팽해지며 찌릿했으므로 휙 당겨 보았다. 파닥파닥 송어의 무게가 느껴지더니, 이내 낚싯줄이 다시 아까처럼 떨렸다. 놓쳐 버린 것이다.

"컸습니까?"

"꽤 컸는데요."

"언젠가 혼자서 낚시하러 나왔다가 이빨로 낚싯줄을 물고 있었는데, 바로 그때 고기가 물려 하마터면 입이 달아날 뻔했습니다."

"제일 좋은 방법은 다리에다 감는 거죠. 그러면 강하게 당겨도 금방 알 수 있고, 이가 없어질 염려도 없죠."

나는 물속에다 손을 담갔다. 매우 차가웠다. 우리는 이미 호텔 앞까지 와 있었다.

"나는 11시까지는 들어가야 합니다. 칵테일 시간이라서요."

"알았습니다."

나는 낚싯줄을 끌어당겨 양끝에 톱니가 달린 막대기에다 감았다. 바텐더는 암벽 사이에 있는 작은 선착장에 보트를 대고, 쇠사슬과 자물쇠로 잠가 두었다.

"보트를 쓰시고 싶을 땐 언제든지 열쇠를 드리죠."

"고맙습니다."

우리는 호텔로 들어와서 바로 갔다. 아직 이른 아침이라 한 잔 더 하고 싶지는 않았으므로 방으로 올라갔다. 하녀가 방금 청소를 끝마쳤고, 캐서린은 아직 돌아오지 않았다. 나는 침대에 드러누운 채, 아무 생각도 하지 않으려고 애를 썼다.

캐서린이 돌아오자 또다시 기분이 좋아졌다. 퍼거슨이 아래층에 와 있다고 했다. 점심을 먹으러 온 것이다.

"괜찮으시겠죠?"

"괜찮아."

"왜 그러세요, 당신?"

"몰라."

"난 알아요. 아무것도 할 일이 없는 거예요. 지금은 나밖에 없는데, 내가 외출해 버렸으니까 그렇죠."

"당신이 한 말 그대로요."

"죄송해요, 갑자기 할 일이 없어지면 기분이 우울해지겠죠."

"이전의 내 삶은 할 일이 많았으니까. 이젠 당신이 같이 있어 주지 않는다면 내가 가진 거라곤 아무것도 없소."

"하지만 이제부턴 내가 붙어 있잖아요? 나 단지 두 시간쯤 외출했을 뿐이에요. 정말 할 게 없어요?"

"바텐더와 함께 낚시를 갔었어."

"재미있으셨어요?"

"응."

"내가 옆에 없을 땐 내 생각을 해선 안 돼요."

"전선에 있을 땐 그렇게 했지. 하지만 그땐 늘 할 일이 있었단 말이야."

"할 일이 없어진 오델로로군요." 그녀가 놀려댔다.

"오델로는 흑인이오. 그리고 난 질투는 하지 않소. 다만 당신을 너무도 사랑하기 때문에 다른 것은 안중에 없는 것뿐이오."

"착한 아이가 되어서 퍼거슨에게 잘해 주세요, 네?"

"난 늘 잘했어. 그 여자가 그 모양이니까 그렇지."

"어쨌든 잘해 주세요. 생각해 보세요. 우린 가진 게 많지만, 그 앤 아무것도 없잖아요?"

"그 여자는 우리가 가진 걸 부러워하는 것 같진 않던데."

"당신은 영리하면서도 잘 모르는군요."

"알았어. 잘해 주리다."

"꼭이요. 당신은 좋은 분이시니까."

"그 여자, 식사가 끝나서도 계속 여기에 있진 않겠지?"

"아뇨, 어떻게 해서든 곧 돌려보낼게요."

"그런 다음 우린 이리 올라오기로 합시다."

"물론이죠. 당신은 내가 뭘 하고 싶어한다고 생각하세요?"

우리는 퍼거슨과 점심을 같이하러 아래층으로 내려갔다. 그녀는 호텔과 식당의 호화로움에 아주 감탄하였다. 우리는 흰 카프리주 두 병과 맛 좋은 점심을 먹었다. 그레피 백작이 식당으로 들어와서 우리에게 인사했다. 그의 조카딸이 함께 들어왔는데, 그녀는 어딘지 우리 할머니와 닮아 있었다. 내가 백작의 이야기를 캐서린과 퍼거슨에게 하니까, 퍼거슨은 여간 감탄하지 않았다. 호텔은 대단히 크고 화려하고 텅 비었지만, 식사는 훌륭했고 포도주 맛은 매우 좋았다. 결국 포도주 탓에 우리는 모두 유쾌한 기분에 젖었다. 캐서린은 더할 수 없을 만큼 유쾌해 보였다. 그녀는 매우 행복스러운 듯 보이기도 했다. 퍼거슨도 아주 쾌활해졌다. 나 자신도 퍽 기분이 좋아졌다. 점심을 마치고 나서 퍼거슨은 호텔로 돌아갔다. 그녀는 식사 뒤엔 잠시 드러누워서 쉰다고 했다.

오후 늦게, 누가 우리의 방 문을 두드렸다.

"누구십니까?"

"그레피 백작이 선생께 당구 상대가 돼 줄 수 없겠냐고 여쭤 보고 오라고 해서요."

나는 시계를 보았다. 시계는 풀어서 베개 밑에 놓아두었다.

"가셔야만 해요?" 캐서린이 속삭였다.

"갔다 올게."

시계는 4시 15분을 가리키고 있었다. 나는 큰 소리로 외쳤다.

"그레피 백작께 전해 주시오, 5시에 당구장으로 가겠다고."

5시 15분 전에 나는 캐서린에게 키스하고, 옷을 입기 위해 목욕탕으로 들어갔다. 넥타이를 매고서 거울을 들여다보니까, 양복을 입은 나는 다른 사람처럼 보였다. 잊지 말고 와이셔츠와 양말을 꼭 사야겠다.

"오래 걸려요?" 침대 속에 있는 그녀는 너무나 사랑스러웠다. "그 브러시 좀 주실래요?"

그녀가 머리칼의 무게에 못 이겨 머리칼이 전부 한쪽으로 흘러 떨어질 정도로 머리를 숙이고 머리 손질하는 것을 나는 빤히 바라보고 있었다. 밖은 캄캄하고 침대의 베개 맡에 있는 전등불이 그녀의 머리칼과 목덜미와 어깨를 비치고 있었다. 나는 걸어가서 그녀에게 키스했고, 브러시를 들고 있는 그녀의 손을 꼭 쥐었다. 그녀의 머리가 얼굴을 이쪽으로 한 채 베개 속에 가라앉아 있었다. 나는 그녀의 목덜미와 어깨에다 키스를 퍼부었다. 너무나 사랑스러워 기절할 것만 같았다.

"가기 싫은데."

"저도 보내기 싫어요."

"그러면 그만두지."

"아녜요, 갔다 오세요. 그 대신 금방 돌아오셔야 해요."

"저녁은 여기서 합시다."

"빨리 갔다 오세요."

그레피 백작은 벌써 당구장에 와 있었다. 그는 스트로크를 연습하고 있었는데, 당구대 위로 비치는 불빛에 드러난 그의 모습은 아주 약해 보였다. 전등 조금 저쪽에 있는 카드 테이블 위에는 은으로 만든 얼음통이 놓여 있었고, 얼음 위로 내민 샴페인 병의 목과 코르크가 두 개 보였다. 내가 당구대 가까이 가자 그레피 백작이 몸을 꼿꼿이 편 채 내게로 걸어왔다. 그는 손을 내밀었다.

"여기에 묵고 계시다니 정말 기쁩니다. 당구 상대를 해 주다니 대단히 고맙소."

"저야말로 불러 주셔서 정말 감사합니다."

"이젠 다 나았소? 이손조 강에서 부상을 당했다고 들었는데. 이젠 회복하셨겠지."

"이젠 아무렇지도 않습니다. 백작께선 건강하십니까?"

"아아, 나야 늘 건강하죠. 그런데 나이는 속일 수 없구려."

"믿을 수 없는데요."

"사실이오. 그 예를 하나 듣고 싶소? 이젠 나도 이탈리아 말을 쓰는 게 편해졌구려. 나로서는 쓰지 않으려고 매우 조심을 하지만, 피로해지면 역시 이탈리아 말을 쓰는 게 훨씬 편하거든. 그래서 나도 이젠 나이를 먹었구나 하는 걸 깨닫게 되지요."

"이탈리아 말로 얘기하시죠. 저도 좀 피곤하니까요."

"아아, 하지만 젊은이는 피곤할 때면 영어로 얘기하는 게 편하실 테지."

"미국어 말이죠."

"그래, 미국 말. 제발 미국 말을 사용하구려. 그건 참 듣기 좋은 언어이던데."

"전 미국 사람을 만난 적이 거의 없습니다."

"거 섭섭하시겠는데. 사람이라는 것은 같은 나라 사람, 특히 조국의 여자가 그리워지는 법이오. 나도 경험이 있어서 잘 알지요. 어디 한번 쳐 볼까요? 너무 피곤하신 건 아닌지?"

"사실은 그다지 피곤하지 않습니다. 아까는 농담이었습니다. 핸디캡은 얼마나 해주시겠습니까?"

"그 뒤로 꽤 쳐 보셨겠지?"

"전혀 치지 않았습니다."

"퍽 잘하시던데, 그래. 백에 10점을 드릴까요?"

"너무 비행기 태우지 마십시오."

"그럼 15점은?"

"좋습니다만, 그래도 제가 지겠죠."

"어디 내기를 해 볼까요? 전엔 젊은이가 늘 내기하는 걸 좋아했으니까."

"그럼, 그럴까요."

"좋소. 그럼 18점으로 하고, 1점에 1프랑이오."

백작은 능숙한 솜씨로 당구를 쳐 나갔고, 이 정도의 핸디캡이 있음에도 나는 50점에서 겨우 4점밖에 앞서지 못했다. 백작은 벽에 붙은 벨을 눌러 바텐더를 불렀다.

"한 병 따 주게." 그리고 나를 보고 말했다. "흥분제를 좀 듭시다." 샴페인은 얼음처럼 차고 대단히 독했는데 맛은 좋았다.

"어디 이탈리아 말로 얘기할까요? 그러면 젊은이한테 실례가 될까? 암만해도 이게 내 큰 결점이라서, 요샌."

우리는 당구를 치는 사이사이에 술을 조금씩 마시고, 이탈리아 말로 이야기를 주고받으면서 게임을 계속했는데, 게임에만 정신이 팔려 그다지 이야기는 하지 못했다. 그레피 백작이 100점을 돌파했을 때, 나는 핸디캡이 있음에도 겨우 94점이었다. 그는 미소를 지으며 내 어깨를 두드렸다.

"자 한 병 마시고, 전쟁담이라도 들어 볼까." 그는 내가 앉기를 기다렸다.

"다른 얘기를 하는 게 좋겠습니다."

"전쟁 얘긴 하기 싫소? 그럼 그만두시지. 젊은이는 요즘 뭘 읽으셨지?"

"아무것도 안 읽었습니다. 전 아주 멍텅구리가 되지나 않을까 걱정입니다."

"천만에! 하지만 책은 읽는 게 좋죠."

"전쟁 중에 어떤 책이 나왔습니까?"

"바르뷔스(Barbusse, Henri)라는 프랑스 작가의 《포화(砲火)》라는 책이 있습니다. 그리고 《브리틀링 씨는 알아채다》(H.G. 웰즈 의 소설)라는 책도 있고."

"천만에요, 그 사나이는 전혀 알아채지 못하던데요?"

"네?"

"그 주인공은 알아채질 못했다고요. 그 책은 병원에 있었습니다."

"그렇다면 책을 읽고 계셨군."

"네, 하지만 좋은 책은 읽지 못했습니다."

"난 브리틀링이 영국 중산 계급의 정신을 매우 훌륭히 나타내고 있다고 생각하는데."

"정신이라는 것에 관해선 전 아무것도 모릅니다."

"이런, 누구나 다 마찬가지지. 정신에 관해서 아는 사람이 어디 있겠소? 젊은이는 신을 믿나?"

"밤에만요."

그레피 백작은 미소를 지으며, 손가락으로 유리잔을 돌렸다.

"나이를 먹으면 점점 신앙이 두터워질 줄 알았는데, 웬일인지 그렇게 안 되는구려. 참 유감이지."

"백작께선 죽은 뒤에도 생을 영위하길 바라십니까?"

이런 질문을 하자마자 죽음을 입 밖에 내놓다니 실수했구나 하는 생각이 들었다. 그러나 백작은 그 말을 아무렇지도 않게 생각했다.

"그것은 어떤 삶이냐에 따라 다르겠죠. 지금 현재의 삶은 여간 유쾌하지 않습니다. 이대로 영원히 살고 싶소." 그는 미소를 지었다. "하지만 난 그만큼 산 셈이오."

우리는 깊숙이 파묻히는 가죽 의자에 앉아 있었고 샴페인은 얼음통 속에, 유리잔은 두 사람 사이에 놓인 테이블 위에 있었다.

"젊은이도 내 나이까지 살면, 여러 가지 것이 이상하게 생각될 거요."

"백작께서는 전혀 그 나이처럼 보이지 않습니다."

"나이 드는 것은 몸이요. 가끔 분필이 뚝 부러지듯 손가락이 부러지는 게 아닌가 불안하오. 정신은 나이를 먹지 않지만, 이것 이상 총명해지는 일은 없소."

"백작께선 현명하십니다."

"천만에, 그것은 큰 착오요. 나이를 먹었다고 해서 현명해진 것이 아니라, 조심성이 많아지는 것뿐이라오."

"어쩌면 그게 지혜겠죠."

"별로 탐탁지 않은 지혜지요. 젊은이는 무엇이 제일 귀중하다고 생각하고 있소?"

"사랑하는 사람입니다."

"나도 동감이오. 그건 지혜가 아니지. 젊은이는 생명을 귀중하게 생각하고 있소?"

"네."

"나도 그렇소. 왜냐하면 그게 내가 가진 전부니까. 그리고 생일 파티를 위해서도." 그는 웃었다. "젊은이가 나보다 더 현명한 것 같군그래. 자넨 생일 파티를 열지 않겠는데."

우리는 또 샴페인을 마셨다.

"백작께선 정말로 이 전쟁을 어떻게 생각하고 계십니까?" 내가 물었다.

"바보짓이라고 생각하오."

"어디가 이길까요?"

"이탈리아지."

"왜요?"

"이탈리아가 젊은 나라니까."

"젊은 나라가 늘 전쟁에 이기는 겁니까?"

"잠깐은 그렇지."

"그 뒤엔 어떻게 되죠?"

"늙은 나라가 되지."

"아까 백작께선 자기 자신을 현명하진 않다고 그러셨는데요."

"지금 말한 것은 지혜와는 별개요. 견유주의(犬儒主義)라는 거지."

"저에겐 퍽 현명하게 들리는데요."

"특별히 현명하다고 할 건 없지요. 나는 정반대의 예를 들 수도 있어요. 하지만 금방 얘기한 것도 나쁘진 않지. 샴페인은 다 떨어졌소?"

"네, 거의."

"좀더 마실까요? 그러려면 난 옷을 갈아입어야겠군."

"오늘은 이 정도로 하죠."

"정말 그만 하겠소?"

"네."

그는 일어섰다.

"언제나 행운과 행복과 건강이 함께 하길 빌겠소."

"감사합니다. 백작님도 장수하시길 빕니다."

"고맙소. 난 살 만큼 살았소. 만일 젊은이가 신앙을 갖게 된다면, 내가 죽었을 때 날 위해서 기도나 올려 주시구려. 난 친구 몇 사람에게 그렇게 해줄 것을 부탁해 두었죠. 난 나 자신이 나이가 들면 신앙심이 깊어지리라 생각했지만 거기까진 도달하지 못하고 말았소."

그는 쓸쓸하게 웃는 듯이 보였지만 한 마디로 단정지을 수는 없었다. 나이가 너무 많고 얼굴이 주름투성이라, 조금만 미소를 지어도 주름살이 잡히는 바람에 표정의 변화를 전혀 알 수가 없었다.

"저 역시도 신앙심이 두터워질지는 모르겠습니다. 어쨌든 백작님을 위해서 기도를 올려 드리죠."

"나는 늘 신앙심이 두터워지길 기대했소. 내 집안 식구는 모두가 다 독실한 신자로 죽었지요. 그런데 어쩌된 셈인지 나는 그렇게 안 되거든요."

"아직 좀 이릅니다."

"너무 늦을지도 모르지요. 어쩌면 난 너무 오래 살아서 종교심이 없어졌는지도 모르겠소."

"제 종교심은 밤에만 옵니다."

"그럼 역시 젊은이는 연애를 하고 계시는구면. 그것이 바로 종교적 감정이라는 걸 잊어선 안 됩니다."

"그렇게 생각하십니까?"

"물론이지." 백작은 당구대 앞으로 한 걸음 나섰다. "상대를 해주어 대단히 고마웠소."

"대단히 유쾌했습니다."

"같이 2층으로 올라갑시다."

36

그날 밤 폭풍우가 일고, 나는 유리창에 부딪치는 빗소리에 잠이 깨었다. 비는 열린 창으로 마구 쏟아져 들어왔다. 누군가가 문을 두드렸다. 나는 캐서린이 잠을 깰까 봐 조심조심 걸어가서 문을 열었다. 바텐더가 서 있었다. 망토를 두르고 젖은 모자를 손에 들고 있었다.

"얘기할 게 좀 있어요, 중위님."

"무슨 일이죠?"

"대단히 중대한 문제입니다."

나는 주위를 둘러보았다. 방 안은 컴컴했다. 창 틈으로 스며든 빗물이 마루에 고여 있었다. "들어와요." 그의 팔을 붙잡고 욕실로 끌고 들어갔다. 문을 걸어 잠그고 불을 켰다. 나는 욕조 가장자리에 걸터앉았다.

"웬일이오, 에밀리오? 무슨 난처한 일에라도 휘말린 거요?"

"아뇨, 내가 아니라 중위님 일입니다."

"그래요?"

"내일 아침, 선생을 체포하러 옵니다."

"나를요?"

"그걸 선생님께 알리려고 이렇게 왔습니다. 거리에 나갔다가 어떤 카페에서 그 얘길 들었습니다."

"알겠소."

윗옷은 젖어 있고, 젖은 모자를 손에 든 채 그는 가만히 서 있었다.

"왜 날 체포하려는 걸까?"

"뭐 전쟁에 관한 것 때문인가 봐요."

"당신은 그게 뭔지 알고 있소?"

"아니요. 다만 선생님이 전에 여기에 묵었을 때는 장교였는데, 이젠 군복을 입지 않고 있다는 걸 당국자들은 모두 알고 있는 것 같습니다. 이번 퇴각이 있은 뒤 당국은 누구든 마구 잡아들이고 있습니다."

나는 잠시 생각했다.

"몇 시쯤 날 체포하러 올까요?"

"내일 아침입니다. 시간은 잘 모르겠지만."

"그럼 어떡하면 좋겠소?"

그는 세면기 속에다 모자를 넣었다. 그것은 흠뻑 젖어 바닥에 물방울이 뚝 뚝 떨어지고 있었다.

"체포될 이유가 아무것도 없다면 걱정하실 게 없겠지요. 하지만 체포된다 는 것은 결코 좋은 건 아닙니다. 특히 이런 경우에는."

"난 체포되고 싶지 않소."

"그렇다면 스위스로 가시죠."

"어떻게?"

"내 보트로요."

"폭풍우가 몰아치는데?"

"폭풍은 지나갔습니다. 파도는 높지만, 괜찮을 겁니다."

"언제 떠나면 좋을까?"

"지금 당장, 어쩌면 아침 일찍 체포하러 올지도 모릅니다."

"짐은 어떡하죠?"

"바로 짐을 꾸리세요. 부인께도 준비하도록 하시고요, 짐은 제가 맡죠."

"당신은 어디 계시고?"

"여기 있죠. 복도에 있다가 누구한테라도 들키면 안 좋을 테니까요."

나는 욕실 문을 열었다가 살짝 닫은 다음 침실로 들어갔다. 캐서린이 눈을 뜨고 있었다.

"무슨 일이에요?"

"아무것도 아니오. 지금 바로 옷을 갈아입고 보트로 스위스로 가지 않겠 소?"

"당신은?"

"나는 가고 싶지 않아. 다시 침대로 들어가소 싶소."

"무슨 일이에요?"

"바텐더가 그러는데, 내일 아침 당국에서 날 체포하러 온다는 거야."

"그 바텐더 머리가 좀 돌았군요."

"천만에."

"그럼 서둘러야 하잖아요. 곧 출발할 수 있도록 준비를 해야죠."

그녀는 침대 한 귀퉁이에 일어나 앉았다. 아직 잠이 다 깬 것 같지는 않았다.

"욕실에 있는 건 그 바텐더?"

"그래."

"그럼 세수는 안 할래요. 저쪽 보세요. 금방 갈아입을 테니까."

그녀가 잠옷을 벗자 흰 잔등이 보였는데, 나는 그녀의 부탁대로 다른 곳을 보고 있었다. 그녀는 임신으로 배가 좀 불러 있었는데, 나에게 그걸 보이려고 하지 않았던 것이다. 나는 창을 두드리는 빗소리를 들으며 옷을 갈아입었다. 가방에 넣을 것은 별로 없었다.

"그 가방이 꼭 찼으면 내 가방에 얼마든지 넣어요."

"거의 다 넣었어요. 바보같이 들리겠지만, 바텐더는 왜 우리 욕실에 들어가 있어요?"

"쉬이—우리 가방을 내려다 주려고 기다리고 있는 거야."

"참 친절한 분이네요."

"나와는 퍽 오래 사귀었지. 난 전에 그 사람에게 파이프 담배를 보내 주려고 한 적도 있었어."

나는 열린 창을 통해 밖의 어둠을 내다보았다. 호수는 보이지 않고 다만 보이는 것은 어둠과 비뿐이었다. 바람은 꽤 가라앉았다.

"준비가 됐어요?"

"됐어." 나는 욕실로 갔다. "짐을 여기 놓겠소, 에밀리오." 바텐더는 두 개의 가방을 집어 들었다.

"도와주셔서 참 고마워요."

"천만에요! 아무것도 아닙니다, 부인." 에밀리오가 말했다. "전 다만 저 자신이 귀찮은 일에 걸려들지 않으려고 자진해서 도와 드리는 겁니다. 나는 이걸 종업원 전용 계단을 통해 들고 나가서 보트까지 가겠습니다. 두 분께선 산책이라도 나가는 척하고 나가십시오."

"산책하기엔 좋은 밤이네요."

"정말 날씨 한번 고약하군요."

"우산이 있어 참 잘됐어요."

우리는 복도를 지나 두꺼운 융단이 깔린 넓은 계단을 내려갔다. 계단 아래의 문 옆에는 수위가 책상에 기댄 채 앉아 있었다. 그는 우리를 보고서 깜짝 놀랐다.

"설마 외출하시려는 건 아니겠죠?"

"호숫가로 폭풍우 구경을 하러 가려 해요."

"우산은 가지고 계십니까?"

"없어도 돼요. 이 윗옷은 방수라서."

그는 의심쩍다는 듯이 내 윗옷을 쳐다보았다. "우산을 하나 가져다 드릴게요." 그는 안으로 들어가더니 큰 우산을 하나 가지고 왔다. "좀 클지도 모르지만." 나는 그에게 10리라짜리 지폐 한 장을 주었다. "아이고, 이러시지 않아도 되는데…… 정말 고맙습니다." 그는 문을 연 채 잡고 있었다. 우리는 빗속으로 나섰다. 그는 캐서린에게 미소를 지었고, 그녀도 그를 보고 생긋 미소를 지었다.

"폭풍우가 몰아치니까 너무 오래 계시진 마십시오. 완전히 젖을 테니까요, 선생님도 부인도."

그는 아직 보조 수위로, 영어로 말한다 해도 이탈리아어의 직역조(直譯調)였다.

"곧 돌아오리다."

우리는 큰 우산을 받쳐 들고 좁은 길을 걸어 비에 젖은 컴컴한 정원을 지나 거리로 나왔다. 그리고 그곳을 가로지른 다음 호숫가를 따라 나뭇가지가 덮인 오솔길로 나왔다. 이제 바람은 호수에서 바다 쪽으로 불고 있었다. 차디찬 습기를 머금은 11월의 바람으로, 이 정도라면 산간 지방에는 눈이 내리고 있을 거라고 생각했다. 선착장의 쇠사슬로 매 놓은 몇 척의 보트 옆을 지나, 바텐더의 보트가 있는 곳으로 왔다. 바위를 배경으로 하여 물은 컴컴했다. 바텐더는 쭉 늘어선 나무들 사이에서 불쑥 나타났다.

"가방은 보트 안에 놓아두었습니다."

"보트 대금을 치르고 싶은데."

"돈은 얼마나 가지고 계시는데요?"

"그다지 많진 않소."

"그럼 나중에 부쳐 주십시오. 그걸로 좋습니다."

"얼마나 하죠?"

"편하신 대로 부쳐 주십시오."

"어느 정도인지 말해 주세요."

"무사히 도착하신다면 500프랑 정도. 그쪽에 가셨다면 싼 가격이라 생각합니다만."

"알았소."

"샌드위치를 준비했습니다." 그는 나에게 꾸러미 하나를 주었다. "바에 있는 걸 전부 그대로 가지고 왔지요. 이건 브랜디고 이건 포도주고요."

나는 그것들을 가방 속에다 넣었다.

"이 값은 치르고 싶소."

"고맙습니다. 그러면 50리라만 내십시오."

나는 그에게 돈을 주었다.

"브랜디는 상등품입니다. 부인께 드려도 괜찮습니다. 부인께선 보트 안에서 잡수시는 게 좋겠습니다."

그는 보트를 눌렀다. 보트는 아래위로 흔들리면서 암벽에 부딪쳤다. 나는 캐서린을 도와 보트 안에 앉혔다. 그녀는 고물에 앉으며 망토로 몸을 감쌌다.

"방향은 아십니까?"

"북쪽으로 가는 거죠."

"얼마나 먼 지 아십니까?"

"루이노를 지나는 거 아닌가?"

"루이노, 카네로, 카노비오, 트란차노를 통과합니다. 브리사고까지 가면 스위스니까요. 타마라 산 옆을 지나야만 합니다."

"지금 몇 시예요?" 캐서린이 물었다.

"이제 11시밖에 안 됐어."

"그대로 쭉 젓고 가시면, 아침 7시엔 도착하실 수 있을 겁니다."

"그렇게 멉니까?"

"35킬로나 됩니다."

"어떻게 해서 간담? 이런 빗속에선 나침반이 필요할 텐데."

"아뇨, 우선 이졸라 벨라를 향해 저으십시오. 그러면 마드레 섬 저쪽으로 나오게 될 테니, 거기선 순풍을 이용하는 거죠. 그 다음은 바람이 저절로 팔란차까지 모셔다 드릴 겁니다. 거기 가면 불빛이 보입니다. 그 다음부터는 호수를 따라 북쪽으로 가십시오."

"바람의 방향이 바뀔지도 모르잖아요."

"천만에요. 지금 불고 있는 이 바람은 사흘 동안 이대로 붑니다. 모테로네 고원에서 정면으로 불어 내려오는 바람입니다. 물을 퍼낼 수 있도록 깡통을 하나 넣어 뒀습니다."

"지금 보트 값을 조금이라도 치르고 싶소."

"아닙니다. 나도 한번 운수를 시험해 볼 생각입니다. 무사히 도착하시는 날엔 톡톡히 받겠습니다."

"좋습니다."

"두 분이 물에 빠질 염려는 없을 것 같습니다."

"그건 고맙소."

"순풍을 타고서 호수를 따라 북쪽으로 쭉 올라가십시오."

"알았소."

나는 보트에 올라탔다.

"호텔 객실료는 놓고 오셨습니까?"

"네, 봉투에 넣어서 방에 놓고 왔소."

"잘하셨습니다. 그럼 행운을 빌겠습니다, 중위님."

"안녕히 계시오. 여러 가지로 고맙소."

"물에 빠지면 그다지 고맙지도 않겠죠."

"저 사람 뭐라고 그래요?" 캐서린이 물었다.

"잘 가라고 그러는 거요."

"안녕히 계세요." 캐서린도 한마디 했다. "정말 고마워요."

"됐습니까?"

"그렇소."

그는 허리를 굽혀 보트를 밀었다. 나는 노를 물속에 깊이 틀어박고는 한 손을 흔들었다. 바텐더는 그러지 말라는 시늉으로 손을 흔들어 이에 답했다. 호텔의 전등불을 보면서 저어 나갔는데, 그 불빛이 보이지 않을 때까지 똑바로 저어 나갔다. 파도는 꽤 높았지만 우리는 바람을 타고 앞으로 앞으로 나아갔다.

37

바람을 얼굴에 받으며 나는 어둠 속을 저어 나갔다. 비는 이미 그쳤지만, 가끔가다가 강한 바람과 함께 갑자기 쏟아지기도 했다. 주위는 컴컴했고 바람은 차가웠다. 고물에 앉아 있는 캐서린은 보였지만, 노 끝에 부딪치는 물은 보이지 않았다. 기다란 노에는 미끄럼을 막는 가죽이 붙어 있지 않았다. 획 끌어당겼다가는 쳐들고, 허리를 굽히고는 수면을 찾아서 틀어박고는 다시 끌어당기며, 되도록 힘을 들이지 않고 저었다. 바람을 등지고 있어, 노를 뺄 때도 수평으로 뽑지는 않았다. 손에 물집이 생길 것은 알고 있었지만 될 수 있는 대로 지연시키고 싶었다. 보트가 가벼워서 젓는 것도 그다지 힘들지 않았다. 컴컴한 호면을 저어 나갔다. 주위가 잘 보이진 않았지만, 조금만 있으면 팔란차 옆을 지나게 되리라고 은근히 기대했다.

그러나 팔란차는 보이지 않았다. 바람은 호면으로 불어오고 있었다. 어둠에 싸인 채 팔란차를 감추고 있는 갑(岬)을 지났는데, 마을의 불빛은 하나도 보이지 않았다. 그러는 동안 겨우 호수 저쪽에 깜박거리는 불빛이 보여 가까이 다가가 보니 인트라였다. 오랫동안 우리는 한 점의 불빛도 보지 못하고 호반도 보지 못한 채, 다만 파도를 타고 어둠 속을 그냥 꾸준히 저어 나갔다. 가끔 파도가 보트를 추켜올려 어둠 속에서 나는 헛노질을 하기도 했다. 물결은 꽤 거칠었지만, 나는 쉬지 않고 계속 저었다. 그러는 동안 갑자기 보트가 육지에 접근하여, 좌우에 까마득하게 솟아 있는 바위 모서리에 부딪칠 뻔했다. 파도는 바위를 삼킬 듯 바위에 철썩 부딪쳐 높이 솟아올랐다가 다시 쏴 하고 떨어졌다. 나는 온 힘을 다해 오른쪽 노를 잡아당기고 왼쪽 노를 뒤로 늦춰 겨우 다시 호수 한가운데로 나왔다. 갑은 이제 보이지 않았다. 우리는 앞으로 호수를 저어 올라갔다.

"우리는 지금 호수를 건너고 있는 거요." 내가 캐서린에게 말했다.

"팔란차를 봤어야 됐잖아요?"

"그만 지나쳐 버렸나봐."

"당신은 괜찮으세요?"

"괜찮아."

"나도 저을 수 있을 것 같아요, 조금은."

"아냐, 괜찮아."

"퍼거슨이 가엾어요. 아침이 되어 그 애가 호텔에 와 보면 우리가 없어졌을 테니까요."

"그런 걸 걱정할 게 아니야. 그것보다는 날이 새기 전에 세관 감시원들에게 들키지 않고 스위스령(領)으로 들어설 수 있을지 그게 더 걱정이지."

"아직 멀었나요?"

"여기서부터 30킬로쯤."

나는 밤새도록 저었다. 결국 양손 껍질이 벗겨져 노를 쥘 수도 없을 지경이 되었다. 몇 번이고 육지에 부딪쳐 배가 뒤집힐 뻔했다. 호수 위에서 방향을 잃고 시간을 낭비할 것이 두려워 호반을 따라 저어 갔기 때문이다. 때로는 너무 접근해서, 산을 배경으로 호반을 따라 쭉 뻗쳐 있는 도로와 가로수가 보일 때도 있었다. 비는 그쳤다. 바람이 구름을 쫓아 버려 달빛이 새어 나왔으므로, 뒤돌아보니 카스타놀라의 길고 컴컴한 갑과 흰 파도를 일으키는 호수, 그리고 그 너머에 눈을 이고 있는 높은 산에 걸린 달이 보였다. 이내 또 구름이 달을 가로막아, 산도 호수도 보이지 않게 되었다. 그러나 아까보다는 훨씬 밝아져서 호반이 보였다. 너무도 똑똑히 보였으므로, 팔란차 도로에 세관 감시원이 나와 있어도 들키지 않을 만큼 보트를 호수 한가운데까지 끌고 나왔다. 또다시 달이 얼굴을 내놓았다. 그러자 호반의 산중턱에 있는 흰 별장 몇 채와 나무 사이로 난 흰 도로가 보였다. 그러는 동안에도 나는 쉬지 않고 노를 저었다.

호수의 폭이 넓어지면서 호수 건너편 산기슭에 불빛이 여기저기 보였다. 루이노일 것이다. 저쪽 호반의 산과 산 사이에 쐐기 모양의 협곡이 보였다. 거기가 루이노일 것이라고 생각했다. 그렇다면 꽤 잘 온 셈이었다. 나는 노를 끌어올려 놓고 자리 위에 벌렁 드러누웠다. 피로가 몰려왔다. 두 팔과 어깨와 잔등이 매우 쑤셨고, 두 손은 쓰라렸다.

"제가 우산을 펴 들고 있을게요." 캐서린이 말했다. "그걸로 바람을 받아 나아갈 수 있겠죠."

"당신 키를 잡을 수 있겠소?"

"잡을 수 있을 것 같아요."

"그럼 이 노를 들어 팔 아래 끼고, 꼭 뱃전에 대고는 키를 잡아 보오. 우산은 내가 들고 있을 테니까."

나는 고물로 가서 그녀에게 키를 잡는 방법을 가르쳐 주었다. 나는 수위가 준 우산을 들고, 이물을 향해 앉아 그것을 폈다. 우산은 딸각하는 소리를 내며 펴졌다. 우산 자루를 자리에다 걸고 그 위에 타고 앉아서 우산 양끝을 꼭 붙잡았다. 우산은 바람을 잔뜩 받았다. 온몸의 힘을 다해 양끝을 잡고 있자니까, 보트는 빨려 들어가듯 앞으로 나갔다. 보트는 빠르게 마구 달렸다.

"참 거침없이 빨리 달리네요." 캐서린은 좋아했다. 나는 우산살밖엔 볼 수가 없었다. 우산은 팽팽히 당겨졌고 보트가 쭉쭉 나가는 것이 느껴졌다. 나는 두 다리로 버티고는 우산을 들고 있었다. 그때 갑자기 우산이 비틀어지더니 우산살이 하나 탁하고 부러져서 이마로 튀는 것을 느꼈다. 나는 바람이 불어 구부러지려는 우산 꼭대기를 붙잡으려고 했다. 그러자 거의 우산 전체가 이상한 모양으로 비뚤어지며 뒤집히고 말았다. 바람을 잔뜩 받고서 뒤집히고 찢어진 우산을 타고 앉은 꼴이 되었다. 나는 우산 자루를 뽑아서 우산을 이물에다 놓고는 캐서린에게로 노를 받으러 갔다. 그녀는 큰 소리로 웃었다. 내 손을 잡고 계속해서 웃었다.

"왜 그래?" 나는 노를 집어 들었다.

"우산을 붙잡고 있는 당신 꼴이 하도 우습게 보여서요."

"그럴 테지."

"화내지 마세요. 정말로 재밌었으니까. 당신 몸이 20피트나 폭이 넓어진 것처럼 보였고, 그리고 보물단지나 되는 것처럼 우산 양끝을 꼭 붙잡고 있는 꼴이란……." 그녀는 숨이 막혔다.

"또 노를 저어야지."

"한잔하면서 좀 쉬세요. 굉장한 밤이에요. 그리고 우리 꽤 왔잖아요."

"보트가 파도에 휩쓸리지 않도록 해야 해."

"마실 걸 드릴게요. 좀 쉬세요."

나는 노를 세웠다. 그 노에 바람이 부딪쳐 보트는 앞으로 나갔다. 캐서린은 가방에서 브랜디를 꺼내 나에게 주었다. 나는 칼로 코르크 마개를 뜯고서 단숨에 쭉 들이켰다. 혀에 닿는 감촉이 부드러우면서도 뜨거웠다. 온몸이 훅 달아올랐다. 몸이 후끈후끈해지며 힘이 생겼다. "좋은 브랜디로군." 내가 말했다. 달은 또 가려졌지만 호반이 보였다. 앞에는 또 하나의 갑이 길게 호수 한가운데로 뻗쳐 나와 있는 듯했다.

"춥지 않소, 캣?"

"괜찮아요. 단지 몸이 좀 뻣뻣해졌을 뿐이에요."

"그 물을 좀 퍼내구려. 그러면 발을 뻗을 수 있을 테니."

나는 또다시 젓기 시작했다. 노걸이가 삐걱거리는 소리와, 자리 밑에 깡통을 처박아 배에 들어온 물을 퍼내는 소리에 귀를 기울였다.

"그 깡통을 이리 줘요. 물을 좀 떠먹게."

"몹시 더러운데요."

"괜찮아. 헹구면 되지 뭐."

캐서린이 뱃전 너머로 그걸 헹구는 소리가 들렸다. 그녀는 깡통에다 물을 가득 떠서 나에게 주었다. 브랜디를 마셔서 몹시 목이 말랐다. 물은 얼음처럼 찼다. 너무도 차서 이가 시렸다. 나는 호반을 바라다보았다. 긴 갑에 거의 다가갔다. 저쪽 만(灣)에 불빛이 보였다.

"고맙소." 이렇게 말하고 나는 깡통을 돌려주었다.

"원하시면 언제든지 떠 드리죠. 얼마든지 있으니까요."

"뭐 좀 먹고 싶지 않소?"

"괜찮아요. 하지만 곧 배가 고파질 테죠. 그때까지 남겨둬요."

"알았소."

앞에 갑처럼 보인 것은 길고 높다란 육지가 호수로 튀어나온 한 부분이었다. 나는 그것을 돌아가기 위해 호수 한가운데로 나왔다. 호수는 이제 퍽 좁아졌다. 달이 또 얼굴을 내밀었다. 만일 세관 감시원이 순찰 중이었다면 우리의 보트는 수면에 시꺼멓게 보였을 것이다.

"기분이 어때, 캣?"

"괜찮아요. 여기가 어디쯤 되죠?"

"국경까지 8마일 이상은 안 남은 것 같은데."

"아직도 저어야 할 길이 많이 남았어요. 당신 몸이 말을 듣지 않아요, 이젠?"

"아냐, 괜찮아. 손이 따끔따끔하고 얼얼할 따름이야."

우리는 더욱 앞으로 저어 나갔다. 오른쪽 호반의 산에 틈이 나 있고, 그것이 물가까지 평평히 넓게 뻗쳐 있었다. 틀림없이 그게 카노비오려니 하고 생각했다. 나는 거기서부터 보트를 호수 가운데로 몰며 저어갔다. 이 근처서부터 감시원에게 들킬 위험이 제일 많기 때문이었다. 저 멀리 앞에 보이는 왼쪽 둑에 둥근 지붕을 덮어 놓은 듯한 모양의 높은 산이 있었다. 나는 기진맥진했다. 노를 저을 거리가 그다지 먼 것은 아니었지만, 몸 상태가 좋지 않을 때는 여간 멀게 생각되는 것이 아니다. 스위스에 이르려면 아직도 저 산을 넘어, 적어도 5마일은 올라가야 하는 것은 알고 있었다. 달은 거의 가라앉았다. 완전히 가라앉기 전에 하늘은 다시 한 번 흐려졌고, 사방이 몹시 컴컴해졌다. 호숫가로 나와 잠시 저은 뒤에 노를 세워서 손을 쉬고는 바람이 노의 날에 불도록 내버려 두었다.

"제가 조금 저을 테니 이리 주세요."

"안 돼."

"괜찮아요. 도리어 몸에 좋아요. 몸이 굳어지지 않을지도 몰라요."

"그런 일 하지 않는 게 당신에겐 좋을 텐데."

"쓸데없는 소리 마세요. 적당하게 젓는 건 임산부 건강을 위해서도 좋아요."

"알았소. 그럼, 무리하지 말고 조금만 저어 보오. 난 뒤로 갈 테니까 당신은 이리 오고. 양쪽 뱃전을 꼭 붙잡고."

나는 고물에 앉아서 윗옷을 입고 깃을 세운 다음 캐서린이 노 젓는 것을 쳐다보고 있었다. 썩 잘 젓고 있었지만 노가 길어서 고생하고 있었다. 나는 가방을 열고 샌드위치를 두 조각 꺼내 먹은 다음 브랜디를 한 모금 마셨다. 그랬더니 기분이 한결 좋아졌다. 한 모금 더 마셨다.

"피곤하면 말해." 이렇게 소리를 지르고 나서 잠시 뒤에 말했다. "노가 복부에 닿지 않도록 조심해."

"만일 그렇게 되면." 캐서린은 노를 저으면서 말했다. "인생이 보다 간단해질 텐데요."

나는 다시 브랜디를 마셨다.

"어떻소, 기분은?"

"좋아요."

"바꾸고 싶으면 말해."

"알았어요."

나는 다시 브랜디를 한 모금 마시고 나서, 보트 뱃전을 붙잡고 앞으로 나왔다.

"괜찮아요. 이렇게 잘 젓고 있잖아요."

"난 실컷 쉬었으니까, 이젠 당신이 고물로 가서 쉬어."

잠시 브랜디의 힘으로 손쉽게 쉬지 않고 저었다. 그러는 동안 젓고 있는 노가 헛돌기 시작했다. 브랜디를 마신 직후에 너무도 열심히 저었는지 신트림이 꺽 올라왔다.

"물 한 잔 줘."

"어렵지 않죠."

먼동이 트기 전에 이슬비가 내렸다. 바람은 그쳤다. 혹시 호수가 휘어진 근처에 접한 산 때문에 바람이 막혔는지도 모른다. 먼동이 트기 시작했다는 것을 알자, 나는 더욱 열심히 저었다. 이제는 어느 지점에 와 있는지조차 알 수 없었다. 다만 어서 스위스령으로 들어갔으면 하는 생각뿐이었다. 날이 새기 시작하자, 우리는 호수의 둑 근처에 와 있었다. 바위투성이의 둑과 나무들이 보였다.

"저게 뭘까요?" 캐서린이 말했다. 나는 노를 젓는 손을 멈추고 귀를 기울였다. 호수 위를 달리는 모터보트 엔진 소리였다. 나는 둑 바로 옆에다 보트를 바짝 대놓고는 가만히 있었다. 모터 소리가 점점 더 가깝게 들렸다. 그러자 우리 뒤쪽에 모터보트가 비를 맞으면서 나타났다. 고물에 세관 감시원 네 명이 타고 있었다. 알프스 모자를 깊숙이 쓰고, 망토 깃을 세우고, 카빈총을 메고 있었다. 아직 이른 아침이라 그런지 모두 졸린 얼굴이었다. 나는 그들의 노란 줄과 망토 칼라에 붙은 노란 휘장을 볼 수 있었다. 모터보트는 엔진 소리를 내며 그대로 빗속으로 사라졌다.

나는 또다시 호수 한가운데로 저어 나갔다. 여기까지 국경에 접근해 온 이상, 도로에 있는 보초의 제지를 받고 싶지는 않았기 때문이다. 나는 겨우 둑이 바라다보이는 데까지 나와, 빗속을 약 45분쯤 저어 나갔다. 그때 모터보트 소리가 또다시 들렸다. 엔진 소리가 호수 건너편으로 사라져 버릴 때까지

나는 가만히 있었다.

"이럭저럭 스위스령으로 들어왔나 보오."

"정말요?"

"스위스 군인을 볼 때까지 확인할 방법은 없지만."

"혹은 스위스 해군이든지요."

"스위스 해군이라면 웃을 일이 아니야. 아까 그 모터보트는 스위스 해군이었을지도 모른다고."

"스위스로 들어가면 멋진 아침 식사를 해요. 스위스엔 훌륭한 롤빵과 버터와 잼이 있어요."

날은 아주 환해졌고 가랑비가 내리고 있었다. 바람은 여전히 호수 바깥쪽을 향해서 불고 있었다. 흰 파도 머리가 저쪽으로 멀어져 가는 것이 보였다. 이제는 스위스령으로 들어온 것이 확실했다. 호반으로부터 저쪽 나무 사이에 많은 인가가 보였다. 둑으로부터 약간 올라간 곳에 석조 가옥이 쭉 서 있는 동네와 언덕 위의 별장이 보였고, 교회도 하나 보였다. 나는 아까부터 호반에 뻗친 한 줄기의 도로에 혹시 감시원이 보이지나 않을까 하고 찾았지만 한 사람도 없었다. 그 근처는 도로가 호수와 거의 닿을 정도로 가까워진 곳인데, 거기서 나는 길가 카페에서 나오는 군인을 한 명 보았다. 독일군과 비슷한 철모를 쓰고 있었다. 건강한 얼굴로, 칫솔과 같은 조그만 콧수염을 기르고 있었다. 그는 우리를 보았다.

"저 사람에게 손을 흔들어 줘." 나는 캐서린에게 말했다. 그녀가 손을 흔들자, 군인은 난처한 듯이 미소를 지으며 손을 흔들었다. 나는 느릿느릿 노를 저었다. 우리는 마을 선착장 앞을 지났다.

"이젠 국경은 꽤 지난 것 같소."

"정말 그랬으면 좋겠어요. 국경에서 쫓겨나는 거 싫어요."

"국경에선 이제 아주 멀어졌어. 여긴 세관이 있는 도시인 것 같아. 확실히 브리사고야."

"그럼, 이탈리아 사람은 없겠죠? 세관 도시엔 반드시 두 나라 사람이 있는 법인데요."

"전쟁 중에는 사정이 다르지. 이탈리아인이 국경을 넘는 건 허락되지 않으니까."

조그맣고 아담한 도시였다. 선착장에는 어선 몇 척이 늘어서 있었고, 그물을 너는 곳에는 여러 개의 그물이 펼쳐져 있었다. 11월의 가랑비가 내리고 있었지만, 빗속에서도 거리는 활기찼고 깨끗해 보였다.

"그럼 육지로 올라가서 아침을 먹을까?"

"좋아요."

나는 왼쪽 노를 힘껏 끌어당겨 둑으로 다가갔다. 선착장 바로 앞에 노를 먼저 위치로 똑바로 돌려 보트를 선착장 옆에 나란히 대었다. 나는 노를 끌어올린 다음, 쇠사슬을 붙잡고 젖은 돌 위로 올라섰다. 드디어 스위스령으로 들어온 것이다. 나는 보트를 잡아맨 다음 캐서린에게 손을 뻗쳤다.

"자, 올라와, 캣. 기분이 아주 좋은데."

"가방은 어떡할까요?"

"보트에 그대로 둡시다."

캐서린도 올라왔다. 우린 함께 스위스 땅을 밟은 것이다.

"대단히 아름다운 나라군요."

"어때, 굉장하지?"

"이제 아침 식사 하러 가요!"

"어때, 굉장한 나라지? 이 기분, 발바닥에 느껴지는 이 촉감."

"난 몸이 아주 뻣뻣해져서 잘 느낄 수는 없지만, 그래도 굉장한 나라인지는 알겠어요. 그 지긋지긋한 곳을 빠져나와 여기 와 있다는 거, 당신 느껴져요?"

"아무렴, 느껴지고말고. 이렇게 진짜로 느껴진 건 생전 처음이오."

"저 늘어선 집들 좀 봐요. 느낌이 참 좋은 광장이네요? 저기 아침 먹을 수 있는 곳이 있을 거예요."

"이 비도 좋지 않소? 이탈리아에선 이런 비를 구경할 수도 없지. 기분 좋은 비로구나!"

"아, 드디어 왔어요, 네, 당신! 여기 와 있는 거 믿겨져요?"

우리는 카페로 들어가서 깨끗한 나무 테이블 앞에 앉았다. 둘 다 몹시 흥분해 있었다. 앞치마를 두른 깨끗한 차림의 건강해 보이는 여자가 주문을 받으러 왔다.

"롤빵과 잼과 커피." 캐서린이 주문했다.

"죄송합니다. 전시 중에는 롤빵이 없습니다."

"그러면 식빵."

"토스트로 해 드릴까요?"

"그게 좋겠군요."

"난 달걀, 프라이한 걸로."

"달걀은 몇 개나 할까요?"

"세 개가 좋겠군요."

"네 개로 하세요, 당신."

"그럼 네 개."

여자는 가 버렸다. 나는 캐서린에게 키스를 하고 손을 꼭 쥐었다. 서로 얼굴을 쳐다보았다. 그리고 카페 안을 둘러보았다.

"참 좋은 집이네요."

"최고야."

"나 롤빵이 없어도 상관없어요. 사실 밤새도록 롤빵만 생각하고 있었어요. 그러나 상관없어요. 그런 거 아무래도 좋아요."

"우린 곧 체포될 거요."

"괜찮아요. 그 전에 아침 식사를 할 테니까요. 아침 식사를 한 뒤라면 체포돼도 상관없겠죠. 게다가 그들이 우릴 어떡하겠어요. 우린 버젓한 영국과 미국의 시민인데요."

"당신 여권이 있소?"

"물론이죠. 그런 얘긴 이제 그만 해요. 좀더 즐겨요."

"난 더 이상 즐거울 수가 없는데."

꼬리를 깃처럼 세운 살찐 회색 고양이 한 마리가 마루를 가로질러 우리 테이블 밑으로 왔다. 그러고는 내 다리에다 제 몸을 비비고 그때마다 목구멍을 골골댔다. 나는 손을 뻗쳐 고양이를 가볍게 두드려 주었다. 캐서린은 행복한 듯이 나에게 생긋 미소를 보냈다.

"보세요, 커피가 왔어요."

우리는 아침 식사가 끝난 뒤 체포되었다. 마을을 잠깐 걷다가 가방을 가지러 방파제로 내려갔더니, 군인 하나가 보트를 지키고 있었다.

"이거 당신들 보트입니까?"

"그렇습니다."

"어디서 오셨죠?"

"호수 저쪽에서."

"그렇다면 저와 같이 가 주셔야겠습니다."

"가방은 어떻게 합니까?"

"가방은 갖고 가는 게 좋겠습니다."

나는 가방을 들고 캐서린과 나란히 걸었다. 군인이 우리 뒤를 따라 오래된 세관 건물까지 왔다. 세관에서는 몹시 마른, 자못 군인다운 중위가 우리를 심문했다.

"당신들 국적은?"

"미국인과 영국인입니다."

"여권을 보여주십시오."

나는 내 것을 그에게 주었고, 캐서린은 핸드백에서 자기 것을 꺼내 주었다. 그는 오랫동안 그것을 들여다보고 있었다.

"보트를 타고 스위스에 들어온 이유는 무엇입니까?"

"난 스포츠맨입니다. 보트는 내가 즐기는 스포츠라 기회만 있으면 늘 젓고 있습니다."

"어째서 여기 오셨죠?"

"동계 스포츠를 즐기기 위해서죠. 우리는 관광객으로 동계 스포츠가 하고 싶었어요."

"여긴 동계 스포츠 같은 걸 할 장소는 아닌데요."

"알고 있습니다. 우린 동계 스포츠를 할 수 있는 곳으로 갈 작정입니다."

"이탈리아에선 무슨 일을 했죠?"

"나는 건축 공부를 하고 있었고, 사촌 누이동생은 미술 공부를 하고 있었습니다."

"어째서 당신들은 이탈리아를 떠났습니까?"

"동계 스포츠가 하고 싶었다니까요. 전쟁 중이라 건축 공부를 할 수가 없었습니다."

"그냥 여기서 기다리고 계십시오."

그는 우리의 여권을 갖고 건물 안으로 사라졌다.

"당신, 그럴 듯한데요." 캐서린이 말했다. "그냥 그런 식으로 나가요. 당신은 정말 동계 스포츠를 하고 싶었죠?"

"당신은 미술을 좀 알고 있소?"

"루벤스."

"풍만한 벌거벗은 여자."

"티치아노?"

"티치아노(금갈색) 풍(風)의 머리칼. 그럼, 만테냐는?"

"어려운 거 묻지 마세요. 하지만 알고는 있어요—너무 심해요."

"너무 심하겠지, 결점투성이니까."

"네, 나 이제 당신의 훌륭한 아내가 될게요. 세관원과도 미술 얘길 할 수 있도록 하겠어요."

"저기 오는군."

마른 중위가 우리의 여권을 들고 세관 복도를 걸어 나오고 있었다.

"당신들을 로카르노(스위스의 동남 마죠레) 로 데려가야만 하겠습니다. 마차는 구할 수 있습니다. 군인이 하나 동행합니다."

"좋습니다. 보트는 어떻게 하죠?"

"보트는 몰수하겠습니다. 가방엔 무엇이 들어 있습니까?"

그는 두 가방을 샅샅이 조사한 다음 1쿼트짜리 브랜디 병을 높이 쳐들었다.

"같이 한잔 하시렵니까?" 내가 물었다.

"고맙지만 사양하겠습니다." 그는 똑바로 몸을 일으켰다. "돈은 얼마나 가지고 계시죠?"

"2천5백 리라입니다만."

그는 이것으로 좋은 인상을 받은 것 같았다.

"사촌 누이동생은 얼마나 가지셨죠?"

캐서린은 1천2백 리라 조금 넘게 가지고 있었다. 중위는 만족해 했다. 아까까지 얄보는 듯한 태도가 좀 고쳐졌다.

"만일 동계 스포츠 때문에 오셨다면, 벵겐이 좋습니다. 제 부친이 벵겐에 훌륭한 호텔을 가지고 있습니다. 일 년 내내 열고 있죠."

"그거 훌륭한데요. 이름을 가르쳐 주시겠습니까?"

"명함에 써 드리지요." 그는 아주 정중하게 명함을 주었다. "군인이 당신들을 로카르노까지 따라갈 겁니다. 당신들의 여권은 이 군인이 보관합니다. 죄송하지만 이것도 규칙이라서요. 로카르노에 도착하면 비자나 경찰의 허가증이 나올 겁니다."

그는 여권 두 통을 군인에게 주었다. 우리는 가방을 들고, 마차를 구하러 마을로 나갔다.

"어이." 중위가 군인을 불러 독일 사투리로 뭐라고 이야기했다. 군인은 총을 메고 가방을 들었다.

"훌륭한 나란데." 내가 캐서린에게 말했다.

"참 현실적이네요."

"여러 가지로 고맙습니다." 내가 중위에게 감사의 뜻을 표하자, 그가 손을 흔들었다.

"뭘요, 일인데요!"

우리는 감시병을 따라 마을로 들어갔다.

군인은 앞자리의 마부 옆에 앉고, 우리는 마차로 로카르노까지 갔다. 로카르노에서도 그다지 불쾌한 대접은 받지 않았다. 심문을 받긴 했지만 우리가 여권과 돈을 가지고 있었으므로 상대는 꽤 정중하였다. 나는 그들이 한 마디도 우리의 말을 믿었다고는 생각지 않는다. 나도 어리석었다고 생각했지만, 그것은 법정의 증언과 같은 것이었다. 이치가 맞지 않아도 형식만 들어맞으면 되었기 때문에 변명 같은 것은 필요 없고 다만 버티기만 하면 되는 것이다. 그러나 우리는 여권을 가지고 있었다. 그리고 돈도 쓸 것이라고 해서 그들은 임시 비자를 내주었다. 언제 취소될지도 모르는 비자였다. 우리는 가는 곳마다 경찰에 이것을 제출해야만 했다.

"가고 싶은 곳은 아무 데나 가도 좋습니까?"

"물론이죠. 당신들은 어딜 가고 싶죠?"

"당신은 어딜 가고 싶소, 캣?"

"몽트뢰 (스위스 보주(州)의 레앙호(湖) 동쪽 연안에 있는 휴양지)."

"거긴 참 좋은 곳입니다." 관리가 말했다. "거기라면 마음에 드실 겁니다."

"이 로카르노도 참 좋은 곳입니다." 다른 관리가 끼어들었다. "당신들은 꼭 이 로카르노가 마음에 들 겁니다. 로카르노는 참 매력적인 곳이니까요."

"우리는 동계 스포츠를 할 수 있는 곳이 좋습니다."

"몽트뢰엔 동계 스포츠는 없습니다."

"저 실례지만." 처음에 말한 관리가 입을 열었다. "난 몽트뢰 출신인데, 몽트뢰 오베를랑 베르느와 철도 변엔 확실히 동계 스포츠를 즐길 수 있는 곳이 있습니다. 자네가 그걸 부정하는 건 잘못이야."

"내가 언제 부인했나, 이 사람아. 다만 몽트뢰엔 동계 스포츠를 즐길 곳이 없다고 했을 뿐이지."

"이의 있네." 다른 관리가 말했다. "그 말에는 이의가 있네."

"난 내 말이 맞다고 생각하네."

"난 그 말에 반대하네. 난 몽트뢰 거리를 루지(스위스에서 사용 하는 소형 썰매)를 타고 들어간 적이 있다니까. 그것도 한두 번이 아니라 여러 번 말이야. 루지는 확실히 동계 스포츠거든."

다른 관리가 나를 돌아보았다.

"루지가 동계 스포츠가 될 수 있다고 생각하십니까? 이 로카르노에 그대로 계시면 매우 즐거우실 텐데요. 기후도 좋고 환경도 매력적이고, 퍽 마음에 드실 것으로 생각합니다."

"왜 이래. 이 선생은 몽트뢰로 가시겠다는데."

"루지가 뭡니까?" 내가 물었다.

"저것 봐, 이 양반은 루지란 말을 들어 본 적도 없어!"

그 다른 관리의 입장이 유리해졌다. 그는 그것으로 기분이 좋아졌다.

"루지라는 건 터보건(바닥이 편평 하고 긴 썰매)을 말하는 겁니다." 먼저 관리가 설명했다.

"이의 있네." 다른 관리가 머리를 흔들었다. "어쩨 또 의견이 다른 것 같군. 터보건과 루지는 달라. 터보건은 캐나다에서 얇은 판자로 만들어졌지. 루지는 활주부가 붙은 보통 썰매고. 뭐든지 정확하게 알고 있어야 한다고."

"터보건을 탈 순 없을까요?" 내가 물었다.

"물론 탈 수 있죠." 먼저 관리가 대답했다. "문제 없습니다. 몽트뢰에선 캐나다제 고급 터보건을 팔고 있습니다. 독자적으로 수입해서 팔고 있지요."

다른 관리가 이쪽으로 돌아서며 말했다. "터보건을 타려면 특별한 활주로가 필요합니다. 터보건으로 몽트뢰 거리로 들어갈 순 없죠. 여기선 어디 묵고 계시죠?"

"아직 정하지 않았습니다. 우린 브리사고에 막 도착한 길이니까요. 마차가 밖에서 기다리고 있습니다."

"몽트뢰에 가시는 것이 올바른 선택입니다." 먼저 관리가 다시 말을 이었다. "기후도 좋고, 경치도 좋으니까요. 특히 멀리 가지 않아도 동계 스포츠를 할 수 있고요."

"만일 정말 동계 스포츠를 하시고 싶다면," 다른 관리도 물러서지 않았다. "엥가딘이나 뮈렌으로 가 보십시오. 동계 스포츠 장소로 몽트뢰를 자꾸 권유받고 계신데, 이것엔 정말 반대하지 않을 수가 없군요."

"몽트뢰의 상부 레 지방이라면 모든 동계 스포츠를 즐길 수 있습니다." 몽트뢰 옹호자인 관리가 동료를 노려보았다.

"여러분." 내가 말했다. "우린 이제 떠나야겠습니다. 누이동생이 몹시 피곤한 것 같습니다. 우선 몽트뢰로 가 보겠습니다."

"좋습니다." 먼저 관리가 악수를 청했다.

"로카르노를 떠난다면 분명히 후회하실 겁니다." 다른 관리의 말이었다. "여하튼 몽트뢰에 가시면 먼저 경찰에 보고하십시오."

"경찰에서도 불쾌하게 대하진 않을 테니까요." 먼저 관리가 나에게 말했다. "그곳 사람들은 모두 더할 나위 없이 예의바르고 친절합니다."

"두 분 다 여러 가지로 고맙습니다. 그리고 두 분 충고, 정말 고맙습니다."

"안녕히 계세요." 캐서린도 한마디 했다. "두 분 다 퍽 고마우셨어요."

그들은 문간에까지 나와서 우리에게 인사했는데, 로카르노를 옹호했던 관리는 좀 차가웠다. 우리는 계단을 내려가 마차에 올라탔다.

"놀랐어요." 캐서린이 말했다. "좀더 빨리 빠져 나올 수 있었으면 좋았을 텐데."

나는 아까 그 관리가 추천해 준 호텔 이름을 마부에게 일러주었다. 그는 고삐를 집어 들었다.

"당신, 군인 양반을 깜박 잊고 계시네요." 캐서린이 말했다.

군인은 마차 옆에 서 있었다. 나는 그에게 10리라짜리 지폐 한 장을 주었다.

"아직 스위스 돈으로 바꾸지 않아서."

그는 나에게 고맙다고 얘기한 다음 경례를 하고는 가 버렸다. 마차는 움직이기 시작했다. 우리는 호텔로 향했다.

"어째서 몽트뢰를 고른 거요?" 나는 캐서린에게 물었다. "정말 몽트뢰로 가고 싶소?"

"제일 먼저 생각난 곳이에요. 좋은 곳이에요. 산 위에서는 어디 좋은 집이 보일 거예요."

"졸려?"

"자는 거나 마찬가지예요."

"이제 곧 폭 쉬게 될 거야. 불쌍한 캣. 지루한 밤이었지, 당신에겐?"

"아주 즐거웠어요. 당신이 우산을 돛으로 했을 땐 최고였어요."

"우리가 스위스에 와 있다는 거 정말 믿어져?"

"아니요, 믿어지지 않아요. 잠에서 깨면 꿈일 것만 같은 기분이 자꾸 들어요."

"나도 그래."

"이거 꿈은 아니겠죠? 설마 당신을 떠나 보내려 밀라노의 정거장으로 마차를 달리는 건 아니겠죠?"

"그러지 않길 바라오."

"그런 말 마세요. 소름 끼쳐요. 우리가 가려는 곳으로 가는 중일 거예요."

"난 지금 너무 피곤해서 뭐가 뭔지 통 모르겠소."

"어디 당신 손 좀 보여주세요."

나는 두 손을 내밀었다. 두 손이 전부 껍질이 벗겨지고 물집이 생겼다.

"옆구리에 구멍은 나지 않았지?"

"그런 벌 받을 말은 하는 게 아니에요."

나는 아주 피곤해서 머리가 띵했다. 좀전의 흥분은 흔적도 없이 사라졌다. 마차는 거리를 달려갔다.

"아이 불쌍해라, 그 손."

"손을 만지지 마. 우리 지금 어디 있는지 통 모르겠군. 지금 어디로 가는 중이오, 마부 양반?"

마부는 마차를 세웠다.

"메트로폴 호텔로요. 그곳으로 가시는 것 아닙니까?"

"그리로 갈 거요. 괜찮지, 캣?"

"네. 정신 잃지 마세요. 푹 쉬도록 해요. 내일이 되면 머리가 띵한 것도 나을 거예요."

"난 무척 지쳤어. 오늘 일은 마치 한 편의 희극 오페라만 같았어. 배도 고프겠지."

"당신은 다만 피로한 것뿐이에요. 이제 곧 괜찮아질 거예요."

마차는 호텔 앞에 섰다. 누군가가 우리의 가방을 받아들었다.

"기분이 아주 괜찮아졌소."

우리는 호텔로 통하는 길에 내려섰다.

"이제 곧 괜찮아질 거예요. 단지 피곤한 것뿐이니까. 오랫동안 한잠도 못 잤잖아요."

"여하튼 우리 여기 와 있는 거지?"

"그럼요. 정말로 왔어요."

우리는 가방을 든 보이 뒤를 따라 호텔로 들어갔다.

제5편

　그해 가을엔 퍽 늦게 눈이 내렸다. 우리는 산 중턱의 솔숲에 둘러싸인 갈색 목조 가옥에서 살고 있었다. 밤은 서리가 내릴 만큼 추워서 아침이 되면 화장대에 놓아 둔 두 주전자에 담긴 물에 얇은 얼음이 얼었다. 구팅겐 부인은 아침 일찍 방으로 들어와 창문을 닫고, 큰 자기(瓷器) 난로에 불을 지펴 주었다. 소나무 장작이 딱딱 소리를 내며 피어오르자, 이내 난로가 웅웅 소리를 내며 피기 시작했다. 구팅겐 부인이 굵은 장작 몇 개와 더운 물이 든 주전자를 들고 다시 들어왔다. 방 안이 훈훈해지자, 이번에는 아침 식사를 날라 왔다. 우리는 침대에 앉아 아침 식사를 하면서 호수와 그 너머로 프랑스산들을 보았다. 산봉우리는 눈으로 덮여 있고, 호수는 검푸른 강철색이었다.

　이 산장 앞에는 산으로 오르는 길이 있었다. 노면의 울퉁불퉁한 바퀴 자국은 서리로 인해 단단히 얼어붙어 있었다. 도로는 숲을 뚫고 목장까지 산을 뺑뺑 돌면서 올라가 있으며, 그 숲 한쪽 끝에 있는 목장의 헛간과 오두막집으로부터는 저 멀리 계곡이 내려다보였다. 계곡은 깊고, 그 계곡 밑바닥에는 한 줄기의 계류가 호수로 졸졸 흘러 들어가고 있었다. 그리고 바람이 계곡을 가로질러 불어올 때는 바위 사이를 졸졸 흐르는 물소리가 들려왔다.

　가끔 우리는 이 길에서 벗어나 솔숲 사이로 뻗은 오솔길을 걸었다. 숲의 땅바닥은 걷기에 퍽 부드러웠다. 서리가 내려도 도로처럼 땅이 굳어지진 않았다. 그러나 우리는 밑바닥과 발뒤꿈치에 징이 박힌 장화를 신고 있었으므로, 도로가 굳건 미끄럽건 상관하지 않았다. 밑바닥에 박힌 징이 언 바퀴 자국에 들어박혀 그 장화를 신고 걸으면 도로가 얼었다 해도 불편하지 않고 오히려 상쾌하기까지 했다. 하지만 걸어서 즐거운 곳은 역시 숲 속이었다.

　우리가 살고 있는 집의 정면에서 산은 급경사를 이루며 호숫가의 조그만 들판까지 뻗어 있었다. 현관 앞에 앉으면 산 중턱으로 꾸불꾸불 내리뻗은 도로와 그 아래로 계단 모양을 이룬 포도밭이 보였다. 겨울이라 포도 줄기는 모두 말라 있었다. 밭은 돌담으로 나누어져 있었고, 그 포도밭 아래로 호반을 낀 좁은 들판에는 집들이 늘어서 있었다. 호수에는 나무가 두 그루 서 있는 섬이 있었는데, 마치 어선의 쌍돛처럼 보였다. 호수 건너편에 있는 산들은 날카롭게 가팔랐다. 호수의 끝 쪽으로는 두 산맥 사이에 끼어 있는, 편평한 로느 계곡의 들판이 보였다. 그 위에 계곡이 산맥으로 해서 단절되는 근처에 당 뒤 미디 산(Dents du Midi : 스위스 발레주(州)에 위치한 산)이 있었다. 눈이 쌓인 높은 산으로, 계곡을 압도하는 듯이 우뚝 솟아 있었지만 너무도 멀기 때문에 여기까지 그림자를 드리우지는 못했다.

해가 내리쬘 때는 우리는 현관 앞에서 점심을 먹었지만, 그 밖에는 장식이 없는 나무 벽과 구석에 큰 난로가 있는 2층 조그마한 방에서 식사를 했다. 거리에서 책과 잡지와 에드먼드 호일(1672~1769. 트럼프 놀이에 관한 책을 쓴 영국인)의 책을 한 권 사다가, 둘이서 하는 카드 게임을 여러 가지 배웠다. 난로가 있는 그 조그마한 방이 우리의 거실이었다. 앉기 편한 의자 두 개와 책과 잡지를 읽기 위한 테이블이 하나 있었다. 우리는 식사가 끝나는 대로 식탁에서 트럼프 놀이를 했다. 아래층에는 구팅겐 부부가 살고 있어서 가끔 저녁때 그들의 이야기 소리가 들려왔다. 그들 두 사람은 매우 행복해 보였다. 남편은 전에 호텔에서 헤드 웨이터를 한 적이 있었다. 그리고 아내도 같은 호텔에서 메이드로 일했는데 돈을 모아서 이 집을 산 것이었다. 그들에게는 아들이 하나 있었는데 그 역시 헤드 웨이터 수업을 받고 있었다. 그는 취리히의 어느 호텔에 가 있었다. 아래층에는 홀이 있어 포도주와 맥주를 팔았다. 저녁때가 되면 때때로 바깥 도로에 짐마차가 서고, 사람들이 계단을 올라와 홀로 들어가서 술을 마시는 소리가 들렸다.

거실 바깥 복도에 장작 궤짝이 있었다. 나는 거기서 장작을 날라다 불이 꺼지지 않도록 했다. 그러나 우리는 그다지 밤늦게까지 있진 않았다. 어둠 속에서 커다란 침실로 간다. 옷을 벗고 창문을 열어 밤의 어둠과 차디찬 별과 창 아래의 소나무를 바라다본 다음, 서둘러 침대 속으로 들어간다. 차디 차고 맑은 공기와 창밖의 어둠을 벗삼아 침대에 들어가 있는 것은 정말 즐거운 일이었다. 우리는 푹 잤다. 밤중에 내가 잠을 깨는 일이 있어도 그 원인은 하나밖에 없었으므로, 나는 캐서린이 깨지 않도록 가만히 깃털 이불을 잡아당기고는 또다시 가볍고도 얇은 이불 속으로 기어 들어가서 잠드는 것이다. 전쟁은 이웃 대학의 풋볼 게임처럼 인연이 먼 것 같았다. 그래도 산악지대에서는 아직 눈이 내릴 것 같지 않았기 때문에 여전히 전투가 계속되고 있다는 것을 신문 기사로 알고 있었다.

가끔 우리는 산을 내려가 몽트뢰 마을에 갔다. 오솔길도 있었지만 경사가 가파르기 때문에, 대개는 큰길로 갔다. 밭 가운데의 넓고도 굳은 길로 내려가, 포도밭의 돌담 사이로 나와서 길 따라 쭉 서 있는 집들 사이를 빠져나왔다. 셰르네, 퐁타니방, 그리고 지금은 이름이 생각나지 않지만 또 하나 해서 세 마을이 있었다. 거기서부터 계단 모양의 포도밭이 있는 산 중턱에 불쑥 튀어나온 암벽 위에 서 있는 네모진 석조의 옛 성관 옆을 지난다. 포도덩굴은 쓰러지지 않도록 모두 말뚝에다 붙잡아 매 놓았다. 덩굴은 말라 검붉은 색으로 변했고, 땅은 눈 받을 만반의 준비를 갖추고 있었다. 저 아래로 보이는 편평한 호수는 강철과 같은 뿌연 색을 하고 있었다. 도로는 성관 아래로 경사져서 길게 내리뻗어 오른쪽으로 구부러져 급경사의 자갈길을 이루며 몽트뢰로 들어간다.

몽트뢰에는 아는 사람이라곤 하나도 없었다. 우리는 호숫가를 따라 거닐었다. 사람이 가까이 가면 얼른 날아올라 수면을 내려다보면서 큰 소리로 끽끽 우는 갈매기와 제비갈매기가 많이 있었다. 호수 한가운데는 조그맣고 까만 논병아리들이 떼를 지어 수면에 파문을 일으키며 헤엄치고 있었다. 마을로 들어서자, 큰 거리를 걸어가면서 가게 진열장 속을 들여다보곤 했다. 큰 호텔은 대개 휴업 중이었지만 상점은 대부분 열려 있어, 우리를 환영해 주었다. 깨끗한 미장원이 있어서 캐서린은 파마를 하러 그곳으로 들어갔다. 그 주인은 아주 쾌활한 여자로, 몽트뢰에서 우리가 아는 유일한 사람이었다. 캐서린이 미장원에 있는 동안 나는 맥줏집으로 가서 뮌헨의 흑맥주를 마시며 신문을 읽었다. 나는 〈코에레 델라 세리〉지와 파리에서 오는 영미 신문을 읽었다. 광고는 전부 까맣게 칠해져 있었는데, 아마도 적과의 통신을 막기 위한 조치일 것이다. 신문을 읽어도 기분은 좋아지지 않았다. 여기저기 할 것 없이 사태는 매우 악화되어 있었다. 나는 흑맥주가 담긴 크고 무거운 잔을 한 손에 들고, 한쪽 구석에 깊숙이 파묻혀 앉은 채 프레츨(소금을 뿌린 비스킷)의 비닐

봉지를 뜯었다. 프레즐은 소금 맛이 나서 이것을 안주로 하면 제법 맥주 맛이 좋았다. 그러면서 비참한 기사를 읽었다. 이제는 올 때가 되었다고 생각했지만 캐서린은 좀처럼 오지 않았다. 나는 신문을 신문 걸이에다 걸고는 맥주 값을 치르고, 그녀를 찾으러 거리로 나섰다. 춥고 음산한 날씨였다. 건물의 돌까지도 춥게 보였다. 캐서린은 그때까지도 미장원에 있었다. 미용사가 그녀의 머리에다 파마를 하고 있었다. 나는 좁은 가게에 앉아서 빤히 그것을 쳐다보고 있었다. 그러고 있으니까 어쩐지 두근거렸다. 캐서린은 생긋 웃으며 나에게 이야기를 걸었다. 흥분한 탓인지 내 목소리는 조금 잠겨 있었다. 가위가 삭둑삭둑 기분 좋은 소리를 냈다. 캐서린의 모습이 3개의 거울에다 비쳤다. 미장원 안은 기분 좋고 따뜻했다. 미용사가 캐서린의 머리를 올려주자, 그녀는 거울을 보며 핀을 빼기도 하고 꽂기도 하는 등, 약간 손질을 하더니 곧 일어섰다.

"너무 오래 기다리게 해서 죄송해요."

"구경하시기 퍽 재미있죠? 그렇죠, 선생님?" 주인은 생글 웃었다.

"재미있군요." 나는 맞장구를 쳤다.

우리는 밖으로 나와 거리를 걸었다. 겨울 날씨처럼 추웠다. 바람이 막 불고 있었다.

"난 당신이 참 좋아, 캐서린."

"우리 참 행복해요, 그렇죠?" 캐서린이 말했다. "우리 어디로 가서 차 대신 맥주를 마셔요. 배 속에 있는 꼬마 캐서린에게도 맥주는 퍽 좋을 거예요. 몸을 조그맣게 만들어 놓으니까."

"꼬마 캐서린이라! 그 게으름뱅이가."

"여간 얌전하게 있지 않아요. 조금도 힘들게 하지 않아요. 의사가요, 맥주는 나에게도 좋고 아이도 안 큰대요."

"조그마해진 이 아이가 사내애라면, 경마 기수가 될지도 모르겠구려."

"아이가 태어나면, 우리 그땐 결혼해야 해요."

우리는 맥줏집의 구석 쪽 테이블에 앉아 있었다. 밖은 어두워지고 있었다. 시간은 아직 일렀지만 음산한 날씨라 저녁 어스름이 빨리 다가왔다.

"이제라도 곧 결혼식을 올리자고."

"싫어요, 멋쩍어요. 이젠 너무 사람 눈에 띄어요. 나 이런 꼴로 사람들 앞에 나가서 결혼식 올리긴 싫어요."

"진작 결혼했으면 좋았을걸."

"나도 그랬으면 좋았을 거라고 생각해요. 우리 언제나 결혼하게 될까요?"

"모르지."

"이것 하나만은 확실해요. 나, 한눈에 임산부인지 알 수 있는 이런 풍만한 꼴로 결혼식을 올리진 않을래요."

"아직 임산부처럼은 안 보여."

"아녜요, 누가 봐도 알 수 있어요. 좀 전에 미장원 주인이 첫아이냐고 묻기에, 난 거짓말로 사내애 둘하고 계집애가 둘 있다고 그랬어요."

"언제 결혼하면 좋을까?"

"내 몸이 그전처럼 날씬해진 뒤라면 아무 때라도 좋아요. 누구나 멋진 한 쌍이라고 생각할 만한 훌륭한 결혼식을 올리고 싶어요."

"그럼 당신은 걱정 안 될까?"

"뭣 때문에 내가 걱정이 돼요? 지금까지 기분이 나빴던 적은 단 한 번뿐이었어요. 밀라노에서요. 그땐 정말 매춘부 같은 느낌이 들었어요. 하지만 그것도 겨우 7분 동안밖엔 안 돼요. 그땐 더군다나 방 안의 장식 탓도 있었죠. 이젠 난 당신의 훌륭한 아내죠?"

"그렇고말고, 귀여운 아내지."

"그럼 형식적인 것은 이제 신경 쓰지 말아요. 몸이 그전처럼 되면 결혼할래요."

"알았소."

"맥주 한 잔만 더 마셔도 괜찮을까요? 난 골반이 좁으니까, 배 속의 꼬마 캐서린을 조그맣게 해 놓는 게 좋다고 의사 선생님이 말씀하셨는데."

"의사가 그 밖에 다른 말은 안 했나?"

나는 은근히 걱정이 되었다.

"안 했어요. 내 혈압은 퍽 좋아요. 의사도 내 혈압을 여간 칭찬하지 않았어요."

"당신 골반 작은 것에 관해서 뭐 다른 말은 없었소?"

"없어요. 전혀 없어요. 다만 스키는 안 된다고 했어요."

"당연하지."

"만약 처음이라면 이제부터 시작하는 건 너무 늦었다고 그러던데요. 넘어지지 않을 자신이 있다면 하라고."

"그 사람 농담을 좋아하는군."

"하지만 좋은 분이에요. 애가 태어나면 그분을 초대하도록 해요."

"그 사람에게 결혼해야 좋을지 어떨지 물어봤소?"

"아뇨, 우리는 결혼한 지 4년이나 된다고 그랬어요. 내가 당신과 결혼하면 난 미국인이 되겠네요. 그리고 미국 법에 따라 결혼한다면 우리 애는 적자(嫡子)가 돼요."

"아니, 어디서 그런 건 알았소?"

"도서관에 있는《뉴욕 세계 연감》에서요."

"당신은 참 대단한 사람이야."

"미국인이 되면 좋겠어요. 그러면 같이 미국에 가겠죠, 네? 나이아가라 폭포도 보고 싶어요."

"당신은 참 귀여운 여자야."

"다른 것도 보고 싶은 게 있지만, 생각이 안 나요."

"가축시장?"

"아뇨, 이젠 생각 안 나요."

"울워스 빌딩?"

"아뇨."

"그랜드 캐니언?"

"아뇨, 하지만 그것도 보고 싶어요."

"그럼 뭐지?"

"골든 게이트요! 그게 보고 싶어요. 그거 어딨죠?"

"샌프란시스코."

"그럼 거기 가기로 해요. 하여튼 나 샌프란시스코가 보고 싶어요."

"알았소, 꼭 갑시다."

"자, 이젠 산에 올라가요. 괜찮죠? M.O.B.(몽트뢰 오베를랑 베르느와 철도의 약칭)를 탈 수 있을까요?"

"5시 조금 지나서 전차가 있어."

"좋아요."

"그럽시다, 그 전에 난 맥주를 한 잔만 더 해야지."

밖으로 나와 거리를 걸어 역으로 가는 계단을 올라갈 때는 몹시 추웠다. 로느 계곡에서 얼음같이 찬 바람이 불어온 것이다. 상점 진열장마다 불이 켜져 있었다. 우리는 가파른 돌계단을 올라가 윗거리로 나온 다음, 다시 또 하나의 돌계단을 올라서 역에 도착했다. 그곳에서는 전차가 전등을 전부 켜 놓고 기다리고 있었다. 발차 시각을 가리키는 표지판이 있는데, 5시 10분을 가리키고 있었다. 나는 역 시계를 쳐다보았다. 5시 5분이었다. 전차에 올라타자 운전사와 차장이 역 주점에서 나오는 것이 보였다. 우리는 자리에 앉아서 창문을 열었다. 전차는 히터로 더울 정도였는데 창에서 신선한 공기가 흘러 들어왔다.

"피곤해, 캣?" 내가 물었다.

"아뇨, 기분 좋아요."

"그렇게 멀지 않으니까."

"난 전차 타는 걸 좋아해요. 내 걱정은 마세요. 기분이 좋으니까."

눈은 크리스마스 이브 전날이 되어서야 비로소 내리기 시작했다. 아침에 일어나 보니, 눈이 오고 있었다. 우리는 난로의 불이 윙윙 울릴 때까지 불을 지피고는 침대 속에 기어들어 간 채, 내리는 눈을 내다보고 있었다. 구팅겐 부인이 아침상을 치운 다음 난로 장작을 더 지폈다. 지독한 눈보라였다. 한밤중에 내리기 시작했다고 부인은 말했다. 나는 창가로 가서 밖을 내다보았지만, 길 너머는 보이지 않았다. 거센 바람과 눈보라였다. 나는 침대로 돌아와서 캐서린과 나란히 누워 소곤소곤 이야기를 주고받았다.

"스키를 탈 줄 알았으면 좋았을걸." 캐서린이 먼저 입을 열었다. "스키도 탈 줄 모르다니, 바보야, 난."

"두 대를 연결한 썰매를 구해서, 이 도로 위에서 타 봅시다. 그거라면 당신이라도 차를 타는 것보다 해가 없을 테니까."

"많이 흔들리지는 않겠죠?"

"타 보면 알겠지 뭐."

"흔들리지 않으면 좋겠는데."

"좀 있다가 눈 속을 산책합시다."

"점심 전에요. 그러면 밥맛이 좋을 거예요."

"난 언제나 배가 고픈데."

"나도 그래요."

우리는 눈 속으로 나가긴 했지만 눈이 쌓여 멀리까지 걸어갈 수는 없었다. 나는 앞서서 역까지 내려오는 길을 만들었는데, 거기까지 와 보니까 그래도 꽤 많이 온 셈이었다. 거의 앞이 보이지 않을 정도의 심한 눈보라였다. 우리는 역 옆에 있는 조그마한 술집으로 들어가 빗자루로 서로의 눈을 털어 주고 긴 의자에 앉아 베르무트를 마셨다.

"지독한 눈보라군요." 여종업원이 말했다.

"그렇군요."

"올해는 첫눈이 꽤 늦었습니다."

"그래요."

"나 초콜릿 먹어도 괜찮을까요?" 캐서린이 물었다. "곧 점심때가 되니 참는 게 좋을까요? 난 항상 배가 고파요."

"괜찮아, 어서 먹어." 내가 말했다.

"개암 열매가 들어 있는 게 좋아요."

"그게 맛있어요." 여종업원이 말했다. "나도 그게 제일 좋아요."

"난 베르무트를 한 잔 더 주오."

그곳에서 나와 도로를 올라가려고 하니까, 우리가 걸어온 길은 눈에 파묻혀 있었다. 구멍이 나 있던 곳이 희미하게 몇 군데 움푹 들어가 있을 뿐이었다. 눈이 정면으로 얼굴에 몰아쳤기 때문에 눈을 뜰 수조차 없었다. 눈을 털어내고 안으로 들어가 점심을 먹었다. 구팅겐 씨가 음식을 날라 주었다.

"내일은 스키를 탈 수 있겠군요." 그가 말했다. "스키를 탈 줄 아십니까, 헨리 씨?"

"못 탑니다. 하지만 배우고 싶군요."

"쉽게 배울 수 있습니다. 크리스마스엔 아들놈이 오니까 그 애가 가르쳐 드릴 거예요."

"그거 잘됐군요. 언제 옵니까?"

"내일 밤에요."

점심 식사를 마치고 조그마한 방의 난로 옆에 앉아서 눈 내리는 창밖을 내다보았다. 그러자 캐서린이 불쑥 이런 말을 꺼냈다.

"당신, 가끔은 혼자서 어딘가 가 보고 싶지 않으세요? 다른 사람들과 스키라도 타러?"

"싫소. 왜 그런 말을 하지?"

"가끔은 당신이 나 말고 다른 사람들과 만나고 싶어하지 않을까 하는 생각이 들어요."

"당신은 나 말고 다른 사람들과 만나고 싶소?"

"아뇨."

"나도 마찬가지야."

"알아요. 하지만 당신은 나와는 달라요. 나에겐 아기가 생길 테니까, 아무것도 안 하더라도 만족할 수 있어요. 나 참 바보 같죠, 무턱대고 혼자 지껄이기만 하고. 그래서 당신이 내게 싫증을 느끼지 않도록 어디로 가시는 게 좋지 않을까 하고 생각하는 거예요."

"내가 어딘가로 가기를 바라오?"

"아뇨. 전 당신이 옆에 계시는 게 좋아요."

"나도 그럴 작정이오."

"이리 오세요. 당신 머리에 있는 혹을 만져 보고 싶어요. 큰 혹이네요." 그녀는 가만히 그것을 만졌다. "당신, 수염 기르고 싶지 않으세요?"

"기르는 게 좋을까?"

"재미있을 거예요. 난 당신이 수염 기른 걸 보고 싶어요."

"좋아, 그럼 길러 보지. 지금부터 기르리다. 좋은 생각이야. 이걸로 나도 할 일이 생긴 거야."

"당신은 아무것도 할 일이 없어서 걱정이었죠?"

"천만에, 재미있어. 즐거우니까. 당신은 안 그렇소?"

"아주 좋아요. 하지만 이렇게 배가 불러 있어 당신이 나에게 싫증을 느끼지나 않을까 그게 걱정이에요."

"무슨 소리요, 캣? 내가 당신을 얼마나 사랑하는지 당신은 모를 거요."

"난 이 모양인데요."

"있는 그대로의 당신이 좋소. 우리 즐겁게 지내고 있다고 생각하지 않소?"

"난 그래요. 하지만 당신이 따분해 하지나 않을까 걱정이 돼요."

"천만에! 가끔 전선과 아는 사람들의 안부가 궁금하지만, 걱정은 하지 않소. 난 뭐든 깊게 생각하지 않거든."

"누구 생각을 하세요?"

"리날디와 신부와, 내가 아는 여러 사람들. 하지만 그렇게 깊이 생각하진 않소. 전쟁 생각은 하고 싶지도 않아. 나는 이미 연을 끊었으니까."

"그럼 지금 무슨 생각을 하고 계세요?"

"아무것도."

"아니에요, 생각하고 있었어요. 얘기해 줘요."

"난 리날디가 정말 매독에 걸려 있을까 하고 생각하고 있었소."

"그것뿐?"

"그래."

"그 사람 매독이에요?"

"모르지."

"당신이 아니어서 참 잘됐네요. 당신은 그런 병에 걸린 적 있으세요?"

"임질에 걸린 적이 있소."

"그런 소리 듣기 싫어요. 몹시 아팠나요?"

"아팠지."

"나도 걸려 볼 걸 그랬어요."

"무슨 소리요, 그게."

"정말이에요. 당신과 똑같은 기분을 느꼈으면 좋았을 거예요. 당신과 관계한 여자들과 함께 있어 볼 걸 그랬어요. 그럼 당신 앞에서 그 여자들을 놀려 줄 수 있을 텐데요."

"그거 멋진 그림이겠군."

"당신이 임질에 걸려 있는 그림이란 조금도 멋지지 않아요."

"그건 그렇지. 그것보다 눈을 봐봐."

"전 당신 얼굴을 쳐다보는 게 더 좋아요. 왜 머리를 좀더 기르지 않으세요?"

"기른다고, 어떻게?"

"좀더 길게요."

"지금도 긴데."

"아뇨, 좀더 기르세요. 그리고 난 내 머릴 짧게 잘라요. 그러면 우리 아주 똑같이 되겠죠. 다만 한 사람은 금발이고 다른 사람은 흑발이라는 차이가 있지만."

"당신은 머린 안 잘랐으면 좋겠는데."

"자르면 재미있을 거예요. 난 이제 이 머리에 질렸어요. 잠잘 때 번거로워요."

"난 지금 그대로가 좋은데."

"자르는 게 싫으세요?"

"어떨지 모르지만, 지금 그대로가 좋아."

"짧게 하면 좋을지도 몰라요. 그러면 둘이 똑같이 되잖아요. 나 당신을 내 것으로 하고 싶으니까, 나도 당신 자신이 되고 싶은 거예요."

"지금도 그런데 뭐. 우린 한마음 한 몸이야."

"그래요. 밤엔 그래요."

"밤은 굉장해."

"우리 두 사람이 아주 완전히 녹아 합쳐졌으면 좋겠어요. 당신이 어디로 가는 거 난 싫어요. 아까도 말했잖아요. 물론 가고 싶으면 가도 좋아요. 하지만 곧 돌아오세요, 네? 당신이 옆에 없으면 전 정말 사는 거 같지 않아요."

"아니 누가 간댔소? 난 절대로 안 가. 당신이 옆에 없으면 난 안 돼. 이젠 내 생활이라는 게 완전히 없어졌소."

"하지만 당신이 생활을 갖길 바라요. 하지만 둘이서 함께요, 네?"

"그래서 당신은 내가 수염 기르는 걸 바라오, 기르지 않는 걸 바라오?"

"기르세요. 정말 멋질 거예요. 1월까진 길게 기를 수 있을 거예요."

"우리 체스 둘까?"

"그보다 당신과……."

"싫어. 체스 둡시다."

"그럼 나중에 해요, 네?"

"그래."

나는 체스판을 내놓고 말을 늘어놓았다. 밖에선 아직도 눈이 세차게 내리고 있었다.

밤중에 한 번 잠이 깼는데, 캐서린도 일어나 있었다. 달빛이 환히 창으로 비쳐 침대 위까지 유리창의 창살 그림자가 드리워 있었다.
"일어났군요, 당신?"
"응, 당신도 잠이 안 와?"
"나 금방 잠이 깨서 생각하고 있었어요. 처음에 당신을 만났을 때 내가 좀 이상했던 거 말이에요. 당신 기억나요?"
"그래, 좀 이상했지."
"이제 그런 일 없어요. 난 아주 꿋꿋해졌어요. 당신이 꿋꿋하다고 말씀해 주신다면 아주 부드럽게 들릴 거예요. 한번 말씀해 보세요."
"꿋꿋하오."
"아아, 다정스런 분. 이제 난 이상하지 않아요. 정말 행복해요."
"자, 안심하고 그만 자."
"네, 둘이서 정확하게 똑같은 순간에 잠들어요."
"그래."
그러나 그렇게는 안 되었다. 나는 한동안 잠이 들지 않은 채 여러 가지 생각이 머리에 떠올라, 달빛을 받으며 자고 있는 캐서린의 얼굴을 오랫동안 들여다보고 있었다. 그러는 동안 나도 모르는 사이에 잠이 들었다.

39

1월 중순쯤 이르자 내 수염은 제법 길어져서 볼 만했다. 맑고 쌀쌀한 낮과 혹독하게 추운 밤이 계속되는 겨울이었다. 우리는 또다시 도로 위로 산책할 수가 있었다. 눈은 건초나 장작을 실은 썰매와 산에서 잘라 내리는 통나무 때문에 굳고 미끄러웠다. 몽트뢰 근처까지 이 지방 일대는 눈으로 파묻혔다. 호수 너머의 산들도 순백색이 되었고, 로느 계곡의 들판도 온통 눈으로 뒤덮였다. 우리는 한 번 산 뒤로 해서 벵 드 알리아즈까지 긴 산책을 떠나 보았다. 캐서린은 징을 박은 장화에 망토를 입고, 끝이 뾰족한 강철 스틱을 들고 있었다. 망토를 입어서, 큰 배도 눈에 띄지 않았다. 너무 빨리는 걷지 않고, 그녀가 피로를 느꼈을 때는 걸음을 멈추고 길가의 통나무에 걸터앉아서 쉬었다.

뱅 드 알리아즈 숲 속에 나무꾼들이 한잔하러 드나드는 술집이 하나 있었다. 우리도 이 술집에 들러 난로에 언 몸을 녹이면서 향신료와 레몬이 들어 있는 따뜻한 적포도주를 마셨다. 이 지방 사람들은 이것을 글뤼바인이라고 불렀는데, 몸을 따뜻하게 하거나 무엇을 축하하기에 훌륭한 술이었다. 술집 안은 컴컴하고 연기에 그을려 있었다. 밖으로 나오자 숨을 들이마실 때마다 찬 공기가 날카롭게 폐로 흘러들어오며 코끝이 찌릿찌릿해졌다.

술집을 돌아다보니 등불 빛이 창밖으로 새어 나왔고, 밖에선 나무꾼들의 말이 추위를 몰아내려고 발을 구르기도 하고 머리를 흔들기도 했다. 콧구멍 털에 붙은 서리가 숨을 내쉴 때마다 깃처럼 주위에 날아 떨어졌다. 집으로 돌아가려고 고갯길을 올랐는데 너무 미끄러웠다. 장작을 운반하는 길이 갈라지는 곳까지는, 하얗게 얼었던 눈이 말의 소변으로 오렌지 색으로 변해 있었다. 그 앞으로는 깨끗한 눈으로 굳어진 길이 숲 사이를 뚫고 뻗어 있었다. 저녁이 되어 돌아오는 길에 두 번이나 여우를 보았다.

경치가 좋은 고장이라서, 우리는 나갈 때마다 늘 유쾌했다.

"이젠 훌륭한 수염이 됐네요." 캐서린이 말을 꺼냈다. "마치 나무꾼 같군요. 당신, 조그만 금귀걸이를 귀에 건 사람 보셨어요?"

"그건 영양(羚羊) 사냥꾼이지. 그 사람들 그걸 걸고 있으면 귀가 잘 들린다고 해서 걸고 있는 거야."

"설마 그럴라고요. 자기들이 영양 사냥꾼이라는 걸 나타내기 위해서 거는 거겠죠. 이 근처에 영양이 있어요?"

"있고말고. 당 뒤 자망 너머에."

"여우를 봐서 재미있었어요."

"여우는 잘 때 꼬리로 몸을 감아 추위를 막지."

"기분이 좋겠죠?"

"전부터 그런 꼬리를 하나 가지고 싶었어. 우리에게도 여우 같은 꼬리가 있으면 재미있겠지?"

"그렇게 되면 옷을 입는 게 큰일이겠네요."

"거기 알맞은 옷을 만들거나, 옷 따윈 상관하지 않는 나라에 살거나 하겠지."

"우린 지금 아무것도 상관하지 않는 나라에서 살고 있잖아요? 아무도 만나지 않는다는 거 참 좋지 않아요? 당신도 아는 사람 만나고 싶지 않죠?"

"응."

"잠깐 여기 앉아 쉬어요. 나 좀 피곤해요."

우리는 서로 꼭 달라붙어서 통나무에 걸터앉았다. 앞으로는 숲 사이를 지나 내리막길이 나 있었다.

"이 아이가 우리 사이를 갈라놓진 않겠죠? 이 장난꾸러기가."

"천만에, 그런 일이 있으면 안 되지."

"돈은 얼마나 있죠?"

"아직 많으니까 괜찮아. 요전 일람불 어음을 은행에서 맡아 지불해 주었소."

"당신이 지금 스위스에 있다는 걸 안다면, 당신 가족들이 어떻게 해서든지 당신을 데려가려고 하지 않을까요?"

"그럴지도 모르지. 편지로 뭐라고 써 보내야지."

"아직 편지 보낸 적 없어요?"

"없어. 어음 얘기만 썼지."

"어머나, 가족들한테 어쩜 그럴 수가 있어요!"

"전보를 치지."

"당신은 집안 식구 걱정 조금도 안 돼요?"

"걱정이야 되지만, 여러 번 싸웠기 때문에 식구들은 나라면 진절머릴 내지."

"난 당신 식구들이 좋아질 것 같아요. 어쩌면 굉장히 좋아질지도 몰라요."

"그 얘긴 그만둡시다. 말하면 마음이 심란해지니까." 얼마 지나서 나는 말했다. "피곤이 풀렸으면 이제 떠납시다."

"네."

우리는 또 길을 내려갔다. 어느새 주위는 컴컴해졌고, 구두 밑에선 눈이 뽀드득뽀드득 소리를 냈다. 밤은 건조하고 추웠으며 대단히 맑았다.

"당신 수염 멋있어요. 대성공이에요. 뻣뻣하고 사나워 보이지만, 여간 보드랍고 기분이 좋지 않아요."

"역시 있는 게 낫소?"

"네. 나 꼬마 캐서린이 태어날 때까지 머리 안 자르기로 했어요. 배가 이렇게 불러서, 이젠 제법 임부같이 뵈죠? 하지만 아이를 낳고 그전처럼 날씬해지면, 그때 머리를 자를 거예요. 그럼 당신에게 색다르고 신선한 멋진 여자로 보일 거예요. 그때가 되면 우리 같이 가서 머리를 잘라요. 아니면 나 혼자 자르고 와선 당신을 깜짝 놀라게 하는 것도 재밌겠죠."

나는 아무 말도 하지 않았다.

"그만두라고 그러시진 않겠죠?"

"물론이지, 그렇게 되면 참 볼 만하겠다고 생각하는 중이야."

"아이, 참 상냥도 하셔라. 그렇게 하면 나 아름답게 보이겠죠, 네? 너무 날씬해서 당신 가슴을 두근거리게 할 거예요. 그러면 다시 한 번 당신은 내게 반하게 되죠."

"곤란해. 지금도 귀여워 죽겠는데 또 어쩌란 말이오? 날 그만 녹여 버리겠다는 건가?"

"그래요. 당신을 녹여 버리고 말 테예요."

"맘대로 해 보오. 그것도 내가 바라는 바니까."

40

우리는 즐거운 나날을 보냈다. 하는 일도 없이 1월이 지나고 2월도 지났다. 그해 겨울은 날씨도 좋았고, 우리는 행복했다. 따뜻한 바람이 불기 시작하자 추위도 어느 정도 물러섰고, 눈이 부드러워지며 공기도 한결 봄다워졌다. 그러나 또다시 혹한이 몰아닥쳐 겨울이 되고 마는 것이었다. 3월로 들어서서야 비로소 겨울이 끝난 듯했다. 밤이 되자 비가 내리기 시작했다. 아침이 되어도 그치지 않고 그대로 내렸다. 눈은 이제 진창으로 되어서 산 중턱의 경치는 처참하게 변하고 말았다. 호수에도 계곡에도 구름이 낮게 덮였다. 산 정상 부근에도 비가 내렸다. 캐서린은 무거운 덧신을 신고 나는 구팅겐 씨의 고무장화를 신고서, 진창과 길거리의 얼음을 씻어 내리는 빗속을 우산 하나로 역까지 걸어갔다. 술집에 들러 점심 전에 베르무트를 마셨다. 밖에서는 끊임없이 빗소리가 들려왔다.

"이제 슬슬 마을로 내려가는 게 어떨까?"

"당신은 어떻게 생각하세요?" 캐서린이 되물었다.

"겨울이 끝나도 비가 계속되면 이 산에 있어도 재미없겠지. 꼬마 캐서린이 나올 때까진 어느 정도 남았지?"

"한 달쯤요. 어쩌면 좀더 늦을지도 몰라요."

"산에서 내려가 몽트뢰에 묵는 게 좋지 않을까?"

"로잔은 어때요? 거긴 병원도 있고."

"그건 그래. 하지만 거기는 마을이 너무 커서 걱정이 되는데."

"마을이 크면 그만큼 둘이서만 같이 있을 수 있고 더욱이 로잔은 훌륭한 곳일지도 모르죠."

"언제 갈까?"

"나는 언제든지 상관없어요. 당신이 가고 싶을 때라면. 당신이 가고 싶지 않으면 나도 여길 떠나기 싫어요."

"날씨가 어떻게 되는지 좀더 본 다음에 정합시다."

비는 사흘 동안 내렸다. 역 아래의 산 중턱에는 눈이 완전히 녹아 버렸다. 눈이 녹아 흙탕물이 되어서 도로에 흘러넘쳤다. 폭우와 진창으로 외출도 할 수 없었다. 비가 내린 지 사흘째 되는 날 아침 우리는 마을로 내려가기로 정했다.

"괜찮습니다, 헨리 씨." 구팅겐이 말했다. "전에도 말씀드렸듯이 괜찮습니다. 이렇게 나쁜 날씨에 여기에 계속 묵으시리라곤 생각하지 않았습니다."

"아내의 산월도 되고 해서, 여하튼 병원 가까운 데 있어야겠어요."

"알고 있었습니다. 아기가 태어난 뒤에 다시 오셔서 잠시 쉬었다 가세요."

"네, 만일 그때 방이 있다면요."

"봄이 되어 날씨가 좋아지면 기분 전환으로 한 번 더 와 보세요. 아기와 유모에게는 현재 사용하지 않는 큰 방을 내주기로 하고, 선생님과 부인께선 호수가 내려다보이는 지금 계시는 방을 쓰시면 좋습니다."

"오게 된다면 편지로 알리겠습니다."

우리는 짐을 꾸리고 나서 점심 식사를 한 뒤 전차로 떠났다. 구팅겐 부부는 일부러 역까지 나와 주었다. 주인은 진창길을 썰매로 짐을 날라다 주었다. 그들은 비가 내리고 있는데도 정거장 한 모퉁이에 서서 작별 인사로 연신 손을 흔들고 있었다.

"참 친절한 사람들이에요." 캐서린이 말했다.

"우리에게 잘해 주었지."

우리는 몽트뢰에서 로잔 행 기차를 탔다. 차창으로 지금까지 묵었던 곳을 바라보았지만, 구름 때문에 산은 보이지 않았다. 열차는 베베이에서 일단 정차한 다음 한쪽으로는 호수, 다른 한쪽으로는 비에 젖은 검붉은 밭과 발가벗은 나무들과 집들을 스치면서 계속 달렸다. 로잔에 도착하자 보통 수준의 호텔에 투숙하였다. 마차를 타고 거리를 가로질러 호텔 입구에 들어설 때까지도 비는 계속 내렸다. 접은 옷깃에 놋쇠 열쇠 뭉치를 매단 수위, 엘리베이터, 마루의 양탄자, 번쩍거리는 쇠장식이 붙은 하얀 세면기, 놋쇠 침대와 넓고 기분이 좋은 침실. 구팅겐 집에 익숙해진 터라 모든 것이 굉장히 호화롭게 보였다. 방 안의 여러 창으로부터는 위로 철 울타리를 친 벽돌담으로 둘러싸인 젖은 정원이 보였다. 급경사를 이룬 거리 건너편에도 역시 똑같은 벽돌담과 정원이 있는 호텔이 보였다. 나는 정원 분수에 떨어지는 비를 내다보고 있었다.

캐서린은 방 안의 전등을 모두 켜고서 짐을 풀기 시작했다. 나는 위스키소다를 주문하고는, 침대에 드러누운 채 정거장에서 사 온 신문을 읽었다. 1918년 3월의 신문으로, 프랑스에선 독일군의 공격이 시작되고 있었다. 캐서린이 짐을 풀고서 방 안을 왔다갔다하면서 부산히 돌아다니는 동안, 나는 위스키소다를 마시며 신문을 읽고 있었다.

"내가 사야만 할 물건이 있다는 거, 당신 아세요?"

"뭔데?"

"아기 옷 말이에요. 이렇게 될 때까지 아기 물건을 준비하지 않은 사람은 그리 많지 않을 거예요."

"당신도 사면 되지."

"그래요, 난 내일 그걸 사려고 해요. 필요한 걸 잘 생각해 보겠어요."

"당신이라면 잘 알고 있을 게 아닌가, 간호사였으니까."

"하지만 병원에서 아이를 만드는 군인은 별로 없었어요."

"내가 만들지 않았나."

그녀는 베개로 나를 때렸다. 그 바람에 위스키소다가 엎질러졌다.

"또 한 잔 주문해 드릴게요. 엎질러서 죄송해요."

"얼마 남지 않았었어. 자, 침대로 오오."

"싫어요. 이제부터 이 방을 무언가 근사하게 보이도록 만들어야 해요."

"뭣처럼?"

"우리 집처럼요."

"그렇다면 연합국 국기라도 걸구려."

"아이, 잠자코 계세요."

"다시 한 번 말해 봐."

"잠자코 계세요."

"아주 조심성 있게 말하는구려. 마치 다른 사람의 기분을 상하게 하고 싶지 않은 것 같은데."

"맞아요."

"그럼 침대로 와."

"좋아요."

그녀는 가까이 다가와서 침대에 걸터앉았다.

"나 같은 거 조금도 재미없죠? 큰 밀가루 부대 같은 꼴이니."

"천만에. 얼마나 아름답고 매력적인데."

"당신 아내가 되자마자 이런 망측한 꼴로 돼 버렸으니."

"그렇지 않다니까. 당신은 나날이 아름다워지기만 하는데."

"하지만 이제 곧 날씬해질 거예요."

"지금도 날씬한데 뭐."

"취하셨군요."

"단 한 잔의 위스키소다로."

"또 한 잔 와요. 그러면 저녁은 여기서 할까요?"

"그게 좋겠군."

"그리고 오늘은 나가지 말아요, 네? 오늘 밤은 계속 방에만 있어요."

"그렇게 합시다."

"나 포도주를 좀 마실래요. 그거라면 몸에도 괜찮을 거예요. 우리가 잘 마시는 백(白) 카프리 주가 있을지도 몰라요."

"있고말고. 이만한 호텔이라면 이탈리아 포도주쯤은 있을 테지."

웨이터가 문을 두드렸다. 그는 얼음과 함께 위스키를 넣은 유리잔과 그 옆에 소다수 작은 병 하나를 쟁반에 받쳐들고 가져왔다.

"고맙소. 거기 놔 주게. 저녁 식사 2인분과 독한 백 카프리 주 두 병을 얼음에 채워 방으로 갖다 줄 수 있겠나?"

"식사는 수프부터 하시겠습니까?"

"당신 수프 먹겠소, 캣?"

"네."

"그럼 수프 1인분만."

"고맙습니다."

그는 물러서며 문을 닫았다. 나는 또다시 신문을 들고 전쟁 기사를 읽었다. 그리고 느릿느릿 위스키 속의 얼음덩이 위에다 소다수를 부었다. 다음부터는 위스키에는 얼음을 넣지 않도록 일러두어야겠군. 얼음은 따로 가져오도록 해야겠다. 그러면 위스키가 얼마나 들어 있는지 알 수 있고, 소다수 때문에 갑자기 술맛이 싱거워지지 않으리라. 위스키를 미리 한 병 갖다 달라고 해 놓고, 얼음과 소다수만 따로 가져오게 해야겠다. 그편이 낫겠다. 좋은 위스키는 뭐니 뭐니 해도 즐거움이다. 그것은 인생의 기쁨 중 하나이다.

"뭘 생각하세요?"

"위스키에 관해서."

"위스키에 관해서요?"

"위스키라는 게 참 좋은 것이라는 걸."

캐서린은 얼굴을 찡그리며 말했다. "정말 그래요."

우리는 그 호텔에서 3주째 머물고 있었다. 나쁘지 않았다. 식당은 언제나 비어 있었지만, 저녁은 거의 방에서 먹는 일이 많았다. 우리는 거리를 산책하기도 하고 우시까지 치륜식(齒輪式) 철도로 내려간 다음 호숫가를 거닐기도 했다. 날씨는 꽤 따뜻해졌고 봄 기운이 완연했다. 우리는 산으로 돌아가고 싶었지만, 봄다운 날씨는 불과 며칠 계속되었을 뿐, 곧 살을 에는 듯한 추위가 다시 찾아들었다.

캐서린은 아기에게 필요한 물건들을 마을에서 사왔다. 나는 상점들 속에 있는 체육장으로 가서 운동으로 권투를 했다. 대부분 오전에 캐서린이 아침 늦게까지 자고 있을 동안에 거기에 갔다. 봄다운 날에는 권투를 마친 뒤에 샤워를 하고, 봄 기운이 완연한 거리를 걸어 카페에 들러서 거기 앉아 사람들을 쳐다보기도 하고, 신문을 읽거나 베르무트를 마시거나 하는 것은 매우 기분이 좋았다. 그 다음 호텔로 돌아와서 캐서린과 함께 점심을 먹었다. 권투 연습장의 사범은 콧수염을 길렀다. 그는 펀치가 정확하고 움직임도 민첩했지만, 내가 마구 달려들면 금방 나가떨어지고 말았다. 그래도 연습장은 유쾌했다. 통풍이 잘 되고 밝아서 나는 열심히 운동을 했다. 줄넘기, 새도 복싱, 활짝 열어 놓은 창으로 새어 들어오는 햇빛을 받으며 마루에 드러누워서 하는 복부 운동. 때로는 정식으로 대결하여 사범을 놀라게 하기도 했다. 처음에는 기다란 거울을 마주 보고 하는 새도 복싱이 힘들었다. 수염을 기른 사나이가 권투를 하는 모습이 거울에 비쳐 여간 이상하게 보이지 않았기 때문이다. 그러나 나중에는 그것이 재미있었다. 나는 권투를 시작했을 때 바로 수염을 잘라 버리고 싶었지만, 캐서린이 반대했다.

가끔 캐서린과 함께 마차를 타고 교외로 나갔다. 날씨가 좋은 날은 마차를 타는 것이 기분이 좋았다. 우리는 교외에서 식사를 할 수 있는 곳을 두 군데 발견했다. 캐서린은 이제 오랫동안 걸을 수 없었으므로, 나는 그녀와 마차로 시골길을 가는 것이 가장 즐거웠다. 날씨가 좋을 때는 여간 유쾌하지 않았고, 지겹다고 생각한 적은 한 번도 없었다. 아이를 낳을 날이 가까워졌다고 느끼고 있었던 만큼, 우리는 둘 다 무엇에 쫓기는 듯한 기분이 들어 함께 있는 시간을 한순간이라도 헛되이 보낼 수가 없었다.

41

어느 날 새벽 3시경, 캐서린이 침대 속에서 자꾸만 움직여서 잠이 깼다.

"괜찮아, 캣?"

"좀 아파요."

"규칙적으로?"

"그렇지는 않지만."

"규칙적으로 아프게 되면 병원으로 갑시다."

나는 매우 졸렸으므로 다시 잠이 들었다. 한참 있다가 또다시 잠이 깼다.

"의사를 부르는 게 좋겠어요. 시작한 거 같아요."

나는 의사에게 전화를 걸었다.

"진통이 얼마나 자주 옵니까?" 그가 물었다.

"얼마나 자주 진통이 찾아오지, 캣?"

"15분 정도의 주기로요."

"그렇다면 병원으로 오시는 게 좋겠습니다." 의사가 말했다. "나도 준비를 하고 곧 병원으로 가겠습니다."

나는 전화를 끊고, 이번에는 택시를 한 대 보내 달라고 역 근처에 있는 차고에 전화를 했다. 오랫동안 전화를 받지 않았다. 겨우 남자 소리가 들리며, 곧 택시를 보내겠다고 약속했다. 캐서린은 준비를 마치고 기다리고 있었다. 그녀의 가방에는 병원에서 필요한 자기 물건과 아이 물건이 잔뜩 들어 있었다. 나는 복도로 나가서 엘리베이터를 타려고 벨을 눌렀다. 아무 대답이 없었다. 나는 아래층으로 내려갔다. 아래층에는 경비원 말고는 아무도 없었다. 나는 직접 엘리베이터를 올려 캐서린의 가방을 옮기고, 그녀를 태워서 아래층으로 내려왔다. 경비원이 문을 열어 주었다. 밖으로 나와 차도로 이르는 돌계단 옆의 포석에 걸터앉아 택시를 기다렸다. 별이 총총한 맑은 밤이었다. 캐서린은 몹시 흥분하고 있었다.

"드디어 시작되었어요. 참 기뻐요. 조금만 있으면 모든 게 다 끝나겠죠."

"당신은 참 용감해."

"난 무섭지 않아요. 그래도 택시가 빨리 와 주었으면 좋겠는데."

거리를 달려오는 차 소리가 들렸다. 헤드라이트가 보였다. 택시가 차도로 구부러져 들어왔다. 내가 캐서린을 부축해서 태우고, 가방은 운전사가 앞자리에다 놓았다.

"병원으로 갑시다."

우리가 탄 차는 차도를 벗어나 언덕 위로 달렸다. 병원에 도착해 바로 안으로 들어갔다. 내가 가방을 들었다. 접수 책상에 부인이 하나 앉아 캐서린의 이름, 나이, 주소, 친척, 종교 등을 장부에다 기입했다. 캐서린이 종교가 없다고 하자 부인은 그 난에다 옆으로 작대기를 그었다. 캐서린은 자기 이름을 캐서린 헨리라고 했다.

"병실로 안내하겠습니다" 그 부인은 말했다.

우리는 그 부인을 따라 엘리베이터를 타고 위로 올라갔다. 복도를 걸어가는 동안 캐서린은 내 팔에 꼭 매달려 있었다.

"여기가 병실입니다." 그 부인이 말했다. "옷을 갈아입으신 다음 침대에 누워 계십시오. 여기 잠옷이 있으니까 입으시고."

"제 잠옷을 가지고 왔는데요." 캐서린이 말했다.

"이 잠옷을 입으시는 게 나을 겁니다."

나는 밖으로 나와 복도에 있는 의자에 앉았다.

"이젠 들어오셔도 괜찮습니다." 부인이 문간에서 나직이 말했다. 캐서린은 좁은 침대 위에 누웠다. 입고 있는 잠옷은 올이 투박해서, 마치 시트 천으로 만든 것 같이 보였다. 그녀는 나를 보고 생긋 미소를 지었다.

"진통이 본격적으로 시작됐어요."

부인이 그녀의 손목을 잡고 손목시계로 진통이 오는 간격을 재고 있었다.

"이번 건 컸어요." 캐서린이 말했다. 얼굴에도 그것이 나타나 있었다.

"선생님은 어디 계십니까?" 내가 그 간호사 같은 부인에게 물었다.

"선생님은 지금 주무시고 계십니다. 필요할 땐 이리로 오실 겁니다." 간호사가 말했다. "저, 부인께 조치를 해드려야겠는데요. 미안하지만 다시 한 번 밖으로 나가 주세요."

나는 복도로 나왔다. 텅 빈 복도로 창이 두 개 있고, 끝까지 꼭 닫힌 문이 나란히 서 있었다. 병원 냄새가 코를 찔렀다. 나는 의자에 앉아 마루를 내려다보며 캐서린을 위해 기도했다.

"들어오셔도 괜찮습니다." 간호사가 말했다. 나는 들어갔다.

"아아, 여보!" 캐서린이 나직이 불렀다.

"어때?"

"이젠 진통이 거의 계속해서 와요." 그녀는 얼굴을 잔뜩 찌푸렸는데, 이내 또 미소를 지었다. "지금 것은 진짜였어요. 간호사, 또 한 번 잔등에다 손을 대 줘요."

"그렇게 하는 것이 편하시다면."

"당신은 저리로 가 주세요." 캐서린이 말했다. "밖에 나가서 뭘 잡숫고 들어오세요. 간호사가 그러는데 꽤 오래 걸릴지도 모른대요."

"초산의 진통은 길게 끄는 게 보통입니다." 간호사가 말을 받았다.

"밖에 나가서 뭘 좀 잡숫고 오세요. 난 괜찮아요, 정말이에요."

"아니, 잠깐 여기 있을게."

진통은 규칙적으로 반복되었다. 그러다가 또 가라앉곤 했다. 캐서린은 매우 흥분하고 있었다. 진통이 심해지면 그녀는 그게 좋은 거라고 자랑스러워했다. 그리고 그것이 가라앉으면 그녀는 실망하고 부끄러워했다.

"여보, 당신 밖에 나가 주세요. 당신이 거기 계시니 자꾸만 신경이 쓰여요." 이러더니 얼굴이 갑자기 굳어졌다. "아아, 이번 건 좋았어요. 나 좋은 아내가 되어 보기 흉한 짓 하지 않고 이 아이를 낳고 싶어요. 제발 부탁이니 나가 주세요. 그리고 아침 식사를 끝마치고 돌아오세요. 나 당신이 안 계셔도 섭섭하지 않아요, 간호사가 퍽 잘해 주니까요."

"식사하실 시간은 충분히 있습니다." 간호사가 한마디 했다.

"그럼 다녀오리다."

"다녀오세요. 내 몫까지 맛있게 잡숫고 오세요."

"아침 식사는 어디서 할 수 있습니까?" 간호사에게 물었다.

"이 길로 내려가시면, 광장에 카페가 하나 있습니다. 아마 지금쯤 열려 있을 거예요."

바깥은 환해지기 시작했다. 나는 아무도 없는 거리를 걸어 카페까지 갔다. 창에 불이 켜져 있었다. 안으로 들어가 카운터 앞에 서자, 노인이 백포도주 한 잔과 브리오시(버터나 달걀이 든 롤빵)를 내주었다. 브리오시는 어제 것이었다. 나는 그것을 포도주 속에다 담그고 나서 커피를 한 잔 마셨다.

"이런 시각에 뭘 하고 있소?" 노인이 물었다.

"아내가 병원에서 아이를 낳는 중입니다."

"그렇습니까? 순산을 빕니다."

"포도주를 한 잔만 더."

노인은 포도주를 잔에다 따랐는데 조금 넘쳐서 카운터 위로 흘렀다. 나는 그것을 마시고 계산을 치른 다음 밖으로 나왔다. 길가에는 집집마다 버린 빈 깡통이 청소부를 기다리고 있었다. 개 한 마리가 깡통 속에 코를 처박고 있었다.

"넌 뭘 바라느냐?" 나는 개를 위해서 꺼내 줄 것이 뭐 있나 하고 깡통 속을 들여다보았다. 커피 찌꺼기와 먼지 그리고 마른 꽃이 몇 개 들어 있을 뿐이었다.

"아무것도 없어."

그 개는 거리를 가로질러 저쪽으로 가 버렸다. 나는 캐서린이 있는 위층까지 병원 계단을 올라와 병실을 향해 복도를 걸어갔다. 문을 두드렸는데 대답이 없었다. 문을 열었다. 아무도 없었다. 의자 위에 캐서린의 가방이 있고, 벽에는 그녀의 가운이 걸려 있을 뿐이었다. 나는 밖으로 나와 사람을 찾으려고 복도를 걸어갔다. 간호사가 한 명 있었다.

"헨리 부인은 어디 있죠?"

"어떤 부인이 금방 분만실에 계셨는데요."

"분만실이 어디죠?"

"이쪽으로 오세요."

그녀는 나를 복도 구석으로 데리고 갔다. 방문이 조금 열려 있었다. 홑이불을 덮고 침대 위에 누워 있는 캐서린이 보였다. 그 한쪽에는 간호사가, 반대쪽에는 의사가 몇 개의 원통(圓筒) 옆에 서 있었다. 의사는 한 손에 튜브가 달린 고무 마스크를 들고 있었다.

"가운을 드릴 테니 그걸 입으면 들어가서도 괜찮습니다." 간호사가 말했다. "자, 이쪽으로."

그녀는 나에게 흰 가운을 입힌 다음, 목덜미 있는 쪽을 안전핀으로 꽂아 주었다.

"자, 이젠 들어가셔도 괜찮습니다."

나는 방으로 들어갔다.

"아이 여보." 나를 보자, 캐서린이 떨리는 목소리로 나직이 말했다. "빨리 끝이 안 나네요."

"남편이십니까?" 의사가 물었다.

"그렇습니다. 어떻습니까, 선생님?"

"매우 순조롭습니다. 몸속에 가스를 넣으면 진통이 가라앉기 때문에 이리로 자리를 옮겼습니다."

"가스를 대 주세요." 캐서린이 말했다. 의사는 고무 마스크를 그녀의 얼굴에다 대고는 다이얼을 돌렸다. 나는 캐서린이 깊이 그리고 빨리 숨 쉬는 것을 들여다보고 있었다. 곧 그녀는 마스크를 떼냈다. 의사가 조그마한 마개를 비틀었다.

"이번 건 대단히 컸어요. 의사 선생님께서 막아 주셨어요. 그렇죠, 선생님?" 그녀의 목소리가 이상했다. 선생님 하고 부르는 데서 목소리가 높아졌다.

의사는 미소를 지었다.

"또 대 주세요."

그녀는 고무 마스크를 얼굴에다 꼭 대고는 빠르게 호흡을 했다. 신음이 약간 들렸다. 그녀는 곧 마스크를 떼고는 생긋 미소를 지었다.

"이번 건 대단했어요. 정말 컸어요. 걱정 마세요. 밖에 나가셔서 다시 한번 아침을 잡숫고 오세요."

"여기 있을 테요." 나는 말했다.

우리가 병원으로 간 것은 새벽 3시가 조금 지나서였는데, 정오가 되어도 캐서린은 분만실에 있었다. 진통이 또다시 가라앉고 만 것이다. 그녀는 매우 피로하고 지친 것 같았는데, 그래도 여전히 쾌활했다.

"아무리 해도 안 돼요. 죄송해요. 쉽게 끝날 줄 알았는데, 아야—또 시작하나 봐—." 그녀는 손을 뻗쳐 마스크를 집어 얼굴에다 갖다댔다. 의사는 다이얼을 돌리며 그녀를 자세히 살폈다. 조금 있다가 진통이 그쳤다.

"대단하진 않았어요." 그녀는 생긋 미소 지었다.

"난 마취에 반했나 봐요. 이거 참 신통한데요."

"집에도 둡시다."

"아, 또 시작이에요."

캐서린이 급하게 부르짖었다. 의사는 다이얼을 돌리며 회중시계를 들여다보았다.

"간격이 어느 정도입니까?" 내가 의사에게 물었다.

"약 1분 정도입니다."

"점심 식사는 안 하십니까?"

"곧 뭘 좀 먹어야죠."

"뭘 좀 드세요, 의사 선생님." 캐서린도 한마디 했다. "이렇게 오래 걸려서 죄송해요. 우리 그이가 직접 가스를 대면 안 될까요?"

"원하신다면 2라고 쓰인 숫자에 맞추어 돌리면 됩니다."

"알겠습니다."

다이얼에는 사용하는 방법이 씌어 있었다.

"대 줘요." 그녀는 이렇게 말하며 얼굴에다 마스크를 댔다. 나는 다이얼을

2라는 숫자까지 돌렸다. 캐서린이 마스크를 떼자 나는 그것을 먼저 자리로 돌려 가스를 막았다. 의사가 무엇이든, 이런 일이라도 나에게 시킨 것이 고마웠다.

"당신이 해주셨어요?" 캐서린이 빤히 쳐다보며 물었다. 그녀는 내 손목을 쓰다듬었다.

"응."

"당신 정말 멋져요." 그녀는 가스로 약간 몽롱한 상태였다.

"나는 옆방에서 간단히 식사를 하고 오겠습니다." 의사가 말했다. "언제든지 불러 주십시오."

나는 그가 식사하는 것을 한참 동안 쳐다보았다. 조금 있다가 침대에 벌렁 드러누워 담배를 피웠다. 캐서린은 자꾸 피로가 쌓여 가는 듯했다.

"제가 아이를 정말 낳을 수 있을까요?"

"물론 낳고말고."

"나 할 수 있는 데까지 노력하는 중이에요. 힘을 주면 진통이 금방 사라져 버려요. 아, 또 시작됐어요. 대 줘요."

2시에 나는 밖으로 나가 점심을 먹었다. 카페에는 몇 명의 남자들이 있었고, 테이블에 커피와 키르슈 그리고 화주(火酒)를 올려놓고 앉아 있었다. 나도 자리에 앉아 웨이터에게 물었다.

"식사를 할 수 있소?"

"점심 시간이 지났는데요."

"뭐 먹을 만한 거 없나?"

"슈크루트(초에 절인)는 있습니다."

"그럼 그것과 맥주를 주시오."

"반 잔만 하시겠습니까, 아니면 한 잔을 하시겠습니까?"

"반 잔만. 약한 걸로."

웨이터는 얇게 썬 햄을 위에다 얹고, 포도주로 적신 뜨끈한 양배추 속에 소시지를 박은 슈크루트를 한 접시 가지고 왔다. 나는 그것을 먹고 맥주를 마셨다. 배가 몹시 고팠다. 나는 카페 안에 있는 사람들을 둘러보았다. 한 테이블에서는 트럼프를 치고 있었고, 옆 테이블에는 두 사나이가 담배를 피우며 떠들고 있었다. 카페 안은 연기로 자욱했다. 아까 내가 아침 식사를 하던 카운터 안에는 이제 사람이 셋으로 늘어나 있었다. 아까 그 노인과, 카운터 뒤에 떡 버티고 앉아 테이블에 내놓는 물건을 일일이 감시하고 있는 까만 옷을 입은 통통한 여자, 그리고 앞치마를 두른 젊은이. 이 여자는 대체 아이를 몇이나 낳았을까, 낳을 때는 어떠했을까 하고 생각했다.

슈크루트를 전부 먹고 나는 다시 병원으로 돌아왔다. 거리는 이제 깨끗이 청소되어 있었다. 쓰레기 깡통은 하나도 없었다. 하늘은 흐렸지만 곧 해가 들 것만 같은 날씨였다. 나는 엘리베이터를 타고 위로 올라가서 캐서린의 병실을 향해 복도를 걸어갔다. 아까 거기다가 내 흰 가운을 벗어 놓았기 때문이다. 그것을 입고 목덜미 있는 데를 핀으로 꽂았다. 거울을 들여다보니, 마치 수염을 기른 가짜 의사 같았다. 나는 복도를 따라 분만실로 걸어갔다.

문이 닫혀 있어서 노크를 했다. 아무 대답도 없었다. 손잡이를 돌려 안으로 들어갔다. 의사가 캐서린 옆에 앉아 있었다. 간호사는 한쪽 구석에서 무엇인가를 하고 있었다.

"부군께서 오셨습니다." 의사가 말했다.

"아, 여보, 이분은 매우 훌륭한 의사 선생님이세요." 캐서린의 목소리는 아주 이상하게 들렸다. "지금도 재미난 얘길 해주셨어요. 못 견딜 정도로 진통이 심해지면, 그 고통을 편하게 해주세요. 선생님은 훌륭한 분이에요. 선생님은 훌륭한 분이에요."

"당신은 취해 있구려."

"알아요. 그래도 그런 소리 하는 게 아녜요." 그러더니 "대 줘요. 저거 대 줘" 하고 부르짖으며, 마스크를 움켜쥐더니 꼭 갖다 대고는 급히 짧고도 깊게 헐떡거리면서 가스 흡입기를 짤깍짤깍 소리나게 했다. 그 다음 긴 한숨을 내쉬었다. 그러자 의사가 왼손을 뻗쳐 마스크를 떼었다.

"이번 것은 참 컸어요." 목소리가 매우 이상했다. "이젠 죽지 않아요. 죽을 고비는 넘어섰어요. 여보, 기쁘지 않아요?"

"그런 생각은 하는 게 아니야."

"안 해요. 죽는 거 무섭지 않지만, 누가 죽을 줄 알아요?"

"그런 바보 같은 생각을 하면 되나요." 의사가 한마디 했다. "남편을 두고 돌아가시다니 될 말인가요."

"아니, 내가 죽다니요? 천만에요. 누가 죽을 줄 알아요. 죽는 거 싫어요.

죽는다는 거 바보짓이에요, 아야, 또 시작이다. 그거 이리 줘요."

얼마 지나지 않아 의사가 입을 열었다. "헨리 씨, 잠깐 밖으로 나가 계십시오. 진찰을 좀 해야겠습니다."

"어떤 상태인지 진찰하는 거예요. 끝나면 또 들어오시면 돼요. 그렇죠, 선생님?"

"그렇습니다. 들어오셔도 좋을 때 알려 드리죠."

나는 문 밖으로 나와, 캐서린이 아이를 낳은 뒤에 들어가 있기로 된 방을 향해 복도를 따라 걸어갔다. 의자에 앉아서 방 안을 둘러보았다. 점심을 먹으러 갔을 때 샀던 신문이 윗옷 주머니에 들어 있어, 나는 그것을 꺼내 읽었다. 밖은 어두워지기 시작했으므로 전등을 켜고 읽었다. 그러다가 읽는 것을 그만두고, 불을 끄고 어두워지는 밖을 내다보고 있었다. 왜 의사는 나를 부르러 사람을 보내지 않을까? 아마 내가 없는 것이 더 나은 모양이지. 어쩌면 그는 잠시 나를 멀리 쫓아 버리고 싶었던 모양이다. 손목시계를 보았다. 10분 뒤에도 사람이 오지 않으면 일단 가 보기로 하자.

내 귀엽고 불쌍한 캣, 이것이 함께 잔 것에 대한 대가란 말인가. 이것이 그 함정의 결말이란 말인가. 이것이 인간이 서로 사랑한 결과란 말인가. 하지만 그 가스는 고맙다. 마취제가 나오기 전엔 어떻게들 했을까? 일단 진통이 시작되자 모든 것이 급작스럽게 전개되었다. 캐서린은 임신 중엔 아무렇지도 않았다. 전혀 괴로워하지 않았다. 입덧도 거의 없었다. 거의 마지막까지 그다지 불쾌감도 갖지 않았다. 그러다가 마지막 순간에 그만 걸리고 만 것이다. 달아날 길이라곤 없다. 달아나, 천만에! 50번 결혼을 해도 결국은 마찬가지일 것이다. 그런데 만일 그녀가 죽으면 어떡하지? 천만에, 죽긴 왜 죽어. 요새 아이를 낳다 죽는 사람이 어디 있나. 세상의 모든 남편이 이렇게 생각하고 있을 것이다. 그렇지. 그러나 그녀가 죽으면? 천만에, 죽긴 왜 죽어, 단지 힘들 뿐이라니까. 초산은 대개 오래 걸리는 법이렷다. 단지 힘들 뿐이라니까. 나중에 우리는 그때 힘들었지 하고 말하고, 캐서린은 '사실은 그다지 괴롭지 않았어요' 하고 말할 테지. 하지만 만일 그녀가 죽는다면? 천만에, 죽긴 왜 죽어. 그러나 만일 죽는다면? 천만에, 그럴 수가 있나. 바보 소리 말아. 단지 힘들 뿐이라니까. 괴로운 게 당연하지. 초산이니까. 초산은, 반드시라고 해도 좋을 만큼 오래 걸리는 법이지. 그렇고말고. 그러나 만일 그녀가 죽는다면? 천만에, 죽긴 왜 죽어, 죽을 리가 없다니까. 죽어야 할 무슨 이유가 있단 말인가. 밀라노에서 매일 밤 실컷 재미를 본 부산물로 아이가 태어나는 것뿐이다. 그리고 그놈의 뒤치다꺼리를 하는 동안에 자연히 그놈이 귀여워지겠지. 그러나 만일 그녀가 죽는다면 어떻게 하지? 천만에, 죽긴 왜 죽어. 걱정 없어. 하지만 죽으면. 죽을 리가 없다니까. 하지만 죽으면, 아 그럼 어떻게 되지. 만약 그녀가 죽는다면.

의사가 방으로 들어왔다.

"어떻게 될까요, 의사 선생님?"

"신통치 않은데요."

"무슨 뜻이죠?"

"그뿐입니다. 진찰해 봤는데요—" 그는 진찰 결과를 자세히 설명했다. "경과를 보는 중인데요, 도무지 신통치 않습니다."

"그럼 어떻게 하면 좋을까요?"

"두 가지 방법이 있습니다. 하나는 고위겸자술(高位鉗子術)인데요, 이것은 열상을 내는 일이 있어 퍽 위험하고 태아에게도 나쁜 영향을 줍니다. 또 하나는 제왕절개인데요."

"제왕절개엔 무슨 위험이 있습니까? 만일 산모가 죽기라도 한다면?"

"보통 분만 이상으로 위험하진 않습니다."

"선생님께서 직접 하십니까?"

"그렇습니다. 필요한 장비와 인원을 갖추는 데 1시간쯤 걸리겠죠. 아니, 그렇게 걸리지 않을지도 모릅니다."

"선생님은 어떻게 생각하십니까?"

"나는 제왕절개를 권하고 싶습니다. 내 아내라도 제왕절개를 하겠습니다."

"후유증은?"

"전혀 없습니다. 다만 수술 자국이 남을 뿐이죠."

"세균에 감염될 위험은?"

"고위겸자술만큼 위험하진 않습니다."

"만일 이대로 아무런 조치도 하지 않은 채 둔다면 어떻게 될까요?"

"결국엔 어떤 조치든지 취해야 할 겁니다. 부인은 이제 지칠 대로 지쳤습니다. 지금이라도 빨리 수술을 하면 그만큼 안전합니다."

"그럼 가능한 한 빨리 수술을 해주십시오."

"그렇다면 신속하게 필요한 지시를 하겠습니다."

나는 분만실로 들어갔다. 간호사가 따라 들어왔다. 침대 위에 드러누운 캐서린은 큰 배에다 시트를 덮고 창백하고 피로한 얼굴을 하고 있었다.

"수술을 해도 좋다고 그러셨어요?"

"응."

"잘됐어요. 그럼 이제 1시간만 지나면 모든 것이 끝나겠네요. 나 아주 힘들었어요. 몸이 산산조각날 것만 같아요. 그걸 대 줘요. 고장 났어요. 아, 고장 났어요!"

"숨을 깊이 쉬어 봐요."

"쉬고 있어요. 아, 고장이에요. 고장 났어요!"

"원통을 바꿔 주십시오." 내가 간호사에게 말했다.

"막 바꾼 건데요."

"나 정말 바보예요. 하지만 그게 아주 고장 나고 말았어요, 그만." 이렇게 말하며 그녀는 울기 시작했다. "아, 이 아일 낳는 데 말썽부리지 않겠다고 생각했어요. 그런데 이젠 몸이 아주 녹아 버려 기진맥진해졌고, 게다가 이것마저 말을 듣지 않아요. 이것만 막으면 죽어도 좋겠어요. 아아, 제발 여보, 제발, 막아 줘요. 아, 또 시작이네. 아아아!" 그녀는 마스크 속에서 훌쩍훌쩍 울며 숨을 쉬었다. "고장이야. 완전히 고장 났어요. 하지만 괜찮아요. 여보, 울지 마세요. 염려 마세요. 나 이젠 안 될 것 같아요, 가엾은 당신. 나 당신을 너무도 사랑해서 곧 나을 거예요. 이번만큼은 나을 거예요. 여기 이 사람들이 날 어떻게 좀 못 해주나요? 어떻게 좀 해주기만 하면."

"내가 고쳐 볼게. 다이얼을 돌려 볼까."

"자, 그거 대 줘요."

나는 최대한으로 돌렸다. 그녀가 깊이 들이마시는 바람에 마스크를 붙잡고 있던 손의 힘이 빠졌다. 나는 가스 마개를 막고 마스크를 떼었다. 그녀는 점점 의식을 회복했다.

"이번 건 잘 들었어요. 아, 당신 참 친절해요."

"기운을 내 봐요. 그걸 언제까지나 대고 있을 순 없으니까. 계속 이렇게 하다간 당신 죽고 말거요."

"더 이상 기운이 없어요. 난 완전히 지쳤어요. 여기 사람들이 날 이렇게 만들었어요. 이제야 겨우 알았어요."

"누가 하든지 마찬가지요."

"그렇지만 무서워요. 몸이 아주 갈가리 찢어질 때까지 이 사람들 이런 짓만 하고 있어요."

"1시간만 지나면 다 끝날 거요."

"그러면 좋겠어요. 나 죽진 않겠죠, 네?"

"죽긴 왜 죽어, 절대로 안 죽어."

"당신을 남겨 놓고 죽는 거, 난 싫어요. 하지만 정말 지쳤어요. 곧 죽을 것만 같아요."

"누구나 다 그렇게 느끼는 거야."

"가끔 난, 아 이젠 죽는구나 하는 생각이 들어요."

"죽긴 왜 죽어, 죽을 리가 없어."

"그러나 만일 내가 죽으면?"

"난 당신 죽도록 내버려 두진 않을 거야."

"빨리 그걸 대 줘요, 빨리." 그러고 나서 "난 안 죽어요. 누가 죽을 줄 알아요" 하고 소리를 질렀다.

"물론이지, 죽지 않고말고."

"옆에 있어 주실래요?"

"수술은 보고 싶지 않은데."

"당신이 그냥 거기 있는 것만으로도 좋아요."

"그럼, 언제라도 있어 주지."

"당신은 정말 친절해요. 아아, 그걸 대 줘요. 좀더 대 줘요. 또 고장이에요."

나는 다이얼을 3으로, 그리고 4까지 돌렸다. 의사가 빨리 와 줬으면 싶었다. 그 이상으로 올리는 것이 두려웠기 때문이다.

드디어 새 의사가 간호사 두 명을 데리고 들어왔다. 그들은 캐서린을 바퀴가 달린 수술대로 옮겼다. 모두 복도로 나왔다. 수술대가 빠르게 복도를 지나 엘리베이터 속으로 들어가자, 모두들 벽에 몸을 꽉 붙이고는 자리를 만들어야만 했다. 이내 위로 올라가고, 문이 열리고, 엘리베이터에서 나와, 복도를 지나 수술실로 들어갔다. 의사가 수술모자와 마스크를 쓰고 있었으므로 누군지 알아볼 수가 없었다. 또 다른 의사 한 명과 간호사 몇 명이 있었다.

"이번엔 꼭 날 어떻게 해주어야 해요." 캐서린이 말했다. "날 좀 어떻게 해주어야만 해요. 부탁이에요, 선생님. 어떻게 해서든지 아프지 않게 해 주세요."

의사 하나가 캐서린의 얼굴에다 마스크를 씌웠다. 문을 통해 들여다보니, 원형 극장 같은 조그마한 수술실이 보였다.

"저쪽 문으로 들어가서 저기 앉으셔도 괜찮습니다." 간호사 하나가 나에게 말했다. 난간 뒤쪽에 흰 수술대와 조명이 내려다보이는 긴 의자들이 놓여 있었다. 나는 캐서린을 보았다. 얼굴에는 마스크가 덮여 있었는데, 이젠 가만히 있었다. 그들은 수술대를 앞으로 밀었다. 나는 복도로 나왔다. 간호사 두 명이 견학석 입구로 걸음을 재촉하고 있었다.

"제왕절개야." 그중 하나가 하는 소리였다. "이제부터 제왕절개가 시작되는 거야."

또 하나가 소리 내어 웃었다. "꼭 알맞게 왔네. 운이 좋았어." 간호사들은 견학석으로 통하는 입구로 들어갔다. 간호사가 또 하나 왔다. 그녀도 서둘렀다.

"어서 들어가세요. 걱정 말고 들어가세요."

"난 바깥에 있겠습니다."

그녀는 서둘러 들어갔다. 나는 복도를 왔다 갔다 했다. 무서웠다. 창밖을 내다보았다. 어두웠지만 창에서 새어 들어오는 빛 때문에 비가 내리는 것을 볼 수 있었다. 나는 복도 끝 방으로 들어가 병의 레테르를 들여다보았다. 그러고 나서 다시 밖으로 나와 텅 빈 복도에 우두커니 서서 수술실 문을 쳐다보고 있었다.

의사 하나가 간호사를 데리고 나왔다. 그는 이제 방금 껍질을 벗긴 토끼처럼 생긴 새빨간 무엇을 두 손에 받쳐 든 채, 재빠른 걸음으로 복도를 가로질러 건너편 다른 방으로 들어갔다. 그가 들어간 문으로 가 보니까, 방 안에서는 그들이 갓난아이에게 무슨 조치를 하고 있는 것이 보였다. 의사는 나에게 보이기 위해서 아이를 쳐들었다. 그는 아이의 두 발목을 붙잡고는 몸을 찰싹 찰싹 때렸다.

"괜찮습니까?"

"굉장합니다. 체중이 5킬로는 되겠어요."

나는 아이를 보고도 아무런 감정도 느껴지지 않았다. 나와는 아무 관계도 없는 것처럼 보고 있었다. 아버지가 됐다는 기분은 전혀 들지 않았다.

"아들이에요. 어깨가 으쓱하시겠네요?" 간호사가 물었다. 그들은 더운물로 어린애를 목욕시킨 다음 무엇으로 싸고 있었다. 조그마하고 까무잡잡한 얼굴과 손이 보였지만, 움직이지도 않고 울음소리도 없었다. 의사가 아이에게 무슨 조치를 하고 있었다. 당황한 듯했다.

"천만에." 나는 대꾸했다. "이놈은 하마터면 제 엄마의 생명을 뺏을 뻔한 걸요."

"그건 이 귀여운 갓난애의 죄는 아니에요. 사내아이를 바라지 않으셨어요?"

"아니오."

의사는 아이 일로 바빴다. 두 다리를 거꾸로 들고는 찰싹찰싹 몸을 때렸다. 나는 끝까지 보지 않고 복도로 나왔다. 이제야 수술실로 들어가 캐서린을 보고 싶다고 생각했다. 문으로 들어가 견학석 쪽으로 대여섯 걸음 내려갔다. 난간에 앉아 있던 간호사들이, 자기들 있는 데로 내려오라고 나에게 손짓을 했다. 나는 고개를 저었다. 내가 서 있는 곳에서도 충분히 보였다.

나는 캐서린이 죽었다고 생각했다. 그녀는 죽은 것처럼 보였다. 창백한 얼굴의 한쪽이 보였다. 저 아래 조명 밑에서 아까 그 의사가 크고 긴 핀셋으로 벌겋고 테두리가 두꺼운 상처를 꿰매고 있었다. 마스크를 쓴 또 다른 의사는 마취를 하고 있었다. 마스크를 쓴 간호사 두 명이 여러 가지 기구를 의사에게 건네고 있었다. 마치 종교재판이라도 보고 있는 것 같았다. 나는 그것을 바라보면서, 보려고만 하면 수술을 전부 볼 수 있었다는 것을 알았지만 오히려 보지 않아 잘되었다고 생각했다. 그들이 절개하는 것을 차마 보고 있을 수 없을 것만 같았다. 그래도 구두 고치는 사람 같은 날렵하고 숙련된 솜씨로 상처를 꿰매고, 그 꿰맨 부분이 무슨 조그마한 이랑처럼 불쑥 솟아오른 것을 보자, 나는 한결 마음이 놓였다. 상처가 모두 꿰매지는 걸 본 뒤 나는 복도로 나와 또다시 왔다 갔다 했다. 조금 있다가 의사가 나왔다.

"어떻습니까?"

"수술은 잘 됐어요. 보셨죠?"

의사는 지친 듯했다.

"꿰매고 계시는 걸 보았습니다. 쨀 곳이 퍽 길게 보이던데요."

"그래요?"

"네, 그 상처 자국은 없어질까요?"

"없어지고말고요."

잠시 뒤에, 사람들이 수술대를 밀고 나와 빠른 속도로 엘리베이터 쪽으로 복도를 따라 내려갔다. 나도 그 뒤를 따라갔다. 캐서린은 신음하고 있었다. 아래층으로 내려오자 그들은 그녀를 병실 침대에 눕혔다. 나는 침대 발치에 있는 의자에 앉았다. 방에는 간호사가 한 명 있었다. 나는 일어나 침대 옆에 섰다. 방 안은 컴컴했다. 캐서린은 손을 뻗치며 "아아, 당신" 하고 나직이 불렀다. 몹시 약하고 지친 목소리였다.

"정신이 들어?"

"아기는 보셨어요?"

"쉿―애길 해선 안 됩니다." 간호사가 말했다.

"사내아이오. 키가 크고, 어깨도 넓고, 얼굴이 까무잡잡하고."

"아기는 무사해요?"

"응, 튼튼해."

나는 간호사가 이상한 얼굴로 나를 바라다보는 것을 눈치챘다.

"나 너무나 피곤해요." 캐서린이 다시 말을 이었다. "그리고 많이 아파요. 당신은 괜찮으세요?"

"괜찮아. 여보, 말하지 마오."

"당신은 내게 정말 잘해주셨어요. 아아, 여보, 나 너무 아파요. 아기는 어떻게 생겼어요?"

"노인같이 주름살 잡힌 얼굴에 껍질 벗긴 토끼 모습이오."

"선생님은 나가 주셔야겠어요." 간호사가 재차 주의를 주었다. "부인께선 애길 해선 안 됩니다."

"그럼 나는 밖에 나가 있겠소."

"뭘 좀 잡수러 가세요."

"아냐, 문밖에 있을게."

나는 캐서린에게 키스를 했다. 얼굴에는 거의 핏기가 없고 지칠 대로 지쳐 보였다.

"잠깐, 간호사에게 할 얘기가 있는데." 나는 간호사에게 말했다. 간호사는 나를 따라 복도로 나왔다. 나는 복도를 걸으면서 그녀에게 물었다.

"아이는 어떻게 됐습니까?"

"모르셨어요?"

"모릅니다."

"살아나지 못했습니다."

"죽었습니까?"

"아무리 노력해도 숨을 쉬게 할 수 없었어요. 탯줄이 목에 감겼던지 어떻게 됐던 모양입니다."

"그래서 죽었군요?"

"그렇습니다. 참 안됐어요. 아주 예쁘고 튼튼하게 생긴 아기였는데. 아시는 줄 알았어요."

"아니, 몰랐습니다. 아내 곁으로 돌아가 간호해 주십시오."

나는 간호사의 보고서가 클립으로 끼워져 옆에 걸려 있는, 책상 앞 의자에 앉아서 창밖을 내다보았다. 어둠과, 창밖으로 새어 나오는 광선을 뚫고 떨어지는 비 말고는 아무것도 보이지 않았다. 역시 그랬구나, 아이는 죽었구나. 의사가 이상하게도 피로한 얼굴을 하고 있더라니. 그런데 왜 그들은 방 안에서 아이에게 그런 짓을 하고 있었을까? 아마도 아이가 되살아나 숨이라도 쉬어줄지 모른다고 생각한 모양이지. 나는 종교가 없지만, 아이에게 세례를 해 줘야 한다는 것쯤은 알고 있었다. 그러나 전혀 숨을 쉬어 본 일도 없다면 어떻게 되는 것일까? 사실 그 아이는 숨도 쉬지 못했다. 처음부터 죽어 있었다. 캐서린의 배 속에서만 살고 있었던 것이다.

나는 아이가 몇 번이나 캐서린의 배를 발로 차는 것을 손바닥으로 느꼈었다. 그러나 지난 일주일 동안은 그것을 전혀 느끼지 못했다. 어쩌면 그동안 질식했었는지도 모른다. 불쌍한 것, 제기랄, 내가 대신 질식해 버렸으면 좋았을걸. 아니, 죽는다고 모든 게 해결되는 건 아니다. 이번엔 캐서린이 죽을지도 모른다. 인간은 그런 존재다. 인간은 죽는다. 죽는다는 것이 무엇인지도 모르는 사이에, 알 시간도 없이. 갑자기 끌려 나와 여러 규칙을 배우게 되지만, 결국 베이스를 떠나자마자 이내 붙잡혀 죽는 것이다. 그렇지 않으면 아이모처럼 아무 이유도 없이 죽는 것이다. 아니면 리날디처럼 매독에 걸리든지. 그러나 인간은 결국 모두 죽는 것, 이것만은 틀림없는 사실이다. 어물어물 살다가 인간은 모두 죽고 마는 것이다.

언젠가 전에 야영하고 있을 때, 내가 장작 하나를 불더미 위에 올려놓은 적이 있었다. 그 장작에는 개미 떼가 붙어 있었다. 장작에 불이 붙자, 개미 떼는 우글우글 기어 나와 처음에는 불붙는 쪽으로 우르르 기어 내려가더니 곧 되돌아 나무 끝으로 몰려갔다. 거의 끝으로 모여들었구나 생각된 순간 놈들은 불속으로 뚝뚝 떨어지고 말았다. 그중에 몇몇은 몸이 불에 타서 납작해진 채, 자기가 어디로 가는지도 모르고 마구 도망갔다. 그러나 대부분은 불쪽으로 몰려갔다가 뜨겁지 않은 쪽으로 되돌아가 있더니, 결국엔 불속으로 떨어지고 말았다. 나는 그때, 이것이 세계의 종말이구나, 구세주가 될 절호의 기회로구나, 장작을 불에서 꺼내 밖으로 내던져 버리면 개미는 땅 위로 도망갈 수 있겠구나 하고 생각하였다. 하지만 나는 컵에 든 물을 장작에다 끼얹어 버렸을 뿐이다. 그것도 그 컵을 비워 위스키를 따라 물로 엷게 할 작정으로 컵에 든 물을 장작에다 끼얹은 것이다. 타고 있는 장작에다 물을 끼얹어 보았자 고작 개미를 삶아 죽이는 역할밖에는 하지 않았던 것이다.

나는 복도에 나와 앉아서 캐서린이 어떻게 되었는지 들으려고 기다리고 있었다. 하지만 간호사가 나오지 않아 조금 있다가 문 앞으로 가서, 소리 나지 않게 살며시 열고는 안을 들여다보았다. 처음에는 잘 보이지 않았다. 복도는 너무 밝은데 방 안은 컴컴했기 때문이다. 한참 만에 침대 옆에 앉아 있는 간호사와, 베개 위에 놓인 캐서린의 머리가 눈에 띄었다. 그녀는 시트 아래에 납작하게 누워 있었다. 간호사가 입술에다 손가락을 대더니 이내 일어서서 앞으로 왔다.

"아내는 어떻습니까?"

"괜찮습니다. 저녁 식사를 하고 나서 오시는 게 좋겠어요."

나는 복도를 따라 아래층으로 내려가 병원을 나서서 비 내리는 어두운 거리를 카페를 향해 걸어갔다. 가게 안은 환히 전등이 켜져 있었고, 많은 사람이 테이블에 앉아 있었다. 앉을 곳을 찾지 못해 서성이자 웨이터가 다가와 내 젖은 외투와 모자를 받아들고, 나이가 꽤 들어 보이는 사람이 앉아 있는 테이블 맞은편으로 안내했다. 그 남자는 맥주를 마시면서 석간 신문을 읽고 있었다. 나는 앉고 나서, 웨이터에게 오늘의 메뉴를 물었다.

"송아지 스튜이지만 벌써 다 떨어졌습니다."

"그럼 뭘 먹을 수 있지?"

"햄에그나 치즈에그, 또는 슈크루트도 있습니다."

"슈크루트는 점심때 먹었는데."

"아, 그러셨죠. 정말 그러셨군요. 점심때 슈크루트를 잡수셨군요."

그는 머리 꼭대기가 벗어진 중년 남자로, 그 벗어진 곳을 교묘하게 머리카락을 풀어서 감추고 있었다. 친절하게 보이는 사람이었다.

"뭐로 하시겠습니까? 햄에그, 아니면 치즈에그?"

"햄에그로 하죠. 그리고 맥주하고."

"반 잔짜리 엷은 색의 맥주죠?"

"그렇소."

"아, 정말 그러셨죠. 오늘 점심도 그걸로 하셨죠, 정말."

나는 햄에그를 먹으면서 맥주를 마셨다. 햄에그는 둥근 접시에 수북이 담겨 있었다—햄이 아래 놓이고 달걀이 위에 얹혀 있었다. 매우 뜨거웠다. 입을 식히기 위해서 맥주를 한 모금 마셔야 했다. 배가 고팠으므로 웨이터에게 요리를 더 시켰다. 맥주도 연거푸 몇 잔 더 마셨다. 나는 아무 생각도 하지 않으며, 앞에 앉아 있는 사나이의 신문을 읽었다. 영국군의 전선이 돌파되었다는 기사였다. 그는 내가 자기 신문의 뒷면을 읽고 있는 것을 눈치채자, 그것을 접어 버렸다. 나는 웨이터에게 신문을 사 오라고 부탁해 볼까도 생각했지만 구태여 그러고 싶지는 않았다. 가게 안은 덥고 공기는 탁했다. 테이블에 앉아 있는 사람들 대부분은 서로 아는 사이인 듯했다. 트럼프를 치는 사람들도 몇 패 있었다. 웨이터들은 분주하게 카운터에서 손님 테이블로 마실 것을 나르고 있었다. 두 사람이 들어왔지만 앉을 자리가 없었다. 그들은 내가 앉은 테이블 맞은편에 와서 섰다. 나는 맥주를 한 잔 더 주문했다. 자리를 뜨고 싶은 생각이 전혀 없었다. 병원으로 돌아가기에는 좀 일렀다. 아무것도 생각하지 않고 마음을 가라앉히는 데만 애를 썼다. 내 앞에 서 있는 두 사람은 서성거리다가 자리에서 일어서는 사람이 아무도 없자 그냥 나갔다. 나는 맥주를 한 잔 더 마셨다. 내 테이블 위에는 접시가 몇 개나 쌓여 있었다. 앞에 있던 사나이는 안경을 벗어 안경집에다 넣고 신문을 접어 주머니에다 넣었다. 그 다음에는 술잔을 손에 든 채 두리번거렸다. 갑자기 가야겠다는 생각이 머리에 떠올랐다. 웨이터를 불러 돈을 주고, 외투를 입고 모자를 쓰고는 밖으로 나왔다. 빗속을 걸어 병원으로 갔다.

위층에서 복도를 걸어오는 간호사와 마주쳤다.

"지금 호텔로 전화를 걸었었는데요."

가슴이 덜컹 내려앉는 듯한 느낌이었다.

"무슨 일이 있었습니까?"

"부인의 출혈이 멎지 않습니다."

"들어갈 수 있습니까?"

"아뇨, 아직 안 됩니다. 선생님이 계십니다."

"위험합니까?"

"대단히 위험합니다."

간호사는 안으로 들어가 문을 닫았다. 나는 복도에 앉아 있었다. 모든 것이 내 몸에서 빠져나가는 것 같았다. 아무것도 생각하지 않았다. 아니, 생각할 수가 없었다. 지금 캐서린이 죽어 가고 있는 것이다. 제발 죽지 않도록 해주십사고 기도를 올렸다. 그녀를 죽지 않게 해주십시오. 아아, 신이시여, 그녀를 죽지 않게 해주십시오. 그녀를 죽지 않게만 해주신다면 무슨 일이든지 하겠나이다. 제발, 제발, 비나이다. 신이시여, 그녀를 살려 주십시오. 제발, 비나이다. 제발 죽지 않게 해주십시오. 신이시여, 제발 그녀를 살려 주십시오. 그녀를 살려 주신다면 당신이 하라는 대로 무엇이든지 하겠나이다. 당신은 우리의 아이를 데려갔습니다. 그러나 그녀만은 데려가지 마십시오. 아이를 데려간 것만으로도 내 고통은 족합니다. 그녀만큼은 죽지 않게 해주십시오. 제발, 제발, 비나이다. 신이시여, 그녀를 살려 주십시오.

간호사가 문을 열고 나더러 들어오라고 손짓했다. 그녀를 따라 방으로 들어갔다. 캐서린은 이쪽을 돌아보지도 않았다. 나는 침대 옆으로 가까이 다가갔다. 의사가 침대 맞은편에 서 있었다. 캐서린이 나를 보더니 생긋 웃었다. 나는 침대 위로 몸을 수그리고 울었다.

"불쌍한 당신." 캐서린이 나직한 목소리로 속삭였다. 얼굴이 창백했다.

"괜찮아, 캣."

"나는 죽어요." 이렇게 한마디 하더니 조금 있다가 다시 말했다. "나 정말 죽기 싫어요."

나는 그녀의 손을 잡았다.

"나 만지지 마세요." 내가 그녀의 손을 놓자 그녀는 생긋 미소를 지었다. "가엾은 분. 당신이 좋으면 만져도 좋아요."

"곧 좋아질 거요, 캣. 반드시 좋아질 거야."

"만일의 경우를 생각해서 당신에게 편지를 써 두려고 했는데, 쓰지 못했어요."

"신부님이나 누구를 부르고 싶소?"

"당신만으로 충분해요." 조금 있다가 말을 이었다. "난 무섭지 않아요. 단지 죽는 게 싫어요."

"그렇게 많이 얘기하시게 해선 안 됩니다." 의사가 주의를 주었다.

"뭐 원하는 게 없소, 캣? 뭘 갖다 주리까?"

캐서린은 힘없는 얼굴로 미소를 지었다. "없어요." 그리고 나서 조금 있다가 다시 말을 이었다. "당신, 우리가 같이 하던 일을 다른 여자와 하진 않겠죠? 내게 말씀하신 것을 다른 여자에게 똑같이 말하진 않겠죠?"

"그야 물론이지."

"하지만 나 당신에게 애인이 생기길 바라요."

"난 그런 거 바라지 않아."

"말하지 마세요." 의사가 재차 주의를 주었다. "부군께선 나가 주셔야겠습니다. 나중에 또 들어오시면 될 테니까요. 부인께선 죽지 않아요. 어리석은 생각은 마십시오."

"알았어요." 캐서린은 의사에게 이렇게 말하고 나서 나를 보며 얘기했다. "나, 당신한테로 돌아가서 매일 밤 같이 잘 테예요." 그러나 이제는 그 이상 입을 여는 것도 힘든 듯했다.

"제발 밖으로 나가 주십시오." 의사가 되풀이했다. "얘길 해서는 안 됩니다."

캐서린은 창백한 얼굴로 나에게 눈짓을 했다.

"나는 문밖에 있겠소."

"걱정 마세요. 난 조금도 무섭지 않아요. 다만 이건 비열한 장난이에요."

"자, 그만, 그만. 당신은 용감해."

나는 복도에서 기다렸다. 오랫동안 기다렸다. 간호사가 밖으로 나오더니 내 옆으로 다가왔다.

"부인께서 위독하신 것 같습니다. 아무래도 불안하군요."

"죽었습니까?"

"아뇨, 하지만 전혀 의식이 없어요."

그녀는 계속 출혈했던 모양이다. 그들은 그것을 막아낼 수가 없었던 것이다. 나는 방으로 들어가, 캐서린이 숨을 거둘 때까지 함께 있었다. 의식은 마지막까지 돌아오지 않은 채, 오래지 않아 그녀는 숨을 거두었다.

병실 복도에서 나는 의사에게 이야기를 건네었다.

"오늘 밤, 내가 할 수 있는 일이 뭐 있겠습니까?"

"아뇨, 아무것도 없습니다. 호텔까지 바래다 드릴까요?"

"아뇨, 괜찮습니다. 잠시 여기 있습니다."

"뭐라고 드릴 말씀이 없습니다."

"아무 말씀 하시지 않아도 됩니다."

"이제 쉬십시오. 호텔까지 바래다 드리겠습니다."

"아뇨, 괜찮습니다."

"어쩔 수 없었습니다. 수술을 해 보고 알았습니다만……."

"그 얘긴 듣고 싶지 않습니다."

"호텔까지 바래다 드리고 싶은데요."

"아뇨, 괜찮습니다."

그는 복도 저쪽으로 걸어갔다. 나는 다시 병실 문을 열었다.

"지금은 들어오실 수 없습니다." 한 간호사가 말했다.

"아니, 들어가겠소."

"아직 들어오시면 안 됩니다."

"당신은 나가 줘요." 내가 말했다. "그리고 당신도."

나는 그들을 쫓아내고는 문을 닫고 전등을 꺼 보았지만 아무 소용이 없었다. 마치 석고상을 보고서 마지막 인사를 하는 것 같았다. 잠시 뒤에 나는 밖으로 나와 병원을 뒤로하고 빗속을 걸어 호텔로 돌아왔다.

The Snow Of Kilimanjaro
킬리만자로의 눈

킬리만자로의 눈

킬리만자로는 높이 19,710피트, 눈에 뒤덮인 산으로 아프리카 대륙의 최고봉이다. 서쪽 봉우리는 마사이어로 '누가예 누가이', 즉 신의 집이라는 뜻이다. 이 서쪽 봉우리 가까이엔 얼어붙은 표범의 사체가 하나 있다. 도대체 그 높은 곳에서 표범이 무엇을 찾고 있었던 것인지, 설명해 주는 사람은 아무도 없었다.

"고통이 없어지다니 신기한 노릇이야." 사나이는 말했다. "그래서 사람은 죽음이 올 때를 확실히 아는 모양이야."

"그게 정말이에요?"

"그렇고말고. 그런데 이렇게 고약한 냄새를 피워서 정말 미안하군. 당신도 견디기 힘들 거야."

"그런 건 신경 쓰지 말아요, 제발."

"저것들 좀 봐요." 사나이는 말했다. "저것들이 모여드는 건 내 꼴을 보고서일까? 혹은 냄새를 맡고서일까?"

그가 누워 있는 침상은 미모사나무의 넓은 그늘 아래 있었다. 그 그늘 건너편 눈이 부시게 반짝거리는 벌판에는 커다란 새 세 마리가 음산하게 웅크리고 있고 하늘에도 열서너 마리가 날고 있어, 지나갈 때마다 빠르게 움직이는 그늘을 지상에 드리웠다.

"저 새들은 트럭이 고장 난 그날부터 줄곧 저기에 있었지." 그는 말했다. "오늘에서야 비로소 땅에 내려앉았어. 언젠가 저 새들을 소설에 써보고 싶을 때가 있을 듯해서 처음에는 나는 모양을 참 유심히 관찰했지. 생각하니 우스운 짓이군."

"그런 건 생각지 말아요." 그녀가 말했다.

"단지 말하고 싶을 뿐이야." 그는 말했다. "말하고 있으면 한결 편하니까.

그렇지만 당신한테 성가시게 하려는 건 아니야."

"성가실 리가 없잖아요." 여자는 말했다. "아무것도 해드릴 수 없어서 안 타까울 지경인데요. 비행기가 올 때까진 되도록 편하게 해 드려야 한다고 생각해요."

"혹은 비행기가 오지 않을 때까지란 말이구려."

"어서 제가 할 일이나 좀 일러 주세요. 제가 할 수 있는 일이 틀림없이 있을 테니까요."

"내 다리나 잘라 주구려. 그러면 고통도 없어질 거요. 미심쩍긴 하지만. 아니면 날 쏴 죽이든지. 이젠 당신도 명사수니까. 내가 당신에게 총쏘기를 가르쳐 주지 않았소?"

"그런 말씀은 마세요. 책을 읽어 드릴까요?"

"무얼 읽겠어?"

"책가방 속에 아직 읽지 않은 게 뭐든 있겠죠."

"난 듣고 있을 수가 없어." 그는 말했다. "지껄이는 편이 제일 편해. 싸움이라도 하면 시간은 지나갈 거야."

"전 싸움은 싫어요. 하고 싶지도 않고요. 이젠 싸움은 그만둬요. 아무리 화가 나더라도. 아마 오늘쯤, 그 사람들이 다른 트럭을 갖고 돌아올 거예요. 어쩌면 비행기도 올 거고요."

"난 꼼짝도 하기 싫어." 그는 말했다. "당신을 더 편하게 해주기 위해서라면 몰라도 이젠 움직인다는 건 아무 의미가 없어."

"그건 비겁해요."

"공연히 남을 욕하지 말고 마음 편히 죽게 내버려둘 수는 없소? 내게 욕을 한댔자 무슨 소용이 있겠소?"

"당신은 죽지 않아요."

"어리석은 소리 마오. 나는 지금 죽어가고 있는데. 저 빌어먹을 놈들한테 물어보구려."

그는 크고 추악한 새들이 복슬복슬한 털 속에 벌거숭이 머리를 파묻고 앉아 있는 쪽을 바라보았다. 넷째 번 새가 땅으로 내려와 딴 새들이 있는 곳으로 지척지척 잰걸음으로 걸어갔다.

"저런 새들은 어느 캠프든지 그 주변에는 있어요. 당신 눈에 띄지 않았을 뿐이죠. 인간은 단념하지만 않으면 죽지 않아요."

"그건 어디서 읽었어? 바보같이."

"어느 누구든 다른 사람의 일이라도 생각하세요."

"천만에." 그는 말했다. "그게 내 일이었지."

그는 드러누운 채 말없이 햇빛에 아지랑이 이는 벌판 저 건너 숲가를 바라보았다. 노란 벌판을 배경으로 하여 산양 몇 마리가 조그맣고 하얗게 보였다. 멀리 저쪽에는 파란 숲을 배경으로 하얀 얼룩말 한 떼가 있었다. 이곳은 언덕을 등지고 큰 나무 그늘 밑에 자리 잡은 기분 좋은 캠프지였다. 바로 곁에는 전에는 물이 좋았으나 지금은 거의 말라 버린 샘이 있었는데, 그곳에서는 아침마다 들꿩들이 날곤 했다.

"책이라도 읽어 드릴까요?" 여자는 물었다. 여자는 그의 침상 옆에 놓인 캔버스 의자에 앉아 있었다. "산들바람이 부는군요."

"아니, 읽을 필요 없어."

"아마 트럭이 올 거예요."

"트럭 같은 건 아무래도 좋아."

"전 그렇지 않아요."

"당신은 내가 관심을 두지 않는 그 많은 일에 대해 괜한 걱정을 하거든."

"그렇지도 않아요, 해리."

"한잔할까?"

"당신에겐 해로울 거예요. 블랙의 책에도 알코올 성분은 다 피하라고 씌어 있어요. 마시면 안 돼요."

"몰로!" 그는 외쳤다.

"네, 주인님."

"위스키 소다를 가져와."

"네, 주인님."

"그건 안 돼요." 여자는 말했다. "자포자기하는 거예요. 책에도 술은 나쁘다고 적혀 있어요. 당신에겐 해롭다는 걸 나도 알고 있어요."

"바보 같은 소리, 내게는 좋아." 그는 말했다.

그는 이젠 모든 것이 끝장이 났다고 생각했다. 이제는 그것을 끝맺을 기회는 영영 없으리라. 이렇게 마시겠다거나, 또는 마시면 안 된다거나 하고 말

싸움을 하는 것이다. 오른쪽 다리에 괴저가 발생한 이래 고통이란 건 느끼지 못했고, 고통과 더불어 공포감까지도 사라지고 지금 느끼는 건 오로지 심한 피로와 이것이 종말이라는 울화뿐이었다. 지금 닥쳐오고 있는 이 죽음이라는 것에 대해서는 호기심조차 없다. 몇 해 동안이나 그것은 거의 마음속에서 떠나지 않았으나, 이제는 자연스레 그 의미가 없어졌다. 피곤해지면 죽음도 대단치 않게 생각되다니 참으로 이상한 일이다.

충분히 이해하고 훌륭한 글을 쓸 수 있을 때까지 미루어 두었던 것들도 이제는 쓰지 않을 것이다. 하지만 써보려다가 실패를 하는 경우도 없어진 셈이다. 어차피 쓸 수 없을는지도 모른다. 그러기에 차일피일 미루기만 하고 복수를 못한 것이다. 아무튼 지금에 와서는 도무지 알 수가 없다.

"우리가 오지 않았더라면 좋았을걸." 여자는 말했다. 그녀는 유리컵을 손에 들고 입술을 깨물며 그를 바라보고 있었다. "파리에 있었더라면 이런 상황은 보지 못했을 거예요. 당신은 파리가 좋다고 늘 그러셨죠. 둘이서 파리에 머무를 수도 있었고, 또 어디든지 갈 수 있었어요. 전 어디든지 갔을 거예요. 당신이 원하는 곳이라면 어디든지 가겠노라고 저는 말했지요. 사냥을 원하셨다면 헝가리에 가서 사냥을 했을 테고, 그랬더라면 퍽 즐거웠을 거예요."

"당신의 푼돈으로 말이지." 그는 말했다.

"너무해요." 여자는 말했다. "제 돈은 당신 것이기도 했는걸요. 전 뭐든 다 버리고 당신이 가자는 대로 어디나 갔고, 또 원하시는 일이라면 무엇이건 해오지 않았어요? 하지만 여기만은 안 왔으면 했었어요."

"당신은 여기가 좋다고 그러지 않았어?"

"당신의 몸이 성할 땐 좋았어요. 하지만 지금은 싫어요. 어째서 당신 다리가 이 모양이 됐는지. 이런 꼴을 당하다니 우리가 무슨 짓을 했단 말이에요?"

"내가 한 일이란 처음 긁어서 상처가 났을 때 거기에 요오드팅크(어두운 붉은 갈색으로 소독에 쓰이거나 진통, 소염 따위에 쓰이는 외용약)를 바르는 걸 잊었던 일이겠지. 게다가 병에 감염된 적이 없어서 전혀 주의를 하지 않았던 거야. 나중에 악화되어서야 다른 방부제가 떨어지는 바람에 그 약한 석탄산액을 사용하게 된 탓이지. 그 때문에 모세관이 마비돼서 괴저가 발생한 것일 거야." 그는 그녀를 쳐다보았다. "그 밖에 또 뭐가 있겠어?"

"제 말은 그런 뜻이 아니에요."

"그 덜 돼먹은 키쿠유 족 운전사 대신에 훌륭한 기술자를 두었더라면 기름 상태도 살폈을 것이고, 트럭의 베어링도 태우지 않았을 거야."

"그런 뜻이 아니라니까요."

"당신이 당신 가족이랑 그 빌어먹을 놈의 올드 웨스트베리, 사라토가, 팜 비치(올드 웨스트베리나 사라토가, 팜 비치는 다들 부자)들이 모이는 이국의 유명한 휴양지 또는 피서지 패들과 헤어져서 날 따라오지 않았더라면......"

"어머, 다 당신을 사랑하기 때문이에요. 너무하시군요. 지금도 전 당신을 사랑하고 있어요. 언제까지나 당신을 사랑하겠어요. 당신은 저를 사랑하지 않으세요?"

"그렇소." 그는 말했다. "당신을 사랑한다고는 생각하지 않아. 한 번도 사랑해 본 일 없어."

"해리! 무슨 말을 그렇게 하세요? 당신, 머리가 돌았나봐."

"아냐, 난 돌 만한 머리도 갖고 있지 않아."

"그걸 마시면 안 돼요." 여자는 말했다. "제발 좀 마시지 마세요. 우린 할 수 있는 일은 다 해봐야 해요."

"당신이나 해 보구려. 난 피곤해."

지금 그는 마음속에서 카라가치역을 보고 있다. 그는 짐을 손에 들고 서 있다. 지금 어둠을 뚫고 오는 것은 심플론 오리엔트 철도 회사 소속의 열차에서 비치는 헤드라이트다. 그는 한동안 머무르고 있던 트라키아를 막 떠나려는 참이었다. 이것은 그가 언젠가 글을 쓰려고 간직해 두었던 것 가운데 하나이다. 그날 아침 식사 때 창밖을 바라보며 불가리아의 눈이 쌓인 산을 발견했던 일. 저것은 눈이냐고 난센의 비서가 노인에게 묻는다. 노인은 창밖을 바라보면서, 아니야, 저건 눈이 아냐, 눈이 오기엔 아직 일러, 라고 대답한다. 비서는 딴 여자들에게 이것 봐, 눈이 아니래, 하고 되풀이한다. 그러면 여자들은 일제히, 저건 눈이 아니에요, 우리가 잘못 봤어요, 라고 말한다. 그러나 그것은 틀림없는 눈이었다. 그가 주민 이주 사업을 담당하고 있었을 무렵 그들을 눈 속으로 보냈던 것이다. 그리고 그들이 밟고 간 것은 눈이었고, 그해 겨울 그들은 죽었다.

　그해 크리스마스에도 가우엘타르 높은 곳에는 일주일 동안 계속 눈이 퍼부었다. 그해 그들은 크고 네모진 사기 난로가 방 절반을 차지하고 있는 나무꾼 집에 묵고 있었고, 밤나무 잎사귀를 잔뜩 넣은 요를 깔고 잠을 잤다. 그때 탈주병 한 명이 피투성이가 된 발로 그 눈 속을 걸어왔다. 그는 헌병이 자기를 뒤쫓고 있다고 말했다. 그들은 그 탈주병에게 털양말을 주어 도망을 시켜 놓고, 그 발자국이 눈으로 뒤덮일 때까지 이야기를 늘어놓아 그 헌병을 붙들어 두었다.

　슈룬츠에서의 크리스마스 날, 눈이 어찌나 반짝이는지 술집에서 밖을 내다보면 눈이 아플 정도였다. 그리고 사람들이 교회에서 집으로 돌아가는 것이 보였다. 가파른 언덕에 소나무로 둘러싸인 강기슭을 따라, 썰매를 타서 매끄러워지고 오줌에 노랗게 물든 눈길을 어깨에 무거운 스키를 걸머지고 올라가던 곳이었다. 그리고 그때 마들렌 산장 위 빙하를 단숨에 내리달으면 눈길은 얼음 케이크처럼 매끄럽고, 흰 가루처럼 가벼웠다. 속도를 더 내서 소리도 없이 전속력으로 달려 내려가는 것이 마치 새와 같았다는 생각이 난다.

　그때 모두들 눈보라 때문에 일주일 동안은 마들렌 산장에서 오도 가도 못하게 되어, 자욱한 담배 연기 속에 초롱불을 밝히고 트럼프 놀이만 했던 것이다. 렌트 씨는 지면 질수록 더 많은 돈을 걸었고, 결국에는 돈을 몽땅 잃고 말았다. 스키 교수로 번 돈도, 그해 벌어들인 수익금도, 심지어는 밑천까지 모두 잃었다. 코가 긴 그 사나이가 카드를 집어들자 보지도 않고 내던지던 모습이 눈에 선하다. 그때는 눈만 뜨면 노름을 했다. 눈이 안 온다고 노름을 하고, 눈이 너무 많이 온다고 노름을 했다. 그는 여태까지 노름으로 낭비한 모든 시간을 생각하고 있었다.

　그러나 그는 그것에 대해서는 한 줄도 글을 쓴 적이 없다. 평원 너머로 산맥이 뚜렷이 보이던 그 춥고 맑게 갠 크리스마스 날, 바커의 비행기는 전선을 넘어 휴가로 돌아가는 오스트리아 장교들의 열차를 포격하여 뿔뿔이 흩어져 도망가는 것을 기관총으로 쏘아 댔는데, 그런 것에 대해서도 아직 쓴 일이 없었다. 그 뒤에 바커가 식당에 들어와서 그때의 이야기를 시작하던 일이 생각났다. 그때 모두들 조용히 듣고만 있었는데, 누군가가 말했다.

"에이, 무지막지한 살인귀 같으니!"

그러나 그 뒤 해리와 같이 스키를 타던 사람들은 당시 그들이 죽인 같은 오스트리아 사람이었다. 아니, 정확히 그 사람들은 아니었다. 겨우내 같이 스키를 타던 한스는 카이제 기병대 소속이었다. 제제소 위쪽 계곡으로 같이 토끼 사냥을 갔을 때, 파스비오 전투와 페르티카와 아살로네를 공격했던 당시의 애기를 했다. 그렇지만 그것에 대해서도 한 마디 쓰지 않았다. 몬테코르노며 시에테 코뮴이며 아르시에도에 대해서도 쓰지 않았다.

그는 몇 해 겨울을 포랄베르크와 아를베르크에서 보냈던 것일까? 그리고 그들이 걸어서 블루덴츠에 갔을 때 여우를 팔러 온 사나이를 본 생각이 그의 머리에 떠올랐다. 그때 선물을 사러 갔던 것이다. 또 고급 키르시(체리로 만든 독한 술)에 있는 체리의 진미. 굳게 얼어붙은 땅 위에 쌓인 가루눈을 휘날리면서 미끄러지며 (히! 호! 로리는 부르짖었네) 하고 노래 부르며 험한 골짜기로 마지막 코스를 달려가다, 다시 길을 바로잡고 과수원을 세 번 돌아 빠져나와 도랑을 넘어서 숙소 뒤의 빙판 길로 나왔다. 동여맨 끈을 툭툭 쳐서 늦추고 스키를 벗어서 숙소 판자벽에 기대 놓는다. 등잔 불빛이 창에서 흘러나온다. 안에서는 담배 연기와 새 포도주가 풍기는 따스한 향기 속에서 모두들 아코디언을 켜고 있었다.

"파리에선 어디서 머물렀지?" 그는 여자에게 물었다. 그녀도 지금은 아프리카에서 와서 자기 옆 캔버스 의자에 앉아 있다.

"크리용이죠. 아시면서."

"내가 어떻게 안단 말이오?"

"우리가 늘 머무르던 곳이니까요."

"아냐, 늘 머물진 않았어."

"그곳하고 생 제르맹 거리의 앙리 4세관(館) 두 군데였죠. 당신은 그곳이 좋다고 말씀하셨는걸요."

"좋아하다니, 그건 똥무더기 같은 소리야." 해리는 말했다. "그리고 나는 그 똥무더기에 올라앉아서 우는 수탉과 같은 신세란 말이야."

"만일 부득이 가셔야 할 경우에" 여자는 말했다. "당신은 뒤에 남겨둘 것들을 모조리 다 때려 부술 필요가 있나요? 그래, 모든 것을 가지고 가야 한

단 말인가요? 당신 말도, 아내도 다 죽이고, 안장도 갑옷도 다 불살라 버려야만 하나요?"

"그렇소." 그는 말했다. "당신의 그 빌어먹을 푼돈이 바로 내 아머였어. 나의 스위프트며 나의 아머 (스위프트와 아머는 모두 시카고 최고의 통조림 회사를 경영하는 거부 (巨富)의 이름. 갑옷의 영문 발음이 '아머'라는 것을 이용한 말장난) 이기도 했어."

"그만둬요."

"좋아, 그만두지. 당신을 더는 괴롭히고 싶진 않아."

"이젠 늦었어요."

"그렇다면 좋아. 좀더 괴롭혀 줄까, 그게 더 재미있으니까. 당신과 즐겨하던 유일한 장난도 지금은 할 수가 없잖아."

"아니에요. 그건 그렇지 않아요. 당신은 여러 가지 일을 하길 좋아하셨고, 전 당신의 말이라면 뭐든지 다 했잖아요."

"제발, 자기 자랑은 그만두는 게 어때?" 그는 여자를 쳐다보았다. 여자는 울고 있었다.

"이봐." 그가 말했다. "당신은 내가 장난삼아 이러는 거 같아? 나도 내가 왜 이러는지 모르겠어. 당신을 살리려다 도리어 죽이는 짓인지도 몰라. 이야기를 시작할 적엔 나도 괜찮았어. 이럴 생각은 없었는데, 이제는 완전히 돌아 버렸어. 그리고 당신에겐 되도록 지독하게 굴려고 하고 있어. 이봐, 내가 말하는 것에 조금도 신경 쓰지 마. 정말 당신을 사랑하고 있소. 나는 여태껏 당신을 사랑하듯이 다른 누구를 사랑해 본 일은 없었소."

그는 버릇이 된 거짓말에 자기도 모르는 사이에 빠져버렸다. 그 거짓말로써 그는 지금까지 빵과 버터를 벌어 왔던 것이다.

"당신은 제겐 참 다정하셔요."

"이 암캐 같으니." 그는 말했다. "이 돈 많은 암캐. 이건 시라고. 내 머릿속엔 지금 시가 가득 차 있어. 헛소리와 시가, 헛소리 같은 시가 말이지."

"그만둬요, 해리. 왜 당신은 내게 악마처럼 굴어야 하는 거죠?"

"나는 아무것도 남겨 두고 싶지 않아. 무엇이든 남기고 가긴 싫단 말이야."

어느덧 저녁이 되자 그는 잠이 들었다. 석양은 언덕 너머로 지고 벌판에는 어둠이 깔렸다. 작은 짐승들이 캠프 근처에서 먹을 것을 찾고 있었다. 머리를 재빨리 굽히며 꼬리를 휘휘 내저으면서. 이제는 수풀에서 꽤 먼 이곳까지 와 있는 것을 그는 바라보고 있었다. 이제 새들은 땅 위에 없었다. 모두 나무 위에 묵직하게 자리잡고 있었다. 전보다 수효가 더 많아졌다. 심부름하는 소년이 그의 옆에 앉아 있었다.

"마님은 사냥 가셨어요." 소년이 말했다. "주인님, 뭘 해드릴까요?"

"아무것도 필요 없어."

여자는 먹을 고기를 잡으러 나간 것이었다. 사나이가 사냥 구경을 좋아하는 것을 잘 알고 있었지만, 그가 바라볼 수 있는 이 수풀 속의 작은 지역만은 소란스럽지 않게 하려고 먼 곳으로 나갔다. 항상 생각이 깊은 여자라고 그는 생각했다. 그녀가 알고 있는 것, 읽고 있는 것에 대해서는 사려 깊은 여자였다.

여자에게 접근했을 때 그가 이미 폐인이 되어 있었던 것은 여자의 책임이 아니었다. 남자가 마음에도 없는 헛소리를 늘어놓고 있다는 것을 여자가 어떻게 알 수 있겠는가? 단지 입버릇이나 심심풀이로 지껄이고 있는 것을 여자가 어떻게 알 수 있겠는가? 이 사나이가 마음에도 없는 헛소리를 지껄인 뒤부터는 그의 거짓말은 오히려 진실을 얘기할 때보다 여자들에게 더 효과가 있었다.

그가 거짓말을 했다기보다는 오히려 이야기할 만한 진실이 없었다는 편이 더 옳을 것이다. 그는 일생을 마음껏 즐겼고, 그것이 끝나면 이번에는 좀더 많은 돈을 가진 다른 사람들과 즐겼다. 그 지역의 거물급들이거나 혹은 전혀 새로운 사람들을 상대로 하여 다시금 자기의 생활을 시작했던 것이다.

다른 인생을 생각하지 않게 되자 만사가 신기할 따름이었다. 마음을 단단히 먹었기 때문에 다른 사람들처럼 갈피를 잡지 못하고 흐지부지하는 일은 없었다. 지금까지 해오던 일에 대해선 이젠 더는 할 수도 없게 되었으니 조금도 흥미가 없다는 그런 태도를 보였다. 그러나 마음속으론 언젠가는 이 사람들, 큰 부자들의 이야기를 써 보리라, 나는 사실 그들의 동료가 아니고 그들 사회의 스파이라는 것, 그러기에 그 사회를 떠나 그것에 대하여 글을 써 보리라, 그러니까 언제든 한번 무엇을 쓸 것인가를 알고 있는 어느 작가에 의해서 쓰이게 되는 것이리라, 하고 생각했다. 그러면서도 그는 쓰지 않았다. 아무것도 쓰지 않고 편안함만 찾으며 자기 스스로 멸시한 그런 인간이 되어 버린 매일의 생활이 그의 재능을 우둔하게 만들었고, 일에 대한 의욕마저 약하게 했기 때문에 결국 아무것도 쓰지 못하게 되고 말았다. 그가 지금 사귀고 있는 사람들은 일하지 않을 때보다 더 기분 좋게 사귈 수 있는 인물들이었다. 아프리카는 그의 인생에 있어 가장 행복하게 지내던 곳이었다. 그래서 그는 새출발을 하기 위해서 이곳으로 온 것이었다. 여기서 두 사람은 최소한의 안락함에 만족하면서 사냥 여행을 했다. 그렇다고 고생스런 일은 없었지만 호화스런 사치도 없었다. 이렇게 함으로써 다시 훈련 생활로 돌아갈 수 있으리라 생각했던 것이다. 마치 권투 선수가 몸에서 지방을 없애기 위해서 산중으로 들어가 운동을 하고 훈련하듯이, 이 방법으로 자기도 어느 정도 자기의 정신을 덮고 있는 지방을 벗겨 버릴 수 있으리라 믿으면서.

여자도 그런 생활을 즐겼던 것이다. 그것을 즐기고 있다고 그녀는 말하기까지 했다. 자극적이고 장면의 변화가 따르는 일이라면 무엇이든 그녀는 즐겼다. 거기선 새로운 사람을 만나게 되고 만사가 재미있었다. 그래서 그는 일에 대한 의욕이 되살아난 듯한 착각이 들었다. 그러나 지금 이 모양으로 일생을 마쳐야 한다고 하더라도, 그리고 그것을 그 자신도 알고는 있었지만, 제 등뼈가 부러졌다고 해서 제 몸뚱이를 물어뜯는 뱀처럼 자기 자신에게 맞서서는 안 될 것이다. 이 여자에게는 잘못이 없다. 만일 이 여자가 아니었더라면 다른 여자가 있었을 것이다. 만일 그가 거짓말로 목숨을 이어 왔다면, 거짓말로써 죽어야 할 것이다. 언덕 저 너머에서 총소리가 한 발 들려왔다.

그녀의 총 솜씨는 기가 막혔다. 착하고 돈 많은 암캐, 친절한 시중꾼인 그녀는 그의 재능의 파괴자였다. 당치도 않은 소리! 그의 재능은 그 자신이 파괴하지 않았던가. 너를 잘 보살펴 주었다고 해서 그녀를 비난해야 한단 말이냐? 그가 자기 재능을 망치고 만 것은 자기 재능을 전혀 사용하지 않았기 때문이다. 자기 자신과 자기의 믿는 바를 배반했기 때문이다. 감수성이 무디어질 정도로 너무 술을 마셨기 때문이다. 그것은 나태와 안일과 속물근성 때문이었고, 교만과 편견과 그 밖에 모든 수단과 방법을 가리지 않기 때문이 아닌가? 이건 뭐란 말이냐? 헌책 목록인가? 도대체 그의 재능이란 어떤 것이냐? 그것은 틀림없는 하나의 재능이긴 했으나, 그는 그것을 이용하는 대신에 그것을 밑천 삼아 팔았던 것이다. 그의 재능이란 실제로 이룩한 것이 아니고, 언제나 하면 할 수 있다는 그런 식이었다. 그리고 그가 생활을 하기 위해 선택한 것은 펜이나 연필이 아니고, 다른 무엇이었다. 그가 새로운 여자와 사랑에 빠지면 으레 먼젓번 여자보다 부자라는 것은 이상한 일이 아닌가? 그러나 어느 누구보다도 돈이 많고 지금의 생활을 도맡아 하고 있는 이 여자는 과거에는 남편과 자식이 있었고 애인들도 있었다. 하지만 그들에게 만족하지 못하고 지금의 그를 한 작가로서, 남성으로서, 벗으로서 또는 자랑거리의 재산으로서 극진히 사랑하고 있다. 그런데 그가 그녀를 전혀 사랑하지도 않으면서 거짓말만 일삼고 있는 지금, 그가 진실한 사랑을 하던 때보다 그 여자 돈에 대하여 더 많은 거짓말을 할 수 있다니 참 이상한 일이었다.

인간은 누구나 자기가 하는 일에 적응하게 되어 있는 것이 틀림없다고 그는 생각했다. 어떠한 방식으로 생계를 꾸려가든 거기엔 각자의 재능이 있는 것이다. 그는 자기 일생을 통하여 어떠한 형식으로든 자기의 능력을 팔아먹어 왔던 것이다. 애정에 너무 깊이 빠지지 않았을 때라야 금전에 대해서 더욱 많은 가치를 인정할 수 있는 것이다. 그는 그 사실을 발견해 냈지만, 지금은 역시 그것을 쓸 수 없다. 쓸 만한 가치가 충분히 있다 해도 쓰려고 하지 않았다.

여자의 모습이 보였다. 빈터를 가로질러 캠프 쪽으로 걸어오고 있다. 승마용 바지를 입고 라이플총을 들고 있었다. 두 소년이 숫양 한 마리를 거꾸로 어깨에 메고 뒤따라오고 있었다. 아직은 예쁜 여자라고 사나이는 생각했다. 게다가 아름다운 몸을 가지고 있다. 또 잠자리에 있어서도 훌륭한 기술과 감수성을 지니고 있다. 미인은 아니지만 그는 그녀의 얼굴을 좋아하였다. 상당한 독서가에다 승마와 사냥을 좋아했고, 지나치게 술을 마셨다. 이 여자의 남편은 아직 그녀가 비교적 젊었을 때 세상을 떠났다. 얼마 동안은 갓 성장한 두 아이에게만 몰두했다. 그러나 아이들은 그녀를 필요로 하지 않았고 그녀가 옆에 있는 것을 귀찮게 여겼다. 결국 그녀는 승마와 독서와 그리고 술에 빠진 듯했다. 저녁식사 전 오후에는 책 읽기를 즐겼고, 책을 읽으며 위스키소다를 마셨다. 늘 식사 때까지는 상당히 취해 있었고, 식사 때 포도주 한 병을 더 마시고 나면 만취하여 잠들고 마는 것이 보통이었다.

애인이 생기기 전에는 그런 식이었다. 그러나 애인이 생긴 뒤로는 많이 마시지 않았다. 취해서 잠들 필요가 없었기 때문이었다. 그러나 애인들은 이 여자를 지루하게 했다. 전에 결혼했던 남자는 그녀를 지루하게 하지 않았으나, 이 사람들은 정말 그녀를 지루하게 했다.

그때, 아이 하나가 비행기 사고로 죽었다. 이 일이 있은 뒤로는 애인을 가지고 싶어 하지 않았다. 술도 슬픔을 없애는 마취제는 아니었으므로 그녀는 새로운 생활을 다시 시작해야 했다. 갑자기 자기가 고독하다는 것을 느끼고 몹시 놀랐다. 원하는 것은 자신이 존경할 수 있는 남자였다.

일은 지극히 단순하게 시작되었다. 그녀는 그의 작품을 좋아했고, 그의 생활을 늘 부러워했다. 그는 하고 싶은 일을 하는 사람이라고 그녀는 생각했다. 그녀가 그를 자기 것으로 만든 단계와 마침내 그와의 사랑에 빠지게 된 경위는 그녀 자신을 위한 새로운 생활을 이룩하는 것이었고, 그로서는 자기의 늙은 생활의 잔재를 팔아 버렸다는 순조로운 진전의 일부분에 지나지 않았던 것이다.

그가 판 것은 먹고 살기 위해서, 즐기기 위해서가 틀림없었겠지만 그 밖에 무엇이 있었을까? 자신도 확실히 알 수 없는 일이었다. 그가 원하는 것이라면 무엇이든지 그녀는 사주었을 것이다. 그도 그것을 알고 있었다. 거기에다 그녀는 대단히 멋진 여자였다. 그는 다른 어느 누구보다도 그 여자하고는 잠자리를 함께 하고 싶었다. 왜냐하면 그녀는 누구보다도 돈이 많고 유쾌하며 감수성이 풍부했으며, 울거나 큰소리 내는 일이 없었기 때문이다. 그런데 이 여자가 재건한 이 생활도 끝나가고 있었다. 그것은 요오드팅크를 사용하지 않았기 때문이었다. 2주일 전의 일이다. 영양(羚羊) 한 떼가 머리를 치켜들고 콧구멍으로 공기를 들이마시면서 귀를 쭉 뻗치고 무슨 소리만 나면 숲 속으로 도망쳐 들어갈 태세로 서 있는 모양을 사진 찍으려고 앞으로 나가다가 가시에 무릎이 긁혔던 것이다. 그러는 사이에 사진을 찍기도 전에 영양은 도망쳤다.

여자가 돌아왔다.

그는 침대 위에서 머리를 돌려 여자 쪽을 보았다. "여보!" 그가 말했다.

"숫양 한 마리를 쏘았어요." 여자가 설명했다. "당신에게 좋은 수프거리가 될 거예요. 크림을 넣고 감자도 넣겠어요. 그런데 기분은 어떠세요?"

"퍽 좋아."

"아이 좋아라. 제 생각에도 좋아질 것 같았어요. 제가 사냥 나갈 때 당신은 주무시고 있었죠."

"푹 잤어. 멀리 갔었소?"

"아니에요. 저 언덕 너머로 돌아갔을 뿐이에요. 양을 한 방에 멋지게 쏘았어요."

"당신의 사격 솜씨는 참 굉장하군."

"전 사냥을 좋아해요. 아프리카도 좋아해요. 정말 당신 몸만 성하다면 세상에서 제일 재미있을 텐데. 당신과 함께 사냥 가면 얼마나 재미나는지 당신은 모르실 거예요. 전 이곳이 좋아졌어요."

"나도 좋아."

"여보, 당신 기분이 좋아진 걸 보니 내가 얼마나 즐거운지 모르겠어요. 아까 같은 그런 기분으로 계신다면 정말 견딜 수가 없어요. 당신 그런 말씀 안하실 거죠? 약속해 주시겠어요?"

"안 돼." 그는 말했다. "내가 무슨 말을 했는지 기억에 없어."

"제 신세를 망치지 마세요, 네? 저도 이젠 중년 여자일 뿐이에요. 그런데도 당신을 사랑하고, 또 당신이 원하시는 것을 해드리고 싶어요. 저는 벌써 두세 번이나 짓밟혔어요. 다시는 저를 망치려고 하지 마세요. 네?"

"당신을 침대에서 두서너 번 늘씬하도록 더 해주고 싶은데." 그는 말했다.

"그러세요. 그건 좋아요. 우린 그렇게 하도록 돼 있는걸요. 내일은 비행기가 올 거예요."

"어떻게 알아?"

"꼭 와요. 오기로 돼 있는걸요. 아이들은 벌써 나무를 베고 연기 올릴 풀을 준비해 놨어요. 오늘도 내려다보고 왔는걸요. 착륙할 대지도 충분하고, 양쪽 끝에 연기를 올릴 준비도 했어요."

"어떻게 내일 온다고 생각하는 거요?"

"꼭 올 거예요. 이미 예정일이 지났는걸요. 그러면 마을에 가서 당신의 다리를 치료하고, 그러곤 둘이서 근사하게 살기로 해요. 지긋지긋한 말다툼 같은 거 하지 말고요."

"둘이서 한잔할까? 해도 저물었으니."

"그렇게 마시고 싶으세요?"

"이미 한 잔했는걸."

"그럼 한 잔씩 같이 해요. 몰로! 위스키소다를 가져와!" 그녀는 큰 소리로 말했다.

"모기가 물지 않게 장화를 신는 게 좋을걸." 그는 그녀에게 말했다.

"목욕하고 신겠어요."

두 사람이 술을 마시고 있는 동안에 어둠은 점점 짙어져 갔다. 아주 캄캄해지기 직전이었고, 이미 사격을 할 수 없을 만큼 어두워졌다. 하이에나 한 마리가 언덕을 돌아 들판을 건너갔다.

"저놈은 매일 밤 저기를 건너가는군." 그가 말했다. "두 주일 동안, 매일 밤."

"밤에 소리를 지르는 게 저놈이군요. 전 상관없어요. 하지만 징그러운 짐승이군요."

함께 술을 마시면서 같이 자리에 누워 있는 것이 불쾌할 뿐, 그는 지금 아무런 고통도 느끼지 않았다. 소년들이 불을 피우자 그림자가 텐트 위에 어른거렸다. 이처럼 기분 좋게 내맡긴 생활을 묵인하고 싶은 기분이 다시 되살아오는 것을 느꼈다. 그녀는 그에게 정말 잘해주었다. 그런데 오늘 오후에 그는 잔인한 짓을 했다. 그녀는 훌륭한 여자다, 기가 막힐 정도로. 바로 그때, 자기는 죽어가고 있다는 생각이 불현듯 그의 머릿속에 떠올랐다.

그 생각은 너무나도 갑자기 떠올랐다. 물 흐름이나 바람 같은 그런 것이 아니고 난데없이 고약한 냄새를 풍기기 시작하는 공허함 같은 것이었다. 그런데 기묘하게도 하이에나가 그 공허의 한끝을 따라 미끄러지듯 가볍게 스쳐갔던 것이다.

"왜 그러세요, 해리?" 여자는 물었다.

"아무것도 아니야." 그는 말했다. "당신 이쪽으로 옮겨 앉는 것이 좋겠어. 바람 부는 쪽으로 말이오."

"몰로가 붕대를 갈아드리던가요?"

"응, 지금은 붕산만 쓰고 있어."

"기분은 좀 어떠세요?"

"조금 어지러워."

"전 목욕하고 오겠어요." 그녀는 말했다. "곧 올게요. 같이 식사를 하고 나서 침대를 안으로 들여놓기로 해요."

그래, 싸움을 그만두길 잘했어. 그는 속으로 중얼거렸다. 이 여자와는 그다지 싸움을 하지 않았지만, 그가 사랑한 다른 여자들과는 싸움이 잦았었다. 그 결과 싸움의 부식작용으로 그들이 공유하고 있던 것까지 죽여 버리는 것이 예사였다. 그는 너무 많이 사랑했고 너무 많이 필요로 했다. 그리하여 그 모든 것을 닳아 해지게 만들었다.

그는 그 당시 파리에서 싸움을 벌인 뒤 콘스탄티노플로 혼자 갔던 일을 생각했다. 그 동안 줄곧 바람을 피웠고, 그 짓에도 지쳐 버리자 마음의 고독이 억제되기는커녕 더 심해졌다. 그는 첫째 번 여자, 자기를 버리고 달아난 그 여자에게 쓸쓸함을 도저히 참을 수 없다는 사연의 편지를 써 보냈다. 언젠가 한번 르장스 근처에서 당신을 본 것 같아서 깜짝 놀라 기절할 것만 같았고, 속이 타는 것 같았다든가, 어딘지 당신과 비슷한 여자를 보고 도로를 따라 뒤따라가 보려고도 했으나 혹시 당신이 아니면 어쩌나 하는 생각이 들어서 처음의 기분을 망칠까봐 두려웠다는 둥, 어떠한 여자를 데리고 가더라도 그 것은 더욱 당신을 그립게 할 뿐이라느니, 그리고 당신을 사랑하는 심정이 도저히 가시지 않음을 알게 되었으니 당신의 지난날 처사는 조금도 문제가 되지 않는다는 둥, 그런 내용의 글이었다. 사나이는 이 편지를 냉정하고 진실된 마음으로 클럽에서 써서 뉴욕으로 부치고, 답장은 파리의 자기 사무소로 보내 달라고 부탁했던 것이다. 그러는 편이 안전할 것 같았다.

그날 밤은 그 여자를 그리는 마음이 간절하여 속이 타는 듯 느껴져 택심 ([술집 이름]) 앞을 배회하다 여자 하나를 붙잡아 저녁식사로 끌어냈다. 식사를 마치고 나서 춤을 추러 갔으나 여자의 춤이 서툴러서 기분이 나지 않으므로 정열적인 아르메니아 매춘부로 상대를 바꾸었는데, 그녀는 어찌나 배를 그에게 비벼대는지 배에서 불이 날 지경이었다. 그녀는 영국 포병 하사관과 싸움 끝에 빼앗은 여자였다. 하사관이 그에게 밖으로 나오라고 했고 두 사람은 컴컴한 자갈길 위에서 격투를 했다. 그는 포병의 턱을 두 번이나 세차게 갈겼는데도 나가떨어지지 않는 것을 보고 이제부터 정말 본격적인 싸움이 시작되리라는 것을 알았다. 상대는 그의 가슴팍을 치더니 이어 눈언저리를 때렸다. 그는 다시 왼손으로 포병을 한 대 갈겼다. 그러자 포병은 그의 위에 엎어지며 그의 윗도리를 움켜쥐고 소매를 잡아 찢었다. 그는 포병의 뒤통수를 두 번 갈기고 떠다밀면서 오른손으로 냅다 갈겼다. 포병은 머리를 부딪치며 나가떨어졌다. 그때 헌병이 달려오는 소리가 들렸으므로 그는 여자를 데리고 도망쳤다. 택시를 잡아타고 보스포러스 해협을 따라 리미리 히사를 향하여 달렸다. 그리고 그곳을 한 바퀴 돌고서는 시원한 밤공기를 마시며 되돌아와 잠자리에 들었다. 그 여자는 겉모습과 같이 너무 무르익은 감이 있었지만, 부드럽고 장미꽃잎 같고 꿀같이 매끄러운 배와 커다란 가슴, 탄력 있는 엉덩이를 지니고 있었다. 그러나 아침에 그 여자의 망측한 꼴을 보고 그녀가 눈을 뜨기 전에 그곳을 나와 버렸다. 눈자위에 검은 멍이 든 채 페라 팔레스에 나타났다. 윗옷은 한쪽 소매가 없어졌기 때문에 손에 들고 있었다.

같은 날 밤, 그는 아나톨리아를 향해 출발했다. 그 여행의 마지막 무렵 아편을 얻으려고 재배하는 양귀비 밭을 온종일 말을 타고 달렸던 일이 생각났다. 그러자 차차 이상한 느낌이 들어 마침내 거리를 분별하는 데 착각을 일으키고 말았다. 이곳은 그들이 새로 온 콘스탄틴의 장교들과 합세하여 공격을 해온 장소였다. 그 장교들은 전투의 치열함을 모르는 신병들이었다. 포병대는 그 부대에 포격을 퍼붓고 있었고, 영국의 관측 장교는 어린애처럼 큰 소리를 지르고 있었다.

그날 처음으로 그는 발레용 스커트 같은 것을 입고 솔이 달린 장화를 신고 있는 전투병을 보았다. 터키 군대가 쉴 새 없이 떼를 지어 왔다. 스커트 입은 병사들이 도망치자 장교들은 그들을 향하여 권총을 쏘아댔다. 이어 그 장교들도 도망치기 시작했다.

그도 관측 장교와 함께 도망을 쳤다. 숨이 콱 막히고 입안은 동전을 씹은 것 같은 냄새로 가득 찰 지경이었다. 그들은 바위 뒤에 숨었다. 터키병은 여전히 무더기를 이루어 쳐들어오는 것이었다. 그는 그 뒤에 상상할 수도 없는 끔찍한 광경들을 보고, 나중에는 더 끔찍한 것을 보고 말았다. 당시 파리에 돌아왔을 때 그런 이야기는 누구에게도 하지 않았는데, 사실 말하기도 끔찍한 일이었다.

그가 다니던 카페엔 미국인 시인이 있었다. 그 시인은 커피잔을 앞에 놓고, 감자 모양의 얼굴에 멍청한 표정으로 어떤 루마니아 사람과 다다이즘 운동에 관한 이야기를 하고 있었다. 그 루마니아인의 이름은 트리스탄 차라라고 하는데 언제나 외알 안경을 쓰고 두통을 앓고 있었다. 그는 아내의 아파트로 돌아갔다. 그는 아내를 다시 사랑하기 시작했다. 싸움도 끝나고, 미친 짓도 다 떨쳐버리고, 이제는 안락한 가정에 있기를 좋아했다. 그리고 우편물도 사무소에서 아파트로 보내주었다. 그런데 어느 날 아침 그가 편지를 보낸 그 여자한테서 온 답장이 쟁반에 놓여서 왔다. 필적을 본 그는 가슴이 서늘해져서 급히 그 편지를 다른 편지 밑으로 집어넣으려고 했다. 그러나 아내는 말했다. "여보, 그거 누구한테서 온 편지예요?" 이리하여 새로운 생활의 시작은 끝을 맺고 말았던 것이다.

그는 여자들과 함께 지냈던 때의 즐거움과 그리고 싸움을 했던 일도 떠올려 보았다. 그들은 언제나 싸움하기에 알맞은 장소를 택하곤 했다. 그런데 기분이 가장 좋을 때 언제나 싸움이 벌어지는 것은 무슨 까닭이었을까? 그런 것에 대해서는 단 한 번도 쓴 일이 없었다. 그것은 우선 누가 되던지 남을 다치게 하고 싶지 않았고, 그 다음으로는 그것이 아니라도 얼마든지 쓸 것이 있을 성싶어서였다. 그러나 언젠가는 쓸 때가 오리라, 하고 늘 생각했다. 쓸 것은 참 많았다. 그는 이 세상의 변화를 보아왔다. 겉으로 드러난 사건뿐이 아니었다. 사건도 많이 보아 왔으며 사람도 관찰하여 왔으나, 그것보다는 그는 미묘한 사회의 변화를 보아왔던 것이다. 시대의 변화에 따라 사람이 어떻게 변하는지 알 수 있었다. 그 속에서 살아왔고 그것을 관찰해 왔으므로 그것을 쓰는 것이 나의 의무이다. 그러나 이제는 쓰지 못하리라.

"기분은 좀 어떠세요?" 여자는 물었다. 목욕을 마치고 텐트에서 나오는 참이었다.

"좋은데."

"그럼 식사를 드릴까요?" 그녀 뒤에서는 몰로가 접는 식탁을 들고 있었고, 다른 소년이 수프가 든 접시를 들고 서 있었다.

"나는 글을 쓰고 싶군." 그는 말했다.

"수프라도 좀 드시고 기운을 차리셔야 해요."

"난 오늘 밤 죽을 거야." 그는 말했다. "기운을 차릴 필요도 없다고."

"해리! 제발 그런 신파조 같은 말씀은 그만두세요."

"코는 됐다 뭘 하는 거야? 내 넓적다리는 이젠 반이나 썩어 버렸는데, 이 수프 따위를 뭣 때문에 먹어야 한단 말이야? 몰로! 위스키소다 가져와."

"제발 수프를 잡수세요." 그녀는 상냥하게 말했다.

"그래 먹지."

수프는 너무 뜨거웠다. 먹기 좋을 만큼 식을 때까지 컵을 손에 들고 있어
야 했다. 잠시 뒤 그는 군소리 없이 그것을 다 먹었다.

"당신은 훌륭한 여자야." 그는 말했다. "이제 내게 마음 쓰지 마."

그녀는 평판 있고 호감을 주는 그런 얼굴로 그를 쳐다보았다. 그것은 〈스
파〉지(誌)나 〈타운 앤드 컨트리〉 같은 잡지에 흔히 나오던 얼굴이었다. 다
만 술과 잠자리 일 때문에 얼굴이 약간 수척해졌을 뿐이었다. 그러나 〈타운
앤드 컨트리〉 잡지에서도 그처럼 탐스러운 젖가슴이며 그토록 훌륭한 넓적
다리며 허리를 부드럽게 어루만져주는 그런 귀여운 손은 결코 실린 일이 없
었으리라. 그녀를 바라보면서 그 유명한 아름다운 미소를 쳐다보자, 그는 다
시금 죽음이 다가옴을 느끼는 것이었다. 이번에는 돌연히 닥쳐오는 것이 아
니었다. 촛불을 사르르 흔들어 불꽃을 높이 불어 일으키는 바람처럼 혹 하고
불어오는 것이었다.

"나중에 애들더러 모기장을 가져오라 해서 나뭇가지에 매달도록 해줘. 그
리고 불을 피워 줘요. 난 오늘 밤 텐트에 들어가지 않겠어. 움직인댔자 별
수 없어. 오늘 밤은 맑으니까 비도 오지 않을 것 같구려."

이처럼 귀에 들리지 않는 속삭임 속에서 사람은 죽어가는 것이다. 그렇다.
이젠 싸움질도 없을 것이다. 그것만은 약속할 수 있다. 이제까지 해 보지 못
한 한 가지 경험만은 깨뜨리지 못할 거야. 그러나 이것마저 깨뜨려 버릴지도
모른다. 무엇이든 파괴해버리는 위인이니까. 하지만 아마 그러진 않을 것이
다.

"당신 받아쓰기는 못하겠지?"

"해본 적 없어요." 그녀는 대답했다.

"그럼 됐어."

물론 이젠 시간이 없다. 초점을 맞추어 잘 추린다면 모든 것을 한 문장에
압축할 수 있을 것 같은 생각도 들었지만.

호수 위 언덕에 갈라진 틈을 흰 모르타르(mortar : 회나 시멘트에 모래를
쉬고 물로 갠 것)로 칠한 통
나무집 한 채가 있었다. 문 옆에는 장대가 서 있고 식사 시간을 알리는 종이

매달려 있었다. 집 뒤에는 들판이 있고 그 들판 뒤는 숲이었다. 롬바르디아 종(種) 미루나무가 집에서부터 호숫가 부두까지 한 줄로 늘어서 있었다. 다른 미루나무들은 곶을 따라 늘어서 있었다. 한 줄기 길이 숲가를 따라 언덕으로 뻗쳐 있고, 그는 이 길을 걸으며 검은 딸기를 따곤 하였다. 뒤에 그 통나무 오두막집은 타버렸고, 난로 위에 사슴발로 만든 총걸이에 걸려 있던 총도 타버리고 말았다. 나중에 보니 탄창의 탄환은 녹아 버렸고 개머리판도 타서 총신만 잿더미 위에 나둥그러져 있었다. 그 재는 세탁용의 큰 가마솥에 필요한 잿물을 만드는 데 사용되었다. 타다 남은 총신을 가지고 놀아도 괜찮으냐고 할아버지에게 물으면 당신은 안 된다고 말했다. 타버리기는 했어도 역시 자기 총이라는 뜻이리라. 그 뒤 다시는 총을 사지 않았다.

그뿐만 아니라 사냥도 하지 않았다. 이번에는 널빤지로 같은 장소에 집을 다시 짓고 하얗게 칠을 했다. 현관에서는 미루나무와 건너편의 호수가 보였다. 그러나 이제 총은 집 안에 없었다. 통나무집 벽 사슴발 총걸이에 걸려 있던 총신은 지금은 잿더미 위에 나둥그러져 있었지만 누구 하나 손대는 사람은 없었다.

전쟁 뒤 우리는 블랙 포레스트에서 송어 낚시장을 빌린 일이 있었는데 그곳까지 가는 데는 두 갈래 길이 있었다. 그 하나는 트리베르크로부터 골짜기로 내려가는 길이며, 하얀 길 옆에 자라고 있는 나무 그늘 골짜기 길을 돌아, 언덕으로 뻗친 샛길로 올라가서 슈바르츠발트풍(風)의 큰 집들이 있는 조그만 농장을 몇 개 지나면 마침내 낚시장에 다다른다. 그곳이 바로 낚시질을 시작하는 곳이었다.

또 하나의 길은 숲 변두리까지 험한 언덕길을 올라가, 소나무숲을 지나 언덕배기를 넘어서 초원 언저리로 나와 다시 이 초원을 가로질러 다리까지 내려가는 길이었다. 거기 개울가를 따라 벗나무가 자라고 있었는데, 개울은 폭이 좁고 크지 않지만 물이 맑고 물살이 빨랐다. 벗나무 뿌리 밑은 물결에 패어 못을 이루고 있었다. 트리베르크의 호텔 주인에게는 경기가 좋은 계절이었다. 거기는 매우 즐거운 곳이었고, 모두 사이좋게 지냈다. 그 이듬해 불경기가 닥쳐왔다. 지난해에 번 돈으로는 호텔을 여는 데 필요한 물자를 사들일 수가 없어서 주인은 목을 매어 죽고 말았다.

여기까지는 받아쓰게 할 수 있겠지만, 콩트르스카르프 광장에 대한 일은 받아쓰게 할 수 없을 것이다. 그곳에선 꽃장수들이 길에서 꽃에 물감을 들이고 있었다. 버스가 출발하는 부근의 도로 위에는 물감이 흘러내리고 있었다. 노인과 여자들은 포도주와 포도즙을 짜고 난 찌꺼기로 만든 값싼 술에 늘 취해 있었고, 아이들은 추위에 콧물을 질질 흘렸다. 카페 데 자마퇴르에서는 더러운 땀 냄새와 빈곤과 주정뱅이의 냄새가 풍기고 있었고, 그들이 살고 있던 발 뮈제트 아래층에는 매춘부들이 살고 있었다. 문지기 여자는 프랑스 공화국의 기병을 자기 방에서 접대하고 있었고, 말총으로 장식한 그의 헬멧은 의자 위에 놓여 있었다. 복도 맞은편 방에 세 들고 있는 여자의 남편은 자전거 경주 선수였다. 그날 아침 우유가게에서 〈로토〉지(誌)를 펴들고 남편이 처음 출전한 파리·투르 간의 대경주에서 3등을 한 기사를 보았을 때 그 여자는 기뻐했다. 여자는 얼굴을 붉히고 낄낄 웃더니 황갈색의 스포츠 신문을 들고 무엇인가 떠들어대면서 2층으로 올라갔다. 발뮈제트를 경영하고 있는 여자의 남편은 택시 운전사였다. 즉 해리가 일찍이 첫 비행기로 떠나야 했던 날 아침, 운전사는 문을 흔들어 그를 깨운 적이 있었다. 그들은 출발하기 전 술집의 양철로 된 카운터에서 백포도주를 한 잔씩 했다. 그때의 그는 이웃들과 친하게 지내고 있었는데 그것은 그들이 가난했기 때문이었다.

그 광장의 주위에는 두 종류의 인간이 있었다. 주정뱅이와 스포츠광이었다. 주정뱅이는 술에 취하여 자신의 가난을 잊었고, 스포츠광은 운동에 정신이 팔려 자기의 가난을 잊었다. 그들은 파리 코뮌 당원의 자손들이기는 해도, 정치적 문제로 옥신각신하며 다투는 일은 없었다. 그들은 자기들의 부모, 친척, 형제, 그리고 친구들을 누가 죽였는지 잘 알고 있었다. 그때는 베르사유 군대가 쳐들어와서 코뮌 정부의 뒤를 이어 파리를 점령한 뒤에 손이 거친 사람, 모자를 쓴 사람, 그 밖에 노동자라는 표시가 있는 사람이라면 닥치는 대로 잡아다 죽였던 것이다. 그래서 그는 말고기 푸줏간과 포도주 협동조합 앞길 건너편 숙소에서 쓰려고 했던 작품의 첫 부분을 썼던 것이다. 파리에서는 그곳만큼 마음에 드는 곳은 없었다. 가지가 쭉 뻗은 나무, 하얀색으로 회칠을 한 데다 아래에는 갈색을 칠한 낡은 집들, 둥근 광장에 서 있는 초록빛의 긴 합승차들, 도로 위에 흐르는 자줏빛의 꽃 물감, 카르디날 루므와느 거리의 언덕에서 센 강으로 내려가는 가파른 비탈길, 무프타르 거리의 비좁고 혼잡한 곳을 통하는 또 하나의 길, 하나는 팡테옹 쪽으로 올라가는 거리이고, 또 하나는 그가 늘 자전거로 다니던 거리이다. 그 구역에서는 단 하나밖에 없는 아스팔트길이었고 자전거 타이어도 매끄럽게 굴러갔다. 높고 좁은 집들이 늘어섰고, 폴 베를렌이 마지막 숨을 거두었다는 높은 건물의 싸구려 호텔도 있다. 그들이 살고 있던 아파트엔 방이 두 개뿐이었는데, 베를렌은 맨 위층의 하나를 월 60프랑에 빌려 그곳에서 글을 썼었다. 거기서는 파리의 지붕과 굴뚝과 언덕들이 전부 보였다. 아파트에선 장작과 석탄 가게가 보일 뿐이었다. 거기서는 포도주도 팔고 있었다. 질이 나쁜 술이었다. 말고기판 바깥에는 황금색의 말머리가 걸려 있고 열린 창문에는 누런빛을 띤 붉은 말고기가 걸려 있었다. 그들이 늘 포도주를 샀던 녹색 페인트를 칠한 협동조합도 보였다. 술은 좋았고 값도 쌌다. 그 나머지는 벽토를 칠한 벽과 이웃집 창들뿐이다. 밤엔 누군가 술에 취해서 거리에 나자빠져, 사실 그런 것은 존재하지 않는다고 믿다시피 들어온 그 전형적 프랑스식의 주정조로 신음하고 끙끙대면 이웃 사람들은 창문을 열고 뭐라고 지껄이는 것이었다.

"경찰은 어디 갔어? 필요 없을 땐 곧잘 나타나면서, 빌어먹을 놈들! 어느 문지기와 자빠져 자고 있을 거야. 경찰을 불러와!" 그리고 누구인가 창을 열고 물 한 통을 퍼부으면, 그 주정하는 소리가 뚝 그쳤다. "이건 뭐야? 물이로군. 그거 약은 방법인데." 그러면 창문은 닫힌다. 그가 데리고 있던 가정부 마리는 여덟 시간 노동제를 항의했다. "남편이 6시까지 일을 하게 되면 집으로 돌아오는 길에 간단히 한 잔 정도를 할 테니 돈도 그다지 낭비하지 않을 거예요. 그렇지만 5시까지만 일을 한다면 매일 밤 취하게 되니 돈이 남을 리 없어요. 노동 시간 단축으로 골탕을 먹는 사람은 노동자의 여편네뿐이라니까요."

"수프 좀 더 드시겠어요?" 그때 여자가 물었다.

"아니, 고마워. 참 맛있군."

"조금 더 드세요."

"난 위스키소다를 마시고 싶은데."

"그건 당신 몸에 좋지 않아요."

"물론 내겐 좋지 않지. 콜 포터(미국 유행 작곡가)가 그런 가사를 써서 작곡까지 했지. 당신이 나에게 미친 듯이 신경을 쓰는 것을 잘 아는 모양이야."

"아시다시피 저도 당신에게 술을 드리고 싶기는 해요."

"아, 물론 그럴 거요. 다만 내 몸에 나쁘니까 그렇단 말이지."

이 여자가 가버리면, 하고 그는 생각했다. 내가 좋아하는 것을 모조리 손에 넣으리라. 내가 필요한 것 전부는 아닐지라도, 적어도 여기 있는 것만은. 아아 피곤하다. 너무 피곤해. 그는 잠시 눈을 좀 붙여보려 했다. 그는 가만히 누웠다. 죽음은 거기엔 없었다. 다른 거리로 돌아서 가버린 게지. 죽음은 나란히 자전거를 타고 도로 위를 소리 없이 달리고 있었다.

그렇다. 그는 아직 파리에 대해서 한 번도 써 본 일이 없었다. 늘 마음에 간직하고 있는 파리에 대해선 쓰지 않았다. 그러면 아직 한 번도 써 본 일이 없는 다른 일에 대해선 어떠한가?

그 목장과 은회색의 쑥이며 관개용 수로에 흐르던 맑은 물결이며 짙은 초록빛의 토끼풀 등은 어떠하였던가? 오솔길은 언덕을 넘고 또 넘어간다. 여름에는 소들이 사슴처럼 부끄럼을 탔다. 가을이 되어 소들을 산에서 끌어내릴 때의 울음소리와 아우성, 그리고 먼지를 일으키며 느릿느릿 움직이는 한 떼의 소. 그리고 서산 너머 저녁 햇빛에 뚜렷이 그 윤곽을 드러내고 있는 봉우리, 달빛에 비친 오솔길을 말을 타고 내려올 때 건너편 골짜기까지 훤히 비치던 일, 어둠 속에 앞이 보이지 않아 말의 꼬리를 잡고 숲 사이를 내려오던 일들이 생각난다. 그 밖에 써보려고 했던 모든 이야기가.

그때 아무도 건초를 가져가지 못하게 목장에 남아서 지키고 있던 바보 같은 일꾼 소년, 그리고 사료를 조금 얻어가고 싶어서 왔던 포크 집안의 고약한 영감에 관한 얘기도 있다. 이 늙은이는 그 소년을 자기가 데리고 있을 때 곧잘 때리곤 하였다. 소년이 이번에는 안 된다고 거절하자 늙은이는 또 때리겠다고 위협했다. 소년은 부엌에서 라이플총을 들고 나와 늙은이가 헛간에 들어가려고 할 때 쏘았다. 사람들이 목장으로 돌아왔을 때는 이미 늙은이가 죽은 지 일주일이나 지나 있었다. 시체는 가축우리 속에서 꽁꽁 얼어붙어 있었고, 시체의 일부는 개들이 뜯어 먹고 있었다. 그러나 시체의 남은 부분을 담요에 싸서 썰매 위에 싣고 밧줄로 동여맨 다음, 소년이 거들어서 그것을 끌고 갔던 것이다. 이리하여 소년과 그는 스키를 타고 고개를 넘어, 도로 위로 끌고 나와 60마일이나 되는 마을로 내려가 그 소년을 경찰에 넘겼다.

소년은 자기가 체포되리라곤 전혀 생각도 못했던 것이다. 소년은 자신의 의무를 다했으며 그와는 친한 사이였으니 체포는커녕 무슨 보상이라도 받을 줄 알았던 것이다. 늙은이의 시체를 운반하는 시중을 든 것도, 노인이 얼마나 나쁜 사람이었는지도, 그리고 어떻게 자기 것도 아닌 사료를 훔치려고 했는가도 다들 알고 있는 것이라 생각했던 것이다. 그러므로 경찰관이 쇠고랑을 채웠을 때 소년은 그것이 정말인지 믿을 수가 없었다. 그래서 소년은 울기 시작했다.

이것은 그가 써보리라 했던 이야기 중 하나였다. 그 고장이라면 이런 소재는 적어도 스무 개 쯤은 있다는 것을 알고 있었다. 그러나 그는 한 번도 쓰지 않았다. 무슨 까닭일까?

"무슨 까닭인지 좀 말해 주오." 사나이는 말했다.

"뭐가 무슨 까닭이에요?"

"아무것도 아냐."

이 사나이와 살게 된 뒤로 여자도 술을 많이 마시지는 않게 되었다. 그러나 그는 다행히 살아난다 하더라도 이 여자에 대해선 쓰지 않으리라. 그는 지금 이것을 잘 알고 있다. 다른 여자에 관해서도 쓰지 않으리라. 도대체 돈이 많은 놈들은 우둔하고, 과음하든지 혹은 주사위 노름만 지나치게 하는 지루한 놈들이니 같은 일을 되풀이할 뿐이다. 그는 가난한 줄리앙이 생각났다. 줄리앙은 부자 놈들에 대해서 낭만적인 존경심을 품어, 어느 때인가 '부자들은 당신이나 나와는 다른 족속이다'라는 첫 구절로 시작되는 소설을 쓰려고 한 적도 있었다. 그때 누군가가 줄리앙에게 "그래, 그들은 우리보다 돈이 많지" 하고 맞장구쳤던 것이다. 그러나 줄리앙에게는 그 말이 농담으로 들리지 않았다. 그는 부자들은 뭔가 특별한 매력을 지닌 족속이라고 생각하고 있었다. 그런데 사실은 그렇지 않다는 것을 알았을 때 그것은 다른 무엇보다도 그의 기분을 잡쳤던 것이다.

그는 환멸을 느끼는 인간을 경멸했다. 그 무엇을 이해했다고 해서 좋아할 필요는 없다. 그는 무슨 일이든지 이겨낼 수 있다고 생각했다. 왜냐하면 무슨 일에든지 개의치만 않는다면 그것이 자기를 괴롭힐 수는 없었기 때문이다.

옳다! 이젠 죽음에 대해서도 염려하지 말자. 지금까지 끊임없이 두려워한 것은 단 하나, 고통뿐이었다. 고통이 너무 오래 계속되어 마침내 그를 지쳐 버리게 하지 않는 한, 그도 누구 못지않게 고통을 이겨낼 수 있으리라. 그러나 지금 여기엔 무섭게도 고통을 주는 무엇이 있었다. 그것이 자기를 파괴하리라고 느낀 순간 고통은 멎어 버렸다.

오래 전 척탄병 장교인 윌리엄슨이 철조망을 뚫고 참호로 들어가다가 독일군 순찰병이 던진 수류탄에 맞은 일이 생각났다. 그는 비명을 지르면서 누구든지 자기를 죽여 달라고 애원했다. 비록 그는 말도 안 되는 허풍을 치는 버릇이 있었지만, 뚱뚱한 몸에 대단히 용감했고 훌륭한 장교였다. 그러나 그날 밤 철조망에 걸리자 적의 탐조등에 비쳤고, 내장이 튀어나와 철조망에 걸렸던 것이다. 그래서 전우들이 목숨이 붙어 있는 그를 끌어당길 때 그의 내장을 잘라내야만 했다. 나를 쏴 주게. 해리, 제발 부탁이야. 나를 쏴 주게. 언젠가 그들은, 하느님은 우리에게 견딜 수 없는 고통을 주시진 않는다는 문제로 토론한 적이 있었다. 그것은 적당한 시기가 오면 고통은 저절로 사라진다는 뜻이라고 이론을 내세운 자도 있었다. 그러나 그는 언제나 그날 밤의 윌리엄슨을 잊을 수 없었다. 그가 자기가 사용하려고 간직해 두었던 모르핀 알약을 전부 줄 때까지 윌리엄슨의 고통은 좀처럼 사라지지 않았다. 게다가 모르핀도 즉각적인 효력은 없었던 것이다.

그건 그렇고 현재 자기가 겪고 있는 이 정도의 고통은 아무것도 아니다. 이러한 상태가 계속되더라도 그 이상 악화되지 않는다면 걱정할 것은 없다. 더 나은 상대와 있고 싶어하는 마음 이외에는.

그는 같이 있었으면 하는 사람에 대하여 잠시 생각해 보았다.

아니지. 온갖 일을 해온데다 너무 오래 끌었고, 이미 때가 늦은 지금 아직도 상대가 있으리라고 기대하는 것은 무리한 일이라고 그는 생각했다. 사람들은 다 가버렸다. 파티는 끝나고 남아 있는 사람은 나와 여주인뿐이었다.

다른 모든 것이 지겨운 것처럼 죽음도 지겨워져간다고 그는 생각했다.

"지겨운 일이야." 그는 소리 내어 말했다.

"뭐가요?"

"무엇이건 너무 오래 하면 다 그렇단 말이야."

그는 자기와 모닥불 사이에 있는 여자의 얼굴을 쳐다보았다. 여자는 의자에 기대앉아 있었다. 불빛이 여자의 부드러운 얼굴 윤곽을 비추고 있었다. 여자가 졸린 얼굴을 하고 있는 것도 알 수 있었다. 그는 모닥불 주위, 가까운 곳에서 하이에나가 울고 있는 소리를 들었다.

"나는 소설을 쓰고 있었어." 그는 말했다. "그러나 피곤해졌어."

"주무실 수 있을 것 같아요?"

"그럼. 당신 왜 안 자지?"

"당신과 함께 여기 앉아 자고 싶어요."

"좀 이상한 느낌은 안 드오?" 그는 물었다.

"아뇨, 조금 졸릴 뿐이에요."

"나는 이상한 느낌이 들어."

그는 죽음이 다시 접근해 오는 것을 느끼고 있었다.

"내가 지금까지 한 번도 잃지 않았던 것은 호기심뿐이야." 그는 여자에게 말했다.

"당신은 아무것도 잃은 게 없어요. 제가 아는 한에서는 가장 완전한 사람인걸요."

"천만에. 여자란 어쩌면 그렇게도 모를까. 그게 뭐란 말이야? 당신의 직감이오?"

바로 그때 죽음이 다가와 침대 다리에 머리를 기대고 있어서 그는 죽음의 입김을 느낄 수 있었다.

"사신이 큰 낫과 두개골을 가지고 있다곤 믿지 마." 그는 여자에게 말했다. "그놈은 자전거를 타고 오는 두 사람의 순경이 될 수 있는 일이고, 또 새가 될 수도 있어. 하이에나와 같은 커다란 코를 가진 놈일 수도 있단 말이야."

바야흐로 죽음은 그에게로 다가오고 있었다. 이제는 형상도 없다. 다만 공간을 차지하고 있을 뿐이다.

"저리 가라고 해요."

죽음은 물러가지도 않고 조금씩 더욱 다가왔다.

"넌 지독한 입김을 피우는구나." 그는 죽음에게 말했다. "이 고약한 냄새가 나는 녀석아."

그 녀석이 한층 더 가까이 다가온다. 이젠 죽음에 대하여 말도 할 수 없었다. 말을 못하는 것을 알자 죽음은 조금씩 더욱 가까이 다가온다. 지금 그는 말도 하지 못하면서 죽음을 물리치려고 한다. 그러나 죽음은 그에게 덤벼들어, 그놈의 무게가 그의 가슴을 누르고 있다. 죽음이 그곳에 웅크리고 있어 그는 움직일 수도 없고 말할 수도 없다. 여자의 말소리가 들렸다. "잠이 드셨으니 침대를 가만히 들어다 텐트 안으로 옮겨라."

죽음을 쫓아 달라고 말하고 싶었으나 말소리가 나오지 않았다. 죽음은 이제 점점 더 무겁게 압박해 왔다. 숨을 쉴 수도 없었다. 그러나 침대를 쳐들고 있는 동안, 갑자기 사태는 정상으로 돌아오고 중압감은 가슴에서 사라졌다.

아침이었다. 날이 밝은 지 오래되었다. 그는 비행기 소리를 들었다. 비행기는 처음에는 아주 조그맣게 보이더니 점점 널따란 원을 그린다. 소년들은 뛰어나가서 등유로 불을 지피고 그 위에 마른 풀을 쌓아올렸다. 벌판 양쪽에 커다란 두 줄기의 연기가 올라가자 아침 산들바람에 연기는 캠프 쪽으로 불어왔다. 비행기는 이번에는 저공으로 두 번 원을 그리고 내려오더니, 수평을 유지하면서 사뿐히 내려앉았다. 그리고 그에게로 걸어온 사람은 옛 친구인 켐프톤이었다. 느슨한 바지에 재킷을 입고 갈색 펠트 모자를 쓰고 있었다.

"대장, 어떻게 된 일이야?" 켐프톤이 물었다.

"다리를 다쳤다네." 그는 대답했다. "아침을 먹어야지."

"고맙지만, 난 차나 마시겠네. 자네도 보다시피 퍼스모드기야. 그래서 부인은 같이 모실 수가 없네. 한 사람 좌석밖에 없거든. 트럭이 오고 있군."

헬렌은 켐프톤을 옆으로 데리고 가 뭐라고 얘기하고 있다. 그는 전보다 더 명랑한 표정으로 돌아왔다.

"우선 자네를 태우고 가야겠어." 그는 말했다.

"그리고 부인을 모시러 다시 돌아오겠어. 그런데 연료를 보급하기 위해서 아루샤에 들러야 할지도 몰라. 하여튼 곧 출발하는 게 좋겠네."

"차는 어떻게 할 텐가?"

"차는 정말 생각이 없다네."

소년들은 침대를 메고 녹색 천막을 들고 바위를 돌아내려가 평지로 운반했다. 밝게 타고 있는 모닥불 옆을 지나갔다. 쌓인 건초는 다 타버리고 모닥불은 바람에 한참 타오르고 있었다. 소형 비행기가 있는 곳에 이르렀다. 그를 비행기에 태우기는 어려웠지만 일단 들어가자 그는 가죽 좌석에 몸을 기대고 다리를 켐프톤의 좌석 한쪽 옆으로 쭉 폈다. 켐프톤은 시동을 걸고 올라탔다. 그는 헬렌과 소년에게 손을 흔들었다. 덜컥거리는 소리가 귀에 익은 엔진 소리로 변하자, 기체가 빙글 돌았다. 켐프톤은 멧돼지 구멍이 없나 하고 두리번거렸다. 기체는 소리를 내며 흔들리더니 두 개의 모닥불 사이의 평탄한 들판을 달리다 마지막으로 한 번 흔들거리더니 공중으로 떠올랐다. 지상에 남은 사람들이 손을 흔드는 것을 그는 보았다. 언덕 옆 캠프가 납작하게 보였고 저쪽 멀리 펼쳐져 있는 평원이 보였다. 나무가 울창한 숲이나 덤불도 납작하게 보였다. 그런가 하면 미끈한 사냥길이 메마른 물웅덩이까지 나 있고, 지금까지 한 번도 보지 못했던 시냇물이 보였다. 얼룩말은 등만 조그맣게 보이고, 누(아프리카산 작은 영양) 떼가 긴 손가락 모양으로 벌판을 질주하는데, 그 커다란 머리는 마치 점이 공중으로 기어 올라가는 것같이 보일 뿐이었다. 비행기 그림자가 그들에게 접근하자 사방으로 흩어져 조그맣게 보이는 것이 달리고 있는 것 같지도 않았다. 지금 내다보이는 평원도 이제는 뿌연 황색으로 보일 뿐이다. 그리고 바로 눈앞에 트위드 재킷을 입은 켐프톤의 등과 갈색 펠트 모자가 보였다. 그 순간 그들은 첫 번 언덕 위를 지나갔다. 누가 그의 뒤를 따라 달렸다. 그리고 갑자기 짙은 녹색의 숲으로 울창한 산맥을 넘고 대나무가 무성한 비탈진 산 위를 날았다. 다시 산봉우리와 골짜기로 굴곡이 진 울창한 산림을 지나가면 언덕이 비스듬히 낮아지고, 또 하나의 평원이 나타난다. 그러자 열기로 인해 이젠 아주 더웠고, 평원은 보랏빛을 띤 갈색으로 보이고 비행기의 요동도 심해졌다. 켐프톤은 해리의 상태를 보려고 돌아보았다. 그때 거무스름한 산맥이 눈앞에 나타났다.

그런데 비행기는 아루샤로 향하여 날지 않고 왼쪽으로 방향을 돌렸다. 분명 연료는 넉넉한 모양이었다. 아래를 내려다보니 체로 친 듯한 분홍빛 실구름이 땅 위의 공중에 떠돌고 있었다. 그것은 어디서 왔는지 모르는 눈보라의 첫눈과도 같았는데, 곧 남쪽으로부터 날아온 메뚜기 떼라는 것을 알았다. 비행기는 상승하기 시작했고 동쪽을 향해 날고 있는 것 같았다. 잠시 뒤 비행기의 주위가 어두워지더니 폭풍우 속으로 들어갔다. 비가 억수같이 쏟아져서 마치 폭포 속을 뚫고 나가는 것 같았다. 마침내 그곳을 빠져나왔다. 켐프톤은 뒤를 돌아보면서 싱긋 웃고 손가락으로 가리켰다. 그곳에는 전 세계인양 폭이 넓은 거대하고도 높은 킬리만자로의 네모진 꼭대기가 햇빛을 받아 믿을 수 없을 만큼 희게 보였다. 순간 자기가 가고 있는 곳이 바로 저곳이라는 것을 깨달았다.

바로 그때 하이에나가 밤에 울던 울음소리를 그치고 이상하게, 거의 인간이 우는 듯한 소리를 내기 시작했다. 여자는 그 울음소리를 듣고 불안에 몸부림쳤다. 아직 눈을 뜨지는 않았다. 꿈속에서 그녀는 롱아일랜드의 자기 집에 가 있었다. 그날은 그녀의 딸이 사교계에 처음 나가기 전날 밤이었다. 어찌된 셈인지 그녀의 아버지가 거기에 있었고, 그는 아주 난폭했다. 그때 하이에나가 울부짖는 소리가 너무나 컸기 때문에 여자는 눈을 번쩍 떴다. 잠시 그녀는 자기가 어디 있는지 알 수도 없었고, 너무나 불안했다. 그래서 회중전등을 손에 들고 해리가 잠든 뒤에 들여놓은 또 하나의 침대를 비추어 보았다. 모기장 아래 그의 몸뚱이는 보였으나 어찌된 셈인지 다리는 모기장 바깥으로 내밀어져 침대 아래로 축 늘어져 있었다. 붕대가 죄다 풀려 있어 여자는 그것을 쳐다볼 수 없었다.

"몰로!" 여자는 소리를 질렀다. "몰로! 몰로!"

그리고 여자는 "해리! 해리!" 하고 불렀다. 이어서 여자의 음성은 높아졌다. "해리! 아아, 해리!"

대답은 없고, 숨소리도 들리지 않았다.

텐트 밖에서는 하이에나가 여자의 잠을 깨울 때처럼 괴상한 소리를 내고 있었다. 그러나 여자는 가슴이 울렁거려 그 소리도 귀에 들리지 않았다.

The Sun Also Rises

해는 또다시 떠오른다

당신들은 모두 잃어버린 세대입니다.
　　　　　　　　　　　　　　　—거트루드 스타인의 말 중에서

한 세대가 가면 또 한 세대가 오지만, 이 땅은 영원히 그대로이다. 떠
오른 해는 또다시 져서 떴던 곳으로 숨가빠 가고, 바람은 남쪽으로 불
어간다. 북쪽으로 돌아오는 바람은 돌고 돌아 다시 제자리로 돌아온
다. 모든 강이 바다로 흘러드는데 바다는 넘치는 일이 없구나. 강물은
떠났던 곳으로 돌아가서 다시 흘러내리는 것을.
　　　　　　　　　　　　　　　　　　　　　—전도서

제1편

1

로버트 콘은 한때 프린스턴 대학의 미들급 권투 챔피언이었다. 내가 이 정도의 타이틀에 큰 감명을 받고 있다고 생각해서는 곤란하지만, 콘 자신은 아주 자랑스러워했다. 사실 그는 권투 같은 것에 조금도 흥미가 없었고 오히려 싫어했다. 그런데 프린스턴 대학 시절에 유대인 취급을 받고서 열등감을 느끼고, 또 수줍어하는 성품을 극복하기 위해 괴로움을 꾹 참으면서 철저하게 권투를 배웠던 것이다. 그는 본디 굉장히 수줍어하는 성품인데다가 더할 나위 없이 마음씨가 착한 청년이라 체육관 밖에선 한 번도 남과 싸운 일이 없었지만, 건방지게 구는 녀석은 누구를 막론하고 때려눕힐 수 있다고 생각하니 가슴이 후련했다. 그는 스파이더 켈리의 애제자였다. 스파이더 켈리는 어떤 학생에게나 150파운드건 250파운드건 그 체중에 상관없이 페더급 선수처럼 권투할 것을 가르쳤다. 이것은 콘에겐 꼭 맞는 훈련 방법이었던 것 같다. 콘은 동작이 매우 민첩했다. 그가 움직임이 좋자 스파이더는 곧 그를 강한 선수와 대결시켜 그의 코를 일생 동안 납작하게 만들어 버렸다. 이 때문에 콘은 권투가 점점 싫어졌지만, 그것이 또한 그에게 이상한 만족감을 준 것도 사실이었다. 덕분에 그의 코도 어느 정도 회복되었다. 프린스턴 대학의 마지막 해에 그는 지나치게 책을 많이 읽어 그만 눈이 나빠져 안경을 쓰게 되었다. 나는 그를 기억한다는 동창생을 한 명도 만난 일이 없다. 그들은 그가 미들급 챔피언이었다는 사실조차 기억하지 못했다.

나는 솔직하고 단순한 사람들을 믿지 않는다. 그들의 이야기가 앞뒤가 딱 들어맞을 때는 더욱 그렇다. 그래서 나는, 모르긴 몰라도 로버트 콘이 미들급 챔피언이었던 때는 한 번도 없었을 것이고 어쩌면 말이 그의 얼굴을 짓밟았거나, 아니면 그의 어머니가 태중에 헛것을 보고 놀랐거나, 혹은 그가 젖먹이였을 때 무엇에 부딪쳤거나 했던 것이 아닌가 하고 생각하고 있었는데,

마침내 누가 스파이더 켈리에게 직접 확인해 주었다. 스파이더 켈리는 콘을 기억할 뿐만 아니라, 그가 어떠한 인물이 되었을까 하고 늘 궁금해 했다는 것이다.

로버트 콘은 친가 쪽으로는 뉴욕에서도 가장 부유한 유대인 가족 중 한 사람이었고, 외가 쪽으로는 가장 오랜 가문의 한 사람이었다. 프린스턴에 입학하기 위한 예비 학교에서는 축구를 하고, 공격수로 큰 활약을 하고 인종적인 차별을 받은 일도 한 번도 없었다. 콘에게 아무도 유대인이라는 인식을 하지 않게끔 했으므로, 그는 프린스턴에 들어가기 전까지는 다른 누구하고도 조금도 다르지 않다고 생각하고 있었다. 콘은 마음씨가 착하고 친절하고 몹시 수줍어하는 성품이었으므로, 유대인이라는 것 때문에 늘 마음이 괴로웠다. 그래서 그는 권투로 이런 울분을 풀었고, 비통한 자의식과 납작하게 찌그러진 코를 선물로 받고서 프린스턴 대학을 졸업한 뒤 다정하게 대해 준 첫 여자와 결혼도 했다. 결혼 생활 5년 동안 세 아이가 생겼으며, 부친이 남긴 5만 달러를 거의 다 써 버렸다. 나머지 부동산은 모친의 소유로 되어 있었으므로, 부유한 아내와의 불행한 부부생활로 아주 무뚝뚝한 성격의 인간이 되고 말았다. 그리하여 아내를 버리려고 결심한 그 무렵 도리어 아내가 그를 버리고는 어떤 미니아튀르(일반적으로 세밀화로 불리는 소형의 기교적인 회화) 화가와 도망쳤다. 콘은 아내와 이혼하려고 여러 달 동안 벼르면서도 아무래도 잔인하다 싶어 헤어지지 못하고 있던 참이었으므로, 아내가 집을 나간 것은 충격이기는 했지만 여간 기쁜 일이 아니었다.

이혼이 성립되자 로버트 콘은 태평양 연안으로 갔다. 캘리포니아에서 문인 그룹에 끼게 되었고, 5만 달러 중에서 아직도 얼마가 남아 있었으므로 곧 예술잡지의 후원자가 되었다. 이 잡지는 캘리포니아 주의 카멜에서 창간되어 매사추세츠 주의 프로빈스타운에서 폐간되었다. 순수하게 재정적인 후원자로만 생각되고 단지 고문의 일원에서 편집자 명단에 올라 있던 콘은 그 당시 이미 유일한 편집자가 되어 있었다. 그것은 돈이 있어야 할 수 있는 일이었지만, 편집장에 대한 권위도 자신이 좋아하고 있음을 그는 새삼스럽게 깨닫게 된 것이었다. 그래서 너무도 많은 비용 때문에 잡지를 폐간해야만 했을 때는 정말로 마음이 아팠다.

그러나 이 무렵 콘에게는 이것 말고도 걱정거리가 또 생겼다. 그 잡지로 출세해 보려고 생각한 어떤 부인에게 꽉 잡혀 있었기 때문이었다. 그 여자는 너무도 강압적이어서 콘으로선 발을 뺄 기회조차 없었다. 또한 그가 그 여자를 사랑하고 있는 것도 사실이었다. 잡지가 성공할 희망이 안 보이자 이 부인은 콘에게 약간 싫증이 났지만, 무엇이든 이용할 수 있는 것이 남아 있는 동안에는 이용하는 것이 좋겠다고 생각하고, 콘에게 유럽으로 가면 글을 쓸 수 있을 테니 함께 유럽으로 가자고 졸라댔다. 그래서 그들은 유럽으로 건너갔고, 그곳에서 부인은 교육을 받았으며 3년 동안 체류했다. 처음 1년은 여행으로 보냈고 나머지 2년은 파리에 있었는데, 이 3년 동안에 콘은 브래독스와 나와 친구가 되었다. 브래독스는 문학 친구였고, 나는 테니스 친구였다.

콘을 잡고 있는 부인은 프란세스라는 여자였는데, 콘과 사귄 지 거의 2년이 되어갈 무렵에 자기의 용모가 시들어 가는 것을 깨닫고는, 로버트 콘을 대수롭지 않게 여겨 이용만 하려던 태도를 갑자기 바꾸어 꼭 콘과 결혼하겠다고 굳은 결심을 하게 되었다. 이러는 동안 로버트의 모친은 매달 약 300달러의 용돈을 아들에게 주기로 결정했다. 2년 반 동안 로버트 콘은 다른 여자는 전혀 거들떠보지도 않았다고 생각한다. 유럽에서 살고 있는 많은 사람이 그랬던 것처럼 그도 미국에 있었으면 더 나았을 걸 하는 생각 외에는 꽤 행복했고, 또한 글 쓰는 일도 찾게 되었다. 그는 장편 소설을 하나 썼는데, 비평가들의 평도 그리 나쁘지 않았지만 지루한 소설이었다. 그는 많은 책을 읽었고, 브리지 놀이와 테니스를 하였고, 그 지방 체육관에서 권투도 했다.

어느 날 밤, 우리 세 사람이 함께 저녁 식사를 마친 뒤 나는 비로소 콘에 대한 이 부인의 태도를 처음으로 의식하게 되었다. 우리는 라브뉘에서 저녁 식사를 하고 카페 드 베르사유로 커피를 마시러 갔다. 커피를 마신 뒤에 우리는 핀느(고급브랜디)를 몇 잔 마셨다. 그런 다음 나는 가 봐야겠다고 말했다. 콘은 우리 둘이 어디로 주말 여행을 떠나자고 이야기했다. 그는 파리 밖으로 나가 상쾌하게 바람이나 쐬고 싶었던 것이다. 나는 스트라스부르(프랑스 동북부에 있는 상공업 도시)까지 비행기로 가서 생토딜이나 알자스 지방의 어느 곳으로 도보 여행을 하자고 제안했다.

"스트라스부르에는 아는 여자가 있어서 시내도 안내해 줄 거야."

누군가가 테이블 밑에서 발로 나를 걸어찼다. 나는 그저 우연이거니 하고 그대로 이야기를 계속했다.

"그 여자는 2년 동안이나 그곳에 살고 있으니까 구경할 만한 곳은 죄다 알고 있거든. 근사한 여자야."

또다시 테이블 밑에서 누가 걷어차기에 쳐다보니 로버트의 애인인 프란세스가 턱을 잔뜩 추켜들고는 험상궂은 표정을 짓고 있는 것이었다.

"빌어먹을. 꼭 스트라스부르에 가야 할 이유는 없지. 브뤼주(벨기에 서북부에 있는 도시)나 아르덴(벨기에 남동부에 있는 고원 지대) 쪽도 좋지."

콘은 마음이 놓인다는 표정이었다. 나는 또다시 발길질을 당하지는 않았다. 나는 작별인사를 하고 밖으로 나왔다. 콘은 신문을 사고 싶으니 길모퉁이까지 같이 가자고 하며 나를 따라 나왔다.

"여보게, 자네 어쩌자고 스트라스부르에 있는 그 젊은 여자 얘기를 했나? 아까 프란세스의 얼굴 못 봤어?"

"몰라. 그런데 내가 스트라스부르에 사는 미국 여자를 알고 있다고 해서 그게 프란세스와 무슨 상관이야?"

"안 돼. 어떤 여자건. 난 갈 수 없어."

"바보 같은 소리 하지 마."

"자넨 프란세스를 몰라. 여자는 안 돼. 자네, 아까 그 여자의 표정을 못 봤나?"

"이제 그만둬. 상리스(파리 동북방 32마일 지점에 있는 도시)에나 가 보세."

"자네 화났나?"

"아니, 그렇지 않네. 상리스도 좋은 곳이야. 그랑세르에 머무를 수도 있고, 또 숲 속으로 하이킹 갔다가 돌아올 수도 있잖아."

"그것 참 좋은 생각이군."

"그럼 내일 코트에서 만나세."

"잘 가게, 제이크." 그는 카페로 돌아가려 했다.

"자네 신문 사는 걸 잊어버렸나?"

"참 그렇군." 그는 모퉁이에 있는 매점까지 같이 걸어갔다.

"자네 화난 건 아니겠지, 제이크?"

그는 손에 신문을 든 채 뒤돌아보았다.

"천만에, 화낼 리가 없잖아."

"그럼 내일 테니스 코트에서 만나세."

나는 그가 신문을 들고 카페로 돌아가는 것을 물끄러미 지켜보았다. 나는 그를 좋아했기에, 그녀가 콘을 마음대로 휘두르고 있는 것을 분명히 알 수 있었다.

2

그해 겨울, 로버트 콘은 자기 소설을 가지고 미국으로 건너갔는데, 꽤 이름난 출판사가 출판을 맡아주었다. 그가 미국으로 떠나 이곳에선 큰 소동이 일어난 듯한데, 프란세스가 콘을 잃게 된 것은 이때가 아니었나 생각된다. 왜냐하면 뉴욕에서 몇몇 여자들이 그에게 호감을 표시해서, 그가 파리로 돌아왔을 때는 완전히 다른 사람이 되어 있었기 때문이다. 그는 이전보다도 더 미국에 대해 관심을 갖게 되었고, 그렇게도 단순하고 마음씨 착하던 사람 같지도 않았다. 출판사가 그의 소설을 꽤 높이 평가해 준 사실이 그의 머리에서 떠나지 않는 것 같았다. 게다가 몇몇 여자까지 그에게 호감을 표시하자 그의 시야가 완전히 달라지고 말았다. 4년 동안 그의 세계는 아내뿐이었다. 그리고 3년 동안, 아니 거의 3년 가까이는 프란세스뿐이었다. 나는 그가 일생 동안 한 번도 연애를 해 본 일이 없을 거라고 생각한다.

그는 우울하게 보낸 대학 시절의 반발로 결혼을 했던 것이고, 프란세스는 그가 그의 첫 아내만이 전부가 아니었음을 알게 된 반발의 틈을 타서 그를 사로잡았던 것이다. 그는 아직도 누구를 진정으로 사랑해 본 일은 없지만 자기가 여자들에게 매력적인 존재라는 것과, 또 여자가 자기를 소중히 여겨 같이 살기를 원한다는 사실이 단순한 기적만도 아니라 거기에는 그럴 만한 이유가 있다는 것을 알아차렸다. 그 때문에 그는 사람이 아주 달라졌고, 그래서 사귀어도 전처럼 재미있지 않았다. 더욱이 뉴욕에 사는 친척들과는 너무나 다른 엄청난 브리지 노름을 했는데, 도저히 치를 수 없을 만한 큰돈을 걸고 끝내 이겨 수백 달러나 되는 돈을 따기도 했다. 그 뒤로는 브리지 노름에 자못 기묘한 자신감이 생겨, 생활이 궁핍해지면 언제든지 브리지 노름을 해서라도 밥은 굶지 않을 것이라고 몇 번이나 되뇌었던 것이다.

또 이런 일도 있었다. 그는 W.H. 허드슨(1891~1922, 남미 출신의 영국 작가)의 소설을 읽고 있었다. 천진난만한 말이라고 생각하겠지만, 콘은 《녹색의 땅》(1885년에 발표된 허드슨의 소설)을 몇 번이나 되풀이해 읽었다. 그 소설은 나이를 많이 먹은 뒤에 읽으면 정말로 음흉한 책이다. 조금도 흠잡을 데 없는 영국 신사가 아주 낭만적인 나라에서 체험하는 굉장히 공상적인 연애 모험을 그린 책으로, 배경은 참으로 그럴 듯하다. 서른네 살이나 된 사나이가 이 책을 인생의 안내서로 삼는다는 것은, 동년배의 사나이가 이보다 실제적인 앨저^(1832~1899,
미국의 아동문학가)의 책이 완비되어 있는 프랑스의 수도원을 나와서 월 가(街)로 진출하는 것만큼이나 불안한 일이다. 콘은 《녹색의 땅》에 나오는 말을 하나하나 R.G. 던^(미국의 실업가, 실업계
주간지를 발간)의 보고서에 나오는 말처럼 글자 그대로 받아들인 게 아닌가 생각된다. 그도 좀 꺼리긴 했지만 전체적으로는 그 책이 건전하게 보였던 모양이다. 그를 다른 사람과 구별하기엔 그것만으로도 충분했다. 어느 날 그가 내 사무실로 들어올 때까지 나는 그가 다른 사람과 얼마만큼 다른가를 정말로 몰랐었다.

"여보게, 로버트. 날 격려하러 온 건가?"

"남미에 가고 싶지 않은가, 제이크?"

"아니."

"왜?"

"나도 모르지, 가고 싶다고 생각한 적이 없으니까 말이야. 돈도 없고. 남미 사람이라면 파리에도 어느 곳이든 많이 있으니까."

"그게 뭐 진짜 남미 사람인가?"

"나에겐 진짜 남미 사람처럼 보이는데."

나는 일주일분의 기사를 열차 시각에 맞춰 우송할 수 있도록 써야 했는데, 겨우 반밖에 쓰지 못했다.

"뭔가 가십거리 같은 거 없나?" 내가 물었다.

"없는데."

"자네 친척 중에서 이혼하려는, 신분이 높은 사람은 없나?"

"없어. 이봐 제이크, 내가 우리 두 사람분의 여비를 댄다면 함께 가겠나?"

"도대체 왜 나하고 가려고 하나?"

"자네는 스페인어를 할 줄 아니까 그렇지. 그리고 둘이서 가면 훨씬 재미있을 거야."

"난 안 되겠는데. 난 파리가 좋고, 여름에는 스페인으로 갈 거야."

"난 오래전부터 그런 여행을 한번 해 봤으면 하고 벼르고 있었어." 콘은 이렇게 말하며 의자에 걸터앉았다.

"그런 여행 한 번 못 해 보고 아주 늙어 버릴 것만 같아."

"바보 같은 소리 하지 말게. 가고 싶은 곳이라면 어디든지 갈 수 있을 텐데 그래. 자넨 돈도 많겠다, 뭐가 걱정이야?"

"그야 그렇지. 하지만 선뜻 떠날 수가 없거든."

"기운을 내, 어떤 나라건 영화처럼 보일 테니까."

하지만 나도 그가 측은하게 여겨졌다. 내 말이 그에게는 좀 지나친 듯싶었다.

"너무도 빠르게 지나가는 내 인생을 진실되게 누리고 있지 못하다고 생각하니 정말 견딜 수가 없어."

"투우사가 아니고서야 자기의 인생을 철저하게 사는 사람이 어디 있을라고."

"난 투우사에 흥미가 없어. 그건 건실한 삶이 아니니까. 난 남미의 시골에 가고 싶어. 근사한 여행을 할 수 있을 걸세."

"자넨 영국령 동부 아프리카로 사냥하러 가고 싶다고 생각해 본 적은 없나?"

"없어. 난 그런 덴 취미가 없어서."

"미국이라면 같이 가지."

"아니, 흥미가 없네."

"그건 자네가 아직 그런 책을 읽지 않아서 그럴 걸세. 어서 가서 아름다운 흑인 공주님과의 연애 얘기가 잔뜩 실려 있는 책이나 읽게."

"난 남미로 가고 싶대도."

그에게는 유대인 특유의 완고하고도 고집센 기질이 있었다.

"아래층으로 내려가서 한잔하세."

"자네 지금 일하는 중이 아닌가?"

"괜찮아."

우리는 계단을 내려가 1층에 있는 카페로 들어갔다. 이렇게 하는 것이 친구를 쫓아 버리는 가장 좋은 방법임을 나는 그전부터 알고 있었다. 한잔하고 나서 이렇게 말하면 된다. "자아, 난 이제 2층에 가서 해외 전보를 쳐야겠는데." 이 한마디만으로 충분했다. 신문쟁이라는 직업은 놀고 있는 듯한 인상을 주는 것이 윤리상 중요한 부분이기 때문에, 그렇게 멋진, 내뺄 핑계를 마련해 놓는 것은 아주 중요한 일이었다. 어쨌든 우리는 아래층으로 내려가서 위스키 소다를 마셨다. 콘은 벽 선반에 놓인 술병들을 둘러보았다.

"좋은 곳인데."

"술이 참 많이 있지." 나도 맞장구쳤다.

"이봐, 제이크." 그는 카운터 위로 상체를 쑥 내밀고는 말했다.

"자네는 자네 인생이 아주 지나가 버리려 하는데 그것을 조금도 이용하지 못하고 있다는 걸 생각해 본 적이 없나? 자네 인생이 거의 절반이나 지나가 버렸다는 사실을 깨닫고 있느냐 말이야?"

"그래, 가끔은."

"앞으로 35년쯤 뒤에는 우리 모두 죽을 거라고 생각해 보지 않았나?"

"이 사람, 지금 무슨 소릴 하는 거야. 자네 정신 나갔나?"

"난 진심이야."

"그런 거 난 상관 않네."

"생각해야지."

"그런 거 아니라도 걱정거리는 많아. 난 질리도록 걱정거리가 많단 말이야."

"어쨌든 난 남미에 가고 싶어."

"이봐 로버트, 다른 나라에 가도 남미에 가는 거나 마찬가지야. 나도 그런 거 다 해 봤어. 한 곳에서 다른 곳으로 간다고 해서 자네 자신으로부터 벗어날 순 없는 거야. 어쩔 수가 없지."

"하지만 자넨 남미에 가 본 일이 없잖아."

"남미가 다 뭐 말라죽은 거야! 지금 자네 같은 심정으로 그곳에 가 봤자 달라질 건 하나도 없어. 파리는 참 좋은 곳이야. 인생을 새출발한다면 여기도 좋지 않은가?"

"난 파리라면 이제 넌더리가 나. 카르테르도 그만 넌더리가 난단 말이야."

"그렇다면 카르테르에서 떠나 보게. 혼자 돌아다니며 무슨 일이 일어나나 보란 말일세."

"아무 일도 안 일어나던데. 밤새도록 돌아다녀 봤지만 자전거를 탄 순경에게 걸려 신분증을 보이라는 말만 들었을 뿐이야."

"밤의 파리라, 기분 좋지 않던가?"

"난 파리가 싫어."

이젠 볼 장 다 본 것이다. 나는 그가 측은하게 여겨졌지만, 남미로 가면 마음이 달라지리라는 것과 파리가 싫다는 그의 두 가지 고집에 정면으로 부딪혔으니 나로서는 어찌할 수 없는 일이었다. 처음 고집은 책에서 얻은 것이고, 둘째 고집 역시 책에서 얻은 듯했다.

"자아, 난 올라가서 해외 전보를 쳐야겠는데."

"정말 가야만 하나?"

"정말이야. 쳐야 해."

"나도 같이 올라가서 사무실에 앉아 있어도 괜찮겠나?"

"응, 괜찮아. 올라가세."

그는 바깥방에서 신문을 읽었다. 편집자 겸 출판인이기도 한 나는 2시간 동안 부지런히 일을 했다. 그런 다음 나는 복사지에 쓰인 통신을 골라 놓고 서명란에 도장을 찍고, 커다란 마닐라 봉투에다 원고를 넣고는 벨을 눌러 보이에게 생라자르 역에 가지고 가게 했다. 바깥방에 나가 봤더니 로버트 콘은 소파 위에서 두 팔을 얼굴 아래에다 파묻고 엎드려 자고 있었다. 깨우고 싶지는 않았지만 나는 사무실 문을 잠그고 나가고 싶었다. 어깨에 손을 얹자 그는 머리를 저었다. "안 돼." 그는 얼굴을 두 팔 속으로 깊이 파묻었다. "난 할 수 없어. 무슨 일이 있어도 안 돼."

"로버트." 나는 그를 부르면서 어깨를 흔들었다. 그는 얼굴을 쳐들고는 빙그레 웃더니 눈을 껌벅거렸다.

"지금 뭐라고 잠꼬대를 하던가?"

"뭐라고 그러더군. 하지만 무슨 소린지 알아들을 순 없었어."

"제기랄, 무슨 놈의 꿈이!"

"타이핑 소리에 그만 잠이 들었나?"

"아마 그랬나 봐. 어젯밤엔 한숨도 못 잤으니까."

"왜?"

"얘기하느라고 그랬지."

그 모습이 떠올랐다. 나는 친구들의 침실 광경을 상상해 보는 나쁜 버릇을 가지고 있다. 우리는 아페리티프(식욕을 돋우기 위해 식전에 마시는 술)를 마시면서 석양빛의 군중을 보려고 카페 나폴리탱으로 갔다.

3

따뜻한 봄날 저녁이었다. 나는 로버트가 간 뒤에도 나폴리탱의 테라스 테이블에 앉아 날이 어두워지는 것과 네온사인이 켜지는 것을 내다보고 있었다. 붉고 푸른 교통 신호등, 군중이 분주히 왕래하는 광경, 택시들이 빽빽이 달리는 옆을 찌걱거리며 지나가는 마차, 저녁을 사줄 놈팡이라도 하나 걸리지 않나 하고 혼자 또는 둘이서 걷고 있는 매춘부들. 예쁘장하게 생긴 여자 하나가 테이블 옆을 지나 걸어 올라가서 거리 저쪽으로 사라질 때까지 지켜본 다음 또 다른 여자를 쳐다보고 있는데, 먼저 여자가 되돌아오는 것이 보였다. 그때 나와 그녀의 시선이 마주쳤다. 그녀는 내 곁으로 다가와서 테이블 가에 앉았다. 급사가 왔다.

"자, 뭐 마시겠어?"

"페르노."

"그건 어린 아가씨에겐 좋지 않은데."

"어린 건 당신이에요. 이봐요, 페르노 한 잔만."

"나도 페르노 한 잔."

"웬일이에요? 파티에 나가세요?"

"그럼. 같이 갈까?"

"글쎄요. 여기선 뭐가 어떻게 돌아가는 건지 통 모르겠어요."

"파리가 싫은 모양이군?"

"그래요."

"그럼 왜 다른 곳으로 안 가지?"

"갈 곳이 없어요."

"그런대로 행복한 모양이군."

"행복이요? 천만에요!"

페르노란 푸른빛이 도는 가짜 압생트다. 물을 타면 뿌연 우윳빛으로 변하고 감초 같은 맛이 돌며, 마실 땐 기분이 좋지만 뒷맛이 좋지 않다. 같이 페르노를 마셨는데 여자는 입을 꾹 다물고 있었다.

"자, 그건 그렇고, 저녁 정도는 사줄 거지요?"

그녀는 히죽 웃었는데, 왜 그녀가 입을 벌리고 웃지 않는지 그때 알았다. 입을 다물고 있는 편이 그나마 나아 보이는 여자였다. 술값을 치르고 거리로 나왔다. 마차를 부르자 마부가 인도 근처에다 마차를 세웠다. 부드럽게 미끄러지듯이 달리는 마차에 깊숙이 앉아서 오페라 거리를 올라가, 불빛만 새어 나온 채 문은 잠긴 상점과 거의 인적이 없이 가로등 불빛만 비치는 큰 거리를 지났다. 마차는 시계가 창에 가득 걸린 뉴욕 헤럴드 신문사의 사무실 옆을 지나갔다.

　"왜 이렇게 시계가 많죠?"

　"미국 전역의 시간을 알리고 있는 거요."

　"설마요."

　우리는 큰 거리를 벗어나서 피라미드 거리로 올라간 다음, 번잡한 리보리 거리를 빠져 컴컴한 문을 지나 튈르리 공원 안으로 들어갔다. 그녀가 나에게 파고들기에, 나는 그녀를 한 팔로 안아주었다. 그녀는 키스를 기다리는 듯 얼굴을 쳐들고 한 손으로 나를 어루만졌으나, 나는 그녀의 손을 밀어 버렸다.

　"이러지 마."

　"왜요? 어디 아프세요?"

　"응."

　"아픈 사람뿐이네. 나도 그래요."

　튈르리 공원으로부터 밝은 곳으로 나와 센 강을 건넌 다음 생페르 거리로 구부러졌다.

　"몸이 안 좋은데 페르노를 마시면 안 되잖아요?"

　"당신도 마찬가지지."

　"나에겐 아무런 영향이 없어요. 여자에게는 영향이 없어요."

　"이름이 뭐지?"

　"조르제트. 당신은?"

　"제이콥."

　"플랑드르식 이름이군요."

　"미국에도 있지."

　"플랑드르 사람이 아니군요?"

"응, 미국 사람이오."

"됐어요, 그럼. 난 플랑드르 사람을 싫어하거든요."

이때 우리는 식당 앞에 이르렀다. 나는 마부더러 마차를 세우라고 했다. 우리는 마차에서 내렸는데, 조르제트는 그 식당의 겉모양이 마음에 들지 않는 듯했다.

"그다지 좋은 식당은 아니군요?"

"아아, 당신은 프와이오에 가고 싶은 모양이군. 그럼 왜 마차를 붙들어 그대로 가게 하지 않았소?"

내가 이 여자를 데리고 온 것은 둘이서 식사를 하는 것도 나쁘지 않겠다는 막연한 감상 때문이었다. 매춘부와 같이 식사를 한 것이 하도 오래되어, 그게 얼마나 지루한 일인지를 깜박 잊고 있었던 것이다. 우리는 식당으로 들어가 카운터에 앉아 있는 라비뉴 부인 옆을 지나 조그만 방으로 들어갔다. 음식을 보자 그녀는 조금 밝아졌다.

"나쁘지 않네요, 세련되지는 않지만 음식 맛은 괜찮군요."

"리에주보다는 낫지."

"브뤼셀 말이죠?"

우리는 포도주를 한 병 더 마셨고, 조르제트는 농담을 하기도 했다. 그녀는 미소를 지으면서 고르지 못한 이빨을 드러냈고, 우리는 서로 술잔을 가볍게 부딪쳤다.

"당신은 인품이 그리 나쁘진 않군요. 그런데 아프다니 참으로 유감이에요. 우린 이렇게 서로 맘이 맞는데. 도대체 무슨 일이죠, 네?"

"전쟁에서 부상을 당했다오."

"아아, 정말로 전쟁은 싫어."

이대로 이야기를 계속했다면 우리는 전쟁에 관한 토론, 사실 전쟁은 문명을 깨뜨려 버리는 재난이므로 그런 것은 그만두는 게 좋을 거라는 의견에 완전히 일치했으리라 생각한다. 나는 지루해서 견딜 수가 없었다. 마침 그때 다른 방에서 누가 불렀다. "번즈! 이봐, 번즈! 제이콥 번즈!"

"친구들이 부르고 있어서." 나는 이렇게 말하고 나와 버렸다.

브래독스가 콘, 프란세스 클라인, 브래독스 부인, 그 밖에 내가 잘 모르는 몇 사람과 함께 커다란 테이블 주위에 앉아 있었다.

"춤추러 가는 거겠지?" 브래독스가 물었다.

"춤이라니?"

"어머, 춤 말이에요. 우리가 다시 시작한 걸 모르시나요?" 브래독스 부인이 끼어들었다.

"꼭 가셔야 해요. 우리 모두 갈 거니까." 프란세스가 테이블 끝에서 한마디 했다. 그녀는 키가 크고, 얼굴에는 미소까지 띠고 있었다.

"물론 같이 가겠지." 브래독스였다. "이리 와서 같이 커피나 드세, 번즈."

"좋아."

"당신 친구분도 데리고 오세요." 브래독스 부인이 생긋 웃었다. 그녀는 캐나다 태생으로 캐나다인 특유의, 가식적이지 않은 사교적이고 우아한 인상을 주었다.

"고맙습니다, 곧 오지요." 이렇게 말하고 나는 조그만 방으로 되돌아왔다.

"친구라니, 누구예요?" 조르제트가 물었다.

"작가들과 화가들이야."

"강 이쪽에는 그런 사람들이 참 많아요."

"너무 많지."

"나도 그렇게 생각해요. 하지만 그 중엔 돈벌이하는 사람도 있죠."

"응, 그야 그렇지."

우리는 식사를 마치고 와인도 비웠다.

"자, 갑시다. 커피는 친구들과 마시죠."

조르제트는 핸드백을 열고 조그만 거울을 들여다보며 얼굴에다 두서너 번 분칠을 하고 루즈를 바르더니 모자를 고쳐 썼다.

"이제 됐어요."

우리가 사람들이 잔뜩 있는 방 안으로 들어가자, 자리에 앉아 있던 브래독스와 다른 남자들도 일어섰다.

"내 약혼녀 조르제트 르블랑 양을 소개합니다."

조르제트는 예의 그 훌륭한 미소를 지었고, 우리는 돌아가면서 그들과 악수를 했다.

"가수 조르제트 르블랑과 친척이신가요?" 브래독스 부인이 물었다.

"잘 모르겠는데요." 조르제트가 대답했다.

"그래도 이름은 같네요." 브래독스 부인이 은근히 자기 주장을 내세웠다.

"천만에요, 전혀 달라요. 제 이름은 오뱅인걸요."

"하지만 번즈 씨는 당신을 조르제트 르블랑이라고 소개하셨는데요. 분명히 그렇게 소개하셨어요." 브래독스 부인은 거듭 주장했다. 프랑스 말을 하는 데 흥분한 나머지 자신이 무슨 이야기를 하는지 전혀 모르는 듯했다.

"이이는 바보예요." 조르제트도 지지 않았다.

"어머, 그러면 그건 농담이었군요."

"그래요. 웃게 하려고 꾸며댄 거예요."

"들었어요, 당신?" 브래독스 부인은 테이블 저쪽에 있는 남편에게 말을 건넸다. "아니, 글쎄 번즈 씨는 약혼녀 르블랑 양이라고 소개하셨는데, 진짜 이름은 오뱅이라는군요."

"물론 그렇지. 오뱅 양이고말고. 난 벌써 그전부터 알고 있었는데 뭐."

"아아, 오뱅 양." 이번에는 프랜세스 클라인이 말을 건넸다. 그녀는 진짜 프랑스 사람처럼 프랑스 말을 곧잘 지껄이면서도, 브래독스 부인처럼 으스대지도 놀라지도 않는 듯했다. "파리에 오랫동안 계셨나요? 파리가 맘에 드세요? 파리를 사랑하시겠죠?"

"저분은 누구예요?" 조르제트는 나를 돌아보며 물었다. "저분하고 꼭 얘기를 해야만 해요?"

그녀는 프랜세스 쪽으로 고개를 돌리고 앉아서 생긋 웃으며 두 손을 모아 쥐고 머리를 긴 목 위에 똑바로 세우고는, 입술을 오므린 채 이야기를 꺼낼 준비를 갖췄다.

"아뇨, 파리는 싫어요. 생활비가 너무 많이 들고 더러워요."

"어머, 그래요? 난 아주 깨끗하다고 생각하는데요. 유럽에서 가장 깨끗한 도시 중의 하나라고 생각해요."

"더러워요."

"참 이상하네요! 파리에서는 오래 있지 않았군요?"

"아뇨, 진절머리가 나도록 오래 있었죠."

"하지만 좋은 사람들도 있기는 해요. 그것은 인정해야만 해요."

조르제트는 내게로 얼굴을 돌렸다.

"좋은 친구들이시군요."

프란세스는 약간 취한 상태라 좀더 이야기를 계속하고 싶은 눈치였으나, 그때 커피가 들어오고 라비뉴가 마실 것을 가지고 들어왔다. 그것을 마시고 우리는 밖으로 우르르 몰려 나와 브래독스의 댄스 클럽으로 향했다.

댄스 클럽은 몽테뉴 생트젠느비에브 거리의 댄스 홀에 있었다. 일주일 중 닷새 밤은 팡테옹 거리의 노동자들이 여기서 춤을 추었다. 일주일에 한 번은 댄스 클럽이 열렸다. 그리고 나머지 하루인 월요일 밤은 늘 문이 닫혀 있었다. 우리가 도착했을 때는 문 가까이에 앉아 있는 순경과, 양철을 입힌 카운터 뒤쪽에 있는 이 집 주인 부부, 이렇게 세 사람 말고는 아무도 없었다. 우리가 안으로 들어가자 주인의 딸이 위층에서 내려왔다. 방에는 긴 의자와 테이블이 여기저기 몇 개, 그리고 한쪽 끝에 무도장이 있었다.

"사람들이 빨리 왔으면." 브래독스가 사뭇 조바심 난다는 듯 말했다. 이 집 딸이 가까이 와서 무엇을 마시겠느냐고 물었다. 주인이 무도장 옆에 있는 높은 연주대 위에 서서 아코디언을 연주하기 시작했다. 그는 한쪽 발꿈치에 방울이 달린 끈을 매달고 아코디언을 타면서 발로 박자를 맞추었다. 모두가 춤을 추었다. 무더운 날씨라 춤을 추며 모두 땀을 흘렸다.

"아유, 무슨 한증막 같군!" 조르제트가 불평했다.

"더워."

"더워요, 정말!"

"모자를 벗어요."

"아, 좋은 생각이네요."

누가 조르제트에게 춤을 추자고 청했다. 나는 카운터 쪽으로 갔다. 정말 무더운 밤이었지만 아코디언 음악이 무더운 밤에 흥을 돋우었다. 나는 문간에 서서 거리에서 불어오는 서늘한 바람을 받으면서 맥주를 마셨다. 택시 두 대가 가파른 거리를 내려와 댄스 홀 앞에서 멈추었다. 스웨터를 입은 사람, 겉옷을 안 입은 사람 등 한 떼의 젊은이들이 차에서 내렸다. 나는 문간의 전등 불빛으로 그들의 손과 방금 감은 듯한 곱슬머리를 확실히 볼 수 있었다. 문 옆에 서 있던 순경이 나를 보며 빙그레 웃었다. 그들은 안으로 몰려 들어왔다. 그때 전등 불빛 아래서 흰 손과 곱슬머리와 찡그리기도 하고 몸짓을 하기도 하고 뭐라고 얘기를 하기도 하는 흰 얼굴들을 볼 수 있었다. 그 속에 브레트가 끼여 있었다. 브레트는 정말로 아름답게 보였고, 그들과 매우 잘 어울렸다.

그중 하나가 조르제트를 알아보고는 말했다.

"농담이 아냐. 매춘부가 저기 있어. 레트, 내가 저 여자와 한번 추어 볼 테니 두고 보고 있게."

레트라고 하는, 키가 큰 검은 머리의 청년이 말했다.

"너무 무례하게 굴진 말게."

"걱정할 건 없어." 곱슬머리 금발 청년이 말했다. 그리고 그들과 함께 브레트가 있었던 것이다.

나는 대단히 화가 났다. 어쨌든 그들은 늘 나를 화나게 했다. 재미를 보러 온 사람들이니까 관대하게 굴어야만 하겠는데, 나는 아무에게나 달려들어 그 거만하고 싱글거리는 침착한 태도를 때려 부수고만 싶었다. 하지만 댄스 홀에 바로 들어가서 맥주를 마셨다. 맥주가 맛이 없어서 입가심을 하려고 코냑을 한 잔 마셨지만 그것은 더욱 맛이 나빴다. 홀로 들어오니 무도장은 사람들로 빽빽했는데, 조르제트는 키가 큰 금발 청년과 춤을 추고 있었다. 그는 엉덩이를 요란하게 흔들며 머리를 한쪽으로 기울이고 춤을 추면서 힐끔힐끔 곁눈질을 하고 있었다. 음악이 그치자마자 그들 중 하나가 그녀에게 춤을 청했다. 그녀는 그들에게 점령되고만 셈이었다. 모두가 한 번씩 그녀와 춤을 추고 싶어하는 눈치였다. 그들은 모두 그런 작자들이었다.

나는 테이블에 앉았다. 콘도 거기 앉아 있었다. 프란세스는 춤을 추고 있었다. 브래독스 부인이 어떤 사람 하나를 데리고 와서 로버트 프렌티스라고 소개했다. 뉴욕 출신으로 시카고에서도 있었다는 신진 소설가였다. 다소 영국 사투리가 섞여 있는 말투였다. 나는 술을 한잔 권했다.

"고맙습니다만, 막 한잔하고 와서."

"한잔 더 합시다."

"그럴까요?"

우리는 주인집 딸을 불러서 핀느(물을 탄 브랜디)를 한 잔씩 주문했다.

"선생은 캔자스 출신이시라고요?"

"그렇습니다."

"파리는 재미있는 곳인가요?"

"네."

"정말인가요?"

나는 좀 취해 있었다. 완전히 취하지는 않았지만 그래도 정신이 몽롱할 정도로는 취해 있었다.

"맹세하죠, 선생은?"

"아아, 선생은 화를 내니까 매력이 있어 보이는군요. 내게도 그런 능력이 좀 있었으면 좋겠는데."

나는 일어서서 무도장 쪽으로 걸어갔다.

브래독스 부인이 내 뒤를 따라왔다. "로버트에게 화를 내서는 안 돼요." 부인이 말했다. "그 사람, 아직도 어린애잖아요."

"천만에요. 화를 낸 게 아닙니다. 다만 토하고 싶어졌을 뿐입니다."

"지금 당신 약혼녀는 대성공이로군요."

그녀는 조르제트가 키가 큰 검은 머리의 레트라는 청년의 팔에 안겨서 춤을 추는 무도장 쪽을 바라보며 이렇게 말했다.

"그렇군요."

"아주 대단한데요."

콘이 이쪽으로 다가왔다.

"제이크, 이리 와서 한잔하세."

우리는 바 쪽으로 걸어갔다.

"웬일인가, 자네? 무척 흥분한 것 같은데."

"아무것도 아니야, 이 모든 광경에 그만 왈칵 화가 치밀었을 뿐이야."

브레트가 바로 왔다.

"안녕하세요, 여러분?"

"안녕, 브레트. 웬일이오, 술에 취하지도 않았네?"

"이젠 취하지 않을 거예요. 이보세요, 이분에게 브랜디 소다를 한 잔 드리세요."

브레트는 술잔을 든 채 서 있었고, 문득 돌아보니 로버트 콘이 브레트를 쳐다보고 있었다. 그는 그의 동포^{(미국인이 아니라}_{유대인을 뜻함)}가 약속받은 땅을 바라볼 때 꼭 이런 표정이 아니었을까 할 표정으로 오랫동안 브레트를 쳐다보고 있었다. 물론 콘이 훨씬 젊었다. 그러나 그는 열성적이고 기대에 찬 눈으로 그녀를 쳐다보고 있었다.

브레트는 정말 아름다웠다. 턱까지 올라오는 털 스웨터에 모직 스커트를 입고, 머리는 마치 남자처럼 뒤로 빗질을 해서 넘겼다. 이런 차림은 그녀가 처음 시작한 것이었다. 그녀는 경주용 요트의 동체와 같은 미끈한 곡선미를 지니고 있었는데, 그러한 곡선미는 털 스웨터를 입고 있어도 조금도 무디어지지 않았다.

"훌륭한 사람들과 함께 왔군, 브레트."

"어때요, 근사하죠? 그리고 당신도 그렇군요. 어디서 주웠어요?"

"나폴리탱에서."

"그래, 초저녁은 멋지게 보내셨나요?"

"참 근사했지."

이 말에 브레트는 깔깔 웃었다.

"그건 당신 잘못이에요, 제이크. 우리들 모두에 대한 모욕이에요. 저기 있는 프란세스를 보세요, 그리고 저도요."

이 말이 콘을 즐겁게 했다.

"인신 매매가 금지되어 있어요." 그녀는 또다시 웃었다.

"신기할 만큼 술에 취하지 않았구려."

"그럼요. 나와 함께 온 저런 패들과 술을 마시면 이렇게 안전할 거예요. 아셨어요?"

음악이 다시 시작되자, 로버트 콘은 브레트에게 춤을 청했다.

"나하고 한 번 추지 않으시렵니까, 브레트 양?"

브레트는 그에게 생긋 미소를 지어 보였다.

"제이크와 이 곡을 추기로 그전부터 약속되어 있답니다. 제이크, 당신 이름은 성경 냄새가 너무 짙어요."

"그럼 그 다음은 어떨까요?" 콘이 물었다.

"우린 갈 텐데요. 몽마르트에서 약속이 있어서요."

춤을 추면서 브레트의 어깨 너머로 보니까, 콘은 카운터 옆에 선 채 여전히 그녀를 응시하고 있었다.

"새것이 또 하나 생겼구려." 내가 그녀에게 빈정거렸다.

"그런 얘긴 그만둬요. 난 몰랐어요."

"당신은 애인이 하나라도 더 붙는 걸 좋아하는 줄 알았는데."

"바보 같은 소리 마세요."

"정말 그렇잖아."

"어머, 그렇다면 또 어때요?"

"아무것도 아니지." 나는 대꾸했다.

우리는 아코디언의 음악에 맞추어서 춤을 추었고, 누가 밴조를 뜯고 있었다. 더웠지만 즐거웠다. 우리는 또 다른 청년과 춤추고 있는 조르제트 바로 옆을 지나갔다.

"도대체 무슨 생각으로 저 여잘 데려오셨어요?"

"나도 모르겠어, 그냥 데리고 왔을 뿐이야."

"더없이 낭만적이군요."

"천만에, 다 귀찮아."

"지금도요?"

"아니, 지금은 달라."

"같이 나가요. 저 여자는 상대가 있겠죠."

"나가고 싶소?"

"그러고 싶지 않은데 내가 왜 나가자고 하겠어요?"

우리는 무도장에서 나왔다. 나는 벽 옷걸이에서 윗옷을 꺼내 입었다. 브레트는 바 옆에 서 있었다. 콘이 뭐라고 그녀에게 이야기를 걸고 있었다. 나는 카운터에서 걸음을 멈추고 봉투 하나를 부탁했다. 안주인이 한 장 찾아주었다. 나는 주머니에서 50프랑짜리 지폐 한 장을 꺼내서 봉투에 넣어 봉하고는 그것을 주인 마누라에게 맡기며 말했다.

"나하고 같이 온 여자가 날 찾거든 이걸 좀 전해 주세요. 저 사람들 중 누구하고 같이 나가거든 주지 말고 그냥 둬 두세요."

"그렇게 하지요. 그런데 벌써 가세요? 이렇게 일찍?"

"네."

우리는 문 쪽으로 걸어갔다. 콘은 아직도 브레트와 이야기하고 있었다. 브레트는 콘에게 "안녕!" 하고 인사하고는 내 팔을 잡았다. 나도 콘에게 "잘 있게" 하고 인사했다. 우리는 거리로 나와서 택시를 찾았다.

"50프랑은 아무래도 그냥 없어지겠네요."

"아아, 정말 그러겠는데."

"택시가 없네요."

"팡테옹까지 걸어가면 하나 잡히겠지."

"이리 오세요. 옆집에 가서 한잔 마시면서 불러 달라고 해요."

"거리를 가로질러 가는 것도 싫은가?"

"되도록이면 걷고 싶지 않아요."

우리는 옆집 바로 들어가서 보이에게 택시를 하나 불러오도록 했다.

"자, 이제 겨우 그 패들을 피할 수 있게 되었군."

우리는 양철을 입힌 높다란 카운터 앞에 선 채로 이야기는 하지 않고 서로 바라보고만 있었다. 보이가 들어와서 택시가 밖에 와 있다고 했다. 브레트는 내 손을 꼭 쥐었다. 나는 보이에게 1프랑을 주고 밖으로 나왔다.

"어디로 가자고 할까?"

"그저 이 근처를 빙빙 돌라고 그러죠 뭐."

나는 운전사더러 몽수리 공원으로 가자고 이르고는 차 안으로 들어가 문을 쾅 닫았다. 브레트는 두 눈을 지그시 감은 채 구석에 등을 깊숙이 기대고 앉아 있었다. 나는 브레트 옆에 앉았다. 차는 덜컹하더니 갑자기 움직이기 시작했다.

"아아 제이크, 난 정말이지 너무도 괴로웠어요." 브레트가 말했다.

4

택시는 언덕을 오르고 밝은 광장을 지나 어둠 속으로 들어가 다시 언덕을 오른 다음 생테티엔느 뒤 몽 뒤의 어두운 거리로 나왔다. 평평한 아스팔트 길을 조용히 달려 플라스 드 라 콩트레스카르프의 가로수와 정차한 버스들 옆을 지나 무페타르 거리의 자갈길로 구부러져 들어갔다. 거리 양쪽에는 불이 환히 켜진 바와 밤늦게까지 문을 연 가게들이 있었다. 우리는 처음에는 떨어져 앉았으나 오래된 거리를 자동차가 흔들리면서 달리는 바람에 저절로 바싹 붙어 앉게 되고 말았다. 브레트는 모자를 벗고 머리는 의자 등에 기대고 있었다. 열린 가게에서 비치는 불빛으로 그녀의 얼굴이 보였다가 어두워지고, 차가 고블랭 거리로 나오자 다시 똑똑하게 보였다. 거리를 파헤치면서 인부들이 아세틸렌 불꽃에서 나오는 불빛 아래에서 일을 하고 있었다. 브레트의 얼굴은 핏기가 없고 긴 목덜미가 밝은 불빛 속에서 또렷이 보였다. 거리가 또다시 어두워지자 나는 그녀에게 키스를 했다. 입술이 서로 맞닿았다. 그러자 브레트는 얼굴을 돌리더니 될 수 있는 대로 멀리 떨어지려고 구석으로 바짝 다가앉았다. 고개를 숙인 채로였다.

"만지지 마세요."

"왜 그래?"

"참을 수가 없어요."

"오, 브레트."

"안 돼요. 이해해 주세요. 견딜 수 없다는 것, 그것뿐이에요. 아아 제이크, 제발 날 좀 이해해 주세요."

"나를 사랑하지 않소?"

"사랑하지 않냐고요? 당신의 손이 닿기만 하면 난 그만 온몸이 젤리처럼 되고 말아요."

"우리, 어떻게 해볼 도리가 없을까?"

그녀는 겨우 몸을 일으켜 앉아 있었다. 나는 한 팔로 그녀를 안고 있었고 그녀는 나에게 비스듬히 몸을 기댄 채, 우리 둘은 그대로 가만히 있었다. 그녀는 정말 그녀의 눈으로 보고 있는지 의심스러운 그 독특한 눈초리로 내 눈을 빤히 들여다보고 있었다. 온 세상 사람의 눈이 보는 것을 그만둔 뒤까지도 그녀의 눈만은 뚫어질 듯이 계속 지켜보고 있으리라. 보려면 끝까지 지켜보겠다는 듯, 그렇게 뚫어지게 보고 있었다. 사실 그녀는 참으로 많은 것을 두려워하고 있었다.

"우리가 할 수 있는 것이란 하나도 없구려."

"그럴까요? 하지만 그런 지독한 것을 되풀이하고 싶진 않아요."

"서로 만나지 않는 게 좋겠지."

"하지만 여보, 난 당신을 안 보고선 견딜 수 없어요. 당신은 모르실 거예요."

"그건 그렇지. 하지만 언제나 이렇게 되고 마는걸."

"그건 내 잘못이에요. 하지만 우린 저지른 일에 대한 대가는 치르고 있는 게 아닐까요?"

그러는 동안에도 그녀는 내 눈 속을 계속 들여다보고 있었다. 그녀의 눈은 다양한 깊이를 가지고 나타났지만, 가끔 전혀 깊이가 없을 때도 있었다. 가끔은 아주 속까지 들여다볼 수 있었다.

"사내들을 여럿 골탕 먹인 걸 생각하니, 이제 그 벌을 받고 있는 것 같아요."

"바보 같은 소리 그만 해요. 더욱이 나에게 일어난 일은 아주 우스운 일이라고 생각된단 말이오. 난 그런 건 전혀 신경 쓰지 않소."

"그야 그렇죠, 당신이야 그런 생각하지 않겠죠."

"자아, 그런 얘긴 그만둡시다."

"나도 한때는 그런 일을 보면 웃었어요." 그녀는 나를 바라보지 않았다. "오빠 친구 한 사람이 몽스(벨기에 도시. 제1차 세계대전 격전지)에서 그런 모양을 하고 집에 돌아왔어요. 마치 지독한 농담만 같았어요. 남자들이란 아무것도 몰라요. 그렇죠, 네?"

"그렇지, 누구나 아무것도 모르지."

나는 그 문제에 관해서는 이제 완전히 면역이 되어 있었다. 그전에는 아마나도 어떤 상처나 불구는 본인에겐 아주 중대한 문제이긴 하지만 농담거리도 될 수 있다는 각도에서뿐만 아니라, 다른 여러 각도에서 그것을 생각하고 있었을 것이다.

"우스운 일이지. 정말 우스운 일이야. 더욱이 누구를 사랑한다는 것도 생각해 보면 굉장히 우스운 일이야."

"그렇게 생각하세요?" 그녀의 두 눈에서 다시 깊이가 사라졌다.

"그런 뜻으로 말한 게 아냐. 말하자면 즐길 수 있는 기분이라는 뜻이야."

"아니에요. 난 제일 지독한 괴로움이라고 생각해요."

"서로 만난다는 건 좋은 일이지."

"아뇨, 난 그렇게 생각 하지 않아요."

"만나고 싶지 않단 말이오?"

"난 만나지 않곤 못 견뎌요."

이제 우리는 아주 낯선 사람들처럼 앉아 있었다. 우리 오른쪽에는 몽수리 공원이 있었다. 연못엔 숭어를 기르고, 식탁에 앉아서 공원을 내다볼 수 있도록 되어 있는 식당도 문이 닫혀 컴컴했다. 운전사가 돌아다보았다.

"어디로 가고 싶소?" 내가 물었다. 브레트는 얼굴을 돌렸다.

"오, 셀렉트(몽파르나스의 유명한 카페)로 가요."

"카페 셀렉트로 갑시다. 몽파르나스 큰 길가에 있는."

내가 운전사에게 이렇게 일렀다. 그는 몽루즈 행 전차가 오가는 것을 지키고 서 있는 벨포르의 사자상(보불 전쟁을 기념하는 상) 주위를 빙 돌아 곧장 차를 몰았다. 브레트는 줄곧 앞을 보고 있었다. 라스파이유 거리를 지나 몽파르나스의 불빛이 보이자 브레트가 입을 열었다.

"괜찮다면 부탁이 있어요."

"바보 같은 소리, 말해요."

"내리기 전에 다시 한번 키스해요."

택시가 멈추자 나는 내려서 요금을 치렀다. 브레트는 모자를 쓰면서 차에서 내렸다. 차에서 내릴 때 나에게 손을 내밀었다. 손이 떨리고 있었다.

"내 꼴이 너무 엉망이군요, 그렇죠?"

그녀는 남자용 펠트모를 깊숙이 눌러 쓰고는 바 쪽으로 걸어갔다. 들어가 보니 바 안에는 댄스 클럽에 있던 패들이 거의 대부분 그대로 카운터에 기대 있기도 하고 테이블 앞에 앉아 있기도 했다.

"여러분 안녕하세요?" 브레트가 말했다. "난 이제부터 마실 참이에요."

"오오, 브레트! 브레트!"

자기는 공작이라고 자칭하지만 모두가 지지라고 부르는, 몸집이 작은 그리스인 초상화가가 사람들을 헤치고 브레트에게로 달려왔다.

"당신에게 들려주고 싶은 애기가 있습니다."

"안녕하세요, 지지?"

"제 친구를 하나 소개하죠."

뚱뚱한 사나이가 가까이 다가왔다.

"미피포폴로 백작, 내 친구 애쉴리 부인입니다."

"안녕하세요?" 브레트가 인사했다.

"파리는 마음에 드십니까, 부인?"

미피포폴로 백작이 대꾸했다. 그의 시곗줄에는 사슴의 이빨이 달려 있었다.

"네."

"파리도 정말 좋은 곳이지만, 런던에서도 좋았죠?"

"네, 그럼요. 대단했죠."

브래독스가 테이블에서 나에게 말을 건넸다.

"번즈, 한잔하게. 자네가 데리고 온 그 여자 말이야, 굉장한 소동을 일으켰다네."

"무슨 일이 있었어?"

"그 집 딸의 얘긴데, 굉장한 소동이 있었대. 그 아이도 대단하잖아. 자기의 노란 카드(^{매춘부}_{증표})를 보이며 그 집 딸에게도 그걸 보이라고 강요했다는 거야. 정말 대단했대."

"그래서 결국 어떻게 됐는데?"

"응, 누가 데리고 가버렸지. 얼굴도 나쁘지 않잖아. 말하는 솜씨가 대단하던데 그래. 자, 이리 와서 한잔 들지."

"싫어, 가야겠어. 콘 봤나?"

"프란세스와 같이 가시던데요." 브래독스 부인이 끼어들었다.

"불쌍한 친구야. 아주 풀이 죽어 보이던데."

브래독스가 말했다.

"정말 그래요."

"자, 난 이제 가야겠네. 안녕히들 계시오."

나는 브레트에게도 작별인사를 했다. 백작은 샴페인을 주문했다. 그러면서 내게 함께 한잔하지 않겠냐고 물었다.

"아닙니다. 고맙습니다만 가야겠습니다."

"정말 가시는 거예요?" 브레트가 물었다.

"응, 머리가 아파 죽겠어."

"내일 뵐 수 있을까요?"

"사무실로 와."

"그건 안 돼요."

"그럼 어디서 만날까?"

"5시쯤이면 어디든 좋아요."

"그럼, 강 건너에서 만나기로 합시다."

"좋아요. 5시에 크리용에 있겠어요."

"꼭 나와야 해."

"걱정 마세요." 브레트가 말했다. "내가 약속을 깬 적이 있어요?"

"마이크에게서 무슨 소식이라도 있었소?"

"오늘 편지가 왔어요."

"안녕히 가십시오." 백작이 말했다.

나는 보도로 나와서 생미셸 대로 쪽으로 걸어 내려갔다. 아직도 사람들로 들끓고 있는 로통드(유명한 카페, 길거리에 테이블을 죽 늘어놓았다)의 테이블 앞을 지나 거리 건너편의 돔(마찬가지로 유명한 카페) 쪽을 바라보았더니 그곳의 테이블은 보도 끝까지 자리가 차 있었다. 누가 나를 보고 손을 흔들었지만 나는 그게 누군지 알아볼 수가 없어 그냥 스쳐 지나가고 말았다. 나는 집으로 돌아가고 싶었다. 몽파르나스 거리는 한산했다. 라비뷰의 가게도 문이 닫혀 있고, 클로즈리 데 릴라 밖에다 테이블을 높다랗게 쌓아 올려놓았다. 나는 아크등의 불빛을 받으며, 새로 잎이 돋기 시작하는 밤나무 사이에 서 있는 네(나폴레옹 휘하의 장군) 동상 앞을 지났다. 받침돌 위에는 색이 바랜 자색 꽃다발이 비스듬히 놓여 있었다. 나는 걸음을 멈추고 비문을 읽었다. 나폴레옹 지지자들이 세운 동상으로, 날짜가 새겨져 있었지만 나는 잊어버리고 말았다. 장화를 신고 푸른 밤나무의 신록에 싸여 장검을 빼어 들고 서 있는 네 원수의 모습은 자못 늠름하게 보였다. 내 아파트는 생미셸 거리를 좀더 걸어가서 길 건너편에 있었다.

관리인 방에는 아직 불이 켜져 있었고, 내가 노크를 하자 아주머니가 우편물을 주었다. 나는 잘 자라는 인사를 하고는 2층으로 올라갔다. 편지 두 통과 신문 몇 부였다. 식당의 가스등 불빛으로 그것을 보았다. 편지는 미국에서 온 것이었는데, 하나는 은행에서 온 예금명세서였다. 잔고가 2,432달러 60센트라고 적혀 있었다. 통장을 꺼내 이번달에 쓴 수표 넉 장의 액수를 제해 봤더니 잔고가 1,832달러 60센트였다. 나는 이 액수를 명세서 뒤에 썼다. 또 한 통은 결혼 청첩장이었다. 앨로이시어스커비 부부가 딸 캐서린의 결혼을 알리는 내용이었다—나는 그 딸도, 상대방 남자도 알지 못했다. 물론 그들은 시내의 모든 사람에게 발송했을 것이다. 우스운 이름이었다. 앨로이시어스라는 이름이라면 잊을 리가 없다. 멋진 가톨릭 이름이다. 청첩장에는 문장이 찍혀 있었다. 지지처럼 그리스 공작이었다. 그리고 그 백작, 그 백작은 익살맞은 작자였다. 브레트도 작위가 있다. 레디 애쉴리. 브레트 같은 건 꺼지란 말이다. 레디 애쉴리라고! 너 같은 건 꺼지란 말이다.

나는 침대 옆의 램프를 켜고, 또 가스등도 끄고 창문을 활짝 열었다. 침대는 창문에서 훨씬 떨어진 곳에 놓여 있었다. 나는 창문을 열어 둔 채 침대 옆에서 옷을 벗었다. 밖에선 야간 전차가 시장으로 야채를 나르느라고 전차 길을 달리고 있었다. 밤잠을 이루지 못할 때엔 그 소리가 매우 시끄러웠다. 나는 옷을 벗으면서 침대 옆에 놓인 커다란 양복장 거울에 비친 내 모습을 바라보았다. 방 안에 있는 가구는 전형적인 프랑스식으로 꾸며져 있었다. 내가 보기에는 실용적이었다. 하필이면 부상을 당하다니, 참으로 우스꽝스러운 일이라고 생각했다. 파자마를 입고 침대 속으로 기어 들어갔다. 나는 투우 신문을 두 가지 구독하고 있었는데, 그 봉투를 뜯었다. 하나는 오렌지색이고, 또 하나는 노란색이었다. 둘 다 똑같은 소식이므로 어느 것을 먼저 읽더라도 다른 것은 시시할 것이다. 그래도 〈르 토릴〉이 조금 나은 편이라, 그것부터 읽기 시작했다. 짧은 통신 기사며 수수께끼까지 낱낱이 읽었다. 램프불을 입으로 불어 껐다. 어쩌면 잠이 들지도 모르겠다.

여러 생각이 머리에 떠올랐다. 늘 되풀이되는 불평. 이런 부상을 입다니. 이탈리아 전선과 같이 싱거운 곳에서, 그것도 이탈리아 병원에서는 우리와 같은 부상병들로만 한 집단을 형성할 뻔했었다. 이탈리아 말로는 익살맞은 이름이었다. 이탈리아 사람인 다른 부상병들은 어떻게 되었는지 모른다. 그것은 밀라노의 마죠레 병원의 파디글리오네(병동이라는 뜻) 폰테였다. 다음 건물은 파디글리오네 존다였다. 폰테의 동상이 서 있었다. 아니, 존다였을지도 모른다. 연락 장교인 대령이 나를 찾아왔다. 우스꽝스러운 일이었다. 처음으로 대단히 우스꽝스러운 일이었다. 나는 온몸을 붕대로 감고 있었다. 그러나 그는 이미 내 부상에 관해서 알고 있어서 아주 걸작인 그 연설을 시작한 것이었다.

"외국인인, 영국 사람인 당신은—외국인이면 무조건 영국 사람이었다—목숨보다도 소중한 것을 바치셨습니다."

그게 무슨 연설이람! 그 연설 문구를 장식을 해서 사무실에다 걸어 놓았으면 좋겠다. 그는 전혀 웃지 않았다. 그는 내 입장에서 생각한 모양이었다.

"운수가 나빴죠, 정말 운수가 나빴죠!"

당시 나에게는 마음속 깊이 느껴지지는 않았다. 나는 그것을 얼버무려, 다만 다른 사람에게 폐가 되지 않도록 애를 쓰고 있을 뿐이다. 내가 영국으로 이송되어 브레트를 만나는 일만 없었더라면 아마 나는 괴로워하는 일은 없었으리라. 생각건대 브레트는 얻을 수 없는 것을 바라고 있을 뿐이다. 그렇지, 인간이란 어쩌면 그런 것일지도 모른다. 인간이란 다 그 모양이지. 가톨릭 교회는 그런 것을 다루는 데 매우 능숙했다. 어쨌든 좋은 충고다. 그런 것은 생각도 하지 말아. 오오, 정말 기가 막힌 충고다. 때로는 그런 충고를 좀 듣도록 해봐.

눈을 뜬 채 생각에 잠겨 있자니, 마음이 마구 뛰놀기 시작했다. 그러자 그것으로부터 떠날 수가 없었으며, 브레트를 생각하니 다른 생각은 모두 말끔히 사라져 버리고 말았다. 브레트를 생각하면 내 마음은 뛰노는 것을 멈추며 잔잔한 물결이 되어 움직이기 시작한다. 그러자 나는 갑자기 울음이 터졌다. 그러나 얼마가 지나자 다시 마음이 가라앉았고, 침대에 드러누운 채 육중한 전차가 바로 집 앞을 지나 한길 저쪽으로 사라지는 것에 귀를 기울이고 있다가 어느새 잠이 들고 말았다.

잠이 깼다. 밖에서 무슨 소동이 일어났는지 왁자지껄 시끄러웠다. 귀를 기울이고 있으려니 누구의 목소리인지 알 것 같았다. 나는 가운을 입고 문가로 가 보았다. 아래층에서 관리인의 목소리가 들렸다. 아주 화가 난 모양이다. 내 이름이 들리기에 아래층을 향해 소리를 질렀더니, "번즈 씨세요?" 하고 관리인 역시 큰 소리로 외쳤다.

"그렇소, 나요."

"이상한 여자가 와서 온 동네 사람들을 깨우네요. 이렇게 밤늦게 무슨 볼 일인지 모르겠군요! 글쎄 당신을 꼭 만나 봐야겠다는 거예요. 주무신다고 그랬는데도 글쎄!"

그러자 브레트의 목소리가 들렸다. 잠이 덜 깨서인지 조르제트인 줄만 알았다. 왜 그런 생각이 들었는지 모를 일이었다. 그녀가 내 주소를 알고 있을 리가 없는데도.

"이리로 올라오도록 해요."

브레트가 계단을 올라왔다. 술에 잔뜩 취해 있었다.

"바보 같은 짓을 해서 큰 소동을 일으켰군요. 주무시진 않았죠, 네?"

"그럼 뭘 하고 있었다고 생각했소?"

"알 게 뭐예요, 그런 걸. 지금 몇 시죠?"

나는 벽시계를 쳐다보았다. 4시 반이었다.

"몇 신지 전혀 몰랐어요. 앉아도 괜찮죠? 화내지 마세요. 방금 백작과 헤어졌어요. 그분이 여기까지 데려다줬어요."

"그 작자는, 어떤 녀석이오?"

나는 브랜디와 유리잔을 들고 왔다.

"조금만 따르세요. 나를 취하게 해선 안 돼요. 백작 말이에요? 좋은 분이죠. 우리 패의 일원이에요."

"백작이 확실한 건가?"

"말하자면 그래요. 그럴 거예요. 어쨌든 그만한 자격은 있어요. 남의 애길 참 많이 알고 있거든요, 그 사람. 어디서 그런 걸 다 얻어 들었는지 모르죠. 미국에 과자 체인점을 가지고 있대요."

그녀는 술을 홀짝거렸다.

"아마도 체인점이라고 한 것 같아요. 그것 비슷한 이름이었어요. 쭉 연결되어 있다나요. 그런 애길 좀 해줬죠. 기가 막히게 재미나던데요. 하지만 우리패예요, 그인. 정말 그래요. 틀림없어요. 확실해요."

그녀는 또 한 모금 마셨다.

"이런 걸 가지고 내가 거짓말할 까닭이 없잖아요. 상관 않겠죠, 네? 그분은 지지에게 돈을 대주고 있대요."

"지지도 정말 공작인가?"

"아무려면 어때요. 그리스인인걸요. 보잘것없는 화가죠. 난 백작이 훨씬 좋아요."

"그 사람과 어딜 갔었소?"

"아, 발길 닿는 대로요. 방금 여기에도 데려다줬어요. 함께 비아리츠(프랑스 남서부의 해안 도시. 기후가 온화한 휴양지)에 가면 1만 달러를 주겠다던데요. 파운드로 환산하면 얼마나 되죠?"

"2천 파운드쯤 되겠군."

"큰돈이군요. 나, 안 된다고 대답했어요. 그 사람도 불쾌해 하지는 않았어요. 비아리츠엔 아는 사람이 너무 많다고 그랬죠."

브레트는 웃었다.

"당신 왜 그리 술을 안 하세요?"

나는 브랜디 소다를 조금 마셨을 뿐이었다. 나는 남은 것을 한 모금에 꿀꺽 마셨다.

"그렇게 하는 게 훨씬 좋아요. 아주 멋진데요. 그랬더니 이번엔 칸에 가자고 하는 게 아니겠어요? 칸에도 아는 사람이 너무 많다고 그랬죠. 그러자 이번엔 몬테카를로(모나코 동북부에 있는 휴양 도시, 국영 카지노와 자동차 경기로 유명)는 어떻겠느냐고 그러는 게 아니겠어요? 그곳에도 아는 사람이 너무 많다고 그랬죠. 어디를 가든 아는 사람이 너무 많다고 했어요. 정말 그래요. 그래서 이리로 데려다 달라고 했죠."

그녀는 한 손으로 테이블을 짚고 한 손으로 잔을 든 채 나를 바라보았다.

"그런 얼굴로 보지 마세요. 난 당신을 사랑하고 있다고 했어요. 정말이에요. 그런 얼굴로 보지 마세요. 그래도 그분은 싫은 표정 하나 짓지 않았어요. 우리와 함께 내일 밤 자동차로 식사하러 가고 싶다는 거예요. 가고 싶지 않으세요?"

"가지."

"이젠 돌아가는 게 좋겠어요."

"왜?"

"잠깐 보고 싶었을 뿐이에요. 참 바보 같은 짓이죠. 옷을 입고 내려오지 않겠어요? 그분이 바로 거리 저쪽에다 차를 세우고 기다리고 있어요."

"백작이?"

"네. 게다가 제복을 입은 운전사하고요. 잠시 드라이브를 하다가 브와(파리 불로뉴 공원. 넓은 숲으로 유명)에서 아침 식사를 하자는 거예요. 먹을 건 바구니에 가득 있어요. 젤리의 가게에서 산 거예요. 멍(샴페인 이름)주가 열두 병이나 있어요. 어때요, 생각 없으세요?"

"아침에 할 일이 좀 있어. 나 같은 건 당신을 따라가서 재미있게 놀긴 글렀어."

"바보 같은 소리 마세요."

"갈 수 없는 걸 어떡하오?"

"좋아요. 그이에게 친절한 말이라도 전하겠어요?"

"당신 좋을 대로 전해 주구려. 마음대로."

"그럼 쉬세요."

"감상적으론 되지 말라고."

"당신이 나쁜 거예요."

작별 키스를 하자 브레트는 몸을 떨었다.

"난 가는 게 좋겠어요. 그럼 안녕히 주무세요."

"가지 않아도 되잖아."

"갈래요."

우리는 계단 위에서 다시 한 번 키스를 했다. 관리인에게 문을 열어 달라고 했더니 문 뒤에서 뭐라고 투덜거렸다. 나는 2층으로 돌아와 열린 창으로 브레트가 아크등 아래의 도로에 세워 놓은 커다란 리무진으로 걸어가는 것을 내려다보고 있었다. 그녀가 올라타자 자동차는 움직였다. 나는 돌아섰다. 테이블 위에는 빈 유리잔과 브랜디 소다가 절반쯤 들어 있는 유리잔이 놓여 있었다. 그것들을 주방으로 가지고 가서는 절반쯤 들어 있던 브랜디 소다를 수채에다 쏟았다. 그리고 식당의 가스등을 끄고 침대에 걸터앉아서 슬리퍼를 벗어 던진 다음 침대 속으로 들어갔다. 조금 전에 내가 울고 싶을 정도로 생각하던 여자, 브레트는 그런 여자였던 것이다.

나는 조금 전에 그녀가 거리를 걸어가 자동차 타는 것을 보았는데, 다시 그것을 생각하니 또 못 견디게 서글퍼졌다. 낮이라면 어떠한 일에도 감정을 억누르는 것이 아주 쉬웠지만, 밤은 낮과는 전혀 다르다.

5

아침에 나는 수플로 거리를 걸어 커피와 브리오시(버터나 달걀이 든 롤빵)를 먹으러 갔다. 맑게 갠 화창한 날씨였다. 룩셈부르크 공원에 있는 마로니에에는 꽃이 피어 있었다. 무더운 날 이른 아침의 상쾌함이 감돌고 있었다. 나는 커피를 마시며 신문을 읽고 담배를 한 대 피웠다. 꽃 파는 여인이 시장으로부터 와서 그날 팔 꽃들을 늘어놓고 있었다. 법과대학과 소르본 대학으로 가는 학생들이 지나갔다. 큰 거리는 전차와 통근하는 사람들로 붐볐다. 나는 버스를 타고 뒤 승강구에 선 채 마들렌 교회까지 갔다. 마들렌에서 카퓌신 큰 거리를 따라 걸어서 오페라에 있는 사무실로 갔다. 나는 뜀뛰기 개구리를 팔고 있는 사나이와 권투 선수 장난감을 팔고 있는 사나이 앞을 지났다. 조수격인 소녀가 권투 선수를 조종하는 끈에 걸리지 않도록 옆으로 비켜서 걸었다. 소녀는 마주 잡은 손에 끈을 쥔 채 한눈을 팔며 서 있었다. 사나이는 관광객 두 사람에게 장난감을 사라고 권하고 있었다. 이 밖에 관광객 세 사람이 걸음을 멈추고 서서 구경하고 있었다. 나는 롤러를 밀고 가는 남자 뒤를 따라 걸었다—이 롤러는 보도 위에 젖은 글씨로 친자노$\left(\substack{\text{이탈리아산} \\ \text{베르무트 술}}\right)$라는 이름을 썼다. 여기저기에 일하러 가는 사람들뿐이다. 일하러 간다는 것은 즐거운 일이었다. 나는 거리를 가로질러 내 사무실로 들어갔다.

2층 사무실에서 프랑스 조간을 읽고 담배를 피운 다음 타자기 앞에 앉아서 기분 좋게 아침 일을 끝마쳤다. 11시에는 택시로 외무부에 가서 10여 명의 외국 특파원과 함께 앉아 있었다. 그동안 뿔테 안경을 쓴, 《누벨르뷔 프랑세즈》를 좋아하는 젊은 외교관인 외무부 대변인이 30분쯤 이야기도 하고 질문에 대답하기도 했다. 국무총리는 리용에 가서 연설을 하고 있었다. 아니, 연설을 끝마치고 돌아오는 중이라고 해야 맞겠다. 질문하는 기자 중에는 자신의 의견을 들려주기 위해 질문하는 기자가 몇 명 있었고, 대답이 듣고 싶어서 질문한 기자는 두세 명 신입기자뿐이었다. 뉴스는 없었다. 외무부에서 나오는 길에 나는 울시와 크럼과 함께 택시를 잡았다.

"제이크, 자넨 밤엔 뭘 하나?" 크럼이 물었다. "요샌 도무지 볼 수가 없으니."

"아아, 카르테르에 가 있지."

"언제 나도 한번 가 봐야겠군. 댕고라는 곳이 아주 근사하다지, 응?"

"그렇지, 거기도 근사하지만 이번에 새로 생긴 셀렉트라는 곳도 근사하지."

"전부터 가고 싶었지만 처자식이 딸려 있으니 어디 맘대로 돼야지."

"테니스는 여전히 하고 있나?" 울시가 물었다.

"아니. 올해에는 한 번도 못했어. 생각은 했지만 일요일마다 비가 왔고, 코트엔 사람들이 너무 들끓어서."

"영국 사람은 모두 토요일에는 쉬잖아." 울시가 하는 소리였다.

"그건 팔자 좋은 사람들 얘기지." 크럼이 대꾸했다. "이봐, 내 얘기 좀 들어 봐. 난 이제 곧 통신사를 그만둘 테야. 그러면 시골에 갈 시간도 충분할 테니까."

"그게 상책이야. 시골에 살면서 조그만 자동차를 한 대 가진단 말이지?"

"내년엔 자동차를 갖고 싶네."

나는 칸막이 유리창을 가볍게 두드렸다. 운전사가 차를 세웠다.

"이게 내가 사는 거리야, 들어가서 한잔하지 않겠나?"

"고맙네." 크럼이 말했다.

울시는 머리를 가로저으며 말했다.

"난 오늘 발표된 것을 전부 정리해 둬야겠어."

나는 2프랑짜리 은화를 크럼의 손에 쥐어 주었다.

"제이크, 자네 미쳤나. 내가 낼 테야."

"어쨌든 회사 돈이 아닌가?"

"아니야, 우리 회사에서 내지."

나는 잘 가라고 손을 흔들었다. 크럼은 손을 내밀었다.

"수요일에 점심이나 같이하세."

"좋지."

나는 엘리베이터를 타고 사무실로 올라갔다. 로버트 콘이 기다리고 있었다.

"어이, 제이크. 점심 먹으러 나가세."

"그러세, 뭐 새로운 게 나왔나 좀 보고."

"어디서 먹을까?"

"어디든."

나는 내 책상 위를 훑어보았다.

"자넨 어디서 먹었으면 좋겠나?"

"웨첼은 어떨까? 오르되브르^(식사 처음에 먹는 간단한 요리)가 맛있어."

그 식당에서 우리는 오르되브르와 맥주를 주문했다. 소믈리에가 맥주를 가져왔는데, 차갑고 길쭉한 사기로 된 조끼 표면에 이슬이 맺혀 있었다. 열두 가지나 되는 오르되브르가 나왔다.

"어젯밤엔 재미있었나?" 내가 물었다.

"천만에, 재미는 무슨 재미."

"쓰는 건 어때, 잘 되어가?"

"말도 말게. 지금 쓰고 있는 두 번째 책은 진도가 전혀 안 나가."

"누구에게나 있는 일이지."

"응, 나도 그쯤은 알지만 좌우간 골치야."

"아직도 남미에 갈 생각을 하고 있나?"

"그럼."

"그럼 왜 안 떠나지?"

"프란세스가 말썽이야."

"같이 가지 그래."

"가려고 해야지. 그런 건 죽어라고 하기 싫어한다네. 사람 많은 데를 좋아하거든."

"그럼 맘대로 하라고 해."

"그게 안 돼. 그녀에 대한 어떤 의무 같은 게 있어서."

그러면서 그는 얇게 썬 오이를 한쪽으로 밀어 놓고 절인 청어를 먹었다.

"브레트 애쉴리 부인은 어떤 여잔가, 제이크?"

"애쉴리는 성이고 브레트는 이름이야. 좋은 여자지. 지금 이혼 수속 중이고 마이크 캠벨과 결혼하려고 하고 있지. 마이크는 지금 스코틀랜드에 가 있어. 왜 그래?"

"대단히 매력적인 여자던데."

"그렇지?"

"뭔가 좀 독특한 데가 있어. 기품이랄까. 보기에도 아주 훌륭하고, 솔직한 여자 같아."

"참 좋은 여자야."

"그 아름다움을 뭐라고 표현해야 좋을지 모르겠지만, 아마 그건 교양일 거야."

"꽤나 맘에 든 모양이군, 자네 말투가."

"사실이야. 그 여자라면 사랑이라도 할 수 있을 것 같아."

"주정뱅인데. 마이크 캠벨과 연애 중이고, 이제 곧 결혼할 참이야. 마이크도 엄청난 부자가 될걸."

"그 여자 정말 마이크하고 결혼할까. 어째 믿어지지 않는데."

"그건 왜?"

"모르겠어, 그저 그렇게 생각될 뿐이야. 그 여자를 안 지가 오래됐나?"

"그렇지. 전쟁 중 내가 입원하고 있던 병원의 지원 간호사였다네."

"그땐 어린애였겠군."

"이젠 서른넷이야."

"언제 애쉴리와 결혼했지?"

"전쟁 중이었지. 진짜 애인이 이질로 죽은 직후에."

"좀 지나친데."

"미안해, 그런 뜻으로 얘기한 건 아닌데. 다만 사실을 말하려고 했을 뿐이야."

"믿어지지 않는데. 그 여자가 사랑하지도 않는 남자와 결혼할 것 같진 않아."

"그 여잔 두 번이나 그런 짓을 한걸."

"도저히 믿을 수가 없어."

"대답이 맘에 안 들거든 쓸데없는 질문은 그만두게."

"누가 그런 걸 자네한테 물었나?"

"브레트 애쉴리가 어떤 여자냐고 자네가 묻지 않았나."

"그런 모욕적인 말을 해달라고는 안 했네."

"뭐, 빌어먹을."

그는 얼굴이 새파랗게 질려 자리에서 일어나 오르되브르의 조그만 접시 앞에서 어쩔 줄을 몰라했다.

"앉게, 바보 같은 짓 그만두고."

"방금 자네가 한 말 취소하지 않겠나?"

"이 사람이, 어린애 같은 소린 그만두게."

"취소 안 할 테야?"

"좋아, 뭐든지 취소하지. 브레트 애쉴리에 관해선 난 아무것도 모른다네. 이젠 시원한가?"

"아니, 그게 아니야. 나보고 빌어먹으라고 그런 거 말이야."

"그럼 빌어먹지 말고 그냥 여기서 계속 먹게. 점심 식사를 시작하자마자 이게 무슨 일인가?"

콘은 미소를 띠며 자리에 앉았다. 앉게 되어 기쁜 모양이었다. 앉지 않았다면 도대체 무슨 짓을 했을까?

"제이크, 자네는 굉장히 모욕적인 말을 많이 했어."

"미안해, 입버릇이 나빠서. 지독한 말을 해도 진심은 아니야."

"그건 나도 알아. 자넨 정말 내 진정한 친구야."

'어렵쇼, 이젠 또 왜 이래' 하고 나는 생각했다. "내가 한 말은 잊어버리게나." 나는 큰 소리로 말했다. "정말 미안하네."

"괜찮아. 이젠 괜찮아. 정말 잠깐 동안 화가 났을 뿐이야."

"그럼 안심일세. 뭐 다른 걸 먹어 볼까."

점심을 마친 다음 카페 드 라 페로 가서 커피를 마셨다. 콘이 또다시 브레트에 대해 얘기하고 싶어하는 눈치였지만 나는 그에게 그럴 틈을 주지 않았다. 여러 이야기를 주고받은 뒤에 그와 헤어져서 사무실로 돌아왔다.

6

5시에 나는 호텔 크리용에서 브레트를 기다리고 있었다. 아직 오지 않아서 나는 앉아서 편지를 몇 통 썼다. 그다지 잘 쓴 편지는 아니었지만 크리용 호텔의 편지지에다 쓰는 것이니까 조금은 나아 보이리라고 생각했다. 브레트가 나타나지 않았으므로 6시 15분 조금 전에 바(bar)로 내려가서 바텐더인 조지와 함께 잭 로즈(^{포도주의}
일종)를 한 잔 마셨다. 브레트는 바에도 오지 않아서 밖으로 나오는 길에 위층에 있지나 않나 하고 둘러본 뒤에 택시를 잡아타고는 카페 셀렉트로 갔다. 센 강을 건너면서 보니 사람을 태우지 않은 빈 배가 여러 척 한데 연결되어 하류로 흘러 내려가고 있었다. 배가 뱃전 높이 뜨고 다리 근처에 이르자 사공이 노를 크게 저었다. 강의 경치는 훌륭했다. 파리에서 다리를 건넌다는 것은 언제나 유쾌한 일이었다.

택시는 철도 신호기의 발명자가 그 발명에 열중하고 있는 모습의 동상 앞을 빙 돌아 라스파이유 도로로 구부러져 들어갔다. 나는 좌석에 기대 앉은 채 그 근처를 그냥 스쳐 지나가고 말았다. 라스파이유 도로는 언제 드라이브를 해도 따분한 곳이다. P.L.M.(Paris-Lyon-Mediterranée,
철도 이름) 철도의 퐁텐블로와 몽트뢰 구간처럼 늘 지루하고 단조롭다. 여행을 할 때 그와 같은 쓸쓸한 장소를 발견하는 것은 일종의 연상 작용 때문이 아닐까. 그런데 파리에는 라스파이유 대로 못지않게 보기 흉한 거리가 몇 있다. 그러한 거리는 걷기조차 싫다. 자동차를 타고 지나간다고 해도 역시 견딜 수가 없다. 어쩌면 그것에 관해서 전에 어디서 무슨 책을 읽은 일이 있기 때문이리라. 로버트 콘이 파리 전체에 대해서 느끼고 있는 것도 아마 이것일 것이다. 콘이 파리에 대해서 재미를 못 붙이게 된 것도 아마 무엇을 읽었기 때문이 아닐까. 어쩌면 멩켄(1880~1956
미국의 비평가)의 역할일지도 모른다. 멩켄은 파리를 싫어했다. 이즈음 좋고 싫음도 멩켄을 따라 행동하는 청년들이 많기 때문이 아닐까 한다.

택시는 로통드 앞에서 섰다. 강 오른편 둑에서 택시 운전사에게 몽파르나스의 어느 카페라도 좋으니 데려다달라고 하면 반드시 데려다주는 곳이 이 로통드 카페다. 이제부터 한 10년만 지나면 돔이 그렇게 될지도 모르겠다. 어쨌든 가까워서 좋았다. 로통드의 거무튀튀한 테이블 앞을 지나 셀렉트 바로 들어갔다. 바 안에는 사람이 몇 있었지만 밖에는 하비 스톤이 혼자서 앉아 있었다. 자기 앞에 술잔 받침 접시를 수북이 쌓아 놓고 있는 그는 수염이 길어서 면도를 해야 할 얼굴이었다.

"앉게." 그가 말했다.

"그렇지 않아도 자넬 찾고 있던 중이었는데."

"왜?"

"아무 일도 아냐. 그저 만나려고 했을 뿐이야."

"경마에 갔었나?"

"아니, 일요일에 가곤 가지 않았네."

"미국에선 무슨 소식이 있나?"

"없어, 전혀 없어."

"무슨 일이지?"

"나도 모르지. 놈들과는 손을 끊었어. 완전히 손을 끊었네."

그러면서 그는 앞으로 몸을 내밀고는 내 눈을 들여다보았다.

"얘기 하나 해줄까, 제이크?"

"그래."

"닷새 동안이나 아무것도 먹질 않았다네."

나는 재빨리 기억을 더듬어 보았다. 하비가 뉴욕 바에서 포커로 내게 2백 프랑을 딴 게 불과 사흘 전의 일이 아닌가.

"왜 그랬나?"

"돈이 한 푼도 없어. 돈이 붙지를 않아." 그는 잠깐 말을 끊었다. "정말 이상한 일이야, 제이크. 이럴 땐 나 혼자만 있고 싶어. 내 방에 처박혀 있고만 싶어, 고양이처럼."

나는 주머니를 뒤져 보았다.

"100프랑이면 어떻게 되겠나?"

"그럼."

"자, 식사하러 가세."

"서두를 건 없어, 우선 한잔하세."

"뭘 먹는 게 좋을 거야."

"아니야, 난 이럴 땐 먹든 안 먹든 상관없어."

우리는 마셨다. 하비는 내가 마신 술잔의 받침 접시도 자기 접시 위에다 포개 놓았다.

"자넨 멩켄을 아나, 하비?"

"알지. 왜?"

"어떤 작자야?"

"좋은 친구지. 꽤 재밌기도 하고. 요전에 함께 식사할 땐 오펜하이머 얘길 했네. '곤란한 건 녀석이 너무 시끄럽게 떠든다는 거야' 하고 기염을 토하던 데, 그 친구. 그 친구 괜찮아."

"나쁘진 않군."

"근데 멩켄도 끝이야." 하비는 말을 이었다. "알고 있는 건 죄다 써먹었 어. 그래서 이젠 잘 알지 못하는 걸 쓰고 있지."

"내 생각으론 괜찮은 작자 같던데. 다만 그 작자가 쓴 걸 읽어 낼 도리가 없어서 탈이지."

"아아, 이젠 읽어 주는 사람도 없어. 알렉산더 해밀턴 협회(해밀턴은 19세기 초에 활약한 미국 정치가, 중앙집 권을 주장한 책도 많다. 그러나 이 협회는 불 분명. 아마도 고풍의 견고한 책의 대표로 발행)에서 발행하는 책을 계속해서 읽는 사람을 빼고 는."

"응, 그것도 나쁘지 않지."

"물론이지." 하비도 맞장구를 쳤다. 그 다음 우리는 그냥 앉은 채 잠시 생 각에 잠겨 있었다.

"포도주 한잔 더 할까?"

"좋아."

"저기 콘이 오는군." 내가 말했다. 로버트 콘이 거리를 가로질러 오고 있 었다.

"저 바보 말인가." 하비가 말했다. 콘이 우리 테이블로 다가왔다.

"여어, 술고래들." 그가 말했다.

"어이, 로버트." 하비가 받았다. "난 지금 제이크에게 자넬 바보라고 말하던 중일세."

"뭐라고?"

"자, 당장 대답하게. 생각해선 안 돼. 하고 싶은 대로 하라면 자넨 뭘 하겠나?"

콘은 생각했다.

"생각하지 마. 바로 대답해."

"모르겠는데. 대관절 무슨 말이야?"

"뭔가 자네가 지금 하고 싶은 일이 뭐냔 말이야. 맨 처음 자네 머리에 떠오르는 생각 말일세. 아무리 우스운 일이라도 괜찮아."

"모르겠는걸. 다시 한 번 축구를 해봤으면 좋겠군. 몸은 기억할 테니까."

"내가 자넬 오해했군. 자넨 바보가 아닐세. 다만 발육이 늦을 뿐이지."

"자네 참 익살맞군. 언젠가 누군가가 자네의 얼굴을 짓이겨 놓고 말 걸세."

하비 스톤은 웃었다.

"그런가? 하지만 다른 사람들은 그렇지 않을걸. 나는 아무래도 상관없어. 난 권투 선수가 아니니까."

"다른 사람의 경우라면 상관없다곤 하지 못할걸."

"천만에, 마찬가지지. 그게 자네가 크게 잘못 생각하는 점이야. 자넨 영리하지 못하니까."

"내 얘긴 제발 그만두게."

"좋아, 내겐 상관없는 일이니까. 자넨 나에게 아무 의미도 없으니까."

"어이, 하비." 내가 화제를 돌렸다. "한 잔 더 하세."

"싫어, 나는 장소를 옮겨서 밥을 먹어야겠어. 나중에 또 만나세, 제이크."

그는 밖으로 나가 걸어갔다. 나는 몸집이 작고 뚱뚱한 그가 택시들 사이를 뚫고 거리를 가로질러 가는 것을 지켜보았다. 그는 사거리의 교통에 점점 자신이 생기는 모양이었다.

"저 자식은 언제나 내 화만 돋운단 말이야." 콘이 하는 말이었다. "참을 수 없어."

"난 좋은데. 아주 맘에 들어. 자네도 저 친구에게 화까지 낼 필요는 없어.”

“그건 나도 알아. 그저 비위에 거슬릴 뿐이야.”

“오늘 오후엔 좀 썼나?”

“아니, 잘 안 돼. 지난번 작품보다 쓰기가 더 힘들어. 아주 애를 먹고 있다니까.”

초봄에 미국에서 돌아왔을 때 가지고 있었던 건전한 자신감은 이제 그에게선 전혀 찾아볼 수가 없었다. 당시는 그래도 자신의 일에 자신감이 있었고 그저 모험에 대해서 예의 개인적인 동경심을 품고 있었을 뿐이었다. 하지만 이제는 그러한 자신감이 사라져 버렸다. 여하튼 나는 로버트 콘을 아직 확실하게 설명하지 않았다는 느낌이 든다. 왜냐하면 콘이 브레트를 사랑하게 되기까지는, 자기 자신이 다른 사람들보다 뛰어난 것처럼 이야기하는 것을 한 번도 들어 본 일이 없기 때문이다. 테니스 코트에서의 그는 체격도 좋고 몸차림도 단정한 훌륭한 사람이었다. 브리지 노름을 할 때는 아주 솜씨 있게 카드를 다루었고, 묘하게 학생다운 점이 아직 남아 있었다. 여러 사람 앞에서 주목받을 만한 발언을 전혀 하지 못했다. 전에 학교에선 폴로 셔츠^(운동 셔츠의 일종)라고 불렸고, 아마 지금도 그렇게 불리는 옷을 입고 있었지만 일부러 젊은 티를 내는 것은 아니었다. 옷에 신경 쓰는 것 같지도 않았다. 외면은 프린스턴에 의해 만들어졌고, 내면은 그를 훈련시킨 두 명의 부인에 의해 만들어졌다. 그는 또한 선천적으로 착하고 어린애다운 면을 지니고 있었는데, 아마도 그의 이런 점을 말하는 것을 내가 깜박 잊었던 듯하다. 그는 테니스에서 이기는 것을 좋아했다. 이를테면 랑그랑^(1889~1938 프랑스의 여자 테니스 선수)처럼 이기기만 하는 것을 좋아했는지도 모른다. 설령 지더라도 화를 내지는 않았다. 그러나 브레트를 사랑하게 되자 테니스는 엉망진창이 되고 말았다. 간단히 이길 수 있는 사람에게까지 지고 말았다. 그래도 그의 태도만은 훌륭했다.

어쨌든 지금 우리는 카페 셀렉트의 테라스에 앉아 있었다. 그리고 하비 스톤이 방금 거리를 가로질러 갔다.

“릴라로 가 보세.” 내가 말했다.

“약속이 있는데.”

“몇 시에?”

“7시 15분에 여기서 프란세스를 만나기로 했어.”

"바로 저기 오는군."

프란세스 클라인이 거리를 가로질러 우리 쪽으로 오고 있었다. 키가 꽤 큰 여자로 몸을 몹시 흔들면서 걸어왔다. 그녀는 손을 흔들며 생긋 웃었다. 우리는 그녀가 거리를 가로질러 오는 것을 보고 있었다.

"안녕하세요. 여기 계셨군요. 반가워요, 제이크. 얘기할 게 있어요."

"어이, 프란세스." 콘이 이렇게 말하고는 싱긋 웃었다.

"아, 로버트. 당신도 계셨군요." 그녀는 곧이어 재빨리 지껄였다. "나, 아주 지독한 꼴을 당했지 뭐예요. 글쎄 이이가."

그녀는 머리로 콘을 가리켰다. "점심때도 집에 돌아오지 않았지 뭐예요."

"누가 돌아간다고 그랬나?"

"나도 알아요. 그래도 당신은 식모에게 아무 말도 하지 않았죠. 게다가 나도 약속이 있었고. 그런데 폴라는 사무실에 없었지 뭐예요. 리스로 가서 기다렸지만 끝내 오지 않았어요. 그런데 내겐 리스에서 점심을 먹을 만한 돈이 없었어요."

"그래 어떻게 했소?"

"물론 나와 버렸지요."

그녀는 마치 누구 흉내를 내는 듯한 쾌활한 태도로 말을 이었다.

"난 언제나 약속을 잘 지키지만, 요새 사람들은 어디 그래요? 나도 이젠 좀더 똑똑해져야겠어요. 그건 그렇고, 요즘 어떠세요, 제이크?"

"좋습니다."

"요전에 댄스하던 날 데리고 온 여자, 참 근사하던데요. 그런데 그 브레트라는 분과 곧 나가 버리셨죠."

"그 여자 싫은가?"

콘이 불쑥 한마디 던졌다.

"아주 매력적인 여자라고 생각해요, 그렇게 생각지 않으세요?"

콘은 아무 말도 하지 않았다.

"이봐요, 제이크. 얘기할 게 있어요. 나하고 돔까지 같이 가 주시지 않겠어요? 로버트, 당신은 여기 계세요. 자, 가요, 제이크."

우리는 몽파르나스 큰 거리를 가로지른 다음, 테이블 하나를 잡고 앉았다. 소년이 〈파리 타임즈〉를 갖고 올라오기에 한 부 사서 펴 보았다.

"무슨 일이오, 프란세스?"

"아, 아무것도 아니에요. 다만 저이가 나와 헤어지길 바라는 것뿐이에요."

"그게 무슨 말이오?"

"그이가 모든 사람에게 우리는 곧 결혼할 거라고 말하기에 나도 어머니와 제 주위 사람들에게 그렇게 얘기했죠. 그런데 그이가 결혼하고 싶지 않다는 거예요."

"왜죠?"

"지금까지 인생을 마음껏 즐기지 못했다고 생각한 거예요. 무슨 일이 일어나리라 생각했어요. 그이가 뉴욕에 갔을 때부터."

그녀의 눈에서는 자못 광채가 번득였다. 태연한 투로 말하려고 무척 애를 썼다.

"그 사람이 싫다면 나도 결혼 안 해요. 물론 나도 싫어요. 이렇게 된 이상 무슨 일이 있어도 난 그이와 결혼 안 해요. 하지만 이젠 좀 늦은 것 같아요. 3년이나 기다렸는데, 그 결과가 헤어지는 것이라니."

나는 아무 말 없이 가만히 있었다.

"우린 이제 곧 식을 올릴 참이었어요. 그런데 이렇게 되고 말았지 뭐예요. 참 어린애 같은 짓이죠. 끔찍한 순간이었죠. 그이는 울면서 나더러 이성을 가지라고 애원했지만 결혼만은 할 수 없다는 거예요, 글쎄."

"불행한 일이군요."

"정말 그래요. 2년 반이나 그이한테 허송세월을 한 셈이 되어 버렸어요. 그리고 이제 와서 나하고 결혼해 줄 남자가 있을 것 같지도 않아요. 2년 전이라면, 칸에서는 내가 원하는 남자라면 어느 누구와도 결혼할 수 있었어요. 얌전한 여자와 결혼해서 안정된 생활을 하고 싶어하던, 예전부터 잘 알고 있던 남자들은 모두가 나에게 반해 있었죠. 그러나 이젠 누구도 붙잡을 수 있을 것 같지 않아요."

"천만에요, 누구하고도 결혼할 수 있을 겁니다."

"아니에요. 게다가 난 그이가 좋아요. 아이도 갖고 싶고요. 늘 아이가 있었으면 했어요."

그녀는 몹시 반짝이는 눈으로 나를 쳐다보았다.

"나는 아이를 그다지 좋아하진 않지만 애를 안 가지겠다고 생각하진 않았어요. 아이가 생기면 귀여워하게 될 거라고 늘 생각했죠."

"콘에겐 애들이 있죠?"

"네, 그이에겐 자식도 있고, 돈도 있고, 부호인 어머니도 있죠. 게다가 책도 썼지만, 아무도 그가 쓴 것을 출판해 주는 사람은 없어요. 정말 단 한 사람도요. 그러나 기분이 나쁘진 않아요. 나에겐 돈이라곤 한 푼도 없어요. 위자료도 받을 수 있었지만, 제일 빠른 방법으로 이혼해 버렸기 때문에 그만 그것도 못 받고 말았어요."

그녀는 반짝이는 눈으로 다시 한 번 나를 쳐다보았다.

"이건 정당치 못해요. 그건 내 잘못이기도 하지만 또 내 잘못이 아니기도 해요. 좀더 현명했어야 하는 걸 그랬어요. 그래서 그이한테 그 얘길 했더니 그이는 그저 울면서 결혼만은 할 수 없다는 거예요. 왜 결혼을 할 수 없다는 걸까요? 전 좋은 아내가 될 수 있어요. 같이 살아가기에 그리 까다로운 여자가 아니에요. 그이를 간섭하지도 않아요. 그래도 아무 소용이 없어요."

"딱한 일이군요."

"네, 그래요. 그렇다고 이야기해 봐야 쓸데없는 일이에요. 정말 그렇죠, 네? 자, 이젠 카페로 돌아가요."

"내가 도울 일은 아무것도 없군요."

"네, 없어요. 그저 내가 이런 얘길 했다는 걸 그이한테는 얘기하지 말아주세요. 그이가 뭘 원하는지 난 잘 알아요."

이때 비로소 그녀는 처음으로 놀랄 만큼 쾌활하던 태도를 잃어버렸다.

"그인 혼자 뉴욕으로 돌아가고 싶은 거예요. 책이 나올 때, 젊은 여자들이 잔뜩 모여서 그걸 부러워할 테니까 말이에요. 그렇게 하고픈 거예요, 그이는."

"젊은 여자들이 그럴 린 없겠죠. 그 친구가 그러리라고는 생각되지 않는데요, 정말."

"제이크, 당신은 나보다는 그이를 몰라요. 그이가 하고 싶은 것은 그거예요. 난 알아요. 알고말고요. 그래서 결혼도 하고 싶지 않은 거예요. 이번 가을엔 큰 승리를 혼자서 거두고 싶은 거예요."

"카페로 돌아가시렵니까?"

"네, 가요."

우리는 일어섰다―마실 것은 갖다 놓지 않았다―그리고 셀렉트를 향해 거리를 가로질렀다. 콘은 대리석으로 되어 있는 테이블 저편에 앉아서 우리에게 미소를 보내고 있었다.

"아니, 뭐가 그렇게 좋아서 웃고 계세요?" 프란세스가 콘에게 물었다. "아주 즐거워 보이는군요."

"당신과 당신의 비밀을 알고 있는 제이크를 보고 웃고 있는 거예요."

"내가 제이크에게 얘기한 건 비밀 얘기가 아니에요, 모든 사람이 곧 알게 될 테니까요. 다만, 제이크에게 사실을 가르쳐 드리고 싶었어요."

"그게 뭔데? 당신이 영국에 간다는 얘기?"

"그래요, 영국에 간다는 얘기예요. 제이크, 당신에게 얘기한다는 걸 깜박 잊었군요. 나 영국에 가요."

"그거 근사한데요."

"그럼요, 그게 훌륭한 집안에서들 하는 일이죠. 로버트가 보내 주는 거예요. 저이가 200파운드를 주겠대요. 그래서 난 친구를 찾아볼 생각이죠. 근사하죠? 친구들은 아직 몰라요."

프란세스는 콘을 향해 생긋 미소를 지어 보였다. 콘은 이제는 웃지 않았다.

"당신은 나에게 단지 100파운드만 줄 생각이었죠? 네, 로버트? 하지만 난 저이에게 200파운드를 받았죠. 저인 너무나 인심이 좋아요. 그렇죠, 로버트?"

로버트 콘에게 어쩌면 이렇게 무서운 말을 할 수 있는지 모르겠다. 세상에는 절대로 모욕적인 말을 할 수 없는 사람이 더러 있는 법이다. 그런 말을 하면 이 세계가 파멸해 버리고 말 것같이 느끼는 사람이 있다. 그러나 여기 있는 콘은 그것을 능히 참고 있었다. 바로 내 눈앞에서 모든 일이 일어나고 있는데, 나는 그것을 막아 보려는 충동조차 느끼지 않았다. 그리고 이것은 나중에 일어난 일에 비하면 한결 친밀감을 주는 농담이기도 했다.

"어떻게 그런 말을 할 수 있소, 프란세스?" 콘이 가로막았다.

"저이 말 좀 들어 보세요. 난 영국으로 간다니까요. 친구를 만나러 가는 거예요. 당신은 만나고 싶어하지도 않는 친구를 찾아가 본 적 있으세요? 하지만 난 틀림없이 환영받을 거예요. '야아, 참 오랜만이로구나. 어때? 어머닌 안녕하시고?' 아 참, 우리 어머닌 어떻게 지내고 계실까? 가진 돈을 몽땅 털어서 프랑스 전시공채(戰時公債)를 샀어요. 정말 그랬어요. 그런 짓을 한 사람은 어쩌면 세상에서 우리 어머니 한 사람뿐이었을지도 모르죠. '그래 로버트는 어때?' 하고 묻기도 하고, 또 로버트의 신변 얘기를 아주 자세히 할 거예요, '너희들, 그에 관한 얘긴 될 수 있는 대로 하지 않도록 조심해. 불쌍하게도 프란세스는 너무나 쓰라린 경험을 했으니까.' 우습죠, 로버트? 우습다고 생각하지 않으세요, 제이크?"

그녀는 예의 놀랍도록 밝게 웃으며 나를 돌아다보았다. 내가 이런 얘길 들어주어 아주 만족한 듯했다.

"그래 당신은 어떻게 하실 작정이죠, 로버트? 내가 나빴어요, 정말. 정말 내 책임이에요. 잡지사의 그 귀여운 비서를 당신 곁에서 내쫓았을 때 나도 그 여자처럼 결국은 내쫓길 거라는 걸 깨달았어야 했어요. 제이크는 그 얘길 모를 거예요, 내가 얘기해줄까요?"

"제발 입 닥쳐, 프란세스."

"아녜요, 다 말하겠어요. 로버트는 잡지사에 아주 귀여운 비서를 두고 있었지요. 굉장히 귀엽고 어여쁜 여자여서 로버트도 예쁘다고 생각했죠. 그때 내가 나타났는데, 나도 예쁘다고 생각했죠. 그래서 그 여자를 쫓아내도록 했어요. 잡지사를 옮길 때 그 여자도 함께 카멜에서 프로빈스 타운까지 데리고 왔는데, 태평양 연안으로 돌아가는 여비조차 주지 않고 보냈답니다. 그것도 모두 나를 즐겁게 하기 위해서 한 일이었죠. 그땐 날 더없이 좋은 여자로 생각하고 있었던 거예요. 저이는 그랬죠, 로버트?

오해해선 안 돼요, 제이크. 비서하고는 완전히 순수한 관계예요. 정신적인 정도도 아니었죠. 정말 아무것도 아니었어요. 그저 그녀가 참으로 좋은 여자였다는 것뿐이죠. 그래서 저이는 날 즐겁게 해주기 위해서 그런 짓을 한 것이지요. 그래요, 칼로 사는 자는 칼로 망한다고 생각해요. 하지만 그건 문학적인 얘기가 아닐까요? 당신은 다음에 쓸 책을 위해서 그걸 기억해 두고 싶을 거예요, 로버트.

당신도 알다시피 로버트는 새로운 작품의 소재를 찾고 있는 거예요. 그렇죠, 로버트? 그래서 나를 버리려는 거예요. 난 소설의 좋은 소재가 될 수 없다고 결론을 내렸어요. 네, 아시겠어요? 저인 나와 함께 있을 때는 늘 책을 쓰기에 바빠서 우리 둘에 관한 일은 아무것도 기억하고 있지 못해요. 그래서 저인 이제 밖으로 나가서 새로운 소재를 얻으려는 거예요. 그래요, 정말로 놀랄 만큼 재미있는 소재를 얻었으면 좋겠군요.

이봐요, 로버트. 내 애길 들어 봐요. 화내지 말고 들어요. 젊은 아가씨들하고 소동을 일으키지 마세요. 소동을 일으키지 않도록 노력하세요. 왜냐하면 당신은 소동을 일으키고 나면 반드시 울어야 하니까요. 그렇게 되면 자기 자신이 무척 측은하게 느껴져서 다른 사람의 말은 전혀 기억하지 못하게 돼요. 그러다가는 다른 사람과 주고받는 이야기를 전혀 기억하지 못하게 될 거예요. 침착하도록 애쓰세요. 그건 여간 어려운 일이 아니죠. 그러나 그게 문학을 위한 길이라는 걸 잊지 마세요. 우리는 모두 문학을 위해서 희생해야 돼요. 날 좀 보세요, 난 군소리 한마디 없이 영국으로 가는 거예요. 우리는 모두 젊은 작가를 도와줘야 하거든요. 그렇죠, 네, 제이크? 하지만 당신은 젊은 작가는 아니에요. 그렇죠, 로버트? 서른넷이나 됐으니까요. 그러나 위대한 작가가 되기에는 아직 젊은 나이라고 생각해요. 토마스 하디를 보세요. 아나톨 프랑스를 보세요. 이 작가는 바로 얼마 전에 죽었죠. 그런데 로버트는 이 작가를 하찮은 작가라고 생각하고 있었죠. 그의 프랑스 친구들이 그렇게 가르쳐 준 거예요. 로버트는 프랑스 책을 그다지 잘 읽지 못한답니다. 아나톨 프랑스도 당신처럼 훌륭한 작가는 아니었죠, 그렇죠, 로버트? 아나톨 프랑스도 소재를 구하러 나가야만 했다고 생각하나요? 그 사람은 결혼하고 싶지 않을 때 여자에게 뭐라고 그랬을 것 같아요? 그 사람도 역시 울었을까요? 아아, 지금 막 어떤 생각이 떠올랐어요." 그녀는 장갑 낀 손을 입술에다 갖다댔다.

"로버트가 나하고 결혼하지 않는 진짜 이유를 알았어요. 이제 알았어요. 카페 셀렉트에서 환영처럼 내 머리에 떠올랐죠. 참 신비하죠? 언젠가 이 신비를 기록한 액자를 걸 거예요. 그 루르드 (프랑스 남서부의 피레네 산맥 기슭에 있는 도시. 1855년 성모 마리아 출현의 기적이 일어났다고 하는 동굴 위에 로사리오 성당이 세워져 있음)에서처럼. 가르쳐 드릴까요, 로버트? 그럼 얘기하죠, 아주 간단해요. 어째서 여태껏 그런 생각이 머리에 떠오르지 않았을까요. 당신도 알다시피 로버트는 늘 애인을 갖고 싶어했죠. 그래서 나하고 결혼하고 싶지 않다는 건 벌써 애인이 있다는 증거예요. 그 여자는 2년 넘게나 로버트의 애인이었죠. 무슨 얘긴지 아시겠어요? 그러니 나와의 약속을 지켜서 나와 결혼하면 로맨스는 그만 완전히 끝나고 마는 거예요. 이런 걸 생각해 낸 내가 참으로 현명하다고 생각지 않으세요? 이건 사실이에요. 로버트를 좀 쳐다보세요. 그리고 그게 사실인가 아닌가 확인해 보세요. 어디 가세요, 제이크?"

"안에 들어가서 잠깐 하비 스톤을 만나 봐야겠습니다."

내가 안으로 들어갈 때 콘은 나를 흘끗 보았다. 그의 얼굴은 새파랗게 질려 있었다. 그는 왜 그대로 앉아 있었을까? 무엇 때문에 그렇게 참고 있었을까?

카운터를 향해 서서 바깥을 내다보니까 앉아 있는 그들이 창 너머로 보였다. 프란세스는 명랑한 미소를 띤 채 콘에게 이야기를 계속하고 있었는데, 자주 그의 얼굴을 들여다보면서 "그렇지 않아요, 로버트?" 하고 묻는 듯했다. 어쩌면 아까와 같이 그렇게 묻고 있진 않을지도 모르겠다. 어쩌면 딴 이야기를 하는지도 모르겠다. 나는 바텐더에게 아무것도 마시고 싶지 않다고 하고는 옆문을 통해 밖으로 나와 버렸다. 밖으로 나올 때 두 장의 두꺼운 유리창을 통해 돌아다보니, 프란세스는 여전히 콘에게 뭐라고 이야기를 건네고 있었다. 나는 라스파이유 큰 거리를 향해서 걸어갔다. 그러다가 택시를 잡아타고 내 아파트 주소를 운전사에게 일러주었다.

7

계단을 막 올라가려고 하는데, 관리인 마누라가 자기 창의 유리문을 두드렸다. 내가 걸음을 멈추자 그녀가 밖으로 나왔다. 편지 몇 통과 전보 한 통을 들고 있었다.

"자, 편지 받으세요. 그리고 어떤 부인이 찾아오셨던데요."

"명함이라도 두고 갔나요?"

"아뇨. 웬 신사분과 같이 오셨던데요. 어젯밤에 오셨던 그 여자분이었어요. 근데 그 여자분이 좋은 분이라는 걸 겨우 알았어요."

"같이 온 분은 내가 아는 사람인가요?"

"글쎄요, 모르겠는데요. 남자분은 처음 보는 분이었어요. 키가 무척 큰 분이던데요. 여자분은 참 좋은 분이고요. 정말 좋은 분이었어요. 어젯밤에는 아마……." 그녀는 한 손으로 머리를 받치고는 위아래로 흔들면서 다시 말을 이었다.

"솔직하게 말하면 어젯밤에는 그다지 품위 있는 분으로 보이지 않았어요.

어젯밤에는 다른 생각을 갖고 있었죠. 하지만 내 애길 잘 들어 보세요. 그분은 여간 품위 있어 보이지 않던데요. 가문도 좋은 것 같았는데, 그건 보면 알 수 있어요."

"아무 말도 남기지 않고 가 버렸습니까?"

"아뇨, 한 시간 뒤에 다시 오겠다고 했어요."

"오면 내 방으로 올려보내 주세요."

"그렇게 하죠. 그런데 그 부인 말이에요. 그 부인 참 훌륭한 분이에요. 좀 이상하긴 하지만 참 훌륭한 분이에요. 훌륭한 분이고말고요!"

이 부인은 이 호텔의 관리인이 되기 전에 파리의 경마장에서 술집을 했다. 그녀의 일은 3등 관람석에 한정되어 있었지만, 1등 관람석에 앉아 있는 사람들을 언제나 눈여겨보았기 때문에 내게 오는 손님 중 누가 좋은 환경에서 자라났는지, 또는 누가 좋은 가문 출신인지, 누가 스포츠맨—맨에 악센트를 둔 프랑스식 영어였지만—인지 알아맞히고는 자못 우쭐거리곤 했다. 다만 난처한 것은 이 세 부류에 속하지 않는 사람에 대해서는, 번즈 씨는 안 계신데요, 하는 말을 너무나도 잘한다는 것이다. 그래서 내 친구 중의 하나인, 건강이 몹시 나빠 보이는 화가는 이 부인의 눈에는 확실히 좋은 가정 환경도 아니었고, 가문도 좋지 않았고, 스포츠맨으로도 보이지 않았으므로 나에게 편지를 보내어, 저녁에 가끔 나를 만나러 갈 수 있도록 관리인 옆을 지날 수 있는 출입증을 보내줄 수 없겠느냐고까지 했다.

나는 브레트가 도대체 관리인 마누라에게 어떻게 했기에 저럴까 하고 생각하면서 내 방으로 올라갔다. 전보는 빌 고튼에게서 온 것으로, 프랑스 호(號)로 도착한다는 내용이었다. 나는 책상 위에 편지를 놓고 침실로 들어가서 옷을 벗고 샤워를 했다. 몸을 씻고 있으려니, 문에서 벨 소리가 났다. 나는 가운을 걸치고 슬리퍼를 아무렇게나 신은 채 나가 보았다. 브레트였다. 그녀 뒤에는 백작이 서 있었다. 그는 장미꽃 한 다발을 안고 있었다.

"들어가도 좋아요?" 브레트가 먼저 입을 열었다.

"좋고말고. 목욕하던 중이었소."

"팔자 좋으시군, 목욕을 하고 계시다니."

"뭘, 샤워만 하던 중인걸요. 앉으십시오, 미피포폴로스 백작. 뭘 마시겠습니까?"

"꽃을 좋아하시는지 어떤지 모릅니다만." 백작이 말했다. "멋대로 이런 장미를 가지고 왔습니다."

"그 꽃을 이리 주세요." 브레트가 장미꽃을 받아들었다. "여기에 물을 넣어다 주세요, 제이크."

나는 커다란 도자기 꽃병을 주방으로 가지고 가서 물을 담아 왔다. 브레트는 그 속에다 장미를 꽂아 식당 테이블 한복판에다 놓았다.

"정말, 오늘은 참 즐거웠어요."

"크리용에서 나하고 만날 약속은 완전히 잊었던 모양이군."

"어머나, 약속을 했었던가요? 나 정말 취했었나 봐."

"꽤 취했었지." 백작이 하는 말이었다.

"역시 취했었군요. 그런데 백작은 정말 좋은 분이었어요."

"웬일이오, 오늘은 관리인 마누라에게 굉장히 좋은 인상을 주었으니?"

"그야 당연하죠, 200프랑이나 주었으니까."

"그건 또 무슨 바보짓이오?"

"이분 돈인걸요." 그녀는 백작을 턱으로 가리켰다.

"어젯밤 일로 어느 정도는 성의 표시를 해야 할 것만 같아서요. 어젠 너무 늦었으니까요."

"이분은 참 굉장한 분이에요." 브레트가 말했다. "무엇이든 다 기억하고 계시거든요."

"당신도 마찬가지지."

"어머, 난 기억하고 싶지도 않은 걸요. 제이크, 한잔 안 주시겠어요?"

"내가 옷을 갈아입을 동안 한잔하구려. 어디 있는진 알지?"

"물론이죠."

옷을 갈아입는 동안 브레트가 유리잔과 탄산수 병을 내리는 소리가 들리더니, 다음엔 두 사람이 뭐라고 이야기하는 소리가 들렸다. 나는 침대에 앉아서 천천히 옷을 입었다. 피곤하여 기분도 좋지 않았다. 브레트가 한 손에다 유리잔을 들고 들어오더니 침대에 걸터앉았다.

"왜 그래요? 기분이 안 좋으세요?"

그러면서 그녀는 내 이마에다 가볍게 키스했다.

"아아, 브레트, 사랑스런 브레트."

"저이를 보내버릴까요?"

"그건 왜, 좋은 사람인데."

"보내버리겠어요."

"아니야, 그러지 마."

"아니에요. 보내버리겠어요."

"그렇겐 할 수 없을걸."

"못한다고요? 당신은 여기 계세요. 저이는 나에게 홀딱 반했거든요."

그녀는 방 밖으로 나갔다. 나는 침대에 얼굴을 파묻고 엎드려 있었다. 기분이 좋지 않았다. 두 사람이 뭐라고 말하는 소리가 들렸지만 귀담아 들으려고 하지 않았다. 브레트가 안으로 들어와 침대에 걸터앉았다. "가엾은 분." 그녀는 내 머리를 손으로 쓰다듬었다.

"당신 그 사람에게 뭐라고 했소?"

나는 그녀에게서 얼굴을 돌린 채 누워 있었다. 그녀를 보고 싶지 않았다.

"샴페인을 사오라고 그랬어요. 그인 샴페인을 사러 가는 걸 좋아해요."

그러고 나서 조금 있다가 다시 말했다.

"기분이 좀 좋아졌어요, 당신? 머리 아픈 것도 나아졌고요?"

"좋아졌소."

"가만히 누워 계세요, 그인 거리 저쪽으로 갔어요."

"같이 살 수 없을까, 브레트? 둘이서만 살 수 없을까?"

"안 돼요. 난 누구하고든 바람을 피워서 당신을 배반할 거예요. 당신은 견딜 수 없을 거예요."

"지금도 견디고 있지 않소?"

"그건 얘기가 달라요. 내가 나쁜 거죠, 제이크. 난 그런 여자예요."

"잠시 시골로 가면 어떨까?"

"소용없어요. 하지만 원하신다면 같이 가겠어요. 그러나 난 시골에서 조용히 살 순 없어요. 진실로 사랑하는 사람하고라도 마찬가지예요."

"알겠소."

"심하다고 생각하세요? 내가 당신을 사랑한다고 해 보았자 아무 소용없어요."

"내가 당신을 사랑하는 데도."

"그런 얘긴 그만둬요. 다 부질없는 일이에요. 나, 당신을 떠나겠어요. 마이클도 돌아오니까."

"왜 떠난다는 거요?"

"당신을 위해서, 그리고 또 나를 위해서죠."

"그럼 언제 떠난다는 거요?"

"될 수 있는 대로 빨리요."

"어디로?"

"산 세바스티안(스페인 북부의 항만도시)으로요."

"같이 갈 순 없겠소?"

"안 돼요. 이런 얘기까지 해놓고서 그런 생각을 하다니, 그건 너무 심해요."

"우리가 언제 의견 일치를 보았나."

"아이, 당신도 나만큼은 알잖아요. 괜히 고집부리지 마세요."

"그야 그렇지. 당신 말이 옳다는 건 나도 알고 있소. 내 마음이 울적한 탓이오. 사람이란 울적할 때엔 어리석은 말을 하게 마련이오."

나는 바로 앉아서 몸을 굽혀 침대 옆에 있는 구두를 찾아 신었다. 그러고 나서 일어섰다.

"그런 얼굴 하지 마세요, 네?"

"그럼 어떤 얼굴을 하란 말이오?"

"아이, 바보 같은 소리 마세요. 난 내일 떠나요."

"내일?"

"그래요. 내일 떠난다고 말씀드리지 않았어요? 내일 떠나요, 난."

"그럼 한잔합시다. 백작도 이제 돌아올 테니."

"네, 돌아올 거예요. 그분은 샴페인 사는 일을 너무나 좋아해요. 가격 따위는 신경 쓰지도 않아요."

우리는 식당으로 갔다. 나는 브랜디 병을 집어 들고는 브레트에게 한 잔 따라주고 나도 한 잔 따랐다. 벨이 울렸다. 나가 보니 백작이었다. 그 뒤에는 운전사가 샴페인 바구니를 들고 서 있었다.

"어디다 놓으라고 할까요?" 백작이 물었다.

"주방이요." 브레트가 대꾸했다.

"거기다 들여놔, 헨리." 백작이 손으로 가리켰다. "자, 이젠 아래층에 가서 얼음을 가지고 오게." 그러고 나서 그는 주방 안에 들여놓은 바구니를 지켜보며 서 있었다. "이게 아주 좋은 포도주라는 걸 아시게 될 겁니다. 미국에서는 좋은 술을 감정할 기회가 그리 많지 않지만, 이 포도주는 그 방면에서 장사하는 친구에게서 직접 구했습니다."

"당신은 장사하는 분을 많이 알고 계시는군요?"

"그 친구는 스스로 포도를 재배하지요. 수천 에이커의 포도밭을 가지고 있습니다."

"그분 이름이 뭔데요?" 브레트가 물었다. "베브 클리쾨?"

"아아뇨, 뮘므라는 남작입니다."

"근사하군요. 우린 모두 작위가 있군요. 왜 당신은 작위가 없어요, 제이크?"

"단언합니다만." 백작이 내 팔 위에 한 손을 얹으면서 말했다. "그런 건 아무 소용도 없죠. 공연히 돈 드는 일만 자꾸 생기거든요."

"난 모르겠어요! 때론 아주 도움이 되던데요."

"내 경우엔 도움이 된 적이 한 번도 없었어요."

"쓸 줄 모르서서 그래요. 나는 덕분에 엄청난 신용이 생기던데요."

"자, 좀 앉으시지요, 백작." 내가 말했다. "그 지팡이는 이리 주시고……."

백작은 가스등 아래서 테이블 너머로 브레트를 쳐다보고 있었다. 그녀는 담배를 피우고 있었는데, 담뱃재가 카펫 위에 떨어졌다. 내가 그것을 지켜보고 있는 것을 그녀는 알아챘다.

"이봐요, 제이크. 카펫을 더럽히고 싶지 않아요. 재떨이를 이리 주세요."

나는 재떨이를 몇 개 찾아서 여기저기다 갖다 놓았다. 운전사가 소금 뿌린 얼음이 가득 든 통을 들고 올라왔다.

"두 병만 넣어 두게, 헨리." 백작이 일렀다.

"그 밖에 딴 일은 없습니까?"

"없어. 내려가서 차에서 기다리고 있어." 백작은 브레트와 내게로 고개를 돌렸다.

"브와에 식사를 하러 갈까요?"

"좋아요." 브레트가 대꾸했다. "하지만 난 아무것도 못 먹을 것 같아요."

"난 좋은 식사라면 언제나 환영입니다." 백작이 넌지시 말했다.

"샴페인을 가져올까요?" 운전사가 물었다.

"그래 가져와." 그러면서 백작은 묵직해 보이는 돼지 가죽 담뱃갑을 꺼내 내게 권했다.

"진짜 미국 담배는 어떻습니까?"

"고맙습니다. 이 담배를 다 피우고요."

백작은 시곗줄 끝에 달린 금제 가위로 담배 끝을 잘랐다.

"정말로 연기가 빨려 들어오는 담배가 좋거든요. 보통 담배는 절반은 연기가 빨려 들어오지 않으니까요."

그는 담배에 불을 붙여 물고 피우면서 테이블 건너편에 있는 브레트를 바라보고 있었다.

"그런데 애쉴리 부인, 이혼하시면 작위를 잃게 되겠군요."

"네, 참 유감이에요."

"천만에요. 당신에게 작위 같은 건 필요 없습니다. 품위가 저절로 온몸에 넘쳐 흐르고 있으니까요."

"고맙습니다. 더없이 친절하시군요."

"농담이 아닙니다." 백작은 담배 연기를 뿜었다. "이제껏 만난 여인 중 가장 품위 있게 보입니다. 그렇고말고요, 그뿐입니다."

"고맙습니다. 어머니가 아시면 기뻐하실 거예요. 그걸 써 주시겠어요? 어머니에게 편지를 보내겠어요."

"어머니께도 말씀드리죠." 백작이 맞장구쳤다. "농담이 아닙니다. 난 사람을 두고 농담한 적이 없습니다. 사람을 놀리면 적을 만들 뿐입니다. 이건 내가 늘 하는 얘기죠."

"옳은 말씀이에요." 브레트도 맞장구를 쳤다. "맞아요. 난 늘 사람들을 놀리니까 이 세상에 친구라곤 한 사람도 없나 봐요. 여기 있는 제이크만 빼곤요."

"이분은 놀리지 않는군요?"

"그럼요."

"지금은?" 백작이 물었다. "이분을 놀리고 있는 겁니까?"

브레트는 나를 쳐다보며 눈웃음을 지었다.

"천만에요. 그럴 생각은 조금도 없어요."

458 해는 또다시 떠오른다

"역시 그렇군요."

"참 싱겁기 짝이 없는 얘기가 되고 말았네요." 브레트가 말했다. "샴페인은 어떻게 됐어요?"

백작은 손을 뻗쳐 물통 속에 들어 있는 병을 빙빙 돌렸다.

"아직 차갑지 않은데요. 당신은 밤낮 술만 마시는군요. 왜 얘기만 하진 못하죠?"

"그동안 너무 많이 얘기했거든요. 제이크에게는 다 얘기했어요."

"당신이 진정으로 이야기하는 걸 한 번 들어보고 싶군요. 당신은 나에게 이야기할 때는 한 번도 말끝을 맺어 본 적이 없었죠."

"당신에게 끝을 맺게 하고 싶어요. 누구든지 좋으니까 내 말끝을 맺게 하고 싶어요."

"그것 참 재미난 방법인데요." 백작은 손을 뻗쳐 술병을 빙빙 돌렸다. "하지만 나는 당신 애길 듣고 싶군요."

"이분 좀 바보 같지 않아요?" 브레트가 물었다.

"자." 백작은 병을 집어 들었다. "이젠 차가워진 것 같구려."

내가 타월을 갖다주자 그는 그것으로 병을 닦더니 높이 쳐들었다.

"난 샴페인을 큰 병으로 마시는 걸 좋아합니다. 포도주가 더 좋지만 차갑게 하는 게 아주 귀찮아요."

그러면서 그는 병을 쳐들어 들여다보고 있었다. 나는 유리잔을 내놓았다.

"이제 그만 뚜껑을 따세요." 브레트가 은근히 졸랐다.

"네, 그러죠."

맛이 훌륭한 샴페인이었다.

"아니, 이건 정말 포도주군요." 브레트가 잔을 높이 쳐들었다. "건배를 해야겠네요, 왕실을 위해서!"

"이 포도주는 건배를 하고 마시기엔 아까운 술입니다. 이런 포도주에 감정을 섞어 마시고 싶진 않으시겠죠? 그러면 술맛이 없어집니다."

브레트의 잔은 비어 있었다.

"포도주에 관한 책을 한 권 쓰시지요, 백작." 내가 한 마디 했다.

"번즈 씨." 백작이 말했다. "내가 포도주에 바라는 것은 그저 그것을 즐기는 것뿐이죠."

"좀더 즐기는 게 어때요?" 브레트가 술잔을 앞으로 쭉 내밀었다. 백작은 아주 조심조심 술을 따랐다.

"이젠 천천히 즐기십시오. 그러지 않으면 취할 겁니다."

"취해요? 취한다고요?"

"당신은 취해야만 매력이 있어요."

"무슨 말씀이세요? 그렇지 않습니다."

"번즈 씨." 백작은 내 잔에다 샴페인을 하나 가득 따랐다. "이분은 취했을 때도 안 취했을 때와 마찬가지로 매력이 있거든요. 난 이런 부인은 생전 처음입니다."

"많이 다녀 보지도 않으신 분이 뭘 그러세요?"

"천만에요. 내가 얼마나 많이 돌아다녔다고요. 웬만한 정도가 아닙니다."

"자, 마셔요." 브레트가 말했다. "다 잘 돌아다니는 편이에요. 여기 이 제이크도 아마 백작님만큼은 돌아다녔을 거예요."

"물론 번즈 씨는 굉장히 많이 돌아다녔을 겁니다. 내가 그렇게 생각하지 않는 것은 아닙니다. 나도 꽤 돌아다닌 편이라는 걸 말하고 싶었을 뿐입니다."

"물론 그러시겠죠. 저도 농담 삼아 그래 본 거예요." 브레트가 말했다.

"나는 전쟁을 몇 번이나 겪고, 게다가 혁명도 네 번 겪었습니다."

"군대에 계셨나요?" 브레트가 물었다.

"때로는요. 그리고 화살에 맞은 상처도 있습니다. 화살 상처를 본 일이 있으십니까?"

"한번 보여주세요."

백작은 일어서서 조끼의 단추를 끄르고 셔츠 앞을 열어 보였다. 그는 속옷을 가슴 위까지 걷어 올리고 서 있었는데, 검고 커다란 위의 근육이 부풀어 올라온 가슴이 등불 아래서 보였다.

"보입니까?"

늑골 끝 선 아래, 살이 부풀어 오른 듯한 모양의 상처가 두 군데 있었다.

"등 뒤에 화살촉이 나간 곳을 보세요."

등허리 근처에 손가락만 한 두께로 살이 솟아오른 상처가 두 군데 있었다.

"어머, 정말 대단하시군요."

"깨끗이 뚫고 나간 거죠."

"백작은 셔츠 자락을 바지 속으로 쑤셔 넣고 있었다.

"어디서 다치셨습니까?" 내가 물었다.

"아비시니아에서였죠. 스물한 살 때였습니다."

"뭘 하고 계셨어요?" 이번에는 브레트가 물었다. "군대에 계셨어요?"

"사업상 여행 중이었습니다."

"이분도 우리와 같은 사람이라고 내가 말했잖아요, 그랬죠?" 브레트는 나를 돌아다봤다. "난 당신이 참 좋아요, 백작, 귀여운 양반."

"그렇게 말해 주니 참 행복합니다. 하지만 당신의 말은 진실이 아닙니다."

"바보 같은 소리 마세요."

"아시겠지만, 내가 모든 것을 이처럼 즐길 수 있는 것은 숱한 세상사를 경험했기 때문이지요. 번즈 씨도 그렇게 생각하지 않습니까?"

"네, 그렇고말고요."

"그럼요." 백작이 말했다. "그것이 비결이거든요. 그 가치를 알아야만 합니다."

"당신의 가치는 전혀 변하지 않나요?"

"네, 더 이상 변하지 않습니다."

"연애해 본 적은 없으세요?"

"늘 하죠, 늘 연애하고 있죠."

"그게 당신의 가치를 변화시키지 않았나요?"

"그것도 내 가치 안에 자리잡고 있답니다."

"당신은 아무런 가치도 갖고 있지 않아요. 당신은 죽은 거예요. 그뿐이에요."

"아니, 그건 달라요. 나는 죽지 않았으니까요."

우리는 샴페인을 세 병 비웠고, 백작은 주방에다 바구니를 그대로 두었다. 우리는 브와의 식당에서 저녁을 먹었다. 훌륭한 정찬이었다. 식사는 백작의 가치 속에서 굉장한 위치를 차지하고 있었다. 포도주도 마찬가지였다. 식사하는 동안 백작은 자못 단정했다. 브레트도 그랬다. 아주 멋진 파티였다.

"어딜 가고 싶습니까?" 식사를 마친 뒤 백작이 물었다. 식당 안에는 우리만 있었다. 웨이터 둘이 문에 기대어 서 있었다. 그들은 집에 돌아가고 싶어하는 눈치였다.

"언덕 위에 올라가 볼까요?" 브레트가 말했다. "참 멋진 파티였죠?"

백작은 명랑하게 미소 짓고 있었다. 그는 자못 행복스러워 보였다.

"당신들은 정말 좋은 분들이군요." 그는 또다시 담배를 피웠다. "왜 서로 결혼하시지 않습니까?"

"우린 저마다 자신의 생활을 하고 싶으니까요." 내가 말했다.

"저마다 자신의 생활이라는 게 있으니까요." 브레트도 한마디 했다. "자, 나가요."

"브랜디를 한 잔씩만 더 합시다." 백작이 말했다.

"언덕 위에 가서 해요."

"아뇨, 조용한 여기서 합시다."

"항상 조용한 것만 찾는군요." 브레트가 말했다.

"남자분들이 조용하다고 하는 건 대관절 어떤 느낌을 말하는 거죠?"

"우리는 조용한 걸 좋아하죠." 백작이 말했다. "당신이 시끄러운 걸 좋아하는 것처럼."

"좋아요, 한 잔 들겠어요."

"웨이터!" 백작이 불렀다.

"네."

"이 집에서 제일 오래된 브랜디가 뭐지?"

"1811년산입니다."

"그걸 한 병 가져오게."

"그건 사치예요. 취소합시다, 제이크."

"내 말 좀 들어보시오. 다른 어떤 골동품에 돈을 쓰는 것보다 오래된 브랜디에 돈을 쓰는 게 더 가치 있는 일이오."

"골동품은 많이 가지고 있나요?"

"집 안이 꽉 찰 정도로 잔뜩 있죠."

맨 마지막으로 우리는 몽마르트르에 갔다. 젤리 술집만 사람들로 몹시 들끓고, 소란스럽고, 담배 연기가 자욱했다. 안으로 들어가자 음악 소리가 귓전을 때렸다. 브레트와 나는 춤을 추었다. 너무나 복잡해서 몸을 움직이지도 못할 지경이었다. 북 치는 흑인이 브레트에게 손을 흔들었다. 우리는 사람들 틈에 끼여, 그 흑인 앞 한구석에서 그저 빙빙 돌며 춤을 추었다.

"어때요?"

"좋아요."

"다행이군."

그는 두꺼운 입술에 이를 드러내며 웃었다. "저 녀석은 내 친구." 브레트가 말했다. "드러머인데 대단해요."

음악이 끝나자 백작이 앉아 있는 쪽으로 걸어갔다. 그때 또 음악이 시작되어 우리는 다시 춤을 추었다. 백작을 보니 앉아서 담배를 피우고 있었다. 다시 음악이 멈췄다.

"저리로 가 봐요."

브레트는 테이블 쪽으로 걸어갔다. 그때 또 음악이 시작되어 우리는 다시 사람들 사이에 꼭 끼인 채 춤을 추었다.

"왜 이리 춤이 서툴러요, 제이크? 마이클은 내가 아는 사람 중에서 제일 잘 춰요."

"그 친군 잘 추지."

"요령을 잘 알고 있거든요."

"좋은 친구지. 난 그 친구가 참 좋아."

"나 그이하고 결혼해요. 우습죠, 일주일 동안이나 난 그이 생각을 안 했으니까요."

"편지도 쓰지 않았나?"

"네, 한 번도."

"분명 그쪽에선 오겠지."

"그럼요. 그것도 썩 잘 쓴 편지죠."

"언제 결혼할 생각이야?"

"내가 그걸 어떻게 알아요? 이혼이 성립되는 대로 곧 하겠죠. 마이클은 어머니를 설득하느라고 정신없어요."

"내가 당신을 도와줄 수 있을까?"

"바보 같은 소리 마세요. 마이클 집 사람들이 돈이 얼마나 많다고요."

음악이 뚝 그쳤다. 우리는 테이블로 걸어갔다. 백작이 일어섰다.

"참 좋군요. 당신들은 아주 보기 좋아요, 정말 좋군요."

"추시지 않겠습니까, 백작?" 내가 물었다.

"아뇨, 난 너무 늙어서요."

"어머, 그런 말씀 마세요." 브레트가 나무라듯 말했다.

"그야 내가 즐겁다면 추겠지만, 난 당신들이 추는 걸 보고 있는 게 더 즐겁답니다."

"훌륭하군요, 정말, 언젠가 당신을 위해서 다시 한 번 춤추겠어요. 당신의 친구 지지는 어떻게 된 거예요?"

"그 애길 할까요? 난 그 청년을 후원하고 있긴 합니다만 데리고 다니고 싶진 않습니다."

"그는 좀 딱딱한 편이죠."

"아시다시피 그 청년에겐 장래가 있어 보입니다. 그러나 난 그 청년을 데리고 다니고 싶진 않습니다."

"제이크도 그렇게 생각하는 모양이에요."

"그 녀석을 보면 그만 짜증이 난단 말이야."

"그렇습니다." 백작은 어깨를 으쓱해 보였다. "그 친구 장래에 대해선 아무도 모르지요. 하여간 그 친구의 부친과 내 아버지는 퍽 친한 사이였죠."

"자, 춤을 춰요." 브레트가 말했다. 우리는 춤을 추었다. 비좁고 갑갑했다.

"아, 여보, 난 참 가엾어요."

브레트가 말했다.

난 벌써 전에 한 번 겪었던 일을 또다시 되풀이하는 듯한 느낌이었다.

"조금 전까지도 행복했잖소."

드러머가 큰 소리로 외쳤다. "배신하면 안 돼……."

"모두가 끝났군요."

"왜 그래?"

"모르겠어요. 다만 무서운 생각이 들어요."

"……" 드러머는 뭐라고 노래를 부르더니 다시 북을 치기 시작했다.

"나갈까?"

나는 악몽 속에서 이미 경험했던 것을 또다시 경험해야만 되는 것처럼, 무엇이 또다시 되풀이되는 듯한 기분이었다.

드러머는 나직이 노래를 부르고 있었다.

"가요." 브레트가 말했다. "괜찮죠, 네?"

드러머는 큰 소리로 외치며 브레트를 향해 히죽이 웃었다.

"그럽시다." 내가 말했다. 우리는 사람들 사이를 빠져나왔다. 브레트는 화장실에 갔다.

"브레트가 가고 싶어하는군요." 나는 백작에게 말했다.

그는 고개를 끄덕였다.

"그렇습니까. 좋습니다. 차를 쓰십시오. 난 여기 좀더 있겠습니다, 번즈 씨."

우리는 악수를 했다.

"참 즐거웠습니다. 이건 내가 계산하게 해주십시오." 나는 주머니에서 지폐를 꺼내며 말했다.

"번즈 씨, 이게 무슨 짓입니까?" 백작이 펄쩍 뛰었다.

브레트는 스카프를 두르고 나왔다. 그녀는 백작에게 키스를 하고는 백작이 일어서지 않도록 그의 어깨에 손을 얹었다. 밖으로 나올 때 뒤돌아보니 그의 테이블에 젊은 여자가 세 명 앉아 있었다. 우리는 커다란 자동차에 올라탔다. 브레트는 운전사에게 자기 호텔의 위치를 알려 주었다.

"그만둬요. 올라오지 마세요." 그녀는 호텔에 도착하자 말했다. 벨을 누르자 문이 열렸다.

"정말?"

"네, 올라오지 마세요."

"그럼 잘 자오, 브레트. 기분을 상하게 해서 미안하오."

"안녕히 주무세요, 안녕, 다시는 안 만나겠어요."

우리는 문 앞에 서서 키스를 했다. 그녀는 나를 밀어냈다. 우리는 다시 한 번 키스를 했다. "아, 그만해요!" 브레트가 부르짖었다.

그녀는 재빨리 몸을 돌려 호텔 안으로 들어갔다. 운전사는 나를 아파트까지 태워다 주었다. 내가 20프랑을 주니까 그는 모자에 손을 얹으며, "안녕히 주무십시오" 하고 인사하고는 차를 몰고 떠나 버렸다. 나는 벨을 눌렀다. 문이 열리자, 나는 2층으로 올라가 침대 속으로 들어갔다.

제2편

8

그 뒤로 나는 브레트가 산 세바스티안에서 돌아올 때까지 만나지 못했다. 거기서 그녀는 나에게 엽서를 한 장 보내 주었다. 그것은 콘차의 그림엽서로, '잘 지내요? 여기는 아주 조용하고 건강에 좋은 곳이에요. 여러분에게 안부 전해주세요. 브레트'라고 적혀 있었다.

로버트 콘도 그 뒤로 만나지 못했다. 프란세스는 영국으로 떠났다는 소문이 들렸다. 그 무렵 콘에게서 짧은 편지가 한 장 왔는데, 어디인가 시골로 2주 정도 여행을 하겠으며, 작년 겨울에 이야기한 스페인 낚시 여행에 대한 것 잊지 말아 달라고 쓰여 있었다. 그리고 자기가 거래하는 은행을 통하면 언제나 연락을 취할 수 있다고도 했다.

브레트는 가 버렸고, 나는 콘의 가정 불화 때문에 시달림 당하는 일이 없어졌으며, 테니스를 하지 않게 된 것을 오히려 기쁘게 생각했다. 해야 할 일이 많이 생겼으며, 가끔 경마에도 나갔고, 친구들과 식사도 같이 했으며, 사무실에선 6월 말에 빌 고튼과 함께 스페인으로 떠날 때 비서에게 일을 맡겨 놓고 갈 수 있도록 일을 서둘렀다. 빌 고튼은 도착해서 2, 3일간 아파트에 머무르다가 비엔나로 갔다. 그는 아주 건강하고 미국은 매우 훌륭하다며 수선을 떨었다. 뉴욕도 기가 막힐 정도로 좋다고 했다. 뉴욕은 이제 막 연극 시즌이 시작되었으며, 유망한 젊은 라이트 헤비급 선수들이 많이 나와 이들이 모두 성장하여 체중이 늘어 뎀프시(미국 권투 선수. 세계 챔피언이었음)를 꺾을 가능성이 충분하다고 떠들어댔다. 빌은 무척 행복해 보였다. 가장 최근에 쓴 책으로 돈을 한몫 단단히 벌었으며, 앞으로도 더 벌 가능성이 있었다. 그가 파리에 와 있는 동안 우리는 무척 즐거웠고, 그 뒤 그는 비엔나로 가 버렸다. 3주 뒤에 다시 파리로 돌아와 둘이서 낚시질과 팜플로나(스페인 북부의 도시)의 축제 구경을 하기 위해서 스페인으로 갈 작정이었다. 그는 비엔나도 기가 막히게 좋은 곳이라는 내용의 편지를 써 보냈다. 그리고 부다페스트에서는 엽서로, '제이크, 부다페스트는 굉장한 도시일세'라고 써 보냈다. 그리고 또 전보가 왔다. '월요일에 돌아갈 예정.'

월요일 저녁, 빌은 아파트에 도착했다. 그가 타고 온 택시가 멎는 소리를 듣고 나는 창가로 가서 그에게 소리를 질렀다. 그는 손을 흔들고는 가방을 들고 2층으로 올라왔다. 나는 계단까지 마중나가 가방 하나를 받아 들었다.

"여보게." 내가 입을 열었다. "그래 멋진 여행을 했겠지?"

"멋있었고말고. 부다페스트는 정말로 굉장했어."

"빈은 어때?"

"그다지 좋진 않았어, 제이크. 실제보다는 좋게 보였지만."

"그건 또 무슨 말인가?" 나는 유리잔과 탄산수 병을 내놓았다.

"난 그때 취해 버려서 그만. 취했단 말일세."

"그건 참 의외로군. 한잔하는 게 좋겠는데."

빌은 이마를 문질렀다. "놀라운 일이야. 어쩌다 그렇게 됐는지 모르겠어. 갑자기 그렇게 돼 버렸다니까."

"오래 계속되었나?"

"한 나흘, 꼭 나흘 계속되었지."

"어딜 갔기에?"

"생각 안 나. 자네에게 엽서를 썼지. 그건 똑똑하게 기억하고 있어."

"그 밖에 뭘 했었나?"

"확실치 않아. 뭔가 했을 텐데 말이야."

"그래서, 그걸 얘기해 보란 말이야."

"생각이 안 난다니까. 생각나는 건 얘기하지."

"그걸 마시며 생각해 보게나."

"조금은 생각이 날지도 몰라. 권투 시합이 있었던 것이 생각나긴 해, 빈에서 굉장한 챔피언전이 있었어. 검둥이가 한 명 나왔었지. 그 검둥이만은 또렷이 기억하네."

"그래서?"

"이게 또 굉장한 검둥이였단 말이야. 타이거 플라워즈^(미국의 미들급 챔피언)와 같은 생김새로 몸집은 그 네 배나 되던데 그래. 갑자기 구경꾼들이 물건을 던지기 시작했어, 난 안 던졌지만. 검둥이가 그 지방 선수를 때려 눕혔을 때야. 검둥이는 글러브를 높이 쳐들었어. 뭔가 얘기를 하고 싶어하는 눈치였지. 아주 점잖아 보이는 검둥이던데 그래. 그 검둥이가 뭐라고 지껄였어. 그러자 그 지방 백인 선수가 그를 때렸는데, 이번에는 검둥이가 그 백인 선수를 때려 눕혀서 꼼짝도 못하게 만들었단 말일세. 그러자 모든 구경꾼들이 우우하고 의자를 던지기 시작했어. 그 검둥인 우리 차로 우리와 같이 돌아왔지 뭔가. 옷도 가지고 올 수가 없어서 내 코트를 걸치고 있었다네. 이제 전부 생각이 나는군. 그날 밤 시합은 대단했다네."

"그래서 어떻게 되었나?"

"검둥이에게 옷을 빌려주고 그와 함께 녀석의 돈을 받으러 갔단 말이야. 그런데 그들은 시합장이 엉망진창이 되었으니 검둥이가 도리어 돈을 내야 한다고 우겨대는 게 아니겠나. 가만 있자. 그때 누가 통역을 했더라? 나였던가?"

"설마, 자넨 아니었겠지."

"자네 말이 맞아. 물론 나는 아니었지. 다른 작자였어. 그 지방 출신의 하버드 졸업생이라는 작자였어. 이제 그 작자 생각이 또렷이 나는군. 음악을 공부하는 작자였어."

"그래 어떻게 되었나?"

"형편없었어, 제이크. 가는 곳마다 부정투성이야. 프로모터는 검둥이가 그 지방 선수를 때려눕히지 않기로 약속이 되어 있었다고 우겨대는 게 아니겠나. 검둥이가 계약을 어겼다는 거야. 빈에선 빈 출신의 선수를 때려눕힐 순 없다는 거야. '너무하군요, 고튼 씨.' 검둥이가 그러더군. '40분 동안 난 거기서 아무것도 하지 않고 다만 녀석이 쓰러지지 않도록 애를 썼을 뿐이올시다. 그 백인 녀석이 나를 때리려고 하다가 넘어지고 만 거예요. 나는 한 번도 때리지 않으니까요.'"

"그래 돈은 받았나?"

"전혀 받지 못했어. 받은 거라곤 겨우 그 검둥이의 옷뿐이었다네. 녀석의 시계마저도 누가 훔쳐가고 말았네. 참 멋있는 검둥이였는데, 빈에 온 게 큰 잘못이었지. 대단한 곳이 아니더군, 제이크. 별 거 없어."

"그래 그 검둥인 어떻게 되었나?"

"쾰른(독일 서부 의 도시)으로 돌아갔지. 거기서 살고 있대. 결혼해서 가족도 있고. 나에게 편지도 보내고 빌린 돈도 보내 주겠다더군. 훌륭한 사내야. 내가 주소를 바로 적어 주었는지 그게 걱정이야."

"잘 적어 주었겠지."

"자아, 하여간 먹자고." 빌이 말했다. "아니면 좀더 여행 얘기가 듣고 싶은가?"

"더 듣고 싶은데."

"먹고 보세."

우리는 아래층으로 내려가, 따뜻한 6월의 저녁 어스름이 내린 생미셸 큰 거리로 나왔다.

"어디로 갈까?"

"섬(센 강 한가운데 있는 생루이 섬)은 어때?"

"좋지."

우리는 큰 거리를 걸어 내려갔다. 큰 거리가 당페르 로슈로 거리와 마주치는 곳에 헐렁한 옷을 걸친 두 사람의 동상이 있었다.

"저게 누군지 난 알아." 빌이 그 동상을 힐끗힐끗 쳐다보며 말했다. 약학을 발명한 사람들이야. 파리라고 해서 날 놀릴 생각은 말게."

우리는 계속해서 걸어갔다.

"여기 박제상(剝製商)이 있군그래." 빌이 하는 소리였다. "뭘 사려나? 잘 박제된 개라도?"

"어서 가. 자넨 지금 취해 있어."

"아주 근사하게 박제된 개들이군. 꼭 자네 방을 환하게 해줄 걸세."

"가세."

"박제된 개 한 마리면 돼. 그야 여러 마리를 가지고 갈 수도 있고, 두고 갈 수도 있지. 하지만 이봐, 제이크, 박제된 개 한 마리만일세."

"가세."

"그걸 사고 나면 이 세상의 모든 걸 얻은 기분일 거야. 단순한 가치의 교환이지. 가게에다 돈을 치르면 가게에선 박제된 개를 준단 말일세."

"그럼, 돌아오는 길에 사도록 하세."

"좋아. 자네 좋도록 해. 박제된 개를 사지 않으면 길은 지옥으로 통해 있으니까. 그건 내 탓이 아닐세."

우리는 그대로 걸어갔다.

"그런데 왜 갑자기 개 얘기를 하나?"

"아니, 전부터 그랬어. 개라면 늘 그렇지. 박제된 동물 애호가라서 보면 사족을 못 쓰지."

우리는 가게에 들러 한 잔씩 마셨다.

"술이 참 좋아. 자네도 가끔 그래 봐, 제이크."

"자넨 나보다 144년이나 앞서 있군그래."

"사람을 위협하지도 말고 겁내지도 말라, 이게 내 성공의 비결이야. 겁낼 일은 없었지, 한 번도. 사람들 앞에서 겁낼 일이 한 번도 없었단 말이야."

"어디서 마셨나?"

"크리용에 들렀다 온 거야. 조지가 잭 로즈를 두서너 잔 만들어 주었지. 조지는 참 좋은 친구야. 그 친구가 성공한 비결을 아나? 절대로 기가 죽는 일이 없다는 걸세."

"이제 페르노를 석 잔만 더 마시면 자네도 기가 죽고 말걸."

"천만에, 적어도 사람들 앞에선 안 그래. 기가 죽었다고 느끼면 혼자서 슬쩍 내빼고 말거든. 그런 점은 고양이를 닮았지."

"자네 언제 하비 스톤을 만났나?"

"크리용에서 만났지. 하비 그 친구 약간 기가 죽어 있던데. 사흘 동안이나 아무것도 안 먹었대. 앞으로도 안 먹는다나. 그러더니 고양이처럼 살짝 가버리던데그래, 참 슬픈 일이야."

"녀석은 괜찮아."

"그렇다면 다행이군, 하지만 고양이처럼 사라지지 않았으면 좋겠어. 그러면 아무래도 내가 신경이 쓰이거든."

"우리 오늘 밤엔 뭘 할까?"

"뭐 다른 게 있겠나. 다만 기가 꺾이는 것만은 하지 말기로 하세. 이 집에도 완전히 삶은 달걀이 있을까? 그게 있다면 일부러 섬까지 가지 않아도 좋겠네만."

"농담 말게나. 제대로 된 식사를 하세."

"그냥 한번 말해 봤을 뿐이야. 이제 가 볼까?"

“가세.”

우리는 또다시 큰 거리를 걸었다. 마차가 옆을 지나갔다. 빌이 그걸 쳐다보았다.

“저 마차를 봤나? 크리스마스 선물로 자네에게 저 말을 박제해 주지. 모든 친구에게 박제한 동물을 선사할 작정일세. 나는 박물파 작가거든.”

택시가 지나갔다. 누군지 안에서 손을 흔들더니 운전사에게 차를 세우라는 뜻으로 창을 쳤다. 택시는 보도 옆에 섰다. 브레트였다.

“미인인데.” 빌이 말했다. “우리를 낚을 모양이군.”

“안녕하세요!” 브레트가 우리에게 인사를 했다. “안녕하세요!”

“이 친구는 빌 고튼. 그리고 여긴 애쉴리 부인.”

브레트는 빌에게 미소를 보냈다.

“방금 돌아왔어요. 아직 씻지도 못했죠. 마이클도 오늘 저녁에 온답니다.”

“잘됐군. 함께 식사하러 갑시다. 그리고 다 같이 마이클을 마중 나갑시다.”

“목욕부터 해야죠.”

“시시한 소리! 갑시다.”

“목욕을 하고 싶어요. 마이클이 오는 건 9시가 좀 지나서예요.”

“그럼 목욕하기 전에 가서 한잔합시다.”

“그건 좋아요. 이젠 시시하지 않죠?”

우리는 택시에 올라탔다. 운전사가 뒤돌아보았다.

“제일 가까운 술집 앞에서 내려 주시오.” 내가 말했다.

“클로즈리로 거리요.” 브레트였다. “이 근처의 형편없는 브랜디는 정말 마실 수 없어요.”

“그럼 클로즈리 데 릴라로 갑시다.”

브레트는 빌 쪽으로 고개를 돌렸다.

“이런 지겨운 도시에 오래 계셨어요?”

“부다페스트에서 오늘 막 도착했습니다.”

“부다페스트는 어때요?”

“근사하죠. 부다페스트는 근사합니다.”

“빈에 대해 물어보면 좋을 거야.” 내가 끼어들었다.

"빈은 묘한 도시죠."

"파리하고 닮았군요." 브레트는 눈언저리에 주름을 지으면서 빌에게 미소를 보냈다.

"바로 맞았습니다." 빌도 맞장구쳤다. "확실히 지금 이 순간의 파리하고 아주 비슷합니다."

"출발이 좋군요."

릴라의 테라스에 앉자 브레트는 위스키 소다를 주문했다. 나도 같은 것을 주문했는데 빌은 페르노를 또 한 잔 가져오라고 했다.

"요즘은 어떠세요, 제이크?"

"좋지, 재미있었지."

브레트는 나를 쳐다보았다.

"여길 떠나다니, 난 바보였어요. 파리를 떠나는 사람은 바보예요."

"즐거웠나?"

"아아, 그래요. 좋았어요. 기가 막힐 정도로 즐거웠다곤 할 수 없어도……."

"누굴 만났나?"

"아뇨, 아무도. 외출을 전혀 안 했어요."

"수영도?"

"네, 아무것도 안 했어요."

"빈과 비슷한 것 같군요." 빌이 한마디 했다.

브레트는 다시 눈언저리에 주름을 짓고 빌을 쳐다보았다.

"당신은 참 좋은 친구분을 가지셨군요, 제이크."

"좋은 친구지, 박제사라오."

"그건 다른 나라에 있을 때 얘깁니다." 빌이 말했다. "게다가 동물들이 죄다 죽어 있었으니까요."

"한 잔만 더 주세요. 마시고 달려가야겠어요. 웨이터에게 택시를 한 대 잡아 달라고 해줘요."

"한 줄로 늘어서 있는데, 뭐. 바로 이 밖에만 나가면."

"잘됐군요."

우리는 술을 다 마시고 나서 브레트를 택시에 태웠다.

"10시쯤 셀렉트로 나오세요. 두 분이 같이 오세요. 마이클도 갈 거예요."

"둘이서 가겠습니다." 빌이 대꾸했다. 택시는 떠났고, 브레트는 손을 흔들었다.

"좋은 여잔데." 빌이 감탄했다. "정말 굉장하군. 마이클은 도대체 누구야?"

"그 여자와 결혼할 남자라네."

"아니, 어째 내가 만나는 여자마다 결혼 직전이지? 뭘 선물로 보낸다? 박제된 경마 두 필이 어떨까?"

"식사나 하는 게 좋겠네."

"그 여잔 정말 귀족인가?" 빌은 생루이 섬으로 가는 택시 안에서 물었다.

"암, 그렇고말고. 혈통서든 뭐든 그렇게 돼 있어."

"오, 그래."

우리는 섬에 있는 마담 르콩트의 식당에서 저녁을 먹었다. 미국 사람들로 만원이어서 자리 하나가 날 때까지 서서 기다려야 했다. 미국 사람이 아직 가 보지 않은 파리의 센 강변에 있는 색다른 식당이라고 누군가가 미국 부인 클럽의 안내란에 써넣은 덕택으로 우리는 테이블 하나를 얻는 데 45분 동안이나 기다려야 했다. 빌은 1918년 휴전 직후에 이 식당에서 식사한 일이 있었으므로 마담 르콩트가 그를 알아보고는 수선을 떨었다.

"그런데도 자리 하나를 못 내주는군." 빌이 말했다. "하지만 굉장한 여자야."

우리는 로스트 치킨, 신선한 푸른 콩, 으깬 감자, 샐러드, 치즈를 넣은 애플 파이 등의 맛있는 식사를 했다.

"장사가 잘되는군요." 빌이 마담 르콩트에게 말하자, 그녀는 손을 들었다. "아이고 맙소사!"

"부자가 되겠는데요."

"그랬으면 오죽이나 좋겠소."

커피와 브랜디를 마신 다음 계산서를 받았다. 그전과 같이 석판에다 백묵으로 쓴 것이었는데, 그것은 확실히 '특색' 중의 하나였다. 계산을 마치고 악수를 한 다음 밖으로 나왔다.

"다시는 오시지 않겠군요, 번즈 씨." 마담이 나를 보고 말했다.

"미국인이 이렇게 많으면요."

"점심때 오세요. 그땐 그리 붐비지 않으니까."

"좋습니다. 곧 다시 한 번 들르죠."

우리는 섬의 케 도를레앙(Quai d'Orléans) 강 위까지 가지를 뻗은 나무들 아래로 걸었다. 강 건너편에는 허물어져 가는 낡은 집의 부서진 담이 보였다.

"길을 내려는 모양이군."

"그런가 본데." 빌의 대답이었다.

우리는 그대로 걸어서 섬을 한 바퀴 돌았다. 강은 어두웠고, 합승 증기선이 불을 환하게 켠 채 강 위를 스쳐 소리도 없이 빠른 속도로 다리 밑으로 사라졌다. 강 하류에는 노트르담이 밤하늘을 등지고 웅크리고 있었다. 우리는 케 드 베튄느에서 보행자용의 나무 다리를 건너 센 강의 왼쪽 둑으로 나왔다. 다리 위에 서서 강 하류에 서 있는 노트르담을 바라보았다. 다리 위에서 보니 섬은 컴컴하고, 집들은 높이 솟아 있고, 나무들은 어두운 그림자로 변해 있었다.

"야, 굉장한 경치로구나." 빌이 자못 감탄조로 말했다. "아아, 가고 싶다."

우리는 나무 다리 난간에 기대 상류 쪽 큰 다리 위의 불빛을 바라보았다. 다리 아래를 흐르는 강물은 잔잔하고 컴컴했다. 교각에 물이 닿는 소리도 들리지 않았다. 한 쌍의 남녀가 우리 옆을 지나갔다. 그들은 서로 팔을 끼고 걸어갔다.

우리는 다리를 건너 카르티날 르므안느 거리를 걸어갔다. 가파른 언덕을 따라, 우리는 콩트레스카르프 광장까지 쭉 올라갔다. 아크등 불빛이 광장의 나뭇잎들 사이로 새어 나와 비치고 있었고, 나무들 아래에선 시내 버스가 막 떠날 준비를 하고 있었다. 음악 소리가 네그르 즈와이요(Negre Joyeux)의 문에서부터 흘러나오고 있었다. 카페 오 아마퇴르(Aux Amateurs)의 창 너머로 긴 주석 카운터가 보였다. 바깥 테라스에서는 노동자들이 술을 마시고 있었다. 카페 주방에서는 한 여자가 기름에 감자를 튀기고 있었다. 스튜가 담긴 쇠냄비도 있었다. 여자는 옆에 서 있는 노인의 접시에다 스튜를 약간 떠주었다. 노인은 한 손에 붉은 포도주 병을 들고 있었다.

"한잔하려나?"

"싫어." 빌이 대답했다. "난 필요 없어."

콩트레스카르프 광장을 오른쪽으로 구부러져, 양쪽에 높고 오래된 집들이 즐비하게 서 있는 좁고 평평한 길을 걸어갔다. 길로 튀어나온 집도 있었고 뒤로 쑥 들어간 집들도 있었다. 포드 페르 거리로 나와, 그 길을 따라 똑바로 남북으로 통해 있는 생자크 거리까지 가서 거기서부터 다시 남쪽으로 걸어 쇠울타리에 둘러싸인, 정원 깊숙이 서 있는 발 드 그라스(17세기에 세워진 성당)의 옆을 지나 포르 르와얄 거리로 나왔다.

"뭘 하고 싶은가?" 내가 물었다. "카페로 가서 브레트와 마이크를 만날까?"

"좋지."

우리는 다시 포르 르와얄 거리가 몽파르나스와 만나는 지점까지 걸어나와 릴라, 라비뉴, 그 밖의 여러 조그만 카페들과 다모아의 앞을 지나 거리를 가로질러 로통드로 나와, 그 불빛과 테이블 앞을 지나서 셀렉트로 갔다.

마이클이 테이블에서 일어나 우리 쪽으로 걸어왔다. 햇볕에 타서 건강해 보였다.

"여어, 제이크. 여어! 재미가 어때, 이 친구야?"

"아주 건강해 보이는데, 마이크."

"음, 그렇지. 아주 건강해. 걷기만 했었으니까. 온종일 걷기만 했지. 술은 하루에 한 번, 차 시간에 어머니와 마셨을 뿐일세."

빌은 바에 가 있었다. 그는 서서 브레트와 이야기를 하고 있었는데, 브레트는 다리를 꼰 채로 높은 의자 위에 걸터앉아 있었다. 맨발이었다.

"반갑네, 제이크. 난 좀 취했네. 어때, 놀랐지? 내 코를 보았나?"

콧날 위에 피가 말라붙은 자국이 보였다.

"어떤 노부인의 가방에 얻어맞은 자국일세. 가방을 내려주려고 손을 내민 순간 가방이 내게 떨어진 거야."

브레트가 바에서 그를 향해 담뱃대를 흔들면서 눈웃음을 지어 보였다.

"어떤 노부인인데." 마이크가 되풀이했다. "그 부인의 가방이 내 얼굴에 떨어졌단 말일세. 자아, 어서 들어가서 브레트를 만나세. 정말이지 근사한 여자거든. 당신은 귀여운 여자야, 브레트. 그 모자는 어디서 샀소?"

"누가 사준 거예요. 맘에 안 드세요?"

"그걸 모자라고 썼어? 좋은 걸 사도록 해."

"그래요, 이젠 우리도 부자니까. 그런데 빌은 초면이시던가요? 당신도 참 무심하시네요, 제이크."

그러고 나서 그녀는 마이크를 바라다보았다.

"이분은 빌 고튼. 이 주정꾼은 마이크 캠벨. 캠벨은 청산을 끝내지 못한 파산자랍니다."

"그렇지. 어제 런던에서 전에 같이 일하던 녀석을 만났어. 그 녀석이 날 파산시켰지."

"그분이 뭐라고 하던가요?"

"한잔 사주던데 그래. 그런 것쯤 신세져도 괜찮다고 생각했지. 그런데 브 레트, 당신은 굉장한 여자야. 어때, 자네 생각은? 과연 미인이지?"

"미인이? 이런 코를 하고서요?"

"근사한 코지. 자, 나를 보란 말이야, 그대는 근사한 미인이거든."

"이 사람을 스코틀랜드에 가두어 둘 순 없었나요?"

"이봐 브레트, 일찍 자러 갑시다."

"천한 소리 마세요, 마이클. 이 바엔 부인들도 있다는 걸 잊지 마세요."

"어때, 이 사람 미인이지? 그렇게 생각하지 않나, 제이크?"

"오늘 밤 권투 시합이 있어." 빌이 말했다. "갈 텐가?"

"권투?" 마이크가 반문했다. "누가 나오나?"

"르두하고 누구던데."

"르두라, 그놈 참 잘하는 선수지." 마이크도 생각이 있는 모양이었다. "보 고 싶은데." 그는 마음을 잡으려고 애를 쓰고 있었다. "하지만 갈 수 없어. 여기 이 사람과 약속이 있거든. 정말이지 브레트, 새 모자를 사지 그래."

브레트는 펠트모를 한쪽 눈 아래까지 깊숙이 눌러 쓰고, 나머지 한쪽 눈으 로 방그레 웃어 보였다.

"두 분께서만 권투 구경 가세요. 난 캠벨을 곧장 집으로 데리고 가야겠어 요."

"내가 취한 줄 알아." 마이크가 말했다. "취해도 조금밖엔 안 취했어. 이 봐 브레트, 당신은 과연 미인이야."

"권투 구경 가세요." 브레트가 되풀이했다. "이분은 점점 대하기가 힘들어지네요. 왜 이리 애정을 발산하는 거예요. 마이클?"

"이봐, 당신은 미인이래도."

우리는 인사를 했다.

"같이 가지 못해 미안하군." 마이크가 말했다.

브레트는 웃었다. 나는 문에서 뒤돌아보았다. 마이크는 한 손으로 카운터를 짚고 브레트에게 몸을 기대고는 뭐라고 지껄이고 있었다. 브레트는 그를 아주 냉정하게 바라보고 있었지만, 눈가에는 미소가 감돌고 있었다.

바깥으로 나와서 내가 말했다.

"정말 권투 구경 가고 싶은가?"

"물론이지." 빌의 대답이었다. "걸어가지 않아도 된다면 말이야."

"마이크는 애인 때문에 굉장히 흥분하고 있던데." 내가 택시 안에서 말했다.

"응, 그렇다고 그를 비난할 수는 없지."

9

르두 대 키드 프란시스의 권투 시합은 6월 20일 밤에 있었다. 좋은 시합이었다. 그 다음날 아침, 앙데예(프랑스 남서부의 스페인 국경에 가까운 도시)에서 부친 로버트 콘의 편지를 받았다. 해수욕을 하고, 골프를 치고 브리지 노름도 하며 아주 조용한 나날을 보내고 있다는 것이었다. 앙데예에는 멋진 바닷가가 있는데도, 그는 낚시 여행을 떠나고 싶다는 것이었다. 자네는 언제쯤 올 수 있겠나? 끝이 가느다란, 두 줄로 된 낚싯줄을 사 가지고 오면 값을 치르겠다고 했다.

그날 아침 나는 사무실에서 콘에게, 전보로 취소하지 않는 한 빌과 내가 23일에는 파리를 출발하여 바욘(프랑스 남서부에 있는 항구)에서 자네를 만나 산을 넘어 팜플로나로 가는 버스를 타자는 내용의 편지를 써 보냈다. 그날 저녁 7시경에 나는 마이크와 브레트를 만나기 위해서 셀렉트에 들렀다. 그들은 거기에 없었다. 그래서 댕고로 가 보았더니, 안쪽 바에 그들이 앉아 있었다.

"안녕하세요." 브레트가 손을 내밀었다.

"여이, 제이크." 마이크도 말했다. "내가 어젯밤엔 취했던 모양이지?"

"물론 그랬죠." 브레트가 앞질러 대답했다. "꼴불견이었죠, 정말."

"이봐." 마이크가 말했다. "자넨 언제 스페인으로 가나? 우리가 같이 가도 괜찮겠나?"

"그것 참 잘됐군."

"정말 상관없겠나? 나는 전에 팜플로나에 간 일이 있어. 브레트가 무척 가고 싶어해. 자네들에게 폐가 되지는 않겠나?"

"무슨 소릴 그렇게 하나, 바보처럼."

"난 좀 취했어. 내가 멀쩡하다면 자네에게 이런 부탁도 하지 않을 걸세. 자네 정말 괜찮겠나?"

"아이, 그만두세요." 브레트가 말을 가로챘다. "지금 어떻게 안 된다고 할 수 있겠어요. 내가 나중에 물어볼게요."

"하지만 괜찮겠지? 응, 자네?"

"더 물어보면 나 화낼 테야. 빌과 나는 25일 아침에 출발할 거야."

"그런데 빌은 지금 어디 있어요?" 브레트가 물었다.

"샹티이 (파리 교외의 공원)에서 친구들과 식사 중이오."

"그분 좋은 분이던데요."

"훌륭한 친구지." 마이크가 맞장구쳤다.

"기억도 못하면서." 브레트가 또 오금을 박았다.

"알지, 전부 기억하고 있지. 여보게, 제이크, 우리는 25일 밤에 떠나겠네. 브레트는 아침 일찍 일어나지 못하니까."

"정말 그래요!"

"우리 돈이 오고, 또 자네가 확실히 상관없다고 하면 말일세."

"돈은 틀림없이 와요. 그건 내가 보증해요."

"이봐, 낚시 도구는 어떤 게 필요하지?"

"낚싯대 두서너 개와 낚싯줄하고 낚시 바늘이 있으면 되네."

"나는 낚시질은 안 해요." 브레트가 끼어들었다.

"그럼 낚싯대만 두 개 사게. 빌이 사지 않아도 되게 말이야."

"좋아. 가게로 전보를 치지."

"정말 근사하군요." 브레트가 좋아했다. "스페인! 참 재미있을 거예요."

"25일이라고, 무슨 요일인가?"

"토요일."

"준비를 서둘러야겠네요."

"그럼, 난 이발소에 갔다와야겠소." 마이크가 말했다.

"난 목욕을 해야겠어요. 나하고 호텔까지 가 줘요, 제이크. 친절하게 말이에요."

"암, 우리는 멋진 호텔을 발견했지. 그러나 어쩐지 갈보집만 같아!"

"처음 갔을 때 짐은 댕고에다 맡겨 놓았는데, 그 호텔에서 오후만 방을 쓰겠습니까, 하고 묻는 게 아니겠어요. 그래서 밤에도 묵겠다고 했더니 무척 좋아하는 것 같더군요."

"난 암만 봐도 갈보집만 같아, 그 집이." 마이크가 하는 소리였다. "어디 좀 알아봐야겠어."

"어머, 그런 소리 그만하고 어서 이발이나 하고 오세요."

마이크는 밖으로 나갔다. 브레트와 나는 그대로 카운터에 앉아 있었다.

"한 잔 더 하시겠어요?"

"마셔도 좋지."

"나도 마시고 싶어요."

우리는 들랑브르 거리를 걸어갔다.

"돌아와선 처음 만나는군요." 브레트가 말했다.

"그렇군."

"어떠세요, 제이크?"

"좋아."

브레트는 나를 쳐다보았다. "그런데, 로버트 콘도 이번 여행에 우리와 함께 가는 건가요?"

"그렇소. 왜?"

"그분에겐 좀 견디기 어려운 일일 거라고 생각하지 않으세요?"

"어째서?"

"내가 산 세바스티안에 누구하고 같이 간 줄 아세요?"

"그 일은 축하하오."

우리는 계속해서 걸었다.

"왜 그런 소릴 한 거예요?"

"모르겠소. 그럼 내가 뭐라고 얘기했으면 좋았겠소?"

우리는 계속해서 걷다가 골목을 돌았다.

"그분 꽤 점잖았어요, 좀 지루했지만."

"그랬소?"

"그분에겐 좋았으리라고 생각해요."

"사회 봉사를 시작해도 좋겠구려."

"지저분한 소리 마세요."

"그만두지 그럼."

"정말 모르셨어요?"

"그렇소. 난 그런 생각을 안 했던 모양이오."

"그분에겐 힘들겠죠?"

"그야 그 친구 생각하기에 달렸지. 당신이 간다고 알려주구려. 그 친구 오지 않곤 못 배길 테니까."

"내가 편지를 써서 그만둘 기회를 주도록 하겠어요."

나는 그 뒤로 6월 24일 밤까지 브레트를 만나지 않았다.

"콘에게서 무슨 소식 있었어요?"

"있었고말고. 기대가 대단하던데."

"설마?"

"나도 참 이상한 일이라고 생각했소."

"날 만날 때까지 기다릴 수 없노라는 편지였어요."

"당신 혼자서 가는 줄 알고 있나?"

"아뇨. 우리들 모두가 함께 간다고 그랬죠, 마이클도 간다고."

"참 이상한 녀석이군."

"그렇죠?"

그들은 다음날 돈이 오리라 기대했다. 우리는 팜플로나에서 만나기로 계획했다. 그들은 산 세바스티안까지 가서 거기서 기차를 탈 예정이었다. 팜플로나의 몬토야 호텔에서 모두 만날 예정이었다. 그들이 늦어도 월요일까지 도착하지 않으면 우리는 산악 지대인 부르게트로 먼저 가서 낚시를 할 예정이었다. 부르게트(스페인마을)까지는 버스가 있었다. 나는 그들이 나중에 우리의 뒤를 밟아 올 수 있도록 여행 일정을 낱낱이 적어 놓았다.

빌과 나는 오로세 역에서 아침 차를 탔다. 그다지 덥지 않은 화창한 날씨로 시골 경치는 처음부터 아름다웠다. 식당차로 들어가서 아침을 먹었다. 식당차를 나올 때 차장에게 1회분 식권을 달라고 했다.

"5회분까지는 없습니다."

"웬일이오?"

그 기차에는 두 번 교대로 점심 식사 시간이 있었으나, 언제라도 좌석은 충분히 있었다.

"모두 예약이 되어 있어서요." 식당계 차장의 대답이었다. "3시 반에 5회분을 드리겠습니다."

"이거 큰일났는데." 내가 빌에게 말했다.

"10프랑 쥐 보라고."

"자, 이것 보오, 우린 1회분의 식사를 하고 싶단 말이오."

식당계 차장은 주머니에 10프랑을 쓸어 넣으며 말했다.

"감사합니다. 샌드위치라도 드시는 게 어떠실지요. 4회분까지의 좌석은 모두 회사 사무소에서 예약을 받아 놓았습니다."

"자넨 꽤 쓸모 있는 친구군 그래." 빌이 영어로 그에게 말했다. "5프랑만 주었더라면 차에서 뛰어내리라고 충고했겠군그래."

"뭐요?"

"꺼져 버리란 말이야!" 빌이 쏘아붙였다. "샌드위치를 만들고 포도주 한 병만 가져오라고 일러주게, 제이크."

"다음 칸으로 갖다 주시오." 나는 우리의 자리를 설명했다.

우리의 칸에는 아들과 함께 어떤 부부가 타고 있었다.

"두 분 다 미국인이시죠?" 신사가 물었다. "여행은 어떠십니까?"

"좋습니다." 빌이 말했다.

"참 좋겠군요. 젊을 때 여행을 해둬야 합니다. 우리 부부도 늘 떠나고 싶었지만 잘 안 되더군요."

"생각만 있었다면 10년 전에 벌써 올 수 있었을 거요. 우린." 부인이 말했다. "하지만 당신은 '우선 미국부터 구경하자!' 하셨죠. 우리도 생각해 보면 꽤 많이 여행을 한 셈이지요."

"여보, 이 기차엔 미국 사람이 많은 것 같은데." 남편이 하는 소리였다. "오하이오의 데이튼에서부터 일곱 차량이나 점령하고 있었습니다. 로마로 순례가는 일행인데, 지금 비아리츠와 루르드로 가는 길인가 봅니다."

"아, 그렇습니까. 순례자들이군요. 빌어먹을 청교도들." 빌이 말했다.

"두 분은 미국 어디서 오셨죠?"

"캔자스시티입니다." 내가 대답했다. "이 친구 시카고에서 왔고요."

"두 분도 비아리츠로 가는 길입니까?"

"아뇨, 스페인으로 낚시질을 가는 길입니다."

"그렇습니까? 난 낚시를 별로 좋아하지 않아서. 하지만 우리 고향에도 낚시질을 좋아하는 사람들이 많습니다. 몬테나 주엔 아주 좋은 낚시터가 몇 있지요. 나도 여러 번 젊은이들을 따라가 본 적은 있지만 좋아지지는 않더군요."

"고기는 거의 잡지 못했으면서."

부인의 이 말에 그는 우리에게 윙크를 보냈다.

"여자란 모두 이런 식입니다. 술병이나 맥주 깡통이 떠내려가면 지옥이니 파멸이니 하는 생각을 하니까요."

"그게 남자죠." 아내도 지지 않았다. 그녀는 흐뭇하다는 듯이 자기 무릎을 쓰다듬으며 말했다. "그래도 난 저이를 즐겁게 해주기 위해서, 또 집 안에 맥주가 좀 있는 것이 좋을 것 같아서 금주법에 반대 투표를 했답니다. 그랬는데도 저이는 저런 소릴 한다니까요. 남자들이 결혼해 줄 상대를 구할 수 있다는 건 참 신기한 일이에요."

"저, 이보세요." 빌이 한마디 했다. "저 순례단 일행이 오늘 오후 3시 반까지 식당차를 점령해 버린 사실은 아십니까?"

"그건 또 무슨 소립니까? 그럴 수가 있나요?"

"그렇다면 어디 한번 좌석을 얻어 보시지요."

"그렇다면 여보, 다시 가서 아침 식사를 한 번 더 해 두는 게 좋겠구려."

부인은 일어서서 옷의 주름을 폈다.

"두 분께서 우리 짐을 좀 봐주시겠어요? 자 가자, 휴버트."

그들 세 사람은 식당차로 들어갔다. 그들이 가자마자 웨이터가 1회분의 식사 개시를 알리면서 지나가자, 순례자들이 신부들과 함께 통로에 열을 지어 늘어서기 시작했다. 우리 칸의 그 신사와 그의 가족은 돌아오지 않았다. 웨이터가 샌드위치와 샤블리 한 병을 들고 지나가는 것을 보고 우리는 그를 불러들였다.

"오늘은 바쁘겠군그래." 내가 빈정거렸다.

그는 고개를 끄덕였다. "이제 시작입니다, 10시 반에."

"우린 언제나 먹게 되지?"

"어이! 난 언제 먹게 되느냐 말이야?"

그는 유리잔 두 개를 내려놓았고, 우리는 샌드위치 값을 치르고는 그에게 팁을 주었다.

"갖다 드리겠습니다." 그가 말했다. "손수 가지러 오셔도 좋고요."

우리는 샌드위치를 먹고 샤블리를 마시면서 창밖으로 시골 경치를 내다보았다. 곡식은 막 익기 시작하는 참이었고, 들판에는 양귀비꽃이 한창이었다. 목장은 초록빛이고, 가끔 커다란 강과 성이 저 멀리 아름다운 나무들이 서 있는 사이로 바라다보였다.

투르에서 내려 포도주를 한 병 더 사 가지고 돌아오니, 몬테나에서 온 신사와 그의 아내 그리고 아들 휴버트가 편안히 앉아 있었다.

"비아리츠에는 수영하기 좋은 곳이 있나요?" 휴버트가 물었다.

"이 애는 물속에 들어가지 않으면 아주 미칠 것 같은가 봐요" 어머니가 말했다. "젊은 애들에겐 여행이 힘든가 보죠."

"좋은 곳이 있지만, 파도가 높을 때엔 위험하지." 내가 말했다.

"식사는 하셨습니까?" 빌이 물었다.

"네, 우리가 자리에 앉자마자 그 사람들이 들어와서 우리를 자기들 일행으로 생각했던 모양입니다. 웨이터 하나가 우리에게 프랑스 말로 뭐라고 하더니 그중 세 사람을 쫓아 버리더군요."

"우리를 분명 욕 잘하는 가톨릭 교도로 생각했던 모양입니다." 신사도 한마디 했다. "이것은 확실히 가톨릭 교회의 위력을 나타내는 거죠. 두 분이 가톨릭 교도가 아닌 게 유감입니다. 그러면 쉽게 식사를 하실 수 있을 텐데요."

"그래서 더욱 화가 나는 겁니다." 내가 말했다.

4시 15분이 되어서야 우리는 겨우 점심을 먹었다. 빌은 마침내 화가 머리 끝까지 나고 말았다. 식사를 끝내고 돌아오는 순례자들 가운데 함께 섞여서 걸어가는 신부를 불러 세우고 그는 투정을 부렸다.

"우리 프로테스탄트는 언제 식사할 기회가 있을까요, 신부님?"

"그런 건 잘 모릅니다. 식권이 없으십니까?"

"이러니까 사람들이 KKK (큐클럭스클랜. 1915년 미국 태생 백인의 프로테스탄트들에 의해 결성된 비밀 결사. 가톨릭 교도, 유대인, 동양인을 미국 문명의 적으로 배척 운동을 하였음)에 드는 것도 무리는 아니죠." 빌이 빈정거렸다. 신부는 빌을 뒤돌아보았다.

식당차 안에 들어서니 웨이터들이 쉴 새 없이 계속해서 5회분의 정식을 나르고 있었다. 우리 테이블을 맡은 웨이터는 온통 땀에 젖어 있었다. 그의 흰 윗옷 소매가 온통 자주색으로 변해 있었다.

"저 친군 포도주를 많이 마셨나 보군."

"그렇지 않으면 자색 속옷을 입고 있거나."

"물어볼까?"

"그만둬. 무척 피곤한 모양인데그래."

기차는 보르도에서 30분 정도 정차했는데, 우리는 역을 나와 잠시 걸었다. 시내까지 들어갈 시간은 없었다. 랑드 지방(프랑스 남 서부 지방)을 통과하면서 해가 지는 것을 바라보았다. 솔숲 사이로 넓은 불탄 자리가 있어서 그것이 마치 큰 거리처럼 보였고, 나무가 우거진 언덕이 멀리 보였다. 7시 반경에 저녁 식사를 마치고, 식당차의 열린 창으로 시골 경치를 내다보았다. 히스가 우거진 그 일대는 소나무가 많은 모래땅이었다. 집들이 있는 곳은 약간 공지로 되어 있었고, 가끔 제재소가 보이곤 했다. 어두워지자 창밖의 들판은 무더운 모래 바닥 같았고 어둡게 느껴졌다. 9시경에는 바욘에 도착했다. 그 부부와 휴버트는 우리와 작별의 악수를 나누었다. 그들은 라네그레스까지 가서 거기서 비아리츠 행으로 바꿔 탈 예정이었다.

"자, 그럼 아무쪼록 조심하십시오." 신사가 먼저 인사를 했다.

"투우에 조심하셔야 합니다."

"어쩌면 비아리츠에서 만나게 될지도 모르겠군요." 휴버트도 한마디 했다.

우리는 가방과 낚싯대를 들고 기차에서 내려 컴컴한 역을 빠져나와, 마차와 호텔 버스가 줄지어 있는 밝은 시내로 나왔다. 거기에, 호텔 안내자와 함께 로버트 콘이 서 있었다. 그는 처음엔 우리를 알아보지 못했다. 조금 있다가 우리 쪽으로 걸어왔다.

"야아, 제이크! 여행은 재미있었나?"

"좋았지." 나는 대답했다. "인사하게, 이쪽은 빌 고튼."

"처음 뵙겠습니다."

"자, 가세." 로버트가 말했다. "마차를 대기시켜 놓았네." 그는 약간 근시였다. 아직껏 나는 그런 줄을 몰랐었다. 빌을 쳐다보는 품이 애써 눈여겨보려는 눈치였다. 그는 수줍어하는 편이기도 했다.

"내가 묵고 있는 호텔로 가세. 나쁘지 않아. 아주 좋은 곳이야."

우리는 마차에 올라탔다. 마부는 자기 자리 옆에다 우리의 짐들을 올려놓고 올라탄 다음 채찍을 휘둘렀다. 우리는 어두운 다리를 건너 시내로 들어갔다.

"이렇게 만나게 되어 매우 기쁩니다." 로버트가 빌에게 말했다. "제이크에게서 선생의 말씀 많이 듣고, 또 선생 책도 읽었습니다. 내가 보낸 편지는 받았나, 제이크?"

마차는 호텔 앞에서 섰다. 우리는 모두 마차에서 내려 안으로 들어갔다. 좋은 호텔이었다. 프런트에 앉아 있는 종업원들도 아주 친절했다. 우리는 각자 조그만 방을 하나씩 잡았다.

10

화창한 아침이었다. 사람들이 거리에 물을 뿌리고 있었다. 우리는 다 함께 카페에서 아침 식사를 했다. 바욘은 멋진 곳이었다. 아주 깨끗한 스페인의 도시 같았으며, 큰 강을 끼고 있었다. 매우 이른 아침이었는데도 다리까지 걸어가니 벌써 몹시 무더웠다. 우리는 다리를 건너 거기서부터 시내를 산책했다.

마이크의 낚싯대가 스코틀랜드에서 알맞게 도착할지 전혀 확신할 수 없었으므로 낚시 도구를 파는 가게를 찾아, 결국 잡화상 2층에서 빌을 위해 낚싯대를 하나 샀다. 낚시 도구를 파는 사내가 외출하고 없었으므로 그가 돌아올 때까지 기다려야만 했다. 드디어 그가 돌아와서 꽤 좋은 낚싯대를 싸게 사고, 고기를 떠올리는 그물도 2개 샀다.

또다시 거리로 나와 대성당을 보러 갔다. 콘은 그 대성당이 무엇인가의 좋은 예라고 했지만 그게 무슨 예인지 잊어버리고 말았다. 훌륭한 대성당처럼 생각되었는데, 스페인의 교회처럼 어두컴컴했다. 그 다음 오래된 성채 옆을 지나 그 지방의 여행안내소로 갔다. 이곳에서 버스가 떠나기로 되어 있었는데, 거기서 물으니까 버스는 7월 1일까지는 출발하지 않는다는 것이었다. 여행 안내소에서 팜플로나까지의 자동차 사용료를 물어본 다음, 시립극장의 모퉁이를 돌아간 근처에 있는 커다란 차고에서 400프랑을 주고 차를 한 대

세내었다. 차가 40분 이내에 우리를 태우러 호텔로 오도록 해놓고는 아침을 먹은 광장 카페에 들러 맥주를 마셨다. 더운 날씨였지만 거리는 서늘하고 신선한 이른 아침의 냄새가 났으며, 카페에 앉아 있자니 자못 즐거웠다. 산들바람이 불기 시작하자 바다에서 부는 바람이라는 것을 바로 알았다. 광장에는 비둘기들이 있었고, 집들은 해에 탄 누런빛이었다. 나는 카페를 떠나고 싶지 않았다. 그러나 우리는 호텔로 돌아가서 짐을 싸고 숙박료를 치러야 했다. 맥주값을 치렀다. 돈을 던져서 맥주값 치를 사람을 정했는데, 콘이 걸렸던 것 같다. 그러고는 호텔로 돌아왔다. 빌과 나에게는 각각 10프랑에다가 서비스료가 1할씩 붙어 있었다. 가방을 아래로 내려 보내고는 로버트 콘을 기다렸다. 콘을 기다리는 동안 적어도 3인치는 되어 보이는 진디가 조각나무를 깐 마루 위로 기어가는 것을 보았다. 나는 그것을 손으로 가리켜 빌에게 알리고, 내 구두로 밟았다. 정원에서 방금 들어 온 것에 틀림없으리라는데 의견이 일치했다. 정말 놀랄 만큼 깨끗한 호텔이었으니까.

드디어 콘이 내려왔고, 같이 차를 탔다. 크고 뚜껑을 뗄 수 없는 자동차였는데, 운전사는 흰 더스터 코트에 푸른 칼라와 커프스가 달린 옷을 입고 있었다. 우리는 운전사에게 자동차 트렁크를 열게 했다. 그는 가방들을 실었다. 우리는 출발하여 거리를 지나 시내에서 빠져나갔다. 몇 개의 아름다운 정원을 지났다. 뒤돌아보니 시내 경치는 대단히 아름다웠다. 얼마 뒤 기복이 있고 녹음이 우거진 시골로 나오자 길은 계속 언덕길이었다. 소나 가축을 끌고 가거나 짐을 싣고 가는 많은 바스크인(스페인의 피레네 산맥 지방에 사는 한 종족)을 지나쳤고, 지붕이 얕고 흰 회를 바른 깨끗한 농가 앞을 지났다. 바스크 지방의 땅은 어디나 매우 비옥해 보였고 푸르렀으며 집과 마을도 부유하고 깨끗해 보였다. 마을마다 펠로타(스페인 등지에서 행해 지는 테니스 비슷한 유희) 코트가 있었고, 그중 몇 군데서는 어린애들이 뜨거운 태양 아래서 펠로타를 하고 있었다. 몇 채의 교회 벽에는 이곳에서 펠로타를 하지 말라는 종이가 붙어 있었으며, 마을의 집들은 빨간 기와 지붕이었다. 거기서부터 길은 구부러져 언덕길이 되었다. 산허리를 따라 올라가자 저 아래로 골짜기가 보였고, 얕은 산들이 아득히 먼 바다 쪽을 향해 뻗쳐 있었다. 너무도 멀었기 때문에 바다는 보이지 않았다. 보이는 것은 다만 몇 개의 언덕과 그 너머의 언덕들이었으며, 바다는 짐작으로 알 수 있을 뿐이었다.

우리는 스페인 국경을 넘었다. 조그만 개울에 다리가 있고, 스페인 감시병들이 에나멜 가죽으로 된 보나파르트 모자를 쓰고 단총을 등에 메고 한쪽에 서 있고, 그 반대쪽에는 군모를 쓰고 콧수염을 기른 프랑스군이 서 있었다. 그들은 가방 하나만 열어 보고는, 여권을 가지고 가더니 조사를 했다. 국경선 양쪽에는 잡화점 겸 여관이 하나씩 있었다. 운전사가 안으로 들어가서 자동차에 관해 서류에 기입할 게 좀 있다고 해서, 우리는 차에서 내려 송어가 있는지 보러 개울로 갔다. 빌은 감시병 한 사람에게 스페인 말로 물어보려고 했으나 잘 통하지 않았다. 로버트 콘이 손으로 가리키면서 개울에 송어가 있냐고 물어보니까, 그 감시병은 있기는 하지만 그렇게 많지는 않다고 대답했다.

내가 그에게 낚시질을 해본 일이 있느냐고 물어보았더니, 그는 없다면서 그런 것에는 흥미가 없다고 대답했다.

마침 그때, 햇볕에 시꺼멓게 탄, 긴 머리에 턱수염을 기르고 굵은 삼베옷 같은 것을 입은 노인 하나가 다리 쪽을 향해 큰 걸음으로 성큼성큼 걸어왔다. 긴 지팡이를 짚고, 네 발을 끈으로 묶은 새끼양을 등에 맸는데 그 머리를 아래로 축 늘어뜨리고 있었다.

감시병은 칼을 휘둘러 노인에게 돌아오라고 했다. 노인은 아무 말도 없이 돌아서서 흰 언덕길을 걸어 스페인 땅으로 되돌아왔다.

"저 영감은 어떻게 된 거죠?" 내가 물었다.

"여권이 없답니다."

나는 경비병에게 담배 한 대를 주었다. 그는 그것을 받고는 고맙다고 했다.

"그럼 저 영감은 어떻게 됩니까?"

경비병은 침을 탁 뱉었다.

"아, 저 영감은 개울을 걸어서 건너야 하죠."

"밀수가 많습니까?"

"네, 다들 빠져 나갑니다."

운전사가 나왔다. 그는 서류를 접어 윗옷 안주머니에 넣었다. 모두 차에 올라타고 흰 먼짓길을 올라 스페인에 들어섰다. 얼마 동안 주위에 벌어지는 경치는 전과 다를 것이 없었다. 그 뒤부터는 언덕길이 이어졌고, 언덕 꼭대기를 지나자 길이 구불구불하여 정말로 스페인다운 맛을 풍겼다. 검붉은 산들이 길게 뻗쳐 있으며, 몇 군데 산허리에는 얼마 안 되는 소나무들이 서 있었고, 저 멀리로는 참나무숲이 바라다보였다. 길은 언덕 위를 지나서는 내리막길이었는데, 운전사는 경적을 울리며 속력을 늦추고 길가에서 잠을 자는 당나귀 두 마리를 치지 않도록 피해 가야만 했다. 산을 내려가 떡갈나무 숲 속을 지나가는데, 그 속에선 흰 소들이 풀을 뜯고 있었다. 그 아래로는 초원이 있었는데, 거기에는 조그맣고 맑은 개울이 몇 줄기씩 가늘게 흐르고 있었다. 이윽고 개울을 건너 조그맣고 적막한 마을을 지나자 다시 길은 언덕길이 되었다. 오르고 또 올라, 또다시 높은 언덕을 넘은 다음 언덕을 따라 구부러지자 길은 오른쪽으로 해서 아래로 뻗쳤고, 남쪽으로는 새로운 산줄기가 전체 모습을 드러내 놓았는데, 산마다 하나같이 해에 그을어 탄 듯한 갈색의 기묘한 모습으로 한복판이 움푹 패어 있었다.

　이윽고 산속에서 빠져나오자 길 양쪽으로 쭉 늘어선 나무들과 잘 익은 밀밭이 보였고, 길은 곧장 순백색으로 앞으로 뻗어 있었다. 그 다음 약간 오르니 왼쪽으로 오래된 성이 있는 언덕이 보였고, 성 근처를 집들이 둘러싸고 있고 밀밭이 성벽 바로 앞까지 뻗쳐 있으며, 바람에 곡식이 나부끼고 있었다. 나는 운전사와 함께 앞자리에 앉아 있었다. 뒤돌아보니 로버트 콘은 자고 있었으나 빌은 나를 보더니 고개를 끄덕였다. 넓은 들판을 가로지르자 오른쪽에 큰 강이 두 줄로 늘어선 나무들 사이로부터 햇빛을 받아 반짝이고 있으며, 그 너머로는 들판보다 더 높이 팜플로나의 고원과 도시의 성벽, 갈색의 커다란 사원과 교회들의 울퉁불퉁한 윤곽이 보였다. 고원 뒤로는 산이었으며, 어느 쪽을 보나 산으로 둘러싸여 있었다. 길은 앞으로 희게 뻗쳐 들판을 가로지르고 있으며 팜플로나를 향하고 있었다.

　고원의 반대편에 있는 도시로 들어서자 길은 험한 언덕길로 먼지투성이였으며, 양쪽 길가에는 가로수가 늘어서 있고, 거기서부터 평평한 길로 변하여 옛 성벽 밖에 새로 건설하는 도시로 들어갔다. 햇빛을 받아 높고 희게 빛나는 콘크리트로 만든 것처럼 보이는 투우장을 지나고 다시 골목을 지난 다음, 이번에는 넓은 광장으로 나와 몬토야 호텔 앞에서 차를 세웠다.

　운전사는 가방을 내리는 것을 도와주었다. 애들이 우우 몰려와서 자동차를 구경하고 있었다. 광장은 무덥고, 나무들은 푸르고, 깃발은 깃대에 맥없이 축 늘어져 있었다. 햇볕을 피해 광장 주위에 쭉 늘어선 아케이드의 그늘 속으로 들어서니 안심이 되었다. 몬토야는 우리를 반겨 맞아 주었다. 서로 악수를 나누고는 광장이 내다보이는 좋은 방을 우리에게 주었다. 우리는 깨끗하게 몸을 씻은 다음 점심을 먹으려고 남아 있었는데, 식사가 끝나고 그에게 요금을 치르자 그는 바욘으로 돌아갔다.

몬토야에는 식당이 둘 있었다. 하나는 2층으로 광장과 마주보고 있다. 또 하나는 광장보다도 낮은 곳에 있는데, 소가 아침 일찍 투우장으로 갈 때 지나는 뒷거리로 문이 나 있었다. 아래층 식당은 언제나 시원했으며, 아주 맛있는 점심을 먹을 수가 있었다. 스페인에서의 첫 식사는 언제나 오르되브르, 달걀 요리 한 접시, 쇠고기 요리 두 접시, 야채 샐러드, 디저트, 과일이 나온다. 이것을 다 먹으려면 포도주도 많이 마셔야만 한다. 로버트 콘은 쇠고기 요리의 두 번째 접시는 필요 없다고 말하려 했지만 우리가 그를 위해 통역을 해주지 않았으므로, 웨이트리스는 찬 고기 요리라고 생각되는 것을 한 접시 대신 갖다 주었다. 콘은 바욘에서 만났을 때부터 계속 몹시 초조해 보였다. 그는 산 세바스티안에서 브레트와 함께 있었다는 것을 우리가 아는지 어떤지를 알지 못했기 때문에 몹시 거북한 듯했다.

"그런데 브레트와 마이크가 오늘 밤 여기 오게 되어 있네." 내가 말을 꺼냈다.

"정말 올까?" 콘이 물었다.

"오고말고." 빌이 한마디 했다. "분명히 올 거야."

"그들은 늘 늦으니까." 내가 말했다.

"오지 않을걸." 콘도 한마디 했다.

그는 우리보다도 더 잘 알고 있다는 듯한 투로 말했으므로, 우리는 화가 울컥 치밀었다.

"오늘 밤 그들이 오는 것에 자네와 50페세타 내기를 하세." 빌은 화가 나면 돈을 거는 버릇이 있는데, 그래서 늘 손해를 봤다.

"좋아. 자네도 잘 기억해 두게, 제이크. 50페세타일세."

"내가 기억하지." 빌이 말했다. 그가 화가 난 것을 알았으므로 달래려고 생각했다.

"그 사람들이 오는 건 확실하지만." 나도 한마디 했다. "오늘 밤은 아닐지도 몰라."

"취소할까?" 콘이 말했다.

"천만에! 자네가 좋다면 100페세타를 해도 괜찮네, 난."

"좋아, 그럼 그렇게 하세."

"그만들 둬, 이 사람들아." 내가 또 한마디 했다. "그렇지 않으면 돈을 걸어서 그중 얼마씩 나에게 줘야 할 테니까."

"나는 상관없어." 콘은 기세가 등등했다. 그는 그러면서 싱긋 미소를 지었다. "여하튼 자네는 브리지에서 다시 따 갈 테니까 말이야."

"아직 자네가 이긴 건 아니지 않나." 빌이 말했다.

우리는 밖으로 나와 아케이드 아래를 거닐다가 카페 이루니아로 커피를 마시러 갔다. 콘은 면도를 하러 간다고 가 버렸다.

"여보게. 아까 건 내기에서 내가 이길 승산이 있어 보이나?"

"전혀 없어. 그 두 사람은 어디를 가든 시간에 맞춰 온 적이 없는 위인들이니까. 돈이 안 왔으면 오늘 밤에 안 오는 건 확실하거든."

"입을 연 순간 아차 잘못했구나 하는 생각이 들었지만 그대로 물러설 수가 없었단 말이야. 나도 그 녀석 생각이 옳다고 생각해. 하지만 어디서 그런 비밀 정보를 알았을까? 마이크와 브레트는 오겠다고 약속했잖아."

콘이 광장을 가로질러 이쪽으로 걸어오는 것이 보였다.

"저기 오는군."

"하여간 저 녀석이 유대인 티를 내며 혼자 잘난 체하는 건 막아야겠어."

"이발소 문이 닫혔어." 콘이 하는 소리였다. "4시까지 쉰다나봐."

우리는 이루니아의 편안한 등의자에 앉아서 서늘한 아케이드 아래에서 광장을 내다보면서 커피를 마셨다. 조금 있다가 빌은 편지를 쓴다고 가 버렸고, 콘은 이발소로 다시 갔다. 그러나 아직도 이발소가 닫혀 있었으므로 그는 호텔로 가서 목욕을 하기로 했으며, 나는 카페 앞에 혼자 남아 있다가 결국은 시내로 산책을 나갔다. 날씨가 몹시 더웠지만 나는 거리의 그늘 쪽을 골라서 시장을 한 바퀴 둘러본 다음 다시 한 번 시내 구경을 했다. 시청에 가서 매년 나를 위해 투우의 좌석권을 예약해 주는 노신사를 만났다. 그는 파리에서 내가 부친 돈을 받아 예약을 갱신해 놓고 있었다. 그러니까 다 잘된 셈이었다. 그는 공문서 담당으로 이 지방의 모든 공문서는 그의 사무실에 있었다. 그러나 이것은 이 이야기하고는 아무 상관도 없는 일이다. 어쨌든 그의 사무소에는 초록색의 나사(羅紗)를 입힌 문과 커다란 나무 문이 있었고, 내가 밖으로 나올 때도 그는 사방의 벽이 안 보일 정도로 높이 쌓인 공문서에 파묻혀 앉아 있었다. 그와 헤어져, 이중문을 닫고는 건물 밖으로 나오려는데 문지기가 나를 불러 옷에 묻은 먼지를 털어 주며 말했다.

"계속 자동차를 타셨군요."

칼라의 뒤와 어깨 위가 먼지로 뿌옇게 되어 있었다.

"바욘에서 왔으니까."

"네, 그러세요. 먼지 묻은 걸 보고 자동차를 타고 오신 걸 알았습니다."

그래서 나는 그에게 동전을 두 개 주었다.

거리 끝에 사원이 보였으므로 나는 그쪽으로 걸어갔다. 처음에 그것을 보았을 때는 정면이 보기 흉하다고 생각했는데 이제 보니 마음에 들었다. 나는 안으로 들어갔다. 어두컴컴한 안에는 기둥이 높이 솟아 있고, 기도를 올리는 사람들도 있었으며, 향기가 나며, 굉장히 큰 창이 몇 개 달려 있었다. 나는 무릎을 꿇고 기도를 올렸다. 머리에 떠오르는 모든 사람들—브레트, 마이크, 빌, 로버트 콘, 나 자신, 그리고 투우사를 위해서. 내가 좋아하는 사람들은 한 명 한 명 따로따로 기도를 올렸고, 그렇지 않은 사람은 한꺼번에 기도를 올렸다. 그리고 다시 나 자신을 위해 기도를 올렸는데, 나 자신을 위해서 기도를 올리고 있는 동안엔 그만 졸렸기 때문에 투우가 재미있고, 축제가 굉장하고, 고기를 많이 낚을 수 있도록 해주십사고 기도를 올렸다. 그 밖에 또 기도를 올릴 것이 없나 하고 생각했는데, 돈을 좀 벌 수 있었으면 하는 생각이 들었으므로 돈을 많이 벌게 해주십사고 기도를 올렸다. 그 다음 어떻게 하면 돈을 벌 수 있을까 궁리하노라니까 난데없이 백작 생각이 머리에 떠올랐다. 그가 지금쯤 어디 있을까 하는 생각과 그날 밤 몽마르트르에서 헤어진 뒤로 만나지 못한 것을 유감으로 생각했다. 또 그에 관해서 브레트가 나에게 들려준 그 우스꽝스런 이야기가 떠올랐다. 나는 앞에 있는 나무에다 이마를 대고 꿇어앉아 기도를 올리면서 나 자신에 대해서만 생각하고 있었으므로 좀 부끄러운 마음에 이런 성실치 못한 가톨릭 신자가 또 있을까 싶었지만 그러면서도 적어도 잠시 동안은, 아니 어쩌면 영원히 가톨릭 교도로서 내가 할 수 있는 일이란 아무것도 없지 않은가, 하고 생각했다. 하지만 어쨌든 훌륭한 종교라고 깨닫고는 경건한 마음이 들어 또 다음 기회에도 이런 마음이 들었으면 하고 바랄 뿐이었다. 그런 다음 뜨거운 햇볕이 내리쬐는 밖으로 나와 사원의 계단 위에 서자, 젖어 있던 오른손의 둘째손가락과 엄지손가락이 햇빛을 받고 말라 가는 것을 느낄 수 있었다. 햇볕은 몹시 강렬하게 내리쬐어 뜨거웠으며, 나는 몇 채의 건물 옆을 지나 호텔을 향해 골목길로 걸어 갔다.

그날 밤, 저녁 식사 때 우리는 목욕을 하고 이발을 하고 머리를 감은 뒤 머릿기름을 발라 머리칼이 착 달라붙은 로버트 콘을 볼 수 있었다. 여전히 그에게서는 초조한 빛이 남아 있었는데, 나는 그를 돕고 싶은 생각이 전혀 없었다. 산 세바스티안에서 오는 기차는 9시에 도착할 예정이니까 만일 브레트와 마이크가 온다면 이 기차에 타고 있을 것이 분명했다. 9시 20분 전인데, 우리는 아직 저녁 식사를 조금밖에 하지 못했다. 콘은 테이블에서 일어나서 정거장에 간다고 서둘러댔다. 나는 그를 좀 골려 줄 셈으로 같이 가자고 했다. 빌은 식사를 마치지 않고 가다니 그게 될 말이냐고 하며 펄쩍 뛰었다. 나는 곧 돌아오겠노라고 했다.

우리는 정거장까지 걸어갔다. 나는 콘이 초조해 하는 것을 속으로 은근히 고소하게 생각했다. 브레트가 기차를 타고 있었으면 좋겠다고 생각했다. 기차가 연착이 되어, 우리는 수하물차 위에 걸터앉아 바깥 어둠 속에서 기차가 들어오기를 기다렸다. 로버트 콘처럼 초조해 하는―또는 그처럼 열심인― 사나이를 나는 지금껏 본 적이 없었다. 나는 그의 이런 점을 즐기고 있었다. 그것을 즐긴다는 것은 야비한 짓이지만, 나는 왠지 그런 야비한 생각을 갖고 있었다. 콘은 누구에게나 그 사람의 가장 나쁜 점을 나타내게 하는 놀라운 성품을 가지고 있었다.

조금 있자니까 고원 저편에서 기적 소리가 들리더니 이내 헤드라이트가 언덕 위로 올라오는 것이 보였다. 우리가 역 안으로 들어가 출입구 바로 뒤에 떼지어 서 있는 사람들 틈에 끼여 있노라니까, 기차가 역에 멈추더니 이내 승객들이 출입구를 지나 우르르 나오기 시작했다.

브레트는 보이지 않았다. 우리는 모든 사람이 출입구에서 역 밖으로 나가 버스나 마차를 타고 친구 친척들과 함께 어둠 속을 지나 시내 쪽으로 자취를 감출 때까지 기다리고 있었다.

"내 안 올 줄 알았어."

로버트가 말했다. 호텔로 돌아가는 길이었다.

"난 올지도 모른다고 생각했는데."

우리가 안으로 들어갔을 때, 빌은 과일을 먹고 포도주도 한 병 비우는 중이었다.

"안 왔어?"

"응."

"그 100페세타는 내일 아침에 줘도 되겠지, 콘?" 빌이 물었다. "아직 돈을 바꾸지 못해서."

"오, 그런 건 잊어버리게." 콘이 말했다.

"다른 걸로 내기 하세. 투우에다 걸면 어때?"

"좋지, 그러나 자넨 그럴 필요가 없을 텐데."

"마치 전쟁에다 걸고 있는 것 같군그래." 내가 한마디 했다. "돈에는 흥미가 없단 말이지."

"투우가 보고 싶어 죽겠어." 로버트가 말했다.

몬토야가 우리 테이블로 다가왔다. 손에는 전보를 들고 있었다.

"선생께 온 겁니다." 그는 내게 전보를 주었다.

'산 세바스티안에 잘 예정'이라는 내용이었다.

"그들에게서 온 거야." 나는 그 전보를 주머니에 넣었다. 여느 때 같으면 두 사람과 함께 돌려봤을 것이다.

"산 세바스티안에 있었군." 내가 말했다. "자네에게 안부 전하라고 했네."

왜 내가 콘을 골려 주고 싶은 충동을 갖게 됐는지는 나도 모르겠다. 물론 알고는 있다. 나는 장님이 된 것이다. 콘에게 일어난 일에 대해서 억누를 수 없을 만큼 질투를 느꼈던 것이다. 내가 그것을 당연한 일이라고 받아들인 것은 사실이지만, 내 기분만큼은 조금도 변함이 없었다. 나는 확실히 그를 몹시 싫어했다. 그가 점심때 그처럼 잘난 체하기 전까지는—그리고 이발소에 간다고 야단스럽게 서두르기 전까지는—정말로 그를 몹시 싫어했다고 생각하지 않는다. 그래서 나는 전보를 주머니에 넣었던 것이다. 어쨌든 전보는 나에게 온 것이니까.

"자, 내일은 정오에 떠나는 버스로 부르게트로 출발해야 할 거야. 그들은 내일 밤 도착하면 뒤쫓아올 수 있겠지."

산 세바스티안에서 오는 기차는 두 대밖에 없었다. 이른 아침에 오는 것과 좀 전에 마중 나갔던 것밖에.

"그거 좋은 생각이군." 콘이 맞장구쳤다.

"강에는 빨리 갈수록 좋거든."

"난 언제 떠나든 마찬가지지만" 빌도 한마디 했다. "빠를수록 좋거든."

우리는 얼마 동안 이루니아에 앉아서 커피를 마시고, 그런 다음 투우장까지 산책을 했다. 들판을 가로질러 절벽 끝에 쭉 서 있는 나무 아래를 지나 컴컴한 강을 내려다보다가, 나는 일찍 돌아와 잠을 잤다. 빌과 콘은 카페에 꽤 늦게까지 있었던 듯하다. 그들이 돌아왔을 때 나는 잠들어 있었다.

아침에 나는 부르게트 행 버스표를 3장 샀다. 오후 2시에 출발하는 버스다. 그보다 더 빠른 것은 없었다. 이루냐에 앉아서 신문을 읽고 있는데, 로버트 콘이 광장을 가로질러 오는 것이 보였다. 그는 테이블 있는 데까지 다가와서는 등의자에 걸터앉았다.

"기분 좋은 카페지." 그가 말을 건넸다. "잘 잤나, 제이크?"

"푹 잤어."

"난 잘 못 잤어. 빌이랑 늦게까지 같이 있었거든."

"어디 있었는데?"

"여기. 그리고 문이 닫힌 다음에는 다른 카페로 갔어. 독일어와 영어를 하는 노인이 있었어."

"카페 스위조로군."

"그래, 사람이 좋아 보이던데. 이 집보다는 좋은 카페 같아."

"낮에는 그리 좋지도 않아. 너무 더워. 그건 그렇고, 버스표를 사 두었네."

"난 오늘은 안 갈 작정인데. 자네와 빌만 가게."

"자네 표도 샀는데."

"그걸 나에게 줘. 나중에 돈으로 물릴 테니까."

"5페세타일세."

로버트 콘은 5페세타짜리 은화를 꺼내 나에게 주었다.

"내가 남지 않으면 뭔가 오해가 생길 테니까."

"글쎄, 하지만 둘이서 산 세바스티안에서 파티라도 한다면 지금부터 3, 4일은 여기 안 올 수도 있잖아."

"바로 그거야. 산 세바스티안에서 두 사람은 나를 만날 수 있으려니 하고 생각했었던 듯해. 그래서 일부러 거기서 내렸을 거야."

"어째서 그런 생각을 하나?"

"내가 브레트에게 그런 편지를 보냈거든."

"이봐, 그렇다면 어째서 거기 있다가 그들을 만나지 않았나?" 나는 이렇게 말하려다가 그만두었다. 그런 생각이 자연히 그에게 떠올랐으리라고 생각했지만 그렇게 믿지는 않았다. 이제 그는 그와 브레트와의 관계에 대해서 내가 알고 있다는 조건 아래서 털어놓고 이야기할 수 있는지라 기분이 좋아졌다.

"그럼 나는 빌과 점심 먹고 곧 떠나겠네."

"나도 같이 갔으면 좋겠는데. 겨우내 이 낚시질을 기대하고 있었으니까." 그는 이 문제에 관해서 감상적이 되어 있었다. "하지만 나는 갈 수 없어. 그들이 도착하는 즉시 데리고 뒤쫓아가지."

"빌이 어디 있나 찾아보세."

"난 이발소에 가 봐야겠는데."

"그럼 점심때 만나세."

빌은 아직 방에 있었다. 면도를 하고 있었다.

"응, 그러던가. 어젯밤에 다 얘기하더군. 비밀 얘길 잘하는 녀석이던데. 산 세바스티안에서 브레트와 만날 약속을 해놓았다고 하더군."

"거짓말쟁이 같으니라고!"

"아, 화내지 말아. 여기까지 와서 화를 내면 어떡하나. 대관절 자넨 그런 녀석과 어떻게 알게 되었나?"

"그런 얘긴 그만두세."

빌은 반쯤 면도질한 얼굴로 뒤돌아보더니 다시 얼굴에다 비누 거품을 칠하면서 거울을 보고 이야기를 계속했다.

"작년 겨울에 뉴욕에 있는 나에게 자네가 그를 통해 편지를 보낸 일 없나? 내가 여행을 즐기는 사람이 되어 참 다행이었지. 데리고 올 수 있는 유대인 친구들은 더 없나?"

그는 엄지손가락으로 턱을 비비고는 그것을 쳐다보더니 다시 면도질을 시작했다.

"자네 친구 중에도 좋은 사람이 있잖나."

"응, 있지, 굉장한 놈도 있지. 그러나 이 로버트 콘에겐 어림도 없어. 이상하게도 저 녀석은 사람이 좋단 말이야. 그래서 난 놈이 맘에 들거든. 하지만 무서운 녀석이야."

"좋을 때도 있잖아."

"알아. 하지만 그 녀석 무서워."

나는 웃었다.

"그래 맘대로 웃어 봐. 자넨 어젯밤에 저 녀석하고 2시까지 같이 있지 않았으니깐."

"왜, 놈이 그렇게 심하던가?"

"심하다뿐인가. 대관절 녀석과 브레트 얘기는 뭐야? 브레트가 녀석과 무슨 관계라도 있단 말인가?"

그는 턱을 치켜들고 좌우로 움직였다.

"그야 뻔한 얘기지. 브레트는 녀석과 산 세바스티안에 같이 갔던 거야."

"뭣이, 그런 바보짓을 했어? 그 여잔 왜 그런 짓을 했지?"

"그 여잔 파리를 떠나고 싶었지만 혼자선 아무 데도 갈 수가 없었거든. 녀석에게도 좋으리라고 생각했다는 거야, 그 여잔."

"인간이란 왜 그리 바보 같은 짓을 하는 걸까. 그 여잔 왜 친구들과 같이 가지 않았을까? 아니면 자네하고라도?"―그는 이 말을 재빠르게 어물어물해 버렸다―"혹은 나하고라도? 나하고는 어째서 안 된다는 걸까?" 그는 거울 속의 자기 얼굴을 조심조심 들여다보며 양쪽 뺨에다 비누 거품을 듬뿍 발랐다. "정직한 얼굴이야. 어떤 여자든 안심할 수 있는 얼굴이지."

"그 여자가 아직까지 자네의 정직한 얼굴을 보지 못했으니 탈이지."

"만나야만 해. 모든 여자가 다 봐 둬야 할 일이야. 이 얼굴은 국내의 모든 화면에 비추어 마땅한 얼굴이란 말일세. 모든 여성이 제단(祭壇)을 떠날 때 그들에게 이 얼굴 사진을 한 장씩 줘야 마땅하단 말일세. 어머니들은 딸들에게 이 얼굴을 이야기해야 해, 내 아들아."―그는 면도로 나를 가리켰다―"이 얼굴을 가지고 서쪽으로 가서 나라와 함께 흥할지어다."

그는 세면대에 구부려 찬물로 얼굴을 씻고 알코올을 조금 바르고 나서 거울 속의 자기 자신을 주의 깊게 바라보며 윗입술을 아래로 잡아 당겨 보았다.

"어렵쇼! 이건 또 무슨 흉한 얼굴이야?"

이러면서 그는 거울 속을 들여다보았다.

"그런데 그 로버트 콘 녀석 말이야. 난 그 친구 보기만 해도 소름이 끼쳐. 지옥에나 갈 녀석이지. 놈이 여기 남아 우리와 낚시질을 같이 안 간다니 참 반가운 일일세."

"정말 자네 말이 옳아."

"우리는 송어 낚시질을 가는 중일세. 우리는 이라티 강으로 송어 낚시질을 가는 중이야. 우선은 점심으로 이 나라의 포도주로 취한 다음 멋진 여행을 하는 거야."

"자, 가세. 이루냐에 들렀다가 출발하기로 하세."

<h2 style="text-align:center">11</h2>

점심 식사를 한 뒤, 여행 가방과 낚싯대가 든 상자를 들고 부르게트로 떠나려고 밖으로 나오니, 광장은 타는 듯이 더웠다. 버스의 지붕 위에 탄 사람들도 있고, 사닥다리로 이제 막 오르는 사람들도 있었다. 빌은 올라탔고, 로버트는 빌 옆에 나 대신 자리를 잡아 주었다. 나는 포도주를 두서너 병 가져가려고 호텔로 되돌아왔다. 나와 보니 버스는 사람들로 대단히 붐볐다. 사람들이 지붕 위에 올려놓은 짐과 궤짝 위에 걸터앉았고, 여자들은 내리쬐는 햇볕을 받으며 부채질을 하고 있었다. 정말 더웠다. 로버트가 내려오고, 나는 그가 잡아놓은 지붕 위에 만든 자리에 앉았다.

로버트 콘은 아케이드 그늘에 서서 우리가 떠나기를 기다렸다. 바스크인 하나가 커다란 가죽 술주머니를 무릎 위에 올려놓고, 우리가 앉아 있는 지붕 위의 자리 앞에 비스듬히 누워 우리의 다리에다 몸을 기대고 있었다. 그는 그 술주머니를 빌과 나에게 권했다. 내가 마시려고 주머니를 기울일 때 그가 갑자기 자동차 경적 소리를 아주 근사하게 흉내 내는 바람에 나는 그만 포도주를 엎질렀고 모두들 웃었다. 그는 사과하며 다시 한잔 마시라고 권했다. 그는 조금 있다가 다시 경적 소리를 흉내 냈는데, 난 또 걸려들었다. 그 흉내는 실로 그럴 듯했다. 바스크인은 그런 짓을 좋아하는 것이었다. 빌 옆에 앉아 있는 사나이가 스페인 말로 그에게 뭐라고 했지만 빌은 알아듣지 못하고 그 사나이에게 포도주를 한 병 내밀었다. 그 사나이는 손을 내저으며 거절했다. 날씨가 너무 덥기도 하거니와 점심때쯤 지나치게 마셨다고 했다. 빌이 두 번째 술병을 내밀었을 때는 잠자코 받아 쭉 들이켠 다음, 술병을 주위의 모든 사람에게 한 바퀴 빙 돌렸다. 모두 아주 점잖게 마시고는 우리에게 병마개를 막아 치우라고 했다. 그들은 모두가 자기들의 가죽 술주머니에서 술을 한 모금씩 마셔 주기를 바랐다. 그들은 산간 오지로 들어가는 농부들이었다.

두서너 번 더 가짜 경적이 울린 다음에야 드디어 버스는 출발했다. 로버트 콘이 우리에게 손을 흔들었고, 바스크인들도 모두 혼자 남은 콘에게 손을 흔들었다. 시내 밖으로 나오자 서늘해졌다. 버스 지붕에 앉아서 나무 바로 아래를 달리니 기분이 자못 상쾌했다. 버스는 거센 바람을 일으키며 아주 빠른 속력으로 달렸다. 길에 늘어선 나무에다 먼지를 뿌리며 언덕을 내려가노라니까 나뭇가지 사이로 저 멀리 강 위 절벽 너머에 있는 마을의 아름다운 경치가 보였다. 내 무릎에 기대 있던 그 바스크인이 술병 주둥이로 그 경치를 가리키며 우리에게 눈짓을 했다. 그는 고개를 끄덕였다.

"어때, 꽤 좋죠?"

"이 바스크인들 좋은 사람들인데." 빌이 하는 소리였다.

내 무릎에 기대 있던 그 바스크인은 가죽 안장처럼 시꺼멓게 볕에 그을려 있었다. 다른 사람들과 마찬가지로 검은 작업복을 입고, 볕에 그을린 목에는 주름살이 잡혀 있었다. 그는 뒤돌아보더니 빌에게 술주머니를 내밀었다. 빌은 그에게 술병 하나를 주었다. 그 바스크인은 둘째손가락을 빌 쪽으로 흔들어 보이더니 손바닥으로 술병 마개를 탁 쳐서 더 깊게 박고는 병을 되돌려 주었다. 그는 술주머니를 높이 쳐들었다.

"위로! 위로!" 그가 외쳤다.

"쭉 드세요."

빌은 그의 말대로 술주머니를 높이 들고 고개를 뒤로 젖혀 포도주를 입에 들이부었다. 그가 다 마시고 가죽 주머니를 내려놓자, 두서너 방울이 턱으로 흘러내렸다.

"안 돼! 안 돼!" 몇몇 바스크인이 외쳤다. "그러면 안 돼요." 술주머니 주인이 직접 시범을 보이려고 했으나, 그중 하나가 그 술주머니를 홱 잡아챘다. 그는 젊은이였는데, 팔을 쭉 뻗쳐 그 술주머니를 높이 쳐들고 손으로 가죽 주머니를 꾹 쥐어짜자 술이 그의 입안으로 줄기를 이루며 흘러 들어갔다. 그가 주머니를 그대로 들고 있으니까 포도주는 그의 입을 향해 고르고 세차게 흘렀고 그는 거침없이 규칙적으로 그 줄기를 꿀꺽꿀꺽 받아 삼켰다.

"어이!" 술주머니 주인이 소리를 질렀다. "그게 누구 술인 줄 알아?"

술을 마시던 사나이는 새끼손가락을 그쪽으로 흔들어 보이더니 우리에게 슬쩍 눈웃음을 던졌다. 그러고 나서 그는 갑자기 주머니 아가리를 이빨로 물어 흘러나오던 술을 막고는 얼른 술주머니를 쳐들었다가 내려 주인에게 돌려주었다. 그는 우리에게 눈짓을 했다. 주인은 술주머니를 처량한 표정으로 흔들어 보았다.

우리는 어떤 마을을 지나 여관 앞에서 정차했고, 운전사는 짐을 몇 개 더 실었다. 다시 출발했는데, 마을 밖으로 나가자 오르막길이었다. 우리는 바위투성이인 언덕이 경사져서 밭으로 된 농토를 지나고 있었다. 산 중턱까지 밀밭이 있었다. 점점 더 올라가자 바람이 불어 밀밭이 파도쳤다. 길은 모래먼지로 뿌옇고, 바퀴 아래서 일어난 먼지가 소용돌이쳤다. 길은 자꾸만 산으로 기어올라 무르익은 밀밭이 저 아래로 내려다보였다. 이제는, 헐벗은 산허리와 수로 양쪽에 다만 조그만 밀밭이 보일 뿐이었다. 갑자기 차는 길한쪽으로 비켜, 길게 차례로 늘어서서 높다랗게 짐을 싣고 포장을 덮은 짐마차를 지나가게 했다. 마차와 노새는 온통 먼지투성이였다. 이 대열 바로 뒤로 또 한 줄로 늘어선 노새와 짐마차가 따랐다. 이 마차는 목재를 실었는데, 노새를 몰고 가던 마부는 우리 차가 그 옆을 지날 때 뒤로 드러눕다시피 피하면서 두꺼운 나무 브레이크를 걸었다. 이 고지는 완전히 불모지로 언덕은 바위투성이며, 바싹 마른 땅에는 비로 인해 생긴 바퀴 자국이 나 있었다.

굽어진 곳을 돌아 마을로 들어가자 갑자기 양쪽에 푸른 골짜기가 나타났다. 개울이 마을 한가운데를 흐르고, 포도밭이 집 근처까지 뻗쳐 있었다.

버스가 어떤 여관 앞에서 정차하자 사람들이 우르르 내렸으며, 지붕 위 방수포 밑에서 많은 짐이 풀려서 내려졌다. 빌과 나도 내려서 여관으로 들어갔다. 천장이 낮은 컴컴한 방이 있었는데 안장, 마구, 흰 나무로 만든 건초를 거둬들일 때 쓰는 쇠스랑, 바닥에 밧줄을 엮어 댄 천으로 한 무더기 묶어 놓은 구두들, 햄, 베이컨, 흰 마늘, 소시지 등이 천장에 매달려 있었다. 방 안은 시원하고 컴컴했으며, 우리는 여자 둘이 술 심부름을 하는 긴 나무 카운터 앞에 섰다. 그녀들 뒤에 있는 선반에는 식료품과 물건들이 진열되어 있었다.

우리는 각자 아그아르디엔테(그다지 품질이 좋지 않은 스페인산 브랜디)를 한 잔씩 마시고 두 잔에 40상팀을 지불했다. 내가 팁까지 해서 50상팀을 주었더니, 그녀는 값을 잘못 안 줄 알고 동전을 거슬러 주었다.

우리와 동행한 두 바스크인이 안으로 들어오더니 반드시 술을 사겠다고 고집을 부렸다. 그래서 우선 그들이 한잔 샀고, 다음에 우리가 또 한잔 샀다. 그러자 그들이 우리 등을 두드리며 또 한잔 샀다. 또다시 우리가 한잔 사고는 모두 햇볕이 뜨겁게 내리쬐는 밖으로 나와 버스 지붕 위로 기어 올라갔다. 이제는 모두 자리에 앉을 수 있어서 함석 지붕에 누워 있던 바스크인도 우리 사이에 끼어 앉게 되었다. 여관에서 술 심부름을 하던 여자가 앞치마에다 손을 닦으면서 나오더니 버스 안의 누군가에게 말을 건넸다. 이윽고 운전사가 납작한 가죽 우편 가방 두 개를 들고 나와서 차에 올라타자, 모두가 손을 흔들고 버스는 출발했다.

우리는 곧 푸른 골짜기를 벗어나 다시 산 속으로 들어갔다. 빌과 아까 그 술주머니 주인인 바스크인이 뭐라고 이야기를 하고 있었다. 사나이 하나가 저쪽 자리에서 이쪽으로 몸을 내밀며 영어로 물었다.

"당신들은 미국 사람입니까?"

"그렇습니다."

"나도 미국에 간 적이 있죠, 한 40년 전에."

이 사나이는 노인이었는데, 다른 사람들처럼 볕에 타서 검붉은 피부에 흰 수염이 덥수룩했다.

"어떻던가요?"

"뭐가요?"

"미국 말이에요."

"오, 난 캘리포니아에 있었죠. 좋았습니다."

"그럼 왜 오셨습니까?"

"뭐라고 했지요?"

"왜 이리로 돌아오셨느냐고요."

"아아! 결혼하려고요. 또 난 돌아갈 생각이었지만 아내가 여행을 싫어해서요. 미국 어디서 오셨지요?"

"캔자스시티요."

"나도 거기 갔었죠. 시카고, 세인트루이스, 캔자스시티, 덴버, 로스앤젤레스, 솔트레이크시티에도 있었습니다."

그는 이러한 도시 이름을 조심조심 열거해 나갔다.

"미국에는 얼마나 계셨습니까?"

"한 15년 되죠. 그 뒤에 돌아와 결혼했습니다."

"한잔하시겠습니까?"

"좋죠. 미국에선 마시기 힘들지 않소?"

"돈만 내면 얼마든지 있죠."

"여긴 왜 오셨습니까?"

"팜플로나에 축제 구경을 가는 길입니다."

"그럼 투우를 좋아하시는군요?"

"네. 영감님은 좋아하시지 않습니까?"

"좋아하죠. 좋아하는 편이죠."

그러고 나서 한동안 말이 끊겼다.

"지금은 어딜 가시는 길입니까?"

"부르게트로 낚시질하러 가는 길입니다."

"아, 많이 잡히기를 빕니다."

그는 악수하고는 다시 뒷자리로 돌아갔다. 다른 바스크인들은 자못 감동을 받았다는 눈치였다. 그는 편안하게 자리에 기대 앉아 내가 주위의 경치를 구경하려고 뒤돌아보았을 때 나에게 싱긋 미소를 보냈다. 그러나 영어를 하느라고 무척 힘이 들어 피곤했던지 그 뒤로는 아무 말도 하지 않았다.

버스는 계속해서 자꾸만 올라갔다. 주위는 불모지로 바위들이 땅 위로 솟아 나와 있었다. 길가에는 풀이라곤 하나도 없었다. 뒤돌아보니 멀리 아래로 시골 경치가 펼쳐져 있었다. 아득히 먼 곳으로 언덕 마루턱에 초록색과 갈색의 정방형을 이룬 밭들이 보였다. 저쪽으론 갈색 산들이 지평선을 이루고 있었는데, 이상한 모습을 하고 있었다. 올라감에 따라 지평선 모양이 자꾸만 변해 갔다. 버스가 천천히 올라감에 따라 남쪽으로 산들이 자꾸만 나타났다.

길이 산꼭대기에 이르자 주위는 평평해지며 길은 숲 속으로 이어졌다. 코르크 나무 숲으로, 햇빛이 나무 사이로 반점을 이루며 떨어졌고, 소들이 나무 사이 깊숙한 곳에서 풀을 뜯어먹고 있었다. 숲 사이를 지나 길이 난 곳으로 나와서 높은 구릉을 따라 돌자 우리의 눈앞에 푸른 들판이 완만한 기복을 이루고 있었고, 그 너머로 시꺼먼 산들이 보였다. 이 산들은 우리가 방금 뒤로 한, 볕에 탄 갈색 산들과는 달랐다. 이 산들은 나무로 덮여 있고 구름이 산허리까지 내려와 있었으며, 푸른 들판이 저 앞까지 뻗쳐 있었다. 생울타리에 의해 들판이 둘로 구분되었고, 북쪽을 향해 들판을 가로지른 두 줄의 가로수 사이로 길이 하얗게 보였다. 고원 기슭에 이르자 저 앞 들판에 한 줄로 늘어선 부르게트의 빨간 지붕들과 흰 집들이 보였다. 그리고 아득히 먼 저쪽의 제일 가까운 검은 산등성이에는 론세스바예스(프랑스 국경에 가까운 피레네산맥에 위치한 마을) 수도원의, 금속으로 입힌 회색 지붕이 보였다.

 "저것이 론세스바예스야."

 "어디?"

 "저기 산줄기가 시작되는 곳 말이야."

 "여긴 추운데." 빌이 말했다.

 "높으니까. 아마 1,200미터는 될 걸세."

 "지독히 추운데."

 버스는 부르게트로 통하는 곧은길을 내려갔다. 사거리를 몇 개 지나 다리를 건넜다. 부르게트의 집들이 길 양쪽에 늘어서 있고, 뒷골목 같은 것은 없었다. 교회와 학교 운동장 앞을 지난 다음 버스가 멈췄다. 우리가 내리자 운전사가 우리의 가방과 낚싯대 상자를 내려 주었다. 삼각모를 쓰고 노란 가죽 끈을 열십자로 가슴에 멘 감시병이 우리 쪽으로 다가왔다.

 "그 안에 뭐가 들어 있습니까?" 그는 상자를 가리켰다.

 나는 상자를 열어 보였다. 그가 우리에게 낚시 허가증을 보여달라고 하기에 그것도 꺼내서 보였다. 그는 날짜를 보더니 가라고 손을 흔들었다.

 "가도 괜찮겠습니까?"

 "그럼요, 물론이죠."

 우리는 여관으로 갔다. 흰색으로 회칠한 돌집을 지나자 그 집 사람들이 문간에 서서 지나가는 우리를 쳐다보고 있었다.

여관 주인인 뚱뚱한 여인이 부엌에서 나와 우리와 악수했다. 그녀는 안경을 벗어 닦고는 다시 썼다. 여관 안은 추웠고, 바깥에선 바람이 불기 시작했다. 여주인은 한 소녀에게 우리를 2층으로 안내하게 했다. 침대가 두 개, 세면대, 옷장이 하나, 그리고 커다란 사진틀에 들어 있는 론세스바예스의 성모(聖母) 강판 인화(鋼板印畫)가 하나 걸려 있었다. 바람이 덧문을 때리고 있었다. 방은 여관 북쪽에 위치했다. 우리는 세수를 하고 스웨터를 입고 식당으로 내려갔다. 바닥에는 돌이 깔려 있었고, 천장은 낮고, 참나무 널빤지로 벽을 막았다. 덧문이 모두 닫혀 있었지만 방 안은 몹시 추워 우리의 입김이 보일 정도였다.

"이런 젠장!" 빌이 불평했다. "내일은 이렇게 춥진 않을 테지. 이런 날씨라면 개울 속에 들어가긴 다 틀렸군."

나무 테이블 너머, 구석진 곳에 업라이트 피아노(현(絃)을 세로로 친 직립형 피아노)가 놓여 있었다. 빌은 피아노 앞으로 가서 치기 시작했다.

"몸을 좀 덥혀야겠는데." 그가 말했다.

나는 방 밖으로 나가 여주인을 찾아 식사대를 포함하여 방세가 얼마냐고 물었다. 그녀는 앞치마 속에다 손을 넣으며 내게서 시선을 돌렸다.

"12페세타입니다."

"웬일이오, 팜플로나보다도 비싸다니?"

그녀는 아무 말도 않고 그저 안경을 벗어 앞치마로 닦았다.

"너무 비싼데요." 내가 말을 이었다. "큰 호텔에서도 그렇게 받진 않았는데."

"목욕탕도 붙어 있으니까요."

"좀더 싼 건 없소?"

"여름엔 없어요. 지금이 시즌이니까요."

투숙객이라곤 우리뿐이었다. 며칠밖에 머무르지 않을 텐데.

"포도주 값도 포함한 겁니까?"

"물론이죠."

"그렇다면 좋아요."

나는 빌이 있는 데로 돌아왔다. 그는 얼마나 추운가를 보여주기 위해 나에게 입김을 불어 보이고는 피아노를 계속 쳤다. 나는 자리에 앉아 벽에 걸린 그림들을 바라보았다. 토끼 그림이 한 장 있었으나 죽은 토끼였다. 꿩 그림도 한 장 있었는데 그것도 역시 죽은 꿩이었다. 죽은 오리 그림도 있었다. 그림은 모두 컴컴하게 연기에 그을려 있었다. 또 술병이 가득 들어 있는 찬장도 있었다. 나는 그 술병들을 낱낱이 훑어보았다. 빌은 여전히 피아노를 치고 있었다.

"뜨끈한 럼 펀치라도 한잔할까?" 빌이 물었다. "피아노를 쳐보았자 몸이 풀리긴 다 틀렸는걸."

나는 방 밖으로 나가 여주인에게 럼 펀치(럼주에 우유와 물 등을 넣고, 설탕과 향신료 등으로 맛을 낸 음료)는 어떤 것이며, 또 어떻게 만든다는 것을 일러주었다. 그러자 불과 몇 분 안 되어 한 소녀가 김이 무럭무럭 나는 돌 그릇을 들고 들어왔다. 빌은 피아노 앞에서 일어나 다가왔고, 우리는 뜨거운 펀치를 마시며 바람 소리에 귀를 기울였다.

"럼이 많이 들어 있진 않군."

나는 찬장으로 가서 럼 술병을 들고 와 그릇에다 반 컵 정도 럼을 따라 넣었다.

"직접 행동이라." 빌이 하는 소리였다. "이건 법률 위반인데."

소녀가 들어와 테이블 위에다 식사 준비를 했다.

"바람이 굉장하군." 빌이 말했다.

소녀는 커다란 그릇에 든 뜨거운 야채 수프와 포도주를 들고 들어왔다. 그 뒤에 우리는 송어 튀김과 스튜 그리고 커다란 사발에 가득 든 들딸기를 먹었다. 포도주를 잔뜩 마셔서 손해를 본 것만 같지도 않았다. 소녀는 수줍어했지만 술을 가져오는 데는 인색하지 않았다. 여주인이 방 안을 한 번 들여다보더니 빈 병을 세어 보았다.

저녁 식사 뒤에는 2층으로 올라가 몸이 식지 않도록 침대에서 담배를 피우며 책을 읽었다. 밤에 한 번 잠이 깨어서 바람 소리를 들었다. 침대 속은 따뜻하고 기분이 좋았다.

12

아침에 눈을 뜨자 창가로 가서 바깥을 내다보았다. 밝게 갠 날씨였으며 하늘에도 구름 한 점 없었다. 창 아래에는 짐마차 몇 대와 다 낡은 합승마차가 한 대 있었는데, 마차 지붕의 나무는 비바람에 금이 가고 틈이 벌어져 있었다. 합승 자동차가 생기기 이전의 유물임에 틀림없었다. 산양이 짐마차 위로 뛰어올랐다가 다시 합승마차의 지붕 위로 뛰어올랐다. 아래 있는 다른 산양들에게 고개를 끄덕해 보였는데, 내가 손으로 몰았더니 이내 땅으로 뛰어내렸다.

빌은 아직도 자고 있었다. 나는 옷을 입고 복도에서 신을 신고 아래층으로 내려갔다. 아무런 인기척이 없어서 문을 열고 밖으로 나왔다. 이른 아침의 대기는 서늘했고, 바람이 잦아든 뒤에 내린 이슬은 아직 햇볕에 마르지 않은 채로 있었다. 여관 뒤에 있는 창고 주위를 서성거리며 곡괭이 같은 것을 찾아내어 미끼로 쓸 지렁이를 파내려고 시냇가로 내려갔다. 시냇물은 맑고 얕았지만 송어가 있을 것 같지는 않았다. 풀이 난 축축한 둑에서 곡괭이로 땅을 찍어 뗏장을 들고 있는 동안에 지렁이를 잡아넣은 다음 그 위에다 흙을 뿌렸다. 산양들이 내가 흙을 파는 것을 바라보고 있었다.

여관으로 돌아와 보니 여주인이 부엌에 나와 있었다. 나는 커피를 부탁하고 점심 도시락을 싸 달라고 했다. 빌도 일어나 침대 끝에 앉아 있었다.

"창 너머로 자넬 보고 있었지. 하지만 자네를 방해하고 싶지 않았네. 뭘 하고 있었나? 돈이라도 파묻고 있었나?"

"이 게으름뱅이야!"

"여러 사람에게 도움이 되는 일을 하고 있었나? 근사한데! 매일 아침 그렇게 해주었으면 좋겠네."

"어이, 일어나."

"뭐, 일어나라고? 어림없어, 내가 일어날 줄 알고?"

그는 침대 속으로 기어 들어가더니 턱까지 담요를 끌어올렸다.

"어디 일어나라고 해 보시지."

나는 낚시 도구를 찾아내 모두 가방 속에다 집어넣었다.

"흥미가 없나?" 빌이 물었다.

"아래층으로 내려가서 밥을 먹을 거야."

"밥이라고? 진작 그렇게 말하지. 난 자네가 장난으로 일어나라고 그러는 줄로만 알았어. 밥이라고? 그렇다면 자네 말을 따라야지. 나가서 지렁이를 더 캐고 있게, 내 곧 내려갈 테니."

"뭐라고, 빌어먹을!"

"모든 사람을 위한 일을 하란 말이야." 이러면서 빌은 속옷을 입었다. "아이러니와 동정심을 보여주게."

나는 낚시 도구와 그물과 낚싯대가 든 상자를 들고 방을 나왔다.

"어이! 잠깐만!"

나는 문 안으로 머리만 들이밀었다.

"자네는 약간의 아이러니와 동정심도 보이지 않으려나?"

나는 엄지손가락을 코에 대고 놀려댔다.

"그건 아이러니가 아닐세."

아래층으로 내려가자 빌의 노랫소리가 들려왔다.

"아이러니와 동정심. 그대가 느낄 때는⋯⋯. 오오, 그들에게 아이러니를 주라, 동정심을 주라, 오오, 아이러니를 주려무나. 그들에게 느낌이 있다면⋯⋯. 아이러니를 조금 주라. 동정심을 조금 주라."

그는 아래층으로 내려올 때까지 계속해서 노래를 부르고 있었다. 〈나와 내 애인을 위하여 좋은 울린다〉였다.

나는 일주일 전의 스페인 신문을 읽고 있었다.

"그 아이러니와 동정심이란 도대체 무슨 말인가?"

"뭐? 아이러니와 동정심, 그걸 몰라?"

"몰라. 누가 부르기 시작했나?"

"다들. 뉴욕에선 이 노래에 모두들 미쳐 있어. 프라텔리니가 유행할 때와 같아."

소녀가 커피와 버터를 바른 토스트를 들고 들어왔다. 아니, 구운 뒤에 버터를 바른 빵이라고 하는 게 더 맞는 말일 것이다.

"잼이 있나 물어 보게." 빌이 말했다. "이 여자에게 아이러니를 좀 써먹어 보란 말이야."

"잼 있소?"

"그게 어디 아이러니라고 할 수 있나? 나도 스페인 말을 할 수 있으면 좋으련만."

커피 맛이 좋았으므로 우리는 큰 사발로 마셨다. 소녀는 유리 접시에다 딸기잼을 담아 들고 들어왔다.

"고맙소."

"어이! 그래선 안 돼. 좀 아이러니컬한 말을 해보란 말이야. 프리모 데 리베라 ^(1870~1930. 스페인의 장군·정치가) 에 관한 말이라도 내뱉어 보란 말이야."

"리프 ^(아프리카의 모로코 북부 해안의 산악 지대) 에는 어떤 잼이 있냐고 물어봐도 좋지."

"시시한 소리 그만둬. 참 시시하군. 자네라는 사람은 할 수 없어. 더 말해서 뭐 하겠나. 자넨 아이러니라는 걸 몰라. 자넨 동정심이 없는 사람이야. 동정적인 말을 좀 해보란 말일세."

"로버트 콘."

"나쁘지 않은데. 그 편이 좋아. 그런데 왜 콘이 측은하다는 거지? 내 말은, 좀 아이러니컬하게 얘기해 보라는 거야."

그는 커피를 꿀꺽 마셨다.

"이제 그만해. 아직 이른 아침이야."

"자넨 그렇다니까. 그러면서도 작가가 되고 싶다는 거야. 자네는 신문쟁이를 못 면하겠네. 국적을 잃은 신문 기자야. 자넨 침대에서 나오는 순간부터 아이러니컬해져야 되는 거야. 입안 가득 동정을 담고 눈을 떠야만 한단 말일세."

"그뿐인가? 그런 얘길 어디서 들었나?"

"모든 사람에게서 들었지. 책도 안 읽나, 자넨? 아무도 만나지 않나? 자넨 자네의 인물됨을 잘 알고 있을 테지. 자넨 국적 상실자일세. 왜 뉴욕에서 살지 않나? 그렇다면 이런 것쯤은 알 텐데. 날더러 어떻게 하라는 건가? 매년 여기까지 와서 자네에게 얘길 하란 말인가?"

"커피나 좀더 마셔."

"좋지. 커피는 자네에게도 좋아. 카페인이 들어 있으니까. 카페인이여, 우리는 여기 있다. 카페인은 남자를 여자 말에 타게 하며, 여자를 남자 무덤 속에 집어넣거든. 자네의 고민이 무엇인지를 알고 있을 테지. 자넨 국적 상실자란 말이야. 최악이지. 그런 말을 들은 적이 없나? 자기의 나라를 버린 사람치고 인쇄할 만한 가치의 글을 쓴 예가 없다는 말 말이야. 심지어 신문에라도 말일세."

그는 커피를 마셨다.

"자넨 국적이 없어. 조국과 접촉할 수 없는 거지. 귀해지신 거야. 가짜 유럽 기준이 자네를 망쳐 버리고 만 것일세. 술이라면 죽도록 마시고, 섹스에

사로잡혀 있어. 쉴 새 없이 지껄이는 것만으로 자네의 모든 시간을 낭비하고
일은 하지 않아. 자넨 국적이 없어. 알았나? 카페로만 떠돌아다니고 있어."

"아주 근사한 생활같이 들리는데그래. 그럼 일은 언제 하지?"

"일이 다 뭐야, 자네가. 어떤 놈들은 여자들이 자넬 먹여 살린다고 하고,
또 어떤 놈들은 자네가 성 불구자라고 하던데."

"천만에. 다만 다쳤을 뿐이야."

"그런 말 말게. 그건 언급해서는 안 될 이야기일세. 자네가 신비스러운 것
으로 만들어 버려야 할 것이란 말이야. 헨리(작가 헨리 제임스)의 자전거처럼."

그는 신이 나서 이야기를 하더니 갑자기 입을 다물어 버렸다. 성 불구자니
하는 농담에 내 마음을 상하게 했다고 생각했던 탓인지도 몰랐다. 나는 그가
이야기를 계속했으면 했다.

"자전거가 아니었지, 헨리는 말을 탔다던데."

"난 세발자전거라고 들었어."

"그래. 비행기도 세발자전거와 비슷한 점이 있지. 조종간이 똑같이 움직
이니까."

"그러나 페달은 밟지 않을걸."

"그렇지. 페달은 밟지 않을 거야."

"그런 얘긴 그만두세."

"그래, 그만두세. 난 세발자전거를 변호하고 있을 뿐이야."

"나도 헨리는 좋은 작가라고 생각해. 자네도 사람은 참 좋지. 누가 자네를
좋은 사람이라고 그랬지?"

"난 좋은 사람이 아니야."

"이봐. 자넨 지독히 좋은 친구이고, 나는 이 세상의 누구보다도 자넬 좋아
하고 있단 말일세. 뉴욕에선 자네에게 그런 말을 할 수 없었네. 나를 게이라
고 할 테니까 말일세, 남북전쟁이 일어난 것도 바로 그 때문일세. 에이브러
햄 링컨은 게이였어. 그는 그랜트 장군을 사랑하고 있었으니까. 제퍼슨 데이
비스(남부연합 대통령)도 마찬가지야. 링컨이 노예를 해방한 것도 사실은 도박에 지나
지 않았어. 드레드 스콧 판결(1848년, 흑인의 시민권을 주장하는 소송이 최고재판소에서 인정되지 않음)도 음주 반대 동맹(1859년에 창설)
이 꾸며낸 조작에 지나지 않아. 섹스가 모든 걸 잘 설명해 준단 말일세. 대
령 부인과 주디 오그래디(프랑스의 작가 앙드레 모로와의 소설 인물)도 한 꺼풀 벗기고 보면 동성애거든."

그는 말을 멈췄다.

"좀더 듣고 싶은가?"

"얼마든지 지껄이게나."

"이 이상은 몰라. 점심때 더 얘기하지."

"에이, 이 능청맞은 사람."

"뭐라고, 이 건달꾼!"

빌은 도시락과 포도주 두 병을 가방에다 넣고는 그것을 짊어졌다. 나는 낚싯대 상자를 들고 고기를 건져 올리는 그물을 등에다 걸쳤다. 우리는 길을 걷기 시작하여 이내 목장을 가로질렀다. 들판을 가로지른 다음 제일 가까운 언덕 위에 있는 숲으로 뻗은 길을 찾았다. 이 모랫길을 지나 들판을 가로질렀다. 들판은 완만한 기복을 이루고 있었고, 풀이 무성했으나 양들이 뜯어먹어서 짧아져 있었다. 언덕 위에는 소들이 보였는데 숲 속에서 그 방울 소리가 들려왔다.

좁은 길은 통나무 다리로 해서 개울을 건너게 되어 있었다. 통나무는 표면이 닳았고, 난간 대신 작은 가지를 구부려서 꽂아 놓았다. 개울 바로 옆 납작한 웅덩이에선 올챙이들이 모래 위에 반점을 만들고 있었다. 가파른 둑을 오른 다음 기복이 있는 들판을 가로질렀다. 뒤돌아보니 흰 집들과 붉은 지붕이 즐비한 부르게트 시내가 보였으며, 흰 도로에는 트럭이 먼지를 일으키며 달리고 있었다.

들판을 지난 다음 좀더 물살이 빠른 개울을 건넜다. 모랫길은 얕은 여울을 지나 또다시 숲 속으로 이어졌다. 좁은 길은 여울 하류에 있는 또 하나의 통나무 다리로 개울을 건넌 다음 큰길로 이어져 있어, 이 길로 우리는 숲 속으로 들어갔다.

그 숲은 너도밤나무 숲으로, 꽤 오래된 나무들뿐이었다. 뿌리가 땅 밖으로 불룩 솟아 올라와 있고, 나뭇가지들은 서로 엉켜 있었다. 해묵은 너도밤나무의 굵은 가지 사이로 뚫린 길을 걸어가는데, 가느다란 햇빛이 잎사귀 사이를 뚫고 내려와 풀밭 위에 밝은 무늬를 수놓았다. 나무들은 크고, 잎사귀는 우거졌지만 어둡지는 않았다. 밑풀은 없고 다만 아주 푸르고 생생한 느낌을 주는 반들반들한 풀들이 자라고 있었다. 커다란 회색 나무들이 마치 공원처럼 일정한 간격을 두고 쭉 늘어서 있었다.

"이건 정말 시골인데." 빌이 말했다.

길은 언덕 위로 뻗어 있었고, 우리는 우거진 숲 속으로 들어갔다. 길은 계속해서 오르막이었다. 가다가 아래로 내려가기도 했지만 이내 곧 가파른 언덕길이 되곤 했다. 숲 속에선 계속 양의 울음소리가 들려왔다. 마침내 길은 산마루로 나섰다. 부르게트에서 보였던, 나무가 우거진 산의 제일 높은 부분인 고원의 꼭대기였다. 나무들 사이의 좁은 공지인 산마루 양지 쪽에서 산딸기가 자라고 있었다.

앞으로 나가자 길은 숲에서 빠져나와 산마루 등성이를 따라갔다. 나무라곤 하나도 없고, 노란 가시금작화가 우거진 넓은 들판이 펼쳐졌다. 아득히 먼 저 앞은 우거진 나무들로 어두컴컴하고, 회색 바위가 툭 튀어나온 험한 절벽이 보였으며, 그 절벽은 이라티 강의 흐름을 나타내고 있었다.

"산마루를 따라 이 길을 가서 저 구릉을 넘고, 멀리 보이는 산의 숲을 지난 다음 이라티 계곡으로 내려가야 돼." 나는 빌에게 가리켜 보였다.

"한참 걸어야겠군."

"수월하게 당일치기로 갔다오는 낚싯길치곤 너무 멀지."

"수월하게? 그것 참 좋은 말이군. 힘들게 왔으니 어쨌든 낚시질은 해야겠군그래."

주위 경치는 좋았지만 너무나도 먼 거리여서, 나무들이 우거진 구릉을 나와 리오 드 라 파브리카 계곡으로 나가는 험한 길을 내려갈 때엔 우리도 지쳤다.

길은 숲의 그늘로부터 폭염이 내리쬐는 양지 쪽으로 뻗어 있었다. 저 멀리 앞쪽으로 강이 흐르는 계곡이 있었다. 강 너머로는 가파른 구릉이 있었다. 그 구릉에는 메밀밭이 있었다. 언덕 중턱의 나무 그늘 아래로 흰 집이 한 채 보였다. 매우 더웠기 때문에 우리는 강을 가로막은 댐 옆에 있는 나무 아래서 걸음을 멈췄다.

빌은 나무 아래에다 짐을 내려놓았다. 우리는 낚싯대를 연결하고 릴을 달고 목줄을 매고 낚시질 준비를 했다.

"정말 송어가 있을까?" 빌이 물었다.

"많지."

"난 제물 낚시로 잡아 볼까. 맥긴티 있나?"

"응, 그 속에 있어."

"자넨 먹이로 잡겠나?"

"응. 이 댐에서 잡을 작정이야."

"좋아, 그럼 제물 낚시통은 내가 갖고 가지." 그는 제물 낚시를 낚싯줄에다 달았다. "어디가 좋을까? 위로 갈까, 아래로 갈까?"

"하류가 제일 좋아. 상류에도 많기는 하지만."

빌은 둑을 따라 내려갔다.

"지렁이 통을 가지고 가게."

"필요 없어. 제물 낚시에 걸려들지 않으면 휘둘러치고 말 테니까."

빌은 하류로 내려가서 물살을 들여다보고 있었다.

"어이." 그는 댐 물소리에 지지 않게 큰 소리를 질렀다. "저 길 위쪽에 있는 샘물에다 포도주 병을 담가 두면 어떻겠나?"

"그거 좋지."

나도 소리를 질렀다. 빌은 손을 흔들고는 하류 쪽으로 내려갔다. 나는 짐 속에서 포도주 병을 두 개 꺼내, 길 위쪽 샘물이 쇠 파이프를 통해 흘러나오는 곳까지 가지고 갔다. 샘 위에는 널빤지가 덮여 있었다. 나는 널빤지를 들고 포도주 병마개가 빠지지 않도록 세게 두들겨 막고는 물속에 담갔다. 물이 어찌나 찬지 손과 손목이 마비되는 것만 같았다. 널빤지를 먼저대로 해놓고, 포도주 병이 사람 눈에 띄지 않으면 좋겠다고 생각했다.

나는 나무에다 기대어 세워 두었던 낚싯대를 들고 먹이통과 손그물을 가지고 댐 쪽으로 걸어갔다. 통나무를 떠내려 보낼 수 있는 수압을 만들기 위해서 지어진 댐이었다. 수문은 열려 있었다. 나는 네모진 목재 위에 걸터앉아 강물이 폭포가 되어 떨어지기 직전의, 평평하게 쳐진 천 같은 물을 지켜보고 있었다. 댐 바로 아래 흰 거품을 이루고 있는 물속은 깊었다. 미끼를 달고 있자니까 송어 한 마리가 맑은 물속에서 뛰어올라 폭포 속으로 뛰어들었다가 결국은 휩쓸려 사라졌다. 미끼를 채 낚싯바늘에 달기도 전에 또 한 마리의 송어가 아까처럼 아름다운 반원을 그리면서 폭포 속으로 뛰어들더니 우레와 같은 소리를 내는 물속으로 쏜살같이 사라져 버렸다. 나는 꽤 큰 추를 달아서, 댐의 목재에서 얼마 떨어지지 않은 투명한 물속으로 낚싯줄을 드리웠다.

처음에는 송어가 걸린 것을 알아차리지 못했다. 줄을 끌어당겨 보고서야 비로소 송어 한 마리가 낚시에 걸린 것을 느낄 수가 있었다. 낚싯대의 거의 한가운데가 둘로 꺾일 정도로 애를 써서, 폭포 아래의 들끓듯이 거품을 내는 물속에서 송어를 끌어올려 댐 위로 치켜 올렸다. 썩 잘생긴 송어였는데, 머리를 나무에 후려쳤더니 몇 번 팔딱팔딱 뛰다가 이내 뻗어 버렸다. 나는 그것을 광주리 속에다 흘려 넣었다.

이놈을 낚는 동안에도 송어 몇 마리가 폭포 속으로 뛰어들었다. 미끼를 달아서 또다시 낚싯줄을 물속으로 던졌더니 이내 또 걸렸으며, 그것을 아까처럼 낚았다. 금세 여러 마리를 낚았다. 크기가 거의 비슷했다. 나는 그놈들의 머리를 같은 쪽으로 나란히 늘어놓고는 내려다보았다. 차가운 물 때문인지 빛깔이 좋고 살도 단단하고 여물어 보였다. 무더운 날이었으므로 나는 배를 모두 갈라 내장을 아가미째 한꺼번에 뽑아 강 저쪽으로 멀리 던져 버렸다. 송어를 강둑으로 가지고 가, 댐 위의 빨리 흐르는 차가운 물로 씻어 고사리 잎으로 싸서 모두 가방 속에 넣었다. 고사리 잎을 깐 위에 송어 세 마리를 늘어놓고, 그 위에 또 고사리 잎으로 깔고 송어를 세 마리 늘어놓았으며 그런 다음 고사리 잎으로 그 위를 덮었다. 고사리 잎으로 싸 놓고 보니 송어는 한결 볼품이 있었고, 가방은 불룩해졌다. 나는 그것을 그늘에다 갖다 놓았다.

댐 위는 몹시 더웠다. 나는 지렁이 통도 가방이랑 같이 그늘에다 놓고, 짐 속에서 책을 꺼내 빌이 점심을 먹으러 올 때까지 읽고 있으려고 나무 아래에 자리를 잡고 앉았다.

정오가 조금 지나서 그늘은 그다지 많지 않았지만 나는 서로 마주 붙어 자란 두 그루의 나무 줄기에 등을 기대고 앉아 있었다. 책은 A.E.W. 메이슨(1865~1948. 영국의 소설가. 이국적인 소재가 특색.)이 쓴 것으로, 알프스에서 얼어 죽어서 빙하 속에 떨어져 행방 불명이 된 사나이에 관한 이상한 이야기였다. 그 사나이의 아내는 남편의 시체가 퇴석(推石) 위에 나타날 때까지 정확하게 24년 동안을 기다렸고, 그 동안 그녀를 사랑하는 애인도 기다리고 있다는 이야기로, 빌이 나타났을 때까지도 여전히 그들은 기다리는 중이었다.

"좀 잡았나?" 빌이 물었다. 그는 낚싯대와 주머니와 그물을 모두 한 손에 들고 땀을 뻘뻘 흘리고 있었다. 댐에서 떨어지는 물소리 때문에 그가 가까이

오는 소리를 듣지 못했던 것이다.

"여섯 마리 잡았네, 자넨?"

빌은 앉더니 주머니를 열고 커다란 송어를 풀 위에 꺼내 놓았다. 세 마리를 더 꺼냈는데 그때마다 먼젓번 것보다 더 큰 것으로, 그는 그것들을 그늘 아래에다 나란히 늘어놓았다. 그의 얼굴에는 땀이 흐르고 정말 만족스러운 듯했다.

"자네 것은 어떤가?"

"작아."

"어디 좀 보여주게."

"다 싸 버렸는데."

"어느 정도야?"

"모두가 자네가 잡은 것 중에서 제일 작은 것만 해."

"일부러 감추는 건 아니겠지?"

"정말 그랬으면 좋겠네."

"모두 지렁이로 잡았나?"

"그럼."

"에이 이 게으름뱅이!"

빌은 송어를 광주리에 넣더니 그대로 들고 흔들면서 강 쪽으로 걸어갔다. 허리 아래가 젖어 있는 것으로 미루어 보아 물속에 들어가 낚시질을 한 것을 알았다.

나는 아까 내려왔던 길을 올라가 포도주 두 병을 꺼냈다. 병은 차가웠다. 나무 그늘 아래까지 걸어오는 동안에 김이 서려 물방울이 맺혔다. 나는 신문지 위에다 도시락을 펼쳐 놓고, 한 병은 마개를 뽑고, 또 한 병은 나무에다 기대 놓았다. 빌이 광주리 속에다 고사리 잎을 불룩하게 넣고, 손을 닦으면서 이쪽으로 걸어왔다.

"어디 그 병 좀 보세." 그는 이렇게 말하면서 코르크 마개를 뽑고는 병을 기울여 마셨다. "이야, 눈이 짜릿해질 지경인데."

"나도 좀 마셔 볼까."

포도주는 얼음처럼 차고, 어딘지 좀 녹이 슨 듯한 맛이었다.

"그다지 형편없는 술은 아니군그래."

"차니까 한결 나은데."

우리는 조그만 도시락 보따리를 풀었다.

"닭이군."

"삶은 달걀도 있어."

"소금도 있나?"

"우선 달걀." 빌이 말했다. "다음엔 닭. 이 정도는 브라이언$\binom{1860\sim1925.}{\text{미국의 정치가}}$도 알아."

"그 작자 죽었더군, 어제 신문에서 읽었어."

"설마, 정말인가?"

"정말이야. 브라이언은 죽었다니까."

빌은 껍질을 벗기던 달걀을 아래에다 내려놓았다.

"여러분." 그는 닭다리를 싼 신문지를 펼쳤다. "나는 순서를 바꾸겠습니다. 브라이언을 위해서, '위대한 하원의원(그 당시 브라이언에게 붙여진 별명)'을 위해서. 우선 닭, 그 다음에 달걀."

"하느님은 언제 닭을 만드셨을까?"

"아아." 빌이 닭다리를 뜯으면서 말했다. "그런 건 우리가 알 수 없지. 물어서는 안 되는 거야. 우리가 이 지상에 머물러 있는 날은 그다지 길지 않거든. 기뻐하고 믿고 감사하세."

"달걀을 먹어."

빌은 한 손에 닭다리를 들고, 또 다른 손엔 포도주 병을 들고 브라이언 흉내를 냈다.

"우리의 축복을 기뻐하세. 하늘의 새를 이용하세, 포도의 산물을 이용하세. 자네도 좀 이용해 보려나, 형제여?"

"자네 다음에 이용하지."

빌은 단숨에 마셨다.

"자, 조금 이용하게, 형제여." 그는 나에게 병을 주고 말을 이었다. "의심하지 말게, 형제여, 원숭이 같은 손가락으로 둥우리 속의 성스러운 신비를 기웃거리는 짓은 그만두세. 신앙을 받아들여 다만 이렇게 말해 보세—자네도 함께 말해 줬으면 좋겠는데—뭐라고 할까, 형제여?" 그는 닭다리로 나에게 삿대질을 하며 말을 계속했다. "내가 말할 테니 들어 보게. 이렇게 말하세. 나도 한 사람으로서 이렇게 말하는 것을 자랑으로 여기네—그러니까 형제여, 나와 함께 무릎 꿇고 이렇게 말해 주기 바라네. 아무도 이 위대한 들판에서 무릎 꿇는 것을 부끄럽게 여겨선 안 되네. 숲이 하느님의 최초의 사원이었다는 것을 명심하게. 무릎 꿇고 말하세. '그건 먹지 마시오, 부인—그것은 멘켄이올시다.'"

"자아, 이걸 또 좀 이용하게."

우리는 또 한 병의 병마개를 뽑았다.

"웬일이야? 자넨 브라이언을 싫어했나?"

"아주 좋아했지. 우린 형제나 다름없었어."

"그 사람은 어디서 알게 되었나?"

"그 사람과 멘켄과 나, 이렇게 셋이서 홀리 크로스 (미국 콜로라도 주의 고봉. 십자가 형의 설계(雪溪)가 있다)에 갔었어."

"그리고 프랭키 프리시도 같이 말이지."

"그건 거짓말이야. 프랭키 프리시는 포담 (뉴욕에 있는 가톨릭계 대학)에 갔어."

"그렇군. 난 매닝 주교 (1809~1892. 영국 웨스트민스터의 추기경)와 로욜라 (시카고에 있는 제수이트파 대학)에 갔었지."

"거짓말. 매닝 주교와 로욜라에 간 건 날세."

"취했나?"

"술에 말인가?"

"물론이지."

"아니, 너무 더워서 그래. 이런 지독한 더위는 마땅히 사라져 버려야지."

"한 잔만 더 들게."

"이것뿐인가?"

"겨우 두 병뿐이야."

"자넨 자기 자신이 뭔지 알고 있나?" 빌은 애정이 가득 찬 눈초리로 술병을 들여다보았다.

"몰라."

"자넨 '주류 판매 반대동맹'의 앞잡이가 되어 있는 거야."

"난 웨인 B. 휠러 (1879~1927. 미국의 유명한 변호사, 주류 판매 반대동맹의 유력한 지지자)와 함께 노트르담 (미국 인디애나 주에 있는 대학)에 갔었네."

"거짓말. 내가 웨인 B. 휠러와 오스틴 전문대학에 갔었지. 그자는 반장이었어."

"그런가. 술집은 없애야 해."

"자네 말이 맞아. 동창생답단 말이야. 술집은 없애야 해. 난 그렇게 믿네."

"취했군."

"술에 말인가?"

"그래."

"아마 그럴지도 모르지."

"잠깐 잘까?"

"그러세."

우리는 나무 그늘에 누워 나무 사이를 올려다보았다.

"자네 잠들었나?"

"아니." 빌이 대답했다. "생각하고 있었어."

나는 두 눈을 감았다. 땅 위에 드러누워 있으니 여간 기분이 좋지 않았다.

"여보게, 브레트하곤 도대체 어떻게 된 건가?"

"어떻게 되다니?"

"그 여자를 진심으로 좋아했나?"

"물론이지."

"얼마 동안?"

"사랑하다 말다 했지만 꽤 오랫동안이야."

"젠장, 딱한 친구 같으니라고."

"괜찮아, 이젠 아무렇지도 않아."

"정말인가?"

"정말이고말고. 그런 얘긴 제발 그만두게."

"내가 그런 걸 물어 화났나?"

"화낼 게 뭐 있나."

"난 자겠네." 빌은 신문지로 얼굴을 덮었다.

"이봐, 제이크, 자네 정말 가톨릭 신자인가, 응?"

"형식적으로는."

"그건 또 무슨 말이야?"

"나도 몰라."

"좋아. 난 이젠 정말 자야겠어. 너무 지껄여서 잠을 방해하진 말아야지."

나도 어느새 잠이 들었다. 눈을 뜨니 빌이 가방을 챙기고 있었다. 늦은 오후라 나무들의 그림자가 댐 위까지 길게 드리워져 있었다. 땅 위에서 그대로 잤기 때문에 온몸이 몹시 뻐근했다.

"웬일인가? 잠이 깼나?" 빌이 물었다.

"왜 밤까지 자지 않고 일어나나?" 나는 기지개를 켜고 눈을 비볐다.

"잘 생각은 나지 않지만 멋진 꿈을 꾸었네."

"난 꿈은 꾸지 않은 것 같은데."

"꿈은 당연히 꿔야지." 빌이 말했다. "우리 대사업가들은 모두가 꿈을 꾸는 사람들이었지. 포드를 보게나. 쿨리지 대통령(제30대 미국 대통령. 1923~1929 재임)을 보라고. 록펠러는 어떻고. 조 데이비드슨(미국의 조각가)을 보게나."

나는 내 낚싯대와 빌의 것을 따로따로 분리하여 낚싯대 상자 속에 챙겨 넣었다. 빌은 가방을 꾸리고 이미 가득 찬 가방 속에 송어 광주리 하나를 더 넣었다. 나는 다른 광주리 하나를 손에 들었다.

"자, 이젠 다 챙겼나?" 빌이 말했다.

"지렁이는?"

"자네 지렁이지. 이 속에 넣게."

그는 가방을 메고 있었는데, 바깥에 달린 주머니 속에다 지렁이 통을 넣었다.

"이젠 모두 챙긴 건가?"

나는 느릅나무 뿌리 근처의 풀밭을 훑어보았다.

"그래."

우리는 숲 속으로 들어가는 길을 걸어 올라갔다. 부르게트까지 돌아오는 데는 꽤 오랜 시간이 걸렸다. 들판을 몇 개씩이나 가로질러 한길로 나와, 창문에 불빛이 비치는 마을의 집들 사이를 지나 여관으로 들어갔을 때엔 이미 어두워져 있었다.

우리는 부르게트에 머물러 있는 닷새 동안 마음껏 낚시질을 즐겼다. 밤에는 춥고 낮에는 더웠지만, 그렇게 무더운 낮에도 언제나 산들바람이 불었다. 어찌나 더웠던지 차가운 개울을 건너면 기분이 상쾌했고, 물에서 나와 강둑에 앉아 있노라면 물에 젖은 옷이 햇볕에 삽시간에 말랐다. 헤엄칠 수 있을 정도의 개울도 찾아냈다. 저녁이면 해리스라는 이름의 영국인과 셋이서 브리지 놀이를 했다. 그는 생 정 피에 드 포르에서 여기까지 걸어와 낚시질을 하려고 이 여관에 묵고 있는 사람이었다. 아주 명랑한 사람으로, 우리와 함께 두 번이나 이라티 강에 갔었다. 로버트 콘으로부터도, 브레트와 마이크로부터도 아직 아무런 소식이 없었다.

13

어느 날 아침, 식사를 하려고 아래층으로 내려갔더니 영국인인 해리스가 벌써 식탁에 앉아 있었다. 그는 안경을 쓰고 신문을 읽고 있었다. 그는 나를 쳐다보며 미소를 지었다.

"안녕하십니까. 선생께 편지가 왔더군요. 우체국에 들렀더니 내게 온 편지하고 함께 주던데요."

편지는 식탁 위 내 자리, 커피 잔에 기대어 놓여 있었다. 해리스는 다시 신문을 읽었다. 나는 편지를 읽었다. 팜플로나에서 온 편지였다. '산 세바스티안, 일요일'이라고 적혀 있었다.

제이크에게

우리는 금요일에 이곳에 도착했네. 브레트는 기차 안에서 너무 취해서 옛친구들과 사흘 정도 쉴 생각으로 이곳으로 데리고 온 것일세. 화요일에 팜플로나의 몬토야 호텔에 도착할 것 같은데 시간은 모르겠네. 수요일에 자네들과 만나려면 어떻게 해야 하는지 버스 편으로 간단한 편지를 보내 알려 주게. 늦어서 미안하네만 잘 좀 부탁하네, 브레트는 정말 녹초가 되었지만 화요일까지는 몸이 완쾌되리라고 생각하네. 사실은 지금도 전혀 아무렇지 않네. 나는 그녀를 잘 알고 있기 때문에 돌봐 주려고 하지만 그리 쉬운 일은 아닐세. 여러 친구들에게도 안부 전해 주게.

마이크

"오늘이 무슨 요일입니까?" 내가 해리스에게 물었다.

"수요일 아닌가요. 네, 맞아요. 수요일이군요. 이런 산속에 있으면 날짜 가는 걸 잊어버리니 참 이상하지요."

"그래요. 거의 일주일이나 여기 있었군요."

"떠나려는 건 아니겠지요?"

"아니, 어쩌면 오후 버스로 떠나야 할지도 모르겠습니다."

"유감이군요. 난 우리 모두 다시 한 번 이라티 강에 같이 가 봤으면 하고 은근히 기대하고 있었는데요."

"팜플로나로 가야 해요. 거기서 누구와 만나게 되어 있어서요."

"정말 유감인데요. 여기 부르게트에서는 참 즐거운 시간을 보냈는데."

"팜플로나로 오십시오. 거기라면 브리지 놀이도 할 수 있고, 또 굉장한 축제도 구경할 수 있습니다."

"그랬으면 좋겠군요. 권유해 주셔서 감사합니다. 그러나 여기 남는 게 좋을 것 같습니다. 낚시질할 수 있는 날도 얼마 남지 않았으니까요."

"이라티 강에서 큰 송어를 기어이 잡으셔야겠단 말씀이지요."

"물론이죠. 그곳 송어는 정말 엄청나게 크니까요."

"나도 한 번 더 가고 싶군요."

"그러시죠. 하루만 더 계세요."

"아니, 정말 떠나야만 합니다."

"유감이군요."

아침 식사를 마친 뒤, 빌과 나는 여관 앞에 놓인 벤치에 앉아 햇볕을 쬐면서 이야기하고 있었다. 그때 젊은 여자 하나가 시내 쪽에서 걸어오는 것이 보였다. 그녀는 우리 앞에서 멈추더니 스커트 앞에 달린 가죽 주머니 속에서 전보를 한 장 꺼냈다.

"선생님들에게 온 거 맞죠?"

들여다보니 주소는 '부르게트, 번즈'로 되어 있었다.

"그렇소, 우리에게 온 거요."

그녀는 수첩을 내놓으며 서명을 해달라고 했다. 나는 그녀에게 동전을 몇 닢 주었다. 전보는 스페인어로 '목요일 도착 예정, 콘'이라고 씌어 있었다. 나는 전보를 빌에게 주었다.

"뭐야? 그 콘이 쓴 건가?"

"무슨 전보가 이 따위야! 같은 가격으로 더 길게 쓸 수도 있는데. '목요일 도착', 이건 굉장히 많이 알려 준 셈이군, 안 그래?"

"콘에게 흥미가 있는 정보는 모두 다 알려 준 셈이지."

"어쨌든 가세. 브레트와 마이크를 여기까지 불렀다가 축제가 시작되기 전에 돌아간다는 건 무의미하니까. 답전을 쳐야 할까?"

"쳐도 좋겠지, 우리까지 잘난 체할 필요도 없지."

우리는 우체국으로 걸어가 전보 용지를 한 장 달라고 했다.

"뭐라고 칠까?" 빌이 물었다.

"'오늘 도착', 그것으로 충분하지."

전보 요금을 치르고는 여관으로 돌아왔다. 해리스와 셋이서 론세스바예스까지 걸어갔다. 수도원으로 들어가 보았다.

"굉장한 곳이군요."

수도원 밖으로 나오자 해리스가 감탄했다.

"하지만 난 이런 곳엔 그다지 흥미가 없어요."

"나도 그렇습니다." 빌이 말했다.

"그래도 굉장한 곳이긴 하네요." 해리스가 되풀이했다. "하마터면 보지 못하고 떠날 뻔했어요. 매일같이 와 봐야겠다는 생각은 하고 있었습니다만."

"하지만 낚시질만 못하죠?" 빌이 물었다. 그는 해리스를 좋아했다.

"그건 그래요."

우리는 수도원 안에 있는 오래된 예배당 앞에 서 있었다.

"저기 있는 건 술집이 아닌가요?" 해리스가 물었다. "내가 잘못 봤나요?"

"술집 같군요." 빌이 대꾸했다.

"그렇군." 나도 한마디 했다.

"어디 한번 이용해 볼까요." 해리스가 말했다. 빌의 말을 그대로 따라했다.

우리는 각자 포도주를 한 병씩 마셨다. 해리스는 우리가 술값을 치르지 못하게 했다. 그는 스페인 말을 썩 잘 지껄였다. 주인도 우리가 내놓는 돈을 받으려고 하지 않았다.

"이봐요, 여기서 선생들과 만나 얼마나 즐거웠는지 선생들은 아마 모르실 거요."

"우리도 정말 즐거웠습니다."

해리스는 약간 취해 있었다.

"이봐요, 이렇게 선생들과 만난 것이 나에게 어떤 의미가 있는지 선생들은 모르실 거란 말이오. 나는 전쟁 이후로는 이렇다 할 재미를 느끼지 못했거든요."

"또 같이 낚시를 합시다. 잊지 말아요."

"당연하죠. 너무 즐거웠으니까요."

"한 병만 더 할까요?"

"그것 좋죠." 해리스가 말했다.

"이번엔 내가 한잔 사죠. 그렇지 않으면 난 마시지 않겠습니다."

"술값은 내가 치르도록 해주시오. 그러면 유쾌해질 테니까요."

"나도 유쾌해지고 싶은데요." 빌도 지지 않았다.

주인이 네 병째 포도주를 가지고 왔다. 아직 잔에 술이 남아 있었다. 해리스는 자기 잔을 쳐들었다.

"이봐요, 이건 대단한 이용인데요." 빌이 해리스의 등을 툭 쳤다.

"좋은 친구야."

"저, 내 이름은 사실 해리스가 아닙니다. 윌슨-해리스죠. 외자 이름입니다. 가운데 하이픈만 넣은."

"당신은 참 좋은 사람이야, 윌슨-해리스." 빌이 거듭 칭찬했다. "우린 당신이 굉장히 좋으니까 해리스라고 부르는 겁니다."

"그런데 번즈, 당신은 이게 나에게 얼마나 즐거운 일인지 모를 거요."

"자, 또 한잔 합시다." 내가 한마디 했다.

"번즈, 정말이야 번즈. 자넨 몰라. 그뿐이야."

"쭈욱 마셔, 해리스."

우리는 해리스를 가운데 끼고 론세스바예스부터 걸어서 여관으로 돌아왔다. 여관에서 점심을 먹고, 해리스는 버스 정류장까지 바래다 주었다. 그는 런던의 자기 집 주소와 클럽과 사무소 주소까지 적힌 명함을 주고, 우리가 버스에 오를 때에는 봉투를 하나씩 주었다. 내가 받은 것을 뜯어 보았더니 제물 낚시가 한 다스 들어 있었다. 해리스는 이것을 손수 비끄러맨 것이었다. 제물 낚시는 전부 자기 손으로 비끄러맸다.

"이봐, 해리스……." 내가 입을 열었다.

"아니, 아니!" 하면서 그는 버스에서 내렸다. "일등품 제물 낚시는 아닙니다. 단지 우리가 얼마나 즐거운 시간을 보냈던가를 생각해 주십사 하는 것뿐이지요."

버스가 움직이기 시작했다. 해리스는 우체국 앞에 서서 손을 흔들었다. 우리가 탄 버스가 길을 달리기 시작하자, 그는 돌아서서 여관 쪽으로 걸어갔다.

"여보게, 거 해리스란 친구 참 좋은 사람이지?" 빌이 먼저 입을 열었다.

"그 사람, 정말 즐거웠던 모양이야."

"해리스 말인가? 그야 물론이지."

"그 친구도 팜플로나로 오면 좋겠는데."

"낚시가 하고 싶은 거지."

"응, 어쨌든 영국 사람이 얼마나 붙임성이 있는지 자넨 모를걸."

"그래, 의외네."

우리는 오후 늦게 팜플로나에 도착했고, 버스는 호텔 몬토야 앞에서 섰다. 광장에선 축제를 맞이하여 광장을 환하게 비추기 위해서 전선을 끌어들이고 있었다. 버스가 서자 아이들이 두서너 명 가까이 다가왔고, 세관원이 버스에서 내리는 사람들에게 길에서 짐을 풀게 했다. 우리는 호텔로 들어갔고, 계단에서 몬토야를 만났다. 그는 악수를 하면서 약간 당황한 듯한 얼굴에 미소를 띠고 있었다.

"친구분들이 오셨습니다."

"캠벨 씨 말인가요?"

"네, 콘 씨와 캠벨 씨, 그리고 애쉴리 부인입니다."

그는 내가 듣고 싶어하는 소식이라도 있다는 듯이 미소를 지었다.

"그 사람들 언제 왔죠?"

"어제 왔습니다. 두 분이 쓰시던 방은 그대로 남겨 두었습니다."

"그거 잘됐군요. 캠벨 씨 방은 광장이 보이나요?"

"네. 우리 집 방은 모두 광장을 내려다보게 되어 있죠."

"그 친구들 지금 어디 있습니까?"

"하이알라이 (스쿼시와 비슷한 스페인·중남미의 실내 구기)를 하러 가신 것 같아요."

"그래 투우는 어떻게 되오?"

몬토야는 미소를 지었다. "오늘 밤 7시에 비야르의 소가 오고, 내일은 미우라의 소가 옵니다. 모두들 가 보시렵니까?"

"가고말고요. 소를 우리에서 끌어내는 건 본 적이 없으니까요."

몬토야는 내 어깨에다 손을 얹었다.

"그럼 거기서 뵙겠습니다."

그는 다시 미소를 지었다. 그는 언제나 투우가 우리 둘 사이의 아주 특별한 비밀이라도 되는 듯이 미소를 짓는 것이었다. 좀 놀랍지만, 사실 우리만 알고 있는 굉장한 비밀이라도 되는 듯이. 다른 사람들이 보기엔 그 비밀에 무슨 음란한 일이라도 있는 듯, 그리고 그것을 우리만이 알고 있다는 듯한 그런 미소를 항상 띠고 있었다.

"친구분도 역시 투우 팬이신가요?" 몬토야는 빌에게 미소를 보내며 물었다.

"그럼요. 생페르민을 보기 위해서 일부러 뉴욕에서 여기까지 왔으니까요."

"그렇습니까?" 말소리는 정중했지만 정말 믿어지지 않는다는 눈치였다. "그렇지만 선생처럼 열렬한 투우 팬은 아니시겠죠."

그는 난처한 듯이 또다시 내 어깨 위에다 손을 얹었다.

"천만에요. 그 친군 진짜 투우 팬이랍니다."

"하지만 선생과는 다를 거예요."

아피치온이란 정열이란 말이다. 아피치오나도란 투우에 정열을 가지고 있는 사람을 뜻한다. 훌륭한 투우사는 모두 몬토야 호텔에 머물고 있었다. 즉 아피치온이 있는 사람은 모두 이곳에 있었다. 상업적인 투우사는 한 번 정도는 머물지만 대개 다음에는 오지 않았다. 하지만 훌륭한 투우사는 매년 왔다. 몬토야의 방에는 그들의 사진이 걸려 있었다. 사진은 후아니토 몬토야나 그의 누이 동생에게 바쳐진 것이었다. 몬토야가 진심으로 믿는 투우사의 사진은 사진틀에 들어 있었다. 정열이 없었던 투우사의 사진은 책상 서랍 안에 둔다. 그런 사진에는 간혹 최고의 찬사가 적혀 있었다. 그러나 아무런 뜻도 없었다. 어느 날 몬토야는 그것들을 전부 꺼내서 휴지통 속에 던져 버렸다. 곁에 두고 싶지가 않았던 것이다.

우리는 가끔 투우사와 투우사의 이야기를 했다. 나는 몇 해 동안 여기 오기만 하면 몬토야의 집에 머물곤 했는데, 오랜 시간 계속해서 이야기해 본 적은 없었다. 단순히 서로가 느끼고 있는 것을 알아내는 것이 재미나서 서로 이야기할 뿐이었다. 먼 도시에서 찾아온 사람들은 팜플로나를 떠나기 전에 이곳에 들러 몬토야와 투우에 관한 이야기를 잠시 주고받곤 했다. 이러한 사람들은 투우 팬들이었다. 이러한 팬들에게는 호텔이 만원일 때도 늘 방이 제공되었다. 몬토야는 그들 중 몇 사람을 나에게도 소개해 주었다. 그들은 언제나 처음에는 매우 공손했고, 내가 미국인이라고 말하면 아주 재미있어 했다. 어찌된 셈인지 미국인은 애당초부터 아피치온(열정)을 가질 수 없는 것으로 여겼다. 미국인은 아피치온을 가진 체하거나 흥분을 아피치온과 혼동할지는 모르지만 진정한 아피치온은 가질 수 없다는 것이었다. 나에게 아피치온이 있는 것을 알았을 때는 그것을 끄집어내는 암호나 일정한 질문을 하지 않고, 오히려 늘 약간 수세(守勢)에 선 채로 절대로 노골적이 아닌 질문으로 유도했다. 이를테면 일종의 정신적인 구술 시험이었다. 그저 어색한 듯이 어깨에다 손을 얹는다거나 "좋은 분인데"라고 하는 정도였다. 거의 언제나 실제로 손으로 만져 보는 것이었다. 확인하기 위해서 만져 보고 싶다는 눈치였다.

몬토야는 아피치온을 가진 투우사라면 무슨 일이든 용서해 줄 수 있었다. 신경질적 발작, 공포, 설명할 수 없는 나쁜 행위, 온갖 종류의 과실을 눈감아 주었다. 아피치온을 가진 사람이라면 무엇이든 용서할 수 있었다. 단번에 그는 나의 모든 친구를 용서해 주었다. 그는 한 마디도 하지 않았지만 나의 친구들은 나와 몬토야 사이에 가로놓인 그리 대단치 않은, 약간 창피한 존재였다. 말하자면 투우에서 말의 배를 찌르는 것과 같은 것이었다.

우리가 들어왔을 때 빌은 이층 그의 방에서 얼굴을 씻고 옷을 갈아입고 있었다.

"어이, 스페인 말은 실컷 했나?"

"오늘 밤에 들어오는 소들에 관해서 이야기하더군."

"이 친구들은 어디 갔어. 찾으러 나가 볼까."

"좋아. 아마 카페에 있겠지."

"표는 샀나?"

"응, 소를 내릴 때 모두 가 보기로 하지."

"어땠어?" 빌은 거울 앞에 서서 턱을 잡아당겨 아직 덜 깎인 수염이 있나 하고 들여다보았다.

"꽤 좋았지. 소를 한 마리씩 우리 속에서 몰아내는데, 그놈들을 넣어두는 큰 우리 속에는 거세(去勢)한 소들을 넣어둔단 말일세. 소들은 거세된 소를 뿔로 받으려고 달려들지만, 그 거세된 소는 마치 노처녀처럼 그들을 달래려는 듯 빙빙 돌기만 한단 말일세."

"거세된 소를 받는 일은 없나?"

"있지. 쫓아가서 죽일 때도 있어."

"거세된 소는 아무런 반항도 못 하나?"

"못해. 단지 친구가 되려고 애를 쓰고 있을 뿐이지."

"그럼 뭐 때문에 그 안에 넣어두는 건가?"

"돌담을 들이받아 뿔을 부러뜨린다든지, 혹은 서로 들이받아 죽이지 않도록, 소들을 달래기 위해서야."

"거세된 소는 매우 힘들겠군."

우리는 계단을 내려가 밖으로 나가 광장을 가로지른 다음 이루냐 카페 쪽으로 걸어갔다. 광장에는 두 개의 매표장이 쓸쓸히 서 있었다. 그 창에는 '갬', '개었다가 흐림', '흐림'이니 하는 글들이 씌어 있었지만 모두 닫혀 있었다. 축제 전날까지 열지 않는 것이다.

광장 너머로 이루냐 카페의 흰 등나무 의자와 테이블이 아케이드를 벗어나 거리 한쪽 끝까지 놓여 있었다. 그들은 그곳에 있었다. 브레트는 바스크식 베레모를 쓰고 있었고, 마이크도 마찬가지였다. 로버트 콘은 모자는 쓰지 않고 안경을 쓰고 있었다. 브레트가 우리를 보고 손을 흔들었다. 테이블 가까이 가자 그녀는 눈가에 주름살을 만들며 생긋 웃어 보였다.

"어머, 안녕하세요!"

브레트는 행복하다는 표정이었다. 마이크는 깊이 감동했다는 표시로 손을 잡아 세게 흔들었다. 로버트 콘도 잘 돌아왔다는 의미로 악수를 했다.

"대관절 어디 갔었나?" 내가 물었다.

"나는 이 두 사람을 이리로 데리고 왔지." 콘이 대꾸했다.

"그런 소리 마세요." 브레트가 오금을 박았다. "당신이 오지 않았으면 우린 더 일찍 이리로 왔을 거예요."

"천만에, 오지 못했을 거요."

"당치도 않은 말씀! 어머, 둘 다 탔군요. 빌을 보세요."

"그래 낚시는 재미있었나?" 마이크도 따라 물었다. "우리도 가고 싶었네."

"나쁘진 않았지. 자네가 있었으면 좋았을 텐데."

"나도 가고 싶었지만 이 사람들을 데리고 와야만 할 것 같아서." 로버트 콘도 한마디 했다.

"우리를 데리고 왔다고요. 그런 소리 마세요."

"정말 좋았나?" 마이크가 재차 물었다. "그래 고기는 많이 잡았나?"

"열댓 마리 잡은 날도 있었지. 영국인도 한 사람 와 있더군."

"해리스라는 사람이었지." 빌이 말했다. "마이크, 자네 혹시 그 사람 알고 있나? 그 친구도 전쟁에 나갔었다고 하던데."

"운이 좋은 친구지." 마이크가 말했다. "그땐 참 굉장했지. 그때가 다시 돌아온다면 얼마나 좋을까."

"바보 같은 소리 작작하게."

"자네도 전쟁에 나갔었나?" 콘이 물었다.

"나갔었지."

"아주 훌륭한 군인이었답니다." 브레트가 대신 대답했다. "당신 말이 피커딜리(런던의 유명한 거리)를 달렸을 때의 얘기 해보세요."

"싫어, 벌써 네 번이나 했거든."

"난 처음 듣는데." 로버트 콘이 말했다.

"난 그 얘긴 하기 싫어. 내 자신에게는 명예스럽지 못한 일이니까."

"그럼 훈장 얘길 하세요."

"그것도 싫어. 내 명예에 크게 관계되는 일이니까."

"그건 무슨 얘긴데?"

"브레트가 얘기해 줄 테지. 브레트는 내 명예에 관계되는 얘기는 다 아니까."

"자, 그럼 얘기해 보시지, 브레트."

"해도 좋을까요?"

"내가 말할게."

"어떤 훈장을 탔나, 마이크?"

"타긴 무슨 훈장을 타."

"몇 개 탔을 테지."

"보통 훈장이라면 나도 탔겠지. 그러나 난 한 번도 받은 적이 없네. 언젠가 한 번은 굉장히 큰 만찬회가 있었는데, 황태자까지도 나오신다고 해서 훈장을 달고 나오라고 안내장에 씌어 있더란 말이야. 물론 나는 훈장이 없었는데 마침 단골 양복점에 들렀더니, 그 녀석이 그 안내장에 굉장히 감탄하더군. 그래 이거 참 잘됐다고 생각하고는, '무슨 훈장이든 좀 달아 줘' 했더니, 녀석의 말이 걸작이야. '무슨 훈장 말입니까?' 하는 게 아니겠어. 그래서 '아무 훈장이나 상관없으니까 두서너 개 달란 말이야' 하고 말했지. 그랬더니 그 작자 말이 '무슨 훈장을 가지고 계신데요?' 하지 않겠나. 그래서 '그런 걸 내가 어찌 알겠소' 해주었지. 그 작잔 내가 늘 쓸데없는 관보(官報)라도 읽고 있는 줄로만 생각하고 있더란 말이야. '좋은 놈을 주면 되잖아. 자네가 마음대로 골라 줘.' 그랬더니 그 작자가 훈장을 몇 개 찾아주더군. 말하자면 소형 훈장이지. 그가 그걸 상자 속에 넣어서 나에게 주었는데 나는 그걸 주머니에 받아넣고는 그만 까맣게 잊어버리고 만 것일세. 그리고 만찬회에 참석했는데 마침 헨리 윌슨(영국 군인. 1922년 아일랜드인에게 암살 당한다)이 사살된 밤이어서 황태자도 국왕도 오지 않았고 아무도 훈장을 단 사람은 없었어. 오히려 모두 훈장을 떼는 판이어서, 나는 내 훈장을 주머니 속에 넣은 채로 있었지 뭔가."

여기까지 이야기하더니 그는 우리가 웃기를 기다리고 있었다.

"그뿐인가?"

"그뿐이야. 어쩌면 잘못 얘기했는지도 모르겠네만."

"그래요." 브레트가 말했다. "하지만 상관없잖아요, 뭐."

우리는 모두 웃었다.

"아, 그렇지." 마이크가 다시 입을 열었다. "이제 겨우 생각나는군. 너무 지루한 만찬회여서, 도저히 견딜 수가 없었어. 그래서 그만 뛰어 나왔지 뭔가. 그날 밤 늦게야 나는 주머니에 상자가 들어 있는 것을 깨달았지. '이게 뭐더라? 음, 훈장? 피비린내 나는 육군의 훈장이라?' 이런 생각이 들어서 나는 그 훈장 뒤에 붙어 있는 것을 죄다 뜯고는—좁다란 헝겊에 붙어 있더군—주위 사람들에게 모두 나누어 주었다네. 처녀들에게 하나씩 주었지. 기념의 표시로 말이야. 사람들은 돼먹지 않은 군인이라고 생각했을 테지. 나이트 클럽에서 훈장을 마구 뿌렸으니. 매우 용맹스런 녀석이지."

"끝까지 얘기해 봐요." 브레트가 말했다.

"우스꽝스러운 얘기라고 생각하지 않나?" 마이크가 물었다. 그러자 모두 웃었다.

"우스꽝스러운 얘기지, 확실히 우스꽝스러운 얘기야. 양복점 주인이 나에게 편지를 보내 훈장을 돌려보내 달라고 했지. 사람을 보내기도 하고 몇 달 동안이나 편지를 보내기도 했지 뭔가. 아마 어떤 작자가 세탁하느라고 맡겨 놓았던 모양이야. 군인 정신이 꽤나 투철한 녀석이었나 봐, 훈장을 굉장히 소중히 여기는 작자였다는 말일세." 여기서 마이크는 말을 끊더니 잠시 후에 말했다. "양복점 주인만 혼이 났지."

"그렇지 않았을 거야." 빌이 말했다. "양복점 주인에게는 아주 굉장한 일이었을 게라고 생각하고 싶은데."

"좋은 양복점이었지. 다시는 나하고 만날 일도 없으리라고 생각하네만. 그 녀석 입을 봉하느라 일년에 100파운드씩이나 돈을 지불하지 않았겠나. 그래서 나에게는 청구서 한 장 보내오지 않는 걸세. 내가 파산한 것이 녀석에게는 굉장한 타격이었지. 바로 그 훈장 사건이 있은 직후였거든. 아주 비통한 사연의 편지를 보내오더군."

"어떻게 해서 파산했나?" 빌이 물었다.

"두 가지 방법으로 파산했지. 천천히, 그리고 아주 빨리."

"무엇 때문에?"

"친구들 때문이지. 나에겐 친구가 너무 많아서. 미덥지 못한 친구들이, 게다가 채권자도 있었지. 어쩌면 나만큼 채권자가 많은 놈은 영국엔 없을걸."

"법정에서 그 얘길 하세요." 브레트였다.

"기억이 나야지. 약간 취해 있었으니까."

"약간이라고요!" 브레트가 소리를 질렀다. "의식이 없을 만큼 취했었겠지요!"

"드문 일이네만." 마이크가 말을 계속했다. "전날, 전에 동업하던 친구를 만났는데, 한잔 산다는 게 아니겠나?"

"당신의 그 학식 있는 변호사 얘길 해보세요."

"싫어, 그자도 몸을 가누지 못할 정도로 취해 있었어. 이건 참 우울한 얘길세. 소 들어오는 걸 가서 볼 텐가, 아니면 그만둘 텐가?"

"나가세."

우리는 웨이터를 불러 돈을 치르고 거리로 나갔다. 처음에 나는 브레트와 걷고 있었는데, 로버트 콘이 이내 따라와서 브레트 옆에 붙어 섰다. 우리 세 사람은 발코니에 깃발이 달린 시청 앞을 지나고 시장 앞을 지난 다음, 가파른 언덕을 내려가 아르가 강 다리를 건넜다. 소를 구경하기 위해 많은 사람들이 밀려갔고 마차들이 언덕을 내려 다리를 건너갔다. 마부와 말이며, 마부가 손에 들고 있는 채찍이 거리를 걷고 있는 사람들 머리 위로 보였다. 다리를 건넌 다음 우리는 소를 가둬 두는 우리가 있는 쪽으로 길을 접어들었다. '상등 포도주 1리터에 30상팀'—이렇게 씌어진 간판을 창문 위에 내건 술집 앞을 지났다.

"돈이 별로 없을 땐 이 집으로 와야겠군요." 브레트가 말했다.

술집 앞에 서 있던 여자가 우리가 지나가는 것을 쳐다보았다. 그녀가 집 안에다 소리를 지르자 세 명의 젊은 여자가 창가로 오더니 뚫어져라 하고 우리를 지켜보았다. 그들은 브레트를 유심히 바라보고 있었다.

소를 가둬 두는 우리 입구에서 두 명의 사나이가 들어오는 사람들에게 표를 받고 있었다. 우리도 안으로 들어갔다. 안에는 나무 몇 그루와 낮은 돌집이 있었다. 저만큼 떨어진 안쪽에 우리를 둘러싼 돌담이 있고, 그 돌에는 구멍이 뚫려 있었는데, 우리마다 정면에 총 쏘는 구멍처럼 나란히 한 줄로 구멍이 뚫려 있었다. 사람들이 벽 꼭대기에 걸쳐 놓은 사다리를 올라, 두 우리 사이를 막고 있는 벽 위에 군데군데 서 있었다. 나무 아래 풀밭을 가로질러 사다리를 기어 올라갈 때 소가 들어 있는, 회색으로 칠한 커다란 나무 우리 옆을 지났다. 운반용 나무 우리마다 소가 한 마리씩 들어 있었다. 카스틸의 소 사육장에서 기차로 운반된 다음, 역에서 무개화차로 내려져 여기까지 운반되어 와서 운반용 나무 우리에서 우리로 옮겨진 것이었다. 나무 우리마다 그 소의 사육자 이름과 상표가 새겨져 있었다.

우리는 벽 위로 기어 올라가 소 우리를 내려다볼 수 있는 장소를 찾았다. 돌담에는 흰 회칠이 칠해져 있었고 땅 위에는 짚이 깔려 있었으며, 담 바로 아래에는 물통과 여물통이 놓여 있었다.

"저 위를 좀 봐." 내가 말했다.

강 건너 저쪽으로 높은 시가지가 보였다. 옛 담과 성벽 위에는 사람들이 서 있었다. 세 겹으로 된 보루(堡壘)가 세 겹으로 늘어선 사람들로 까맣게 뒤덮였다. 성벽 위로는 집집마다 창으로부터 사람들의 머리가 보였다. 훨씬 멀리 떨어진 곳에서는 나무 위에 기어 올라가 있는 아이들도 보였다.

"아마 필경 무슨 일이 일어날 거라고 생각하나 보죠." 브레트가 말했다.

"소 구경이 하고 싶어서들 그러는 거요."

마이크와 빌은 맞은편 담 위에 서 있었다. 그들은 우리 일행을 향해 손짓을 했다. 나중에 온 자들은 우리 뒤에 서 있었는데, 사람들에게 자꾸만 떠밀려 우리까지 밀었다.

"왜 시작하지 않을까?" 로버트 콘이 물었다.

한 마리의 노새가 나무 우리에 매여진 채 울타리의 담 입구까지 끌려갔다. 남자들이 쇠지레로 나무 우리를 입구 앞까지 밀어 올렸다. 담 위에 서 있던 사나이들이 울타리 문과 나무 우리 문을 열 준비를 하고 있었다. 그때 우리 반대쪽에서 문이 열리며 거세된 소 두 마리가 목을 흔들고 빼빼 마른 뱃가죽을 뒤흔들면서 빠른 걸음으로 들어왔다. 이 두 마리의 소는 한쪽 구석에 나란히 서서 황소가 들어오는 문 쪽으로 머리를 향하고 있었다.

"그다지 행복해 보이지 않네요." 브레트가 말했다.

담 위에 서 있던 사나이들이 몸을 뒤로 젖히더니 우리 문을 위로 쭉 끌어올렸다. 그 다음 그들은 나무 우리 문도 끌어올렸다.

나는 담 위에서 몸을 한껏 앞으로 내밀고 나무 우리 안을 들여다보려고 애썼다. 안은 컴컴했다. 누군가 쇠지레로 나무 우리 위를 똑똑 두드렸다. 안에서는 무엇이 폭발하는 듯했다. 황소가 뿔로 나무 벽 여기저기를 받아서 내는 소리였다. 그러자 거무스름한 콧등과 뿔의 그림자가 보이고, 텅 빈 우리 속의 나무를 덜걱거리면서 황소가 돌진해 나와 우리 안으로 들어가는 것이 보였다. 짚 속에다 앞다리를 넣고 멈추어 몸을 가누고는 머리를 쳐들고 목덜미의 커다란 근육 덩어리를 평평하게 부풀리고 몸의 근육을 부르르 떨면서 돌담 위에 서 있는 군중을 올려다보았다. 두 마리의 거세된 소가 머리를 축 늘어뜨리고 황소를 지켜보면서 담 쪽으로 슬슬 뒷걸음질을 쳤다.

황소가 거세된 소를 보자 돌진해 왔다. 한 사나이가 우리 뒤에서 고함을 지르며 모자로 판자를 때리자, 황소는 거세된 소에게 가다 말고 돌아서서 노려보다가 그 사나이에게 돌진해 오른쪽 뿔로 여섯 번이나 재빨리 시험적으로 받아 보고는 판자 뒤에 있는 사나이를 정말 뿔로 받으려 했다.

"어머나, 저 소 너무나 아름다워요!" 브레트는 자못 감탄했다. 우리는 바로 위에서 그 소를 내려다보고 있었다.

"저것 좀 보라고. 제법 뿔을 쓸 줄 아는데." 내가 말했다. "마치 권투 선수처럼 오른쪽 왼쪽을 다 쓰는군."

"설마?"

"잘 보라고."

"너무 빨라요."

"좀 기다려. 곧 또 한 마리 나올 테니까."

사나이들이 울타리 입구에다 또 다른 나무 우리를 바짝 갖다댔다. 저쪽 구석에서 한 사나이가 판자 뒤에 숨어서 황소의 주의를 끌어, 황소가 그쪽을 노려보는 사이에 입구의 문이 끌어올려지고 또 다른 황소가 나무 우리 안에서 뛰어나왔다.

황소는 거세된 소를 향해 똑바로 돌진해 갔다. 두 명의 사나이가 판자 뒤에서 뛰어나오며 황소의 방향을 바꾸려고 고함을 질렀다.

"하아! 하아! 토로(^{황소라}_{는 뜻})!" 그들은 고함을 지르며 팔을 휘둘렀다. 거세된 소 두 마리가 정면으로 부딪치지 않으려고 한 쪽으로 비켰지만 황소는 그중 한 마리를 들이받았다.

"보지 마오." 내가 브레트에게 말했지만 그녀는 황홀한 눈초리로 황소를 쳐다보고 있었다.

"좋아. 당신을 들이받지만 않는다면."

"보였어요. 왼쪽 오른쪽 뿔을 다 쓰는 게 보였어요."

"잘됐어!"

거세된 소는 이미 쓰러져 있었다. 목을 길게 빼고 고개를 숙이고 쓰러진 채 누워 있었다. 황소는 갑자기 저쪽 구석에 있는 또 한 마리의 거세된 소를 향하여 머리를 흔들고 사방을 살펴보면서 돌진해 갔다. 거세된 소는 어색하게 도망쳤지만 황소는 그놈을 잡아 가볍게 옆구리를 들이받고는 얼른 뒤를 돌아다보더니 목덜미의 근육을 틀어올리면서 담 위에 몰려 있는 군중을 올려다봤다. 거세된 소가 황소 곁으로 와서 코로 킁킁 냄새 맡는 시늉을 하니까 황소는 슬쩍 한 번 들이받았다. 다음엔 황소 쪽에서 거세된 소를 냄새맡더니, 이어 두 마리는 또 한 마리의 황소를 향해 재빨리 달려갔다.

다음 황소가 나오자 이 세 마리, 즉 두 마리의 황소와 거세된 소는 다 같이 머리를 나란히 하여 새로 들어온 황소 쪽으로 뿔을 겨누었다. 불과 몇 분

사이에 거세된 소는 새 황소를 달래 얌전하게 만들어 같은 무리 속에 끼게 했다. 마지막 두 마리의 황소도 나무 우리에서 나오자 곧 한패가 되었다.

뿔에 받힌 그 거세된 소도 일어서서 돌담에 기대어 서 있었다. 그러나 어느 황소도 가까이 다가가지 않았으며, 그 거세된 소도 무리에 끼려고 하지 않았다.

우리는 사람들과 함께 담에서 내려와 담에 뚫린 구멍을 통해 마지막으로 다시 한 번 황소를 들여다보았다. 모두 고개를 숙이고 얌전하게 있었다. 우리는 밖으로 나와 마차를 잡아타고는 카페까지 왔다. 마이크와 빌은 30분 정도 늦게 왔다. 두 사람은 오는 길에 몇 잔 마셨다고 했다.

모두들 카페에 앉아 있었다.

"참 재미있었어요." 브레트가 먼저 입을 열었다.

"나중에 들어온 황소들도 먼저 황소들처럼 싸울까?" 로버트 콘이 물었다. "굉장히 빨리 얌전해지는 것 같던데."

"모두 서로를 알고 있으니까 그렇지." 내가 대답했다. "한 마리만 있을 때도 그렇지만, 두서너 마리가 뭉쳐 있을 때는 위험하다네."

"위험하다는 건 무슨 뜻이지?" 이번에는 빌이 물었다. "다들 위험해 보이던데."

"한 마리만 있을 땐 죽이고 싶어한다네. 물론 자네가 그 속에 들어가면 아마 그들 중 한 마리쯤은 무리에서 떼어낼 수야 있겠지. 그러나 그놈이 위험하단 말일세."

"너무 복잡하군." 빌이 말했다. "무리에서 벗어나고 싶어, 마이크?"

"정말 훌륭한 황소들이더군, 안 그래? 뿔 보았지?" 마이크는 딴소리를 했다.

"물론이죠." 브레트가 대꾸했다. "어떻게 생긴 놈인지 상상할 수도 없어."

"그 거세된 소를 떠받은 황소를 보았겠지?" 마이크가 물었다. "거 근사하던데."

"거세된 소가 되다니, 거 팔자 사나운 일이지." 콘이 하는 소리였다.

"그렇게 생각하나?" 마이크가 받았다. "로버트, 난 자네가 거세된 소가 되고 싶어하는 줄로만 생각하고 있었는데."

"그건 또 무슨 뜻이지, 마이크?"

"그들은 정말 아주 조용한 생활을 하고 있단 말일세. 한마디도 하지 않고, 늘 빈둥거리고만 있거든."

우리는 어쩔 줄을 몰라 했다. 빌은 웃었고 로버트 콘은 화를 냈다. 마이크는 이야기를 계속했다.

"내 생각 같아서는 자넨 그걸 좋아할걸. 자넨 한 마디도 얘기할 필요가 없을 테니까 말이야. 이봐, 로버트. 무슨 얘길 좀 해봐. 그렇게 앉아만 있지 말고."

"자넨 내 얘길 못 들었나, 마이크? 거세된 소 얘길 했는데."

"오, 좀더 해야지. 멋진 얘길 좀더 해보란 말이야. 자네는 모르겠나, 우리 모두 재미있게 놀려고 여기 온 것 말이야?"

"그만둬요, 마이크. 당신 취했어요." 브레트가 쏘아붙였다.

"천만에, 취하다니. 난 말짱해. 로버트 콘, 자넨 거세된 소처럼 밤낮 브레트의 꽁무니나 쫓아다니겠다, 그 말이지?"

"제발 그만둬요, 마이크. 교양 있게 행동하세요."

"교양은 무슨 얼어 죽을 놈의 교양이야, 제기랄. 교양 있는 놈이 세상에 어디 있어? 황소를 빼놓고 말이야. 황소란 귀여운 놈이지. 어때, 빌. 자네도 그놈이 싫진 않겠지? 왜 자넨 꿀 먹은 벙어린가, 로버트? 잔혹한 장례식에 참석한 사람처럼 그렇게 앉아 있지만 말고 무슨 얘길 좀 해보란 말이야. 브레트하고 같이 잤다고 해서 그게 어떻다는 건가? 브레트는 자네보다 몇 배 나은 사람들하고도 많이 잤다네."

"닥쳐." 콘은 벌떡 일어섰다. "닥쳐, 마이크."

"이봐, 일어서서 날 때리기라도 하려는 건가? 그래 봤자 나에겐 마찬가지란 말일세. 자, 말해 보란 말이야, 로버트. 왜 자넨 거세된 불쌍한 소처럼 브레트의 뒤를 따라다니는 거지! 자네는 귀찮아하는 것도 모르나? 나라면 그것쯤은 알 것 같은데. 상대방이 귀찮아하는 걸 자넨 왜 모르나? 귀찮아하는 것도 모르고 자넨 산 세바스티안까지 쫓아와서 지긋지긋한 거세된 소처럼 브레트의 뒤를 쫓아다니니 말이야. 자넨 그렇게 해도 된다고 생각하나?"

"닥쳐. 자넨 취했어."

"아마 그럴지도 모르지. 왜 자넨 취하지 않았나? 왜 자네는 취하는 일이 없나? 자네는 산 세바스티안에서 별로 보지 못했겠지? 우리는 아무도 자넬 파티에 초대하진 않았으니까. 하지만 자넨 그 사람들을 비난할 이유는 없을 걸. 그렇지? 난 자넬 초대해 달라고 부탁했단 말일세. 그러나 그 사람들은 자넬 초대하고 싶어하지 않았거든. 이제 와서 비난할 수도 없겠지. 그렇지? 자, 대답 좀 해보게. 그들을 어떻게 비난할 수 있겠나?"

"자네 죽고 싶나?"

"나는 그들을 비난할 수 없어. 자네라면 비난할 수 있겠나? 왜 브레트 꽁무니를 쫓아다니는 거야? 자넨 예의도 모르나? 내가 어떻게 생각할지, 그걸 좀 생각해 보았나?"

"예의를 다 얘기하고 훌륭하시군요" 브레트가 말했다. "당신이야말로 기가 막히게 예의를 잘 지키는 사람이니까."

"가세, 로버트." 빌이 말했다.

"무엇 때문에 브레트 꽁무니를 따라다니는 거야?"

빌이 일어서서 콘을 붙들었다.

"가지 말게." 마이크가 말했다. "로버트 콘이 이제 한잔 낸다는데 왜 이래."

빌은 콘과 함께 나갔다. 콘의 얼굴은 핏기가 사라져 창백했다. 마이크는 이야기를 계속했다. 나는 앉은 채로 잠시 듣고 있었다. 브레트는 불쾌한 표정을 짓고 있었다.

"아이, 당신도. 그런 바보 같은 소리 하지 말아요." 브레트가 이야기를 가로챘다. "내 말은 그 사람이 잘못한 건 아니란 말이에요, 아시겠어요?" 그녀는 내 쪽을 향했다.

마이크의 목소리에서도 이제 흥분은 사라지고 다시 친밀감이 감돌았다.

"나 그렇게 엉망으로 취하진 않았어."

"나도 알아요." 브레트의 대답이었다.

"우리 중 취하지 않은 사람은 하나도 없지." 내가 한마디 했다.

"난 속으로 생각하고 있던 것을 말한 것뿐이야."

"하지만 말하는 투가 나빴어요." 브레트는 깔깔 웃었다.

"놈은 바보야. 귀찮아하는 것도 모르고 산 세바스티안까지 쫓아왔거든. 브레트의 꽁무니를 따라다니면서 브레트만 쳐다봤지. 난 그런 게 구역질이 난다는 거야."

"그 사람 행동이 뭐 그리 나빴다고 그러세요?"

"이것 좀 보게. 브레트는 이제까지 남자들하고 얼마나 사건을 많이 일으켰는지 그걸 죄다 나에게 얘기했지. 이 콘 자식의 편지도 읽으라고 주었지만 난 읽기가 싫었어."

"굉장히 고상하시군."

"천만에, 내 애길 좀 들어 봐, 제이크. 브레트는 여러 사내들하고 놀러다니기야 했지만 유대인은 한 명도 없었지. 그리고 끝난 뒤에도 성가시게 쫓아다니는 사내는 없었네."

"정말 좋은 사람들이었지요." 브레트가 한마디 했다. "모두 쓸데없는 얘기예요. 마이크와 나는 서로 이해하고 있어요."

"이 사람이 나에게 콘의 편질 보여주었다니까, 내가 읽진 않았지만."

"당신이 어디 편질 읽는 분이에요. 내 편지도 안 읽는 사람인데."

"난 편질 못 읽어. 어째 이상하지?"

"편지뿐인가요 뭐? 아무것도 못 읽어요."

"천만에 그렇지 않아. 꽤 많이 읽는 편이지. 집에 혼자 있을 땐 책을 읽지."

"다음엔 쓰시겠군요." 브레트가 말했다. "이봐요, 마이크, 정신 좀 차려요. 이제 이런 일은 그만둬요. 그분이 이곳에 있잖아요. 축제를 망쳐 버리지 말아요."

"그럼 그 녀석더러 예의를 지키라고 하면 되잖아."

"그럴 거예요. 내가 얘기하겠어요."

"자네가 얘기해 주게, 제이크. 점잖게 굴든지, 아니면 떠나라고 말이야."

"그러지. 그 녀석한테 그렇게 얘기하는 것도 재미있을 걸세."

"이봐, 브레트. 로버트가 당신을 뭐라고 부르는지 그걸 제이크에게 얘기해 보오. 참 멋있던데."

"싫어요, 안 돼요."

"해봐. 다들 친구가 아닌가? 제이크, 그렇지?"

"말할 수 없어요, 너무도 우스워서."

"얘기해 봐."

"안 돼요, 마이크. 바보 같은 소리 말아요."

"놈은 이 사람을 키르케(그리스 신화에 나오는 마녀)라고 부르고 있다네. 남자들을 돼지로 바꾼다는 거야. 어때, 그럴 듯한 얘기지? 나도 그런 문학자 중의 하나가 되었으면 좋겠어."

"잘하실 거예요. 편지를 잘 쓰니까요." 브레트가 나에게 하는 소리였다.

"그럼. 산 세바스티안에서 나에게 편질 보냈는데." 내가 받았다.

"그까짓 건 아무것도 아니에요. 이 사람은 아주 재미난 편지도 쓸 줄 알아요."

"그걸 쓰게 한 건 이 여자라네. 꾀병을 부려서 말일세."

"난 정말 아팠어요."

"자, 가지, 가서 저녁이나 먹자구."

"콘을 만나면 난 어떡하면 좋지?" 마이크는 걱정되는 모양이었다.

"아무 일도 없었던 것처럼 행동하면 되지, 뭘 그래."

"난 상관없어. 당황하지 않는단 말이야."

"콘이 뭐라고 그러면 취했었다고 하게나."

"그렇군. 그런데 우스운 것은 정말 취했던 것만 같아."

"자, 가요. 그러니까 그런 불쾌한 일들은 후회 막급인 거예요. 저녁 전에 난 목욕부터 해야겠어요."

우리는 광장을 가로질러갔다. 좀더 캄캄해졌지만 아케이드 아래의 카페에서 비치는 불빛으로 주위가 환했다. 우리는 나무 아래 자갈길을 가로질러 호텔 쪽으로 걸어갔다.

마이크와 브레트는 이층으로 올라가고, 나만 남아 몬토야와 이야기를 했다.

"그래, 황소 구경은 어떠셨습니까?" 그가 물었다.

"좋았습니다. 훌륭한 소들이던데요."

"뭐 좋긴 하지만" 하며 몬토야는 머리를 가로저었다. "아주 썩 좋은 소는 못 되지요."

"어디가 마음에 안 드시지요?"

"글쎄요. 어쩐지 썩 좋다는 느낌은 들지 않던데요."

"말씀하시는 뜻을 잘 알겠습니다."

"그래도 좋은 놈이죠."

"그래요. 그렇더군요."

"친구분들도 마음에 들어 하셨습니까?"

"좋아하더군요."

"그것 참 다행이군요."

나는 이층으로 올라갔다. 빌은 자기 방 앞 발코니에 서서 광장을 내려다보고 있었다. 나는 빌 옆에 가서 섰다.

"콘은 어디 있나?"

"이층 자기 방에."

"기분은 어떻던가?"

"당연히 뒤죽박죽이지. 마이크도 심했어. 취하니까 형편 없던데."

"그렇게 취하진 않았어."

"취하지 않았다고? 카페에 가기 전에 이미 많이 마셨었어."

"그는 조금 지나니까 말짱해지더군."

"그래, 잘 됐군. 근데 너무했어. 물론 나도 콘을 싫어해. 그 사람이 산 세바스티안까지 간 건 분명히 잘못했다고 생각해. 하지만 마이크처럼 얘기할 수 있는 사람은 아무도 없을 걸세."

"소들은 어떻던가?"

"굉장하더군. 황소를 끌어내는 방법이 근사하던데."

"내일은 미우라 소가 온대."

"축제는 언제부턴가?"

"모레부터야."

"마이크를 너무 취하지 않도록 해야겠네. 아까는 너무 심했네."

"저녁을 먹기 전에 몸을 깨끗이 씻는 게 좋겠어."

"그렇지, 유쾌한 식사가 될 테니까."

"그렇고말고."

사실 저녁 식사는 유쾌했다. 브레트는 소매 없는 까만 이브닝 드레스를 입고 있었다. 굉장히 아름다웠다. 마이크도 아무 일도 없었던 것처럼 행동했다. 나는 이층으로 올라가서 로버트 콘을 데리고 내려와야 했다. 콘은 서먹서먹해 하고, 표정은 무뚝뚝하고 아직도 핏기가 없었으나 결국은 명랑해졌다. 그는 브레트를 바라보지 않고서는 견딜 수가 없었다. 보고 있는 것만으로 행복해지는 모양이었다. 그녀의 귀여운 모습을 쳐다보고, 그녀와 함께 여행을 갔고 게다가 모두가 그 사실을 알고 있다는 것이 콘으로서는 즐거운 일임에 분명했다. 아무도 콘에게 그런 태도를 갖지 못하게 할 수는 없었다. 빌은 자못 익살스러웠다. 마이크도 마찬가지였다. 그들은 모두 즐거운 모양이었다.

그것은 내가 기억하고 있는 전쟁터에서의 정찬(正餐)과 같은 것이었다. 포도주는 충분히 있고, 긴장도 풀어지고, 막을 수 없는 어떤 일이 일어나려 하고 있다는 그러한 느낌이었다. 나도 포도주를 마시고 나니 울적했던 기분이 풀어졌으며 한결 기분이 좋아졌다. 모두가 참 좋은 사람들이라고 생각했다.

14

언제 침대 속으로 들어갔는지 기억이 나지 않는다. 옷을 잠옷으로 갈아입고 바깥 발코니에 서 있었던 것은 기억한다. 상당히 취했다는 것은 알고 있었다. 방안으로 들어오자 머리맡에 있는 전등을 켜고는 책을 읽기 시작했다. 투르게네프의 책이었다. 아마 같은 두 페이지를 여러 번 되풀이해서 읽었나 보다. 그것은 《사냥꾼의 수기(手記)》 가운데 한 대목이었다. 전에 읽은 기억이 나는데도 완전히 새로운 것 같았다. 전원 풍경이 매우 선명하게 눈앞에 떠오르며, 머리 속의 압박감이 풀리는 듯했다. 나는 어찌나 취했던지 눈만 감으면 방안이 빙빙 도는 것만 같아 눈을 감지 않으려고 했다. 책을 읽고 있으면 그러한 느낌은 없어지리라.

브레트와 로버트 콘이 계단을 올라오는 소리가 들렸다. 콘은 문 밖에서 인사를 하고는 그대로 자기 방으로 가 버렸다. 브레트가 옆방으로 들어가는 소리도 들렸다. 마이크는 이미 자고 있었다. 그는 한 시간 전에 나하고 돌아왔다. 브레트가 들어오는 소리에 잠을 깬 듯 두 사람이 무어라고 이야기하는 소리가 들렸다. 나는 그들의 웃음 소리를 들었다. 나는 불을 끄고는 잠을 자려고 애를 썼다. 더 이상 책을 읽을 필요는 없었다. 방안이 빙빙 도는 느낌이 없어져서 나는 눈을 감을 수가 있었다. 그러나 잠을 잘 수는 없었다. 주위가 어둡다고 해서 밝은 때와 다른 생각을 해야 할 이유는 조금도 없는 것이다. 절대로 없는 것이다!

나는 전에 한번 그렇게 해야만 한다고 생각한 나머지 6개월 동안 전등불을 켠 채로 있어 봤었다. 그것도 좋은 생각이었다. 어쨌든 여자 같은 건 꺼지란 말이다. 브레트 애쉴리!

여자는 친구로는 아주 멋지다. 무서울 만큼 굉장히. 우선 우정의 기초를 닦아 놓으려면 여자와 연애를 해야만 한다. 나는 친구로서 브레트를 가지고 있었던 것이다. 브레트의 입장이 되어서 생각해 본 적은 한 번도 없었다. 나는 공짜로 무엇을 얻고 있었던 것이다. 그것은 다만 계산서의 제시를 늦췄을 뿐이었던 것이다. 계산서는 늘 왔다. 그것은 예측할 수 없는 굉장한 것 중의 하나였다.

나는 모든 대가를 치렀다고 생각했다. 여자가 치르고 치르고 또 치르고 하는 그런 식과는 다르다. 보복이니 벌이니 하는 생각에서도 아니다. 다만 가치의 교환이다. 하나를 버리고 하나를 얻는 것이다. 또는 무엇을 얻기 위해 일을 하는 것이다. 무엇이든 도움이 되는 것을 위해서 어쨌든 치르는 것이다. 나는 내가 좋아하는 것을 충분히 손 안에 넣을 수 있을 만큼 치렀으므로 기분이 좋았다. 그것들에 관해 배우기도 하고 경험하기도 하고 모험하기도 하고 돈을 쓰기도 해서 치르는 것이다. 삶을 즐긴다는 것은 돈에 상당하는 것을 얻는 것을 배우는 것이고, 그것을 얻었을 때 얻은 것을 아는 데 있다. 사람은 돈에 상당하는 가치를 얻을 수 있다. 세상이란 무엇을 사기에 적당한 곳이다. 그것은 훌륭한 철학인 듯싶었다. 그러나 앞으로 5년만 지나면 지금까지 다른 훌륭한 철학이 그랬던 것처럼 이것 역시 어리석게 보일 것으로 나는 생각한다.

그러나 어쩌면 그것도 진실이 아닐지 모른다. 그저 살아가면서 무엇인가를 실제로 배우게 되리라. 인생의 의미가 무엇이든 상관없다. 단지 알고 싶은 것은 그 속에서 어떻게 살아 나가느냐 하는 것이다. 만약 그 속에서 어떻게 살아갈 것인가를 찾아냈다면 그것이 무엇인가도 자연히 알게 되리라.

하지만 마이크가 콘에게 그처럼 심하게 굴지 않았으면 좋겠다. 마이크는 술버릇이 고약하다. 브레트는 술버릇이 좋았다. 빌도 술버릇이 좋았다. 콘은 술을 조금도 못한다. 마이크는 정도가 지나치면 불쾌해진다. 그가 콘을 괴롭히는 것을 보면 재미있다. 하지만 나중에는 그가 그런 것을 하지 않았으면 했다. 그 때문에 나 자신이 싫어졌기 때문이다. 그게 도덕이다. 결국은 자기를 싫어하게 되는 것이다. 아니 그것은 부도덕임에 틀림없다. 그것은 굉장한 발언이다. 밤이 되면 어쩌자고 이렇게 부질없는 생각만 하게 되는 것일까. 에이 시시해, 이렇게 말하는 브레트의 목소리가 들리는 듯하다. 시시하다고! 영국 사람과 함께 있으면 생각마저 영국적인 표현을 사용하는 습관이 생기게 마련이다. 영국 사람이 일상생활에서 쓰는 말은―어쨌든 상류 계급에서는―에스키모 말보다도 어휘 수가 적을 것임에 틀림없다. 물론 나는 에스키모 말은 전혀 모르지만, 에스키모 말도 훌륭한 언어인지 모른다. 체로키^(미국 인디언의 한 종족, 또는 그들의 말)라고 해도 좋다. 그러나 나는 체로키도 전혀 모른다. 영국 사람은 변화가 많은 어구를 사용한다. 한 어구가 여러 가지 의미를 가지는 것이다. 하지만 나는 그들이 좋다. 그들의 말투가 마음에 든다. 예를 들면 해리스다. 하기야 해리스는 상류 계급은 아니지만 말이다.

나는 또다시 불을 켜고 책을 읽었다. 투르게네프를 읽었다. 지금같이 브랜디를 너무 많이 마시고 몹시 날카로워진 정신 상태에서 읽으면 언젠가 한번 읽은 일이 있었던 것처럼 여겨지기도 하고, 또 심지어는 그것들이 나 자신에게 일어났던 일처럼 생각되기도 한다. 이것도 대가를 치르고서 손 안에 넣을 수 있는 것 중의 하나이다. 새벽녘이 되어서야 나는 겨우 잠이 들었다.

팜플로나에서의 그 다음 이틀 동안은 아주 조용했다. 더 이상의 싸움도 없었다. 시내는 온통 축제 준비를 하느라고 야단이었다. 일꾼들이 말뚝들을 박고 있었는데, 그것은 아침에 황소들이 우리에서 풀려나와 큰 거리를 달려 투우장으로 갈 때 골목길로 들어서는 것을 막기 위해서였다. 일꾼들은 구덩이를 파고 말뚝을 세웠다. 말뚝 한 개마다 일정한 장소의 번호가 적혀 있었다. 시내 저쪽 대지에서는 투우장 종업원들이 피카도르^(창으로 황소를 찔러서 화를 내게 하여 투우를 시작케 하는 기수)가 타는 말을 훈련시키느라고, 투우장 뒤에 있는 벌판에서 전속력으로 달리게 하고 있었다. 투우장의 큰 문은 열려 있었고, 그 안의 원형 경기장도 깨끗이 청소되어 있었다. 땅을 다듬어 손질하고 물을 뿌렸다. 목수는 약해졌거나 틈이 간 벽의 판자를 갈아 끼우고 있었다. 평평하게 고른 모래사장 한쪽 끝에 서서 텅 빈 스탠드를 올려다보니 노파들이 좌석을 청소하고 있었다.

밖에 나가니, 시내에서 가장 멀리 떨어진 거리에서 투우장 입구로 통하는 울타리가 이미 완성되어 있어 그것이 길게 우리를 이루고 있었다. 첫 번째 투우가 열리는 날 아침에 군중이 황소들 뒤를 쫓아 이 길을 달리리라. 말과 가축의 장이 서는 들판 저쪽에선 집시 몇 명이 나무 그늘에다 캠프를 치고 있었다. 포도주나 아그아르디엔테(스페인산의 질이 나쁜 브랜디) 장수들은 판잣집을 짓고 있었다. 판잣집 하나에는 '황소의 아니스 주(酒)'라는 광고가 붙어 있었다. 헝겊 깃발을 판자에 걸어 뜨거운 햇볕을 받고 있었다. 시내 중앙에 자리잡은 광장에는 아직 아무런 변화도 보이지 않았다. 우리는 카페 테라스의 흰 등의자에 앉아서 버스가 시내로 들어와 시골에서 타고 온 농부들을 내려놓는 것과 시내에서 산 물건을 잔뜩 넣은 부대를 끌어안고 있는 농부들을 가득 태우고 다시 떠나는 것을 바라다보고 있었다. 자갈을 깐 광장과 거리에 호스로 물을 뿌리는 사나이와 비둘기를 떼어놓으면, 이 광장에 생명이 있는 것이라고는 이 높은 회색 버스뿐이었다.

저녁에 행렬이 있었다. 저녁 식사 뒤 한 시간은 얼굴이 예쁘장한 모든 처녀들, 수비대의 장교들, 마을의 상류에 속하는 사람들이 광장 한쪽 거리를 거닐었고, 카페의 테이블은 늘 모이는 손님들로 가득 찼다.

나는 오전에는 대개 카페에 앉아서 마드리드에서 오는 신문을 읽었고, 시내를 산책하기도 하고 교외에 나가기도 했다. 빌과 함께 거닐 때도 있었다. 빌은 방에서 원고를 쓰기도 했다. 로버트 콘은 아침에는 스페인어를 공부하기도 하고 이발소로 수염을 깎으러 가기도 하면서 시간을 보냈다. 브레트와 마이크는 정오까지 자리에서 일어나는 일이 없었다. 카페에 가도 모두 베르무트를 마셨다. 조용한 생활이어서 누구 하나 취하는 자도 없었다. 나는 두어 번쯤 교회엘 갔다. 한 번은 브레트하고 갔다. 그녀는 내가 고해하러 가는 것을 따라가 듣고 싶다고 했지만, 나는 그러한 일은 불가능한 일일 뿐만 아니라 재미도 없고 더욱이 그녀가 알지 못하는 언어로 말하니까 그런 줄 알고 말해 주었다. 교회에서 나오는 길에 콘을 만났다. 우리 뒤를 밟아 온 것이 분명했지만, 그는 그런대로 매우 쾌활하고 기분이 좋았다. 우리 셋은 집시들이 캠프를 치고 있는 데까지 같이 산책을 하고 브레트는 점을 쳤다.

산 위에는 구름이 높이 떠돌고 있는 쾌청한 아침이었다. 전날 밤 비가 좀 내린 탓으로 고원은 상쾌하고 서늘했으며 전망이 훌륭했다. 우리는 모두 기분이 좋았고, 건강에도 좋을 것 같았다. 나는 콘에게도 자못 친밀한 느낌이 들었다. 이러한 날이라면 어떤 일이 일어나더라도 마음이 산란해지지는 않을 것이다. 이것이 축제의 전날이었다.

　7월 6일 일요일 정오에 축제는 폭발했다. 이렇게 쓰는 수밖에는 달리 표현할 도리가 없다. 시골 사람들이 온종일 밀려 들어왔지만, 이내 시내 사람들과 섞여 구별할 수도 없었다. 광장은 여느 날과 마찬가지로 내리쬐는 폭양 아래서 조용했다. 농부들은 변두리 술집에 들어가 있었다. 거기서 그들은 술을 마시며 축제를 기다리고 있었다. 그들은 들판과 산간에서 방금 도착한 참이어서 서서히 가치의 전환을 저울질해 볼 필요가 있었다. 그들은 대뜸 카페에서 돈을 쓸 수는 없었다. 선술집에서 그들은 돈의 가치에 상당한 만큼의 술을 마시고 있었다. 돈은 아직도 그들에게는 일한 시간과 판 곡식의 양에 절대적인 가치를 가지고 있었다. 축제가 끝날 무렵이 되면, 그들이 얼마를 지불하든 어디서 사든 그런 것은 문제도 되지 않는다.

　그래서 산 페르민의 축제 첫날, 그들은 아침 일찍부터 시내의 좁은 거리에 늘어선 술집에 모여 있었다. 사원에서 올리는 아침 미사에 참석하기 위해 거리를 내려가노라니까, 문이 열린 술집에서 농부들이 부르는 노랫소리가 들렸다. 그들은 흥분하고 있었다. 11시의 미사는 대만원이었다. 산 페르민은 종교적인 축제이기도 한 것이다.

　나는 사원에서 나와 언덕을 내려가, 거리를 가로질러 광장의 카페 쪽으로 걸어갔다. 정오 조금 전이었다. 로버트 콘과 빌이 테이블에 앉아 있었다. 대리석을 입힌 테이블과 등의자는 치워 버리고 없었다. 그 대신 주철(鑄鐵)로 만든 테이블과 초라한 접이식 의자가 놓여 있었다. 카페는 마치 전투를 하기 위해서 준비를 갖춘 군함과도 같았다. 오늘은 오전 내내 음식을 주문하지 않고 혼자서 책을 읽고 있게끔 웨이터들이 가만히 내버려두지는 않았다. 내가 자리에 앉자 웨이터 하나가 다가왔다.

　"무엇을 마시고 있나?" 내가 빌과 로버트에게 물었다.

　"세리."

　콘의 대답이었다.

　"헤레스(스페인어로 세리라는 뜻)." 나는 웨이터에게 주문했다.

　웨이터가 세리를 채 가져오기도 전에 축제를 알리는 불꽃이 광장에서 올려졌다. 불꽃이 터져, 광장 저 너머 가이야레 극장 위 높이 회색 연기가 올라왔다. 연기는 유산탄이 터진 것처럼 하늘에 걸리고, 그것을 바라보고 있자니까 또다시 불꽃이 똑같은 장소로 솟아 올라와서 눈부신 햇빛 속에다 마구 연기를 뿌려 놓았다. 불꽃이 터질 때 눈부신 섬광이 번쩍하고 보이고, 또다시 조그만 연기가 생겼다. 두 번째 불꽃이 터질 때는 조금 전까지도 텅 비었던 아케이드에 사람들이 떼를 지어 몰려나와 있어, 웨이터가 머리 위로 높이 술병을 쳐든 채 군중 사이를 뚫고 우리가 앉아 있는 식탁까지 오기는 힘들 듯했다. 사람들이 사방에서 광장으로 몰려들었고, 한길 저쪽으로부터는 갈대피리와 퉁소 그리고 북소리가 가까워지고 있었다. 〈리오 리오〉 곡을 연주하며 오는데, 갈대피리 소리는 날카롭고 북소리는 쿵쿵 울리며, 그 뒤를 어른들과 아이들이 춤을 추며 따라왔다. 퉁소 부는 사람이 걸음을 멈추자 다들 땅바닥에 웅크리고 앉았다. 피리와 퉁소가 날카롭게 울리고 얄팍하고 속이 텅 빈 북을 다시 쿵쿵 치기 시작하면 그들은 모두 일어서서 춤을 추었다. 군중 속에 섞여 있으면 그들의 머리와 어깨가 올라갔다 내려갔다 하는 것만 보였다.

광장에선 한 사나이가 허리를 굽힌 채 갈대피리를 불고 있었고, 그 뒤를 아이들이 고함을 지르기도 하고 그의 옷자락을 잡아당기기도 하며 따라오고 있었다. 사나이는 광장을 나와 카페 앞을 지나 뒷골목까지 아이들을 피리 소리로 끌고 갔는데, 우리는 그의 표정 없는 얽은 얼굴을 보았다.

"시골의 백치 녀석인 모양이군." 빌이 입을 열었다. "어럽쇼! 저것 좀 보게!"

거리 아래로부터 한 떼의 춤추는 사람들이 몰려왔다. 거리는 춤추는 사람들로 가득 찼는데, 모두 사나이들뿐이었다. 그들은 저마다 피리 부는 사람들이나 북 치는 사람들 뒤에서 박자를 맞추며 춤을 추고 있었다. 그들은 모두가 어떤 클럽의 사람들인 듯, 노동자들이 입는 푸른 작업복에다 목에는 빨간 수건을 두르고, 두 개의 깃대에다 커다란 깃발을 달아서 들고 있었다. 그들이 군중에 포위된 채 앞으로 오자 그들과 함께 깃발이 위아래로 춤추듯이 흔들렸다. 깃발에는 '포도주 만세! 외국인 만세!'라고 씌어 있었다.

"외국인은 어디 있을까?" 로버트 콘이 물었다.

"우리가 외국인이지 뭐야." 빌이 대답했다.

그동안에도 불꽃이 계속 올라갔다. 카페에는 이제 빈자리라곤 하나도 없었다. 광장에 모여 있던 사람들이 흩어지면서 카페 속으로 우우 몰려 들어왔다.

"브레트와 마이크는?" 이번에는 빌이 물었다.

"불러 오지." 나는 대꾸했다.

"이리로 데리고 오게."

드디어 축제의 시작이다. 일주일 동안 밤낮없이 계속될 것이다. 계속해서 춤추고 마시고 떠들어대리라. 축제가 아니면 일어날 수 없는 그러한 일들이 연달아 일어나리라. 모든 것이 하찮은 일처럼 생각되리라. 축제 동안에 중요한 것을 생각한다는 건 격에 안 맞는 것만 같다. 축제 동안은 아주 조용할 때도 큰 소리를 질러야만 남에게 들릴 것 같은 기분이 드는 것이다. 행동에 있어서도 마찬가지다. 이것이 축제이며, 이러한 축제가 일주일간이나 계속되는 것이다.

오후에는 성대한 종교 행렬이 있었다. 산 페르민(성자 상)이 다른 교회로 옮겨졌다. 이 행렬에는 교회와 마을의 모든 고관들이 참가했다. 사람들이 너무 많아서 우리는 행렬에 참가한 사람들을 볼 수 없었다. 격식을 갖춘 행렬 앞뒤에서는 〈리오 리오〉의 춤을 추고 있었다. 노란 셔츠를 입은 한 떼의 사람들이 군중 속에서 나타났다 사라졌다 하면서 춤을 추고 있었다. 도로에서 보도까지 가득 들어찬 군중 사이로 보이는 것이라고는 커다란 거인, 30피트나 되는 담배 가게의 인디언 인형, 무어 인, 왕후들이 〈리오 리오〉에 맞추어 엄숙하게 원을 그리면서 왈츠를 추는 모습뿐이었다.

산 페르민과 고관들이 들어간 교회당 밖에서 모두들 기다렸다. 호위 군인들, 거인 인형, 그 속에 들어가 춤추던 사람들이 인형을 옆에 놓고 서 있고, 난쟁이들이 고무 풍선을 들고 군중 사이를 걸어다니고 있었다. 우리가 교회당 안으로 들어가려고 하자 향내가 코를 찔렀고, 사람들이 열을 지어 교회로 들어가려고 했다. 그러나 바로 문 앞에서 브레트는 모자를 쓰고 있지 않았다는 것 때문에 (가톨릭교에서는 여자는 미사보를 써야 함) 제지당하고 말았다. 그래서 할 수 없이 우리는 밖으로 나와 그대로 시내로 향했다. 거리 양쪽은 돌아오는 행렬을 구경하려고 연석 위에 버티고 서 있는 사람들로 꽉 차 있었다. 춤을 추는 사나이 중에서 몇 명이 브레트 주위에 원을 그리며 춤을 추었다. 그들은 흰 마늘로 큰 다발을 만들어 목에 걸고 있었다. 그들은 빌과 나의 팔을 끌어 빙빙 도는 원 속에 넣어 버렸다. 빌도 같이 춤을 추었다. 그들은 모두 노래를 불렀다. 브레트는 춤을 추고 싶어했으나 그들은 추지 못하게 했다. 그들은 그녀를, 둘러싸고 춤추는 상(像)으로만 삼고 싶었던 것이다. 날카로운 음성으로 "리오 리오" 하고 외친 다음 노래가 끝나자 그들은 우리를 어느 술집으로 밀고 들어갔다.

우리는 카운터 앞에 섰다. 그들은 브레트를 술통 위에 걸터앉게 했다. 술집 안은 컴컴하고 탁한 목소리로 노래하는 사람들로 꽉 차 있었다. 그들은 카운터 뒤에 있는 술통에서 포도주를 퍼냈다. 내가 술값을 카운터 위에 놓자 사나이 하나가 그것을 집어 내 주머니에 다시 넣어주었다.

"가죽 술주머니 생각이 간절한데." 빌이 말했다.

"한길 저 아래 파는 곳이 있어. 내가 가서 두어 개 사오지."

춤추던 사람들이 나를 나가지 못하게 했다. 사나이 세 명이 브레트 옆에 놓인 술통 위에 걸터앉아 그녀에게 술주머니로 술을 마시는 법을 가르쳐 주고 있었다. 그들은 브레트의 목에다 하얀 마늘 화환을 걸어 주었다. 누군가가 브레트에게 유리잔을 주라고 우겨대고 있었다. 또 어떤 사람은 귀에다 대고 노래를 부르고 빌에게 노래를 가르쳐 주고 있었다. 등을 두드리면서 박자를 맞추고 있었다.

나는 그들에게 곧 돌아오겠노라고 말했다. 거리로 나와 가죽 술주머니를 만드는 가게를 찾으면서 걸었다. 거리는 사람들로 가득 찼고 많은 가게가 문을 닫아 눈에 띄지 않았다. 길 양쪽을 보면서 결국 교회까지 왔다. 그때 어떤 사나이에게 물었더니 그는 내 팔을 붙잡고는 그 가게까지 데려다 주었다. 덧문은 닫혔으나 문은 열려 있었다.

가게 안에서 새로 무두질한 가죽과 뜨거운 타르 냄새가 났다. 한 사나이가 완성된 술주머니에다 이름을 새겨 넣고 있었다. 술주머니는 천장에 무더기로 주렁주렁 매달려 있었다. 사나이는 술주머니를 하나 내려서 입김을 후우 불어넣어 부풀리고 아가리에 꽉 마개를 막더니 그 위에 올라섰다.

"보세요! 새지 않습니다."

"하나만 더 주세요, 큰 것으로."

그 남자는 1갤런도 넘게 들어갈 만한 커다란 것을 천장에서 내렸다. 양 뺨을 부풀려 술주머니에 공기를 가득 넣더니 의자를 손으로 잡고 그 위에 올라섰다.

"어떻게 하실 건가요? 바욘느에 가지고 가서 파실 건가요?"

"아뇨, 술을 마시려고요."

그는 내 등을 두드렸다.

"좋은 분이시군. 2개에 8페세타만 내십시오. 가장 싼 가격입니다."

새 술주머니에다 글자를 새겨 넣고는 그것을 술주머니 무더기에 던지고 있던 사나이가 일손을 멈추며 말했다.

"정말입니다. 8페세타면 참 싼 값이죠."

나는 값을 치르고 밖으로 나와 다시 술집으로 돌아갔다. 안은 아까보다 더 어둡고 매우 혼잡했다. 브레트도 빌도 보이지 않았다. 그들은 뒷방에 있다고 누가 가르쳐 주었다. 카운터에서 여자가 내 술주머니에 포도주를 가득 채워 주었다. 하나는 2리터, 또 하나는 5리터가 들어갔다. 둘 다 가득 채워서 3페세타 60상팀이었다. 카운터에 있던 전혀 모르는 사나이가 술값을 치른다고 야단이었지만 그것을 겨우 말려 내가 치렀다. 술값을 치르겠다고 한 사나이는 나에게 술을 한 잔 사주었다. 이번에는 내가 한 잔 사겠다고 하자 그는 말리면서 새 술주머니에서 한 모금만 마시게 해달라고 했다. 그가 커다란 5리터짜리 주머니의 마개를 빼고 한쪽으로 기울여 꾹 짜자 포도주가 그의 목 안으로 찍 소리를 내며 흘러 들어갔다.

"됐습니다." 그는 나에게 술주머니를 돌려주었다.

뒷방에선 브레트와 빌이 춤추던 사람들에게 둘러싸여 술통 위에 앉아 있었다. 모두가 옆 사람 어깨에 팔을 얹고 노래를 부르고 있었다. 마이크는 셔츠 차림의 남자 몇 명과 함께 테이블 앞에 앉아서 잘게 다진 양파와 초를 친 다랑어를 먹고 있었다. 그들은 모두 포도주를 마시며, 빵조각으로 기름과 초를 닦아서 먹고 있었다.

"어이, 제이크! 이리 오게." 마이크가 불렀다. "내 친구들을 소개하지. 모두들 오르되브르를 먹고 있는 참일세."

나는 테이블에 앉은 사람들을 소개받았다. 그들은 마이크에게 각자의 이름을 말하고는 웨이터에게 내가 쓸 포크를 가져오라고 했다.

"그분들 저녁을 뺏어 먹는 건 그만둬요, 마이크!" 브레트가 술통 위에서 고함을 질렀다.

"당신들 저녁을 뺏어 먹고 싶진 않은데요." 누가 나에게 포크를 주기에 이렇게 말했다.

"드시오. 이런 것이 왜 여기 있다고 생각하시오?"

나는 커다란 술주머니의 마개를 빼고는 사람들에게 돌렸다. 모두가 팔을 뻗어 가죽 주머니를 기울여 한 모금씩 마셨다. 바깥에서는 지나가는 행렬의 악대 소리가 노랫소리보다 더 높게 들려왔다.

"저거 행렬 아니야?" 마이크가 물었다.

"아뇨." 누가 이렇게 대답했다. "아무것도 아닙니다. 쭉 마셔 버리십시오. 자, 술주머니를 쳐들어요."

"어디서 이 사람들을 만났나?" 내가 마이크에게 물었다.

"누가 나를 이리로 데리고 왔지. 자네들이 여기 있다고 하더군."

"콘은 어디 있나?"

"곤드레만드레 취해 나가떨어졌어요." 브레트였다. "여러 사람이 어디로 데려가 버렸어요."

"어디로?"

"모르겠어요."

"우리가 어떻게 알겠나." 빌이 말했다. "아마 죽었을 걸세."

"죽을 사람이 아니야." 마이크가 받았다. "내 알지. '원숭이의 아니스 주' 로 나가떨어졌을 뿐이지."

그가 '원숭이의 아니스 주'라고 하자 테이블에 앉아 있던 한 사나이가 얼굴을 들고 겉옷 안주머니에서 조그만 술병 하나를 꺼내 내 손에 쥐어 주었다.

"아뇨, 고맙지만 괜찮습니다."

"아니, 아니, 받으세요! 쭉 마시세요!"

나는 한 모금 마셨다. 감초 냄새가 나고 목구멍으로 내려가면서 화끈했다. 배 속이 뜨뜻해지는 것을 알 수 있었다.

"도대체 콘은 어디 있는 거야?"

"모르지." 마이크였다.

"내가 물어보지. 술 취한 친구 어디 있죠?" 그는 스페인어로 물었다.

"만나고 싶습니까?"

"네." 내가 대답했다.

"내가 아니오." 마이크가 말했다. "이분이지."

'원숭이의 아니스 주'를 권하던 사나이가 입을 훔치고는 벌떡 일어섰다.

"자, 이리 오시오."

뒷방의 술통 위에서 로버트 콘은 조용히 자고 있었다. 얼굴을 알 수 없을 정도로 방 안은 어두웠다. 윗옷이 덮여 있고, 또 한 벌의 윗옷으로는 머리를 괴었다. 그의 목과 가슴에는 비틀린 커다란 화환이 놓여 있었다.

"자게 내버려 두세요." 그 사나이가 나직이 속삭였다. "괜찮아요."

2시간이 지나자 콘이 나타났다. 그는 목에 아직도 마늘 다발을 두른 채로 앞방으로 왔다. 그가 들어오자 스페인 사람들이 환성을 올렸다. 콘은 눈을 비비며 히죽이 웃었다.

"잤나 보군."

"천만에요. 조금도 자지 않았어요." 브레트가 말했다.

"그저 죽어 있었을 뿐이지." 빌이 하는 소리였다.

"저녁 먹으러 가지 않을 건가?" 콘이 물었다.

"먹고 싶어?"

"응, 물론이지. 배가 고픈데그래."

"그 마늘을 먹지 그래, 로버트." 마이크가 말했다. "이봐, 그 마늘을 먹으란 말이야."

콘은 그대로 서 있었다. 잘 자서 기분도 괜찮은 듯했다.

"가서 식사해요." 브레트였다. "난 목욕을 해야겠어요."

"자, 가지. 브레트를 호텔까지 바래다주세." 빌이었다.

우리는 여러 사람과 작별인사와 악수를 나누고는 밖으로 나왔다. 바깥은 이미 어두웠다.

"몇 시쯤 됐을까?" 콘이 물었다.

"벌써 내일이야." 마이크가 하는 소리였다. "자넨 이틀씩이나 잔 거야."

"거짓말. 정말 몇 신가?"

"10시야."

"참 많이 마셨군."

"우리가 많이 마셨다는 뜻이겠지. 자네는 자고 있었으니까."

호텔로 향하는 어두운 길을 걷고 있노라니까 광장에서 불꽃이 올라가는 것이 보였다. 광장으로 통하는 샛길로 나오니 광장은 사람들로 붐볐다. 그 가운데서는 사람들이 춤을 추고 있었다.

호텔에서의 저녁 식사는 굉장했다. 축제 때문에 값이 두 배로 오른 뒤 처음으로 먹는 음식인데, 새로운 요리가 몇 가지 더 나왔다. 저녁 식사를 마친 뒤 우리는 거리로 나왔다. 나는 아침 6시에 황소들이 거리를 지나가는 것을 보기 위해 밤새도록 잠을 자지 않으리라 결심했지만 너무나 졸려서 새벽 4시경에 잠자리에 들었다. 다른 사람들은 깨어 있었다.

내 방은 잠겨 있었고 열쇠를 찾을 수가 없었다. 그래서 나는 위층으로 올라가 콘의 방에서 잤다. 축제는 밖에서 밤새도록 계속되었지만 너무 졸려서 깨어 있을 수 없었다. 시내에서 훨씬 떨어진 곳에 있는 우리에서 황소들을 내모는 것을 알리는 불꽃 터지는 소리에 잠이 깨었다. 황소들이 거리를 달려 투우장까지 가는 것이다. 나는 곤히 잠들어 있었으므로 눈을 떴을 때는 이미 늦었다는 생각이 들었다. 나는 콘의 윗옷을 걸치고 발코니로 나갔다. 아래의 좁은 거리는 텅 비어 있었다. 발코니마다 사람들로 가득 찼다. 갑자기 한 떼의 사람들이 거리 이쪽으로 내려왔다. 그들은 서로 밀치면서 달리고 있었다. 그들은 거리를 지나 투우장으로 향하고 있었으며, 그 뒤로 더 많은 사람들이 좀더 빨리 달려갔다. 이어 몇몇 뒤떨어진 사람들이 그야말로 필사적으로 달려갔으며, 그 뒤로 약간의 거리를 두고 황소가 머리를 위아래로 흔들면서 나는 듯이 달려왔다. 이 모든 광경이 모퉁이를 돌아 보이지 않게 되었다. 한 사나이가 쓰러지며 도랑 있는 데로 굴러가 꿈쩍도 하지 않았다. 그러나 황소들은 그냥 달리기만 할 뿐 그를 거들떠보지도 않았다. 황소들은 모두 한 덩어리가 되어 달리고 있었다.

그것들이 모두 보이지 않게 되자 커다란 환성이 투우장에서 터져 나왔다. 그것은 좀처럼 끝나지 않았다. 드디어 불꽃 소리가 들렸다. 황소가 투우장 안의 사람들 사이를 뚫고 우리 안으로 들어갔다는 것을 알리는 표시다. 나는 방 안으로 돌아와 침대 속으로 들어갔다. 맨발로 발코니에 서 있었던 것이다. 모두 투우장 안으로 들어갔으리라고 생각하면서 침대에 누웠는데 다시 잠이 들었다. 콘이 들어오는 기척에 나는 잠이 깨었다. 그는 옷을 벗더니 창문을 닫으러 갔다. 건너편 집 발코니에 있는 사람들이 들여다보고 있었기 때문이다.

"구경하고 왔나?" 내가 물었다.

"응, 모두들 갔었지."

"아무도 다치지는 않았지?"

"황소 한 마리가 투우장의 군중 속으로 뛰어들어서 예닐곱 명을 받아버렸어."

"그래, 브레트는 좋아하던가?"

"너무도 갑자기 일어난 일이라 남의 기분을 살필 여유도 없었어."

"나도 가고 싶었는데."

"자네가 어디 가 있는지 알 수 있어야지. 자네 방으로 가 보았지만 문이 잠겨 있더군."

"어디서 밤을 새웠나?"

"어떤 클럽에서 춤을 추었지."

"난 너무 졸려서."

"젠장! 나도 이제 졸리군. 축제는 며칠이나 계속되나?"

"일주일은 계속되지."

빌이 문을 열고 얼굴을 들이밀었다.

"어디 가 있었나, 제이크?"

"난 발코니에서 지나가는 걸 구경하고 있었어. 그래, 어떻던가?"

"굉장하던데."

"어딜 가려는 거야?"

"자려고."

아무도 정오까지는 일어나지 않았다. 우리는 아케이드 아래에 늘어놓은 테이블에서 식사를 했다. 시내는 어느 곳이나 사람들로 북적거렸다. 우리는 테이블 하나를 얻기 위해 기다려야만 했다. 점심 식사를 한 뒤 이루냐로 갔다. 이미 만원이었지만 투우 시간이 되자 더욱 사람이 몰려 테이블은 한층 더 복잡했다. 투우가 있기 전에는 날마다 이처럼 사람들이 빽빽이 몰려와서 북적거리는 것이다. 이 카페는 다른 때라면 아무리 손님이 많아도 이렇게 시끄럽지는 않다. 이 소음은 계속되었고, 우리도 그 안에 들어가서 그 한 부분이 되었다.

나는 모든 투우에 6개의 자리를 예약해 놓았다. 그중에서 3개는 바레라에 잡은 것으로 경기장의 맨 앞줄이고, 다른 3개는 소브레페르토에 잡은 것으로 원형 경기장 한가운데쯤의, 나무 등받이가 있는 자리였다. 마이크는 브레트가 처음 보는 구경이니까 높은 자리에서 보는 게 좋다는 의견이었고, 콘도 그들과 함께 있고 싶어했다. 빌과 나는 바레라에 앉기로 하고 남은 좌석표는 웨이터에게 팔아 달라고 했다. 빌은 콘에게, 말에게서 무관심하려면 어떻게 하면 좋고, 어떻게 봐야 하는가를 일러주고 있었다. 빌은 전에 한번 투우를 본 일이 있었다.

"그것을 어떻게 해서 참느냐 하는 것은 큰 걱정이 안 돼. 그저 따분해지지나 않을까 하는 것이 두려울 뿐이지." 콘이 말했다.

"자넨 그렇게 생각하나?"

"황소가 말을 받으면 말을 보지 말아요." 내가 브레트에게 말을 건넸다. "달려드는 것을 잘 보고, 피카도르가 황소를 떼어놓으려 하는 것만 보란 말이오. 하지만 말이 뿔에 받히면 죽을 때까지는 그쪽을 보지 말아요."

"조금 걱정이 되네요. 아무렇지 않게 앉아서 끝까지 볼 수 있을지 걱정이 돼요."

"그런 걱정 마오. 끔찍한 것은 말이 나오는 장면뿐이고, 그것도 황소가 나올 때마다 겨우 2, 3분 동안이니까, 심할 땐 보지 않으면 그만이지."

"브레트는 괜찮을 거야." 마이크였다. "내가 돌봐줄 테니까."

"난 지루하리라곤 생각지 않아." 빌이 한마디 했다.

"호텔에 가서 망원경과 술주머니를 가져오겠네." 내가 말했다. "자, 그럼 여기서 다시 만나세. 취하면 안 되네."

"같이 가세." 빌이 따라나섰다. 브레트는 우리에게 생긋 미소를 보냈다. 우리는 광장의 더위를 피하기 위해 아케이드 아래를 걸었다.

"저 콘이란 녀석, 난 비위에 거슬려 죽겠어." 빌이 불쑥 이런 말을 꺼냈다. "유대인적인 우월감이 굉장해서, 투우를 보고서 얻는 감정이라면 그저 따분해지는 것밖엔 생각나지 않는 모양이야."

"나중에 망원경으로 놈을 자세히 보자고."

"그런 자식은 지옥으로나 꺼져 버려야 해!"

"거기서 영 나오지 말았으면 좋겠어."

호텔 계단에서 몬토야를 만났다.

"가시지 않겠습니까?" 몬토야가 먼저 입을 열었다.

"페드로 로메로를 만나보고 싶지 않습니까?"

"거 잘됐군요." 빌이었다. "만나 봅시다."

우리는 몬토야를 따라 계단을 올라가서 복도를 걸어갔다.

"8호실에 계십니다." 몬토야가 말했다. "지금 투우복으로 갈아입는 중이지요."

몬토야는 노크를 하고 문을 열었다. 어두컴컴한 방으로, 좁은 거리로 향한 들창에서 햇빛이 약간 새어 들어오고 있었다. 침대 2개가 수도원식으로 따로따로 놓여 있었다. 전등이 켜져 있었다. 투우복 차림의 청년이 미소도 띠지 않은 얼굴로 서 있었다. 그의 재킷은 의자 등받이에 걸쳐 있었다. 장식띠를 막 두른 참이었다. 그의 새까만 머리칼이 전등불 밑에서 반짝였다. 그는 흰 리넨 와이셔츠를 입었고, 칼을 손질하는 사나이는 장식띠를 둘러 주고는 일어서서 뒤로 물러섰다. 페드로 로메로는 우리와 악수를 할 때도 매우 기품 있고 위엄 있는 표정으로 고개를 끄덕였다. 몬토야는 우리가 굉장한 투우 팬으로 그의 행운을 빌고 있다고 말했다. 로메로는 아주 진지한 표정으로 듣고 있었다. 그러고는 내게로 몸을 돌렸다. 그와 같은 미남은 여지껏 본 적이 없었다.

"투우 구경을 가시는군요." 그는 영어로 말했다.

"영어를 할 줄 아시는군요." 나는 이렇게 말하고는, 바보 같은 소리를 했구나 하고 후회했다.

"아뇨." 그는 이렇게 대답하고는 빙그레 웃었다.

침대에 앉아 있던 세 사람 중 하나가 일어나 오더니 프랑스 말을 아느냐고 물었다.

"내가 통역해 드릴까요? 페드로 로메로에게 물어보고 싶은 게 없으십니까?"

우리는 그에게 고맙다고 했다. 하지만 물어보고 싶은 것이 뭐가 있겠는가. 청년은 열아홉 살이었고, 칼을 손질하는 사람과 시중꾼 세 명 말고는 아무도 없고, 투우는 앞으로 30분만 있으면 시작될 것이 아닌가. 우리는 그에게 행운을 빌고, 악수하고는 방을 나왔다. 우리가 문을 닫을 때도 그는 꼿꼿하고 훌륭한 자세로 서 있었고, 방 안에는 시중꾼 세 명뿐이었다.

"훌륭한 청년이죠. 어때요, 그렇게 생각지 않으십니까?" 몬토야가 물었다.

"훌륭한 청년이군요." 내가 대꾸했다.

"전형적인 투우사 얼굴이네요."

"훌륭한 청년이군요."

"어디 투우장에서는 어떨지 두고 봅시다." 몬토야가 말했다.

우리는 내 방 벽에 기대 둔 커다란 가죽 술주머니와 망원경을 가지고 나와 문에 자물쇠를 채우고는 아래층으로 내려갔다.

훌륭한 투우였다. 나와 빌은 페드로 로메로에게 몹시 흥분했다. 몬토야는 우리보다 열 자리쯤 떨어진 곳에 앉아 있었다. 로메로가 첫 번째 황소를 쓰러뜨렸을 때 몬토야는 나와 시선을 마주치며 고개를 끄덕끄덕했다. 이것은 진짜 투우였다. 오랫동안 진짜란 없었던 것이다. 다른 두 투우사는, 그중 하나는 꽤 좋았지만 또 하나는 그저 무난하다고 할 정도였다. 하지만 로메로하고는 비교가 되지 않았다. 하기야 로메로가 상대한 황소는 어느 것이나 그리 대단한 것은 아니었지만.

투우가 계속되는 동안 나는 몇 번이나 망원경으로 마이크와 브레트와 콘 쪽을 올려다보았다. 그들은 모두 아무렇지도 않은 것 같았다. 브레트도 동요하는 것 같지는 않았다. 세 사람은 모두 앞에 있는 콘크리트 난간에 몸을 내밀고 있었다.

"망원경 좀 이리 줘." 빌이 말했다.

"콘이 따분해하는 것 같은가?" 내가 물었다.

"저 유대인 녀석!"

투우가 끝나자, 투우장 바깥은 인산인해로 꼼짝도 할 수가 없었다. 앞질러 나갈 수가 없어 빙하(氷河)처럼 모든 사람과 함께 시내로 몰려가야 했다. 우리는 투우가 끝난 뒤에 늘 맛보는 그 혼란된 감동적인 기분과, 멋진 투우를 본 뒤에 느끼는 그 우쭐한 기분에 도취되어 있었다. 축제는 계속되었다. 북이 울리고, 피리 소리가 드높았으며, 사방에서 군중의 흐름은 춤추는 사람들의 무리 때문에 끊어지고 말았다. 춤추는 사람들은 혼잡을 이루었으므로 그들이 발을 어떻게 움직이는지 그 자세한 모습을 볼 수가 없었다. 보이는 것은 위아래로 올라갔다 내려갔다 하는 머리와 어깨뿐이었다. 우리는 겨우 군중 틈에서 벗어나 카페로 향했다. 웨이터가 우리 패의 다른 세 사람을 위해서 자리를 잡아놓았다. 우리는 압생트를 한 잔씩 주문하고선, 광장의 군중과 춤추는 사람들을 쳐다보고 있었다.

"저 춤은 무슨 춤인가?" 빌이 물었다.

"호타^(캐스터네츠를 갖고서 둘이 짝을)의 일종일세."

"모두 똑같은 춤은 아니군그래. 곡에 따라 춤추는 게 다른데."

"굉장한 춤이야."

우리 앞의 빈 도로에서 한 떼의 소년들이 춤을 추고 있었다. 스텝이 매우 복잡하며 표정들이 아주 열심이고 한눈도 팔지 않았다. 춤을 추면서 모두 아래를 내려다보고 있었다. 밧줄로 창을 댄 그들의 구두가 가볍게 보도를 치면서 소리를 냈다. 발끝이 닿았다. 뒤꿈치가 닿았다. 발바닥이 닿았다. 그러자 음악이 거세게 흐르고, 모두가 스텝을 멈추고 또 춤을 추면서 거리를 올라갔다.

"신사들이 오시는군." 빌이 빈정거렸다.

그들은 거리를 건너왔다.

"어이, 여보게들." 내가 불렀다.

"어머, 당신들!" 브레트가 호들갑을 떨었다. "우리를 위해 자리를 잡아놓으셨군요? 참 친절하네요."

"여봐, 그 로메론가 뭔가 하는 녀석 대단하던데. 어때, 내 말이?" 마이크가 하는 소리였다.

"오, 그 사람 귀엽잖아요?" 브레트의 말이다. "그리고 그 사람이 입고 있는 초록색 바지도요."

"브레트는 그 로메로를 보느라고 정신이 없었다네."

"이봐요, 내일은 당신 망원경을 빌려야겠어요."

"그래, 어땠습니까?"

"굉장했어요! 조금도 나무랄 데가 없이 완벽했어요. 정말 볼 만하던데요."

"말들은 어땠습니까?"

"보지 않을 수가 없더군요."

"기분은 괜찮습니까?"

"조금도 나쁘지 않았어요."

"로버트 콘은 기분이 나빠졌다네." 마이크가 끼어들었다.

"자네는 아주 새파래지던데그래, 로버트."

"난 첫 번째 말 때문에 그만 당황했어." 콘이 말했다.

"그래도 지루하진 않았겠지?" 빌이 물었다.

콘은 씩 웃었다.

"음, 지루하진 않았어. 자, 그만하고 나를 용서해 주게."

"아니야, 괜찮아." 빌이 하는 소리였다. "자네가 지루하지만 않았다면."

"지루한 얼굴은 아니던데." 마이크가 말했다. "난 기분이 나빠지는 게 아닌가 했어."

"그렇게까지 나빠질 정도는 아니었지. 그저 잠깐 동안이었으니까."

"난 어딘가 몸이 편치 못한 줄로만 알았네그려. 그래 자넨 지루하지 않았단 말이지, 로버트?"

"그 얘긴 이제 그만두세, 마이크. 내가 그런 말을 해서 미안하다고 하잖았나."

"정말이지 저 친구 새파랗게 질렸었어."

"아이 당신도. 그런 소린 그만해요, 마이크."

"처음부터 투우에 지루해 해서는 안 되는 법이야, 로버트." 마이크는 여전히 빈정거렸다. "그렇게 되는 날엔 엉망진창이란 말이야."

"아이, 그만두래도, 당신."

"저 작잔 브레트를 사디스트라고 그랬단 말이야." 마이크가 말했다. "브레트는 사디스트가 아니야. 그저 귀엽고 건강한 말괄량이일 뿐이지."

"당신이 사디스트요, 마이크?" 이번에는 내가 물었다.

"설마."

"이 작자는 브레트가 훌륭하고 건강한 위를 가지고 있다 해서 사디스트라는 거라네."

"언제까지나 건강하진 못해요."

빌은 마이크에게 화제를 돌리도록 했다. 웨이터가 압생트 술잔을 갖고 왔다.

"자네 정말 투우가 좋던가?" 빌이 콘에게 물었다.

"아니, 좋다고는 할 수 없지. 그저 굉장한 구경거리라고 생각해."

"정말 그래요! 아주 볼 만한 구경거리죠." 브레트가 말했다.

"말을 나오지 않게 했으면 좋겠더군, 난." 콘이 말했다.

"그건 중요한 게 아니야." 빌이 말을 받았다. "좀 지나면 불쾌하게 느껴지는 건 아무것도 없을 거야."

"처음엔 좀 심하던데요. 황소가 말에게 달려든 순간 나도 철렁했어요." 브레트가 말했다.

"그 황소들, 근사하던데." 콘도 한마디 했다.

"참 멋졌어." 마이크가 맞장구를 쳤다.

"다음엔 아랫자리에 앉아야겠어요." 브레트는 압생트 잔을 들어 마셨다.

"투우사들을 좀더 가까이에서 보고 싶단 말이지." 마이크가 하는 소리였다.

"그 사람들 정말 근사해요. 그 로메로라고 하는 남자는 아직 어리던데요."

"굉장히 잘생긴 청년이던데." 나도 한마디 했다. "그 친구 방에 들어가 보았는데, 그런 미남은 처음 봤어."

"몇 살일까요?"

"열아홉이나 스물일걸."

"어머, 근사하네요."

다음날 투우는 첫날보다 훨씬 좋았다. 브레트는 담 옆에 마이크와 나 사이에 앉고, 빌과 콘은 윗자리로 갔다. 로메로가 가장 주목을 끌었다. 브레트는 다른 투우사들은 거들떠보지도 않는 것 같았다. 아니, 완고한 전문가를 떼놓고는 모두가 그랬다. 로메로의 독무대였다. 투우사는 로메로 말고도 두 사람이 더 있었으나 그들은 별 볼 일 없었다. 나는 브레트 옆 좌석에 앉아서 투우 보는 방법에 대해서 설명해 주었다. 황소가 피카도르에게 덤벼들 때는 말을 보지 말고 황소만을 보라고 일렀고, 피카도르가 칼끝으로 찌르는 것을 잘 보아야 무엇 때문에 그러는지 알게 되고, 뚜렷한 목적이 있어서 행해지는 것이지 설명할 수 없는 공포심만을 일으키기 위해서 이루어지는 구경거리가 아니라는 것을 알려주었다. 나는 로메로가 케이프로 황소를 쓰러진 말에서 떼어 마음대로 유인해서 방향을 바꾸게 하는 폼이 부드럽고 거침없어서 절대로 황소를 피곤하게 만들지 않는 것을 잘 보라고 했다. 그녀는 로메로가 쓸데없는 동작은 모두 피하여, 숨을 헐떡이게 하거나 침착성을 잃게 하거나 하지 않고 점차적으로 힘이 빠지도록 유인하여 맨 마지막에 필요한 일격으로 쓰러뜨리는 것을 보았다. 그녀는 로메로가 언제나 황소에 가까이 다가가서 다루는 것을 보았고, 나는 다른 투우사들이 황소에 접근해서 투우를 하는 것처럼 보이기 위해서 쓰는 트릭을 그녀에게 지적해 주었다. 그래서 브레트는 로메로가 케이프를 쓰는 법은 좋아하면서도 다른 투우사는 왜 좋아하지 않는지 알 수가 있었다.

로메로는 절대로 몸을 굽히지 않았다. 그의 몸가짐은 언제나 꼿꼿하고 순수하고 자연스러웠다. 다른 투우사들은 팔꿈치를 들고 병마개를 뽑는 것처럼 몸을 뒤틀면서 뿔이 가까이 스쳐간 뒤에야 황소의 옆구리에 기대면서 위험하다는 시늉을 해보였다. 그러한 수작은 모두 비열한 행동임이 곧 드러나 보는 사람에게 불쾌감을 주었다. 하지만 로메로의 투우는 보는 사람에게 감동을 주었다. 그의 움직임은 절대적인 순수함을 잃지 않고, 언제나 조용하고 침착한 태도로 바로 자기 몸 근처를 뿔이 지나가게 했다. 그는 뿔이 가깝다는 것을 강조할 필요가 없었다. 황소 바로 옆에서 이루어지면 아름답고, 좀 떨어지는 것만으로도 우스꽝스럽다는 것을 브레트는 알고 있었다. 이것도 그때 이야기했던 것이지만, 호셀리토가 죽은 뒤로 투우사들은 사실상 아무런 위험이 없는데도 거짓 감동을 주기 위해서 위험하다는 몸짓을 해보이는 기교가 능숙해졌다. 로베로는 옛 방법을 그대로 써서 되도록 위험에 몸을 내맡기고 선(線)의 순수성을 유지하면서 황소에게는 접근할 수 없다고 깨닫게 하여 황소를 지배하며, 황소를 죽일 준비를 하고 있었다.

"단 한 번도 어색한 행동을 한 적이 없어요." 브레트가 감탄했다.

"그가 놀라지 않는 한 보지 못할걸."

"놀랄 사람이 아니야." 마이크도 맞장구를 쳤다. "너무 잘 알고 있거든."

"시작했을 때부터 모든 걸 알고 있는 사람이야. 다른 사람들은 그가 나면서부터 알고 있는 것조차도 배워 익힐 수가 없는 거라오."

"그리고 또 얼마나 잘생겼어요."

"이봐, 브레트는 아마 그 투우사에게 반한 모양이군." 마이크가 하는 소리였다.

"그럴 만도 하지."

"부탁하네, 제이크. 이제 그 녀석 얘긴 브레트에게 그만 해주게. 녀석들이 늙은 어머니들을 얼마나 때리는지 그 이야기나 들려주라고."

"게다가 어떤 모양으로 주정을 부리는지, 그것도 얘기해 주세요."

"그야 무서울 정도지." 마이크가 대꾸했다. "온종일 마시고는 가엾은 어머니를 때리는 거야."

"그 사람도 그렇게 보여요?"

"정말 그렇게 보여요?"

이번에는 내가 물었다.

죽은 황소를 노새에 비끄러매고 채찍질을 하여 마부들이 뛰기 시작하자, 노새는 앞다리로 버티다가 빠른 걸음으로 달리기 시작했다. 황소는 머리를 앞으로 두고 쓰러져 한쪽 뿔을 하늘로 향한 채 모래 위에 자국을 남기면서 붉은 출입구로 사라졌다.

"이 다음 번이 마지막이오."

"그래요?" 브레트가 말했다. 그녀는 난간 위로 몸을 내밀었다. 로메로는 피카도르에게 손짓하여 그들 자리에 서게 하고 케이프를 가슴에 대고는, 황소가 나오는 투우장 저쪽을 바라보면서 서 있었다.

투우가 끝나자 우리는 밖으로 나와 붐비는 사람들 속에 끼였다.

"투우란 힘든 구경이군요." 브레트가 말했다. "완전히 지쳤어요."

"오, 그럼 한잔해야지." 마이크가 하는 소리였다.

다음날은 페드로 로메로는 나오지 않았다. 미우라의 소로 싱겁기 짝이 없는 투우였다. 그 다음날은 투우가 없었다. 그러나 낮이고 밤이고 축제는 계속되었다.

16

다음날에는 비가 내렸다. 바다에서 산쪽으로 안개가 밀려왔다. 산봉우리는 보이지 않았다. 언덕 위는 흐리고 음산했으며 나무와 집의 형태까지도 모두 다르게 보였다. 나는 교외까지 나가서 하늘 모양을 살펴보았다. 비구름이 바다에서 여러 산 일대로 퍼져 가고 있었다.

광장의 깃발들도 젖어서 하얀 깃대에 축 늘어져 있고, 집집마다 문 앞에 달린 기들도 역시 젖은 채 축 늘어져 있었다. 이슬비가 조금도 쉴 새 없이 내리는 사이사이로 비가 본격적으로 쏟아져서 모든 사람을 아케이드 안으로 몰아넣었다. 광장에는 갑자기 물웅덩이가 생겼으며, 거리도 비에 젖고 어둡고 한산했다. 그래도 축제는 쉬지 않고 계속되었다. 다만 지붕 아래로 쫓기어 들어갔을 따름이었다.

투우장의 지붕 덮인 자리는, 비를 피해 바스크인과 나바르인의 춤과 노래의 행진을 구경하려는 군중으로 북적거렸다. 그 뒤를 따라 발카를로스의 댄서들이 그들 고유의 복장으로 비 내리는 거리를 춤추면서 지나갔다. 북은 속이 텅 빈 듯이 쿵쿵 젖은 소리를 내고, 악대의 악장은 무거운 걸음으로 걷는 커다란 말에 올라탄 채 선두를 달렸으며, 그가 입은 옷도 말의 덮개도 모두 비에 젖어 있었다. 카페마다 인산인해였다. 게다가 댄서들도 들어와 앉아 테이블 밑에다 흰 천으로 칭칭 감은 두 다리를 내던지고는 방울 달린 모자를 흔들어 물방울을 털며, 붉은 색과 자색 윗옷을 의자에 걸어 놓고 말렸다. 밖에는 비가 줄기차게 쏟아지고 있었다.

나는 북적거리는 카페를 빠져나와 저녁 식사를 하러 가기 위해 면도를 하려고 호텔로 돌아왔다. 방 안에서 면도를 하고 있는데 누군가가 문을 두드렸다.

"들어오십시오."

몬토야였다.

"기분이 어떠십니까?"

"좋습니다."

"투우도 없군요."

"네, 그저 비만 오는군요."

"친구분들은 어디 계십니까?"

"이루냐에 있답니다."

몬토야는 어색한 듯한 미소를 지었다.

"저, 미국 대사를 알고 계시는지요?"

"그럼요. 미국 대사야 다 알고 있죠."

"지금 이곳에 와 계십니다."

"그래요, 모두들 보았습니다."

"나도 그분을 보았습니다." 그는 이렇게 말하고는 잠자코 있었다. 나는 면도를 계속했다.

"앉으세요, 한잔 가지고 오라고 할 테니."

"아뇨, 가야 합니다."

나는 면도를 끝마치고 나서 세면대에다 얼굴을 처박고 찬물로 세수를 했다. 몬토야는 그대로 거기 선 채 한층 더 어색한 표정을 짓고 있었다.

"저, 그랜드 호텔에 든 대사 일행으로부터, 페드로 로메로와 마르치알 랄란다 앞으로 지금 막 전갈이 왔습니다. 오늘 밤 저녁 식사를 마친 뒤에 커피를 같이했으면 좋겠다는군요."

"글쎄, 마르치알은 괜찮겠군요."

"마르치알은 오늘 생세바스티앙에 갔어요. 오늘 아침 마르케즈와 함께 차로 떠났죠. 오늘 밤에 돌아올 것 같지도 않아요."

몬토야는 난처한 표정을 하고 서 있었다. 내가 뭐라고 한마디 해주기를 바라는 눈치였다.

"로메로에겐 그 전갈을 전하지 않는 게 좋겠습니다."

"그렇게 생각하십니까?"

"물론이죠."

몬토야는 매우 기뻐했다.

"선생도 미국분이니까 선생께 물어보고 싶었던 겁니다."

"나라면 그렇게 하겠습니다."

"저 말이죠, 여러 사람이 그를 그렇게 대하고 있기 때문에 그의 가치도 모르는 겁니다. 그의 진가도 모르는 거죠. 외국분은 모두 그 사람을 칭찬할 수는 있어요. 이렇게 그랜드 호텔에 초대하는 일을 1년만 계속 해보십시오. 그럼 그 사람은 영 버리게 되고 말 테니."

"알가베노처럼 말이죠." 내가 이렇게 말했다.

"그렇죠, 알가베노처럼 말입니다."

"저분들은 훌륭한 분들입니다." 내가 말했다. "이곳까지 와서 투우사를 모집하는 미국 부인도 있을 정도니까요."

"나도 압니다. 젊은 사람만 찾더군요."

"그럼요, 늙은 사람은 살이 찌니까요."

"그렇지 않으면 갈로처럼 미치광이가 되니까요."

"하여튼 간단한 일입니다. 그 사람에게 전갈만 전하지 않으면 됩니다."

"그이는 참으로 훌륭한 청년이올시다. 동료들과 함께 있어야만 합니다. 그런 분들과 함께 섞여서는 안 되지요."

"자, 한잔 안 하시렵니까?" 내가 물었다.

"아닙니다. 가야겠습니다." 그는 방에서 나갔다.

나는 아래층으로 내려가 밖으로 나갔다. 아케이드 아래를 지나 광장 근처를 한 바퀴 거닐었다. 비는 아직 내리고 있었다. 친구들이 있나 하고 이루냐를 들여다보았으나 없어서 다시 광장을 이리저리 거닐다가 호텔로 되돌아왔다. 그들은 아래층 식당에서 저녁을 먹고 있었다.

그들은 나보다 훨씬 먼저 식사를 시작했기 때문에 보조를 맞추려고 해도 소용없는 일이었다. 빌은 몇 번이고 마이크의 구두 닦는 값을 치러 주고 있었다. 구두닦이가 거리 쪽으로 난 문을 열고 안을 들여다볼 때마다 빌은 그들을 불러서 마이크의 구두를 닦게 했다.

"벌써 열한 번이나 닦는 거라네." 마이크가 말했다. "이봐, 빌은 정말 바보야."

구두닦이들이 소문을 퍼뜨린 모양이었다. 또 하나가 들어왔다.

"아저씨, 구두 안 닦으세요?" 빌에게 물었다.

"내가 아니라 이 아저씨야." 빌이 말했다.

그 애는 구두 닦는 다른 애 옆으로 가서 무릎을 꿇더니, 이미 전등 불빛을 받아 번쩍거리는 마이크의 구두 한 짝을 닦기 시작했다.

"빌은 굉장한 웃음거리야." 마이크가 하는 소리였다.

나는 적포도주를 마시고 있었는데, 친구들보다 식사가 늦었기 때문에 이 구두닦이 소동에 약간 불쾌해졌다. 나는 방 안을 훑어보았다. 옆 테이블에 페드로 로메로가 있었다. 내가 머리를 끄덕여 아는 체를 했더니, 그는 일어서며 자기 테이블로 와서 친구를 만나주었으면 좋겠다고 했다. 그의 테이블은 바로 우리 테이블 옆, 거의 닿을 만한 곳에 있었다. 나는 그의 친구라는, 마드리드의 투우 비평가와 인사를 했다. 얼굴이 여위고 몸집이 작은 사나이였다. 내가 로메로에게 그의 투우를 무척이나 좋아한다고 했더니 그는 여간 좋아하지 않았다. 우리는 스페인 말로 이야기를 주고받았으나 그 비평가는 프랑스 말을 좀 알고 있었다. 나는 내 포도주 병을 가져오려고 내 옆의 테이블로 손을 뻗쳤으나 비평가는 내 팔을 붙잡았다. 로메로는 웃었다.

"여기 이 술을 드세요." 그는 영어로 말했다.

그는 자기의 영어 실력을 퍽 부끄러워했으나, 사실은 무척 흐뭇해했다. 그리고 이야기를 계속하는 동안에 분명치 않은 단어를 끄집어내어 나에게 그 뜻을 물었다. 꼬리다 드 또로스를 정확하게 영어로 어떻게 번역하는지 무척 알고 싶어했다. 투우라는 말을 그는 잘 납득하지 못하는 듯했다. 나는 투우는 스페인 말로 또로(소)의 리디아(싸움)에 해당한다고 설명했다. 스페인 말의 꼬리다는 영어로는 황소가 질주한다는 뜻이고, 프랑스 말로는 황소가 달린다는 뜻에 해당된다. 이때 비평가가 끼어들었다. 투우에 해당하는 스페인 말은 없다는 것이었다.

페드로 로메로는 지브롤터에서 영어를 조금 배웠다고 말했다. 그는 론다 태생이었다. 그곳은 지브롤터 북쪽에 있는데 그다지 멀지 않다. 그는 말라가^(지브롤터 근처 지중해 연안 마을)의 투우 학교에서 투우를 시작했다. 3년 동안만 거기에 있었다. 투우 비평가는 로메로가 사용한 말라가 지방의 사투리를 귀담아 들었다고 그를 놀려댔다. 로메로는 열아홉 살이라고 했다. 형도 발데릴레로^(황소의 어깨나 목에다 칼을 찌르는 역할)로 그와 함께 있었으나 지금 이 호텔에는 없다. 그는 로메로를 위해서 일을 해주는 다른 사람들과 함께 좀 작은 호텔에 머물고 있다. 그는 나에게 자기를 투우장에서 몇 번 보았느냐고 물었다. 세 번뿐이라고 대답했다. 정말은 두 번뿐이었으나 잘못 말한 뒤라 설명하고 싶지는 않았다.

"그전에 어디서 보셨습니까? 마드리드에선가요?"

"네."

나는 거짓말을 했다. 투우 신문에서 그가 마드리드에서 두 번 출장했다는 기사를 읽은 적이 있었으므로 나는 아무렇지 않았다.

"첫 번째였습니까, 두 번째였습니까?"

"첫 번째였지요."

"그땐 형편없었죠. 두 번짼 그래도 좀 나았습니다만. 기억나십니까?" 그는 비평가를 쳐다보았다.

그는 조금도 당황하지 않았다. 그는 자기의 기술이 자기 자신과는 전혀 별개의 것처럼 얘기했다. 그에게는 꾸민다든지 거짓말을 한다든지 하는 데가 조금도 없었다.

"내 기술을 선생께서 좋아하신다니 고맙습니다. 그러나 아직 진짜는 못 보셨습니다. 좋은 황소만 나온다면 내일 보여드리겠습니다." 그는 히죽이 미소를 띠었는데, 비평가나 내가 그의 이러한 태도를 제 자랑으로 여기지 않았으면 하는 눈치였다.

"거 꼭 보고 싶군요." 비평가의 말이었다. "납득이 갈 때까지 말이에요."

"이 친군 내 기술을 그리 좋아하지 않는답니다." 로메로는 내 쪽으로 몸을 돌렸다. 아주 진지한 말투였다.

비평가는, 자기는 그것을 매우 좋아하기는 하지만 아직 불완전하다고 설명했다.

"내일까지 기다려 주십시오, 좋은 황소만 걸리면."

"내일 나올 황소를 보셨습니까?" 비평가가 나에게 물었다.

"네, 내리는 걸 보았습니다."

페드로 로메로가 앞으로 몸을 내밀었다.

"그래, 어떻습니까?"

"참 좋던데요. 무게가 26아로바(질량 단위.
1아로바는 약 11.5kg)쯤 나갈 것 같더군요, 뿔은 아주 짧고. 그놈들을 보셨습니까?"

"네." 로메로가 대답했다.

"26아로바는 못 될걸요." 비평가가 말했다.

"그렇겐 못 되죠." 로메로도 맞장구쳤다.

"뿔이라기보다는 바나나더군요." 비평가가 말했다.

"선생도 바나나라고 생각하십니까?" 로메로는 나를 쳐다보며 미소를 지었다. "설마 선생까지 바나나라고 할 건가요?"

"그럼요, 틀림없는 뿔이던데요."

"퍽 짧습니다." 페드로 로메로가 말했다. "무척 짧죠. 하지만 바나나는 아닙니다."

"여봐요, 제이크." 브레트가 옆 테이블에서 불렀다. "우릴 무시할 건가요?"

"잠깐만, 투우 애길 하는 중이야." 내가 말했다.

"뽐내지 말아요."

"황소에게 뿔이 없다고 말해 줘." 마이크가 외쳤다. 그는 취해 있었다.

로메로는 영문을 모르겠다는 표정으로 나를 쳐다보았다.

"취했답니다." 내가 말했다. "주정뱅이랍니다! 지독한 주정뱅이지요!"

"소개해 주세요." 브레트가 말했다. 그녀는 페드로 로메로에게서 눈을 떼지 않고 있었다. 나는 두 사람에게 우리와 함께 커피를 마시지 않겠냐고 물었다. 둘 다 일어섰다. 로메로의 얼굴은 볕에 그을려 검붉었으며 그의 몸가짐은 매우 훌륭했다.

나는 모든 사람에게 대충 소개를 하고 모두 앉으려 했으나 자리가 부족했다. 하는 수 없이 우리는 벽 옆에 있는 큰 테이블로 자리를 옮겼다. 마이크는 폰다도르(스페인산 브랜디) 한 병과 사람 수대로 술잔을 가져오라고 했다. 취담이 한창 오갔다.

"글을 쓴다는 건 부질없는 수작이라고 저 사람에게 일러주게." 빌이 말했다. "자, 어서 얘기해 줘. 내가 작가인 것을 부끄러워한다고 저 사람에게 이야기하란 말이야."

페드로 로메로는 브레트 옆에 앉아서 그녀의 이야기에 귀를 기울이고 있었다.

"자아, 어서 말해 달라니깐!" 빌이 재촉했다.

로메로는 웃으면서 얼굴을 들었다.

"이분은 작가랍니다."

내 말에 로메로는 깊은 감명을 받은 듯했다.

"이분도 그렇습니다." 나는 콘을 가리켰다.

"저분은 빌라타를 닮았군요." 로메로는 빌을 쳐다보았다.

"라파엘, 저 양반 빌라타를 닮은 것 같지 않아요?"

"글쎄." 비평가가 대꾸했다.

"정말입니다." 로메로가 스페인어로 말했다. "빌라타를 꼭 빼닮았어요. 취하신 분은 하는 일이?"

"하는 게 없죠."

"그래서 술을 마시고 계시는군요?"

"아니죠, 그는 이 부인과 결혼하기를 기다리고 있죠."

"황소엔 뿔이 없다고 그 작자한테 그러란 말이야!" 마이크가 형편없이 취한 목소리로 테이블 저 끝에서 외쳤다.

"뭐라고 그러는 겁니까?"

"취했답니다."

"제이크." 마이크가 큰 소리로 불렀다. "그 작자한테 말해 달라니까, 황소엔 뿔이 없다고."

"알아들었습니까?"

"네."

그가 알아들을 리가 없었으므로 나는 마음이 놓였다.

"그 작자가 초록색 바지 입는 것을 브레트가 몹시 알고 싶어한다고, 그 녀석한테 말해 줘."

"좀 조용히 하게, 마이크."

"그 바지를 어떻게 입는가를 브레트가 보고 싶어한다고 그놈한테 말해 달란 말이야."

"조용히 해."

그동안 로메로는 자기 앞에 놓인 술잔을 든 채 브레트와 이야기하고 있었다. 브레트는 프랑스 말로 이야기했고, 로메로는 스페인 말에다 영어를 섞어가며 이야기하면서 웃고 있었다.

빌은 빈 잔에다 술을 따르고 있었다.

"그놈에게 이야기해 달라니까, 브레트는……."

"어이 마이크, 가만있지 못하겠나, 제발 부탁이네!"

로메로는 빙그레 웃으며 일어섰다. "가만있으라는 말은 압니다."

바로 그때 몬토야가 방 안으로 들어왔다. 그는 나를 보고 빙그레 웃으려고 했으나, 큰 코냑 술잔을 든 페드로 로메로가 있는 것을 알아차렸다. 또 주정뱅이들이 가득 모인 테이블에서 나와 함께 어깨를 드러내 놓은 여자와 웃으면서 앉아 있는 로메로를. 몬토야는 고개를 끄덕이지도, 쳐다보지도 않았다.

몬토야는 방에서 나갔다. 마이크가 일어서서 축배를 들자고 외쳤다. "자아, 다들 듭시다……." 내가 말을 보탰다. "페드로 로메로를 위해서." 모두 일어섰다. 로메로는 내 말을 진지하게 받아들였고, 우리는 서로 술잔을 부딪치고는 쭉 마셨다. 마이크가 축배를 들자고 한 것은 그런 뜻에서 한 말이 아님을 밝히려고 나는 일부러 빨리 마셨다. 하지만 무사히 끝나, 페드로 로메로는 모든 사람과 악수하고는 비평가와 함께 밖으로 나갔다.

"참 귀여워요!" 브레트가 감탄했다. "그 옷을 입는 걸 보고 싶어요. 분명 구두 주걱을 쓸 테죠."

"나도 그 말을 하려던 참이었소." 마이크가 말을 꺼냈다.

"그런데 제이크가 훼방을 놓았지 뭐야. 왜 방해하는 거야? 자네가 나보다도 스페인 말이 능숙하다고 생각한 거야?"

"이봐, 입 좀 다물고 있게, 마이크! 누가 자넬 방해했다는 건가?"

"아냐, 이것만큼은 분명히 해 두어야겠어." 그는 내게서 몸을 돌렸다. "그래, 자네가 뭐 대단한 사람이라고 생각하나, 콘? 우리와 한패라고 생각하는 건가? 재미를 보려고 온 우리와 한패라고? 정말이지, 그렇게 귀찮게 굴진 말게, 콘!"

"어이, 마이크. 제발 좀 그만두게!" 콘이 말했다.

"브레트가 자네가 여기 있는 걸 바라는 줄 아나? 자네가 우리와 한패라고 생각하나? 왜 말이 없는 거야?"

"난 자네와 같은 문학가는 아니야." 마이크는 비틀거리면서 일어서더니 테이블에 기댔다. "난 바보란 말이야. 하지만 사람들이 날 싫어하는 것만큼은 안단 말이야. 그런데 자네는 자넬 싫어한다는 걸 어째서 모르나, 콘? 가게, 제발 가 주게. 제발 그 슬퍼 보이는 유대인의 얼굴을 치워 달란 말이야. 내 말이 옳다고 생각되지들 않나?"

그는 우리를 둘러보았다.

"그렇고말고." 내가 대꾸했다. "다들 이루냐로 가세."

"아니, 그래 내 말이 옳지 않다고 생각하나? 난 저 여잘 사랑한다고."

"또 시작이군요. 제발 그만둬요, 마이크." 브레트가 말했다.

"내 말이 옳지 않느냐 말이야, 제이크?"

콘은 아직도 가만히 앉아 있었다. 그의 얼굴은 모욕당했을 때처럼 핏기가 없고 누레지는 표정이었으나, 어쩐지 그것을 즐기는 것처럼 보였다. 술에 취해서 어린애처럼 유치한 영웅심을 발휘하고 있는 것이다. 작위(爵位)를 가진 부인과 연애를 하기 때문인지도 모르겠다.

"제이크." 마이크가 불렀다. 곧 울 것만 같은 목소리였다. "자넨 내가 옳다는 걸 알고 있을 테지, 들어 보게, 자네!" 이러더니 그는 콘에게 돌아서며 말했다. "가! 가 버려!"

"하지만 난 안 가겠네. 어떡할 텐가, 마이크." 콘도 지질 않았다.

"그럼 내가 가게 해주지!" 마이크는 테이블을 돌아서 콘이 앉아 있는 쪽으로 걸어갔다. 콘은 일어서더니 안경을 벗었다. 그의 얼굴은 핏기가 없고 파리해 보였다. 두 손을 나직이 겨누어 득의만만하고 단호한 태도로 공격에 대비하는 자세를 취했다. 그는 작위 있는 애인을 위해 언제라도 곧 얼마든지 싸우겠다는 태도였다.

나는 마이크를 붙잡았다. "자, 카페로 가세. 이 호텔에서 저 친구를 때려

선 안 돼."

"거 좋아! 좋은 생각이야!" 마이크도 응했다.

우리는 밖으로 나왔다. 마이크가 계단에서 걸려 비틀거릴 때 뒤돌아보았더니 콘은 다시 안경을 쓰는 중이었다. 빌은 테이블 앞에 앉아서 폰다도르를 한 잔 더 따르고 있었다. 브레트는 자기 앞의 아무도 없는 텅 빈 곳을 바라보고 있었다.

광장에선 비가 그치고, 달이 구름 사이로 이제 막 나오려 하고 있었다. 바람이 불었다. 군악대가 계속 연주하고 있었고, 사람들은 광장 저쪽에서 불꽃놀이 전문가와 그의 아들이 불꽃 풍선을 올리려는 곳에 모여 있었다. 풍선은 급경사진 각도를 재빨리 올라가다가는 바람을 맞고 터지기도 하고, 또는 광장에 있는 집들에 부딪혀 터지기도 했다. 어떤 것은 사람들이 모인 한가운데로 떨어졌다. 군중 속에서 마그네슘이 번쩍 비치고 불꽃이 터져서 사방으로 흩어져 날았다. 광장에서는 이제 아무도 춤추지 않았다. 땅 위의 자갈은 몹시 젖어 있었다.

브레트는 빌과 함께 밖으로 나와 우리 틈에 끼었다. 우리는 군중들 틈에 끼어서, 불꽃 풍선의 왕인 돈 마뉴엘 오르퀴토가 조그만 단 위에 올라가 사람들의 머리보다 높은 곳에 서서 풍선이 바람을 잘 타고 올라가도록 막대기로 조심조심 풍선을 날리는 것을 보고 있었다. 바람이 불어 풍선을 전부 떨어뜨리고, 찬란한 불꽃 빛에 반사되어 땀을 흘리는 돈 마뉴엘 오르퀴토의 얼굴을 볼 수 있었다. 불꽃은 군중 사이로 떨어지며 터져서 뿌드득 뿌드득 타기도 하고, 딱딱 소리를 내며 튀기도 하면서 사람들 다리 사이로 날아 흩어졌다. 새 종이 풍선이 비스듬히 떠올라 발화해서 떨어질 때마다 사람들이 우우 하고 함성을 질렀다.

"모두들 돈 마뉴엘을 비웃고 있군." 빌이 말했다.

"대체 돈 마뉴엘이라는 걸 어떻게 아세요?" 브레트가 물었다.

"프로그램에 나와 있습니다. 돈 마뉴엘 오르퀴토, 불꽃 풍선의 왕이라고."

"조명 풍선이지. 조명 풍선을 모은 거야. 신문에 그렇게 나와 있던데."

바람이 악대의 음악 소리까지 날려 버렸다.

"글쎄, 한 개 올라갔으면 참 좋겠어요. 저 돈 마뉴엘이라는 사람 참 미련해요."

"'축(祝) 산 페르민'이라는 글자를 불꽃으로 써 보려고 아마 몇 주일 동안이나 준비를 했겠지." 빌이 말했다.

"조명 풍선이라니까, 지독히 많은 조명 풍선이야." 마이크가 말했다.

"가요. 이런 곳에 서 있을 순 없잖아요."

"마님께서 한잔하고 싶어하시는군." 마이크가 빈정거리며 말했다.

"잘도 아시는군요." 브레트가 받았다.

카페 안은 혼잡했고 몹시 시끄러웠다. 우리가 들어오는 것을 알아본 사람은 없었고 남아 있는 자리도 전혀 없었다. 매우 시끄럽기만 했다.

"자아, 나가세." 빌이 말했다.

바깥에서는 행렬이 막 아케이드 아래로 들어가고 있었다. 비아리츠에서 온, 운동복을 입은 영국인과 미국인이 테이블 여기저기에 흩어져 앉아 있었다. 코안경을 쓰고, 지나가는 사람들을 보고 있는 여자들도 있었다. 우리는 조금 전에 비아리츠에서 온, 빌의 친구라는 여자를 만났다. 그녀는 또 한 여자와 그랜드 호텔에 묵고 있었는데, 그 여자는 두통으로 호텔에 누워 있었다.

"여기 선술집이 있군." 마이크가 말했다.

'바 밀라노'라는 조그만 술집으로, 식사도 할 수 있고 뒷방에서는 춤도 출 수 있었다. 우리는 모두 자리에 앉아 폰다도르를 한 병 주문했다. 손님도 많지 않고 음악도 전혀 없었다.

"지독한 곳이군." 빌이 말했다.

"너무 일러서 그렇지."

"술병이나 받아 두고 나중에 오는 게 어때? 이런 밤엔 이런 곳에 앉아 있고 싶지 않아, 난." 빌이 말했다.

"자, 나가서 영국 사람이나 만나 보세. 난 영국 사람 보는 게 좋더라." 마이크가 말했다.

"무서운 놈들이야." 빌이 말했다. "도대체 어디서 왔을까?"

"비아리츠에서 온 거야. 시대에 뒤처진 스페인풍의 축제 마지막 날을 보러 온 거지." 마이크가 말했다.

"내가 그놈들을 혼내 줄 테다."

"대단한 미인이구려." 마이크가 빌의 친구에게 말했다. "언제 여기 오셨소?"

"그만둬요, 마이크."

"참 예쁜 여잔데. 난 여태까지 어디 있었담? 여태까지 뭘 보고 있었을까? 참 귀엽군. 전에 만난 일이 있었나? 나와 빌하고 함께 가지 않으려오? 영국 사람을 보러 가는 거요."

"그놈들을 보러 가는 거야." 빌도 맞장구쳤다. "그놈들은 대관절 이 축제에 와서 뭘 하고 있는 거야?"

"가지." 마이크가 음성을 높였다. "우리 셋이서 그 지긋지긋한 영국 사람을 보러 가는 거야. 설마 댁이 영국 사람은 아니겠죠? 난 스코틀랜드 사람이라오. 영국 사람은 싫어. 그놈들을 혼내 줘야지. 자, 가세, 빌."

창 너머로 세 사람이 서로의 팔을 끼고 카페 쪽으로 걸어가는 것이 보였다. 광장에는 불꽃이 올라가고 있었다.

"난 여기 있겠어요." 브레트가 말했다.

"나도 함께 있겠습니다." 콘이 말했다.

"어머! 제발 그만두세요!" 브레드가 말했다. "부탁이에요. 어디론가 가주세요. 제이크와 애기할 게 있다는 걸 모르세요, 네?"

"몰랐군요. 좀 취한 것 같아서 여기 앉아 있을까 했습니다." 콘이 변명했다.

"이상한 이유도 다 있군요. 취했으면 가서 자요. 주무시라니까요."

"내가 저분께 지나치게 굴었나요?" 브레트가 물었다. 콘은 가 버리고 없었다. "아이, 난 저 사람이 너무 싫어요."

"놈이 있으면 더 이상 유쾌해지지는 않지."

"그 사람을 보면 우울해지기만 해요."

"참 실례되는 짓만 골라서 하는 녀석이지."

"점잖게 굴 기회도 있었는데."

"지금도 문밖에서 우리를 기다리고 있을지도 모르지."

"네, 아마 그럴 거예요. 그 사람이 뭘 생각하는지 난 알아요. 그게 아무런 뜻도 없었다는 걸 믿을 수 없는 거예요."

"그렇지."

"저런 무례한 사람은 세상에 둘도 없어요. 아아, 모든 게 다 싫어졌어요.

마이크도. 그이도 전에는 훌륭했었는데.”

“마이크에겐 너무했지.”

“네, 그래도 비열해질 것까진 없잖아요?”

“누구나 실례되는 짓만 할 때가 있지. 정당한 기회를 그 사람들에게 줘 봐.”

“당신은 실례되는 짓은 안 하시던데요, 뭘 그러세요.” 브레트가 나를 빤히 쳐다보았다.

“나도 콘 같은 바보가 될 텐데, 뭘.”

“그런 쓸데없는 소린 그만 하세요.”

“그만두지, 당신이 좋아하는 얘기나 합시다.”

“너무 까다롭게 굴지 말아요. 나에게는 당신밖에 없어요. 그런데 오늘 밤 은 왜 이렇게 맘 붙일 데가 없을까요.”

“당신에게는 마이크가 있잖소.”

“그래요. 그래도 마이크는 점잖지 못한걸요.”

“그럴 수밖에. 콘이 당신을 늘 따라다니며 당신과 같이 있으니 마이크는 견딜 수가 없겠지. 안 그렇겠소.”

“나도 그건 알아요. 제발 더 이상 저를 괴롭히진 마세요, 네?”

이 정도로 초조해하는 브레트를 본 적은 처음이었다. 그녀는 내게서 시선 을 돌린 채 벽만 쳐다보고 있었다.

“산책하지 않겠소?”

“네, 가요.”

나는 폰다도르 병의 마개를 막아서 바텐더에게 주었다.

“그거 한 잔씩 더 마셔요. 머리가 혼란스러워 죽을 지경이에요.”

우리는 순한 아몬틸라도 브랜디를 한 잔씩 마셨다.

“자, 이젠 가요.” 브레트가 말했다.

우리가 문을 나서자 콘이 아케이드 아래에서 걸어 나오는 것이 보였다.

“저기 있어요.”

“당신에게서 떨어질 수 없는 모양이군.”

“가엾어라!”

“가엾을 건 없소. 난 놈이 싫어 죽겠소.”

"나도 싫어요." 그녀는 몸을 떨었다. "저렇게 고민하는 게 싫어요."

우리는 서로 팔짱을 끼고는 북적거리는 사람들과 광장의 불빛을 피해 샛길을 걸었다. 거리는 캄캄하고 젖어 있었다. 우리는 그 길을 지나 시내 한끝에 있는 요새까지 걸어갔다. 술집을 몇 집 지났는데 집집마다 문에서 불빛이 어두운 거리로 흘러나왔고, 갑자기 음악 소리가 요란하게 들려왔다.

"들어가겠소?"

"싫어요."

우리는 젖은 풀밭을 가로질러 요새의 돌담 쪽으로 걸어갔다. 내가 돌 위에 신문지를 한 장 깔자 브레트가 앉았다. 들판 저 너머로 어두컴컴하니 산들이 보였다. 바람은 세차게 불더니 달을 가린 구름을 걷어갔다. 아래는 요새의 컴컴한 구멍이었다. 뒤에는 나무와 시원한 그림자가 있었고, 달을 배경으로 시내는 어렴풋하게 윤곽만 보였다.

"기분 나쁘지 않은데."

"난 기분 나빠요. 말을 하지 말아요."

우리는 들판을 내다보았다. 나무들이 길게 늘어선 것이 달빛 아래서 거뭇거뭇하게 보였다. 산 언덕길에는 자동차 불빛이 보였고, 산꼭대기에는 요새의 불빛이 보였다. 왼쪽 아래로는 강이 흐르고 있었는데, 비 때문에 물이 불어 검게 번들거렸다. 강둑을 따라 쭉 한 줄로 늘어선 나무들은 검게 보였다. 우리는 나란히 앉아 내다보았다. 브레트는 앞을 뚫어져라 바라보고 있었다. 갑자기 그녀가 몸을 부들부들 떨었다.

"추워요."

"돌아갈까?"

"공원으로 해서 가요."

우리는 내려왔다. 또다시 날이 흐려졌으며 공원에 들어가니 나무 아래쪽은 어두웠다.

"아직도 날 사랑하세요, 제이크?"

"물론이지."

"내가 몹쓸 여자라."

"그건 무슨 말이오?"

"나는 몹쓸 여자예요. 난 그 로메로라는 사람에게 미쳤어요. 난 암만해도 그를 사랑하고 있나 봐요."

"나 같으면 그러지 않겠는데."

"난 어떡할 수 없어요. 버려진 사람이에요. 내 마음은 아주 갈가리 찢겨져 버린 걸요."

"제발 그러지 마오."

"할 수 없어요. 지금까지의 모든 일에 그랬어요."

"그래선 안 돼."

"왜 안 된다는 거예요? 난 그만둘 수 없어요. 아시겠어요?"

브레트의 손은 떨리고 있었다.

"난 언제나 이래요."

"그래선 정말 안 되오."

"어쩔 수가 없어요. 이제 안 돼요. 달라진 거 모르겠어요?"

"모르겠는데."

"난 어떻게라도 해야만 되겠어요. 정말로 하고 싶은 걸 어떡해요. 자존심이고 뭐고 다 없어요."

"그러면 안 돼."

"딱딱한 말은 집어치워요. 저 지긋지긋한 유대인과 밤낮 몰려다니고, 마이크는 또 저런 상태고, 내 기분이 어떤지 알겠어요?"

"그렇긴 하지."

"언제나 취해 있을 수도 없잖아요."

"그건 그렇지."

"아아, 부탁이니 내 곁을 떠나지 마세요. 내 곁에 있어 주세요."

"그러지."

"난 그게 옳은 일이라곤 생각지 않아요. 하지만 나에겐 옳은 일이죠. 정말이지 이런 기분은 이번이 처음이에요."

"내가 어떻게 했으면 좋겠소?"

"가요, 그 사람을 찾으러 가요."

우리는 나란히 공원의 컴컴한 나무들 아래 자갈길을 걸어서 문을 지나 시내로 통하는 거리로 나왔다.

페드로 로메로는 카페에 있었다. 그는 다른 투우사와 또 투우 비평가들과 함께 테이블에 앉아 있었다. 그들은 담배를 피우고 있었다. 우리가 들어가자 모두들 고개를 들었다. 로메로는 빙그레 미소를 띠며 인사했다. 우리는 방 한가운데 있는 테이블 앞에 가서 앉았다.

"저이들보고 여기 와서 한잔하도록 말해 주세요, 네?"

"아직 안 돼, 이제 곧 그가 올 거요."

"저이를 쳐다볼 수가 없어요."

"쳐다볼수록 미남이지."

"난 언제나 하고 싶은 일만 해 왔어요."

"알고 있소."

"기분이 매우 언짢아요."

"음……."

"아아! 여자란."

"뭐라고?"

"아아, 기분이 매우 언짢아요."

나는 저쪽 테이블을 보았다. 페드로 로메로가 빙그레 웃어 보였다. 테이블에 앉아 있는 사람들에게 뭐라고 하더니 일어서서 우리에게로 왔다. 나는 일어서서 악수를 했다.

"한잔할까요?"

"같이 한잔해 주세요." 그는 아무 말도 하지 않았지만 브레트에게 용서를 청하며 앉았다. 예의 바른 몸가짐이었다. 그러나 담배는 계속해서 피웠다. 그것이 그의 얼굴에 어울렸다.

"담배를 좋아하시는군요?"

"네, 그렇습니다. 늘 담배를 피우고 있습니다."

그것은 위엄 있게 보이기 위해서였다. 그러고 보니 그는 한결 나이가 들어 보였다. 나는 그의 피부를 눈여겨보았다. 깨끗하고 매끈매끈하고 진한 갈색이었는데, 턱뼈 위에 세모꼴의 상처가 있었다. 나는 그가 브레트를 쳐다보고 있는 것을 보았다. 자기들 둘 사이에 뭔가 있다는 것을 로메로도 느끼고 있었다. 브레트가 그에게 손을 내밀었을 때 그것을 느꼈음에 틀림없다. 매우 조심하고 있었다. 자신은 있었겠지만 실수를 하고 싶지는 않았을 것이다.

"내일 또 투우가 있으시죠?" 내가 물었다.

"네. 알가베노가 어제 마드리드에서 다쳤습니다. 그 얘기는 들으셨습니까?"

"못 들었는데요. 심하게 다쳤습니까?"

그는 고개를 저었다.

"아무것도 아닙니다, 여기에요." 그는 손을 보였다. 브레트는 손을 뻗쳐 그의 손가락을 폈다.

"아니." 그는 영어로 말했다. "점을 치십니까?"

"가끔요. 봐도 좋은가요?"

"네, 좋아합니다." 그는 테이블 위에다 손을 펼쳤다. "언제까지도 장수하며 백만장자가 되겠다고 말해 주세요."

그는 여전히 정중했지만 더욱더 자신을 가졌다. "내 손에서 소가 보입니까?"

그는 웃었다. 그의 손은 아주 곱고 손목도 가늘었다.

"수천 마리의 황소가 있군요." 브레트는 이제 조금도 초조해하지 않았고 귀엽게만 보였다.

"좋습니다." 로메로는 소리를 내서 웃었다. "한 마리에 천 두로씩 한답니다." 이 말은 스페인 말로 했다. "좀더 말씀해 주십시오."

"좋은 손금이에요. 분명히 장수하실 거예요."

"나에게 그렇게 말해 주십시오, 친구분에게 말하시지 말고."

"당신이 장수하실 거라고 그랬어요."

"알겠습니다. 나는 무슨 일이 있어도 죽지 않을 테니까."

나는 손가락 끝으로 테이블을 두드렸다. 로메로가 그것을 보더니 고개를 저었다.

"아니, 그러실 필요 없어요. 소는 나의 제일가는 친구입니다."

나는 브레트에게 통역해 주었다.

"그럼 당신은 친구를 죽이세요?"

"언제나." 그는 영어로 말하고는 웃었다. "그래서 소는 절 죽이지 않는 거랍니다." 그는 테이블 너머로 브레트를 쳐다보았다.

"영어 참 잘하시네요."

"네, 때로는 조금씩 하지요. 하지만 누가 알아서는 안 됩니다. 영어를 하는 투우사란 좋지 않으니까요."

"왜요?"

"좋지 못해요. 사람들은 그걸 싫어하니까요."

"왜 그러죠?"

"사람들은 그걸 좋아하지 않습니다. 투우사란 그런 게 아니니까요."

"그럼 투우사란 어떤 건데요?"

그는 웃고 나서 모자를 눈 위까지 깊숙이 눌러 쓰고는 담배 각도와 얼굴의
표정을 바꿨다.

"저 테이블에 앉아 있는 사람 같은 것이죠." 나는 그쪽을 바라보았다. 그
는 나치오날의 표정을 그대로 흉내 내고 있었다. 그는 한번 빙그레 웃더니
다시 자연스런 얼굴로 돌아갔다.

"안 되겠어요. 난 영어를 잊어버려야만 하겠습니다."

"아직은 그럴 필요 없어요."

"안 됩니까?"

"안 돼요."

"알겠습니다."

그는 또 웃었다.

"나, 그런 모자를 좋아해요."

"좋습니다. 하나 구해 드리죠."

"네, 꼭 그렇게 해주세요."

"네, 오늘 밤에 하나 구해 드리겠습니다."

나는 일어섰다. 로메로도 일어섰다.

"앉아 계십시오." 내가 말렸다. "난 가서 친구들을 찾아서 이리로 데려와
야겠어요."

그는 나를 쳐다보았다. 그것은 이해해줄 수 있는가를 묻는 마지막 눈빛이
었다. 물론 나는 이해할 수 있었다.

"앉으세요." 브레트가 졸랐다. "나에게 스페인 말을 가르쳐 주셔야 해요."

그는 앉더니 테이블 너머로 브레트를 쳐다보았다. 나는 밖으로 나왔다. 투
우사의 테이블에 있던 사람들이 험한 눈초리로 내가 나오는 것을 노려보았
다. 기분이 좋지 않았다. 그러고 나서 30분 뒤에 돌아와 카페 안을 들여다보

앉더니 브레트도 페드로 로메로도 이미 나가고 없었다. 커피 잔과 우리 셋이 마시던 빈 코냑 잔만이 테이블 위에 있었다. 웨이터가 행주를 들고 와서 잔을 치우고 테이블을 훔쳤다.

17

‘바 밀라노’ 밖에서 나는 빌과 마이크와 에드나를 만났다. 에드나란 아까 그 여자의 이름이었다.

“쫓겨났어요.” 에드나가 말했다.

“경찰한테 말일세.” 마이크가 맞장구를 쳤다. “거기에 날 싫어하는 놈들이 있었어.”

“네 번이나 싸울 뻔한 것을 내가 가까스로 말렸어요. 날 좀 도와주세요.” 빌의 얼굴은 시뻘게졌다.

“다시 들어갑시다, 에드나.” 빌이었다. “들어가서 마이크하고 춤을 춰.”

“그만둬요. 또 한바탕 소동이 벌어지게요?”

“그 비아리츠의 개새끼들.” 빌이 씩씩거렸다.

“자, 들어가지.” 마이크가 말했다. “아무리 그래도 술집이 아닌가. 놈들이 술집을 온통 독차지할 수는 없는 거야.”

“그런데, 제이크. 빌어먹을 영국 개새끼들이 여기까지 몰려와서 마이크를 모욕하고 축제까지 엉망진창으로 만들어 놓았지 뭔가.”

“참 지독한 놈들이야. 에이 지긋지긋해, 영국 놈들이라면.”

“마이크를 모욕하다니, 마이크가 누구라고, 어림도 없는 소리지. 내가 가만 두지 않겠어. 마이크가 파산자라고 해도 그게 무슨 상관이야?” 이러는 빌의 목소리는 떨렸다.

“아무래도 좋아.” 마이크가 말했다. “난 상관없어. 제이크도 그렇고. 당신은 어때?”

“물론 아무 상관도 없죠.” 에드나였다. “그런데 당신 파산하셨어요?”

“물론이지. 자네도 상관없지, 어떤가, 빌?”

빌은 마이크의 어깨에다 팔을 올렸다.

“나도 파산자라면 좋겠는데. 저놈들을 한번 골려 줄 텐데.”

“그래봤자 영국놈인걸. 영국놈이 말하는 것에 신통한 게 있을 리 만무하지.”

“추잡한 개새끼들 같으니라고.” 빌의 기세는 대단했다. “내가 저놈들을 하나도 빼놓지 않고 쫓아낼 테니 가만있게.”

“빌.” 에드나는 그를 부르더니 나를 쳐다보았다. “제발 또 들어가지는 마세요. 빌, 그까짓 바보들을 가지고 뭘 그러세요.”

“맞았어, 맞아.” 마이크였다. “놈들은 바보고말고. 그렇고말고.”

“제까짓 놈들이 마이크에게 그따위 소릴 할 수 있느냐 말이야.”

“잘 아는 사람들인가?” 내가 마이크에게 물었다.

“아니, 처음 보는 놈들이야. 그런데 그놈들은 날 알고 있대 글쎄.”

“정말 참을 수 없는데.” 빌이었다.

“자, 스위조로 가 보세.” 내가 화제를 딴 데로 돌렸다.

“저놈들은 비아리츠에서 몰려온 에드나의 친구라는 거야.”

“그 사람들은 정말 바보들이라니까요.” 에드나의 말이다.

“그중 한 놈은 시카고에서 온 찰리 블랙맨이라는 놈이었어.” 빌이 말했다.

“난 시카고엔 가 본 일이 전혀 없는데.” 미이크가 말했다.

이 말에 에드나는 웃음을 터뜨리더니 좀처럼 그치지 않았다.

“날 다른 데로 데려다 주세요, 파산자 양반들.”

“무슨 소동이었나요?” 내가 에드나에게 물었다.

우리는 광장을 가로질러 스위조 쪽으로 걸어가고 있었다. 빌은 어디론지 가고 없었다.

“어떻게 된 건지도 모르겠어요. 그저 누가 경관을 불러서 마이크를 뒷방으로 끌어내게 했어요. 칸에서 마이크를 안 사람들도 있었어요. 마이크는 대체 어떻게 된 거예요, 네?”

“돈이라도 빌렸나 보지요. 사람이란 그런 일이 있으면 자포자기하는 수도 있으니까요.”

광장 매표소 앞에는 사람들이 두 줄로 늘어서서 기다리고 있었다. 그들은 의자에 앉아 있기도 하고, 땅 위에 담요나 신문지를 깔고 웅크리고 있기도 했다. 아침에 창구가 열리면 투우 입장권을 사려고 기다리는 것이었다. 밤하늘은 쾌청하고 달도 보였다. 줄을 서고 있는 사람들 중에는 자는 사람도 있었다. 카페 스위조에 들어가서 폰다도르를 주문했을 때 로버트 콘이 불쑥 안으로 들어왔다.

"브레트는 어디 있어?" 그가 물었다.

"모르겠는데."

"자네하고 같이 있지 않았나?"

"자러 갔겠지."

"아냐."

"그럼 나도 모르겠는걸, 어디 있는지."

불빛에 비친 그의 얼굴은 창백했다. 그는 그대로 서 있었다.

"어디 있는지 가르쳐 줘."

"앉기나 해. 어디 있는지 모른다니까."

"젠장, 정말 몰라?"

"닥쳐."

"브레트가 어디 있는지 가르쳐 줘."

"자네한텐 가르쳐 주지 않겠네."

"자넨 브레트가 어디 있는지 알고 있지?"

"알고 있어도 안 가르쳐 준다니까."

"이봐, 콘, 꺼져." 마이크가 소리쳤다. "브레트는 그 투우사 녀석하고 도망쳤어. 아마 지금은 신혼여행 중일걸."

"닥쳐."

"꺼져버려!"

마이크는 힘없이 말했다.

"그게 정말인가?" 콘은 내 쪽으로 몸을 돌렸다.

"꺼지라니까!"

"자네와 함께 있었지. 정말인가?"

"꺼지라니까!"

"네놈이 말하게 하겠어." 그는 앞으로 나섰다. "에이, 이 뚜쟁이 같은 놈아."

나는 그를 때리려고 했으나 그는 몸을 움츠렸다. 그의 얼굴이 날쌔게 피하는 것이 불빛을 통해 보였다. 그가 나를 때렸다. 나는 그만 바닥에 풀썩 주저앉고 말았다. 일어나려고 하자 그가 또 한 대 쳤다. 나는 테이블 밑으로 나자빠지고 말았다. 다시 일어나려고 했으나 다리가 없어진 것만 같았다. 나는 일어나서 놈을 때려주겠다는 생각을 했다. 마이크가 나를 부축해 일으켜 주었다. 누군가가 내 머리에다 주전자 물을 들이부었다. 마이크가 나를 끌어안고 있었고, 정신을 차리고 보니 나는 의자에 앉아 있었다. 마이크가 내 귀를 잡아당겼다.

"이봐, 자네 기절했었어." 마이크가 말했다.

"도대체 자넨 어디 가 있었나?"

"실은 옆에 있었어."

"싸움에 끼어들고 싶지 않았던 건가?"

"그 사람, 마이크까지 때려눕혔어요." 에드나가 하는 소리였다.

"천만에, 그놈이 때려눕히긴. 그냥 내가 누워 있었지." 마이크는 딴전을 부렸다.

"당신들의 축제에선 이런 일이 매일 밤 일어나나요?" 에드나가 물었다. "저어, 그 사람이 미스터 콘이죠, 네?"

"난 이제 괜찮아, 머리가 좀 멍하긴 하지만."

웨이터 몇 명과 구경꾼이 우리 주위에 몰려 있었다.

"자아!" 마이크가 소리를 질렀다. "가요."

웨이터들이 사람들을 쫓아냈다.

"볼 만했어요." 에드나였다. "그 사람은 권투 선수죠?"

"그렇소."

"빌도 여기에 있었으면 좋았을 걸. 빌도 얻어맞고 뻗는 꼴을 보고 싶었어요. 그는 보통 덩치가 아니니까요."

"난 그놈이 웨이터를 때려눕혀서 체포되기를 바랐지. 로버트가 감옥에 들어가 있는 꼴이 보고 싶어서." 마이크가 말했다.

"집어치워." 내가 쏘아붙였다.

"아이, 싫어요. 무슨 말을 그렇게 하세요!" 에드나가 말했다.

"아냐, 난 진심이야." 마이크도 지질 않았다. "난 얻어맞는 걸 좋아하는 사람은 아냐. 난 노름도 안 한다고."

마이크는 술을 마셨다.

"난 사냥도 좋아하지 않아. 말에게 짓밟힐 위험성이 언제나 있으니까. 기분 어떤가, 제이크?"

"괜찮아."

"당신 참 좋은 분이에요." 에드나가 마이크에게 하는 말이었다. "당신 정말 파산했어요, 네?"

"톡톡히 파산했지. 빚지지 않은 사람은 한 사람도 없어. 당신은 빚을 지진 않을 테지?" 마이크가 말했다.

"웬걸요. 많아요."

"내가 빚지지 않은 사람이 어디 있나. 오늘 밤도 몬토야에게서 100페세타 빌렸는데."

"정말인가?"

"갚을 거야, 난 늘 갚는 사람이니까."

"그래서 파산하셨군요, 그렇죠?" 에드나가 말했다.

나는 일어섰다. 두 사람이 멀리서 지껄이고 있는 것만 같았다. 어쩐지 모든 것이 값싼 신파처럼 생각되었다.

"난 호텔로 가야겠네." 내가 말했다. 그러자 내 이야기를 하는 것이 들렸다.

"저분 괜찮을까요?" 에드나가 물었다.

"같이 가는 게 좋을걸."

"괜찮아. 오지 않아도 좋아. 나중에 또 만나세."

나는 카페 밖으로 나왔다. 모두들 테이블에 그대로 앉아 있었다. 돌아보니 빈 테이블들이 몇 개 눈에 띄었다. 웨이터 하나가 테이블 앞에 앉아 머리를 두 손으로 감싸고 있었다.

광장을 가로질러 호텔 쪽으로 걸어가면서 보니까 모든 것이 새롭게 보였다. 전에는 여기에 나무들이 서 있는 것을 못 보았던 것이다. 깃대며 극장의 정면이 있는 것도 몰랐다. 모든 것이 변해 있었다. 마치 전에 교외에서 축구 시합을 하고서 오래간만에 집에 돌아오던 때와 똑같은 기분이었다. 나는 축구 용구를 집어넣은 여행 가방을 손에 들고 역 앞을 지나 거리를 걸었다. 내가 태어나 이제까지 살아온 마을 거리였는데도 아주 새롭게 보였다. 사람들이 잔디 위를 갈퀴로 긁어 길에서 나뭇잎을 태우고 있었는데, 나는 걸음을 멈추고 한참 바라다보고 있었다. 모두가 아주 새롭게만 보였다. 그러고는 또

다시 걸었는데, 내 발이 먼 곳에 있는 것같이 느껴졌고, 내 발소리가 굉장히 먼 곳에서 들려왔다. 경기 초반에 공으로 머리를 맞았던 것이다. 광장을 가로지르고 있으니까 그런 기분이 들었다. 호텔 계단을 올라갈 때도 그랬다. 계단을 올라가는 데 시간이 걸렸고, 여행 가방을 들고 있는 것처럼 느껴졌다. 방에는 불이 켜져 있었다. 빌이 나를 만나려고 밖으로 나왔다.

"여보게, 올라가서 콘을 만나 보게. 무척 괴로워하면서 자넬 찾던데그래."

"그 자식 지옥에나 가라고 해."

"어서 올라가서 좀 만나 봐."

나는 계단을 더 올라가고 싶지 않았다.

"자넨 뭐 때문에 날 그렇게 노려보는 건가?"

"난 자넬 노려보고 있지 않아. 그러지 말고 어서 올라가서 좀 만나 줘, 이 사람아. 그의 꼴이 말이 아냐."

"자넨 조금 전까지도 취해 있었잖아."

"지금도 취해 있어. 하지만 올라가서 콘을 좀 만나 주라니까, 자넬 만나고 싶어하니까."

"그럼 좋아."

문제는 계단을 올라가는 것이었다. 나는 상상속의 여행 가방을 들고 계단을 올라가서 콘의 방까지 복도를 걸어갔다. 문이 닫혀 있었다. 노크를 했다.

"누구요?"

"번즈일세."

"들어오게, 제이크."

나는 문을 열고 안으로 들어가서 내 여행용 가방을 내려놓았다. 방에는 불이 켜 있지 않았다. 콘은 컴컴한 어둠 속에서 침대 위에 얼굴을 파묻고 누워 있었다.

"여어, 제이크."

"나를 제이크라고 부르지 말게."

나는 문 옆에 서 있었다. 나는 집에 돌아왔을 때도 꼭 지금과 같았다. 지금 필요한 것은 뜨거운 목욕물이었다. 몸이 푹 잠기는 뜨거운 물속에 드러눕고 싶었다.

"욕실은 어디 있나?" 내가 물었다.

콘은 울고 있었다. 침대에 얼굴을 파묻은 채 울고 있었다. 프린스턴에서 입던 것 같은 하얀 셔츠를 입고 있었다.

"내가 나빴네, 제이크. 제발 용서해 주게."

"그만해, 그따위 소린."

"용서해 주게, 제이크."

나는 아무 말도 하지 않고 그냥 문 옆에 그대로 서 있었다.

"난 미쳤었어. 그때의 기분은 자네도 이해할 거야."

"집어치워, 그따위 소린."

"브레트에 관해선 참을 수 없었던 걸세."

"자넨 날 뚜쟁이라고 했어."

나는 아무래도 좋았다. 뜨거운 탕 속에 들어가고 싶었다. 뜨거운 물속에 깊숙이 잠기고 싶었다.

"알고 있어, 제발 잊어주게. 난 제정신이 아니었어."

"알겠네."

그는 울고 있었다. 그 소리는 묘했으며, 불도 켜지 않고 흰 셔츠를 입고 침대에 누워 있었다. 폴로 셔츠를 입고서.

"난 아침에 떠나겠어."

그는 소리도 내지 않고 울고 있었다.

"난 브레트의 일은 참을 수 없었어. 지옥에 들어가는 고통이었어, 제이크. 정말 지옥이 따로 없었어. 여기서 브레트를 만났는데 그녀는 날 마치 전혀 모르는 남자처럼 대했어. 난 그걸 참을 수 없었던 거야. 산 세바스티안에선 같이 살았어, 자네도 알고 있겠지만. 도저히 더는 참을 수 없었어."

그는 침대에 누워 있었다.

"어쨌든 난 목욕을 해야겠네."

"내 친구라곤 자네 하나뿐이야. 그런데 난 브레트를 너무나 사랑하고 있어."

"자, 그럼 실례하네."

"이제는 틀렸겠지? 틀린 것 같아."

"뭐가?"

"모든 게 다. 제발 날 용서한다고 해주게, 제이크."

"물론이지. 난 아무렇지도 않대도."

"난 너무도 괴로웠어. 완전히 지옥이었어, 제이크. 이제 이걸로 다 끝이야. 모든 것이."

"자, 그럼 잘 있게. 난 가야겠어."

그는 몸을 뒤척이며 침대 가장자리에 걸터앉더니 이내 일어섰다.

"그럼 잘 가게, 제이크. 악수해 주겠지, 응?"

"물론, 하고말고."

우리는 악수를 했다. 어두워서 그의 얼굴도 잘 보이지 않았다.

"자, 그럼 내일 아침에 만나세."

"난 아침에 떠나네."

"아, 그런가."

나는 밖으로 나왔다. 콘은 방 입구에 서 있었다.

"괜찮겠나, 제이크?"

"응, 괜찮아."

나는 욕실을 찾을 수가 없었다. 한참 뒤에야 찾아냈는데 깊은 석제 욕조였다. 수도꼭지를 틀었지만 물은 나오지 않았다. 난 욕조 가장자리에 걸터앉았다. 나가려고 일어섰으나 신을 벗은 것을 깨닫고, 신을 찾아 들고는 아래층으로 내려갔다. 내 방을 찾아 안으로 들어가 옷을 벗고는 침대에 누웠다.

눈을 뜨니 머리가 아픈데 거리를 지나가는 악대 소리까지 들려왔다. 빌의 친구인 에드나에게 황소가 거리를 지나 투우장으로 가는 것을 보게 데려다 주겠다는 약속이 문득 떠올랐다. 옷을 입고, 아래층으로 내려가 밖으로 나가니 아침 공기가 차가웠다. 사람들이 광장을 가로질러 투우장으로 급히 달려가고 있었다. 광장 저편에서는 사람들이 두 줄로 매표소 앞에 서 있었다. 그들은 7시에 팔기 시작하는 표를 벌써부터 기다리고 있는 것이다. 나는 급히 거리를 가로질러 카페 쪽으로 걸어갔다. 웨이터는 친구분들이 다녀가셨다고 했다.

"몇 사람이던가?"

"신사 두 분과 부인 한 분이시던데요."

그렇다면 다행이다. 빌과 마이크가 에드나를 데리고 온 것이다. 어젯밤 에

드나는 그들이 취해서 못 일어날까봐 걱정하고 있었다. 그래서 내가 꼭 그녀를 데리고 가기로 했던 것이다. 나는 커피를 마시고는 다른 사람들과 함께 투우장 쪽으로 급히 달려갔다. 이제는 휘청거리지도 않았고 머리가 조금 쑤실 따름이었다. 모든 것이 뚜렷하고 선명하게 보이며, 거리에는 이른 아침의 향기가 풍기고 있었다.

시외에서 투우장까지의 길은 진창이었다. 투우장에 이르는 울타리를 따라 사람들이 떼를 지어 늘어섰고, 투우장 바깥 발코니와 투우장 꼭대기는 사람들로 붐볐다. 불꽃 터지는 소리를 듣고 나는 황소가 들어오는 것을 구경하기에는 늦었다는 것을 알았으므로 군중을 헤치고 울타리 쪽으로 다가갔으나, 울타리 판자 옆으로 바싹 밀리고 말았다. 황소가 지나가는 통로의 두 담 사이에서 경관이 사람들을 쫓아내고 있었다. 그들은 걷거나 총총걸음으로 투우장 안으로 들어가고 있었다. 그러자 갑자기 사람들이 뛰어오기 시작했다. 주정뱅이 하나가 미끄러져 굴렀다. 경관 두 사람이 그 주정뱅이를 붙잡고는 담 쪽으로 밀었다. 사람들은 이제 더 빨리 달려왔다. 사람들 속에서 큰 함성이 들리기에 판자 사이에 머리를 처박고 보았더니, 때마침 황소가 거리에서 긴 우리 속으로 들어가고 있었다. 황소들은 빨리 달려 사람들을 따라잡을 기세였다. 바로 그때 또 다른 주정뱅이 하나가 후줄근한 작업복을 손에 들고 울타리에서 뛰어나왔다. 황소를 케이프로 이끄는 흉내를 내려는 것이었다. 경관 둘이 달려와 그의 멱살을 잡고 곤봉으로 그를 때리며 담 앞으로 끌고 가더니, 마지막 군중과 황소가 지나갈 때까지 담에다 몸을 붙여 세워 놓았다. 황소의 앞을 달리는 사람의 수가 무척 많아졌고, 투우장 입구로 들어갈 무렵에는 더욱 붐벼서 황소들의 움직임이 둔해졌다. 그래서 황소들이 무거운 체구로 옆구리가 온통 진흙투성이가 된 채 뿔을 흔들면서 전속력으로 달려왔을 때, 그중 한 놈이 기세 좋게 앞으로 뛰어나와서 달리는 사람 하나를 들이 받아 공중으로 날렸다. 그 사나이의 양팔은 맥 없이 축 늘어지고, 뿔에 찔릴 때는 머리가 뒤로 젖혀졌으며, 황소는 그를 처들었다가 다시 내동댕이 쳤다. 그 황소는 앞에 달리는 또 한 사나이를 따라갔으나, 그는 사람들 속으로 자취를 감춰 버렸으며, 사람들은 소에 쫓기면서 투우장으로 들어갔다. 투우장의 붉은 문이 닫히고, 투우장 밖 발코니에 있는 사람들은 안으로 들어오려고 서로 밀며 야단이었고, 한두 번 함성이 들려왔다.

뿔에 받힌 사람은 사람들이 짓이긴 진창 속에 그대로 엎어져 있었다. 사람들이 울타리 위로 기어 올라가고, 또 사람들이 잔뜩 모여 있었으므로 나는 그 사나이를 더 볼 수가 없었다. 투우장 안에서 몇 번의 함성이 들려왔다. 함성이 들릴 때마다 그것은 황소가 사람들에게로 돌진해 들어가는 것임을 알 수 있었다. 함성의 크기의 정도에 따라 안에서 일어나는 일의 불길함을 짐작할 수 있었다. 그러자 거세한 소들이 황소들을 투우장에서 우리 안으로 몰아넣었다는 것을 알리는 신호의 불꽃이 올랐다. 나는 울타리에서 물러나와 시내로 돌아왔다.

시내로 돌아오자 나는 커피를 또 한 잔 마시고, 버터 바른 토스트를 먹으러 카페로 들어갔다. 웨이터들이 카페 안을 청소하고 테이블 위를 닦고 있었다. 한 사람이 내게 와서 주문을 받았다.

"우리 안에서 무슨 일이 일어났습니까?"

"잘 보진 못했지만 사람 하나가 소에 받혔소."

"어디를요?"

"여길." 나는 한 손은 허리에, 또 한 손은 가슴에다 올려놓았는데, 그것은 뿔이 거기를 관통한 것처럼 보이게 하기 위해서였다. 웨이터는 고개를 끄덕이고는 테이블 위에 흩어진 빵조각을 걸레로 닦아냈다.

"찔렸군요. 오로지 스포츠를 즐기려다가 그렇게 된 거죠."

그는 이렇게 말하고 가더니 곧 손잡이가 긴 커피 주전자와 우유병을 가지고 왔다. 커피와 우유를 따랐다. 큰 커피 잔에 두 줄로 길게 흘러 떨어졌다. 웨이터가 고개를 끄덕였다.

"등을 찔렸군요." 그는 이렇게 말하더니 테이블 위에다 주전자를 내려놓고 의자에 앉았다. "뿔에 찔려 큰 상처를 입은 거예요. 오로지 재미로 그런 거죠. 그저 놀이 때문에 그렇게 된 거예요. 손님께선 어떻게 생각하십니까?"

"글쎄."

"그렇습니다. 오로지 재미로 한 거라니까요. 재미죠."

"투우를 좋아하지 않는군요?"

"저요? 황소란 도대체 뭡니까? 짐승입니다. 사나운 짐승이에요." 그는 벌떡 일어서더니 손을 허리에 갖다댔다. "등을 정통으로 찔렸다는 거죠. 재미로요. 손님께선 이해하시겠지요."

그는 머리를 설레설레 흔들더니 주전자를 들고 가 버렸다. 두 사나이가 거리를 지나갔다. 웨이터가 그들을 불렀다. 그들은 심각한 표정을 짓고 있었다. 그중 한 사람이 고개를 저었다. "그만 죽었어요!" 하고 소리를 질렀다.

웨이터는 고개를 끄덕였고 두 사나이는 가 버렸다. 볼일이 있는 사람들이었다. 웨이터가 다시 내게로 왔다.

"들으셨습니까? 죽었어요. 죽었답니다. 뿔에 찔려서. 아침 한때의 재미로 한 짓인데, 참 딱한 일이죠."

"참 안됐군."

"나라면 안 합니다. 나라면 그런 것에 재미를 느끼진 않죠."

오후가 되자 소에 받혀 죽은 사람은 빈센테 지로네스라는, 타팔라(^{팜플로나의 남쪽 22마일에 있는 소도시}) 근처에서 온 사람이라는 것을 알렸다. 다음날 신문에 그는 스물여덟 살로 농장과 아내와 두 자식이 있다는 기사가 실려 있었다. 결혼하고는 매년 빠짐없이 축제에 왔다고 한다. 다음날 아내가 카팔라에서 유해를 보러 왔고, 그 다음날에는 산 페르민의 예배당에서 장례식이 거행되었으며, 영구는 타팔라의 음주 무도회 회원 전원에 의하여 역까지 운반되었다. 선두에서 북을 울리고 피리를 불고, 영구를 나르는 사람들의 뒤를 아내와 두 어린애가 따랐다. 그 뒤로는 팜플로나, 에스텔라, 타팔라, 상구에사 등 음주 무도회원들이 뒤따랐다. 영구는 수하물 찻간에 올려 실었고, 미망인과 두 어린애는 삼등 무개차에 올라타 세 사람이 나란히 한 자리에 앉았다. 기차는 덜컹하고 움직이더니 미끄러지듯 달리기 시작했고, 고원을 돌아 비탈길을 간 다음, 바람에 나부끼는 밀밭을 지나 타팔라를 향해 달렸다.

빈센테 지로네스를 죽인 황소의 이름은 보카네그라, 산체스 타베르노 가축장의 118호였는데 그날 오후 세 번째 황소로서 페드로 로메로의 손에 죽었다. 그 소의 귀는 관중의 요구에 따라 잘리어 페드로 로메로에게 주었으며, 로메로는 그것을 다시 브레트에게 주었고, 브레트는 그 귀를 내 손수건에 싸서 많은 무라티의 담배꽁초와 함께 팜플로나에 있는 호텔 몬토야의, 그녀 침대 옆에 있는 베드 테이블 서랍 속에 처박아 넣은 채 그냥 내버려두었다.

호텔로 돌아오니 경비원이 문 안에 놓인 긴 의자에 앉아 있었다. 그는 밤새도록 그곳에 있었으므로 매우 졸린 모양이었다. 내가 들어가자 그는 의자에서 일어섰다. 웨이트리스 세 사람이 동시에 들어왔다. 그 여자들은 투우장에서 열린 아침 쇼를 보고 온 것이었다. 그녀들은 웃으면서 2층으로 올라갔다. 나도 뒤를 따라 2층으로 올라가 내 방에 들어가서 신을 벗고 침대에 드러누웠다. 창이 발코니 쪽으로 열려 있어 방 안은 햇빛으로 눈이 부셨다. 졸리지는 않았다. 침대 속에 들어간 것은 새벽 3시 반이 지나서였고 악대가 깨운 것은 6시였다. 양쪽 턱이 다 아팠다. 손가락으로 만져보았다. 콘 녀석. 그놈은 처음 모욕을 당했을 때 상대방을 때리고는 어디론가 가 버렸어야만 했다. 브레트가 자기를 사랑하는 줄로만 확신하고 있었던 것이다. 끈기 있게 버티면 참된 사랑은 모든 것을 정복한다고 생각하고 있었던 것이다. 누군가가 문을 두드렸다.

"들어오시오."

빌과 마이크였다. 그들은 침대에 걸터앉았다.

"어떤 울 안에서 말이야." 빌이 먼저 말을 꺼냈다. "어떤 울 안에서 말이야."

"이봐, 자넨 안 갔었나?" 마이크가 물었다. "빌, 벨을 눌러 맥주를 가져오게 해."

"재수 없는 아침이야!" 빌이 얼굴을 문질렀다. "원 참! 재수 없는 아침이야! 친애하는 제이크가 여기 있는데. 친애하는 제이크가, 인간의 탈을 쓴 펀칭 백이 말이야."

"안에서도 무슨 일이 일어났나?"

"저런! 무슨 일이 일어났었나, 마이크?" 빌이 말했다.

"그 황소들이 들어온 거야." 마이크가 대답했다. "바로 앞에서 군중이 달려가고 있었는데 누군가가 넘어지자 모든 사람이 죄다 쓰러졌단 말일세."

"그래서 소들이 쓰러진 사람들을 짓밟고 내달린 거야."

빌이 하는 소리였다.

"아우성 소리는 들었지."

"그게 에드나였다네." 빌이 말했다.

"사람들도 나와서는 마구 셔츠를 내둘렀어."

"황소 한 마리가 바레라 (투우장의 사지를 둘러싼 목제의 빨간 울타리) 주위를 돌면서 닥치는 대로 들이받았다네."

"20명이나 병원으로 실려 갔다니까." 마이크였다.

"정말로 재수 없는 아침이야!" 빌의 대꾸였다. "경관 놈들이 뛰어나와서 황소한테 받혀 자살하려는 사람들을 잡아갔단 말일세."

"결국엔 거세한 소들이 황소들을 울 안으로 몰아넣었지." 마이크가 말했다.

"한 시간이나 걸렸어."

"사실은 15분 정도였다네." 마이크가 말했다.

"어이, 당찮은 소리. 자넨 전쟁 경험자니까 그렇지. 내겐 두 시간 반은 된단 말일세."

"맥주는 어떻게 된 거야?" 마이크가 딴소리를 했다.

"어여쁜 에드나는 어떻게 됐어?"

"금방 호텔까지 바래다주고 오는 길일세. 벌써 잠들었을걸."

"좋다고 하던가?"

"응, 매일 아침 이렇다고 해주었지."

"그녀는 감동한 것 같아." 마이크가 말했다.

"우리보고도 투우장을 내려가 보라고 하던데. 그 여잔 싸움을 좋아하나 봐." 빌의 말이었다.

"그건 내 채권자들에게 공평치 못한 일일 거라고 내가 말해 주었지."

"참으로 재수 없는 아침이야!" 빌이 말했다. "그리고 밤도 마찬가지고!"

"턱은 어떤가, 제이크?" 마이크가 나에게 물었다.

"아파."

빌이 웃었다.

"의자로 그놈을 때리지 그랬어?"

"말로는 뭐든 못하나." 마이크가 대꾸했다. "자네도 나가떨어졌을걸. 그놈이 어느새 날 때렸는지 얻어맞고도 몰랐다니까. 조금 전까지만 해도 그놈이 눈앞에 보였는데 정신을 차리고 보니 난 도로에 주저앉아 있고, 제이크는 테이블 아래 엎드려 있더란 말이야."

"그러고 나서 그놈이 어디로 가던가?" 내가 물었다.

"야아, 왔다." 마이크가 떠들어댔다. "미인이 맥주를 가지고 오셨군."

웨이트리스가 맥주병과 컵을 받친 쟁반을 테이블 위에 내려놓았다.

"세 병만 더 갖고 와." 마이크가 말했다.

"콘은 나를 때리고 어디로 갔었나?" 내가 빌에게 물었다.

"자넨 모르나?" 마이크는 맥주병을 따고 있었다. 그는 컵을 병 앞에다 갖다대고는 맥주를 따랐다.

"정말 몰라?"

빌도 물었다.

"뻔하잖나, 그놈은 투우사 방에 브레트와 그 투우사가 있는 걸 찾아내서는 불쌍하게도 투우사를 묵사발 냈다네."

"설마!"

"정말이야."

"재수 없는 밤이야!" 빌이었다.

"하마터면 그 불쌍한 투우사가 맞아 죽을 뻔했다니까. 그리고 나서 콘은 브레트를 뺏어 오려고 한 것일세. 아마 브레트를 정식 아내로 삼으려 했던 모양이야. 참, 감동적인 장면이었지."

그는 맥주를 쭉 들이켰다.

"놈은 바보야."

"그래서 어떻게 됐나?"

"브레트가 혼을 내줬지. 야단을 쳤단 말일세. 참 잘한 짓이지."

"물론 잘한 짓이지." 빌이 하는 소리였다.

"그러자 콘 자식은 울고불고하며 투우사란 놈과 악수를 하자고 하는 것이었어. 브레트와도 악수하고 싶어했지."

"응, 그 자식 나하고도 악수했어."

"그랬어? 그런데 둘 다 싫다고 했지. 투우사란 놈도 대단하던데. 그놈은 아무 말도 하지 않고 일어나서는 다시 나가떨어지고는 또 일어나곤 했다네. 콘은 그놈을 뻗게 만들 순 없었던 거야. 정말 우스웠을 걸세."

"어디서 그 얘길 들었나?"

"브레트한테서. 오늘 아침 만났어."

"결국 어떻게 됐나?"

"투우사란 놈이 침대에 걸터앉아 있었던 모양이네. 놈은 열댓 번 쓰러지고도 또 싸우자고 그랬나 봐. 브레트가 막무가내로 말리며 일어나지 못하게 했다니까. 브레트의 힘으로는 도저히 말릴 수가 없었지만 놈은 녹초가 됐는데도 다시 일어났대. 그러자 이번에는 콘이 더 이상 때리지는 않겠다고 하더래, 때릴 수가 없다고 하면서 쓸데없는 짓이라고 했다더군. 그러자 투우사란 놈은 비틀거리면서 콘에게 달려들었대. 콘은 벽 쪽으로 물러서고 말이야. '그렇다면 넌 날 안 때릴 셈이구나.' '안 때려, 창피해서 못 때리겠다' 하고 콘이 말하더래. 그러자 투우사란 놈이 콘의 얼굴을 실컷 때리고는 그만 마루에 주저앉아 버린 모양이야. 브레트 말에 의하면 더 이상 일어나질 못하더래. 콘은 그 투우사를 안아 일으켜서 침대에 데려다 누이려고 했던 모양이야. 만일 콘이 손을 댈 것 같으면 죽여 버리겠다고 그랬고, 이 마을에서 나가 버리지 않으면 오늘 아침에라도 죽여 버리겠다고 그놈이 그러더래. 콘은 울고 있었다나. 그리고 브레트는 콘더러 어서 가 버리라고 그랬대. 콘은 악수를 하고 싶어했다는데. 그건 내가 아까도 얘기했지."

"계속해 보게." 빌이었다.

"투우사란 놈은 그대로 마루에 주저앉아 있었던 모양이야. 그놈은 일어서서 콘을 다시 때릴 생각이었나 봐. 브레트는 악수 같은 건 절대로 하려고 하지 않았고, 콘이 울면서 진심으로 사랑하고 있다고 말하자, 브레트는 더 이상 바보짓은 그만 하라고 오금을 박았다는군. 그러자 콘은 몸을 굽히고 투우사란 놈과 악수를 하려고 했대. 그야 악의는 없었겠지. 그저 용서받으려는 뜻에서였을 거야. 그런데 투우사란 놈이 그놈의 얼굴을 때리더라는 거야."

"지독한데." 빌이 말했다.

"콘을 아주 망쳐 버린 거야." 마이크가 다시 말을 계속했다. "콘은 이제 사람들을 때릴 수 없을 거야."

"브레트는 언제 만났나?"

"오늘 아침 뭘 좀 가지러 왔어. 로메로 자식을 찾고 있더군."

그는 맥주를 또 한 병 땄다.

"브레트는 마음 아파하더군. 하지만 그 여잔 뒤를 쫓아다니는 걸 좋아하거든. 우리 둘이 도망쳐 온 것도 그 때문이야. 날 쫓아다녀서 말이야."

"알고 있어."

"어 취한다." 마이크는 말을 이었다. "늘 이렇게 취한 채로 있고 싶단 말이야. 무척 재미있지만 그다지 즐겁지도 않거든. 내게는 그다지 즐겁지 않단 말이야."

그는 맥주를 쭉 마셨다.

"난 브레트를 야단쳤지. 유대 놈이나 투우사 놈이나 하여튼 그런 놈들하고 같이 나돌아다니면 가만두지 않겠다고 말이야." 그는 앞으로 몸을 내밀었다.

"이봐, 제이크, 자네 맥주를 마셔도 괜찮겠나? 또 술을 가지고 올 걸세."

"어서 마시게. 난 조금도 마시지 않았다네."

마이크는 병을 따려고 했다. "따 주지 않겠나?"

나는 마개를 따서 그에게 술을 따라 주었다.

"여보게." 마이크는 말을 계속했다. "브레트는 참 좋은 여자야. 늘 좋은 여자지. 난 유대 놈이나 투우사 놈이나 그따위 놈들 때문에 무서울 정도로 브레트를 때렸네만, 브레트가 뭐라고 그랬는지 아나? '난 영국 귀족과 무척 행복한 생활을 보냈어요!' 하는 게 아닌가."

그는 맥주를 한 모금 마셨다.

"참 잘된 일이지. 브레트가 칭호를 이어받은 애쉴리라는 작자는 본시가 뱃사공이었다는 말이야. 9대째 준남작이었지. 집에 돌아와도 침대에서 자는 법이 없는 위인이었지. 브레트도 마루 위에서 자게 했다네. 나중에는 정말 심해져서 툭하면 브레트를 죽여 버린다고 난리였다지 뭔가. 밤낮 탄알이 든 군용 권총을 안고 잤다는군. 브레트는 몇 번이고 그놈이 잠들어 버리면 총알을 빼냈대. 그러니 브레트는 완전하게 행복한 생활을 누리진 못한 셈이지. 참 불공평하지. 브레트는 즐길 줄 아는 여잔데 말이야."

그는 일어섰다. 그의 손은 부들부들 떨리고 있었다.

"난 방으로 가야겠네. 좀 자야겠어."

그는 빙그레 웃었다.

"축제가 시작되면서부터 너무 오랫동안 잠을 못 자서. 이제부터 가서 실컷 좀 자야겠어. 잠을 자지 않는다는 건 참 나쁜 일이야. 무서울 만큼 신경이 날카로워지거든."

"정오에 이루냐에서 만나세." 빌이 말했다.

마이크는 방에서 나갔다. 옆방에서 마이크의 목소리가 들렸다. 그가 벨을 누르니까 곧 웨이트리스가 달려와서 문을 두드렸다.

"맥주 여섯 병하고 폰다도르 한 병 갖다 줘." 마이크가 웨이트리스에게 말했다.

"네, 손님."

"나도 자야겠네." 빌이 하는 소리였다. "마이크 녀석, 불쌍도 하지. 어젯밤엔 그놈 때문에 한잠도 못 잤어. 어찌나 난리를 치던지."

"어디서? 바 밀라노에서?"

"그래. 그전에 한 번 브레트와 마이크를 칸에서 돈으로 도와 준 녀석이 거기 와 있더군. 형편없이 고약한 사람이더군."

"그 애긴 나도 알아."

"난 몰랐거든. 마이크에 관해서는 아무도 이렇다저렇다 할 권리는 없을 테니까."

"그러니까 나쁘다는 거야."

"그럴 권리는 없을 테지. 정말이지 그런 권리가 없었으면 좋겠네. 난 자러 가네."

"투우장에서 누가 죽었나?"

"죽진 않았을걸. 몹시 다쳤지."

"소가 달리는 바깥 통로에서 한 사람이 죽었다던데."

"그래?"

18

정오에는 모두 카페에 있었다. 혼잡했다. 우리는 모두 새우를 먹고 맥주를 마셨다. 거리도 사람들로 가득 차 있었다. 비아리츠와 산 세바스티안에서 온 대형 자동차가 쉴 새 없이 와서는 광장 주위에 쭉 늘어섰다. 투우를 보러 오는 사람들을 싣고 온 것이다. 관광 버스도 왔다. 영국 여자만 25명이나 싣고 온 차도 있었다. 그들은 커다란 흰 차에 앉아서 망원경으로 축제를 보고 있었다. 댄서들은 모두 만취해 있었다. 축제의 마지막 날이었다.

축제는 빈틈없이 그대로 계속되었으나, 자동차와 관광 버스가 구경꾼들로 조그만 섬을 이루고 있었다. 자동차가 텅 비자 구경꾼들은 군중 속에 흡수되고 말았다. 몸에 착 달라붙은 까만 작업복 차림의 농부들 사이에서 테이블 앞에 앉아 있는, 이상한 운동복을 입은 사람들 말고는 그들은 보이지 않았다. 축제는 비아리츠에서 온 영국 사람들까지도 섞여서, 테이블 가까이까지 가지 않고서는 그들을 알아보기가 힘들었다. 거리에선 음악 소리가 그칠 사이가 없었다. 북소리와 피리 소리가 계속해서 들렸다. 카페 안에선 사람들이 테이블을 붙들거나 서로 어깨동무를 하고 큰 소리로 노래를 불렀다.

"브레트가 오는군그래." 빌이 말했다.

광장 쪽을 바라보니, 그녀는 이 축제는 자기를 위해서 개최되었고, 그것이 즐겁고 재미있다는 듯이 머리를 꼿꼿이 세우고 광장의 군중 한가운데를 걸어서 오고 있었다.

"어머, 안녕하세요, 여러분! 목이 마르군요."

"큰 잔으로 맥주 한 잔." 빌이 웨이터에게 말했다.

"새우는요?"

"콘은 가 버렸어요?" 브레트가 물었다.

"네." 빌이 대꾸했다. "차를 빌렸대요."

맥주가 왔다. 브레트는 손잡이가 달린 큰 맥주 컵을 들려고 했으나 손이 떨렸다. 그것을 보고는 갑자기 웃더니 몸을 앞으로 굽혀 단숨에 들이켰다.

"맥주 맛이 좋군요."

"참 좋지." 내가 대꾸했다. 나는 마이크가 좀 마음에 걸렸다. 그는 조금도 잠을 이루지 못한 것 같았다. 계속해서 술만 마시고 있었던 것 같은데 자신을 억제하고 있는 듯 보였다.

"콘에게 맞았다면서요, 제이크." 브레트가 말했다.

"천만에, 쓰러졌을 뿐이지 뭐. 그뿐이야."

"그 사람, 페드로 로메로에게도 상처를 입혔어요. 아주 심하게요."

"그래서 어떻게 되었어?"

"이젠 괜찮아요. 하지만 방에서 나오지 않겠대요."

"얼굴이 보기 흉하게 됐나?"

"그럼요. 정말 다쳤다니까요. 잠깐 나가서 당신들을 만나고 오겠다고 하고는 빠져 나왔어요."

"투우에는 나가겠대?"

"그야 물론이죠. 당신들이 괜찮으시다면 당신들과 가겠어요."

"당신 애인은 어떻게 됐지?" 마이크가 묻는 소리였다. 그는 브레트가 한 말을 한마디도 귀담아듣지 않았다.

"브레트는 이번에는 투우사를 손아귀에 넣었겠다, 전에는 콘이라는 유대인을 손아귀에 넣더니 결국 실패로 돌아가고 말았지."

브레트는 일어섰다.

"당신에게서 그런 야비한 소린 듣고 싶지 않아요, 마이크."

"네 애인은 어떠냐 말이야?"

"아주 건강하죠." 브레트도 지질 않았다. "오늘 오후에 눈이 빠져라 실컷 보세요."

"투우사를 손아귀에 넣었겠다, 미남인 투우사 놈을."

"나하고 산책 좀 하시지 않겠어요? 얘기할 게 있어요, 제이크."

"그 친구한테 당신의 투우사 얘길 죄다 해주라고. 그 투우사 놈 돼지라고 그래!" 마이크가 말했다. "제기랄!" 그는 테이블을 뒤집어엎었다. 그 바람에 맥주병과 새우 접시가 산산조각 났다.

"자, 나가요." 브레트가 말했다.

광장을 가로지르는 사람들 속에서 내가 물었다. "어찌된 일이오?"

"점심 식사 뒤에는 투우가 있을 때까지 난 그이를 만나지 않겠어요. 시중 드는 사람들이 와서 옷을 입히고 있어요. 그이가 그러는데, 그 사람들이 나 때문에 화를 낸다나요."

브레트의 얼굴이 환히 빛났다. 그녀는 행복했다. 해가 떠서 맑은 날씨였다.

"난 아주 다른 사람이 된 기분이에요. 당신은 모를 거예요, 제이크."

"내가 도와 줄 일이 있을까?"

"아무것도 없어요. 그저 나와 함께 투우 구경만 가 줘요."

"그럼 점심때 만날까?"

"아뇨, 난 그이하고 같이 먹을 거예요."

우리는 호텔 문 앞 아케이드 밑에 서 있었다. 웨이터들이 테이블을 들어다가 아케이드 밑에 내놓고 있었다.

"공원까지 돌아볼까요?" 브레트가 물었다. "아직 돌아가고 싶지 않아요. 그인 자고 있을 테니까."

우리는 극장 앞을 지나 광장에서 나와 시장 판잣집 사이를 따라, 양쪽에 노점들이 쭉 늘어선 곳을 인파에 휩쓸려 지나갔다. 그러고 나서 파세오 드사라사테로 빠지는 사거리로 나왔다. 이 근처를 걷는 사람은 고급 옷을 입은 사람들뿐이었다. 그들은 공원 변두리를 돌아갔다.

"그쪽으론 가지 말아요. 이젠 아무리 좋은 경치라도 보고 싶지 않아요."

우리는 햇빛을 받으며 서 있었다. 비가 그치고, 바다 쪽에서 불어온 구름도 걷혀서 화창했다.

"바람이 이제 불지 않았으면 좋겠어요. 바람은 그이에게 아주 불리해요."

"그랬으면 좋겠군."

"그이 말로는 황소들에겐 아무 상관이 없대요."

"그럴 테지."

"저거 산 페르민인가요?"

브레트는 교회당의 노란 벽을 쳐다보았다.

"응. 일요일의 축제가 막을 올렸던 곳이오."

"들어가 볼까요? 괜찮겠죠? 그이를 위해서 잠깐 기도를 올리고 싶어요."

우리는 의외로 아주 가볍게 움직이는, 육중하게 생긴 가죽 문을 지나 안으로 들어갔다. 안은 캄캄했고, 많은 사람이 기도를 올리고 있었다. 어둠에 익숙해지자 사람들의 모습이 보였다. 우리는 긴 나무 의자 앞에서 무릎을 꿇었다. 얼마 지나지 않아 나는 브레트가 몸이 굳어진 채 똑바로 앞을 응시하는 것을 보았다.

"가요." 그녀가 쉰 목소리로 속삭였다. "나가요. 왠지 마음이 안정되지 않아요."

눈이 부시게 밝은 바깥으로 나오자 브레트는 바람에 흔들리는 나뭇가지를 올려다보았다. 기도는 그다지 효과가 있었던 것 같지 않았다.

"왜 교회에선 그렇게 초조해지는지 나도 모르겠군요. 내겐 기도가 아무 소용도 없어요."

우리는 그냥 걸었다.

"난 종교적 분위기가 맞지 않는가봐요. 아마 난 어디가 잘못됐나 봐요."

"이봐요." 브레트는 말을 계속했다. "난 그이에 대해서는 조금도 걱정하지 않아요. 단지 그로 인해서 행복할 뿐이에요."

"좋겠군."

"하지만 바람이 좀 잦아들었으면 좋겠어요."

"5시엔 가라앉을 것 같군."

"그랬으면 좋겠어요."

"기도를 하면." 나는 웃었다.

"나에겐 아무 소용도 없어요. 기도를 해서 된 일이라곤 아무것도 없어요. 당신은 있어요?"

"있고말고."

"거짓말! 하지만 효능을 본 사람도 있나 봐요. 당신은 그리 신앙심이 깊은 사람처럼 보이지도 않는데요, 제이크."

"난 꽤 신앙심이 깊은데."

"아유, 쓸데없는 소리 마세요. 오늘 갑자기 개종한다고 해서 그게 되는 줄 아세요? 그렇지 않아도 오늘은 재수가 없어요."

브레트가 콘하고 여행을 떠난 뒤로 예전처럼 이렇게 행복하고 태연한 태도를 보이기란 처음 있는 일이었다. 우리는 호텔 앞으로 다시 돌아왔다. 테이블도 쭉 정돈되어 있었고, 이미 몇 군데서는 사람들이 식사를 하고 있었다.

"마이크를 돌봐주세요. 너무 심하게 굴지 못하도록 해주세요, 네?"

"친구분들은 2층으로 올라가셨습니다." 독일인 웨이터가 영어로 말했다. 그는 늘 남의 말을 엿들었다. 브레트는 그를 향해 말했다.

"대단히 고마워요. 그 밖에 또 뭐 얘기할 건 없어요?"

"없습니다, 부인."

"좋아요."

"세 사람이 앉을 자리가 있겠소?" 내가 그 독일 사람에게 물었다. 그는 예의, 비열하지만 악의는 없어 보이는 미소를 지었다.

"부인께서도 여기서 식사하십니까?"

"아뇨."

"그렇다면 2인용 테이블로 충분하겠군요."

"그에게 얘기하지 마세요. 마이크는 제정신이 아닐 테니까요, 그만 뒤죽박죽이 되어서." 브레트는 계단을 오르며 말했다.

우리는 계단에서 몬토야를 만났다. 그는 인사는 했지만 웃지는 않았다.

"카페에서 만나요. 대단히 고마워요, 제이크."

우리는 우리의 방이 있는 복도에서 걸음을 멈추었다. 브레트는 곧장 걸어가서 로메로의 방으로 들어갔다. 그녀는 노크도 하지 않았다. 대뜸 문을 열고 안으로 들어가더니 문을 닫아 버렸다.

나는 마이크의 방문 앞에 서서 노크를 했다. 대답이 없었다. 손잡이를 돌리니까 그대로 열렸다. 방 안은 말이 아니었다. 가방은 다 열려 있고, 옷들이 사방으로 흩어져 있었다. 침대 옆에는 빈 병들이 마구 뒹굴고 있었고, 마이크는 침대 위에 드러누워 있었는데 꼭 죽은 사람처럼 보였다. 그는 눈을 뜨고는 나를 쳐다보았다.

"어이, 제이크." 아주 느린 어조로 말했다. "좀 잤을 뿐이야. 오래전부터 좀 자고 싶어서."

"이불을 덮어 줄까?"

"괜찮아, 따뜻하니까. 가지 마. 아직은 자지 않아도 괜찮아."

"자게, 마이크. 걱정 말고."

"브레트는 투우사를 손에 넣었겠다, 유대 놈은 가 버리고."

그는 고개를 돌려 나를 쳐다보았다.

"근사한 일이지?"

"그렇고말고. 자, 좀 자게, 마이크. 자넨 좀 자야 해."

"지금 막 자려던 참이야. 이제 좀 자야겠어."

그는 두 눈을 감았다. 나는 방에서 나와 가만히 문을 닫았다. 빌이 내 방에서 신문을 읽고 있었다.

"마이크를 만나 봤나?"

"응."

"식사하러 가세."

"난 그 독일인 웨이터가 있는 아래층에선 먹기 싫어. 마이크를 위층으로 데리고 올라올 때 그 녀석이 아주 아니꼽게 굴었거든."

"그놈은 우리에게도 건방지게 굴던데."

"시내로 나가서 먹자고."

우리는 계단을 내려왔다. 계단에서 덮개를 씌운 쟁반을 들고 올라오는 웨이트리스를 만났다. 빌이 말했다.

"브레트의 점심이군."

"그리고 또 그 풋내기의 것도." 나도 빈정거렸다.

바깥 아케이드 아래의 테라스로 나오자 독일인 웨이터가 우리에게로 걸어왔다. 그의 빨간 뺨이 빛나고 있었다. 그는 정중했다.

"두 분의 테이블을 잡아 놨습니다."

"가서 앉아 있어." 빌이 말했다.

우리는 성큼성큼 걸어나와 길을 가로질러 갔다. 우리는 광장에서 좀 떨어진 레스토랑에서 식사를 했다. 식사하는 사람들은 모두가 남자들뿐이었고, 담배 연기와 술과 노랫소리로 가득 차 있었다. 음식은 맛있었고 포도주도 좋았다. 우리는 별로 이야기는 하지 않았고, 식사가 끝난 뒤 카페로 가서 축제가 절정에 이르는 것을 지켜보고 있었다. 브레트가 점심 뒤에 곧 우리가 있는 곳으로 왔다. 마이크의 방 안을 들여다보았더니 잠을 자고 있더라는 것이었다.

축제가 한창 절정에 이르렀을 때 우리도 군중을 따라 투우장으로 들어갔다. 브레트는 빌과 나 사이의 맨 앞줄에 앉았다. 우리들 바로 아래에는 칼레혼이라는 스탠드와 바레라 사이의 통로가 있었다. 우리들 뒤에 있는 콘크리트 스탠드는 사람들로 초만원이었다. 새빨간 울타리 너머로는 투우장의 누런 모래가 평평하게 잘 손질되어 있었다. 비 탓인지 좀 무겁게 느껴졌지만 그 뒤 해가 떠 단단하고 반짝반짝했다. 검열관과 투우장 일꾼이 투우용 케이프와 물레타(소를 피로하게 하기 위해 막대기에 매다는 빨간 천)가 든 광주리를 지고 칼레혼으로 해서 안으로 들어갔다. 피가 묻은 케이프와 물레타가 접힌 채 광주리 속에 들어 있었다. 검열관이 담장에 세워 놓은 무거운 가죽 상자를 열자 빨갛게 손잡이를 싼 칼자루들이 보였다. 그들은 검게 물든 붉은 플란넬 물레타를 펼쳐 놓고 그것을 펴 보기도 하고, 또 투우사가 그것을 펴서 쥘 수 있도록 막대기에 비끄러매기도 했다. 브레트는 그것을 가만히 지켜보고 있었다. 그녀는 이러한 전문적인, 잔손이 가는 일들을 열심히 지켜보고 있었다.

"그이는 자기 이름을 케이프에도 물레타에도 새겨 넣었더군요." 브레트가 말했다. "왜 물레타라고 부를까요?"

"모르겠는데."

"세탁은 안 하나요?"

"하지 않을걸, 색이 바랠 테니까."

"피도 꽤 묻었을 거야." 빌이 하는 소리였다.

"이상하죠, 피를 보고도 아무도 뭐라고 하는 사람이 없으니까요."

저 아래 칼레혼의 좁은 통로에선 검열관들이 여러 가지 준비를 하고 있었다. 자리는 모두 만원이었고, 특별석도 만원이었다. 회장이 앉을 자리를 빼놓고는 전부 꽉 찼다. 회장이 들어오면 투우가 시작된다. 반드르르하게 손질해 놓은 모래땅 저쪽 우리 안으로 통하는 높은 입구에 투우사들이 서서, 팔을 케이프 속에 넣고 서로 뭐라고 얘기를 하면서 투우장으로 입장하라는 신호가 나기를 기다리고 있었다. 브레트는 망원경으로 그들을 지켜보고 있었다.

"자요, 당신도 보고 싶으시죠?"

망원경으로 투우사 세 명이 보였다. 로메로가 한가운데 서 있고 벨몬테가 로메로 왼편에, 마르치알이 오른편에 서 있었다. 그들 뒤에는 시중꾼들이 있었고 그 뒤에 반데릴레로가 있었으며, 그 뒤 통로 저쪽과 우리의 넓은 곳에는 피카도르들이 보였다. 로메로는 까만 옷을 입고 있었고 삼각모를 눈 위까지 깊숙이 쓰고 있었다. 모자 때문에 얼굴이 똑똑히 보이진 않았지만 상처가 심하게 나 있는 것만 같았다. 그는 똑바로 앞을 바라보고 있었으며, 마르치알은 담배를 조심스레 피우고 있었다. 얼굴이 여위고 노란 데다 늑대 같은 긴 턱을 앞으로 쭉 내밀고 있었으며, 아무것도 쳐다보지 않은 채 정면의 허공만을 응시하고 있었다. 그도 로메로도 다른 사람과 공통되는 점이 하나도 없는 것 같았고, 모두가 고독하게만 보였다. 회장이 들어오자 우리 위의 특별 관람석에서 박수 소리가 일어났다. 나는 브레트에게 망원경을 돌려주었다. 박수 갈채가 일어나고 음악이 시작되었다. 브레트가 망원경으로 보았다.

"자, 당신도 봐요."

내가 망원경으로 보니까 벨몬테가 로메로에게 뭐라고 이야기를 하는 것이 보였다. 마르치알은 몸을 똑바로 세우더니 담배를 버렸다. 그러고 나서 세 사람은 똑바로 앞을 보고, 허리를 쫙 펴고는 아무것도 들지 않은 팔을 앞뒤로 흔들면서 걸어나왔다. 그 뒤를 이어 케이프를 두른 많은 사람이 행렬을 지어 좌우로 퍼져, 팔을 휘저으며 큰 걸음으로 성큼성큼 걸어 나왔다. 그 뒤로는 피카도르들이 창을 들고 따라 나오고, 또 그 뒤로는 노새와 투우장의 일꾼들이 두 줄로 서서 따라 나왔다. 투우사들은 회장석 앞에서 모자를 쓴

채 인사를 한 다음 우리가 앉아 있는 난간 쪽으로 걸어왔다. 페드로 로메로
는 금실로 수놓은 무거운 케이프를 벗어서 울타리 쪽에 있는 검열관에게 주
었다. 그는 검열관에게 뭐라고 말을 했는데, 우리의 자리 바로 아래에 서 있
었기 때문에, 부풀어 오른 그의 입술과 멍든 눈이 자세히 보였다. 얼굴도 멍
이 들고 부어 있었다. 검열관이 케이프를 받아 들고 브레트를 쳐다보더니,
우리 있는 데로 올라와서 그것을 브레트에게 주었다.

"당신 앞에 펼쳐 놓지." 내가 말했다.

브레트는 앞으로 몸을 내밀었다. 케이프는 금실 탓인지 무겁고 뻣뻣했다.
검열관은 우리를 돌아다보며 연신 고개를 끄덕이면서 뭐라고 말을 했다. 내
옆에 앉아 있는 사나이가 브레트 쪽으로 몸을 구부렸다.

"그걸 펴놓지 말라고 말하고 있습니다." 통역해 주었다. "접어서 무릎 위
에 놔두세요."

브레트는 무거운 케이프를 접었다.

로메로는 우리 쪽을 쳐다보지도 않았다. 그는 벨몬테에게 뭐라고 이야기
하고 있었다. 벨몬테도 케이프를 어떤 친구에게 주며 그에게 미소를 보냈다.
입만 웃는 늑대와 같은 웃음이었다. 로메로는 바레라에 몸을 기대고는 물주
전자를 달라고 했다. 검열관이 물주전자를 갖다 주었더니, 로메로는 투우할
때 쓰는 촘촘하게 짠 케이프 위에다 물을 붓고는 얇은 구두를 신은 발로 그
한쪽을 모래에다 대고 밟았다.

"뭐 때문에 저러죠?" 브레트가 물었다.

"바람에 날리지 않도록 무겁게 하려는 거야."

"안색이 좋지 않은데." 빌이 말했다.

"기분이 퍽 나쁜가 봐요." 브레트가 대꾸했다. "사실 자는 편이 좋을 텐
데."

첫 번 투우는 벨몬테의 차례였다. 벨몬테는 아주 능숙했다. 그는 이미 3만
페세타를 받고 있었고, 그를 보기 위해서 입장권을 사려고 밤새도록 줄을 서
있었으므로 사람들은 그에게서 능숙함 이상의 것을 요구하고 있었다. 벨몬
테의 커다란 매력은 황소에게 바싹 달라붙어서 싸우는 것이었다. 투우에는
소의 영역과 투우사의 영역이 있다. 자기의 영역에 머물러 있는 한 투우사는
비교적 안전하다. 그러나 소의 영역에 들어갈 때마다 커다란 위험에 놓이게

된다. 벨몬테는 한창때는 언제나 소의 영역에서 싸웠다. 이렇게 함으로써 비극의 감동을 관중에게 주었다. 사람들은 벨몬테를 보고는 비극적인 감동을 맛보았으며, 벨몬테가 죽는 것을 보려고 투우장으로 올 정도였다. 15년 전만 해도 사람들은 만일 벨몬테가 보고 싶거든 그가 살아 있는 동안에 빨리 가 봐야만 한다고 말하곤 했다. 이러한 말이 나온 뒤에도 그는 1천 마리나 넘게 황소를 죽였다. 그가 은퇴하자 투우 방식에 대한 하나의 전설이 생겼다. 그러나 복귀한 뒤로는 벨몬테 자신까지도, 왕년의 벨몬테만큼 황소에 가까이 접근해서 싸우지는 못했으므로 사람들은 모두 실망했다.

게다가 벨몬테는 조건이 아주 까다로워서 황소가 너무 커도 안 되고, 또 너무 위험한 뿔을 가지고 있어도 안 된다고 했다. 그래서 비극의 감동을 맛보는 데 필요한 요소가 없어진 데다가 사람들은 벨몬테에게 2배, 3배의 감동을 요구하고 있기 때문에 이제 고질병을 앓고 있는 벨몬테에게 속았다고 느끼는 것이었다. 따라서 벨몬테의 턱은 멸시를 받아 한층 더 삐죽 나오고 그의 얼굴색은 누레졌으며, 고통이 심해질수록 동작이 점점 어색하게 되어 마침내는 사람들도 그에게 심한 반감을 갖게 되었고, 벨몬테 역시 사람들을 멸시하고 무관심하게 대하게 되었다. 그는 멋진 오후를 보낼 생각이었으나, 도리어 조롱과 모욕의 함성과 마침내는 방석과 빵조각, 채소 세례를 받고 말았다. 그것들은 한때 그가 대승리를 거두었을 때 투우장에서 그를 향해 던져진 것이었다. 그의 턱은 한층 더 삐죽이 나와 있었다. 특히 모욕적인 말을 듣게 되면 그는 이를 꾹 물고는 삐죽 내밀어 입술이 움직이지 않는 웃음을 지을 뿐이었다. 조금만 움직여도 고통은 점점 더 커졌으며, 드디어는 그의 누런 얼굴이 양피지 같은 색으로 변했다. 그의 두 번째 소가 죽고 방석도 빵조각도 더는 날아오지 않자, 예의 늑대 같은 턱에 웃음을 띠면서 조소에 가득 찬 눈초리로 회장에게 인사를 한 다음, 칼을 닦아 달라고 울타리 밖으로 넘겨주고 다시 칼집에 넣었다. 그리고 그는 칼레혼을 지나 우리가 앉아 있는 아래쪽 바레라에 몸을 기대고는 머리를 팔에 파묻고 아무것도 보지도 듣지도 않은 채 오직 고통을 참고 있을 뿐이었다. 한참만에 얼굴을 들더니 물을 한 잔 청했다. 몇 모금 마시고 입을 가신 다음 물을 뱉더니 케이프를 들고는 투우장으로 돌아갔다.

사람들은 벨몬테에게 반감을 가진 것만큼 로메로에게 기대를 걸고 있었다. 그가 바레라를 떠나 황소 있는 데로 걸어갈 때부터 그들은 그에게 박수 갈채를 보냈다. 벨몬테는 로메로를 지켜보고 있었다. 언제나 안 보는 체하면서도 사실은 자세히 바라다보았다. 마르치알에게는 아무런 관심도 두지 않았다. 마르치알의 솜씨는 속속들이 잘 알고 있었다. 은퇴한 그가 복귀한 것은 마르치알을 라이벌로 삼고 경쟁하기 위해서였다. 그에게 이기리라는 것을 뻔히 알고 있었기 때문이다. 그는 마르치알이나 그 밖의 퇴폐기에 들어선 투우사들과 경쟁하길 기대했다. 자신의 투우의 진솔함이 퇴폐기 투우사들의 가짜 미학(美學)과 구별될 것이 뻔했으므로 다만 경기장에 나가기만 하면 되리라고 생각했던 것이다.

그러나 그의 복귀는 로메로 때문에 엉망이 되었다. 로메로는 벨몬테가 이제는 드물게만 사용하는 기술을 늘 거침없이 침착하고도 멋지게 해 넘기곤 했다. 관중은 그것을 느꼈다. 심지어는 비아리츠에서 온 사람들과 미국 대사까지도 마침내는 그것을 깨달았다. 벨몬테로서는 뿔에 심하게 받히거나 단지 죽음을 의미했을 뿐이기 때문에 벨몬테의 체력으로는 엄두도 낼 수 없는 것이었다. 벨몬테는 이제 대단치 않은 존재가 되고 말았다. 투우장에서의 그러한 위대한 순간이 찾아오리라고는 믿어지지 않았다. 모든 것이 달라져 이제 생명은 오직 순간적으로 느껴졌다가 이내 사라지곤 했다. 소에 대해서는 그래도 전처럼 위대한 순간을 느꼈지만 그것 역시 전과 같은 가치를 지니진 못했다. 왜냐하면 그는 자동차에서 내려 친구가 경영하는 목장의 울타리에 기대어 서서 그 안의 황소들을 일일이 둘러보고 나서 그중 안전할 것 같은 놈을 골라내 왔기 때문에, 그 위대한 순간은 사라진 것이다. 그래서 그는 그다지 크지 않은 뿔을 지닌, 다루기 쉬운 황소를 상대로 해서 싸웠고, 그가 늘 느끼고 있는 고통을 통하여 위대한 순간을 다소나마 느꼈더라도 그것은 이미 깎이고 꼬리표가 붙어 있는 것이기 때문에 그에게 만족감을 주지는 못했다. 그것은 훌륭한 것이기는 했지만 투우에서의 황홀감은 더 이상 느낄 수 없었다.

페드로 로메로는 훌륭했다. 그는 투우를 사랑했고, 황소도 사랑했고, 브레트 역시 사랑했다. 그가 자유자재로 할 수 있는 것은 무엇이고 간에 그날 오후 브레트 앞에서 해보였다. 하지만 한 번도 쳐다보진 않았다. 그는 브레트를 위하고 동시에 자기 자신을 위해서도 더욱더 그렇게 했다. 브레트의 마음에 들었나 하고 그 여자를 쳐다보지 않음으로 해서 내심으로는 자기 자신을 위할 수 있었을 뿐 아니라, 그것이 그에게 힘을 주었고 결국 브레트를 위한 일이 된 셈이었다. 그러나 자기 스스로 손해를 보면서까지 브레트를 위해서 한 것은 아니었다. 오히려 그날 오후, 그는 많은 것을 얻었다.

그의 최초의 '퀴테'(황소로 위험에 빠진 사나이를/황소에게서 떼어놓는 것)는 우리 바로 아래에서 이루어졌다. 세 명의 투우사는 황소가 피카도르에게 덤벼들 때마다 차례로 황소를 상대했다. 벨몬테가 최초였고, 마르치알이 두 번째였으며, 그 다음이 로메로였다. 그들 세 사람은 말의 왼쪽에 서 있었다. 피카도르는 모자를 깊숙이 눌러 쓰고 황소를 향해 창끝을 날카롭게 들이대고는, 박차를 가한 뒤에 왼손에다 고삐를 꼭 쥐고는 황소가 서 있는 곳으로 말을 몰았다. 황소는 가만히 노려보고만 있었다. 얼른 보기에 황소는 그 백마를 노려보는 듯했지만 사실은 삼각형의 뾰족한 창끝을 노려보고 있었다. 로메로도 황소를 노려보자 황소는 머리를 돌렸다. 황소는 아직 공격할 마음이 없었던 것이다. 로메로는 케이프를 흔들어서 그 빛이 황소의 눈에 띄게 했다. 황소는 반사적으로 달려들어 번쩍이는 빛이 아니라 백마를 찾아냈다. 그러자 사나이는 말 위에서 몸을 앞으로 내밀어 긴 참나무 손잡이의 창끝으로 소의 어깨 위에 불룩 솟아오른 근육을 찔렀다. 그러고는 창대를 축으로 삼아 말을 옆으로 빙그르 달리게 하여 황소에게 상처를 입혀서 벨몬테를 위해 황소에게 피를 흘리게 했다.

황소는 창을 맞고서 버티지 않았다. 사실 말에게 달려들려고도 하지 않았다. 황소가 방향을 바꾸자 세 사람은 뿔뿔이 흩어졌고, 로메로는 그의 케이프로 황소를 유인했다. 그는 황소를 부드럽고도 가볍게 유인해 낸 다음 황소 정면에 케이프를 들고 버티어 섰다. 황소가 꼬리를 곤추 쳐들고 돌진해 오자 로메로는 황소 앞에서 팔을 움직여 원을 그리면서 땅에 버티어 섰다. 물에 젖고 진창으로 무거워진 케이프가 활짝 돛처럼 팽팽해지며 로메로는 황소 정면에서 그것을 축으로 삼아 빙 돌았다. 황소를 스쳐 보내고는 또다시 맞섰다. 로메로는 빙그레 웃었다. 황소는 또다시 돌진해 왔고 로메로는 이번에는 케이프를 둥그렇게 펴면서 다른 방향으로 돌았다. 황소를 몸에 닿을락 말락할 정도로 스쳐보낼 때마다 사람과 소 앞에서 활짝 펴져서 도는 케이프는 날카롭게 조각한 하나의 조각품이었다. 모든 것이 매우 유유하고 질서정연했다. 로메로는 마치 소를 잠재우기 위해서 어르는 것만 같았다. 그는 이와 같이 네 번 케이프를 돌리고 나서, 황소 등을 돌리고는 한 손으로 허리를 짚고 한 손에는 케이프를 감은 채 갈채를 받으면서 물러 나오는 것으로 끝을 맺었다. 황소는 멀어져 가는 그의 등을 뚫어져라 노려보고 있었다.

드디어 자기의 투우 차례가 되자 그는 완벽했다. 그의 첫 번째 소는 잘 보지를 못했다. 로메로는 처음에 두 번 케이프를 휘둘러 보고는 황소의 시력이 어느 정도 나쁜가를 알았다. 그는 소에게 맞춰 투우를 했다. 훌륭한 투우는 아니었지만 완벽한 투우였다. 사람들은 소를 바꾸라고 요구했으며 큰 소동이 일어났다. 미끼가 보이지 않는 황소하고는 그리 훌륭한 연기가 이루어질 수는 없었지만 회장은 소를 바꾸라고 명령하지 않았다.

"왜 소를 바꾸지 않을까요?" 브레트가 물었다.

"소값을 지불했으니까 그렇지, 손해보고 싶진 않다는 말이오."

"로메로에겐 그다지 고맙지 않은 일이군요."

"잘 보오, 색을 잘 못 보는 소를 그가 어떻게 다루는가."

"그런 거 난 보기 싫어요."

그것은 투우를 하는 사람에게 조금이라도 마음을 쓰고 있다면 그리 즐거운 일은 아니었다. 케이프의 빛깔과 물레타의 빨간 플란넬이 보이지 않는 소를 상대로 한 이상 로메로는 자기 몸으로 소를 유인하는 수밖에 없었다. 황소가 그의 몸을 보고서 그를 향해 돌진해 오도록 가까이 접근하고, 그러고 나서 소의 습격을 플란넬로 옮긴 다음 맨 마지막으로 고전적인 방법으로 몸을 피해야만 했다. 비아리츠에서 온 사람들은 이것을 좋아하지 않았다. 그들은 로메로가 무서워서 그러는 줄로만 알았다. 황소의 습격을 그의 몸에서 플란넬로 옮길 때마다 조금씩 옆으로 피하는 것도 무서워서 그러는 줄로만 생각했다. 그들은 벨몬테가 옛날의 자기를 모방하거나, 마르치알이 벨몬테를 모방하는 것을 더 좋아했다. 우리 뒷자리에는 비아리츠에서 온 사나이가 세 명 앉아 있었다.

"왜 저렇게 소를 무서워하는 걸까? 저 소는 케이프 뒤만 졸졸 따라다니고 있는데 말이야."

"젊은 투우사라 아직 모르는 거겠지."

"그래도 아까 케이프를 가지고 놀 땐 근사하던데."

"아마 이젠 좀 겁이 난 모양이지."

투우장 한복판에선 로메로 혼자만이 똑같은 기술을 반복했다. 소가 똑똑히 볼 수 있는 데까지 가까이 다가가서 몸을 내밀고 더욱더 몸을 드러내 보이고, 그래도 멀거니 바라보는 소에게 이제는 잡았다고 생각할 만큼 바짝 접근해서 마침내 소를 습격하게 만들고, 뿔에 찔리기 직전에 붉은 천을 소에게 내주면서 거의 눈에 띄지 않을 만큼 살짝 몸을 피하는 것인데, 이것이 비아리츠에서 온 투우 전문가의 비판적 판단에는 비위가 거슬렸던 것이다.

"이제 죽이려나 보오." 내가 브레트에게 말했다. "소는 아직도 기운이 빠지지 않았어."

투우장 한복판에 있는 황소 앞에서 로메로는 몸을 옆으로 돌리며 물레타 주름 사이에서 칼을 잡아빼 발끝으로 서더니 칼날을 쭉 훑어보았다. 로메로가 달려들자 황소도 달려들었다. 로메로의 왼손은 물레타를 콧등 위에다 떨어뜨려 황소의 눈을 가려 버렸으며, 왼쪽 어깨는 칼로 찌를 때 뿔 사이로 들어가 삽시간에 황소와 한 덩어리가 되었다. 다음 칼자루가 소의 어깨 사이로 푹 들어갈 때 로메로는 오른팔을 높이 쳐들었으며, 그의 몸은 마치 황소 위에 올라앉을 것만 같았다. 다음 순간 그 자세가 무너졌다. 로메로가 소와 완전히 떨어지자 그의 몸에 약간 동요가 일었고, 다음 그는 한 손을 쳐들며 황소와 정면으로 마주 섰으며, 와이셔츠의 소맷자락이 북 찢겨서 바람결에 희게 나부꼈다. 황소는 어깨 위에 붉은 자루가 보이도록 깊이 칼이 꽂힌 채 머리를 점점 수그렸고, 네 다리는 움직이지 않았다.

"이젠 죽는군." 빌이 하는 소리였다.

로메로는 소가 능히 볼 수 있을 만한 곳까지 다가갔다. 그는 손을 쳐든 채 소에게 뭐라고 말을 걸었다. 황소는 마지막 힘을 다해 머리를 앞으로 들이받았으나 갑자기 천천히 쓰러지며 네 다리가 공중에 떴다.

로메로에게 칼을 주자 그는 칼날을 밑으로 해서 받아 들고, 다른 손으로 물레타를 들고, 회장석 앞까지 걸어가 절을 하고는 몸을 꼿꼿이 펴더니 바레라 옆으로 와서 칼과 물레타를 이쪽으로 넘겨주었다.

"나쁜 소군." 검열관이 뇌까렸다.

"진땀 뺐소." 로메로는 얼굴을 한 번 쓱 훔쳤다. 검열관이 물병을 로메로에게 주었다. 로메로는 입술을 훔쳤다. 물을 마시자 입술이 아팠던 것이다. 우리 쪽으로는 시선도 주지 않았다.

마르치알은 대성공했다. 관중은 로메로의 마지막 황소가 들어왔을 때까지도 그에게 보내는 박수 갈채를 그치지 않았다. 마지막으로 들어온 황소는 오늘 아침에 투우장으로 올 때 전속력으로 뛰어나와 사람을 죽인 바로 그 황소였다.

로메로가 맨 처음 황소와 싸우고 있을 때는 그의 상처 입은 얼굴이 아주 뚜렷하게 보였다. 그가 동작을 해 보일 때 그것이 나타났다. 눈이 나쁜 소를 상대로 하여 귀찮을 정도로 섬세한 연기를 보여주기 위해 정신을 집중할 때도 그것이 나타났다. 콘과의 싸움은 그의 정신에는 조금도 영향을 주지 않았으나, 얼굴과 몸은 엉망이 된 것이다. 그는 이제 그것을 깨끗이 씻어냈다. 그것은 늠름한 소로 체구가 컸고 뿔도 훌륭했으며, 이내 손쉽고도 정확하게 방향을 바로잡아 또다시 돌진해 왔다. 로메로가 바라던 황소였다.

로메로가 물레타로 하는 싸움을 끝마치고 황소를 죽이려 하자 관중은 죽이지 말고 좀더 싸움을 계속하라고 아우성이었다. 관중은 황소를 죽이고 싶지는 않았으며, 또 싸움을 빨리 끝나게 하고 싶지도 않았다. 로메로는 그대로 계속했다. 그것은 투우에서 하나의 과정과 같은 것이었다. 몇 번이고 그는 황소를 그대로 스쳐 지나가게 했는데, 그 모든 행동을 하나로 연결하여 완전하게, 여유 있게, 위엄 있고도 균형잡히게 하였다. 속이거나 연막을 치지는 않았다. 황소가 그를 스쳐 지나갈 때마다 투우는 절정에 달했으며, 관중에게 갑자기 마음의 고통을 느끼게 했다. 관중은 언제까지나 경기가 끝나지 않았으면 하고 생각했다.

로메로는 우리 바로 아래서 황소를 죽였는데, 황소는 네 다리를 꼿꼿이 편 채로 죽어 갔다. 그는 먼저 소처럼 어쩔 수 없이 죽인 것이 아니라, 자기의 생각대로 죽인 것이었다. 그는 황소 바로 앞에서 몸을 옆으로 돌리고 물레타의 주름살 사이에서 칼을 쭉 뽑더니 칼날을 한 번 끝까지 훑어보았다. 황소는 그를 노려보고 있었다. 로메로는 황소에게 말을 걸며 그 한쪽 다리를 가볍게 때렸다. 황소가 공격했으나 로메로는 물레타를 낮게 잡고 칼을 겨누어 두 발로 버티고 선 채 기다렸다. 그러고는 한 발짝도 앞으로 나가지 않은 채 그는 황소와 한 덩어리가 되었고, 칼을 황소 어깨 사이에다 깊숙이 박자, 황소는 몸을 가볍게 떤 뒤 플란넬 뒤를 따랐다. 로메로가 보기에도 산뜻하게 왼쪽으로 홱 몸을 비키자 플란넬은 간 곳이 없고 삽시간에 모든 것이 끝났다. 그래도 황소는 앞으로 나가려고 했으나 다리가 좀처럼 움직이지 않았으며, 몸을 좌우로 비틀거리며 몇 번 쭈뼛거리더니 이내 풀썩 무릎을 꿇고 말았다. 그러자 로메로의 형이 처음에 황소 뒤에서 몸을 굽혀 소뿔 밑둥인 목덜미에다 단도를 내리꽂았다. 처음에는 헛찔렀으나 다시 찌르자 황소는 몇 번 꿈틀꿈틀 경련을 일으키더니 옆으로 쓰러졌다. 로메로의 형은 손에는 소뿔을, 다른 한 손에는 단도를 들고 회장석을 바라보았다. 장내 한쪽에서 사람들이 손수건을 흔들었다. 회장도 로메로를 바라보며 손수건을 흔들었다. 로메로의 형은 죽은 황소의 톱니처럼 된 꺼먼 귀를 잘라 들고는 로메로 쪽으로 달려가 건넸다. 검은 황소는 모래 위에 혀를 길쭉이 내민 채 육중하게 나자빠져 있었다. 투우장 여기저기에서 소년들이 쓰러진 황소 쪽으로 달려와서는 황소 주위를 조그맣게 둘러쌌다. 그들은 소 주위에서 춤을 추었다.

로메로는 그의 형에게서 귀를 받아 들고는 그것을 회장 쪽으로 내밀었다. 회장이 고개를 끄덕이자 로메로는 우리 쪽으로 달려왔다. 그는 바레라 위로 올라와 브레트에게 귀를 주었다. 그는 고개를 끄덕이며 빙그레 웃었다. 군중이 그를 둘러쌌다. 브레트는 케이프를 내려놓았다.

"마음에 드셨습니까?" 로메로가 외쳤다.

브레트는 아무 말도 하지 않았다. 두 사람은 마주 보며 빙그레 웃었다. 브레트는 한 손에다 귀를 들고 있었다.

"피가 묻지 않도록 하세요." 로메로가 히죽이 웃었다.

군중은 그를 내놓으라고 했으며, 소년들은 브레트에게 고함을 지르고 있었다. 군중은 소년과 댄서와 주정뱅이들이었다. 로메로는 돌아서서 군중 사이를 뚫고 나가려고 했다. 그들은 그를 둘러싸더니 그의 몸을 번쩍 쳐들어 어깨에다 짊어지려고 했다. 그는 반항하여 몸을 뿌리치고는 빠져나와 군중의 한복판에서 출입구 쪽으로 달리기 시작했다. 사람들 어깨 위로 실려 나가기가 싫었던 것이다. 그러나 군중은 그를 붙잡았다. 그리 기분 좋은 일이 아니었으며, 그는 다리를 벌리고 있었는데 온몸이 아팠다. 그들은 로메로를 들어 올린 채로 냅다 문 쪽으로 달려갔다. 그는 한 손으로 누군가의 어깨를 붙잡고 있었다. 미안한 듯한 눈초리로 우리를 쳐다보았다. 군중은 그를 어깨에 맨 채 거의 뛰다시피 하여 문밖으로 나갔다.

우리 세 사람은 모두 호텔로 돌아왔다. 브레트는 2층으로 올라갔다. 빌과 나는 아래층 식당에서 삶은 달걀을 먹으며 맥주를 몇 병 마셨다. 벨몬테가 외출복으로 갈아입고 매니저와 다른 두 사람과 함께 내려왔다. 그들은 우리 바로 맞은편 테이블에 앉아서 식사를 했는데, 벨몬테는 그다지 많이 먹지 않았다. 그들은 7시 기차로 바르셀로나로 떠나기로 되어 있었다. 벨몬테는 푸른 줄무늬가 있는 셔츠와 까만 양복을 입고 있었고, 반숙 달걀을 먹고 있었다. 벨몬테는 그저 묻는 말에만 대답하고 있을 뿐 조용했다.

빌은 투우를 보다 지쳤다. 나도 역시 그랬다. 둘 다 너무도 투우에 열중했던 것이다. 꼼짝 않고 앉아서 달걀을 먹으며 나는 벨몬테와 그 일행을 보고 있었다. 그의 일행은 장사꾼처럼 튼튼하게 보였다.

"카페로 가세." 빌이 일어났다. "압생트를 마시고 싶군."

축제 마지막 날이었다. 밖은 또다시 흐려졌다. 광장은 사람들로 초만원이었고, 불꽃 전문가들은 그날 밤을 위하여 새로운 장치를 만들고는 참나무 가지를 그 위에 덮었다. 아이들이 옆에서 그것을 구경하고 있었다. 우리는 긴 대나무 줄기로 된 로켓 발사대 옆을 지났다. 카페 밖은 인산인해였고, 음악과 춤이 계속 이어지고 있었다. 거인과 난쟁이들이 지나갔다.

"에드나는 어디 있나?" 내가 빌에게 물었다.

"모르겠는데."

우리는 축제의 마지막 날 밤 초저녁 모습을 바라보고 있었다. 압생트를 마신 탓에 모든 것이 기분 좋게만 보였다. 물방울이 뚝뚝 떨어지는 유리잔에 설탕도 타지 않은 채 그것을 마셨다. 쌉쌀하니 기분이 좋았다.

"콘이 좀 안됐는데." 빌이 하는 소리였다. "녀석, 괴롭겠어."

"그따위 놈은 꺼져 버려야 해."

"어디로 갔을까?"

"파리로 갔겠지."

"무엇을 할 것 같나?"

"망할 자식."

"무엇을 할 것 같으냔 말이야?"

"그전 계집이나 찾아내겠지."

"그전 계집이 누군데?"

"프란세스라는 여자야."

우리는 압생트를 또 한 잔씩 마셨다.

"언제 돌아가겠나?"

"내일."

잠시 뒤에 빌이 말했다. "아아, 참 멋진 축제였어."

"응, 쉴 새 없이 뭔가를 하고 있었으니까."

"자넨 믿을 수 없을 걸세. 굉장한 악몽 같았어."

"아니, 난 뭐든지 믿겠어. 악몽까지도."

"왜 그래? 기분이 나쁜가?"

"대단히."

"압생트를 한 잔만 더 해. 어이 웨이터! 이분에게 압생트를 한 잔만 더."

"비참한 기분이야."

"자, 들게." 빌이 말했다. "천천히 들어."

날은 점점 어두워졌고, 축제는 계속되었다. 술에 취하기는 했지만 기분은 조금도 좋아지지 않았다.

"기분 어때?"

"비참해."

"한 잔 더 들지?"

"소용없어."

"마셔 봐. 마셔 보지 않고선 몰라. 어쩌면 기분이 풀릴지도 모를걸. 어이 웨이터! 이분에게 압생트를 한 잔만 더!"

나는 홀짝홀짝 마시는 것은 관두고 잔에 바로 물을 붓고는 휘저었다. 빌이 얼음을 한 덩어리 넣었다. 검붉고 뿌연 혼합물 속의 얼음을 스푼으로 휘저었다.

"어때?"

"좋아."

"그렇게 빨리 마시면 안 돼. 그러면 기분이 나빠지네."

나는 유리잔을 내려놓았다. 빨리 마실 생각은 없었다.

"아, 취한다."

"당연하지."

"자네가 말한 대로 됐지 뭔가?"

"그렇지, 취해 보란 말이야. 쓸데없는 우울증은 씻어 버려."

"응, 난 취했어. 이게 자네가 원하는 건가?"

"앉게."

"싫어. 난 호텔로 갈 테야."

나는 완전히 취했다. 이렇게 취해 본 적은 일찍이 없었다. 호텔에서 2층으로 올라갔다. 브레트의 방문이 열려 있었다. 안을 들여다보았더니, 마이크가 침대 위에 앉아 있었다. 그는 술병을 흔들었다.

"제이크." 그가 불렀다. "들어와, 제이크."

나는 들어가서 앉았다. 어떤 한 곳을 응시하고 있지 않으면 방 안이 빙빙 돌았다.

"브레트가 말이야, 글쎄 그 투우사 녀석하고 함께 어디로 가 버렸어."

"설마."

"정말이야. 작별인사를 하려고 자넬 찾고 있었다네. 7시 차로 가 버렸어."

"그랬나?"

"못할 짓이지. 나는 브레트가 설마 그런 짓을 할 줄은 몰랐어."

"응."

"한잔하려나? 맥주를 가져오라고 할 테니 잠깐만 기다리게."

"난 벌써 취했어. 내 방에 가서 잘 테야."

"취했어? 하긴 나도 취했어."

"응, 나도 그래."

"자, 그럼 가 보게. 좀 자게, 제이크."

거기서 나와 내 방으로 들어가 침대 위에 드러누웠다. 침대가 마구 흔들렸기 때문에 일어나 앉아 그걸 막으려고 벽을 쳐다보았다. 광장에선 축제가 계속되고 있었으나, 그건 아무 의미도 없었다. 얼마 지나지 않아 빌과 마이크가 아래층 식당으로 내려가서 함께 식사하자고 나를 데리러 왔다. 나는 잠이 든 체했다.

"잠들었군. 그냥 두는 게 좋겠어."

"정신없이 취했어." 마이크가 이렇게 말하고 두 사람은 나가 버렸다.

나는 일어나서 발코니로 나가 광장에서 춤추는 사람들을 바라보았다. 이제는 세상이 빙빙 돌지 않았다. 가장자리가 희미하게 보일 뿐이었다. 나는 세수를 한 뒤 머리를 빗었다. 거울 속의 내 얼굴을 낯선 사람처럼 쳐다보다가 아래층 식당으로 내려갔다.

"야, 내려오는군." 빌이었다. "어이, 제이크! 자네가 취하지 않았다는 건 알고 있었네."

"어이, 주정꾼." 마이크도 한마디 했다.

"배가 고파서 잠이 깼어."

"수프라도 좀 먹게." 빌이 말했다.

우리 세 사람은 테이블에 앉았으나, 마치 여섯 사람쯤 없어진 것처럼 허전했다.

제3편

19

아침이 되자 이제 모든 것이 끝났다. 축제는 끝났다. 9시쯤 일어나 목욕을 한 뒤 옷을 입고는 아래층으로 내려갔다. 광장은 텅 비어 있었고, 거리엔 인기척 하나 없었다. 아이들이 몇 명 광장에서 타다 남은 막대들을 줍고 있었다. 카페들도 이제 막 문을 열기 시작했다. 웨이터들이 편안한 등의자를 날라다가 아케이드 밑 그늘에 놓인, 대리석으로 된 테이블 주위에 늘어놓았고 거리를 쓸며 호스로 물을 뿌리고 있었다.

나는 등의자에 앉아 몸을 뒤로 깊숙이 기댔다. 웨이터도 서둘러 오지 않았다. 아케이드의 여러 기둥에는 황소의 도착을 알리는 흰 종이와 특별 열차의 큰 시간표가 아직도 그대로 붙어 있었다. 푸른 앞치마를 두른 웨이터가 양동이와 걸레를 가지고 나와 벽보를 떼어냈다. 종이를 찢어내고는 돌에 붙은 것을 물로 닦고 문질렀다. 축제는 끝난 것이다.

커피를 마시고 있자니까 얼마 뒤 빌이 왔다. 나는 그가 광장을 가로질러 이쪽으로 걸어오는 것을 지켜보았다. 그는 자리에 앉더니 커피를 주문했다.

"자." 그가 말했다. "다 끝났군."

"응, 언제 떠나겠나?"

"글쎄, 같이 자동차를 한 대 세내면 어떻겠나? 자넨 파리로 돌아가지 않을 건가?"

"응, 아직 일주일 더 있어도 돼. 난 산 세바스티안에나 갈까 하는데."

"난 돌아갈 생각이야."

"마이크는 어떻게 할 셈일까?"

"생장 드 뤼에 갈걸."

"자동차를 한 대 빌려서 바욘까지 가세. 자넨 거기서 오늘 밤차를 탈 수 있을 걸세."

"좋아. 점심 먹고 떠나세."

"됐어. 그럼 난 자동차를 구하지."

우리는 점심을 먹고 나서 돈을 지불했다. 몬토야는 우리 곁에 오지도 않았고, 웨이트리스가 계산서를 가지고 왔다. 자동차는 밖에 와 있었다. 운전사는 가방을 위에다 올려놓더니 밧줄로 잡아맸고 나머지 짐들은 자기 옆자리에다 올려놓았다. 우리도 올라탔다. 자동차는 광장을 지나고 샛길로 들어 가로수 아래 언덕을 지나 팜플로나를 떠났다. 그다지 긴 드라이브 같지는 않았다. 마이크는 폰다도르 한 병을 가지고 있었는데, 나는 두서너 잔만 마셨다. 산을 몇 재 넘어 스페인 땅을 벗어나 흰 길을 달려, 나무들이 무성하고 비에 젖은 바스크 지방의 녹원 지대를 빠져나와 마침내 바욘에 도착했다. 우리는 빌의 짐을 역에다 내려놓았고, 빌은 파리행 열차표를 샀다. 7시 10분 출발 예정이었다. 우리는 역을 나왔다. 자동차가 역 앞에 서 있었다.

"자동차는 어떻게 할까?" 빌이 물었다.

"에이, 귀찮아. 기다리고 있으라지."

"좋아, 어딜 갈까?"

"비아리츠에 가서 한잔하세."

"마이크는 돈 쓰는 게 헤프거든." 빌의 소리였다.

우리는 비아리츠로 차를 몰아, 리스 바의 문밖에다 차를 세웠다. 바로 들어가 높은 의자에 앉아 위스키 소다를 마셨다.

"이건 내가 내지." 마이크가 말했다.

"아니, 주사위로 정하세."

그래서 우리 세 사람은 가죽 주사위 컵에서 포커 주사위를 굴렸다. 빌은 첫 번을 이겼다. 마이크는 나에게 지고는 바텐더에게 100프랑 지폐를 내놓았다. 위스키는 한 잔에 12프랑이었다. 또 한 번 굴렸는데 마이크가 또 졌다. 그럴 때마다 그는 바텐더에게 팁을 두둑이 주었다. 바 구석에선 근사한 재즈 밴드의 음악 소리가 들려왔다. 기분 좋은 바였다. 우리는 한 번 주사위를 굴렸다. 나는 처음엔 킹 넷으로 이겼다. 다음은 빌이 이겼다. 빌과 마이크가 또 굴렸다. 마이크는 처음에 잭 넷으로 이겼다. 두 번째는 빌이 이겼다. 마지막 판엔 마이크가 킹 셋을 냈다. 그는 주사위 컵을 빌에게 주었다. 빌은 그것을 달랑달랑 흔들어 굴렸다. 킹 셋과 에이스 하나와 퀸 하나가 나왔다.

"암만 해도 자네가 내야겠네, 마이크." 빌이 하는 소리였다. "친애하는 노름꾼 마이크."

"미안한데, 안 되겠어."

"왜?"

"돈이 없어, 한 푼도 없어. 20프랑이 전부야. 자, 이걸 받아 주게."

빌은 얼굴색이 약간 변했다.

"몬토야에게 치를 만큼은 있었네. 그것이라도 있었기에 천만다행이었지."

"수표를 바꿔 줄까?" 빌이 말했다.

"고마운 말이지만 수표를 끊을 수가 없어."

"이제부터 어떻게 할 건가?"

"오, 어떻게 좀 들어오겠지. 여기라면 2주일 동안은 이럭저럭 견딜 수 있어. 생장의 이 집이라면 외상으로도 지낼 수 있어."

"자동차는 어떻게 하지?" 빌이 나에게 물었다. "그대로 둘까?"

"아무러면 어떤가. 좀 쑥스럽군."

"자, 한 잔만 더 하세." 마이크가 하는 소리였다.

"좋아. 이건 내가 내지." 빌은 이렇게 말하고 나서 마이크를 돌아보았다. "브레트는 돈을 좀 갖고 있나?"

"없을걸. 내가 준 돈은 대부분 몬토야에게 들어갔을 테니까."

"브레트는 자기 돈이 조금도 없었나?" 이번에는 내가 물었다.

"없었을 거야. 돈을 가진 적이 없으니까. 일 년에 500파운드는 들어오지만 그중 350파운드는 유대인에게 이자로 지불하지."

"미리 이자를 떼고 주겠지." 빌이었다.

"그 말이 맞아. 실은 유대인이 아냐. 그저 우리가 그렇게 부르고 있을 뿐이지. 아마 스코틀랜드 사람일 걸세."

"그럼 브레트는 돈이 전혀 없겠군."

"없지. 갈 때 나에게 다 줬으니까."

"자아." 빌이었다. "한 잔씩 더 하세."

"좋은 생각이야. 돈 얘길 해 봤자 무슨 소용이 있겠나." 마이크가 말했다.

"그래." 빌이 받았다. 빌과 나는 다시 주사위를 두 번 굴렸다. 빌이 져서 돈을 지불했다. 우리는 차 있는 데로 나왔다.

"어디 가고 싶은 덴 없나, 마이크?" 빌이 물었다. "드라이브하세, 그럼 내 명예에도 도움이 될 걸세. 잠시 드라이브나 하자고."

"좋아. 나도 바다가 보고 싶으니 앙데예로 가세."

"바닷가 쪽은 외상을 할 수 없는데."

"몰라."

우리는 해안 도로를 따라 차를 몰았다. 푸른 곳, 빨간 지붕을 한 흰 벽의 별장, 여기저기 흩어져 있는 숲, 썰물로 저만큼 밀려나간 바닷물이 용솟음치는 새파란 바다. 생장 드 뤼를 지나 해안을 내려간 데 있는 마을들을 지났다. 스쳐 지나가는, 기복 있는 시골 풍경 뒤로 우리가 팜플로나에서 올 때 넘었던 산들이 보였다. 길은 앞으로 뻗어 있었다. 빌은 시계를 들여다보았다. 돌아갈 시간이었다. 그는 유리창을 두드려 운전사에게 차를 돌리라고 했다. 운전사는 풀밭으로 들어가 차를 돌렸다. 우리 뒤에는 숲이 있고, 아래에는 목장과 바다가 있었다.

마이크는 머물 예정인 생장의 호텔 앞에서 차를 세우고 내렸다. 운전사가 그의 가방을 날라 주었다. 마이크는 자동차 옆에 섰다.

"잘들 가게. 참 근사한 축제였네." 마이크가 말했다.

"그럼 잘 있게, 마이크." 빌이 받았다.

"그럼 나중에 또 만나세." 나도 한마디 했다.

"돈 걱정은 말게." 마이크가 말했다. "요금은 자네가 좀 치러 주게, 제이크. 내 몫은 나중에 보내 주겠네."

"잘 있게, 마이크."

"잘들 가게. 고마웠네."

우리는 모두 악수를 나누었다. 우리는 차 안에서 마이크에게 손을 흔들었다. 그는 길에 서서 우리를 쳐다보고 있었다. 우리는 기차가 떠나기 직전에 바욘에 도착했다. 짐꾼이 수하물 임시 위탁소에서 빌의 가방을 날라 왔다. 나도 플랫폼으로 통하는 안쪽 문까지 배웅했다.

"자, 그럼 다음에 보세." 빌이 말했다.

"잘 가게!"

"참 좋았네, 참 좋았어."

"파리에 쭉 있을 건가?"

"아냐, 17일에 배를 탈 거야. 자, 그럼 가네."

"잘 가게!"

그는 입구를 지나 기차로 갔다. 짐꾼이 가방을 들고 앞서 갔다. 나는 기차가 움직이는 것을 지켜보고 있었다. 빌은 유리창 옆에 서 있었다. 그 창이 지나가고, 나머지 찻간도 지나가자 플랫폼은 텅 비었다. 나는 자동차 있는 데로 갔다.

"얼마요?" 나는 운전사에게 물었다. 바욘까지의 요금은 150페세타로 정했던 것이다.

"200페세타올시다."

"가는 길에 산 세바스티안까지 가면 얼마나 더 받겠소?"

"50페세타만 더 주십시오."

"농담하지 마시오."

"그럼 35페세타만 내십시오."

"너무 비싼데. 파니에 플뢰리 호텔까지 갑시다."

호텔에 도착해서 운전사에게 요금을 지불하고 팁도 주었다. 차는 모래먼지를 날리며 떠나버렸다. 나는 낚싯대 상자의 먼지를 털었다. 그것이 스페인과 축제에 나를 연결해 주는 마지막 물건처럼 생각되었다. 운전사는 자동차에 기어를 넣어 거리를 내려갔다. 나는 자동차가 스페인으로 통하는 길로 접어들 때까지 보고 있었다. 호텔로 들어가 방을 잡았다. 빌과 콘과 셋이서 바욘에 있을 때 들었던 방이었다. 모든 것이 오랜 옛날 일만 같았다. 세수를 하고 와이셔츠로 갈아입은 뒤 거리로 나갔다.

신문 매점에서 〈뉴욕 헤럴드〉를 사 가지고 카페로 들어가서 읽었다. 프랑스에 다시 돌아오니 기분이 이상했다. 조용하고 평안한 교외로 나온 듯한 기분이었다. 빌과 함께 파리로 갔으면 좋았을 거라는 생각이 들었다. 하지만 파리로 가면 축제 기분이 계속될 것 같아 싫었다. 축제는 당분간 이것만으로 충분할 것 같았다. 산 세바스티안은 조용하리라. 8월까지는 시즌도 시작하지 않는다. 좋은 방을 구해서 책도 읽고 수영도 할 수 있으리라. 바닷가도 좋다. 바닷가에 면한 산책길에는 근사한 나무들이 쭉 서 있고, 시즌이 시작되기 전에는 많은 어린이들이 유모들과 함께 온다. 저녁에는 카페 마리나스 건너편 나무 아래에서 악단의 연주도 있다. 나는 마리나스에 앉아서 그 음악을 들을 수 있으리라.

"안에서 식사하는 건 어떻소?" 나는 웨이터에게 물었다. 카페 안은 식당이었다.

"좋습니다. 음식이 아주 좋습니다."

"됐어, 그럼."

나는 식당으로 들어가서 저녁을 먹었다. 프랑스치고는 양도 많았지만 스페인에 비하면 꽤 양을 아낀 것 같아 보였다. 더불어 포도주를 한 병 마셨다. 샤토 마르고였다. 술맛을 음미하며 혼자서 천천히 마시는 것은 유쾌한 일이었다. 포도주 한 병은 훌륭한 친구가 된다. 식사 뒤에 나는 커피를 마셨다. 웨이터는 이자라는 바스크산 리쾨르를 권했다. 그는 병을 가지고 오더니 리쾨르 잔에다 가득히 부었다. 이자라는 피레네 산맥의 꽃으로 만든 술이라고 그는 설명했다. 진짜 피레네 산맥의 꽃으로 만든 술이라는 것이었다. 보기에는 머릿기름 같은데 이탈리아의 스트레가 같은 냄새가 났다. 나는 피레네 산맥의 꽃을 가져가고 비외 마르크를 가져오라고 했다. 마르크는 맛이 좋았다. 커피를 마신 뒤에 마르크를 한 잔 더 마셨다.

웨이터가 피레네 산맥의 꽃 때문에 약간 기분이 나쁜 듯했기 때문에 나는 팁을 좀 두둑이 주었다. 그러자 그는 바로 풀어졌다. 사람을 즐겁게 해주는 데 이렇게 간단한 나라가 있나 하고 생각하니 한결 기분이 좋아졌다. 스페인이라면 웨이터가 고맙다고 할는지 의심스럽지만, 프랑스라면 만사가 다 돈으로 간단히 해결되는 나라다. 살기에 조금도 힘이 안 드는 나라다. 뭔가 애매한 이유로 친구가 된다 해도 조금도 이상하게 생각되지 않는다. 사람들의 환심을 사려면 다만 돈을 약간 더 쓰기만 하면 된다. 나는 돈을 약간 더 써서 웨이터의 환심을 산 것이다. 그가 나의 진가를 알아준 것이다. 내가 또 오면 그는 좋아하리라. 나는 언젠가 여기서 또 식사를 할 것이며, 그는 나를 반갑게 맞아 줄 것이고, 그가 맡은 테이블에 나를 앉혀 줄 것이다. 확실한 근거가 있어서 하는 일이니까 진심으로 나를 좋아하리라. 역시 프랑스다.

다음날 아침, 나는 더 많은 친구를 늘리기 위해 호텔 종업원 모두에게 약간씩 팁을 주고는 아침 차로 산 세바스티안으로 떠났다. 역에서 짐꾼에게는 필요 이상의 팁을 주지는 않았다. 또다시 만날 것 같지 않기 때문이었다.

바욘에 또다시 돌아왔을 때 나를 반가이 맞아 줄 프랑스 친구가 두서넛 필요했을 뿐이다. 그들이 나를 기억하고 있다면 그 우정은 성실한 것임을 나는 알고 있었다.

이룬(스페인)에서 기차를 갈아타고 여권을 보였다. 나는 프랑스를 떠나기가 싫었다. 프랑스의 생활은 아주 단순했다. 또다시 스페인으로 가다니 바보짓만 같았다. 스페인에선 어떻게 될지 모를 일이다. 그러나 스페인으로 다시 가는 자신이 바보처럼 생각되었지만, 나는 여권을 들고 줄을 섰고 가방을 열고는 세관원에게 보였고, 차표를 사서 문을 통과하여 기차에 오른 뒤 40분 뒤에는 터널을 8개나 지나 산 세바스티안에 도착했다.

무더운 날인데도 산 세바스티안은 어딘지 모르게 이른 아침과도 같았다. 나무들은 한 번도 마른 적이 없는 듯한 잎을 달고 있었다. 거리는 방금 물을 뿌린 것만 같았다. 가장 뜨거운 날에도 어떤 거리는 선선하고 그늘져 있었다. 전에 묵었던 호텔로 갔다. 그들은 시내의 지붕들이 보이는 발코니가 달린 방으로 나를 안내했다. 지붕 너머로는 푸른 산마루가 보였다.

가방을 풀어서 침대 머리맡의 테이블에 책을 꺼내 놓고, 세면 도구도 꺼내고, 커다란 양복장에 옷들을 걸어 놓고, 세탁할 것을 한 보따리 묶어 놓았다. 그 다음 목욕탕에서 샤워하고는 점심을 먹으러 아래층으로 내려갔다. 스페인에는 서머 타임이 없었기 때문에 나는 좀 일렀다. 또 시계를 맞춘다. 산 세바스티안에서 왔기 때문에 한 시간을 번 셈이다.

식당으로 들어갔더니 수위가 경찰 서류를 가지고 와서 기입하라고 했다. 그것에 사인하고 전보 용지를 두 장 부탁하고는, 호텔 몬토야로 오는 모든 내 우편물과 전보는 이 주소로 보내 달라는 전보를 쳤다. 산 세바스티안에 며칠이나 있을 것인가를 계산하고, 사무실에다 편지는 그대로 보관해 두고, 6일 동안 나에게 오는 모든 전보는 산 세바스티안으로 보내라는 전문을 쳤다. 그리고 나서 식당으로 들어가 점심을 먹었다.

식사를 한 뒤 방으로 올라가 잠깐 책을 읽다가 잠이 들었다. 눈을 떴을 때는 4시 30분이었다. 수영복을 찾아, 빗과 함께 타월에 싸 가지고 아래층으로 내려가 콘차로 통하는 거리를 걸었다. 바닷물은 반쯤 밀려나가 있었다. 바닷가는 매끄럽고 단단했고 모래는 노란빛을 띠었다. 나는 탈의실로 들어가 수영복으로 갈아입고는 반들반들한 모래밭을 지나 바다 쪽으로 걸어갔다. 맨발에 닿는 모래는 따뜻했다. 바다에도 모래사장에도 사람들이 많았다. 콘차의 곶과 곶이 맞닿아서 항구가 된 곳에는 파도의 흰 선과 먼 바다가 보였다. 바닷물은 밀려나가고 있었지만 가끔가다 굽이쳐 오는 힘없는 파도도 있었다. 그것은 마치 바다의 음파처럼 밀려와서는 물의 무게를 모아 따뜻한 모래 위에서 부드럽게 부서졌다. 나는 물속으로 걸어 들어갔다. 물은 차가웠다. 파도가 밀려오자 뛰어들어 물 밑으로 헤엄쳐 나간 다음 물 밖으로 떠올랐는데 춥지는 않았다. 나는 뗏목 있는 데로 헤엄쳐 나가, 뜨거운 나무 판자 위로 기어올라 드러누웠다. 소년과 소녀가 저 끝에 있었다. 소녀는 수영복의 목끈을 풀고는 등을 태우고 있었고, 소년은 뗏목 위에 엎드린 채 소녀에게 뭐라고 이야기를 하고 있었다. 소녀는 소년이 하는 이야기를 듣고 웃으면서 햇볕에 그을린, 갈색으로 탄 등을 이쪽으로 돌렸다. 나는 햇볕에 몸이 마를 때까지 뗏목 위에 드러누워 있었다. 그러고 나서 몇 번 다이빙을 했다. 한번은 바다 밑바닥까지 깊이 헤엄쳐 들어갔다. 나는 눈을 뜨고 헤엄을 쳤는데 물속은 푸르고 캄캄했으며, 뗏목이 시커먼 그림자를 만들고 있었다. 뗏목 옆의 수면으로 나와 기어올랐다가 다시 한 번 물속으로 뛰어들어, 얼마 동안 그대로 물속에 잠긴 채로 있다가 바닷가를 향해 헤엄쳐 나갔다. 몸이 마를 때까지 모래 위에 누워 있다가 탈의실로 들어가 수영복을 벗고 수돗물로 몸을 씻었다.

항구를 돌아 나무 밑으로 카지노까지 걸어간 다음, 다시 또 서늘한 거리로 카페 마리나스까지 걸어갔다. 카페 안에선 오케스트라가 한창 연주 중이었다. 바깥 테라스에 앉아 무더운 날의 선선하고 서늘한 공기를 즐기며, 얼음이 든 레몬 주스를 한 잔 마시고 나서 위스키 소다도 천천히 마셨다. 나는 오랫동안 마르나스 앞에 앉아서 책을 읽기도 하고 지나가는 사람들을 바라보기도 하며 음악 소리에 귀를 기울이기도 했다.

날이 어두워져서야 나는 항구를 돌아 산책길을 따라 저녁을 먹으려고 호텔로 돌아왔다. 바스크 지방을 한 바퀴 도는 자전거 경기가 있어 선수들이 그날 밤 산 세바스티안에 묵고 있었다. 식당 한쪽에는 선수 전용 긴 테이블이 있어서 자전거 선수들이 감독과 매니저들과 함께 식사를 하고 있었다. 모두가 프랑스 사람과 벨기에 사람으로 음식에 세심한 주의를 하고 있었지만 그래도 즐거운 듯했다. 테이블 가에는 아름다운 프랑스 여자 둘이 앉아 있었는데, 포부르 몽마르트르 거리식으로 멋을 잔뜩 낸 여자들이었다. 누구의 애인인지는 알 수 없었다. 긴 테이블에서는 모두 사투리를 쓰면서 뭐라고 소곤소곤 농담을 하고 있었는데, 저쪽 끝에서 하는 농담을 젊은 여자들이 잘 알아듣지 못해도 되풀이하지 않았다. 다음날 아침 5시에 시작되는 자전거 경기는 산 세바스티안에서 빌바오까지 마지막 구간을 달릴 예정이었다. 선수들은 포도주를 많이 마셨고 해에 그을어 피부는 갈색을 띠고 있었다. 그들은 자기네들끼리 있을 때가 아니면 경기를 그리 진지하게 생각하지 않았다. 자기네들끼리 늘 경기를 해 왔으므로 누가 이기든 그다지 대단한 문제는 아니었으며, 특히 외국에선 그러했다. 돈 문제에 관해서는 타협이 되어 있었다. 경기에서 2분간 리드했던 선수는 종기가 나서 몹시 아파했다. 그는 허리로 앉아 있었다. 목이 빨갛고 금발까지 햇볕에 탔다. 다른 선수들은 종기가 났다고 그를 놀려 댔다. 그는 포크로 테이블을 두드렸다.

"이봐." 그가 말했다. "난 내일 코를 핸들에 처박고 달릴 테니까, 이 종기에 닿는 것은 다만 유쾌한 산들바람뿐일 걸세."

젊은 여자 하나가 테이블 끝에서 그를 쳐다보자, 그는 씩 웃으며 얼굴이 새빨개졌다. 스페인 사람은 페달을 밟을 줄 모른다고 그들은 떠들어댔다.

나는 큰 자전거 공장을 경영하는, 팀의 매니저와 테라스에서 커피를 마셨다. 그는 이번 경기야말로 아주 즐거운 경기로, 보테치아가 팜플로나에서 기권만 하지 않았더라면 참 볼 만한 경기였을 것이라고 했다. 먼지가 심하긴 했지만 스페인의 도로는 프랑스의 도로보다는 좋았다. 자전거 도로 경기야말로 세계에서 유일한 스포츠라고 했다.

"프랑스 일주를 해 본 적이 있습니까?"

"신문에서 본 게 전부죠."

"프랑스 일주 경기는 세계에서 가장 큰 스포츠 행사올시다. 구간을 설정하고 그 뒤를 따라다녔더니 프랑스를 알게 되더군요. 대부분의 사람들은 프랑스를 모릅니다. 봄, 여름, 가을에 걸쳐 선수들과 함께 길에서 세월을 보냈지요. 경기 때 이 마을에서 저 마을로 선수들의 뒤를 따르는 자전거 수를 보세요. 프랑스는 부유한 나라지만 해가 갈수록 스포츠를 좋아하죠. 세계에서 제일 스포츠를 좋아하는 나라가 될 것입니다."

"자전거 도로 경기 때문이죠. 그리고 축구하고."

"나는 프랑스를 잘 압니다. 스포츠를 좋아하는 프랑스를. 자전거 경기라면 잘 압니다."

우리는 코냑을 마셨다.

"그래도 파리로 돌아간다는 건 나쁘진 않군요."

"파남므^(파리의 속칭)는 하나뿐이에요. 세상에서 하나밖에 없죠. 파리야말로 전 세계에서 가장 스포츠를 즐기는 도시입니다."

"쇼프 드 네그르^(카페 이름)를 아십니까? 모르시는군요, 언젠가 거기서 만납시다. 만나서 한잔 마십시다. 꼭 마십시다."

"내일 아침 5시 45분에 출발합니다. 출발에 맞춰 일어나실 수 있나요?

"어떻게든 꼭 일어나겠습니다."

"제가 깨워 드릴까요? 참 재미있습니다. 사무실에다 깨워 달라고 부탁하겠습니다. 제가 깨워 드려도 괜찮습니다만."

"나를 깨워 주실 필요 없습니다. 그렇게까지 수고를 끼쳐서야 되겠습니까. 사무실에다 깨워 달라고 부탁하겠습니다."

우리는 내일 아침에 다시 만나자는 인사를 하고 헤어졌다.

아침에 눈을 떠보니까 선수들과 그 뒤를 따르는 자동차들이 떠난 지 이미 3시간이나 지난 뒤였다. 나는 침대에서 커피를 마시고 신문을 읽고 옷을 입은 뒤에 수영복을 들고 바닷가로 나갔다. 이른 아침이라 모든 것이 신선하고 서늘하고 축축했다. 제복이나 농부복 차림의 유모들이 어린애들을 데리고 나무 아래를 거닐고 있었다. 스페인 아이들은 예뻤다. 구두닦이 애들 몇 명이 나무 그늘에 앉아 어떤 군인과 이야기하고 있었다. 군인은 한쪽 팔이 없었다. 밀물이었고, 바닷가에는 기분 좋은 산들바람이 불고 있었고, 파도가 철썩이고 있었다.

나는 탈의실에서 수영복으로 갈아입고 좁은 해변을 가로질러 물속으로 들어갔다. 바다 한가운데로 파도를 뚫고 나가려 했으나 몇 번이나 물속에 잠겼다. 잔잔한 바다로 나와서 누운 상태로 물에 떠 있었다. 떠 있자니까 하늘만 보였고 파도가 올라갔다 내려갔다 하는 것을 느낄 수 있었다. 얼굴을 물속에 파묻고 큰 파도를 타고 바닷가 쪽으로 간 다음 방향을 바꿔 헤엄을 쳐, 파도 사이로 들어가 파도를 덮어쓰지 않으려고 애를 썼다. 그렇게 떠 있자니까 여간 피곤하지 않았다. 방향을 바꿔 뗏목 있는 데로 헤엄쳐 갔다. 물은 차갑고 부력(浮力)이 셌다. 가라앉으려 해도 가라앉지 않을 것만 같았다. 나는 천천히 헤엄쳤지만 밀물이라서 오랫동안 헤엄친 듯했다. 햇볕을 받아 따뜻해진 뗏목 위로 기어올라가 물을 뚝뚝 흘리며 앉았다. 포구 쪽을 둘러보았다. 오래된 시가지와 카지노, 산책길에 늘어선 나무들, 흰 현관과 황금 글자가 박힌 큰 호텔이 보였다. 저 멀리 오른쪽으로 포구 아주 가까이에 녹색의 구릉이 있었고, 그 구릉 위로 성이 보였다. 뗏목은 물의 움직임에 따라 흔들렸다. 넓은 바다로 통하는 좁은 포구 건너편에도 또 하나의 높은 곳이 있었다. 이 포구를 헤엄쳐 건너보고 싶었지만 쥐가 날까 봐 겁이 났다.

나는 앉아서 햇볕을 쬐며 바닷가에서 해수욕하는 사람들을 바라보았다. 그들이 아주 조그맣게 보였다. 얼마 지나지 않아 일어나, 뗏목 한끝을 발끝으로 누르자 뗏목은 몸의 무게로 기울어져서 나는 깨끗하고도 깊숙이 물속으로 들어갔다. 맑은 물 밖으로 떠올라 머리를 흔들어 머리에 묻은 소금물을 떨쳐 버리고는, 천천히 그리고 꾸준히 바닷가로 헤엄쳐 나갔다.

옷을 갈아입고 탈의실 사용료를 치른 다음 호텔로 돌아왔다. 선수들이 독서실에 버리고 간 〈자동차〉라는 잡지 몇 권을 주워다, 햇볕에 내놓은 안락의자에 편히 기대 앉아 프랑스 스포츠계의 동태를 알 셈으로 읽어 보았다. 거기 앉아 있자니까 수위가 손에 푸른 봉투 하나를 들고 다가왔다.

"전보가 왔습니다."

봉해진 틈으로 손가락을 집어넣어 봉투를 찢고는 전보를 읽었다. 파리까지 갔다가 돌아온 것이었다.

　마드리드의 호텔 몬타나로 와 주세요.
　아주 곤란한 처지에 있음. 브레트

나는 수위에게 팁을 주고는 한 번 더 읽어 보았다. 우편 배달부가 이쪽으로 걸어오고 있었다. 그는 호텔로 들어갔다. 텁석부리 수염을 기르고 있는데 군인 티가 나는 사람이었다. 그는 호텔 밖으로 다시 나왔다. 수위가 바로 그 뒤를 따랐다.

"또 전보가 왔습니다."

"고맙소."

뜯어보았다. 이것은 팜플로나까지 갔다가 돌아온 것이었다.

　마드리드의 호텔 몬타나로 와 주세요.
　아주 곤란한 처지에 있음. 브레트

수위는 팁을 바라는지 그대로 서 있었다.
"마드리드로 가는 기차는 몇 시에 있소?"
"오늘 아침 9시에 떠났습니다. 11시에 완행 열차가 있고, 오늘 밤 10시엔 급행이 있습니다."
"급행 침대차를 하나 구해 주시오. 돈을 지금 줄까요?"
"형편이 되는 대로 하세요. 청구서에 적어 놓겠습니다."
"그렇게 하시오."
아, 이것으로 산 세바스티안도 끝이로구나, 어렴풋이나마 이런 것을 기대하고 있었던 것이 아닌가. 수위가 아직 입구에 서 있는 것이 보였다.
"전보 용지를 한 장만 갖다 주시오."
그가 용지를 가져오자 나는 만년필을 꺼내서 활자체로 썼다.

　마드리드 호텔 몬타나, 애쉴리 부인, 내일 급행으로 도착 예정, 제이크

이것으로 어떻게 해결되겠지. 그렇게 된 것이다. 한 여자가 어떤 남자와 도망쳤다. 그 여자에게 다른 남자를 소개하니까 또 그 남자와 도망쳤다. 이번엔 내가 가서 그 여자를 데려온다. 그리고 전보에는 '애정을 담아'라고 쓴다. 이건 그야말로 운명이야. 나는 점심을 먹으러 안으로 들어갔다.
그날 밤, 나는 급행 열차에서 별로 잠을 자지 못했다. 아침에 식당차에서 아침 식사를 하며 아빌라와 에스코리알(에스파냐의 마드리드 서북쪽에 있는 유명한 수도원) 사이의 바위와 솔숲을 내다보았다. 창밖으로 보이는 에스코리알은 햇빛을 받으며 회색으로 길게 뻗쳐 있었으며 추워 보였으나 나는 그것을 조금도 주의해서 보진 않았다. 마드리드가 들판 위쪽, 햇볕에 그은 전원 너머 조그만 절벽 위에, 똑똑히 흰 윤곽을 나타내고 있었다.
마드리드의 북쪽 역이 종착역이었다. 모든 열차는 거기가 종착역이었다.

여기서는 더 이상 앞으로 가지 않았다. 바깥에선 마차와 택시와 호텔 안내인들이 쭉 늘어서 있었다. 마치 시골 같았다. 나는 택시를 잡아타고 절벽 한쪽의 텅 빈 궁전과 아직 완공되지 않은 교회 옆의 공원을 빠져 올라가, 오르고 또 오른 다음 높고 무더운 현대식 도시로 나갔다. 택시는 푸에르타델 솔의 평탄한 길을 달린 다음 차들이 혼잡한 거리를 빠져 카레라 산헤로니모로 나왔다. 상점이란 상점은 모두 더위를 막느라고 발을 쳤다. 햇볕이 내리쬐는 한길 쪽 창들은 덧문이 쳐져 있었다. 택시는 인도 옆에 멈췄다. 2층에 호텔 몬타나라는 간판이 걸려 있었다. 택시 운전사가 가방들을 들어다 엘리베이터 옆에 놓았다. 나는 엘리베이터를 어떻게 운전하는지 몰라 그대로 걸어서 올라갔다. 2층에는 구리에다 새긴 호텔 몬타나라는 간판이 있었다. 벨을 눌렀지만 아무도 나오지 않았다. 다시 누르자 무뚝뚝하게 생긴 여종업원이 나왔다.

"여기 애쉴리 부인이 묵고 있습니까?"

여종업원은 흐릿한 눈초리로 나를 쳐다보았다.

"영국 부인이 한 분 여기 있냐는 말이에요?"

여종업원은 돌아서서 안에 있는 사람을 불렀다. 아주 뚱뚱한 여자가 문 있는 데로 나왔다. 머리는 반백이고 얼굴 주위에 가리비 껍질 모양으로 기름을 딱딱하게 바른 사람이었다. 키가 작고 풍채가 당당하게 보였다.

"안녕하십까." 나는 말을 건넸다. "여기 영국 부인이 한 분 계십니까? 그 영국 부인을 좀 만나고 싶은데요."

"안녕하세요. 네, 영국 여자분이 한 분 계십니다. 그분이 원하신다면 물론 만나실 수 있죠."

"날 만나고 싶어하는 분입니다."

"여종업원에게 물어보라고 하죠."

"지독한 더위군요."

"마드리드의 여름은 퍽 덥답니다."

"그럼 겨울은 어떻습니까?"

"겨울은 아주 춥죠."

"선생님도 호텔 몬타나에 머무시겠습니까?"

"그건 아직 결정하지 못했지만 내 가방이 도난당할 염려가 있으니 아래층에서 그걸 좀 갖다 줬으면 고맙겠습니다."

"호텔 몬타나에선 물건을 도난당한 일이 한 번도 없습니다. 다른 호텔에선 있지만요. 여긴 없습니다. 여기선 종업원들을 엄격하게 채용하니까요."

"그 말을 들으니 안심이 됩니다. 하지만 짐을 올려 왔으면 좋겠는데요."

여종업원이 들어와서, 영국 여자분이 지금 곧 영국 남자분을 보고 싶어한다고 전했다.

"보시오. 내 말이 맞잖소."

"그렇군요."

나는 여종업원 뒤를 따라 어둡고 긴 복도를 걸었다. 복도 끝까지 오자 그녀가 문을 두드렸다.

"어머, 당신이에요, 제이크?" 브레트의 목소리가 들렸다.

"그렇소, 나요."

"들어오세요. 들어와요."

나는 문을 열었다. 여종업원은 내가 안으로 들어가자 문을 닫았다. 브레트는 침대 속에 있었다. 머리를 빗고 있었는지 손에 빗을 들고 있었다. 방 안은 늘 하인을 부리는 사람 특유의 혼란 상태였다.

"당신!" 브레트는 어쩔 줄 몰라했다.

나는 침대에 다가가서 두 팔을 그녀의 허리에다 감았다. 그녀는 나에게 키스를 했지만, 키스를 하는 동안에도 그녀는 딴 생각을 하고 있다는 것을 나는 느낄 수 있었다. 브레트는 나의 두 팔에 안긴 채 부들부들 몸을 떨고 있었다. 몸이 아주 조그맣게 느껴졌다.

"당신! 난 정말 죽을 뻔했어요."

"얘기해 보오."

"얘기할 것 없어요. 어제 그 사람이 가 버렸어요. 내가 가라고 그랬어요."

"왜 말리지 않고?"

"모르겠어요. 그건 사람이 할 짓이 못 돼요. 하지만 내가 그 사람에게 상처를 줬다곤 생각지 않아요."

"너무 지나치게 친절했겠지."

"그 사람은 누구하고도 같이 살 사람이 못 돼요. 그걸 난 대번에 깨달았어요."

"설마."

"설마가 아니에요. 그 얘긴 그만하기로 해요."

"알았소."

"그 사람이 날 부끄럽게 생각하는 것이 나에겐 엄청난 충격이었어요. 잠시 동안이었지만 날 부끄럽게 생각했다는 건 당신도 아시잖아요."

"몰라."

"아녜요, 정말이에요. 카페에서 나 때문에 사람들에게 조롱을 받았나 봐요. 나보고 머리를 기르라고 그랬어요. 하지만 그렇게 하면 얼마나 꼴불견이겠어요."

"이상하겠지."

"머리를 기르면 좀더 여자답게 보인다나요, 그 사람 말이. 그 꼴이 말이 아닐 거예요, 정말."

"그래, 어떻게 됐지?"

"뭘요, 그걸로 끝이에요. 날 부끄럽게 생각하지 않게 됐어요, 곧."

"그래, 죽을 뻔했다는 건 뭐요, 대체?"

"그 사람을 보낼 수 있을지 자신이 없었어요. 그 사람을 두고 오려고 해도 난 동전 한 푼도 없었어요. 그는 나에게 돈을 많이 주려고 했어요. 하지만 나도 돈이 많다고 그랬죠 뭐. 거짓말이라는 건 알았겠지만. 어쨌든 난 그의 돈을 차마 받을 순 없었어요."

"물론 그랬겠지."

"아, 그런 얘긴 그만둬요. 하지만 여러 가지 재미난 일이 있었어요. 담배 하나만 주세요."

나는 담배에 불을 붙여주었다.

"그 사람, 지브롤터에서 웨이터 노릇을 하면서 영어를 배웠대요."

"그런가."

"나하고 결혼하자고 그랬어요."

"정말?"

"물론이죠. 난 마이크와도 결혼할 수 없었는데."

"아마 결혼하면 애쉴리 경(卿)이라도 될 줄 알았던 모양이지."

"아뇨, 그런 게 아니에요. 정말로 나와 결혼하려고 했어요. 그래서 나더러 떠나면 안 된다고 그런 거예요. 내가 떠나지 않는다는 걸 확실히 알고 싶었던 거예요. 물론 내가 좀더 여자답게 될 필요가 있겠지만."

"이제 좀 기운을 내야지."

"그래야죠. 이젠 괜찮아요. 그이가 그 지긋지긋한 콘을 완전히 해결해 주었으니까요."

"잘됐어."

"그와 같이 있다는 것이 그이에게 나쁘다는 생각만 안 들었어도 난 그이와 같이 살았을 거예요. 참 서로 잘 지냈거든요."

"당신 외모는 빼놓고 말이겠지."

"오, 그건 그 사람도 이젠 눈에 익어 버렸어요."

그녀는 담뱃불을 껐다.

"난 서른넷이에요. 어린애 같은 사람을 망쳐 놓는 그런 계집은 차마 될 수 없어요."

"그야 그렇지."

"난 그렇게 되기 싫어요. 난 기분만큼은 이제 썩 좋아요. 기운도 차렸어요."

"잘됐구려."

그녀는 시선을 저쪽으로 돌렸다. 나는 그녀가 담배를 한 개 더 찾고 있는 게 아닌가 하고 생각했다. 하지만 그녀가 울고 있는 것을 알았다. 나는 그녀가 우는 것을 느꼈는데, 몸을 떨며 울고 있었다. 이쪽을 쳐다보려고 하지도 않았다. 나는 두 팔을 그녀의 허리에다 감았다.

"이젠 그런 얘긴 그만둬요. 제발 그만둬요."

"가엾은 브레트."

"난 마이크에게 돌아갈 거예요."

그녀를 꼭 껴안고 있으니까 그녀가 우는 것을 알 수 있었다.

"마이크는 참 좋은 사람이에요. 또 아주 싫은 사람이기도 해요. 나와 비슷해요."

그녀는 나를 쳐다보려고도 하지 않았다. 나는 그녀의 머리를 쓰다듬어 주었다. 그녀가 몸을 떠는 것을 알 수 있었다.

"난 그런 추잡스런 여잔 되고 싶지 않아요. 오, 제이크, 이제 제발 그런 애긴 그만두도록 해요."

우리는 호텔 몬타나를 떠났다. 호텔 주인 여자는 나에게 숙박료를 내라고 하지 않았다. 이미 계산이 끝나 있었던 것이다.

"그럼 좋아요. 가요, 이젠 아무래도 상관없어요." 브레트가 말했다.

우리는 택시를 타고 펠리스 호텔로 가서 가방을 놓고 그날 밤 급행 차표를 부탁한 다음, 호텔 바로 가서 칵테일을 마셨다. 우리는 바텐더가 니켈 도금 된 커다란 셰이커(칵테일 따위를 만들기 위한 음료 혼합기)를 흔들어 마티니를 만드는 동안 카운터 앞의 높은 의자에 앉아 있었다.

"큰 호텔의 바에 들어오면 굉장히 점잖아지니 참 우습지."

"바텐더와 기수(騎手)만큼 친절한 사람도 없을 거예요."

"아무리 지저분한 호텔이라도 바는 좋거든."

"이상해요."

"바텐더는 언제 봐도 좋은 사람들이야."

"그런데, 정말이더군요. 그 사람 열아홉 살밖엔 안 됐어요. 놀라셨죠?"

우리는 두 잔을 카운터에 올려놓은 채 서로 부딪쳤다. 차가워서 이슬이 맺혀 있었다. 커튼을 친 창밖은 무더운 여름의 마드리드였다.

"마티니에는 올리브가 어울리지." 내가 바텐더에게 말했다.

"네, 네, 알겠습니다."

"고맙소."

"여쭈어 봤어야 할 걸 그랬군요."

바텐더는 그렇게 말하더니 우리가 말하는 소리가 들리지 않을 만큼 멀리 갔다. 브레트는 카운터 위에 마티니를 올려놓은 채 입을 대고 빨아 마셨다. 그러고 나서 잔을 쳐들었다. 처음 한 모금으로는 잔을 쳐들 수 없을 만큼 손이 떨리진 않았다.

"맛있군요. 근사한 바죠?"

"바는 모두가 다 좋지."

"처음엔 난 그걸 믿지 않았어요. 그 사람은 1905년생이에요. 난 그때 파리에서 학교에 다니고 있었어요. 그걸 생각해 보세요."

"뭘 생각하라는 거요?"

"바보 같은 소리 마세요. 숙녀에게 한잔 사시겠어요?"

"마티니 두 잔만 더."

"아까처럼 해드릴까요?"

"아주 맛이 좋은데요." 브레트는 생긋 그에게 웃어 보였다.

"고맙습니다."

"자, 건배." 브레트가 먼저 입을 열었다.

"건배!"

"저어, 그 사람 말이에요, 전에 여자라곤 단지 둘밖에 몰랐대요. 투우 말고는 관심이 없었대요."

"꽤 시간이 많았을 텐데."

"몰라요, 그 사람은 투우를 한 것도 날 위해서 했다고 생각하고 있어요. 모든 사람에게 보이기 위해서가 아니고요."

"그래, 당신 때문이었겠지."

"그럼요, 날 위해서죠."

"이제 그 애긴 절대로 안 할 줄 알았는데."

"하지만 그걸 어떻게 참아요?"

"그런 애길 하면 기억에서 사라질 거요."

"그 주변 애길 할 뿐이에요. 저어, 난 참 기분이 말할 수 없이 좋아요, 제이크."

"그럴 테지."

"추잡스런 여자가 되지 말자고 결심하고 나니까 참 기분이 홀가분해지는군요."

"그럴 테지."

"그건 우리가 하느님 대신 지고 있는 거예요."

"하느님을 믿는 사람도 있지. 그런 사람도 아주 많아."

"하느님은 나한텐 한 번도 도움이 되지 않았어요."

"마티니 한 잔만 더 할까?"

바텐더는 두 잔분의 마티니를 흔들어서 새 잔에다 따라주었다.

"점심은 어디서 할까?" 나는 브레트에게 물었다.

바 안은 서늘했다. 창을 통해 바깥의 더운 공기를 느낄 수 있었다.

"여기서 할까요?" 브레트가 말했다.

"이 호텔은 싫어. 보틴이라는 곳을 아오?" 나는 바텐더에게 물었다.

"네, 주소를 적어 드릴까요?"

"고맙소."

우리는 보틴 2층에서 점심 식사를 했다. 유명한 레스토랑이었다. 구운 새끼돼지를 먹고 리오하 알타를 마셨다. 브레트는 그다지 먹지 않았는데, 그녀는 늘 적게 먹는 편이었다. 나는 배불리 먹고 알타를 세 병이나 마셨다.

"기분 어떠세요, 제이크?" 브레트가 물었다. "어머나! 웬 음식을 그렇게 많이 드세요."

"기분 좋은데. 디저트 먹고 싶소?"

"됐어요."

브레트는 담배를 피웠다.

"당신은 먹는 걸 좋아하죠, 네?"

"그렇소, 좋아하는 거야 많지."

"뭘 좋아하세요?"

"그야 많지. 당신, 디저트 먹지 않겠소?"

"금방 물어봤잖아요."

"응, 참 그랬지. 리오하 알타를 한 병만 더 합시다."

"좋아요."

"당신은 그다지 많이 마시진 않았지?"

"마셨어요. 보시지도 않고 저러셔."

"그럼 두 병만 더 합시다."

술병이 왔다. 나는 내 잔에다 좀 따르고 브레트의 잔에다 따르고, 그러고 나서 내 잔을 가득 채웠다. 우리는 잔을 부딪쳤다.

"건배!" 브레트가 외쳤다.

나도 한 잔을 쭉 마시고는 또 한 잔 따랐다. 브레트는 내 팔에다 손을 얹었다.

"취하면 안 돼요, 제이크. 취하지 마세요."

"왜?"

"안 돼요. 취하지 않으시겠죠."

"일부러 취하진 않을 거야. 그저 포도주를 좀 마실 뿐이오. 난 포도주를 좋아하니까."

"취하지 마세요. 제이크, 취하면 안 돼요."

"드라이브하고 싶소? 시내를 드라이브하고 싶냔 말이오."

"좋아요. 난 아직 마드리드를 보지 못했어요. 마드리드 시내를 좀 구경해야겠어요."

"이 잔을 비우고 합시다."

아래층으로 내려가 1층에 있는 식당을 지나 거리로 나갔다. 웨이터가 택시를 부르러 갔다. 무덥고 맑게 갠 날씨였다. 거리 저편으로는 나무들과 잔디가 있는 조그마한 광장이 하나 있었는데, 그곳에 택시가 몇 대 주차해 있었다. 웨이터가 옆에 매달린 채 택시가 한 대 왔다. 나는 그에게 팁을 주고, 운전사에게는 갈 곳을 말한 뒤 브레트 옆에 앉았다. 운전사는 거리를 달려갔다. 나는 뒤에 기댔다. 브레트는 내게로 바싹 다가왔다. 우리는 꼭 붙어 앉은 채 나는 한 팔로 그녀의 허리를 꼭 껴안았고, 브레트는 편하게 내 몸에 기댔다. 햇볕이 내리쬐는 퍽 무더운 날씨로, 집들은 눈이 부실 정도로 희게 비쳤다. 우리는 그란비아 쪽으로 구부러져 들어갔다.

"제이크." 브레트가 먼저 입을 열었다. "우리 함께였더라면 참 즐거웠을 거예요."

저만큼 앞에서 카키색 제복을 입은 기마 순경이 교통 정리를 하고 있었다. 그는 곤봉을 쳐들었다. 차가 갑자기 속력을 늦추는 바람에 브레트의 몸이 내게 쏠렸다.

"응, 그렇게 생각하는 것만으로도 좋지 않소?" 내가 말했다.

헤밍웨이의 생애와 작품에 대하어

헤밍웨이의 생애와 작품에 대하여

미국의 현대 문학은 1910년에 시작되어 20년대와 30년대에 걸쳐 개화기를 맞았는데, 그 시기 미국 문학을 이끈 것은 제1차 세계대전으로 사상적 환멸을 느낀 이른바 '로스트 제너레이션(Lost Generation)'의 작가들이다. '로스트 제너레이션'이란 전쟁의 체험 때문에 종교도 도덕도 인간적인 정신도 다 무너져 희망을 잃고 절망과 허무에 빠진 미국의 젊은 지성을 가리키는 말이다. 그런데 이들은 대개 1890년대에 태어난 사람들로, 그들의 나이가 마침 병역 적령기일 때 미국이 세계대전에 참가하여 그들도 유럽 전선에 나가야 했다. 그들은 전쟁의 쓰라린 경험을 안고 돌아와, 전후 환멸의 분위기 속에서 작가 활동을 시작하여 미국 문학을 이끌었다. '로스트 제너레이션'의 대표적 작가가 어니스트 헤밍웨이다.

집안과 성장

헤밍웨이는 1899년 7월 21일 일리노이 주 시카고 교외의 오크파크에서 태어났다.

아버지 클래런스는 의사로 턱수염이 덥수룩하고 체격이 좋으며, 마음은 지극히 내향적이고 다소 신경질적인 호인이었다. 낚시와 사냥을 무척 좋아하여 어니스트가 세 살도 되기 전에 낚시 도구를 어깨에 메어 주고, 열 살이 되자 엽총을 쥐어 주었다. 어머니 그레이스는 시카고의 부유한 주식 중개인의 딸로 음악적 재능이 뛰어나 성악을 공부했고, 결혼한 뒤에도 집 안에 음악실을 만들어 놓고 음악 교실을 열어 피아노와 성악을 가르쳤다.

미시간 주에 월룬이라는 호수가 있다. 어니스트가 소년이었을 때 헤밍웨이 일가는 곧잘 이 호숫가에서 한여름을 보내곤 했다.

때때로 아버지는 숲 안쪽에 있는 인디언 마을로 회진을 나가곤 했다. 그런 때는 곧잘 장남 어니스트를 데리고 갔다. 어니스트는 맨발로 숲 속과 늪지대

▲헤밍웨이 가족이 소유한 윈디미어 별장
베어 호숫가에 있다.

◀아버지와 어머니, 한 살 위인 마셀린 누나(오른쪽) 그리고 어니스트(왼쪽)

를 즐겨 걸었다. 그런 소년 시절 경험을 그는 첫 단편집 《우리들 시대에》에 실린 〈인디언 부락〉 속에서 묘사했다.

《우리들 시대에》에 실린 열세 편의 단편 중, 닉 애덤스를 주인공으로 한 〈닉 애덤스 이야기〉가 여섯 편 있다. 주인공은 바로 작가 자신의 분신으로, 소년기에서 청년기에 걸친 닉의 고통스러운 인간 형성 과정을 그린 이 작품을 통해 헤밍웨이의 성장을 쉽게 엿볼 수 있다. 그런 의미로 이 단편집 속의 〈의사와 의사의 아내〉는 헤밍웨이 집안의 부모, 특히 어머니에 대한 심리를 암시한 것으로 매우 흥미롭다. '아내'는 크리스천 사이언스 신자로 침대 옆

가족 사진
1909년의 헤밍웨이 가족.
어니스트와 아버지·어머니, 그리고 마들렌·어슐러·마셀린.

에는 늘 성경과 《과학과 건강》 잡지가 놓여 있고, 치료비를 내지 않는 인디언 마을 남자와 싸우는 남편에게 "좋아요, '내 마음을 낮게 하는 자는 바로 성(城)을 공격함과 같다' 바로 그거예요" 하고 구약성경 구절을 인용해 나무라는 여자였다. 아내는 외출하려는 남편에게 닉을 보면 곧 들어오라고 하라고 전한다. 그러나 닉은 어머니 말을 무시하고 아버지와 함께 숲 속으로 산책을 나간다. 아버지도 어머니 말을 억지로 따르게 하지 않고 닉을 데리고 간다.

어니스트의 어머니 그레이스가 머리맡에 성경과 《과학과 건강》을 늘 놓고 있었는지는 의문이나, 뒷날 아버지와 어머니의 불화, 어머니에 대한 어니스트의 반발을 생각하면 이 작품의 부자관계와 헤밍웨이와 그의 아버지 사이의 부자관계가 동떨어졌다고는 할 수 없다.

▲교내 잡지 〈태뷸
러〉, 주간신문 〈공
중그네〉의 편집부원
기념사진
앞의 왼쪽에서 세 번
째가 마셀린, 오른쪽
에서 두 번째가 어니
스트.

◀학창 시절
어니스트는 오크파
크 고등학교에 진학
했다.

어니스트가 열 살이 되자 어머니는 그에게 첼로를 가르쳤다. 그 연습 때문
에 어떤 때는 학교까지 쉬었지만, 어니스트는 결국 첼로를 버리고 엽총을 택
했다.

열네 살이 되자 시카고 복싱 클럽에 다니며 복싱을 배웠다. 그런데 어느
날 기초 훈련도 제대로 쌓지 못했을 때, 어떤 중량급 선수에게 끌려가 호되게

두들겨 맞았다. 그래도 그는 이
튿날이 되자 다시 클럽에 모습을
나타냈다. 2년 뒤에 다시 연습
경기에서 왼쪽 눈에 평생 나을
수 없는 상처를 입었으나 그는
끝내 훈련을 멈추지 않았다.

오크파크 고등학교에 진학하여
그는 운동부원이 되어 축구, 육
상, 수영, 사격, 복싱 등 모든
스포츠에 손을 대고, 특히 축구
에 열중했다. 한편 문학에도 관
심을 갖기 시작해 셰익스피어·디
킨스·스티븐슨·키플링의 작품을
즐겨 읽었다.

당시 이 학교에는 파니 빅스라
는 여교사가 있었다. 단편 소설
과 저널리즘 과목을 담당하고 있
었는데 독창적인 수업 방법으로
학생들 간에 인기가 높았다. 학
교에 창작 클럽이 있어 그는 빅

〈공중그네〉 집필자 소개
어니스트(세 번째)와 마셀린(네 번째)이 보인다.

스 선생의 지도 아래 포·오 헨리·링 라드너(Ring Lardner) 등을 모델로 단편
소설을 쓰기 시작했다. 빅스 선생은 학교에서 나오는 계간지 〈태블러〉 편집
도 맡고 있었기 때문에, 어니스트가 쓴 단편《매니토어의 심판》《색의 문제》
《세피 진간》 등이 이 잡지에서 처음으로 활자화되었다. 이 단편들은 북미시
간의 월룬 호반에서 살 때 인디언에게서 들은 인디언의 전설이며, 개척 시대
미시간 숲 속에서 일어난 전투 이야기들이었다. 습작에 지나지 않았으나 헤
밍웨이가 즐겨 다룬 자연과 폭력의 문제가 이미 이때부터 나타나 있다는 점
에서 주목할 만하다.

고등학교 마지막 학년에서는 학교 주간지 〈공중그네〉의 편집에 참가해 거
의 매호에 스포츠 기사며 단편을 실었다.

링 라드너 캐리커처(1925)
헤밍웨이는 〈공중그네〉에서 '우
리의 링 라드너 주니어'라는 기
사 제목을 썼다.

그 무렵 시카고에서 가장 널리 읽힌 작가는 링 라드너였다. 그는 작가이자 〈시카고 트리뷴〉지 칼럼을 담당하고 있는 저널리스트였다. 헤밍웨이는 이 작가의 영향을 크게 받았다. 미국 중부 지방 사투리를 자유자재로 구사하고, 간결한 문장으로 이야기를 빠르게 전개하는 방법은 헤밍웨이에게 커다란 충격을 주었다. 그는 정신없이 라드너의 모든 것을 흡수했다.

고등학교 시절 헤밍웨이는 이처럼 정신적인 스포츠에서나 육체적인 스포츠에서 활발히 활동을 하여 학교에서는 인기가 대단했다. 그러나 이 무렵 그는 두 번이나 가출했다. 그는 이 일에 대해서 아무런 언급도 하지 않았으나 성격적으로나 경제적으로나 아버지보다 어머니가 우세한 가정 분위기에 가끔 혐오감을 느껴, 집을 뛰쳐나가지 않고는 견딜 수 없었던 것이 아닌가 생각된다. 뒤의 단편 《복서》는 바로 이런 경험을 바탕으로 쓴 것이다.

뜨거웠던 청년 시절

1917년 4월 미국은 제1차 세계대전에 참가했다. 이해에 고등학교를 졸업한 어니스트는 곧 전장에 나가기를 바랐으나 아버지는 강경하게 반대했다. 할 수 없이 단념했지만 대학으로 진학할 마음은 조금도 없었다. 오직 집을 떠나고 싶었다.

그해 가을, 캔자스시티에 사는 숙부의 소개로 〈캔자스시티 스타〉 신문사에 입사했다. 당시 〈스타〉지는 중서부 최대의 신문으로 알려져 있었고, 특히 신입기자를 잘 훈련하는 곳으로 정평이 나 있었다. 이곳은 대단히 엄격했지만 사내에는 활기가 넘쳤다. "특히 토요일 밤 같은 때는 우린 무섭게 일했다. 따라서 나는 열심히 일하는 것이 좋았다. 특별한 일, 임시로 맡은 일, 뭐든지 좋았다." 그는 이렇게 회상했다.

이 신문사에서는 기사를 쓰는 데 몇 가지 '주의사항'을 만들어 놓고 신입

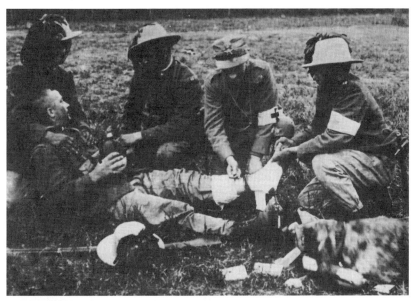

▲결말을 알 수 없는 유럽 열
강의 쇼—제1차 세계대전
부상을 당한 병사

◀목발 짚은 어니스트

▼아그네스 한나 폰 쿠로프스
키
부상으로 밀라노 적십자 병원
에 입원 중, 간호사 18명 가운
데 어니스트가 처음으로 선택
한 연인.

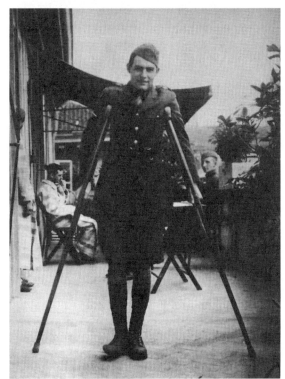

기자에게 그것을 지키도록 했다. 예를 들어 문장에 대해서는 다음과 같은 주의사항이 있었다. '짧은 문장을 써라. 특히 첫머리 한 줄은 짧게 써라.' '힘 있는 영어를 써라. 적극적이고, 소극적이 되지 말라.' '낡은 속어를 쓰지 말라. 속어는 신선해야 한다.' '형용사를 쓰지 말라. 특히 splendid, gorgeous, grand, magnificent 등 과장된 형용사를 써서는 안 된다.'

이들 '주의사항'은 한결같이 뒷날 헤밍웨이 문장의 특징을 이룬 것들이다. 이 무렵 그가 이미 자기의 문체를 확고히 굳혔다고는 할 수 없으나, 이곳이 그의 문장 수업에 결정적인 영향을 준 것만은 틀림없다. 뒷날 그는 말했다. "나는 그곳에서 사물을 묘사하는 가장 좋은 방법을 배웠다. 나는 그것들을 절대로 잊지 않았다. 재능이 있고 자기가 느낀 것을 솔직하게 쓰려는 사람이라면, 이 '주의사항'만 지키면 누구나 잘 쓸 것이다."

당시 〈스타〉지에는 라이어넬 캘훈 모이스라는 명물 기자가 있었다. 문학을 좋아하고, 생시몽·키플링·콘래드·드라이저 등을 좋아해 순수하게 객관적으로 쓰는 것만이 스토리텔링(storytelling)의 유일한 진실한 방법이라고 입버릇처럼 말했다. 헤밍웨이는 이 선배에게 취재 방법이며 기사 쓰는 법을 배웠다. 그러나 그것보다 먼저 배운 것은, 그가 들려 준 문장론과 작가론이었다. 나중에도 모이스는 헤밍웨이 작품을 열심히 읽었고, 작품 《살인자》에 대해서는 '대화와 행동과 최소한의 묘사만을 한 순수한 객관성의 한 예'라고 비평했다. 《우리들 시대에 In Our Time》 제10장의 짧은 묘사, 샘 카디넬라라는 사형수의 처형 장면은 〈스타〉지 기사를 근거로 쓴 것으로 〈남자뿐인 세상〉속의 '추격'에도 이 시기의 체험이 생생하게 살아 있다.

테드 브럼백이라는 청년이 신입 기자가 되었는데, 프랑스 전선에 종군하고 바로 며칠 전에 귀국한 참이었다. 브럼백에게 전선 이야기를 들은 헤밍웨이는 다시 종군열에 불탔다. 브럼백은 자기도 또다시 종군할 생각이라고 말했다. 두 사람은 기회를 기다렸다. 그러던 이듬해 적십자에서 이탈리아 전선에 나갈 지원자를 모집하고 있다는 전보가 신문사로 날아왔다. 이것이 기사화되기도 전에 두 사람은 재빨리 전보로 응모할 뜻을 비쳤다. 그리하여 정식으로 중위가 되고 적십자사에서 군복을 지급받았다.

두 사람은 그로부터 며칠 뒤 시카고호를 타고 대서양을 건넜다. 포탄이 쏟아지는 속에 파리를 지나 이탈리아에 도착해 밀라노 교외 전선에서 처음으로

▲결혼식(1921년 3월 9일) 신부는 해들리
헤밍웨이는 결혼식 선물에 관해 이렇게 기록했다. '여행용 탁상시계 셋이/난로 선반 위에서/똑딱똑딱./그러나 젊은이는 죽어가고 있다.'

▶셔우드 앤더슨
신혼부부에게 파리여행을 권한다.

전쟁과 부딪쳤다. 시신을 모아 놓고, 토막 난 시신을 주워 모을 때 받은 강한 인상은 단편 《죽은 자의 박물지》에 생생하게 그려져 있다. 이어 북이탈리아 전선에 나갔는데 한밤중 전투에서 다리를 크게 다쳤다. 그는 곧 들것에 실려 후방으로 옮겨지고 야전 병원에서 닷새를 지낸 다음 밀라노 육군 병원으로 옮겨졌다. 포탄으로 받은 상처는 무려 270군데나 되었고, 두 다리에서만 스물여덟 개의 파편을 빼냈다. 열 번 이상이나 수술을 받았으나 오른쪽 다리는 이듬해 귀국한 뒤에도 낫지 않아, 한동안은 목발에 의지하여 걸어야 했다.

그 뒤 한동안 그는 신경병인 '외상후 스트레스장애'에 시달렸다. 단편 《자리에 누워서》《아무도 모른다》의 주인공 그대로, 낮에는 자고 밤에는 잠을 이루지 못하는 상태가 계속되었다. 어둠 속에서 눈을 감으면 그는 언제나 자기 혼이 몸에서 빠져 나가는 듯한 공포를 느꼈다.

이 병원에 있을 때 아그네스 한나 폰 쿠프브스키라는 독일계 미국인 간호사와 사랑에 빠졌으나, 결혼까지는 가지 못했다. 전쟁, 입원, 간호사와의 사랑—《무기여 잘 있거라 A Farewell to Arms》 상황과 같은데, 아그네스와의 관계가 적어도 이 장편 소설의 구성 전반을 차지하고 있는 것만은 사실이다.

1919년 뉴욕으로 돌아왔다. 이탈리아에서 부상을 입고 돌아온 첫 미군 병사로 갑자기 주목받으면서 신문에도 화려하게 오르내렸다. 고향 오크파크에서도 이 명예로운 귀환병을 맞이하는 법석을 떨었다. 모교에 나가 강연하고, 동네 사람들에게 전쟁 이야기를 해주고, 가까운 사람들에게 전리품을 보여주며 매우 명랑하게 지내기는 했으나 마음은 그렇지 못했다. 〈병사의 고향〉의 귀환병 크레브스가 고향의 우울한 생활에 견딜 수 없는 위화감을 느끼고 집과 어머니를 버리고 캔자스시티로 사라지는 것처럼 헤밍웨이도 도망치려고 마음을 먹었다. 먼저 북미시간으로 가서 낚시와 독서와 창작에 몰두했다.

얼마 뒤 그는 캐나다 토론토의 주간지 〈토론토 스타〉 임시기자가 되어 1920년 5월까지 그곳에서 지냈다. 그동안 몇 편의 풍자적인 단문들을 써서 그 신문에 실었다. 5월 말, 일단 집에 돌아왔으나 어머니와의 불화가 끝내 파국으로 치닫자, 그는 다시 집을 뛰쳐나왔다. 일정한 주거지 없이 떠돌이 생활을 이어나가다가 같은 해 9월 친구들과 함께 살고자 시카고로 옮겨갔다. 시카고에서 그는 월간지 〈협동사회〉 부편집장으로 일했다.

당시 시카고는 중서부의 '문학 도시'였다. 시인 해리엇 먼로가 〈포이트리 Poetry〉지를 발간하여 현대시 운동을 벌이고 있었고, 극작가이며 소설가인 벤헥트가 〈시카고 리터러리 타임즈〉지를 내어 새로운 문학 운동을 활발히 펴나가고 있었다. 《시카고 시집》으로 유명해진 칼 샌드버그(Carl Sandburg)도 있었고, 《오하이오 주 와인즈버그》를 통해 명성을 얻은 셔우드 앤더슨 (Sherwood Anderson)도 있었다.

파리의 거트루드 스타인
미국에서 태어나 국외로 이주한 그녀는 문학
청년 헤밍웨이를 돌봐 주었다.

제임스 조이스(1934)
심한 눈병을 앓았지만 온 힘을 다하여 혁신적인
최후의 걸작 《피네간의 경야(經夜)》를 썼다.

시카고 시 동부 시카고 거리에 스미스라는 사람이 살고 있었다. 그는 광고
업을 하고 있었는데, 문학을 무척 좋아하여 샌드버그와 앤더슨과도 친했고,
주로 문학적 야심에 불타는 가난한 청년들의 뒤를 돌봐 주고 있었다. 스미스
의 집에는 언제나 유명 무명 시인이며 작가들이 모여 밤 늦게까지 문학 토론
을 했다.

헤밍웨이는 단골이었다. 1921년 초에 그는 스미스의 소개로 처음으로 셔
우드 앤더슨을 알게 되었다. 《오하이오 주 와인즈버그》를 읽고 이미 이 작가
에게 기울어져 있던 그는 직접 그를 보자 곧 빨려들어갔다. 앤더슨도 이 무
명 청년의 문학적 재능을 꿰뚫어 보고 특별한 호의를 보였다. 이후 한동안
그는 앤더슨에게 깊이 빠져 있었다. 헤밍웨이의 첫 작품집 《세 편의 단편과
열 편의 시》와 《우리들 시대에》에서도 앤더슨의 영향이 분명히 나타나 있다.

그는 앤더슨에게서 받은 자극도 있고 해서 창작 공부를 열심히 하여, 각

잡지사에 원고를 보냈으나 하나도 실리지 못했다. 캐나다의 〈토론토 스타〉만이 서명을 넣은 단문을 실어 주어 그의 유일한 수확이 되었다.

스미스의 누이동생으로 K.F. 스미스라는 작가 지망의 젊은 여성이 있었다. 그녀는 후에 작가인 도스 패소스와 결혼하는데, 그해 여름 그녀의 대학 동창인 해들리 리처드슨이 그녀를 찾아 세인트루이스에서 시카고로 왔다. 그녀의 소개로 해들리를 알게 된 헤밍웨이는 해들리를 사랑하게 되어 그해에 결혼했다.

그 무렵 앤더슨은 처음으로 유럽으로 건너가 파리에서 거트루드 스타인(Gertrude Stein)과 제임스 조이스(James Joyce) 등을 만나고 왔다. 앤더슨이 흥분한 어조로 말하는 파리 문학계의 동정은 헤밍웨이에게 미국을 탈출하고 싶은 기분을 크게 부채질해 놓았다. 그때 마침 〈토론토 스타〉지가 해외 특파원을 찾고 있다는 것을 알고, 바로 계약하여 다시 대서양을 건넜다.

정열의 파리 시절

스페인을 지나 파리에 도착한 헤밍웨이가 앤더슨의 소개장을 가지고 거트루드 스타인을 찾아간 것은 이듬해 1922년 3월 초였다. 1903년 이래 파리에 옮겨와 살고 있던 스타인은 이미 저서 두 권을 내고 전위적(前衛的)인 작가로 파리 그룹에서도 특이한 존재였다. 당시 그녀의 살롱에는 젊은 미국의 지식인들이 많이 모여들어 활기에 넘쳐 있었다. 스타인 여사는 이들 젊은 지성인들을 '로스트 제너레이션'이라고 불렀는데, 이것은 자아형성기에 전쟁을 체험하여 종교와 도덕, 기타 인간적인 모든 가치를 잃어버리고 절망과 허무에 빠진 이들 전후파 청년들을 부르기에는 정말 적절한 명칭이었다. 게다가 미국 문화의 선조였고 그들의 선망이기도 했던 유럽 문화가, 실제로 와서 보았을 때 이미 전성기를 지나 퇴폐와 몰락의 구렁으로 빠지고 있다는 암울한 절망감이 있었다.

헤밍웨이는 에즈라 파운드(Ezra Pound)와도 가깝게 지냈다. 파운드는 1907년 미국에서 유럽으로 건너와 파리에 살다 나중에 런던에 정착했다. 전위파(前衛派) 선구 시인으로 알려져 있었고 때때로 기묘한 언동을 하는 것으로도 유명했다. 그는 '현대시의 카멜레온'이니 '예술적 돈후안'이라고 불리고 있었다.

▲ 1920년대 헤밍웨이의 특징적인 초상
깐깐하고 남자다우면서도 의심이 많은 사
람.

▶ 파리 신문기자 시절 (1924)
파리의 새 집(노트르담 데 샹 거리) 안뜰에
서 찍은 사진.

　스타인도 파운드도 헤밍웨이의 원고를 정성스럽게 읽고 항상 유익한 조언
을 주었다. 스타인은 곧잘 "묘사가 지나치게 많다. 좀더 압축하여 짧고 간결
하게 하라"고 충고해 주었고, 파운드는 어느 단편을 보여 주자 그 자리에서
빨간 글씨로 형용사를 모두 삭제해 버리고, "플로베르를 공부하라"고 권했
다고 한다. 이 두 충고자를 얻은 것은 헤밍웨이의 문학적 성장에 대단한 행
운이었다. 그는 이 두 충고자의 날카로운 관찰 밑에서 차츰 독특한 문체의
구성법을 익혀 갔다.

　한편 특파원 일도 게을리하지 않았다. 1922년 가을에는 종군기자로 그리
스·투르크 전쟁에 종군하기 위해 급히 소아시아로 갔다. 콘스탄티노플에서
동트라키아 지방을 지프로 달리며 후퇴하는 그리스군의 모습을 샅샅이 관찰
했다. 그리고 비가 내리퍼붓는 진창 속을 달리는 병사와 가재도구를 마차에
싣고 도망치는 피난민들의 모습에서 강렬한 인상을 받았다. 이 인상은 뒤에

《우리들 시대에》에 몇 개의 풍경으로 나타났고, 또《무기여 잘 있거라》의 압권이라고 할 수 있는 카포레토의 퇴각 묘사에서 훌륭하게 재현되어 있다.

그해, 그리스·투르크 전쟁의 강화회의를 취재하기 위해 로잔으로 갔다. 그때 아내 해들리가 여행 가방을 도둑맞았다. 그 속에는 그가 지금까지 써 모은 소설과 시의 원고가 거의 전부 들어 있었다. 헤밍웨이는 이들 원고를 로잔느에 묵고 있는 미국의 저널리스트 링컨 스테펀스에게 읽어 달라고 하기 위해 일부러 아내더러 가져오게 했던 것이다. 스테펀스는 그의 단편을 몇 편 읽어 그의 재능을 높이 샀던 이해자 중의 한 사람이었다. 이 사고로 미완성으로 그친 장편을 포함하여 그의 작품 거의 전부가 없어진 셈이었으나 그는 그 타격에도 조금도 굴하지 않고 더욱 활발히 창작활동을 계속했다.

이듬해 1월 정식으로 토론토 스타사를 그만두고 다시 파리로 돌아갔다. 토론토 스타사를 그만둔 것은 새 편집장과의 의견 충돌이 감정적인 것으로까지 발전했기 때문이다. 하지만 한 가지 큰 이유는, 그가 작가 수업을 하는 데 신문기자라는 직업에 확실한 한계를 느꼈기 때문이 아닌가 생각된다.

'신문기자는 전날 일어난 일을 그 즉시 잊어버리는 기술을 몸에 익혀야 한다. 저널리즘도 전쟁과 같아서 작가에게는 귀중한 경험이지만 어느 한계를 넘어서면 그의 기억을 억세고 질기게 파괴하기 시작한다. 이 한계에 도달하기 전에 신문기자직을 그만둬야 한다. 상처를 입는다는 것은 어쨌든 피해야 하는 일이니까.'

이 말이 그간의 사정을 설명하고 있다.

1924년 에즈라 파운드의 소개로 포드 매덕스 포드와 알게 되어, 그가 발간하고 있던 〈트랜스 애틀랜틱 리뷰〉지 편집진에 참여하여 원고를 수집하고 교정하는 한편, 그 자신도 거의 매호마다 단편과 스케치를 기고했다. 그 안에는 《의사와 의사의 아내》이며, 나중에 《인디언 부락》으로 이름을 바꾼 단편들이 들어 있다.

그해에는 파리 판 《우리들 시대에》가 출판되었다. 〈리틀 리뷰〉지에 실렸던 여섯 편 단편에 다시 열두 편을 덧붙인 것으로 발행 부수는 겨우 170부였으나, 당시 유명한 문학 평론가 에드먼드 윌슨의 눈에 띄어 아주 높은 평가를 받았다. 그 무렵 파리에는 스콧·피츠제럴드·도스 패소스·아치볼드 매클리시 등 그로부터 수년 뒤 미국 문학을 이끌고 나갈 작가들이 많이 모여 있었다.

▲《봄의 분류》(1926)

▶《해는 또다시 떠오른다》(1926)

제임스 조이스도 와 있었다. 헤밍웨이도 이들 작가들과 어울려 같이 거리를 돌아다니며 술을 마시고 문학 토론에 열을 올렸다. 큰 혜택을 받은 문학 환경이라고 할 수 있었다.

1925년 미국판《우리들 시대에》가 '보니 앤드 리버라이트사'에서 출판되었다. 영국 국교기도서(國敎祈禱書) 속의 '신이여, 우리들 시대에 평화를 주소서' 하는 데서 제목을 딴 이 단편집은 어느 것이나 각 장 서두에 스케치풍의 단문이 붙어 있었는데, 그것은 모두 투우, 전쟁, 살인 등 평화와는 동떨어진 폭력과 고민의 세계를 그린 것들이었다.

이어《봄의 분류(奔流) The Torrents of Spring》를 완성했다. 투르게네프의 소설에서 제목을 따온 이 중편은 이듬해 1926년 피츠제럴드의 주선으로 뉴욕의 스크리브너사를 통해 출판되었다. 그것은 풍자와 야유에 가득 찬 패러디였는데, 기이하게 생각되는 것은 그 대상이 앤더슨과 스타인이라는 것이다. 제1부 표제 '적(赤)과 흑(黑)의 웃음소리'는 분명히 그 전해에 나온 앤더슨의《검은 웃음소리》를 비꼰 것이고, 제4부 '위대한 민족의 소멸과 미국인의 형성과 손상'은 스타인의《미국인의 형성》을 비꼰 것이다. 그가 문학에서 스승일 뿐만 아니라 실생활의 보호자인 앤더슨과 스타인에게 공격의 화살을 쏜 것일까. 어쩌면 그는 차츰 독자적인 문학관을 확립해가면서부터 앤더슨의 음침한 서정성과 감상성이 갑자기 역겹게 느껴졌는지도 모르고, 스타인의 태도에서 도저히 견딜 수 없는 혐오감을 느꼈는지도 모른다. 그러나 어찌됐든 이것이 헤밍웨이에게는 하나의 독립선언인 것만은 틀림없었다. 어쩌면 그는 이러한 일을 통해 가장 깊은 영향을 준 두 작가에게서 탈출하여 자기해방을 계획한 것인지도 모른다. 《봄의 분류》는 문학적 가치야 어쨌든 그런 의미에서 주목할 만한 작품이다.

1926년 최초의 장편 《해는 또다시 떠오른다 *The Sun Also Rises*》가 스크리브너사에서 출판되었다. 《우리들 시대에》가 1,235부를 인쇄하여 겨우 500부밖에 팔리지 않은 데 반해, 이것은 발매되자마자 곧 굉장한 반향을 일으켜 그해 안에 26,000부가 팔리고 곧이어 영국에서도 출판되었다. 이 한 작품으로 헤밍웨이의 명성은 일약 확고해졌다.

이듬해 그는 아내 해들리와 이혼하고 폴린 파이퍼와 재혼했다. 그리고 1928년 초부터 장편 《무기여 잘 있거라》 구상에 착수해 그해 3월에 쓰기 시작했다. 이 작품은 반 년 뒤인 8월 말에 완성되었다. 그동안 폴린과 함께 플로리다 주 키 웨스트, 아칸소 주 피고트, 캔자스시티로 옮겨 다니며 와이오밍 주 빅혼에서 작품을 탈고했다. 이 두 번째 장편은 이듬해 1929년 스크리브너사의 잡지 〈스크리브너즈〉에 연재된 뒤, 9월 말에 단행본으로 출판되었는데, 이것이 활자화되기까지에는 그 유명한 퇴고가 몇 번이고 되풀이되었다. 맨 마지막 장은 열일곱 번이나 고쳐 썼다고 한다.

왕성한 활동

1932년에는 그의 투우열의 총결산이라고 할 수 있는 《오후의 죽음 *Death in the Afternoon*》을 내고, 1933년 가을에는 단편집 《승자는 허무하다》를 냈다. 이 단편집에 수록된 열네 편 중에는 〈세상의 빛〉〈아버지와 아들〉 등 여섯 편의 미발표 작품도 들어 있었다.

그는 1925년경부터 투우에 관한 책을 쓸 생각을 하고 있었는데, 1929년 여름을 스페인에서 지내면서 차분히 투우를 구경한 뒤 집필하기 시작해, 이듬해 가을 대체적인 윤곽을 세웠다.

1935년에는 아프리카 여행기 《아프리카의 푸른 언덕 *Green Hills of Afr-*

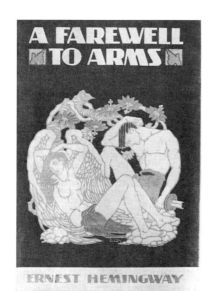

《무기여 잘 있거라》(1929)
'이탈리아 전쟁의 모든 것을 포함한, 알프스를 넘어가는 기나긴 간음의 여정, 단지 그뿐인 작품'이라고 헤밍웨이가 말한 소설. 미국 초판본 표지.

《오후의 죽음》(1932)
'카스티야 사람들은 알고 있다. 죽음은 피할 수 없는 현실이며 이것만큼은 의심의 여지가 전혀 없는 진실이라는 것을'—헤밍웨이.
미국 초판본 표지.

ica》을 출판했다. 동아프리카로 사냥 여행을 갔을 때 얻은 수확을 모은 것으로, 《아프리카의 초원》이라는 제목으로 〈스크리브너즈〉지에 실렸고, 《아프리카의 푸른 언덕》으로 이름을 바꾸어 단행본으로 나왔다.

스페인 내란과 제2차 세계대전 참여

1936년 스페인 내란이 일어나자 헤밍웨이는 스스로 앞장서서 정부군 '공화파'의 지원 캠페인을 벌이고, 이듬해에는 '스페인 민주주의 아메리카 지원회'에 가입하여 의료 부문 위원장직을 맡았다. 다시 〈북아메리카 신문 연합〉 특파원으로 현지에 가서 정부군 기록 영화 〈스페인의 대지〉 제작을 도왔다. 6월 일단 귀국하여 '제2회 전미 작가회의(全美作家會議)'에 참석하고, 뉴욕 카네기 홀에서 '작가와 전쟁'이라는, 그로서는 처음이자 마지막 연설을 했다. 다시 스페인으로 건너가 주로 마드리드에 머물렀다. 파시스트군을 지원

기사를 쓰고 있는 헤밍웨이
그는 매일 아침 잡지용 보고서를 꼬박꼬박 썼다.

하는 독일군의 폭격을 받으면서 〈제5열 *The Fifth Column*〉을 썼다.

또 세 번째 장편 《가진 자와 못 가진 자 *To Have and Have Not*》(1937)가 출판되었다. 헤밍웨이에게는 전환기에 해당하는 작품으로 여러 문제를 내포하고 있다. 그런 만큼 세평도 가지각색이었다. 플로리다 남쪽 끝 바다를 배경으로 밀수입자와 쿠바 독립 결사 단원 사이에 일어나는 피비린내 나는 사건을 다룬 것인데, 장면과 사건의 움직임이 아주 밀접한 필연성을 가지고 있어 인물들의 행동이며, 내면 움직임에 냉혹한 죽음과 허무의 그림자가 떠돌고 있다. 1930년대에 미국을 엄습해 정치, 경제뿐만 아니라 문학까지 소용돌이 속에 휘몰아 넣은 대공황의 그림자가 이 작품의 배후에 상징적으로 짙게 깔려 있다.

헤밍웨이는 이 작품에서 자기의 사실이나 철학은 한 마디도 얘기하지 않았다. 오직 묘사된 사건과 인물을 통해 미국 사회의 부정을 낱낱이 독자 앞에 재현하고 있을 뿐이다. 주인공 해리 모건은 살기 위해서는 밀수나 살인, 강도질이든 뭐든 해치우는 무법자였는데, 끝내는 자기를 속인 상대를 죽이고 자기도 죽지만, 그의 넘치는 생명욕의 뿌리 밑에는 아내와 가정에 대한, 육체적·동물적이긴 하지만 헌신적인 애정이 숨어 있다. 이것도 헤밍웨이가 즐겨 다루는 사랑과 운명의 교차라는 주제의 한 변형이라고 할 수 있다. 해리와는 아주 대조적인 생활을 하는 유한계급의 생태를 그린 부분 같은 데는

▲ 스페인 내전
1938년 1월, 정부군이 테루엘을 점령하고 시내를 행진하는 모습. 헤밍웨이가 쓴 스페인 전쟁 희곡 〈제5열〉은 이즈음 탈고되어 본국으로 발송되었다.

▶ 정부군 선전 영화
〈스페인의 대지〉 제작 중의 헤밍웨이

완전한 동시묘사로 되어 있어 기법적으로도 연구할 만한 가치가 있다.

스페인 내란은 1939년 3월 파시스트 측 승리로 끝났다. 헤밍웨이가 《누구를 위하여 종은 울리나 *For Whom the Bell Tolls*》를 쓰기 시작한 것은 이때부터였다. 처음엔 키 웨스트에서, 여름엔 서부에서, 다시 겨울엔 쿠바의 아바나에서 쉴 새 없이 일 년 반 동안을 이 장편에 매달려 있었다. 《누구를 위하여 종은 울리나》를 완성하자 헤밍웨이는 둘째 부인 폴린과 이혼하고 마드리드에서 사랑에 빠졌던 마서 겔혼과 세 번째 결혼을 한다.

1939년 제2차 세계대전이 일어나고 미국이 참전했다. 헤밍웨이는 1944년 봄에 〈콜리어〉지 특파원으로 유럽에 건너가, 유명한 노르망디 상륙 작전에 참가했다. 그 뒤로는 제1군 소속 제22연대와 행동을 같이했다. 이 연대는 휘르트겐 숲 전투에서 대다수의 사람들이 죽거나 다치는 고전을 겪었으나 헤밍웨이는 마지막까지 부대를 떠나지 않았다.

그는 약 일 년간의 종군 생활을 끝내고 이듬해 다시 아바나의 저택으로 돌아왔다. 그리고 그해 마서와 이혼하고, 이듬해 4월에 메리 웰시와 네 번째 결혼을 한다.

1949년 초, 메리와 같이 유럽으로 가 북이탈리아 고르치나 단베치오에 묵으면서 《강 건너 숲 속으로 Across the River and the Trees》를 썼다. 이 새로운 장편은 이듬해 1950년 〈코스모폴리턴〉지 2월호부터 6월호까지 연재되고 9월 단행본으로 나왔다.

1951년 어머니가 죽고, 그 무렵 그는 다음 작품 《노인과 바다 The Old Man the Sea》 집필에 몰두하고 있었다. 이 중편소설은 1952년 〈라이프〉지에 실리고 단행본으로 나왔을 때, 대단한 호평으로 비평가들은 다투어 최고의 찬사를 아끼지 않았다.

《강 건너 숲 속으로》나 《노인과 바다》에서 중심을 흐르는 것은 역시 먼저도 말한 대로 인간과 운명의 대결이다. 단지 그것이 《강 건너 숲 속으로》에서는 심리소설적인 담담한 필치로 무겁고 회고적인 정감 속에 남은 불씨가 확 타올랐다 사라지는 데 반해, 《노인과 바다》에서는 똑같이 메말라 있기는 하지만, 간결하고 박력 있는 문체로 거의 구약성경을 연상시키는 힘찬 인물을 통해 표현되어 있다.

《강 건너 숲 속으로》는 두 차례 대전을 경험한 늙은 미국 대령이 아름다운 베네치아의 거리에서 딸과 같은 이탈리아 미소녀와 사랑을 속삭이며 자신의 과거를 회상하는 이야기이다. 또 《노인과 바다》는 쿠바 해안에 사는 한 늙은 어부가 오랫동안 물고기를 잡지 못하다가 바다에 나가 자기의 고깃배보다 큰 고기를 발견하고 이틀 낮 이틀 밤을 싸운 끝에 겨우 잡았으나, 돌아오는 길에 상어 떼 습격을 받아 새벽에 항구로 돌아왔을 때는 길이 5.5미터 되는 물고기가 겨우 머리와 뼈만 남아 있었다는 이야기이다. 예술가의 창조적인 고투를 상징한 듯한 작품이다. 온갖 고난과 절망을 겪으면서도 끝까지 용기

1944년 '디데이'에 헤밍웨이를 노르망디로 데려다 준 수송선에서 선장과 함께

와 신념을 잃지 않는 불굴의 인간 모습이 늙은 어부를 통해 힘차게 묘사되어
있다.

최후의 총성

1953년 여름, 그는 아내 메리와 함께 스페인을 거쳐서 아프리카로 사냥
여행을 떠났다. 1954년 1월 우간다의 머치슨 폭포 근처에 이르렀을 때 비행
기 사고를 당해 두개골이 파열되고 내장 기관까지 다쳤다. 같이 탔던 부인도
늑골이 두 개나 부러졌다. 부부는 즉시 나이로비 병원으로 옮겨졌는데, '헤
밍웨이 아프리카에서 사고로 사망'이란 뉴스가 세계에 전해진 것은 바로 이
때이다.

이 사고 뒤부터 헤밍웨이의 건강은 급속도로 나빠졌다. 그해, 즉 1954년
10월 노벨상을 받았으나 건강이 나빠 수상식에도 참석하지 못했다.

그로부터 4년 뒤 여름 겨우 원기를 되찾은 헤밍웨이는 부인과 함께 다시
스페인으로 건너갔다. 투우 기사를 쓰는 것이 목적이었는데, 전부터 친했던

안토니오 오르도네즈라는 투우사와 함께 각지로 투우를 보러 다녔다. 그리고 그때에 보고 들은 것을 논픽션으로 한데 묶어 《위험한 여름》이라는 제목으로 이듬해 1960년 9월호부터 〈라이프〉지에 연재했다.

스페인 여행이 무리였던지 헤밍웨이의 건강은 다시 이상이 생겨 자주 현기증이 나고 머리가 아프기 시작했다. 작은 일에도 곧잘 신경을 곤두세우는, 확실히 노이로제 증세를 나타냈다.

1960년 봄 쿠바에서 아이다호 주 케첨으로 집을 옮겼다. 그리고 그해 11월 미네소타 주 로체스터의 메이요 병원에 입원했다. 고혈압에 당뇨병 증세도 있었으나, 주로 노이로제 치료에 중점을 두어 전기치료를 받았다. 그해 크리스마스엔 퇴원하여 케첨 자택에 돌아와 몇 달 전부터 쓰기 시작한 《이동축제일》의 마무리를 서둘렀다. 그러나 이미 일을 할 수 있는 상태는 아니어서, 이 1920년대 파리 시절 청춘 회상기는 끝내 그가 죽은 뒤 1964년에 유작으로 출판되었다.

그의 건강은 그 뒤에도 조금도 차도가 없어 그는 때때로 엽총을 들고 창가에 서서 자살할 기미를 보이곤 했다. 그리고 쉴 새 없이 "이제 써지지 않는다, 이제 써지지 않는다"고 중얼거렸다고 한다. 4월 메이요 병원에 다시 입원하기 위해 집을 나올 때도 사람들이 없는 틈을 타 엽총으로 자살하려고 했다. 돌아오는 비행기 속에서는 문을 열고 뛰어내리려고 했고, 비행기가 착륙하자 아직 돌고 있는 프로펠러를 향해 달려들려고도 했다.

돌연한 불행은 1961년 7월 2일 오전 7시 30분경에 일어났다. 2층 침실에서 자고 있던 메리 부인이 총성에 놀라 아래층으로 뛰어내려가 보니, 헤밍웨이는 총걸이 앞에 피투성이가 되어 쓰러져 있었다. 그가 특별히 주문하여 애용하던 엽총이 발밑에 나뒹굴어 있었다.

장례식은 7월 6일 케첨에서 행해지고, 시신은 시 북쪽 작은 언덕 위 묘지에 매장되었다. 장례식 때 부인과 아들들은 목사에게 특별히 부탁하여 〈전도서〉의 일절—《해는 또다시 떠오른다》에 실린 그 일절을 낭독하게 했다.

헤밍웨이는 정신이 젊은 작가였다. 정확히는 젊음에 집착한 작가였다. 만년의 사진에는 수염이 터부룩한 노인이 찍혀 있지만 신기하게도 젊음을 간직하고 있다. 젊을 때부터 전쟁과 운동을 통해 탄탄하고 건강한 몸매를 다져놓기도 했지만, 사고방식과 생활태도 역시 만년에 이르기까지 변함없이 싱싱함을 유지했던 것이다.

그는 자살한 것으로 추정된다. 어쩌면 그는 스스로 젊음을 잃고 늙어 간다는 사실이 싫어서 목숨을 끊기로 결심했는지도 모른다. 애용하던 엽총이 폭발해서 유서도 남기지 못한 채 사고로 죽었다고 하지만, 그의 전기를 바탕으로 앞뒤 사정을 추측해 보면 아무래도 발작적인 자살인 듯하다. 의사들에게 한결같이 우울증 판정을 받은 그는 마지막 1년 내내 병원에 들락거렸다. 이 우울증의 정신적 원인은 '젊고 건강한 체력과 정신력이 고갈되었음을 자각했기 때문'이 아닐까. 더 이상 젊지 않다, 젊음으로부터 버림받았다는 생각이 헤밍웨이에게는 사형선고나 다름없었던 게 아닐까. '젊음에 집착한 작가'라고 한 이유는 이 때문이다.

《노인과 바다》

《노인과 바다》는 1952년 〈라이프〉지 9월 1일호에 게재되어, 9월 8일 스크리브너사에서 출판되었다. 헤밍웨이의 말을 빌리면 '200회가 넘게 되풀이해 읽고 고쳐 쓴' 끝에 드디어 일 년 뒤에 완성, 발표했다고 한다. 그리고 1953년도 퓰리처상을 받고, 그 이듬해에는 노벨상 수상작이 되기도 했다. 이 작품은 헤밍웨이 생전에 출판된 맨 마지막 것인데, 아름다움과 힘이 넘치는, 거장 헤밍웨이의 맨 마지막 역작으로 조금도 손색이 없다.

이 작품의 모티프는 1939년 헤밍웨이가 아바나의 어느 늙은 어부에게서 들은 이야긴데, 이미 그전 1936년 4월 〈에스콰이어〉지에 그 원형이 소품 《푸른 물 위에》로 발표되었다. 이 소품은 겨우 200 단어로 된 짤막한 것이었는데, 그 내용은 대략 《노인과 바다》의 늙은 어부와 같은 경험을 한, 쿠바의 어느 어부의 이야기였다. 다만 그 결말만은 조금 달라서, 소품 속에서의 어부는 나중에 미쳐 버리고 만다. 이 소품을 발표한 3년 뒤 헤밍웨이는 당시 스크리브너사의 명 편집장이었던 맥스웰 퍼킨스에게 이 이야기를 소설로 다시 쓰고 싶다고 말했다. 그리고 15년이 지나 《노인과 바다》라는 소설이 나왔다.

헤밍웨이는 1928년에서 1938년까지 10년 동안, 여행을 하는 이외에는 주로 플로리다 반도의 남쪽 끝 키 웨스트에 살며 낚시로 소일했는데, 《노인과 바다》는 이 무렵의 경험이 밑바탕이 된 것 같다.

코히마르 어부들에게 공을

《노인과 바다》로 퓰리처상과 노벨상을 수상한 헤밍웨이는 자만에 빠지기는커녕 가난한 사람들과 더 가까이 지내게 되었다. 그는 그 상을 코히마르 어부들에게 바쳤다.

《노인과 바다》의 줄거리는 아주 간단하다. 84일간 고기 한 마리 잡지 못한 늙은 어부 샌티아고가 멕시코 만에서 거대한 다랑어 한 마리를 잡았으나, 그것을 끌고 돌아오는 도중 상어 습격을 받아 항구에 도착했을 때는 머리와 뼈만 남았다는 이야기이다. 등장인물은 늙은 어부와 그의 친구인 소년, 단 두 사람뿐이다. 그러나 인간 이외에 늙은 어부가 잡은 다랑어가 매우 중요한 역할을 했다고 할 수 있다. 이 거대한 물고기는 늙은 어부의 적수이며 친구로 인격화되어 있고, 멜빌의 《모비딕 moby dick》 속의 향고래와 같은 역할을 하고 있다. 그리고 또 바다도 여성으로 묘사되어 있는데, 이와 같이 자연 역시 의인화된 존재로 되어 있다. 그러나 어찌 되었든 이 소설에서는 늙은 어부와 소년, 단 두 사람만 나오기에 형식상으로는 매우 단순하다.

헤밍웨이는 이 작품이 '단순하고 솔직하게' 읽히기를 바랐다고 한다. 그러나 한편 그는 또 "내가 지금까지 살아오면서 안 모든 것이 이 작품 속에 있다…… 내가 평생을 추구해 온 것이 이제야 겨우 손에 잡힌 듯한 느낌이다"라고 말하고 있다. 이런 이야기로 보아, 즉 그가 '평생을 추구해 온 것'이니 '지금까지 안 모든 것'이라고 한 것으로 보아, 이 작품을 단순히 '고기잡이' 이야기로 '단순 솔직하게만' 읽을 수 없다는 것을 알 수 있다. 《노인과 바다》

는 우화적인 성격을 띤 작
품이다. 이 작품의 구성이
매우 단순한 것도 바로 이
우화적인 성격을 갖게 하
기 위해서라고 말할 수 있
다. 이 말은 문체에도 나
타나 있다. 문체는 지극히
소박하고 힘차고, 용어도
대단히 간결하다. 독자들
이 흔히 말하듯 고전적이
고 어느 면에선 성경을 연
상시키기조차 한다. 이 작
품은 구성에서나 문체에서
나 20세기의 우화라고 할
수 있다.

영화 〈노인과 바다〉 녹음 중의 헤밍웨이와 안셀모
독백 장면은 세심한 연구를 통해 완성되었다.

《노인과 바다》의 주제는
인내와 용기라고 할 수 있
다. 샌티아고 노인은 인간
이 할 수 있는 최대한의 용기와 인내력을 보여 주고 있다. 그리고 마지막엔
모든 노력을 기울였음에도 헛된 결과로 끝나고 만다. 그러나 그는 결코 절망
하진 않는다. 마지막까지 남자답게 견디고 절대로 패배자가 되지 않는다.
'인간은 패배하게 만들어져 있지 않다. 인간은 비록 죽음을 당할지라도 결코
패배하지는 않는다'는 것이 샌티아고 노인의 신조였다.

늙은 어부 샌티아고는 고기와 격투하는 동안 갖가지 일을 회상하고 꿈꾼
다. 전에 흑인 남자와 밤새도록 팔씨름하고 결국엔 이긴 일, 청년 시절 아프
리카에서 본 사자, 조 디마지오의 일. 사자는 동물의 왕이고 디마지오는 야
구의 왕자이다. 그것을 통해 샌티아고의 영웅적 성격은 더욱 강조된다. 물론
그는 불행한 점에서도 왕자다. 84일간 물고기를 한 마리도 잡지 못했어도
끈기 있게 견디고, 희망을 가지고 누구보다도 먼저 선착장으로 나간다. 다시
말해 그는 끝까지 싸운다는 스포츠맨십을 가지고 있었는데, 그것은 페어 플

레이 정신과도 연결된다.

그는 물고기를 불쌍하게는 생각하지만, 그것을 죽여야 한다는 것을 알고 있었다. 그러나 훌륭하고 당당한 물고기를 죽이기 위해서는 인간도 당당하고 훌륭해야 한다고 생각한다. 샌티아고는 물고기와 죽음을 건 싸움을 하지만, 그것은 증오나 미움의 감정이 아니라 애정이 바탕에 깔린 싸움이었다. 넓은 바다에서 고기와 자기의 존재만을 의식했을 때, 그는 물고기의 고귀함을 인식하고 '어느 쪽이 어느 쪽을 죽이든 상관있는가' 하는 생각에까지 이른다. 물고기를 죽여야 하는 샌티아고의 모습에서 사랑의 슬픔을 느끼지 않을 수 없다.

《노인과 바다》에서는 자연이 하는 역할도 주의해야 한다. 예전에 헤밍웨이는 《두 개의 마음을 가진 커다란 강》(1925)에서 자연을 냉담한, 악의를 가진 존재가 아니라, 오히려 규율을 주는 존재로 묘사하였다. 그리고 《노인과 바다》에서는 시련을 통해 자기완성의 기회를 주는 싸움터로 나온다. 또한 바다는 이 작품에서는 여성이다. 바다는 인간에게 결코 적대자가 아니라 '은혜를 주고 때로는 가진 것을 베풀어 주는' 어머니이다. 샌티아고에게는 자연을 단순히 정복의 대상으로만 보는 근대 과학주의는 아무 의미가 없다.

샌티아고에게는 '로스트 제너레이션'이 갖는 상처는 아무데서도 찾아볼 수가 없다. 그가 보는 세계는, 인간이 싸우고 괴로워하고 죽도록 운명지어진 목적이 없는 운명적인 존재가 아니라, 인간이 용기를 가지고 대상과 맞싸울 때는 반드시 충분한 보상이 주어지는 존재이다. 《노인과 바다》에는 헤밍웨이의 이런 이상주의가 분명히 엿보인다. '로스트 제너레이션'의 젊은이들은 사회를 등졌지만 결국은 배반자가 되었다. 그들은 정신적으로도 육체적으로도 상처를 입고 절망한다. 《해는 또다시 떠오른다》《무기여 잘 있거라》 등이 그 좋은 예이다. 스페인 내란이 일어난 뒤 헤밍웨이에게 변화가 일어난 다음의 작품 《누구를 위하여 좋은 울리나》《가진 자와 못 가진 자》의 주인공들은 결코 절망하지 않지만, 어느 쪽이나 다 마지막엔 생명을 잃고 만다. 그러나 샌티아고는 좌절하지도 않고 생명을 잃지도 않는다. 그는 물고기를 온전히 건사하여 가지고 돌아오지도 못하고, 너무나 지쳐 오두막에 들어가 쓰러져 버린다. 그러나 그는 절망하지도 않고 환멸하지도 않는다. 그리고 격렬한 노동 뒤의 깊은 잠 속에서 다시 사자를 꿈에 본다. 그는 승리자이다. 그러나 그

승리는 결코 세속적인 것이 아니다. 그의 예사롭지 않은 모습에서 인간의 어떤 비극적인 운명을 느낄 수 있다.

헤밍웨이는 《노인과 바다》에서 고독한 늙은 어부의 순수한 행동을 통해 이른바 문명에 따르는 안이감, 침체감, 정신적 마비에서의 탈출을, 다시 말해 인내, 용기 그리고 근본적인 인간 정신의 해방을 지향한다.

《노인과 바다》는 헤밍웨이 문학의 총결산으로 허무에서 긍정적 세계로 돌아온 그의 철학 체계의 마지막 귀결점이다.

《해는 또다시 떠오른다》

《해는 또다시 떠오른다》는 헤밍웨이가 27살 때인 1926년 가을에 처음으로 쓴 장편소설이다. 그는 재능과 독특하고 날카로운 문체로 전부터 비평가들의 주목을 끌었는데, 이 첫 장편의 간행으로 헤밍웨이의 이름은 단번에 유명해진다. 1926년 10월에 나온 초판은 그해에만 2만6천부가 팔려나가는 눈부신 성공을 거두었다. 더욱이 비평가의 평가도 매우 좋았으므로 27살의 젊은 신인작가로서는 더 없이 운이 좋고 화려한 출발이었다.

《해는 또다시 떠오른다》는 헤밍웨이의 작품 가운데 단연 으뜸으로 꼽힌다. 물론 《무기여 잘 있거라》의 박력 넘치는 전쟁 묘사와 풋풋한 밀라노의 병원과 스위스 산중에서의 사랑 장면, 《누구를 위하여 좋은 울리나》의 역동적이고 대규모의 숨 가쁜 전개도 더할 나위 없이 훌륭하다. 그러나 장편소설로서의 질이나 순도에서는 《해는 또다시 떠오른다》에 미치지 못한다. 온 세상의 헤밍웨이 애독자와 연구자들 가운데도 이 처녀장편을 으뜸으로 꼽는 사람이 많다. 20대 후반에 처음으로 쓴 장편소설이 대표작이라면, 헤밍웨이는 처음에 절정까지 올랐다가 그 뒤로는 내리막길을 걸은 소설가가 아니냐고 반문할지 모른다. 만약 헤밍웨이가 살아 있어서 이 말을 듣는다면, 불같이 화를 낼 것이다.

물론 헤밍웨이를 발전 없는 소설가라고 폄훼할 수는 없다. 그러나 소설의 순도·밀도는 역시 이 작품에 견줄 것이 없으며, 이것은 일종의 기적적인 결정(結晶)이다. 헤밍웨이는 자신이 무엇보다 소중히 여기는 청춘의 본질을 온 힘을 다해 이 작품에 담아내고 정착시켰다. 물론 이것은 자서체소설이 아니며 주인공의 설정이나 행동이 작가 자신을 가리키지도 않는다. 헤밍웨이는 이 작품을 쓸 때 이미 결혼하여 아들이 하나 있었다. 제1차 세계대전에는 그도 참전하여 큰 부상을 입었으나 발기 불능은 아니었다. 그러나 신문 특파원이라는 주인공의 직업은 몇 년 전까지 그가 종사했던 직업이며, 첫 번째 아내와는 《해는 또다시 떠오른다》가 출판된 뒤 이내 이혼했다. 이혼 뒤 머지않아 재혼한 상대는 이 작품의 여주인공 브레트 애쉴리를 연상시키는 영국 여성이 아니라 미국 여성이었다. 첫 아내와의 이혼으로 인한 괴로움과 슬픔은 형태를 바꾸어 작품 속으로 스며들었다.

이 소설에 등장하는 주요인물은 거의 모두 실재 모델이 있으므로, 이 작품은 일종의 모델소설이다. 소설 첫머리부터 끝까지 줄곧 주인공의 적수이자 들러리 역할을 하는 로버트 콘과 브레트, 마이크 캠벨, 미피포폴로스 백작, 투우사 로메로 등이 모두 그러하다. 이 소설이 나온 무렵의 파리에서는 피란델로의 《작자를 찾는 6명의 등장인물》에 빗대어 '저마다 총을 손에 들고'라는 농담이 유행했다고 한다. 즉 모델이 된 사람이 분개하여 총을 들고 작가를 쫓아다니는 것이다. 그런 면에서 이 작품은 피비린내 나는 풍자소설이기도 하다.

속표지에는 "당신들은 모두 잃어버린 세대(lost generation)입니다"라는 스타인 여사의 유명한 문장이 실려 있다. 확실히 이 작품은 세계대전을 배경으로 한 풍속소설이자 청춘소설로, 제1차 세계대전에 휘말린 젊은 세대의 전후 반응을 가장 먼저 작품화한 소설이다. 헤밍웨이 자신도 스무 살도 되지 않은 어린 나이에 스스로 지원하여 이탈리아 전선에서 부상당했다. 전쟁을 직접 겪은 젊은이가 그려낸 세대적인 자화상이라는 점이 그토록 높은 평판과 판매고를 올린 원동력이었다.

많은 미국 젊은이들이 태어나 처음 유럽으로 가서 싸우고 상처 입고 사랑하고 예술과 문학에 눈을 떴다. 그들은 전쟁이 끝나 귀국하고도 다시 파리로 돌아가 보헤미안 풍의 집단을 만들어 살았다. 1960년대의 베트남 전쟁 중에 갑자기 늘어난 히피와 일맥상통하면서도 전혀 다르다. '잃어버린 세대'는 훨씬 소박하고 간소하며 그만큼 싱싱한 생명력을 갖고 있다. 그들에게서 반체제나 체제이탈 같은 '정치적'인 의도는 찾아볼 수 없으며, 마약이나 집단성교도 하지 않는다. 남프랑스의 산중으로 낚시 여행을 가거나, 스페인의 축제에 투우를 보러 가는 모습이 싱그럽고 힘차고 소박하게 묘사되어 있다. 지난

해 파리에서의 어둡고 침침하고 느릿한 생활모습도 실은 후반의 신선함을 더욱 강조하기 위한 장치인 것이다.

그러나 주인공 제이크 번즈의 전쟁부상으로 인한 발기 불능이 상징하듯 이, 그들은 몸과 마음에 상처 입은 '잃어버린 세대'이다. 이 작품의 절정인 팜플로나 축제 대목은 단순히 힘차고 역동적인 투우 묘사가 중심이 아니다. 마음속에 상처와 어두운 그림자가 있기 때문에 자연과 활력을 절실하게 추구하며, 낚시와 투우가 주는 충실감과 생명감이 싱싱하게 떠오르는 것이다. 《해는 또다시 떠오른다》는 본질적으로 이중구조를 갖추고 있다. 전후세대의 '잃어버린' 환멸을 그린 작품이라고 단정할 수 없으며, 단순히 소박한 생명력을 찬미하는 소설도 아니다. 이러한 두 대조적·대립적인 태도와 모티프가 뒤얽힌 충돌이 이 소설의 싱싱한 활력의 원천인 것이다.

그러나 반대로 생각하면, 이런 사정은 헤밍웨이 혼자만의 것이 아니다. 모든 젊음과 청춘은 본디 이중성을 지닌다. 상처받기 쉽고 때때로 거부적·반항적이며, 아무것도 믿지 않는 허무주의자가 되기를 바란다. 그러나 밖에서 한 걸음 물러나 보면 동물적이고 저돌적인 에너지가 넘쳐흐른다. 환멸과 좌절의 몸짓조차 실은 가볍게 스친 상처에 울부짖으며 적대감과 분노를 억누르지 못하는 야수를 떠올리게 한다. 청춘은 언뜻 날카롭고 연약해 보이지만, 실은 질기고 방자한 강인함을 감추고 있다. 그러한 젊음의 본질을 무심한 필치로 그려낸 작품이 《해는 또다시 떠오른다》이다.

《해는 또다시 떠오른다》는 1920년대의 청춘, 제1차 세계대전 직후라는 특수한 시기에 나타난 특이한 무리의 행동과 생활방식을 그린 풍속소설이다. 그러나 이 작품에는 가장 낡기 쉬운 과거 전후파의 행동과 말버릇까지도 아주 선명하게 그려져 있다. 작품이 어제오늘의 일처럼 친근하게 다가오는 까닭도 바로 이 때문이다. 말하자면 시대의 유행을 따름으로써 의표를 찌른 소설이다. 현대의 젊음과 청춘을 적확하게 파악하고 표현하기 위해서라도 이 오래됐지만 싱싱한 청춘소설을 차분히 읽어보아야 한다.

《킬리만자로의 눈》

《킬리만자로의 눈》은 헤밍웨이의 다른 작품과 다른 점이 있다. 《인디언 부락》에서 《아버지와 아들》에 이르는 작품들이 생사나 사랑, 공포, 신에 대한 반발, 성의 문제 등을 이른바 단순한 형태로 파악하고 있고, 사회적 관심을 거의 나타내고 있지 않은 것에 비해, 《킬리만자로의 눈》에서는 빈부의 문제, 작가의 사회적 관심이 자조적인 형태로 희미하게나마 나타나 있다. 이 작품이 잡지에 발표된 1936년은 제2차 세계대전의 서곡인 스페인 내란이 발발한 해이고, 그 내란을 둘러싼 헤밍웨이의 활약은 여기에 상세하게 말할 필요도 없을 정도로 유명하다. 단 그의 단편을 문제로 하는 한, 헤밍웨이의 사상적 전향을 깊게 물을 필요는 없다. 왜냐하면 1936년 이후 그는 단편을 몇 편밖에 발표하지 않았기 때문이다. 따라서 여기에서는 그때까지 자취를 감춘 사회적 관심이 희미하게나마 《킬리만자로의 눈》에서 나오고, 그것이 주인공의 초조함과 회한을 불러일으킨 순간이 된 것을 지적한다. 그래서 《킬리만자로의 눈》의 주제는 삶과 죽음의 드라마에 있다고 볼 수 있다.

《무기여 잘 있거라》

제1차 세계대전에 참전했다가 부상을 입고 귀국한 뒤 《무기여 잘 있거라》를 쓰기까지 필요했던 9년이라는 세월은, 귀중한 체험을 마음속에 발효시키는 데 작가에게 충분한 시간이었다. 헤밍웨이는 그동안 스스로의 오감으로 느낀 '전쟁'과 '사랑'을 객관적으로 다루고 그것을 상대화할 수 있었기 때문이다.

전작 《해는 또다시 떠오른다》와 비교하면 《무기여 잘 있거라》가 픽션으로서 보다 나아갔다는 점은 거기에서 유래하고 있다. 파리에서의 삶 이후로 그다지 세월이 지나지 않았다기보다 파리에서 쓴 전작 《해는 또다시 떠오른다》의 경우, 그 구성은 작자의 실제 경험과 거의 겹쳐진다. 그 점에서 《무기여 잘 있거라》는 꽤 대조적이라 해도 좋다. 왜냐하면 그 전쟁묘사든 연애묘사든 《무기여 잘 있거라》는 속설과는 다르고, 헤밍웨이의 경험과 겹쳐지는 면보다는 오히려 동떨어지는 면이 더 많기 때문이다.

그렇다면 《무기여 잘 있거라》는 어디까지가 사실에 따르고, 어디까지가 사실을 넘은 창조의 범주에 속하는가? 사실과 허구. 그 사이에서 헤밍웨이가 《무기여 잘 있거라》에 건 집필의 진의, 게다가 파리로 이주한 뒤의 6년간의 연구가 가져온 그의 작가적인 역량이 보일 것이다.

우선은 주인공 프레더릭 헨리의 발자취를 확인해 보자.

제1차 세계대전은 독가스, 전차, 잠수함, 비행기 등 '근대병기'를 탄생하게 한 끝에 병사와 민간인을 합쳐 1천4백만 명의 사람을 죽게 만든 대참사를 가져왔다.

프레더릭의 회상은 인류 역사상 총력전이 막을 올린 2년째, 1915년 여름부터 시작한다. 그리고 2년 뒤의 1917년 봄, 그는 영국 적십자 간호사 캐서린과 알게 되는데 곧 전선에서 부상을 입는다. 입원한 밀라노의 미국 적십자 병원에서 캐서린과의 사랑이 깊어진다. 상처가 낫자 다시 전선으로 나가고, 이탈리아군의 패배로 이듬해 1918년 봄에 마지막 비극의 길을 걷는다……

즉 프레더릭의 전쟁은 전후 3년간이다. 그의 나이는 명시되어 있지 않지만, 종군 전은 이탈리아에서 건축을 배웠다고 하니까 이야기 서두에서는 스물다섯, 스물여섯으로 상정하면 좋으리라.

그럼 프레더릭의 전쟁은 어떠했을까? 사실을 돌이켜 생각해보자.

서두에서 주인공 프레더릭이 북이탈리아의 강과 평야를 사이에 두고 산들과 마주본 마을에서 지낸 1915년 여름밤, 헤밍웨이는 사실 아직 16살로 미시간 주 오크파크 고등학교 2학년이었다. 그래서 주인공 프레더릭이 밀라노 미국 적십자 병원에 입원한 1917년 초여름에 헤밍웨이는 고등학교를 졸업한다. 그가 용감하게 이탈리아로 건너가 부상병 수송 요원으로서 전선에 배치된 것은 1918년 6월이다. 그 시점에서 《무기여 잘 있거라》는 이미 막을 내린다. 헤밍웨이가 자신의 전쟁체험보다 더 전의 시점에 《무기여 잘 있거라》를 준비한 것을 알 수 있으리라.

사실 전쟁에 참가했던 기간도 헤밍웨이와 프레더릭은 크게 차이가 난다. 두 다리에 부상을 입기까지 헤밍웨이가 전장에 섰던 기간은 4주간 정도이고, 그 뒤에 입원한 날들을 더해도 그가 전쟁에 참가한 기간은 전부 6개월 정도에 지나지 않는다.

그러나 헤밍웨이의 전쟁과 프레더릭의 전쟁의 가장 큰 차이점은 두 사람의 전장의 위치라고 할 수 있으리라.

프레더릭이 활동한 지역, 즉 《무기여 잘 있거라》의 주요 전장은 북이탈리아의 동부, 현재 슬로베니아 공화국에서 가까운 고리치아, 우디네에서 탈리아멘토 주에 이르는 일대이다. 이에 비해 헤밍웨이가 활동한 곳은 거기에서 꽤 서쪽인 사이오에서 그라파에 이르는 지역이고, 마이크 레이놀즈의

"Hemingway's First War"에 의하면 그동안 헤밍웨이는 《무기여 잘 있거라》의 전쟁 지역에는 한 번도 오지 않았다. 뿐만 아니라 그로부터 9년 뒤 《무기여 잘 있거라》를 쓰기 시작한 시점에도 그는 우디네도 고리치아도, 전편의 클라이맥스 무대 탈리아멘토 강도 보지 않은 것이다. 그 의미에서 《무기여 잘 있거라》는 밀라노와 마지오레 호수, 게다가 로잔은 별도로 헤밍웨이의 작가로서의 경력상 자신이 방문한 적 없는 지역을 주요 무대로 정한 아주 드문 예라고까지 말할 수 있다.

그럼 왜 그는 자신의 경험과는 크게 벗어나 있는 세월을 작품 속에 넣고, 자신이 한 번도 본 적 없는 지역을 작품의 주 무대로 삼은 것일까?

그 열쇠는 카포레토에 있다고 봐도 좋다.

제1차 세계대전이 일어난 뒤 이탈리아 북부 전선에서는 동부의 산악지대에서 이탈리아군과 오스트리아군이 대립하고, 오랫동안 교착상태가 이어졌다. 그 균형을 깬 것이 1917년 10월 24일에 시작한 독일군의 대공세였다. 오스트리아군의 지원을 한 독일군은 대규모적인 포격과 독가스공격으로 진격을 개시하고, 카포레토에서 이탈리아의 제2군 수비선을 돌파해 이탈리아로 밀어닥쳤다. 이탈리아군 지휘부는 패배를 만회할 저항 라인을 서쪽 탈리아멘토 강에 설정했기 때문에 이탈리아 군부대도 피난민도 비참한 도피를 하게 되었다. 결국 이 패배로 이탈리아군은 적의 포로가 된 24만 명의 병사를 포함해 30만 명의 병력을 잃었다고 한다.

이 사실이 헤밍웨이의 마음을 깊게 사로잡은 게 틀림없다.

유럽 전쟁에서 살아 돌아온 헤밍웨이는 마치 그의 단편 《병사의 고향》의 주인공 크레브스처럼 자신이 참가한 전쟁의 의미를 개관적으로 파악하려고, 제1차 세계대전에 얽힌 기록과 전쟁사를 닥치는 대로 자세히 읽은 것은 아닐까? 그래서 이탈리아 전쟁에서의 가장 큰 비극이 사실은 자신이 전장에 나선 1년 전에 일어난 것을 알았다. 결국 자신의 전쟁체험에 근거한 장편 구성을 짤 때, 자신이 보고 들은 전투보다는 이 '카포레토의 패주'야말로 이야기의 중심축으로 하는 데 적합하다고 인식한 것은 쉽게 상상할 수 있다. 왜냐하면 '카포레토의 패주'에는 그가 그린 전쟁의 비참함을 상징하는 많은 요소들이 응집되어 있기 때문이다.

이 사실을 전편의 중심축으로 하자. 그렇게 결단을 내림으로써 이야기의 골격도 자연스럽게 만들어질 것이다.

주인공은 작자 자신과는 달리 이탈리아군에 속해 있어야 한다. 왜냐하면 1917년 미국 적십자는 아직 부상병 수송 부대를 이탈리아에 파견하지 않았기 때문이다. 주인공이 사랑하는 상대도 미국 이외의 적십자 간호사여야 한다. 왜냐하면 이 해에 미국 적십자 간호사는 아직 이탈리아에 오지 않았기 때문이다.

이렇게 이야기를 사실과 맞춘 헤밍웨이도, 단 한 가지 점에서 사실을 억지로 왜곡해야만 했다. 부상을 입은 프레더릭이 입원해 캐서린과의 사랑이 깊어지는 무대가 된 미국 적십자 병원이다. 이 병원은 사실 1917년이라는 시점에 아직 밀라노에 개설되지 않았던 것이다. 그것을 알면서도 헤밍웨이는 두 주인공의 사랑의 무대만은 자신의 체험과 겹치는 미국 적십자 병원으로 설정했다. 그것은 카포레토의 패주를 이야기의 중심으로 한 창작이지만 이야기 구축에 대한 헤밍웨이의 강한 의지가 보인다.

카포레토의 패주가 한창인 때, 프레더릭은 탈영해서까지 사랑하는 사람의 곁으로 돌아가려고 한다. 헤밍웨이가 기획한 스케일이 큰 비극의 요소가 되는 이 여성상은 그럼 어떻게 다듬은 것일까?

프레더릭 헨리와 처음 만났을 때, 캐서린은 전 애인의 참혹한 전사에서 아직 헤어 나오지 못한 여성, 그 충격으로 아플 정도의 섬세한 여성으로 등장한다. 그러나 프레더릭과의 사랑이 깊어갈수록 그녀는 연인에게 헌신하고 간호사라는 직업을 내던지고 운명적인 사랑에 모든 것을 바친다. 그것은 헤밍웨이가 예전에 사랑한 아그네스와는 모든 의미에서 대조적인, 그가 기획한 고전적인 비극에 어울리는 여주인공이라 해도 좋다.

그 캐서린과 대치되는 주인공 프레더릭도 작자의 분신과 다르지 않다. 그것은 예전 아그네스를 애타게 그릴 때 아직 인생경험이 부족한 18살의 헤밍웨이는 아니다. 파리로 이주한 이후, 헤밍웨이는 여러 여성과 만나 이혼과 재혼이라는 혹독한 인생의 시련을 맞는다. 그것은 당연히 그의 여성관에도 변화를 가져왔다. 프레더릭이라는 화자의 캐릭터에 일종의 차분한 여성관을 비롯해 성숙한 헤밍웨이의 속성을 준 것은 아주 자연스러운 일이다.

캐서린의 인간상에 구체적으로 보충한 면에서는 헤밍웨이가 20대에 들어서 인연을 맺은 여성들의 모습도 느껴진다. 이를테면 프레더릭과 캐서린이 무사히 스위스 국경을 넘는 데 성공하고 산장에서 지내는 장면이다. 그래서 캐서린이 자신이 머리를 짧게 치고 당신이 머리를 기른다고 비슷한 사람들이 되지 않는다고 말한 장면이 있는데, 그 캐서린에게는 헤밍웨이의 처음 아내 해들리를 연상시키는 것이 있다. 그래서 캐서린이 마지막 고난을 맞는 장면에는 헤밍웨이의 두 번째 아내 폴린의 모습도 투영된 듯하다. 사실 헤밍웨이가 《무기여 잘 있거라》를 쓰기 시작해 3개월째인 1928년 6월, 폴린은 18시간의 진통 끝에 제왕절개로 헤밍웨이의 차남 패트릭을 낳는다. 덧붙여서 말하자면 《무기여 잘 있거라》서두에 헌사를 바친 인물 G·A·파이퍼는 폴린의 숙부이다. 헤밍웨이는 폴린과 알게 된 이후, 이 유복한 자산가로부터 물심양면의 지원을 받은 것이다.

그것은 어쨌든 이렇게 보면 헤밍웨이가 《무기여 잘 있거라》의 메인 무대와 그 무대에 선 두 사람의 주인공 조형에 대해서도 실제 경험을 넘은 새로운 창조를 시도하고 있는 것은 확실히 엿볼 수 있다.

새로운 창조라는 의미에서는 비극의 클라이맥스에 대한 복선으로서의 카포레토 패주의 멋진 장면도 아무리 강조해도 지나치지 않다. 아마 헤밍웨이는 자신이 체험하지 않은 패주 장면에 그때까지 기른 작가로서의 역량 전부를 던지는 마음가짐으로 임한 것이 틀림없다. 일설로는 그때 그는 스탕달의 《파르마 수도원》과 스티븐 크레인의 《붉은 무공훈장》을 염두에 두었다고 한다. 《파르마 수도원》의 서두에는 나폴레옹을 동경하던 주인공 파브리스가 워털루 전투에 참가하고, 전장을 방황하는 장면이 상세하게 나온다. 파리에 이주한 이래, 플로베르나 스탕달 등의 프랑스 문학에 친숙한 헤밍웨이의 머리에는 이 장면이 깊이 새겨졌으리라. 남북전쟁이 주제인 《붉은 무공훈장》도 전투 장면이 유명하지만, 작자 크레인에게는 종군경험이 없고, 오로지 당시 신문기사들을 가지고 전쟁을 묘사했다. 그 점에 마찬가지로 자신이 체험하지 않은 전쟁의 국면을 그리려고 했던 헤밍웨이는 후배작가로서 강한 라이벌 의식을 가졌을지도 모른다.

어쨌든 그는 프로로서 주도한 조사로 쌓은 제1차 세계대전의 정보와 자신의 단순한 작가적 상상력, 그리고 1922년에 그리스와 터키의 전쟁을 저널리스트로서 취재했을 때 목격한 그리스군의 퇴각을 기억해 카포레토의 패주를 묘사했다. 비와 진창의 철퇴. 지휘계통의 혼란. 탈주병의 속출. 야전헌병의 탈주병 처형. 피난민들의 고통……. 그것이 얼마만큼 카포레토 패주의 진실을 뚜렷이 나타냈는지는 다음의 일로써 잘 알 수 있다.

《무기여 잘 있거라》는 독재자 무솔리니의 통치 아래에 있는 이탈리아에서는 발매가 금지되었다. 카포레토 패주 묘사가 이탈리아군의 혼란스러운 모습을 너무나 생생하게 그렸다는 이유였다. 전쟁의 실태를 정확하게 묘사했지만, 그 때문에 발매가 금지되었다. 진실을 추구하는 작가에게 이 이상의 명예는 없다.

1차 세계대전 이후, 2차 세계대전에 이르기까지 헤밍웨이는 작가로서 때로는 저널리스트로서 수많은 전장에 섰다. 그것을 통해 그가 일관되게 그린 것은 전쟁이라는 것이 본질적으로 내포한 악이었다. 그 삶을 통해, 그가 전쟁 승리의 고양을 그린 것은 단 한 번도 없다. 그 의미에서 그는 전쟁의 세기라고도 할 수 있는 20세기의 냉정한 관찰자이고 전쟁에 의한 인간성 파괴에 대한 고발자였다.

모든 것이 끝난 밤, 프레더릭은 혼자 빗속을 걸어 호텔로 간다. 그때 그의 가슴을 채운 상실감은 이전에 헤밍웨이가 마지막 연인을 잃었을 때 느낀 상실감과는 전혀 다른 것이다. 19살의 젊은 남자의 마음을 자극한 개인적인 비탄과 원망과 한탄은 10년이라는 세월이 흘러 삶의 부조리를 확인한 체념으로 승화되었다. 인간은 져야만 하는 운명이라는 생각은 헤밍웨이의 신념이었다.

자신의 근원적인 체험을 모티브로 하면서도, 그는 이 작품에서 삶의 부조리에 지고 마는 인간의 보편적인 비극을 독특하고 간결한 필치로 정감 있게 그렸다. 거기에는 천성인 재능에 덧붙여 작가적 상상력이 충분히 드러난다. 젊은 시절에 실제로 겪은 일에 너무 기대지도 않고, 엄청난 스케일의 비극을 창조해 얻은 《무기여 잘 있거라》는 단편만이 아니라 장편작가로서의 헤밍웨이의 가능성과 역량을 증명해준 기념비적인 수작으로 자리매김하였다.

전작 《해는 또다시 떠오른다》를 썼을 때, 헤밍웨이는 당시 친하게 지내던 선배작가 피츠제럴드의 조언을 받아들이고, 서두부분을 꽤 잘라냈다. 그러나 이 《무기여 잘 있거라》에서는 피츠제럴드의 조언을 모두 무시한 듯하다. 자기의 노력 끝의 성과에 꽤 보람을 느낀 증거이리라.

마지막으로 제목에 대해서도 살펴보면, 단편·장편을 불문하고 헤밍웨이는 작품 제목 선정에 세심한 주의를 기울인 것으로 알려져 있다. 전작 《해는 또 다시 떠오른다》는 구약성서의 전도서 1절에서 골랐다. 《무기여 잘 있거라》는 영국 16세기 후반의 시인, 조지 필(1556~1596)이 엘리자베스 여왕에게 바친 시 "Farewell to Arms"에서 골랐다. 원시에서는 늙은 기사가 주군을 섬기는 일선에서 물러나려는 마음을 노래한 것이지만, 헤밍웨이는 무기여 잘 있거라 라는 여운이 남는 말에 매력을 느꼈으리라. 영어 Arms에는 물론 팔이라는 의미도 있기 때문에, 원시에서 벗어난 원제에서는 사랑하는 여인의 품에서 이별을 고하는 뜻도 전해진다. 그것도 헤밍웨이는 의식한 것이 틀림없다.

《누구를 위하여 종은 울리나》

《누구를 위하여 종은 울리나》는 헤밍웨이의 네 번째 장편 《가진 자와 못 가진 자》(1937)의 다음 작품이다. 1940년 가을에 출판된 것으로, 사십대에 발을 들여놓은 작가에 어울리는 충실함과 성숙함을 느낄 수 있는 역작이다. 문장의 흐름이 한결 자유로워 편협하지 않으며, 한 번 읽기 시작하면 500페이지 가까운 대작인데도 끝까지 단숨에 읽어 내리게 된다. 자신에게 어울리는 주제와 소재를 찾아낸 작가의 의욕이 고루 담겨져 우선 흐뭇한 충실감을 독자로 하여금 느끼게 한다. 피비린내 나는 사건, 비인간적인 잔인성이 그려져 있기는 해도 독자의 가슴에 사무치는 것은 강렬한 긴박감뿐이고 어둡고 찬 느낌은 조금도 없다. 이것은 헤밍웨이의 어느 작품에 대해서도 적용되는 말이지만 이 장편에서는 한결 신선한 생명감을 느끼게 된다.

사실 먼저 쓴 《가진 자와 못 가진 자》는 헤밍웨이답지 않은 동요와 모색의 자취를 그대로 드러낸 소설로서 작가 자신의 불안한 설렘이 번뜩였으며, 《누구를 위하여 종은 울리나》를 완성한 뒤에는 10년 동안이나 전혀 소설을 발표하지 않았다. 그런 점으로 미뤄 보더라도 《누구를 위하여 종은 울리나》를 쓴 사십대 초의 작가가 모색기와 침묵기 사이의 유례없는 충실기에 놓여 있었다는 것을 쉽게 알 수 있다.

주요 등장인물로 공화파의 파르티잔 일대(一隊)가 나오고, 무대는 마드리드의 서북방 약 96킬로미터 지점에 있는 과다라마 산중이다. 당시 마드리드는

▲ 노벨문학상 수상
1954년 헤밍웨이는 《노인과 바다》로
노벨문학상을 받았다.

▶ 코히마르 광장에 세워진 헤밍웨이
흉상
코히마르(Cojimar)는 쿠바의 수도 아
바나 동쪽에 있는 작은 어촌이다. 흉상
아래에 기록된 연도에 오류가 있다. 그
는 1899년에 태어났다.

이미 파시스트 반란군에 에워싸여 이 산중은 적의 전선 배후였다. 당시라고
하는 것은 1937년 5월 마지막 주, 더 정확하게 말하면 토요일 오후에서 화
요일 점심때까지 약 68시간 가량의 짧은 시간이다. 이런 정도의 구상을 하
고, 주인공인 미국 청년 로버트 조던의 설정이 끝나자, 작가의 붓은 단숨에
내달린 듯하다. 스페인 내란이라는 커다란 화면을 공간적으로, 시간적으로
집약한 데에 헤밍웨이다운 착안이 있고, 이 소설의 성공도 이런 집약에 있다
고 하겠는데, 독자는 이점을 똑같이 스페인 내란을 다룬 프랑스의 앙드레 말
로(André Malraux)의 《희망 *L'Espoir*》(1937)과 비교해 보면 좋을 것이다.
말로는 내란이 일어난 당초부터 시작하여 커다란 화면을 그대로 붙잡아 보
려고 하였다.

1937년 5월이라는 시점의 집약된 효과를 충분히 이해하기 위해서 잠시
'스페인 내란'을 알아보면, 스페인은 원래 봉건색이 짙은 나라로서 1920년대
에 이르러서도 오히려 왕가에 의한 거의 중세적 전제정치가 이루어지고 있

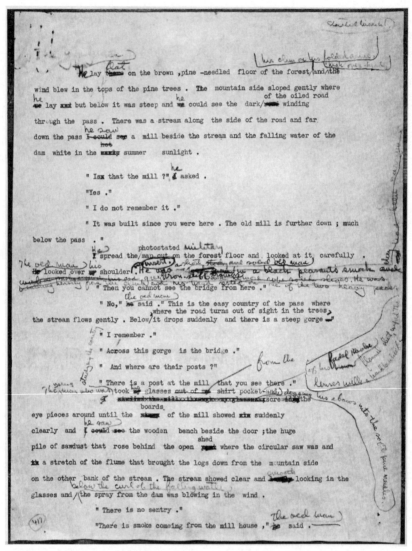

《누구를 위하여 종은 울리나》 타이핑 원고 첫머리

1937년 시릴 코놀리(Cyril Connolly)는 의미심장한 말을 했다. "헤밍웨이는 스페인 시민전쟁과 관련된 위대한 작품을 쓸 수 있는 유일한 인물임에 틀림없다."

었다. 1931년 혁명이 일어나 왕제를 뒤엎고 민주공화제가 세워졌으나 새 정부의 실패로 한때 숨을 죽이고 있던 보수파가 서서히 세력을 펼치게 되었다.

이에 대해 혁신파는 온건파와도 손을 잡고 인민전선 조직을 만들어 1934년

10월 '총동맹 파업'까지 감행했는데, 이로 인해 보수파와 노동자 측과의 틈은 돌이킬 수 없을 정도로 벌어졌다. 그리고 1936년의 총선거에서 공화파가 절대다수를 차지하여 급진적 개혁에 손대려고 하자 불온한 정세가 여기저기 감돌기 시작하였다. 원래가 보수파의 아성이었던 군부가 정부에 대해 위협적 태도로 나오자, 정부는 군부 수뇌를 전부 바꿔 버린다는 강경책으로 나왔다. 이것은 일단 성공은 했지만 인민전선 자체가 오합지졸이라 내분이 끊이질 않았다.

샘 우드의 영화 〈누구를 위하여 종을 울리나〉에서 로버트 조던 역을 맡은 게리 쿠퍼(1943)
헤밍웨이가 직접 배역을 정했다. 이를 계기로 두 사람은 친구가 되었다.

그해 7월 7일 군부 측의 일제 봉기가 시작되어 그 기운이 삽시간에 스페인 전역으로 퍼져 갔다. 정부는 물론 공화파 민병을 동원하여 진압에 나섰으나, 미리 충분한 준비를 하고 있던 프랑코 장군 지휘하의 군부를 제압할 수는 없었다.

이것이 스페인 내란의 시초인데, 이 국내분쟁은 돌연 국제적 대립의 전장으로 변하여 독일과 이탈리아는 프랑코 반군을 돕고, 소련은 정부군 후원에 적극적으로 나서, 제2차 세계대전의 전초전이라는 형태로까지 번져가게 되었다.

이 내란은 특히 1930년 초에 히틀러의 급격한 진출로 갑자기 고조된 유럽의 국제적 긴장의 폭발점이라는 인상을 주어 많은 지식인, 특히 작가들에게 엄청난 충격을 주었다. 지식인들의 공감은 물론 압도적으로 공화파 측에 있었으므로, 《누구를 위하여 종은 울리나》의 주인공 로버트 조던처럼 의용병으로 실전에 참가한 지식인 수는 실제로도 많았다.

전투는 처음엔 준비를 갖춘 반군 측이 사방에서 기세를 올렸지만, 이윽고 정부군이 차츰 활기를 되찾아 1937년 봄이 찾아올 무렵에는 공화파 승리의 조짐조차 보였다(뒤에 이 시기를 회고한 헤밍웨이는 '승리의 희망이 보이기 시작한 가장 행복한 시기'라고 했다).

《누구를 위하여 좋은 울리나》에서 헤밍웨이는 바로 이 '행복한 시기'에 초점을 맞추고 있는데, 남자 주인공의 죽음으로 끝나는 이 소설에 팽팽한 긴장감만이 두드러지고 모든 어두운 페시미즘의 그림자가 없다는 것은 굳이 주인공의 젊음과 미국적 낙천성 때문만은 아니다. 그러나 주인공은 동료 파블로의 배신으로 죽음에 이르며, 산중에 숨은 파르티잔의 머리 위를 가끔 지나가는 독일 비행기 편대는 그들에게 이미 검고 불길한 그림자를 드리우고 있다. 또 파블로는 밀고를 감행하기 전에, 전쟁에 대한 혐오감을 노골적으로 드러내 '행복한 시기' 한가운데에 비극적인 조짐이 가끔 고개를 드는 것이 충분히 그려져 있다. 최후의 승리에 대한 소망은 그대로 사람들의 가슴에 살아 있으면서도 문득 불길한 예감이 고개를 쳐드는 미묘한 시기를 헤밍웨이는 선정하여 스페인 내란 전체의 모습을 그 안에 담아 보려고 한 것이다.

작품에서는 직접적인 무대와 제재는 어디까지나 게릴라의 움직임에 한정하면서 은연중에 내란 전체를 암시하는 수법을 쓰고 있다. 이 점은 자칫하면 조작적인 우의성(寓意性)이 되어 버리기 쉽다. 그 점을 헤밍웨이는 충분히 경계하면서 전체적 폭을 넓혀 가는 연구를 게을리하지 않았다. 조던의 교량 폭파라는 일을 한낱 고립된 저항 운동이 아니라 정부군 공격 계획의 하나로 다룬 것도 그렇고, 첫머리에서 그가 되씹어 보는 골즈의 말이 자세히 서술된 의미도 거기 있다 하겠다. 가령 골즈가 "그래, 공격하는 것은 나다. 하지만 그건 내 것은 아니야. 대포도 내 것이 아니야. 대포도 내가 요구해야 해. 그들은 파견할 포병대가 있을 때조차 내가 요구하는 것을 선뜻 내준 일이 없어 ……그놈들이 어떤 놈들인지 자네도 알지 않나. 일일이 설명할 필요도 없는 거야. 언제든 무엇인가가 있다. 언제든 누군가가 방해한다"라고 이야기할 때, 이것은 한낱 개인적 푸념이 아니라 공화파 군대 지휘 계통의 무질서나 혼란이 암시되어 있다.

이런 관점에서 다시 볼 때 이 소설의 구석구석에 입체적 부피가 주어졌다는 것을 알게 될 것이다. 내란 당초에는 뛰어난 지휘자였던 파블로가 보여 주는 전쟁 혐오적 태도도 전체적 패전주의의 한 조짐으로 보아야 하겠고, 공화파의 사기는 이미 안에서부터 좀먹기 시작했다는 것이 암시되어 있다. 또 독일 비행기의 폭음과 불길한 그림자는 스페인 전체에 뻗친 외국의 정치적·군사적 압력의 상징, 바로 그것이다. 또 파블로의 아내 필라르가 아주 생생하게 자세히 이야기하는 민중들의 파시스트 처형의 처참한 에피소드도 단순히 그녀다운 이야깃거리를 끼워 넣은 것만은 아닐 것이다. 파시스트 측의 폭력이 아니라 오히려 공화파 측의 거친 폭력 행위를 보는 듯이 그려 넣은 이 부분은 발표 당시 일부 비평가의 비판을 받았다. 그러나 헤밍웨이는 여기서도 '내란'의 전체적인 모습, 적어도 그의 눈과 마음이 포착한 전체적 진실에 충실하려고 한 것이다.

물론 이 소설에서 헤밍웨이의 역사적 통찰에 대해 크게 벌여 놓는다면 우스운 이야기가 될 것이다. 역사적 파악, 너그러운 시각은 차라리 작가의 '약점'이라 하겠는데, 어느 국부적 일면에 또는 인생의 극한적 한순간에 좁게 시야를 한정함으로써 얻어지는 집중적 효과야말로 헤밍웨이의 장기라 하겠다.

《누구를 위하여 종은 울리나》에서도 전체의 움직임은 사흘이 될까말까 하는 사이의 일로 한정된다. 이 소설을 장식하는 한 가닥의 붉은 실오리, 조던과 마리아의 사랑도 이 사흘도 안 되는 짧은 시간 동안에 갑자기 움트고 자라나 때 아닌 종말에 이른다. 눈앞에 다가온 이 종말 의식이 그들의 애정을 세차게 부채질해 준 것도 사실이다. 대부분의 현대인 눈에는 지나치게 미화되었다고 보여지기 쉬운 두 사람의 사랑에 대해서, 이제까지 이렇다 할 이의를 말한 비평가가 없었다는 것도 급박한 종말이라는, 극도로 집중적인 설정의 작용임에 틀림없다.

이 소설은 단순한 로버트 조던의 행동과 죽음의 이야기가 아니며, 또 조던과 마리아와의 로맨스에 그치는 것도 아니다. 오히려 작품상으로는 부차적 인물들, 저 대지와 같이 믿음직스럽고 모성적인, 게다가 야릇한 매력을 지닌 필라르를 비롯해, 억척스런 생활력의 소유자인 만큼 소심한 현실주의자가 되고 끝내는 배신하게 되는 파블로, 또 안젤모 노인과 집시 라파엘 등의 모습이나 행동이 충실히 묘사되어 있다.

따라서 이 소설은 충실하고 그들의 대화가 또 효과적이다. 물론 그들은 스페인어를 쓰고 있는데 그것을 영어로 쓴다고 하면 마치 꿈에 달음박질하는 것 같은 갑갑한 결과가 될 것이다. 헤밍웨이는 여기서 의식적으로 고풍스런 어법을 이용하는 것으로써 의외로 신선한 효과를 거두고 있다. 귀에 익지 않은 이국적인 맛을 풍기면서 민중어의 소박한 느낌도 동시에 전하고 있다. 이 점은 헤밍웨이의 가장 큰 장기인데, 《누구를 위하여 종은 울리나》에서는 새로운 영역으로의 응용을 시도한 것이라고 할 수 있다.

출신지가 각기 다른 갖가지 유형의 스페인 사람을 그려냄으로써, 그 범위는 산중의 게릴라 대원으로 한정돼 있으면서도 헤밍웨이는 여기서 그 나름의 작은 스페인을, 그가 사랑해 마지않는 스페인의 축도를 그려낸 것이다.

《누구를 위하여 종은 울리나》라는 제목은 작가가 책 첫머리에 인용한, 영국의 17세기 시인 존 던의 설교집에서 나온 것이다. '개인도 완전한 하나의 독립된 섬일 수는 없다. 한 사람의 죽음은 두 사람에 미친다. 누구를 위해 조종(吊鐘)이 울리나 묻지 말아라. 그것은 그대를 위해서 운다'는 구절을 헤밍웨이가 고른 의도는 명백하다 하겠다. 스페인 내란은 스페인만의 사건은 아니며, 당신들 자신과 관련되는 문제라는 말이다. 독자들에게 인류의 연대성을 부르짖고 있다.

그렇게 잘라 말하면 얼핏 보기에 일은 끝났다고 보이지만 그렇게 단순하지는 않다. 1939년 봄, 즉 마드리드는 함락되고 마침내 내란은 마지막에 다다른 시기, 더욱이 그가 그토록 적극적으로 후원한 인민전선 측이 결정적으로 패배한 시기에 이 작품을 쓰기 시작했다. 이 점에서도 내란 진행 중에 이미 완성한 말로의 《희망》과는 완연히 다르다. 물론 존 던의 말은 원래 '죽음의 자리에 임하여서의 기도' 중의 한 구절이고 '종'은 사실 죽음을 슬퍼하는 조종이므로, 소설 자체가 주인공의 죽음(정확하게 말하면 확실한 죽음을 기다리는 그의 모습) 속에 집약되어 있다. 그러나 이 소설의 전체적 인상은 결코 처참한 어둠, 쓰디쓴 패배감만은 아니다. 주인공의 죽음에는 미래를 믿는 자의 명랑성마저 엿보이고 있다.

헤밍웨이에게 스페인 내란은 단순한 정치적 한 국면만이 아니라는 데에 자칫, 우리는 여기서 작자의 세찬 분노나 쓸쓸한 무력감만을 기대하는 수가 있다. 죽음을 건 사람들의 노력을 끝내 살리지 못하고 패배로 돌린 공화파 지도층의 책임이 아프게 규탄되고, 또 조던이나 안젤모의 죽음의 허무성이

개운치 않은 감회를 준다고 애석해하는 사람도 있을 것이다. 그러나 실제 작품은 다르다. 지도층의 무능이 꽤 비판적으로 그려진 것은 사실이지만, 전체 색조는 보다 냉정하고 객관적이다. 공화파의 잔인성도 사정없이 그려져 있다. 게다가 전체를 객관적으로 바라보는 작가의 눈은 결코 절망적이거나 냉소적이지도 않다. 어떤 뜻에서는 주인공의 무의미한 죽음으로 끝나는 이 소설은 긍정적 신뢰감마저 느끼게 된다.

특히 독자의 주목을 유도한 부분은 주인공인 조던, 미국인 조던의 묘사이다. 그는 무엇보다 한 사람의 미국인으로 그려져 있다. 그는 스페인에 있으면서 미국에서의 자기 과거와 미국의 역사적 전통에 연결되어 있다.

헤밍웨이의 주인공은 지금까지 그 대부분이 과거에서 떨어져 나와 현재의 한복판에 던져졌다는 점을 생각할 때 이 점의 의미는 한결 뚜렷해질 것이다. 여기에는 확실히 뚜렷한 변화가 보인다. 그러나 그것은 한낱 '정치적 전향'이 아니다. 조던은 몇 번이나 남북전쟁의 빛나는 전사였던 할아버지를 자랑스럽게 생각한다. 남북전쟁 대신 '반항의 싸움'이라 부르기를 즐기고, 어린 시절의 그에게 격렬한 전투 체험을 들려 주던 할아버지의 환영을 몇 번이나 떠올리며 '할아버지가 지금 나 대신 여기 계셨더라면' 하고 생각한다.

한편 그가 자살한 아버지(작가 자신의 아버지도 자살하였지만)를 달갑잖게 생각하는 것도, 할아버지가 전투에 쓴 영광의 권총을 아버지는 비겁하게도 인간을 죽이기 위해 썼기 때문이다.

조던이 '자유·평등·박애'라든가 '생명과 자유와 행복 추구'라든가 하는 말을 자주 입에 올릴 때도 우리가 떠올리는 것은 인민전선파의 정치적 주장보다 차라리 미국 헌법 정신이다.

이 소설의 정치적 이데올로기의 소박성을 지적하는 것은 쉬운 일이지만, 그 소박성의 밑바닥에 깔린 것을 가려내는 편이 유익할 것이다. 《누구를 위하여 종은 울리나》는 정치적 전향의 산물이라기보다 차라리 미국으로의 회귀(回歸)의 소산이었다. 그것은 우선 미국인 로버트 조던의 이야기이며, 미국인의 영웅적 행동을 그린 미국적 미덕의 서사시이다. 작품 전체에 흐르는 것은 미국적 미덕의 찬가이며 미국에 대한 긍정적 찬가라고 할 수 있다.

작가의 이런 변화는 마침내 《노인과 바다》라는 미국적인 신비감을 낳는 과정의 첫발이며 디딤돌이 되었다.

헤밍웨이 연보

1899년　　　　7월 21일, 미국 일리노이 주 시카고 교외의 오크파크에서 태어나다.

1909년(10세)　이 무렵부터 여름 휴가 때면 미시간 주 북부에 있는 별장으로 가 아버지와 함께 사냥, 낚시 등에 열중함.

1913년(14세)　가을에 오크파크 고등학교 입학. 학교에서 주간지를 편집, 자신의 글을 문예지에 기고함. 수영·복싱·축구 등의 운동을 하고 선수로도 활약함.

1917년(18세)　오크파크 고등학교 졸업. 졸업 뒤 〈캔자스시티 스타〉지 기자가 됨. 이 신문은 미국에서도 일류 신문으로 7개월간의 기자 생활을 통해 기자로서의 엄격한 훈련을 받았을 뿐 아니라 독특한 문장을 배웠음.

1918년(19세)　4월, 〈캔자스시티 스타〉 퇴사, 이탈리아군 소속 적십자 요원으로 유럽 전선에 종군. 7월, 북이탈리아 전선 포살타 디 피아베에서 다리를 크게 다쳐 227 야전병원에서 며칠을 보낸 다음, 밀라노 육군병원으로 옮겨 3개월간 입원함. 이 병원에서 미국인 간호사인 아그네스 폰 쿠로프스키와 사랑에 빠짐. 퇴원 뒤 다시 전선에 나감. 이 경험이 《무기여 잘 있거라》와 단편 몇 편에 나타나 있음. 11월 전쟁이 끝나고 자국 병사들을 안전하게 이송시켜 준 공로를 인정받아 이탈리아 정부에서 주는 무공훈장 은메달을 받음.

1919년(20세)　제대. 캐나다 토론토 주간지 〈토론토 스타〉 기자가 되어 문학 수업을 받으면서 단편을 여러 편 발표함.

1920년(21세)　가을, 시카고로 돌아와 셔우드 앤더슨을 만나 강렬한 자극을 받음(이 무렵 앤더슨은 《오하이오 주 와인즈버그》라는 걸작을 발표했다).

1921년(22세) 봄, 다시 〈토론토 스타〉지에 글을 기고하다. 9월, 여덟 살 연상의 해들리 리처드슨과 결혼함. 12월, 〈스타〉지 유럽 특파원으로 파리에 감.

1922년(23세) 앤더슨의 소개로 당시 파리 클럽의 중심인물이었던 미국 작가 거트루드 스타인과 만났고 또한 미국 시인 에즈라 파운드, 아일랜드 소설가 제임스 조이스 등 여러 문인들과 사귐. 특히 작가수업 시절 헤밍웨이에게 거트루드 스타인과 에즈라 파운드의 영향은 절대적이었음. 3월 이탈리아, 독일, 그리스 등 유럽 각지를 여행. 이해에 단편과 시를 처음으로 발표함. 아내 해들리가 출타 중에 원고를 넣어둔 가방을 도난당하여 써두었던 장편 1편, 단편 18편, 시 30편의 원고를 잃어버림.

1923년(24세) 《세 편의 단편과 열 편의 시 Three Stories and Ten Poems》를 7월 파리에서 첫 출판. 이때 스타인이 기자 생활을 그만두고 창작에 전념하도록 권하자 그도 그렇게 결심하고, 파리에서의 생활비를 마련하기 위해 9월 토론토로 돌아옴. 10월, 장남 존이 태어남.

1924년(25세) 파리로 돌아와 본격적인 문학 수업을 시작. 여름에 스페인을 여행, 팜플로나에서 투우를 봄. 이런 견문이 《해는 또다시 떠오른다 The Sun Also Rises》의 배경이 됨. 소품집 《우리들 시대에 In Our Time》를 파리에서 출판.

1925년(26세) 5월, 파리에서 《위대한 개츠비》 작가 스콧 피츠제럴드를 알게 됨. 단편집 《우리들 시대에》 증보판을 10월 미국에서 출판. 먼젓번 소품집과 단편을 섞은 특이한 구성으로 엮음.

1926년(27세) 첫 장편 《해는 또다시 떠오른다》 원고를 4월에 완성. 발라드 풍의 소설 《봄의 분류 The Torrents of Spring》를 뉴욕 스크리브너사에서 출판. 이후 출판 계약이 성립되어 《해는 또다시 떠오른다》도 10월 출판. 그의 재능을 충분히 발휘하고 전쟁이 끝난 뒤의 환멸감을 잘 나타내어 이 작품으로 헤밍웨이는 세계적인 명성을 얻게 됨.

1927년(28세) 1월, 별거하고 있던 해들리와 이혼함. 여름, 〈보그〉지 파리 주재 기자이며 세인트루이스 출신인 폴린 파이퍼와 재혼함. 그녀는 독실한 가톨릭 신자였으며, 이에 영향을 받아 헤밍웨이도 가톨릭으로 개종함. 두 번째 단편집 《남자들만의 세상 *Men Without Women*》 출간.

1928년(29세) 《무기여 잘 있거라 *A Farewell to Arms*》 쓰기 시작. 귀국하여 플로리다 주 최남단 키 웨스트에 거주함. 6월, 차남 패트릭 태어남. 8월 말 와이오밍 주 빅혼에서 《무기여 잘 있거라》 탈고. 12월 6일, 아버지가 엽총으로 자살함.

1929년(30세) 《무기여 잘 있거라》를 잡지에 연재. 다시 퇴고 작업을 하여 9월 출판. 4개월 동안에 8만 부가 팔려 나감. 이로써 작가로서의 확고한 지위를 얻음.

1930~1931년(31, 32세) 자동차 사고로 병원에 입원하기도 하고, 스페인 등지를 여행하며 투우 안내서인 《오후의 죽음 *Death in the Afternoon*》 원고를 씀.

1932년(33세) 9월, 《오후의 죽음》을 출판. 3남 그레고리 태어남.

1933년(34세) 제3단편집 《승자는 허무하다 *Winner Take Nothing*》를 10월에 출판. 아내 폴린과 함께 동아프리카로 사냥 여행을 떠남.

1934년(35세) 아프리카 여행 도중 아메바 이질에 걸렸으나 회복 후 다시 여행을 계속함. 4월, 뉴욕으로 돌아옴. 《아프리카 여행기》 집필을 시작함. 4월, 《가진 자와 못 가진 자 *To Have and Have Not*》의 제1부 〈어느 도항(渡航) (*One Trip Across*)〉을 〈코스모폴리턴〉지에 발표. 제2부 《무역상의 귀환 *The Trademan's Return*》은 〈에스콰이어〉지 2월호에 발표함.

1935년(36세) 여행기를 잡지에 연재. 10월, 《아프리카의 푸른 언덕 *Green Hills of Africa*》을 출판.

1936년(37세) 7월, 스페인 내란이 일어나자 정부군 원조의 자금 조달에 노력함. 《킬리만자로의 눈 *The Snows of Kilimanjaro*》 《프랜시스 매콤버의 짧고 행복한 생애 *The Short Happy Life of Francis Macomber*》 등 아프리카를 소재로 한 작품을 발표함.

1937년(38세) 스페인 정부군의 원조를 위하여 적극적인 활동을 전개함. 스페인으로 건너가 영화 〈스페인의 대지 *The Spanish Earth*〉 제작에 협력. 뉴욕으로 돌아와 '전미(全美) 작가회의'에서 처음으로 공식 연설을 하고 다시 스페인으로 감. 《가진 자와 못 가진 자》 출판. 제목이 말해 주듯 키 웨스트를 무대로 빈부의 대조를 다룬 일종의 사회 소설이며, 스페인 내란 이후 헤밍웨이의 적극적인 자세를 보여 주는 작품임.

1938년(39세) 네 번이나 스페인에 감. 종군기 및 시나리오 〈스페인의 대지〉 출판. 〈제5열 *The Fifth Column*〉과 처음으로 49편의 단편을 출판. 〈스페인의 대지〉는 스페인 내란을 무대로 한 헤밍웨이 유일의 희곡으로, 연애보다도 사회적인 의무를 더 중히 여기는 주인공을 내세우고 있음.

1939년(40세) 마드리드 함락, 파시스트 쪽의 승리로 끝남. 《누구를 위하여 종은 울리나 *For Whom the Bell Tolls*》 집필에 들어감.

1940년(41세) 《누구를 위하여 종은 울리나》가 출판되자마자 수십만 부가 팔리는 베스트셀러가 됨. 희곡 〈제5열〉이 뉴욕에서 공연됨. 10월, 폴린과 이혼, 마서 겔혼과 세 번째 결혼을 함.

1941년(42세) 중·일전쟁 특파원으로 중국 일대를 마서와 함께 여행함.

1942년(43세) 여름, 자기의 어선 '필라호'를 개조하여 해군 정보부에 제공, 1943년 쿠바 북쪽 해안을 순항하며 독일군 U보트의 경계에 임하게 함. 작품집 《싸우는 사람들 *Men at War*》을 편찬, 서문을 붙여 출판함.

1944년(45세) 봄에 보도기자로 유럽에 갔으며, 7월 잡지 특파원으로 프랑스로 건너감. 종종 특파원 영역을 넘어서서 실전에도 참가한 듯, 파리 점령시에는 군대보다도 앞서 들어가기도 했다고 전해짐.

1945년(46세) 3월, 귀국함. 12월, 마서와 이혼함.

1946년(47세) 4월, 미네소타 주 출신 〈타임〉지 특파원인 메리 웰시와 네 번째 결혼을 함.

1947년(48세) 제2차 세계대전에서의 종군 보도기자 활동과 비정규군 활동

등의 공로를 인정받아 미육군에서 주는 '브론즈 스타' 훈장을 받음.

1948~1949년 쿠바와 이탈리아에 머무르며 집필에 전념함.

1949년(50세) 이탈리아에 머물며 다음 작품 집필에 들어감.

1950년(51세) 9월, 《강 건너 숲 속으로 *Across the River and into the Trees*》를 출판. 이탈리아를 무대로 한 중년의 육군 대령과 이탈리아 소녀의 사랑 이야기인데, 두 차례 세계대전에 참가한 주인공의 회상이 상세하게 그려져 있음. 오랜만에 발표한 작품이었으나 예전 소설의 재판(再版)이라 해서 좋지 못한 평을 얻었음.

1951년(52세) 《노인과 바다 *The Old Man and the Sea*》 집필함.

1952년(53세) 《노인과 바다》를 단행본으로 출판. 늙은 어부와 거대한 다랑어의 싸움을 그린 단순하고 소박한 소설이지만, 간결한 산문의 아름다움과 현대 소설에서는 유례가 없는 서사시적인 박력으로 높은 평가를 받음.

1953년(54세) 《노인과 바다》로 퓰리처상을 받음. 가을, 아내 메리와 함께 아프리카를 여행함.

1954년(55세) 아프리카 여행 중 두 번이나 비행기 충돌 사고를 당해 크게 다쳤으며, 이후 전지요양에 힘썼다. 10월, 《노인과 바다》로 노벨문학상을 받음.

1960년(61세) 〈라이프〉지에 3회에 걸쳐 《위험한 여름 *The Dangerous Summer*》을 발표. 두 사람의 스페인 투우사를 취급한 논픽션으로 격렬한 투우 싸움 묘사에 역점을 두었으며, '죽음을 눈앞에 두고도 두려움을 모르는 사내들'이라는, 언제나 작가가 즐겨 택하는 주제는 변함이 없었음.

1961년(62세) 고혈압과 당뇨병으로 아이다호 주 자택에서 요양하고 있던 중 7월 2일 아침 엽총사고로 죽음. 사고사가 아닌 자살 의혹이 제기됨.

1964년(65세) 그의 유작(遺作) 가운데 첫 파리 시절 청춘 회상기인 《이동 축제일 *A Moveble Feast*》이 간행됨.

양병탁(梁炳鐸)

일본 도쿄고등사범을 거쳐 인디애나대 대학원 졸업. 경희대 사범대학장 역임. 평론〈영문학상에서 본 자연정신〉〈태서작가의 서한문학〉〈헤밍웨이론〉 등을 발표. 지은책《미국문학사》옮긴책 멜빌《백경》호돈《주홍글자》마크 트웨인《허클베리 핀의 모험》 등이 있다.

World Book
173
Ernest Miller Hemingway
THE OLD MAN AND THE SEA/A FAREWALL TO ARMS
THE SUN ALSO RISES/THE SNOWS OF KILIMANJARO
노인과 바다/무기여 잘 있거라
해는 또다시 떠오른다/킬리만자로의 눈
헤밍웨이/양병탁 옮김
1판 1쇄 발행/1988년 3월 1일
2판 1쇄 발행/2011년 11월 11일
2판 3쇄 발행/2014년 12월 1일
발행인 고정일
발행처 동서문화사
창업 1956. 12. 12. 등록 16-3799
서울 강남구 도산대로 163(신사동)
☎ 546-0331~6 (FAX) 545-0331
www.dongsuhbook.com
잘못 만들어진 책은 바꾸어 드립니다.

*

*

사업자등록번호 211-87-75330
ISBN 978-89-497-0726-6 04080
ISBN 978-89-497-0382-4 (세트)